# 國家的視角

## 改善人類處境的計畫為何失敗

詹姆斯·斯科特 著
梁晨 譯

麥田出版

# 目錄

# 導讀 如何不從「國家的視角」看待世界？

林開世（臺灣大學人類學博物館館長）

對熟悉詹姆斯．斯科特研究的人，應該會對這本一九九八年《國家的視角：改善人類處境的計畫為何失敗》的出現感到訝異，在此之前，斯科特一直是以描繪東南亞農民道德世界的圖像以及社會革命出名，一系列有關越南農民的道德經濟，以及馬來農民如何抗拒國家與資本主義的著作，奠定了他在學術上的地位，更開啟了社會科學界關於霸權與抵抗的理論對話。他提出的「隱藏的文本」（hidden transcript）、日常生活的抵抗形式（everyday forms of resistance）等概念也已經成為學界人士朗朗上口的詞句。這本書卻是反其道而行，從在地農民視角的另一邊，考察現代國家如何由上而下俯視它所要打造的對象，並透過對外在、巨大的現代性計畫的分析，解釋為何許多國家的宏圖大業卻最終成為悲劇性的災難。然而，有趣的是，這本原本是自己謙遜地稱為「求知路上的岔路」的作品，卻意外地在出版後，立刻受到各方的重視推崇，成為社會科學的當代經典。

這本書處理的議題其實並非原創，對於現代化與國家的批判性作品，早已是汗牛充棟，但很少有人能夠像斯科特掌握如此寬闊的視野，將政治意識形態、農業耕作模式、區域都市計畫、現代主義建築、度量衡標準化、土地測量與產權等等議題全都成功地納入一個理論的框架中，並講述了一個令人動容的政治寓言。斯科特運用一個核心的分析概念來連貫全書的討論：可辨識性（legibility），指的是國家為了方便其統治，所持續發展的一種能力，要將它所要統治的人口、地理、資源固定下來，並用各種技術、手段將這些東西再現為可以辨識出來的各種標準、數字、圖像。所以可辨識性的運作也會帶來標準化（standardization）與精簡化（simplification），讓控管與記錄愈趨可能。

## 全書框架

本書的第一部分，斯科特首先鋪陳國家統治與可辨識性的緊密關係，指出在前現代社會國家對其統治下的人、地、物其實是相當陌生。然而租稅要收、戰爭要打，這時的國家為了生存必須發展各種千奇百怪的招數來估計臆測其統治對象的規模、大小、尺寸，而標準化與可辨識度就是各個政權想要達成這個目的的重要手段。經過長期的經驗與累積，許多國家也透過各種舉措，逐漸能突破地方豪強的控制，避開中間尋租階層的干擾，達到更能蒐集與分配各種訊息、財貨與資源的效果。這種中央集權化的現象，是一段相對來說比較普遍性的過程，不論在現代或前現代國家都可以觀察到，包括像中國秦漢帝國想要推動的「車同軌、書同文」或者「編戶齊民」等工作，到法國大革命後，法國政府實施的度量衡統一制度，都可以視為是追求進一步可辨識性的過程。

然而，斯科特想要強調的是在全書的第二與第三部分處理的另一種類型的可辨識性計畫，那種擁抱高度現代主義（high-modernism）的國家所發動的各種龐大、雄偉、臃腫的改革規劃，從城市計畫、政黨政策、農業發展、科學林業，到人口遷移，一群打著「理性」、「進步」旗幟的國家代理人，一再推出各類措施，將國民的社會生活與國土的自然環境納入一套套簡單標準的程序、可以清楚的被辨識出來，並進行操弄與控制。

雖然這些可辨識性的措施與傳統國家的打造有高度的連續性，但是斯科特特別強調現代國家的社會工程計畫之所以如此危險，是因為它一旦與其他四個因素結合，就容易導致全面性、大規模的災難後果（見本書導讀一章）。這四個因素分別為：第一，行政領域的擴張，將自然與社會秩序納入一套簡單化約的程序，具有照顧、保護同時監控與排除的功能。第二，「高度現代主義的意識形態」，一種對理性與科學抱持樂觀自信，視征服自然環境與消滅貧窮落後為進步繁榮必經的手段。第三，威權主義的國家，一個有能力也有意願動用強制力量來執行高度現代主義那種烏托邦願景的政權。第四，一個沒有能力反抗威權體制的市民社會，特別是在戰爭、革命、自然災難、經濟蕭條時期，以及軍隊與監控鎮壓體制過分膨脹的狀態，都會導致市民社會的弱化。

這裡我們可以看到斯科特在此並不是對所有國家發動的可辨識性計畫都抱持否定的態度。他同意國家能力的增強其實也有正面的功效，讓姓名、度量衡、戶籍、地籍、產權清楚確定，往往是經濟發展、災難救濟、公共衛生得以推動的條件。他反對的是那種沒有節制、沒有制衡的政治體制以及傲慢樂觀的現代主義價值觀。然而，甚麼才是好的可辨識性的計畫？怎樣才會構成好的政治過程？這樣的難題，斯科特留到第四部分結論來提出一些對我來說還是相當鬆散、試探性的看法。

結論部分，斯科特主張一個國家如果要能真的照顧與容納其國民，必須要放棄那種想要全面性理解人民生活世界的欲望，改採取一種中庸的態度，信任它的公民具有解決各種新的複雜、多面問題的能力，並且願意賦權給他們來增強這種可能。這種鬆綁、尊重人們實踐力的做法，才能讓國家更有效地增進繁榮、面對災難，並且減緩階級對立、促進社會平等。

## 「梅蒂斯」，實踐式的知識

斯科特的這些主張呼應了他在本書中不斷強調的實踐式知識（practical knowledge）的重要，這種在地、無常規可循、又充滿不確定性的知識型式，是任何有效的政治治理不可或缺的部分，它們與國家的巨觀性知識不必然對立，但在高度現代主義的眼光中卻往往被視為是進步的障礙，是需要被克服與收編的對象。然而，也正是國家的僵化意識形態，引導出來的那種想要將複雜、難以確定的實際過程，透過標準化、簡單化來達到全面控制的強烈欲望，造成社會無法正常運作、生產勞動停滯，讓應該受益的人反受其害。在本書第四章到第八章，透過一系列有關抽象與化約性的高度現代主義思維，對比從實踐性社會過程出發的各種批判，兩種立場相較之下，凸顯出實踐知識型式的彈性、適應性與價值。這部分的討論是全書最戲劇化的一段，他將主張工人階級具有自發性與自主性的羅莎．盧森堡（Rosa Luxemburg），對比強調由革命先鋒政黨集權領導的列寧（Vladimir Lenin）；將強調都市的可居住性以及生活欲望需求的珍．雅各（Jane Jacobs），對照推崇將都市進行理性空間規劃的柯比意（Le Corbusier）。凸顯那些階序性的治理邏輯往往忽視在現實世界中的人們的自發性創造力，一意孤行的結果，就出現了在第六與第七章所描述的那些現代主義國家的顢頇災禍：蘇維埃的集體化運動、坦尚尼亞的造村計畫。

在第九章，斯科特更進一步將這種實踐知識概念化，回溯其知識系譜到古希臘語的「梅蒂斯」（*métis*）一詞，嘗試結合法國的幾位學者（如：Marcel Detienne、Jean-Pierre Vernant、Michel de Certeau）的實踐理論與無政府主義者的互惠理念，提出一個中肯的呼籲。提醒從事政治工作的人，應當要尊重自然與人類現象的複雜性，與它們具有的多元的韌性與創造力，承認自己的無知與限制。

## 評價與進一步的討論

這本已經出版超過二十年的經典，歷經全球化與國際政治與經濟體制的重組與轉換，至今地位仍然屹立不搖，但它也受到來自不同學科與不同政治立場的批評與質疑，在此無法一一列舉回顧，只能選擇我認為最重要的幾點來討論。首先最為明顯的一點就是這本書的關注點局限在國家的視野，幾乎沒有對非國家的勢力進行探討與批判，特別是跨國企業與全球性組織所推動的各種同質化、標準化、可辨識性的計畫，以及透過外包與救助方式，取代各種國家功能的NGO組織等。這一點斯科特自己在本書導論就已經注意到，他所關注的國家權力形式，來到新自由主義瀰漫的世界，其實已經被資本主義所制約與挑戰，喪失過去那種主導一切的能力。然而，他還是認為在本書中對國家的這種可辨識性計畫的分析與批判，同樣可以延伸到對全球資本主義的質疑，只是企業與國際組織在發動這些計畫時需要付出的代價更高，遭受的抗拒也會更明顯。斯科特這個回答固然沒錯，但也同時間接地承認這本書的觀點的不足，資本與國家之間的相互支持與相互牽制的議題，跨國的金融與經濟發展組織的運作邏輯，的確值得更進一步的探究。

本書的第二個問題就是國家這個概念被過分的物化與單一化，在現實世界中，國家從來就不是一個統一的整體，它有不同的部門、不同的層次，各自有其運作的場域與規矩，時常發生矛盾、衝突，內部之間更常常難以協調合作。但是在這本書中，國家卻往往用單一理性的格局在執行建構它的行政秩序，也忽視實際運作時國家前後的不一致，其結果往往誇大國家的能力，低估人民可以操弄與利用的空間。這個批評，斯科特自己應該也願意接受到一個程度。然而，問題往往沒有如此簡單。我們雖然可以輕易地指出在地實踐的複雜與不確定性，以及每一回與國家的遭逢具有的特殊性；但是在宏觀的層面，我們卻看到以國家為單位，在國際政經的關係中，各種標準化、一致化的趨勢，在財產權、會計制度、統計分類、貨幣匯率、金融體系等等場域持續的擴張與轉化。這些原來是歐美資本主義國家所發展出來的在地性特殊制度，卻搖身一變，以一種普遍性與文明性的裝扮，強勢的作為全球各地政治與文化上的霸權實踐。所以所謂的地方實踐或抵抗，其實也難以避免必須在符合國際制定的法律規章與市場運作的商品邏輯下，才有運作的空間，就像當代的地方文化復振與認同，只有在符合國家的族群分類範疇或者具有市場價值，才容易有被看見與發展的可能。換句話說，這個問題的複雜性已經超出國家／地方，以及理論／實踐這種二元框架可以處理，如何克服這種簡單的二元思維正是這本書所引發出來的議題。

我關注的第三個批評，和前面一個批評有密切的相關，也就是什麼是「國家的視野」。本書原本一個令人激賞的洞識，就是將有關國家權力的討論從制度、暴力的層面提升到視覺體制（scopic regimes），讓我們意識到支撐現代性意識形態的美感經驗，以及權力運作的幽暗面。國家權力的運作牽涉到國家如何觀看？如何被觀看？以及我們如何被訓練成採用國家的角度來看待甚麼是、甚麼不是秩序？這點正呼應了同時期但稍早的另一本人文社會科學的經典：傅柯（Michel Foucault）的《規訓與懲罰》（*Discipline and Punishment*）中的論述。然而相對於傅柯那種發散、無所不在的觀看與被觀看，這本書的國家視角卻顯得單純與統一，欠缺對視覺經驗那種放蕩性質（promiscuous）的敏感。在現實世界中，從來就不存在一個單一清晰可見的國家。不只是被國家統治監看的人會有不同的視角回眸；連國家的代理人或執行者也是在不同的位置以不同的角度在觀看與被觀看。這些複雜的視覺觀點對國家的計畫會被如何對待與執行有重要的影響，要討論國家如何運作無法避而不談。在國家邊緣與外面的人看到的國家，跟在都市監控系統內的人，所體驗到的國家截然不同。一般人不會看到國家，只會遭遇國家的代理人、官僚體制。所以，不同的階級、社群與區域的人，會對國家有不同的認識與感受。而政府的各級代理人或不同階層的官僚，與國家政策制定者或都市計畫者，所看到的國家當然差別很大。因此，要理解國家的計畫如何成功？如何失敗？為何會有意想不到的效果？不能只依賴斯科特在本書中採取的那種外在的與歷史的觀點，而是要進入交會混雜的視覺體制中，才更能接近國家的實踐知識。

## 結語

斯科特做為一位著名的具有無政府主義傾向的學者，在這本書中是以「國家對抗社會」（state against society）的觀點在鋪陳整體的論證。但是不像古典的無政府主義者，他對國家的態度卻是相對的溫和，沒有否定國家存在的益處與功能。然而這樣的立場也逼使他不自在的要去回答，如果那些打著科學與理性口號的國家計畫，忽略了實踐式知識，並不是真的符合科學與理性；那正確的科學應用應該是甚麼面貌？弔詭的是無論你如何回答這個問題，都會牽扯出他在本書中所批評的那種現代主義的意識形態，以及具有威權主義傾向的價值觀，讓他尷尬的面對「梅蒂斯」知識的反撲。然而，正是這個問題所具有的這種創造性的緊張關係，會吸引我們一次又一次地回到那些與國家遭遇的現場，去認識人的愚勇與野心，以及人的堅韌與創意，讓閱讀本書成為一道扣人心弦的體驗。

再一次、永遠獻給路薏斯（Louise）

歐文：發生什麼事？

尤蘭達：我不太確定。但我很擔心我在這扮演的角色。這似乎是在驅趕什麼。

歐文：我們在為這國家製作一張六吋的地圖。這之中有什麼陰謀嗎？

尤蘭達：不是在……

歐文：而且我們改了原本到處令人困惑的地名……

尤蘭達：誰對此感到困惑？人們為此所困嗎？

歐文：而且我們盡一切所能，更精確有理地標準化這些地名。

尤蘭達：有些腐敗的事正在發生……

——布萊恩．費爾，《翻譯》（*Translations*）第二幕第一場

# 致謝

我得承認這本書寫了很久。理想上，我真想說要將本書內容思考透徹，就是得花這麼多時間。這話說的好聽，但並不是實話。裝病逃避寫作和行政雜務加起來幾乎要了我老命，這是延誤的部分原因。另一部分的原因，是依據我替這個主題預設的規模，本書範圍自然而然就擴大了，就像學術版的帕金森定律，內容是為了填滿可用的頁面而生。最後我不得不及時踩煞車，好避免我開始考慮將這本書視為一生的志業。

本書涉及的範圍，加上完成它的時間，都說明了我在過程中累積了多少智識債務，簡直可以列出一長串清單。要完整列出這張清單會沒完沒了，而我只意識到有些債權人可能不太想和最終成果扯上關係。雖然我不該在這裡連累他們，但我欠他們很多。我沒有把自己的論點轉向他們鼓勵的方向，而是透過加強我的論述，將他們的批評銘記在心，希望能用更好的方式回應他們的反對意見。至於其他的債權人要否認自己對成果的貢獻，則是為時已晚，我將在此一一點名，也希望他們樂於受我牽連。

有些債權人是機構組織。一九九〇到一九九一學年間，我在柏林高等研究院（Wissenschaftskolleg zu Berlin）做研究，接受他們慷慨好客的招待。在圍牆倒下後隔年去柏林生活一段時間，這個念頭實在令人難以抗拒。我在德國東部梅克倫堡平原的前集體農場進行了六週的身體勞動（這是我想出的計畫，好避免跟臉上長滿青春痘的年輕人在歌德學院的課堂上呆坐六週），之後全心投入德語、柏林和德國同儕的生活中。我的研究幾乎沒什麼正式進展，但那段時間開啟了許多充滿發展潛力的研究問題。我特別感謝Wolf Lepenies、Reinhard Prasser、Joachim Nettlebeck、Barbara Sanders、Barbara Golf、Christine Klohn和Gerhard Riedel的善意。Georg Elwert是我在當地的守護神，因為有了他和Shalini Randeria、Gabor Klaniczay、Christoph Harbsmeier、Barbara Lane、Mitchell Ash、Juan Linz、Jochen Blaschke、Arthur von Mehren、Akim von Oppen、Hans Luther、Carola Lenz、Gerd Spittler、Hans Medick以及Alf Lüdke在智識上的恩惠和陪伴，才能讓我看到後來證明有其意義的探索方向。要不是Heinz Lechleiter和Ursula Hess的諸多努力，我的德語無法達到（勉強）可忍受的程度。

在戮力準備本書的不同階段，我有幸長期訪問一些機構，與熱情洋溢但多疑的同事為伍。我運氣很好，他們通常把糾正我當成一個計畫。他們不一定會滿意最終成果，但我敢打賭，他們看得出自己的影響力在何處發揮效果。在馬賽的社會科學高等研究院（Ecole des Hautes Etudes en Sciences Sociales），我要特別感謝資助者Jean-Pierre Olivier de Sardan、Thomas Bierschenk，以及在全體研討會的同事。住在簍筐老城（Le Vieux Panier）、每天浸淫在老濟貧院（La Vieille

Charité）宏偉的氛圍中工作，真是令人難忘的經驗。在坎培拉的國立澳大利亞大學人文研究中心（Humanities Research Centre），我得益於周遭圍繞一群無可匹敵的人文學者和亞洲專家，他們替我的研究把關。在此我特別感謝主任Graeme Clark和副主任Iain McCalman的邀請，也謝謝安東尼．瑞德（Anthony Reid）和David Kelly組織「亞洲的自由概念」（Ideas of Freedom in Asia）學術研討會，這也是我造訪的前提。感謝Tony Milner和Claire Milner、Ranajit Guha（我的導師）和Mechthild Guha、Bob Goodin和Diane Gibson、Ben Tria Kerkvliet和Melinda Tria、Bill Jenner、Ian Wilson和John Walker，他們用各種方式令這趟旅程怡然醉人，同時也充滿學術收穫。

如果Dick Ohmann和Betsy Traube沒有邀請我在一九九四至一九九五學年到威斯康辛的維思大學（Wesleyan University）人文中心擔任研究員，這本書肯定要更久才能面世。該中心的同事和每週的研討會讓我們激盪思考，其中特別要歸功於Betsy Traube優異的論文架構能力。該中心很理想地結合個人獨處和鼎力相助的同事團體，大大幫助我完成整份原稿的初稿。我非常感謝Pat Camden和Jackie Rich，他們的善意取之不盡。Betsy Traube和Khachig Tololyan的精明見解，在各方面都讓本書更出色。也感謝Bill Cohen、Peter Rutland和Judith Goldstein。

在一九九四至一九九五年間，要不是有哈利法蘭克古根漢基金會（「理解與減少暴力、侵略性和支配的研究」）以及麥克阿瑟基金會和平與安全計畫研究獎助金的慷慨資助，我不會有餘裕反思和寫作。因為他們對我的工作抱持信心並從旁協助，讓我得以從所有行政和教學事務中抽身，我無須向上天祈求就完成了這份研究。

最後，我要謝謝在荷蘭和阿姆斯特丹社會科學研究學院的同事，謝謝你們讓我有機會造訪當地，開設第六屆年度W．F．維漢講座：Jan Breman、Bram de Swaan、Hans Sonneveld、Otto van den Muijzenberg、Anton Blok、Rod Aya、Roseanne Rutten、Johan Goudsblom、Jan-Willem Duyvendak、Ido de Haan、Johan Heilbron、Jose Komen、Karin Peperkamp、Niels Mulder、Frans Hüsken、Ben White、Jan Nederveen Pieterse、Franz von Benda-Beckmann和Keebet von Benda-Beckmann。有Wim Wertheim在場提供建議和指教，對我來說是莫大榮幸，我早已久仰他對社會科學理論和南亞研究的諸多貢獻。在我的專題研討會上，我從寫論文的研究生身上學到的東西，不下於他們從我這裡學到的東西：Talja Potters和Peer Smets非常慷慨地閱讀我有關都市計畫的章節，並提供觀察透徹的見解。

諸多學者的寫作都為我開啟了新的視角，或為我無法自行完整研究的問題提供了優異的分析。其中有些人沒見過這本書，有些人我從未謀面，有些人則大概想否認我寫下的東西。然而，我要大膽說出這些人的名字，我欠他們的知識債務已債台高築：Edward Friedman、班納迪克．安德森（Ben Anderson）、Michael Adas、Teodor Shanin、James Ferguson和齊格蒙．包曼（Zygmunt Bauman）。要不是有James Holston針對巴西利亞的好書，讓我無恥地從書中洞見占便宜，我不可能寫出有關高度現代主義城市一章。有關蘇維埃集體化和其與美國工業化農業的連結，我極其仰賴Sheila Fitzpatrick和Deborah Fitzgerald的研究。感謝Sheila Fitzpatrick富有觀察力的評論，可惜我在最後一章只得以適當回應其中幾點。

有關梅蒂斯概念的討論，我欠Marcel Detienne和Jean-Pierre Vernant許多。雖然我和Stephen Marglin的用詞不同，但我們在互不知道的情況下，搭上不同的火車前往同樣的目的地。感謝洛克斐勒基金會讓Marglin在義大利貝拉吉歐舉辦「經濟的綠化」（The Greening of Economics）研討會，我也才得到第一次提出初步想法的機會；Marglin有關理論知識和技藝的研究以及有關農業的研究，都影響了我的想法。Stephen Gudeman的敏銳評論、Frédérique Apffel Marglin的「人痘接種」研究、Arun Agrawal的研究和評論，都有助我形塑有關實踐知識的概念。有關農業的第八章，處處透露我從Paul Richards和Jan Douwe van der Ploeg的研究中學到的東西。在非洲研究方面，我只是業餘的研究者，我在有關坦尚尼亞烏甲馬村莊的章節極度仰賴Joel Gao Hiza，他就讀耶魯大學時寫了一篇有關該主題的大學部畢業論文，非常慷慨地和我分享龐大的研究材料。（他目前正在加州大學柏克萊分校，即將完成一篇人類學論文。）Bruce McKim、Ron Aminzade、Goran Hyden、David Sperling和Allen Isaacman閱讀了有關坦尚尼亞的章節，讓我免於鑄下大錯；即使他們貢獻良多，我敢說還是有一些錯誤存在。Birgit Müller關於東德工廠經濟在兩德統一前的文章，其中有關「修理者和交易者」角色的精闢分析，幫助我了解經過規劃的秩序和非正式安排的共生關係。

Larry Lohmann和James Ferguson讀了本書的早期草稿，大幅釐清我的思路，避免許多嚴重的過失。儘管原稿嚇人地冗長，其他幾位好友提出願意閱讀其中全部或部分內容。一邊翻白眼一邊說自己可以讀一下的人，或嘴上說可以、但身體很誠實的朋友，我就免了他們的麻煩。少數真心想讀的人，或顯露十分真實的假興致的人，都為形塑本書提供了很重要的意見。我深深感激Ron Herring、Ramachandra Guha、齊格蒙・包曼、K. Sivaramakrishnan、Mark Lendler、Allan Isaacman，以及Peter Vandergeest。

許多細心的同事提供了有用的批評，或讓我注意到能改進論點的論述和證據。這些人包括阿君・阿帕度萊（Arjun Appadurai）、Ken Alder、Gregory Kasza、Daniel Goldhagen、Erich Goldhagen、Peter Perdue、Esther Kingston-Mann、Peter Sahlins、Anna Selenyi、Doug Gallon和Jane Mansbridge。我也感謝Sugata Bose、Al McCoy、Richard Landes、Gloria Raheja、Kiren Aziz Chaudhry、Jess Gilbert、Tongchai Winichakul、Dan Kelliher、Dan Little、Jack Kloppenberg、Tony Gulielmi、Robert Evenson，以及Peter Sahlins。其他慷慨貢獻一己之力的人有：Adam Ashforth、John Tehranian、Michael Kwass、Jesse Ribot、Ezra Suleiman、Jim Boyce、Jeff Burds、Fred Cooper、Ann Stoler、Atul Kohli、Orlando Figes、Anna Tsing、Vernon Ruttan、Henry Bernstein、Michael Watts、Allan Pred、Witoon Permpongsacharoen、Gene Ammarell、and David Feeny。

過去五年來，耶魯的農業研究計畫對我來說，是一個有關鄉村生活的寬廣、跨領域教育場所，也是知識夥伴的重要來源。這個計畫給予我的東西，我永遠無以回報。確實，這本書的每一頁，都可以追溯到在該計畫下孕育出的各種激盪與相遇。我就不在這裡說出五十位左右的博士後研究同仁，他們各自在這裡待了一年，但每一位或多或少都對本書有所貢獻。我們邀請他們加入，是因為我們仰慕他們的工作，他們也從未讓我們失望。農業研究計畫的主任Marvel Kay

Mansfield不僅是農業研究、也是我在耶魯每一項事業的心臟與靈魂。這不是我第一次感謝她的恩情，我對她的感激與日俱增。而要是沒有下列各位的積極參與，農業研究也無法茁壯：K. Sivaramakrishnan、Rick Rheingans、Donna Perry、Bruce McKim、Nina Bhatt，以及Linda Lee。

耶魯同儕對我智識成長的幫助，我無法盡書。那些我教過的人——Bill Kelly、Helen Siu、Bob Harms、Angelique Haugerud、Nancy Peluso、John Wargo、Cathy Cohen和Lee Wandel——實際上都教會我事情。其他讀過這份原稿的耶魯同事有：Ian Shapiro、John Merriman、Hal Conklin、Paul Landau、Enrique Meyer、Dimitri Gutas、Carol Rose、Ben Kiernan、Joe Errington、Charles Bryant，以及訪問學者Arvid Nelson，他正在撰寫有關東德林業的論文，也是有關德國科學林業歷史的絕佳知識來源。在我的「無政府主義」專題研討會和另一堂共同授課的「農業社會比較研究」專題研討會的研究所學生，都讀了本書部分章節草稿，他們的批評逼我重新思考許多問題。

我有幸獲得研究助理的協助，他們讓起初看似無望的研究，變成嚴肅的學術探索之旅。如果沒有他們的想像力和工作，我對永久姓氏、新村莊的實際布局和語言規劃只會一知半解。這裡讓我有機會好好感謝Kate Stanton、Cassandra Moseley、Meredith Weiss、John Tehranian和Allan Carlson的出色工作。我要對Cassandra Moseley說的不只有感謝，還有道歉，因為她有關田納西河谷管理局的優秀研究最後只有一章的篇幅，我心不甘情不願刪減了部分內容，以替本書維持合理的厚度。我相信，它們會找到另一個合適的家。

耶魯大學出版社在各方面一直對我很好。我想特別感謝John Ryden、Judy Metro、我的編輯Charles Grench，以及我合作過最優秀的原稿編輯Brenda Kolb。

第一章曾以許多不同的形貌出現在別的地方，每篇文章都包含一些後面章節的材料，發表篇名如下："State Simplifications: Nature, Space, and People," Occasional Paper No. 1, Department of History, University of Saskatchewan, Canada, November 1994; "State Simplifications," *Journal of Political Philosophy* 4, no. 2 (1995): 1-42; "State Simplifications: Nature, Space, and People," in Ian Shapiro and Russell Hardin, eds., *Political Order*, vol. 38 of *Nomos* (New York: New York University Press, 1996):42-85; "Freedom *Contra* Freehold: State Simplification, Space, and People in Southeast Asia," in David Kelly and Anthony Reid, eds., *Freedom in Asia* (forthcoming); "State Simplifications: Some Applications to Southeast Asia," Sixth Annual W. F. Wertheim Lecture, Centre for Asian Studies, Amsterdam, June 1995；以及"State Simplifications and Practical Knowledge," in Stephen Marglin and Stephen Gudeman, eds., *People's Economy, People's Ecology* (forthcoming)。

我想戒掉寫書的壞習慣，至少戒一陣子看看。如果有任何戒癮單位或提供類似給連續慣犯的尼古丁貼片，我想我會報名療程。老實說，這個習慣讓我犧牲了許多寶貴時間。寫書和其他成癮症狀的問題在於，在戒斷期間的戒癮決心最大，但隨著痛苦症狀緩解，癮頭可能又會再犯。我知道，路薏斯和我們的孩子米亞（Mia）、亞倫（Aaron）和諾亞（Noah），都會很樂意讓我住進勒戒所，直到我「戒乾淨」為止。我盡力，我真的盡全力了。

# 導論

這本書起源於我求知路上的岔路，那裡的風景實在太引人入勝，讓我放棄了原先路徑。這個選擇看似錯誤，但新奇的風景與看似更美好的前景使我改變計畫。我想，新的路線應該會自成一格。如果我一剛開始就有足夠的智慧計畫這段行程，它或許可以成為一趟更優雅的旅行。但我很清楚，儘管這條路比我預期的還崎嶇不平，它帶領我走向一個更重要的地方。讀者當然可以找到更有經驗的嚮導，但這條路距離既有路徑實在出奇地遠，以至於如果你要往這條路上走，你就得妥協於你所能找到的地陪。

至於我沒走上的知識道路呢？大略地說，我原本是想要理解為何國家總是與「到處移動的人」為敵。在東南亞的脈絡下，這條路原本能成為一條康莊大道，妥善處理刀耕火種的山丘人民以及種植水稻的峽谷王國間長期的緊張關係，但我的問題卻超越了地域性的地理差異。游牧民族與逐水草而居之人（例如柏柏爾人與貝都因人）、狩獵採集者、吉普賽人、流浪者、無家可歸者、流動勞工、逃跑奴隸以及農奴，他們一直都是國家的眼中釘。國家之所以想要將這些流動人口永恆地安家落戶定居下來（sedentarization），有部分實在是因為這件事鮮少成功。

我愈是研究國家為了固定流動人口所做的付出，我就愈認為，國家是為了將社會變得更容易辨識，並對人口進行安排，好讓國家更輕鬆地執行各種傳統功能，例如稅收、徵兵、避免叛亂等。當我開始以這種方式思考這些行為後，我就將可辨識性（legibility）視作治國之術（statecraft）的核心問題。以許多關鍵的角度來看，前現代國家其實有部分是盲目的：對於它的國民、他們的財富、他們所擁有的土地及收益、他們所在的位置以及他們的身分認同，前現代國家所知道的實在是寥寥無幾。它缺乏類似詳細紀錄領土與人民的「地圖」般的東西，缺乏度量衡與公制標準，讓國家可以將自己所知的內容，翻譯成能讓人綜觀全局時必不可少的共同規格。因為如此，它們對於國家內部的介入往往粗暴且弄巧成拙。

我就是在這個點上踏上了岔路。國家如何逐漸掌控內部的國民以及他們身處的環境？各種不同的社會過程，例如創造固定的姓氏系統、重量與尺寸的標準化、建立地籍測量以及戶口登記、土地終身保有權（freehold tenure）的發明、語言以及法律條文的標準化、城市的設計、交通運輸的編制，瞬間都可以被理解成是為了可辨識性以及精簡化（simplification）的嘗試。在前述每一個情境下，官方針對極其複雜、難以辨識的當地社會行為，例如在地的土地所有權或是命名習慣，創造出標準化的規格，使其能被集中紀錄與控管。

對自然世界的控管也沒有例外，畢竟農業本身就是徹底重組與精簡化花草以供人利用的行為。無論目的為何，科學林業與農業的設計，以及農園、集體農場、烏甲馬村莊（ujamaa village）[1]、戰略村[2]都經過精心策劃，好讓領土、產品、還有勞動力能夠更準確地由上而下、由內而外地被辨識，也就能更輕易地被操控。

養蜂這個家常的類比可能會對理解此論點更有幫助。蒐集蜂蜜在前現代是個困難的工作。即使蜜蜂居住在稻草巢穴，採收蜂蜜時往往得趕走蜜蜂並毀其集群。蜂巢內的育卵室以及儲蜜間的編制都遵守十分複雜的格局，而且會根據不同的蜂巢有所改變，這樣的格局使人無法整齊劃一地採集蜂蜜。相反地，現代的蜂箱是設計來解決養蜂者的困境。透過「隔王板」將下面的育卵室與上面的蜂蜜供應分開，以防止蜂后在特定樓層之上產卵。除此之外，蜂房的蠟質巢室會整齊地排列在巢框上，每個蜂箱有九到十片巢框。這能讓人更簡單地採集蜂蜜、蜂蠟與蜂膠。而採蜜成功的前提是遵守「蜂間」——即蜜蜂為了通行，在框與框之間所留下的精確間隔，牠們不會在這個間隔距離內築出連接兩個相鄰巢框的蜂窩、阻斷通道。而從養蜂人的角度來看，當代蜂巢是有條理且可辨識的蜂窩，能讓養蜂者檢查集群以及蜂后，判斷蜂蜜生產狀況（依重量而定），使用標準單位放大或縮小蜂巢，將其搬遷到新的地點，以及最重要的，採集適量的蜂蜜（在適當的溫度下），以保障蜜蜂群能順利地熬過冬。

1 譯注：烏賈馬為史瓦希利語「家族／家族連帶」，從此概念延伸為在地合作經濟互助之意，用來指涉坦尚尼亞脫離英國殖民獨立後，於一九六七年開始推行的一系列相關社會主義政策，包括造村等。

2 譯注：越南戰爭初期，越南共和國（南越）和美國為防止越南南方民族解放陣線對農村地區進行滲透，而在南越農村地區專門建設的人工村落，其住民多為強制遷移而來。

我無意將這個類比無限上綱。但許多早期現代歐洲國家的治理之術也致力於將過去的社會象形文字（social hieroglyph）[3]理性化與標準化，好轉化成容易辨識且行政上更方便的格式。於是，這個被引進的社會簡化過程，不僅能更精細地調整稅收和徵兵制度，更大幅度地增強了國家能力。這讓各種截然不同的社會干預成為可能，例如公共衛生措施、政治監控，以及貧窮救濟。

我開始意識到，國家精簡化的工程，亦即現代治國方略的基本原則，其實像是刪減後的地圖。這些治國方略無法成功地再現它們描繪的社會真實活動，也無意如此。它們只是再現了官方觀察者感興趣的那一部分。更甚者，它們不單單只是地圖。當它們與國家權力結合時，能使地圖上所描繪的現實得以被重建。因此，為指定應稅財產持有人而創造出的地籍圖，不只是描繪了土地所有權的系統；它透過賦予這些類別法律效力的能力，也創建出了這樣一個系統。本書第一章的主要內容，就是在闡述這幅國家創造出的可辨識性地圖，是如何徹底地改造社會與環境。

這項對早期當代國家治國之術的看法並非原創。但是在適當的修改後，這個觀點可以提供一個獨特的視角，以利於觀察許多在貧窮第三世界國家以及東歐發生的巨大發展失敗。

但「巨大的失敗」（fiasco）這個詞，跟我心中所想的災害比起來，實在是太無足輕重了。中國的大躍進、俄羅斯的農業集體化，發生在坦尚尼亞、莫三比克、衣索比亞的強迫造村，無論從過程中逝去的生命或被擾亂到無法挽回的人生來計，都是二十世紀慘絕人寰的巨大悲劇。以平淡一點的角度來看，第三世界的發展史，基本上灑滿了讓居民失望的大型農業計畫以及新興城市的殘骸（想想巴西利亞〔Brasília〕以及昌迪加爾〔Chandigarh〕）。唉，為什麼不計其數的人命會被各種民族團體、宗教教派、語言社群間的暴力所摧毀，其實並不難理解。但去想像為什麼許多心懷善意想要改善人類處境的計畫，最終皆以悲劇收場，卻較為困難。在接下來的篇章裡，我的目標是提出令人信服的解釋，說明二十世紀一些偉大的烏托邦社會工程計畫失敗背後的邏輯。

我將論證，國家主導的社會工程計畫中至為悲慘的事件，是源於四個要素不幸的結合。這四個都是大規模與全面性災難的必要條件。第一個要素是自然和社會的行政秩序（**administrative ordering of nature and society**），也就是前述提到具有轉化能力的國家從事精簡化的過程。它們本身是當代治國方略中不起眼的工具，但對於維護我們的福利與自由至關重要，卻也能成為當代專制君主制度所用的設計。它可以支撐公民制度的概念以及社會福利的供給，一如它也能加強圍捕不受歡迎的少數族群的政策。

第二個要素被我稱為「高度現代主義意識形態（high modernism ideology）」。最好能將這個概念設想成一種強大、甚至說可以是肌肉過分發達的自信。這自信涵蓋了對科學及技術的進步、對生產的擴張、不斷滿足人類持續增加的需求、對自然（包括人性〔human nature〕）的征服，以及最重要的，透過對自然法則的科學認識，相應地打造出管理社會秩序的理性化設計。高度現代主義意識形態當然是起源於西方，它是前所未見的科技與工業進步所帶來的副產品。

高度現代主義不能與科學實踐混為一談。就像是「意識形態」所暗示的，本質上來說，它是

3 譯注：出處來自馬克斯《資本論》第一卷，意謂著抽象、無法一眼判斷背後邏輯意涵的社會現象。

從科學與科技的正當性借來的信仰。因此，它對人類居住地與生產的綜合計畫的潛力可說是不加批判、不帶懷疑，因而擁有毫無科學根據的樂觀。具備高度現代主義的人傾向以卓越的視覺美學看待理性秩序。對他們而言，一個有效率與理性規劃的城市、村莊或農場，是一個幾何意義上看起來井然有序的城市。這些具有高度現代主義意識形態的人在他們的計畫失敗或受挫後，都會退回到我稱之為的微型化（miniaturization）：創造出更容易控制的微型秩序的模型城市、模型村莊，以及模型農場。

高度現代主義關乎於「利益」以及信仰。就算擁有這類思想的人是資本主義企業家，也會要求國家行動以實踐他們的計畫。在大部分的狀況下，他們是擁有強大權力的官員或是國家領袖。他們易於偏好特定的計畫與社會安排模式（像是巨型堤壩、中央化的傳播與運輸中心、大型工廠與農場，以及網格狀的城市），因為這些形式恰到好處地符合高度現代主義的觀點，也滿足了他們作為國家官員的政治利益。委婉地說，高度現代主義與許多官員之間有種選擇性的親近[4]（elective affinity）。

高度現代主義一如所有意識形態，也有其特殊的時空背景。第一次世界大戰中，交戰國間（特別是德國）國民經濟動員的壯舉便標誌著它的高潮。對這種意識形態最滋補的養分，毫無意外來自規劃者、工程師、建築師、科學家以及技術人員，這些人以新秩序設計師的技能與地位而聞名。高度現代主義並不遵從傳統的政治邊界，政治光譜由左到右都有跡可循，尤其可見於那些想要利用政治力量，在人類工作習慣、生活方式、道德行為以及世界觀上帶進巨大烏托邦式變革的人。單是烏托邦的願景本身並不危險，如果它能在自由議會制的社會中驅動新的計畫，而主事者因此不得不與具有組織能力的公民談判，那就可能會帶動改革。

只有在這前兩個要素跟第三個要素結合時，才有可能會成為致命的組合。第三個要素是願意、且能夠使用所有強制力量實行高度現代主義設計的威權主義國家（authoritarian state）。這個要素最肥沃的土壤通常是來自於戰爭、革命、經濟大蕭條，以及為民族解放（national liberation）鬥爭的時期。在這些情況下，緊急狀況會助長緊急權力的奪取，並且將過去的政權去合法化，同時也容易創造出否定過去、且對群眾有革命性計畫的菁英。

第四個要素跟第三個息息相關：一個無法抗拒這些計畫、衰竭的公民社會。戰爭、革命、經濟崩潰往往會根本性地削弱公民社會，並讓人更能接受新的統治模式。殖民統治晚期，有時會因為統治者對社會工程的願景，以及他們能向反對者施暴的能力，而符合這最後一個要素。

總而言之，社會的可辨識性提供了施行大規模社會工程的能力，高現代主義意識形態提供了欲望，威權主義國家提供了針對這個願望採取行動的決心，而沒有行為能力的市民社會提供了一個平坦的社會空間以便工程的實行。

讀者可能會注意到，我還沒有解釋為何這個由威權主義國家所支持的高度現代主義計畫，終將以失敗作結。解釋它的失敗正是我的第二個目的。

4 譯注：出自社會學家馬克斯・韋伯（Max Weber）的用法。

設計或規劃社會秩序必須是概要式的；它總是會忽略真實與正常運作的社會秩序的基本特徵。按表操課式的罷工（work-to-rule strike）[5]最能清楚說明這件事，這個罷工策略的基礎在於所有生產過程都依賴許多無法明文寫下的非正式實踐以及隨機發揮。僅僅是一絲不苟地遵守規則，就幾乎可讓勞動力停止生產。同樣的，為城市、村莊或是集體農場所設計、由精簡化規則所推動的計畫，並不足以作為創造出有效運作社會的指令。正規方案只是非正規步驟的寄生蟲，本身並不能創造或是持續維持。當正規計畫未留餘地給非正規步驟，或實際上壓制這些步驟時，這些國家主導的正規計畫既無法讓預期的受益者獲益，最終也辜負了原設計者的意圖。

這本書大致而言可以讀作是反對高度現代主義、計畫性社會秩序的**帝國主義**的案例。我強調「帝國主義」，因為我想強調自己不是以偏概全，我並不反對所有官僚計畫或高度現代主義意識形態。我反對的是帝國主義或霸權式的心態，將當地知識和專有技術的必要角色排除在外。

綜觀全書，我論證了實踐知識（practical knowledge）、非正規步驟和面對不可預期性時臨場發揮的必要性。在第四章與第五章，我將城市規劃者和革命者的高度現代主義觀點跟實踐，拿來與強調過程、複雜性和開放性的批判性觀點做了對比。柯比意（Le Corbusier）和列寧是主角，而珍·雅各（Jane Jacobs）與蘿莎·盧森堡（Rosa Luxemburg）則分別是他們兩位難以對付的批判者。第六章與第七章討論蘇維埃政權集體化與坦尚尼亞強迫造村，我描述在排除掉深植於在地實踐的珍貴知識後，針對生產與社會秩序的概要性與威權主義解方，將面臨無可避免的失敗（早期的書稿還包括了田納西河谷管理局的案例，這是美國高度現代主義的實驗以及地區發展計畫的祖師爺。我心不甘情不願地擱置這部分，好縮減這本依舊很厚的書。）。

最後，在第九章，我嘗試概念化實踐知識（practical knowledge）的本質，並將它用來跟更正規、演繹與理論知識（epistemic knowledge）做了對比。「梅蒂斯」（*métis*）一詞源自古希臘語，意指只能從實踐經驗中獲得的知識，是我所能想到十分有用的混合詞。我也承認我得感謝無政府主義作家（克魯泡特金〔Kropotkin〕、巴枯寧〔Bakunin〕、馬拉泰斯塔〔Malatesta〕與普魯東〔Proudhon〕），他們始終強調社會秩序創造中互惠（mutuality）的作用，而非命令與層級式的協調。他們對互惠的理解涵蓋了部分（但不是全部）我對「梅蒂斯」一詞的看法。

對社會組織進行根本性的精簡化設計，如同自然環境根本的精簡化設計，都會招致同樣的失敗風險。單一作物商業林、基因改良工程、機械化單作栽培的失敗與脆弱性，可說是模仿了集體農場與計畫城市的失敗。在這個程度上，我論證了社會與自然多樣性的韌性與恢復能力，我也強烈主張，原則上來說，對於複雜且使一切正常運作的秩序，我們可知的範圍有其極限。我猜這觀點可能會被轉變成對抗某種簡化性社會科學的論點。但為了避免貪多嚼不爛，我獻上我的祝福，把這條歧路留給其他人去走。

5 譯注：指員工在其勞動契約所規定的職責範圍之內，並完全依從安全指引之類的守則而不作任何變通的條件下工作，以達到減慢工作進度、降低生產率等令雇主有所損失的途徑，表達不滿的訴求。

為了提出一個強而有力且典範式的案例，我意識到我可能一不小心就會顯得傲慢。而這傲慢正是高度現代主義者會被合理譴責的。當你下功夫做了一副可以改變觀點的鏡片，你很難不用這副眼鏡去看萬事萬物。不過，我要替兩項我認為只要仔細閱讀就不會成立的指控自我辯護。第一個指控是我的論點不帶批判地擁護在地、傳統與風俗習慣。我知道我所形容的實踐知識，往往無法自外於統治支配的實踐、壟斷與排除，而這些均冒犯到當代自由派人士的情感。但我的重點並非實踐知識是自然狀態（state of nature）中某種神秘且平等的產物。我要講的是，對秩序的正規計畫往往貶抑實踐知識，但若缺乏了後者的幫助，正規計畫是無法實行的。第二個針對我的指控，是指稱我的論點是無政府主義者對政府本身的對抗。但我很清楚的表示了，國家是個充滿爭議的機構，奠定了我們無論自由與不自由的基礎。而我的論證則是說明了特定的國家為烏托邦計畫和威權主義所驅動，忽視了其人民的價值觀、欲望及反對意見，它們對人類的福祉確實構成了致命的威脅。即便沒有這樣十分常見的高壓統治打壓我們，我們還是得審慎衡量國家政策的利益是否大於付出的代價。

在完成這本書之際，我意識到，從一九八九年後（post-1989）的資本主義必勝心態來看，這些對國家行動特定形式的批判有點像是過氣的考古學。具備我所批評的傲慢和權力的國家，在很大程度上已經消失，或是強烈抑制了他們的野心。但正如我明確地檢查科學化耕作、工業化農業、以及資本主義市場一般，大規模的資本主義其實跟國家一樣，也是同質化、單一化、網格化與過分簡化的代理人。兩者的差別只在於對資本家而言，精簡化必須付出代價。市場必須透過價格機制與提倡標準化，以品質換取數量增加；在市場上，金錢說話最大聲，而不是人。全球資本主義大概是現今最具有同質化能力的力量，而國家在某些例子中可能會是在地差異與變化的辯護者。在《啟蒙時代的覺醒》（*Enlightenment's Wake*）一書中，約翰・葛瑞（John Gray）對自由主義提出了同樣的案例，他認為自由主義國家會自我限制，因為國家仰賴的是註定會被毀滅的文化與制度資本。法國為了因應歐洲共同貨幣做出了結構調整，卻被大規模罷工強制「中斷」，這或許只是一個徵兆。說穿了，我所提出反對特定形式國家的特殊提案，絕不是為了替海耶克（Friedrich Hayek）和米爾頓・傅瑞曼（Milton Friedman）所敦促、在政治上不受約束的市場調節提供案例。我們將會看到，打造社會工程的當代計畫遭逢失敗所得到的結論，也適用在市場驅動的標準化以及官僚主義式的同質性上。

# 第一部

# 精簡化與可辨識性的國家計畫

# 第一章 自然與空間

如果國王每一年都能在指定的時間點，得知國家中各地區臣民的數量及其總和，以及每個地方所有的資源、財富、以及貧窮狀況；根據居住地所羅列出的貴族與神職人員、長袍貴族（men of the robe）、天主教徒與其他宗教教徒（的人數），這豈不是很令人至為滿意的一件事？如果國王能在自己的辦公廳，於一個小時內檢閱完他所統御的偉大領土現在與過去的狀況，並確定其威嚴、財富和力量體現在什麼地方，這對他來說，不是必要且實用的樂趣嗎？

——德．沃邦侯爵（Marquis de Vauban）

在一六八六年向法國國王路易十四提出每年人口普查的建議

某些形式的理解與控制需要縮小可見的事物方可達成。這類隧道視覺法（tunnel vision）最大的優點是它能聚焦在特定且有限的面向，使原本十分複雜和龐大的現實變得清晰可見。反過來說，這種精簡化的作法使視野中心的現象更能夠被識別，因此更容易受到仔細地測量和計算影響。整合多項類似的觀察後，會形成一個綜觀全局而簡要的概覽，呈現汰選過的現實，以便執行高度的圖解式理解、控制與操控。

十八世紀末期由普魯士及薩克森所發明的科學林業，可被視作這個過程的範本[1]。儘管科學林業的歷史本身非常重要，但我在這裡把它當成一個隱喻，用來指涉有明確利益的權力機構所具備的理解與操控形式，而國家官僚與大型商業機構大概是最好的例子。當我們了解到精簡化、可辨識性以及操控如何在林業管理中運作，就可以進一步探索現代國家如何將同樣的手段套用在都市計畫、鄉村拓居地、土地管理以及農業之上。

## 國家與科學林業：一個寓言

我（吉爾伽美什）將在雪松林中征服他[2]……我會接受這個任務，並砍倒雪松。

——吉爾伽美什史詩

早期歐洲現代國家在科學林業發展之前，基本上就已經站在財政與收入需求的角度看待森林。當然，其他問題——像是造船用的木材、國家的建設、還有提供給臣民經濟安全所用的燃料——並未完全消失在官方管理之外。這些事情對國家收入與安全當然也有重大的影響[3]。稍微誇張地說，國王對森林的關心程度，取決於財政上的一個數字：每年可開採木材的收益。

若想了解這般視野的收束有多麼偉大，最好的辦法是留意遺漏在這個視野外的事物。與其說帶來收益的是森林，不如說是商業用木材。它們代表的是數千板呎（board feet）可銷售木材，以及許多可用一定價格拍賣售出的柴薪。遺漏在這之外的，當然就是對國家收益幾乎毫無用處的樹木、草叢和植物。同樣也不見的，還包括樹木某些對人類可能會有用處的部分（包括有收益價值的樹種），只是它們的價值沒有辦法轉換到財政收入上。我所講的是樹葉，它被用來當作飼料與茅草；水果，作為人類與家禽家畜的食物；枝枒與樹枝，用作寢具、柵欄、棚架與引火物；樹皮與樹根，可用於製藥與製革；樹液，拿來製作樹脂；並以此類推下去。每一個品種的樹木的每一部分或是每一個成長階段，都有其特別的性能與用處。在十七世紀流行的植樹學百科全書中，其中一段「榆樹」條目中的敘述，顯示出這種樹可以用於許多廣泛的實際用途上：

---

1 Henry E. Lowood, "The Calculating Forester: Quantification, Cameral Science, and the Emergence of Scientific Forestry Management in Germany," in Tore Frangsmyr, J. L. Heilbron, and Robin E. Rider, eds., *The Quantifying Spirit in the Eighteenth Century* (Berkeley: University of California Press, 1991), pp. 315-42. 後述解釋大多引用自洛伍德精闢的分析。

2 譯注：吉爾伽美什指稱他會征服雪松的守護者胡姆巴巴。《The Epic of Gilgamesh》有眾多版本，作者引用自Maureen Gallery Kovacs 譯注的版本。

3 最驚人的例外是貴族對於「皇家獵物」（例如鹿、野豬、狐狸）供給的在乎程度，這也就牽涉到他們對棲息地保護的關心。為了避免大家以為這是典雅的前現代情趣，在此要提醒大家，狩獵對近期「皇室」的社會重要性，例如之於埃里希・何內克、尼古拉・希奧塞古、喬治・朱可夫、瓦迪斯瓦夫・哥穆爾卡，以及狄多元帥。

榆木是種用途最為廣泛的木材，尤其在持續極端乾燥或極端潮濕的環境下；因此適用於自來水廠、磨坊、水輪的長柄與底端、泵、渡槽、吃水線以下的船板……也會為車輪匠所用、或單手鋸的手柄、橫木和門。榆樹不太容易斷裂……可用於砧板、製帽師的帽子木型、為皮革所包覆的箱子與盒子、棺材、梳妝台、以及推圓盤遊戲的長桌（shovelboard table）；也能為雕刻師和稀奇古怪的工匠所用——雕刻水果、樹葉、盾牌、雕像與各種柱式上的裝飾。……最後……不可以小看葉子的使用方式，尤其是雌性的榆樹。……當甘草和飼料價格高漲時，它在冬天和炎熱的夏天都可減輕牲口極大的負擔。……榆樹的綠葉可以治療青色的傷口或割傷，與樹皮一起煮沸時，還能固定骨折處。[4]

但是在國家「財政樹林」上，真實的樹和它各種大量可能的用途，被由木材和柴薪所代表的抽象樹所取代。如果說森林從君主的角度來看仍然是效益主義的，那肯定僅限於直接關乎國家需求的效益主義。

從自然學家的角度來說，幾乎森林的一切都消失在國家狹隘的參考框架下。消失的有為數眾多的植物群，包括草類、花朵、地衣、蕨類、青苔、林下灌木叢以及藤蔓。不見蹤影的還有爬蟲類、鳥類、兩棲類，以及種類不可勝數的昆蟲。除了君主的獵場管理員會感興趣的動物，其他大部分種類的動物都銷聲匿跡。

由人類學家的觀點出發，幾乎所有人類與樹林互動的痕跡也在國家的隧道視覺中消失了。國家會留心盜獵，因為這會阻礙國家收益與貴族打獵的權利。但在其他時候，國家通常忽略了森林大量、複雜且協商過的社會用途，像是用來狩獵和採集、放牧、捕魚、製造木炭、誘捕和收集食物及有價值的礦物，以及森林對魔法、崇拜、避難等行為的重要性[5]。

如果效益主義的國家因為（商業）樹木而不能看見真實存在的森林，那它對森林的看法會是抽象且片面的，就可以說是非常正常的一件事了。一定程度的抽象化對任何形式的分析都是必要的，而我們也不用太意外，國家官員抽象化的手段，反應了其雇主至關重要的財政利益。在狄德羅（Diderot）的《百科全書》（*Encyclopédie*）中，「森林」這項條目下的內容幾乎都關於森林產品的「公共利益（*utilité publique*）」，以及可以利用它們來產生的稅收、收入與利潤。作為棲息地的森林消失了，取而代之的是作為經濟資源的森林，必須進行有效管理與營利用途[6]。在這個

4 John Evelyn, *Sylva, or A Discourse of Forest Trees* (London, 1664, 1679), p. 11 8, cited in John Brinckerhoff Jackson, *A Sense of Place, a Sense of Time* (New Haven: Yale University Press, 1994), pp. 97-98。

5 拉姆昌德拉．古哈（Ramachandra Guha）提醒我「忽略（ignore）」這個詞在這裡不太恰當，因為國家通常會試著控制、規範、並消滅那些會介入他們管理政策的慣習。在我早期（十分有限）的科學林業史學習上，我非常感謝古哈的兩本書 *The Unquiet Woods: Ecological Change and Peasant Resistance in the Himalaya* (Berkeley: University of California Press, 1989)和 with Madhav Gadgil, *This Fissured Land: An Ecological History of India* (Delhi: Oxford University Press, 1992)。至於要更深入地對西方森林不斷變化的文化意涵進行令人回味和廣泛的探索，請參考Robert Pogue Harrison, *Forests: The Shadow of Civilization* (Chicago: University of Chicago Press, 1992)。

6 Harrison, *Forests*, p. 121。

部分上，財政邏輯和商業邏輯是一致的，它們都堅決只參考最後收益的部分。

用來系統化自然的詞彙，往往會洩露出其人類使用者至高無上的利益何在。事實上，效益主義的論述用「自然資源」取代了「自然」這個詞，聚焦在自然可為人類挪用的這個角度上。從更廣泛的自然世界中也可以得到類似的邏輯。在這裡，動植物群具有效益主義價值（通常是作為可銷售產品），倒過來說，這邏輯則將捕食有價值的物種、與之競爭、或是傷害其產量的物種重新分類。於是，有價值的植物變成了「作物」，與之競爭的植物被污名化成「雜草」，而食用它的昆蟲則被醜化成「害蟲」。有價值的樹變成了「木材」，和它競爭的樹變成了「廢樹」或「林下灌木叢」。同樣邏輯也適用在動物上，價值稀有的動物變成「獵物」或是「家畜」，而與之競爭或是捕食牠們的動物，則變成了「掠食者」或「有害生物」。

因此，國家透過官僚對森林進行抽象化與效益主義的邏輯，並非前所未見。但它特殊的地方，是在於其視野狹隘以及可以被詳細闡述的程度，而且最重要的是，這能讓國家施加這種邏輯到被觀察的現實之上[7]。

科學林業的發展起初是在一七六五年到一八〇〇年間，主要分布在普魯士與薩克森。最終，它成為了法國、英國、美國以及貫穿第三世界森林管理技術的基礎。要理解它的出現，就不能將它和更廣的時代脈絡，也就是屬於那個時代的中央化國家肇建的推動分開來談。其實這門新的林業科學原本是一個叫做官房科學（cameral science）[8]的次領域，它致力於將國家的財政管理轉變為科學原則，以方便系統性規劃[9]。在這之前，傳統區域林業只是將森林簡單地劃分成大致相等的區塊，而區塊的數量和預計的樹木生長週期年數吻合[10]。根據對同樣大小土地的產量（和價值），每一年砍伐一塊土地的樹。但由於地圖粗劣、有價值的巨木（*Hochwald*）分布不均，以及非常不精確的「胸高」（*Bruststaerke*）測量方式，均使財政計畫十分不符合需求。

當財政官僚在十八世紀末期開始意識到木材供應緊縮時，如何謹慎地剝削轄地內的森林就變得間不容髮。許多橡樹、山毛櫸、鵝耳櫪、菩提樹的原始林，皆因無論有無計畫的濫伐而嚴重衰

---

7 最後一項有點歪曲了海森堡原則。（具有私心的）觀察效果是隨著時間的推移改變所觀察的現象，好讓這個現象能近似於鏡頭所揭示赤裸裸、抽象的影像；這個作法並不是改變觀察後所得到的現象，因為如果這樣作，事先觀察到的現象狀態基本上就會呈現未知狀態。

8 譯注：十七世紀，又稱作重商主義的官房學派，另譯作「官房學」或「官房主義」，是重商主義的一種形式，強調促進國家福利狀況，認為增加國家的黃金、白銀等貨幣能增強國家的經濟力量。

9 參考Keith Tribe, *Governing Economy: The Reformation of German Economic Discourse, 1750-1840* (Cambridge: Cambridge University Press, 1988)。米歇爾．傅科在收錄於他法蘭西學院的「治理性」演講中，（令人誤解的）標題「警察國家」（從德文Polizeiwissenschaft一詞而來）章節下，檢查了更多關於十七、十八世紀歐洲國家行政體系將各種原則編纂成法典的大致過程。更多可參考：Graham Burchell, Colin Gordon, and Peter Miller, eds., *The Foucault Effect: Studies in Governmentality* (London: Harvester Wheatsheaf, 1991)，尤其是第四章。

10 在十七世紀晚期，尚—巴蒂斯特．柯爾貝詳盡地計畫要「理性化」森林行政，好避免盜採，並製造更多可靠的收入。為了這個目的，Etienne Dralet在《*Traité du régime forestier*》一書中，提議要規範土地區塊，「這樣才能規律且簡單地保障成長。」儘管如此，法國直到一八二〇年，也就是新的德國技術傳入，才有所動作。更多可參考：Peter Sahlins, *Forest Rites: The War of the Demoiselles in Nineteenth-Century France*, Harvard Historical Studies no. 115 (Cambridge: Harvard University Press, 1994)。

退，與此同時，它們的再生狀況也不如預期般健全。產量下降的狀況之所以告急，不只是因為這會威脅到收入，還可能引發農民為了找尋柴火而產生大規模盜伐。這現象的其中一個徵兆，就是國家贊助了許多設計出更有效率的柴爐的比賽。

約翰．歌特利布．貝克曼（Johann Gottlieb Beckmann）在經過仔細調查後的樣區（sample plot）上，首次嘗試更精準的測量森林。幾名助手並排著走，手上拿著內部有分格的盒子，而盒子裡面附有五種顏色的釘子，對應於五種大小的樹木。這些助手們都接受過訓練，好知道如何辨識樹木大小。每棵樹都會被適當的釘子標記起來，直到樣區裡的樹都被標記。因為每個助手都是從一定數量的釘子開始，所以從最初的總數減掉最後剩下的釘子後，得出整個樣區上依照大小類別分類的樹木清單，就成了件簡單的工程。選擇樣區時，會依據其代表性仔細挑選，讓林務員可以計算木材數量，並且在假設某些定價的狀況下，計算出整座森林產生的營收。對林木科學家（*Forstwissenschaftler*）來說，他們的目標一直是「盡可能持續提供最大量的木材」[11]。

當數學家從圓錐的體積公式，推算出每個種類的標準樹（*Normalbaum*）包含了多少可售木材時，這個追求精準的功夫更是被向前推進了一步。他們計算出的結果，被拿去和樣本樹木中實際的木材量進行比對[12]。而這些計算的最終結果發展出了詳細的數據表，列出這些樹木在特定的正常生長和成熟條件下所長成的樹木體積與樹齡。透過圖表，國家林務人員將他們的視角全面地限縮在商業林上，這個行為卻違背常理地，反而讓他們達成了可以綜觀全森林的視野[13]。表格所反映出限制過的焦點，實際上是唯一一個可以透過單一視野觀看整座森林的方式。林務員參考這些表格，並與實地測試結合，就能夠仔細推估森林的庫存、成長以及產量。在林木科學家抽象且被控管的森林中盛行計算與測量，而三個主要的管理口號，用當代盛行的語法來說，是「最小多樣性」（minimum diversity）、「資產負債表」（balance sheet）與「永續收穫」（sustained yield）。國家管理的森林科學和商業剝削的邏輯實際上是如出一轍[14]。

德國林業科學透過標準化技術計算出商業木材的持續性產出，並進而獲取收入，這項成就的確十分可觀。但對於本書目的更為重要的，是林業管理必然的下一步。這個步驟就是透過小心地播種、種植與收割，創造出能讓國家林務人員更容易計算、操控、測量與評估的森林。實際上，由國家支持的森林科學與幾何學，有能力將真實、多樣與混亂的原始林，轉變成新的、更一致、而且與國家行政網格（administrative grid）技術更相似的森林。為了這個目標，林下灌木叢被清

---

11 Lowood, "The Calculating Forester," p. 338。

12 他們試過許多技術，包括將真實的樹砍成許多小段，再壓縮它們，好計算出樹的體積。還有將木頭放到已知容積的木桶內，並倒入計算過的水量，好計算木桶沒有被木頭占用的容積（同前，p. 328）。

13 效益主義這個架構，原則上可以用來加強其他森林可計算的「目的」，例如獵物數目、優質木材或放牧面積。當許多監督森林的機構與效益主義進程悖逆時，結果就會變得不一致，而當地人口要花招的空間也會增加。進一步可參考此傑出的研究：K. Sivaramakrishnan, "Forests, Politics, and Governance in Bengal, 1794-1994" (Ph.D. diss., Department of Anthropology, Yale University, 1996)。

14 我原本很想補充，在如何使用森林上，國家的視角可能會比私有公司還要來的更寬廣長遠，私人企業可能會將原始森林掠奪殆盡後，賣掉或交出土地以應付到期末付稅款（像是本世紀初美國上中西部的「被砍光的樹」）。問題是在於在戰爭與財政危機時期，國家也會採取短視近利的作法。

光，物種的數量減少（通常是單作栽培），而直線種植則在大片土地上同時進行著。就如亨利．洛伍德（Henry E. Lowood）所觀察的，這些管理方式「製造出單作栽培、同年生森林，最終將標準樹從抽象轉為現實。」德國森林成為一種典型，呈現如何在混亂無序的大自然上施加科學的整齊管理概念。實用的目標鼓勵了數學效益主義發展，這反過來促進了將幾何上的完美當作是管理良好的森林的外在標誌。亦即替樹木安排合理有序的秩序，替控制大自然提供了新的可能性[15]。

嚴格來說，這是個朝向系統化與組織化邁進的趨勢。森林中的樹木被編製成整齊劃一的隊伍，好像是要被測量、清點、砍伐，然後再被一組新的、外型相似的士兵取代。作為一支軍隊，它由上而下的層級設計，是為了達成特定目的，並且由單一長官任意處置。在極端狀況下，甚至不必看見森林本身；它可以從林務員辦公室的表格和地圖中準確地「讀取」出來。

管理新穎且簡陋的森林是件相較非常簡單的事。將同齡的樹木排列在直線的小徑中後，一切變得更像是例行程序：清除林下灌木叢、砍伐、榨取資源，然後種下新的樹木。森林變得愈來愈有秩序，使得在森林裡工作的工人能廣泛應用書面訓練章程。在新的森林環境裡遵守標準規範，就能讓比較沒技巧且缺乏經驗的工人適當地完成任務。砍伐寬度與長度相對一致的原木，不僅可以準確預測產量，還能向木材承包商與銷售商販賣品質劃一的產品[16]。在這個情況下，商業邏輯與官僚邏輯互為同義詞——這個系統確保單一商品在長時間內產生最大利潤，同時也有利於中央化的管理機制。

具有可辨識性的新樹林也讓實驗性的操控變得更加方便。許多變項都控制住的新森林取代了舊有複雜的原始林，檢查這些變項在同齡同種樹木上的效果也變得更為容易，例如肥料的使用、降雨量、除草狀況等。這在當時是人類所能想像最接近森林實驗室的東西[17]。有了森林的簡化工程，人類史上頭一遭能在幾乎是控制實驗的環境下，評估新的森林管理方案。

儘管幾何、整齊一致的森林的原初目的是為了加強管理與收割，它也迅速成為電照風行的美學。在德國以及德國科學林業普及的地方，外貌上規律一致與整齊乾淨，成了森林經過良好管理的視覺標誌。森林可以像是司令官檢閱部隊與隊伍一般被檢查，讓他們哀嘆巡山員沒有將樹木的「節奏」修剪好或是沒有好好「整頓」森林。這些官方的命令要求清除林下灌木叢，收集並拖走倒下的樹木與樹枝。未經授權的干擾——無論是火災或是當地居民——被視作是管理例行程序上的潛在威脅。愈一成不變的森林，就愈增加中央化管理的機會；可以到處套用的例行程序，則大幅降低了管理各種原始林所需的自由裁量權。

---

15 Lowood, "The Calculating Forester," p. 341. See also Harrison, *Forests*, pp. 122-23。

16 在近期，複製（或譯為克隆，cloning）樹種以產生出基因相同的特定樹種，是朝向一致性與控制更激烈的一步。

17 這些實驗創新的結果之一是「理財輪伐期」的崛起。木材生產的可靠資訊，讓仔細觀察純種林分每年成長率的林務員，可以精準計算出，新一年成長所帶來的價值（扣掉之前砍乏與重新種植的攤銷成本）會在何時超過另一年的成長所帶來的價值。當然，計算精確度是基於木材和市場價格為同質單位這個前提所做出的比較。

圖一　溫帶混合林，部分接受管理、部分重新自然生長

圖二 一條人工管理的白楊木道，位於托斯卡尼

科學林業重新設計過的受控環境帶來了許多顯著的優勢[18]。林務主管可以綜觀全局地進行調查；根據中央化的長期計畫，這些環境能夠更容易被監督與收成；科學林業提供了更穩定且一致的產品，也就排除了收入浮動的最主要因素；它同時也創造了一個可辨識的自然領域，加強控制與實驗操作。

科學林業的烏托邦夢境，當然只是這個技術的內在邏輯，既無法、也不能夠落實到現實的實踐之上。自然與人類因素都會從中介入。地景中既存的地形與難以捉摸的火、暴風雨、萎菌病、氣候變化、昆蟲與疾病，都會聯手阻礙林務員工作，並共同形塑真實的森林。此外，考量到管理大型森林得面對無數的障礙，像是附近的居民通常會繼續放牧動物、盜採柴薪與點火、製作木炭，用不同的方式使用森林，這些都會阻止林務員管理計畫的落實[19]。儘管與所有烏托邦計畫一樣，科學林業在達成理想目標上，還有很長一段距離要走。但關鍵的事實是，它在一定程度上，確實是成功地在真實的森林上烙印了它們設計的戳記。

在整個十九世紀，科學林業的原則都非常嚴密且實際地運用在德國大部分的廣大森林上。以堅固、成長迅速、價值不斐聞名的歐洲雲杉（Norway spruce），成為商業林業主要的謀生之道。最初歐洲雲杉被視為修補作物，可以修復遭到過度剝削的混生林，但從第一次輪作得到的商業利益實在太可觀，於是就沒人想要回去維持混生林。然而單作栽培對農民來說，卻是場災難。他們被剝奪所有早期森林生態系所提供的牧草、食物、原料與藥物。多樣的原生林原有約莫四分之三都是闊葉樹（落葉）種，現在被大量的針葉林取代，歐洲雲杉或歐洲赤松往往占大多數，甚至是唯一樹種。

這種從根本上精簡化樹林成為單作栽培的實驗，在短時間內獲得了驚人的成功。但從某種意義來說，這是個為期相當長的短期，因為一次輪作的樹木可能需要八十年才能成熟。新森林的生產力扭轉了國內木材供給的衰退，提供更多單一種的林分[20]和更多可用的木頭纖維，增加森林土地的經濟收益，並相當明顯地縮短了輪作時間（收成林分並種植新樹所需的時間）[21]。如同

---

18 「重新設計」這個詞來自於Chris Maser寶貴的書《The Redesigned Forest》（San Pedro: R. and E. Miles, 1988）。他的大部分論點都可以從他在前幾節標題中所強調的對立推斷出來。「大自然將森林設計成不可預測性的實驗……我們試著將森林設計成條理分明」、「大自然將森林設計成長期趨勢……我們試著將森林設計成絕對的短期」、「大自然將森林設計成具有多樣性……我們將森林設計成具有簡單相同的模樣」、「大自然將森林設計成具備交互關係的過程……我們以單一的產品為基礎，設計森林」(p. vii)。

19 例如：Honoré de Balzac, *Lespaysans* (Paris: Pleiades, 1949); E. P. Thompson, *Whigs and Hunters: The Origin of the Black Act* (New York: Pantheon, 1975); Douglas Hay, "Poaching on Cannock Chase," in Douglas Hay et al., eds., *Albion's Fatal Tree* (New York: Pantheon, 1975); and Steven Hahn, "Hunting, Fishing, and Foraging: Common Rights and Class Relations in the Postbellum South," *Radical History Review* 26 (1982): 37-64. 有關適當的德國例子，請見馬克思（Karl Marx）頭幾篇有關萊茵蘭地區木材盜竊與景氣循環之間關聯的文章：敘述自Peter Linebaugh, "Karl Marx, the Theft of Wood, and Working-Class Composition: A Contribution to the Current Debate," *Crime and Social Justice*, Fall-Winter 1976, pp. 5-16。

20 譯注：林分（stand），指特徵相似而與周圍有顯著差異的森林地段。區別不同林分的主要特徵包括樹種組成、森林起源、林相、林齡、疏密度、地位級、林型等。

21 要觀察三期輪作的結果可能會需要將近兩百年的時間，或是六個林務員的職業生涯。跟這比起來，玉米的三期輪作大概需要三年。當代大部分的森林三期輪作的結果都還沒有出現。而在這些森林實驗中，實驗的時間往往會遠遠超過人的一生。參見Maser, *The Redesigned Forest*。

農地上的行栽作物，新的針葉樹木材是單一商品的巨大生產者。也難怪德國式的密集商業林會迅速成為通行世界的標準[22]。美國史上第二個林務局長吉福德．品恰（Gifford Pinchot）曾在法國南錫的林業學校受訓，這所學校和美國與歐洲的多數林業學校一樣，都是遵循德國式的課綱[23]。英國第一位受雇來評估與管理印度和緬甸豐富的森林資源的人，即戴德力．布蘭德斯（Dietrich Brandes）也是個德國人[24]。到了十九世紀末期，德國林業稱霸世界。

就是將森林極度精簡化成「單一商品機器」這個步驟，使德國科學林業成為一個嚴謹的技術與商業學科，能被有系統地編纂與講授。這個嚴謹度的條件之一，是它非常嚴密地排除了所有變項，或是假定這些變項為常數——除了那些與所選樹種的產量，以及與其成長和砍伐成本直接相關的變項。而就像在都市計畫、革命理論、集體化與鄉村遷置可以看到的發展，在「括號外」的世界將重返，並騷擾這個技術的幻影。

在德國的案例中，種下第二輪作的針葉林後，將森林全部砍光的生物性惡果及最終商業後果才變得十分明顯。「大概花了一個世紀的時間（惡果）才清楚浮現。許多純種林分在第一代長得相當優異，但到第二代就已經展露出驚人的退化。這個現象的原因十分複雜，而這裡只能提供一個簡化後的解釋……。整個養分循環完全失去控制，最後近乎停止……。無論如何，在第二代、第三代的純種雲杉上看到一兩個地位級（木材的品質分級）下降，是眾所皆知且經常可以觀察到的事實。這代表產量大概下降了百分之二十到三十。」[25]

「森林死亡症候群」（*Waldsterben*）這個新詞彙於焉進入德文字典，用來形容森林最悽慘的絕

22 在德國內部，存在著我所形容的效益主義的觀點，和由卡爾．蓋爾（Karl Geyer）等代表的反效益主義、反曼徹斯特學派的思想兩者之間的辯論，後者倡導混生林與自然恢復。但效益主義短期的勝利，確保了他們的觀點變成德國科學林業「出口模範」的霸權。我在此感謝阿維．尼爾森（Arvid Nelson）提供的資訊，以及向我分享他對科學林業政策史的深厚知識。在一八六八年，殖民時期印度森林的德國首長戴德力．布蘭德斯，提議要鼓勵公共森林與國家製造的森林，但前者被英國行政官所否決。國家官員的利益似乎往往讓他們傾向在混雜的德國林業遺產中，選出最利於可識性、管理以及收入的部分。

23 品恰在完成南錫的學業後，到普魯士與瑞士的森林旅行。美國第一所林業學校的創辦人卡爾．甚科（Carl Schenk）是德國移民，而且在德國大學受訓。至於伯納德．佛諾（Bernhard Fernow），這位美國一八八六到一八九八年聯邦政府森林處的首長（在品恰之前），是來自位於目登（Münden）的普魯士森林學院的博士生。在此感謝卡爾．傑科比（Carl Jacoby）提供的資訊。

24 關於更深入且具分析性的印度殖民時代森林政策，請參考Sivaramakrishnan, "Forests, Politics, and Governance in Bengal"。在第六章，他展示了三個科學林業的原則——純種的商業林分比混種的好、火是一個該被避免的毀滅性要素、放牧與蒐集柴薪只會威脅森林管理計畫——如何被在印度蒐集到的證據所推翻。

25 Richard Plochmann, *Forestry in the Federal Republic of Germany*, Hill Family Foundation Series (Corvallis: Oregon State University School of Forestry, 1968), pp. 24-25; quoted in Maser, *The Redesigned Forest*, pp. 197-98. 對這個特殊交互作用有興趣的人，可以繼續閱讀刪節的句子：「雲杉的林分是個很好的例子，雲杉的根通常很淺薄，若種在之前硬木的土壤上，雲杉的根可以跟隨著之前第一代硬木的深根通道向下生長。但是到了第二代，根的系統由於累進的土壤壓實而變薄，於是可以提供給樹的營養就變少。雲杉的林分可以受益於第一代硬木造成的溫和腐植質積累，但它本身無法製造溫和腐植質。而雲杉的枯枝落葉層的腐爛速度比闊葉的枯枝落葉層慢得多，上層土層的動植物群要分解也就更加困難，這個狀況下，就會發展出粗腐植質。在我們潮濕的氣候下，它的腐植酸開始溶出土壤，使土壤的動植物群變得貧瘠。這造成了更糟糕的分解狀況，並使得粗腐植質更快速發展。」普萊曼指出松樹的人造林過程大抵也是如此。我與就職於耶魯大學森林與環境研究所的大衛．史密斯（David Smith）確認過，他是《The Practice of Silviculture》作者，此書是當代林業技術的重要文獻。要理解類似的森林林業的技術，尤其是防火與單作栽培如何負面影響森林的健康與境。這個詞實際上是指涉養土（soil building）、營養攝取，以及菌類、昆蟲、哺乳類與植物共生的關係，這個極度複雜的過程——到現在還是難以被全盤理解——被干擾後極為嚴重的下場。而這些都可以被歸咎到科學林業極端精簡化的後果。

只有一本仔細思考過的生態學專論才能撥亂反正，但討論一些精簡化帶來的主要後果，能夠讓大家意識到許多被科學林業排除在外的元素是多麼重要。德國林業十分在乎刻板秩序以及能夠輕鬆管理和砍伐森林，因此他們清光林下灌木叢、交錯倒下的樹木、殘幹（死掉但還站立著的樹），大量減少昆蟲、哺乳類、鳥類的多樣性，而這些東西對養土來說都至關重要[26]。如今我們已經知道，枯枝落葉與木質生質能的缺乏，正是新森林的林床愈來愈薄與營養不足的主要原因[27]。同齡同種的森林不只造就了多樣性稀缺的棲息地，此外，這種森林在大規模暴風雨侵襲時會顯得更為脆弱。而像歐洲雲杉這樣非常單一、同種且同齡的森林，同時也提供了非常喜歡這種樹木的「害蟲」的棲身之處。當這種害蟲達到了造成流行病的數量，就促成了產量的損失，以及大量肥料、殺蟲劑、殺菌劑、殺鼠藥成本的支出[28]。顯然第一輪作的歐洲雲杉長得很好，是因為它生存（或破壞）所仰賴的土壤資本，乃是它所取代的多樣原生林長期累積出來的。當這些資本使用殆盡，急遽的衰退就開始了。

作為林業科學的先鋒，德國在正視負面後果與嘗試提出解決辦法上，也是先鋒。為了解決這件事，他們發明了他們稱為「森林衛生」的科學。中空的樹木原本是啄木鳥、貓頭鷹以及其他將樹木當作棲息地的鳥類的家，林務員為其提供特別設計的箱子取而代之。人工養成的蟻窩被埋置在森林裡，由當地學生幫忙照顧牠們的窩。許多在單作栽培的森林裡銷聲匿跡的蜘蛛，被重新引進[29]。這些努力最讓人吃驚的地方，是德國人為了產量，在仍種滿單作栽培針葉林的貧乏棲息地上，做出這些嘗試[30]。在這狀況下，「森林再造」與其毀譽參半的成果，嘗試創造一個虛擬生態系，同時卻否定這個生態系能延續的主要條件——多樣性。

---

26 「短作林分移除斷枝的時候，有百分之十的野生物種（不包括鳥類）會被消滅；當移除斷枝與倒下的樹（原木），百分之二十九的野生物種會被消滅。當森林裡的枯枝、枯木因為精簡單一的「密集木材管理」概念被移除，我們就愈來愈接近當代林業最終極的簡明目標——人造林或『聖誕樹農場』。」（Maser, *The Redesigned Forest*, p. 19）。

27 亞伯特．霍華德（Albert Howard）仔細研究這個過程，關鍵步驟似乎是地下共生真菌根結構（菌根結合），請見第七章。

28 一些可能的害蟲包括「松尺蠖蛾、松夜蛾、松枯葉蛾、樸毒蛾、鋸蜂、小蠹蟲、松針散斑殼菌（葉震病）、蕉生柱銹菌、蜜環菌、赤腐病」（Maser, *The Redesigned Forest*, p. 78）。

29 針對這些實踐的簡短敘述，請見瑞秋．卡森的《寂靜的春天》（Boston: Houghton Mifflin, 1962, 1987）。卡森稱讚這些發展，因為它們看起來是生物控制的先驅，而非使用殺蟲劑。

30 為了極大化單一商品的生產而進行的森林工程，其悲劇性下場現在已經是普世經驗。因為日本柳杉的成長速度極快以及其商業價值，二戰後的日本選定此單一樹種來取代許多為了燃料與建築所需而被掠奪的森林。現在很明顯可以看到，這些成排、高瘦一致的柳杉造成嚴重的土壤侵蝕與山崩，除了降低地下水位，而且很容易因為暴風雨就倒塌。它們使陽光很難透進林地，而且只提供非常零星的保護與食物給動物。對日本都會區，柳杉主要造成的短期不便是釋放巨量的花粉，誘發嚴重過敏反應。但在這種激烈精簡化的嚴重後果中，過敏只是最明顯的症狀。更多請參考James Sterngold, "Japan's Cedar Forests Are a Man-Made Disaster," *New York Times*, January 17, 1995, pp. C1, C10。

生產力，請參考Nancy Langston, *Forest Dreams, Forest Nightmares: The Paradox of Old Growth in the Inland West* (Seattle: University of Washington Press, 1995)。

前述針對科學製造的森林的簡短說明，可以被視為一則隱喻——若試圖將一組出奇複雜且缺乏理解的關係與過程肢解，以分離出具備工具性價值的單一元素，將面對危險的後果。針對生產單一化商品的強烈興趣像是一把尖銳的雕刻刀，是用來雕琢出新的、剛萌芽的森林的工具。任何會影響關鍵商品生產效率的東西，都會被毫不留情地清除。一切乍看之下與生產效率毫無關係的事物，都會被徹底忽略。科學林業將森林看作商品後，就著手將其改造成製造商品的機器[31]。效益主義式地精簡化森林，是個在中短期內能夠極大化木材生產的有效作法。但是這種短視近利、只強調收穫量與帳面收益的作法，以及它一心一意設法避免的各種後果，終究會陰魂不散，回來糾纏這個過程[32]。

就算是在收益最可觀之處，也就是在木質纖維的產出上，見林不見樹的後果遲早也會變得過分顯而易見，直到無法忽視的程度。這些後果的源頭，可以直接歸因於為了管理方便和經濟效益的目的，而施加在樹林上的基礎精簡化工程，亦即單作栽培。單作栽培通常比多元栽培（polyculture）更脆弱，因此更容易受到疾病和天氣的壓力影響。就像理查．普萊曼（Richard Plochmann）所說：「純種種植很常見的另一項缺點，是植物間原本具有自然交互關係的生態系失去平衡。如果一棵樹種植在自然棲息地外，而且是純種林分之處，該樹木的生理狀況會衰退，而且抵抗天敵的能力下降。[33]」。任何未經管理的森林都可能會經歷暴風雨、疾病、乾旱、脆弱的土壤與酷寒的壓力。但是一個多樣複雜且擁有許多樹種的森林，它具備了各種各樣的鳥類、昆蟲與哺乳類，會比純種林分更為堅忍不拔，亦即更能承受類似的傷害並從中復原。它的多樣性與複雜性讓它對這些天災免疫，例如當暴風襲擊並吹倒其中某樹種的巨大老樹時，通常其他種類的大樹和與老樹同種的小樹能夠倖免；如果某種枯萎病或是昆蟲對橡木產生威脅，菩提樹或鵝耳櫟可能會毫髮無傷地逃過一劫。就像商人如果不清楚自己的船會在海上遭遇什麼樣的狀況，便可能會祭出各種不同設計、重量、船帆與導航設備的船隻，好讓船隊裡大部分的船隻更有機會抵達港口。而當一個商人將一切賭在單一設計與大小的船隻上，他就更有可能會失去一切。森林的生物多樣性其實就像張保單。精簡化後的森林就如同由第二位商人經營的船運事業，這樣的森林是個更脆弱的系統，尤其以長期來看，這套系統對土壤、水分以及「害蟲」的影響，就會變得更為明顯。這種危險只能透過使用人工肥料、除蟲劑、除真菌劑部分抑止。由於精簡化生產的森林十分脆弱，當初為了打造這種森林——我們可以將它稱之為行政管理者的森林——所需要的大量外在

---

31 Maser, *The Redesigned Forest*, pp. 54-55. 許多當代森林中的「商品」並不是木材本身，而是造紙的紙漿。這反而又促成旨在生產出品質與數量兼具的紙漿的物種與複製的基因工程。

32 在福利經濟學的脈絡下，科學林業的實踐可以將大量的成本外部化給當地社群，這些成本不會出現在其收支表上，例如地力耗盡、保水能力與水質的損失、物種減少以及生物多樣性的消失。

33 Plochmann, *Forestry in the Federal Republic of Germany*, p. 25. 當然也有自然產生的純種木頭林分，通常是在充滿限制的生態條件下，包括經診斷確認品質嚴重降低的地點。要理解這個問題的各式觀點，請見：Matthew J. Kelty, Bruce C. Larson, and Chadwick D. Oliver, eds., *The Ecology and Silviculture of Mixed-Species Forests: A Festschrift for David W. Smith* (Dordrecht and Boston: Kluwer Academic Publishing, 1992)。

介入行為，現在也變得更加不可或缺，以維持它的存續[34]。

## 社會事實：原始的與加工過的

在成為可以量化的客體之前，社會必須被重新建造過。人與物的種類必須被界定，測量單位必須可以互相轉換；土地和商品必須能被認作是等值的貨幣代表，這裡牽涉到韋伯所說的理性化，以及極大部分的中央集權化。

——席奧多．波特（Theodore M. Porter），《客體化作為標準化》（*Objectivity as Standardization*）

行政管理者的森林不可能是自然主義者的森林。就算已經知道這些森林裡生態系間的互動為何，但現實的組成樣貌依舊十分複雜與多樣，難以用簡略的敘述一言以蔽之。於是國家出於對商業木材與收益的偏好，準備了一個智識的濾鏡，這對於降低可管理層面的複雜性可說是非常重要。

然而，無論人類的使用如何塑造自然世界，它「未經加工過」的形式對於行政操控來說實在是太過不便；同樣地，人類與自然互動的實際社會形式，其未經加工過的模樣也無法為官僚所處理。除非透過大規模、誇大且具備特定主題的抽象化與精簡化過程，不然沒有**任何**行政系統有能力再現任何既存的社會群體。這不只是能力的問題，儘管與森林十分雷同，但人類社群的確更為複雜，而影響他們的變項也更容易逃過官方的配置。這同時也是目的問題。國家單位沒有興趣——他們也不應該有——闡述整個社會現實，就像是科學林務員也沒有興趣鉅細靡遺地描述整個森林的生態系。他們的抽象化與精簡化由少少的目標所規訓，而直到十九世紀，最重要的目標包括賦稅、政治控制與徵兵。他們需要的技術與知識，只要足以完成這些任務即可。就像我們將會看到的，當代「財政森林」與現代形式的應稅財產制度，這兩套系統的發展有十分具啟發性的雷同。前現代國家在乎稅收的程度跟當代國家不相上下，但是就跟前現代國家的林業一樣，前現代國家的技巧跟可及的範圍實在是有很多不足之處。

就這而言，十七世紀的法國絕對主義國家[35]是個很好的例子[36]。間接稅是比較為國家偏好的賦稅形式，包括—徵收鹽巴與菸草的消費稅、過路稅、執照費用、販賣官職與頭銜；這些稅收容易管理，而且幾乎不需要個人土地所有權或收入多寡等資訊。貴族與教士的免稅地位意謂著有許多

34 南西．藍斯頓（Nancy Langston）有更全面的評價：「所有想要試著修復森林的人，最後都只會幫倒忙。」（*Forest Dreams, Forest Nightmares*, p. 2）。

35 譯注：此處的法國絕對主義國家（Absolutist France）指的是法國皇室在十六到十八世紀時期，極不受到任何法律、宗教或風俗所限制的專制政體。

36 下面簡略的敘述大多來自James B. Collins, *Fiscal Limits of Absolutism: Direct Taxation in Early Seventeenth-Century France* (Berkeley: University of California Press, 1988)。

地產都沒有被徵到稅，並將財政負擔嫁接到富有且擁有土地使用權的農夫以及農民（peasantry）身上。公有地也沒有任何稅收營利，儘管它對鄉間窮人來說是非常重要的生存資源。到了十八世紀，重農主義者出於兩個推論原因，攻訐所有的公有地：無法有效地開發使用，而且它在財政利用上十分貧瘠[37]。

觀察絕對主義國家賦稅制度的人，一定會震驚於這個制度是如何地多變與缺乏系統。詹姆斯・科林司（James Collins）發現主要的直接土地稅收，也就是租稅（*taille*），往往都沒人繳納，而且沒有任何一個農村社群（community）支付超過他們預計該上繳賦稅的三分之一[38]。這造成的結果，就是國家得一再地仰賴特殊手段，以克服收入不足或是新的支出，尤其是軍事活動的花費。皇室勒索「強制貸款」（*rentes, droits aliénés*），而回饋給被勒索對象的則是不一定會發放的年金；皇室販賣官職與頭銜（*vénalités d'offices*）；徵收過量的壁爐稅（*fouages extraordinaires*）；最糟糕的則是讓軍隊直接在這些農村駐紮，而駐軍過程往往會毀滅村莊[39]。

駐軍是種很常見的財政懲罰，它與現代系統性賦稅形式之間的差距，就像是把可能弒君的人五花大綁並五馬分屍（一如米歇爾・傅科在《紀律與懲罰》開頭描述的那樣驚心動魄），之於當代系統性的監禁罪犯。這也不是說國家有選擇其他賦稅的機會。畢竟基本上就是因缺乏資訊與行政網格，於是沒有辦法從臣民身上榨取到他們能力所及、可以負擔而且足夠的收益。就像是針對森林收益，除了粗略估算相對的產量波動外，別無他法。依照查爾司・林布隆（Charles Lindblom）貼切的形容，前現代國家在財政上可稱作「都是大拇指，不見其他指」，也就是缺乏精密調整的能力。

接下來的討論，是森林管理與賦稅系統這個粗糙的類比開始失效之處。由於國家缺乏有關長期木材收益的可信資訊，國家若不是不經意地就過分榨取資源並且威脅到之後的供給量，就是無法將森林可維持的收益水平兌現[40]。但樹木畢竟沒有政治上的行為能力，而皇權之下的可賦稅臣民肯定都有。他們透過各種手段表達他們的不滿，方法包括資金外移、各種形式的無聲抗爭與逃避，或是最極端的公然反抗。因此，對臣民徵稅最可靠的方式，不僅取決於理解他們的經濟狀況，還仰賴於嘗試判斷他們會強力抵制哪些苛求。

國家的代理人（**agents**）如何在全國上下各個區域內，測量國內人口、他們擁有的土地、收成量、財富、商業活動等資料，並制定規範呢？就算想獲得最基本的認識，這些工作也是困難重

---

37 P. M. Jones, *The Peasantry in the French Revolution* (Cambridge: Cambridge University Press, 1988), p. 17。

38 Collins, *Fiscal Limits of Absolutism*, pp. 201, 204. 正是這種逃稅的能力，讓財政體制有某個程度上非預期（至少是由上而下）的彈性，幫助國家在充滿紛亂的十七世紀避免更多叛亂。

39 海柏隆（J. L. Heilbron）提到，在一七九一年，國民軍中的一名英格蘭上校威脅要在某蘇格蘭的教區部署軍隊，迫使該教區神職人員提交該教區人口清單。（Introduction to Tore Frangsmyr, J. L. Heilbron, and Robin E. Rider, eds., *The Quantifying Spirit in the Eighteenth Century* [Berkeley: University of California Press, 1991], p. 13.）

40 這裡是假設國王想要在長時程內極大化收益。當然，政權處於政治或軍事危機時，透過抵押賭上未來而壓榨森林與臣民，是很常見的事。在這個脈絡下，請參見Charles Tilly, *Coercion, Capital, and European States, A.D. 990-1992* (Oxford: Blackwell, 1990)書中驚人的分析。他強調準備戰爭與發動戰爭在國家形成過程的影響力，並闡述從「部落國家」（"tributary" states）如何轉型到直接從公民身上榨取資源的國家。

重。想要了解這點，可以參考國家為了建立統一的重量與測量單位，並針對土地持有情形進行地籍測量時，經歷了哪些困難。每一項都需要曠日廢時、昂貴、而且大量的行動，以對抗頑強的抵抗。反抗不只來自於一般民眾，也來自在地的當權者；他們往往能從行政邏輯不一致的狀況中撈到好處，而這個不一致，則是來自於各等級的官員間截然不同的利益與責任。然而，就算各種國家行動的成敗不一、國族特性各異，採用統一的測量方式以及繪製地籍圖的模式還是占上風。

每一項國家行動都是很好的例子，可以呈現在地知識與實踐，以及另一端國家行政例行公事之間的關係模式，而有關這個關係模式的討論會不斷出現在這本書裡。在每一個案例中，測量方式與土地持有的在地實踐，在未經加工的狀況下都難以被國家辨識。它們展示出的多樣性與錯綜複雜的程度，反應了種種純粹在地的利益，而非國家的。這表示，如果不將這些在地實踐轉變或簡化成簡便、但部分為虛構的速記，這些實踐無法被同化並加入行政網格中。這些速記是必要的，其背後隱含的邏輯就和科學林業一樣，是出於統治者急切的物質利益，像是財政帳單、兵力，以及國家安全。反過來說，就如同貝克曼的標準樹木（Normalbaume），這些速記的作用不只是描述，而這類描述無法涵蓋整體事實。在紀錄、法院以及暴力等國家力量的支持下，這些國家虛構的速記產品，轉化了其自以為觀察到的現實。然而，現實從來無法徹底與精準地被塞到一板一眼的格線之中。

## 打造可辨識性的工具：民眾的測量方式與國家的測量方式

非國家形式的測量方式源於當地實踐的邏輯。因此，就算它們的形式五花八門，仍共享一些普遍的特徵，而這些特徵則阻礙了行政體系的單一性。這裡得感謝中世紀主義研究者維透德·庫拉（Witold Kula）的統整，讓人能較簡明地解釋形塑在地測量方式的邏輯[41]。

大部分早期的測量方式都是以人為單位。我們可以從一些倖存的措辭中看見這個邏輯，像是形容距離的「觸手可及」、「近在眉睫（within earshot）」，還有形容數量的「一車」、「一箱」或是「一把」。考量到一車與一箱的實際大小在不同地方會有不同的量，而觸手可及的實際長度也因人而異，這些單位皆是因時因地制宜。就算看似固定的測量方式，也可能是騙人的。舉例來說，在十八世紀的巴黎，一品脫約莫是零點九三公升，然而在塞納蒙田（*Seine-en-Montagne*，今稱為聖塞納拉拜〔Saint-Seine-l'Abbaye〕），一品脫是一點九九公升。至於在普雷西蘇蒂（Precy-sous-Thil），則是驚人的三點三三公升。法國的「昂（*aune*）」是用來測量布料長度的單位，它也依質料而定（例如每昂的絲會比亞麻布短），而橫跨法國，至少有十七種不同的昂單位[42]。

41 Witold Kula, *Measures and Men*, trans. R. Szreter (Princeton: Princeton University Press, 1986)。

42 J. L. Heilbron, "The Measure of Enlightenment," in Tore Frangsmyr, J. L. Heilbron, and Robin E. Rider, eds., *The Quantifying Spirit in the Eighteenth Century* (Berkeley: University of California Press, 1991), pp. 207-8。

在地的測量方式同時也是具備社會關係或是「共量」（commensurable）的[43]。每當有人提出涉及判斷測量單位的問題時，答案可能五花八門，因時因地而異。在馬來西亞我最熟悉的區域內，如果有人問「隔壁村莊有多遠」，最有可能得到的回答是「煮三把米的時間」。這個答案假設提問者想知道的是抵達下一個村莊的時間有多長，而不是有多少哩遠。當然，在不同的地形上，用哩這個單位的距離來測量旅行時間，是極度不可靠的，尤其當旅者採取步行或是騎腳踏車。這個答案也不是用分鐘來表達時間——到近代之前，手表還是很稀有的物品——而是使用對在地有意義的單位。每個人都知道當地煮飯的時間有多長。因此，衣索比亞人回答一道菜所需的鹽有多少時，答案可能是「烹煮雞肉會用到的一半」。這答案的參照標準，是每個人都該知道的標準答案。這些實際的測量方式與當地密不可分，因為地區差異會造成不同的結果，例如當地人吃哪種米或偏好用什麼方式烹調雞肉。

許多在地測量方式的單位，非常實際地和特定活動綁在一起。根據阿君．阿帕度萊（Arjun Appadurai）的說法，馬拉地（Marathi）農民以他們手的寬度，來表示種植洋蔥所需要的間隔距離。當一個人在田地間行走時，他的手是手邊能找到最有用的標準規格。同樣地，麻線或繩索常用的單位則是拇指到手肘之間的距離，因為這對應到如何盤繞與儲藏這些繩線。就像是種洋蔥，測量的過程是活動本身的一部分，而不需要另外的行動。更甚者，這些測量方式通常都是近似值；它們的精準度僅限於手上的任務所需[44]。如果問問題的情境是在關心特定作物，回答降雨量時可以說過量或是不足。但如果用吋來回答這項提問，不論多麼精確，都沒辦法傳達問問題的人想要的資訊，因為忽略了諸如下雨時機等重要問題。在許多情況下，一個明顯模糊的測量方式，可能會比統計上的精準數字傳達出更寶貴的訊息。當重點是在收益變化時，種植者通報每塊地的稻米收益約莫是四到六箱，會比他說十年統計平均是五點六箱，還能傳達出更精確的資訊。

於是，除非特別強調在地的事物如何引起我們各種與測量相關的疑問，不然不會有一個單一、全方位的正確答案。特定的測量方式慣習因此受到情境、時間與地理所限制。

各地測量方式的特殊慣習，在耕地上最為明顯。按照表面積計算的當代土地抽象測量方式——多少公頃或英畝——對於仰賴這些田地維生的家庭來說，是非常不實用的資訊。告訴一個農夫他要租用二十英畝的土地，就像跟一個學者說他買了六公斤的書一樣毫無幫助。因此，有關土地的習慣測量方式有許多形式，呼應對土地實際使用情形最有利的部分。當土地充裕而人力或動物牽引力不足時，衡量土地最有意義的標準，通常是犁田或除草所需的天數。在十九世紀的法國，用來形容一塊土地的方式，通常是用有多少個早晨（*morgen*）或日（*journal*，指工作天數），或是需要多少工作（如一天耕地量〔*homée*〕、一天割草量〔*bechée*〕、一天鋤地量〔*fauchée*〕）。十畝的土地可以等同於數量非常不同的「早晨」；如果土地都是石頭而且陡峭傾

43 根據這個部分，想要參考十分具有啟發性的討論，請見阿帕度萊（Arjun Appadurai），"Measurement Discourse in Rural Maharastra," in Appadurai et al., *Agriculture, Language, and Knowledge in South Asia: Perspectives from History and Anthropology* (forthcoming)。

44 同前，p. 14。

斜，它可能會需要一片肥沃平坦低地的兩倍勞動力。一單位的「早晨」同時也仰賴當地動物的牽引能力和作物播種的效力，而且因為技術（像是犁頭、軛或馬具）影響到人一日所能完成的工作量，「一早晨」亦會隨著時間有所改變。

土地也可以根據播種所需的種子數量進行評估。如果土壤品質十分優良，就能在一塊田上密集地播種，而貧瘠的土地就只能種下少量的種子。土地上所種下的種子其實是用來估計平均收益的優良指標，因為播種是在計算預期平均成長狀況下完成的，而實際的季節性產量又更多變。根據某種特定的耕作制度，種下的種子量會大致顯示一塊田地的生產力為何，儘管它完全無法解釋土地耕種的艱巨程度或是產量的變化狀況。但一塊土地上的平均產量其實是個相對抽象的數字。大部分在生存邊緣的農夫最想要知道的，是特定農場能否穩定地達到他們的基本所需。因此，愛爾蘭的小農莊常常被形容是「一頭牛的農場」或是「兩頭牛的農場」，以向需要大量乳類製品和馬鈴薯的人展示他們的放牧能力。與是否可以養活特定的家庭相比，農場所涵蓋的實體區域顯得無關緊要[45]。

為了理解土地測量各種千變萬化的方法慣例，我們必須從字面上去想像，有許多「地圖」不是根據表面積的線所建構而成的。我想到的，是許多設計來吸引我們注意的地圖，它們具有哈哈鏡的效果。例如有的地圖呈現出將國家的面積大小與它的人口數量、而非地域大小成正比，在這情況下，中國和印度會威脅到俄羅斯、巴西以及美國的地位，而利比亞、澳洲還有格陵蘭會消失不見。這些慣用的地圖（想必數量非常的多）建構地景的方式，是根據每單位的工作與產量、土壤類型、可及性（accessibility）與提供生計的能力而成，沒有一項必定得仰賴表面積而定。測量的方式必然是**在地的、牽扯到利益關係的、脈絡性**而且**具有歷史意義**。能符合一個家庭生存所需的量，不代表能符合另一個家庭所需。當地的耕種計畫、勞動力供給、農業科技以及天氣等各種因素，都使得評估的標準因地而異，而且隨著時間推移變化。國家若直接觀察這些地圖，會發現它們展現出極度令人困惑且眼花撩亂的地方標準。它們絕對不適合被彙整成一個單一系列的統計數據，讓國家官員可以做出任何有意義的比較。

## 測量方式的政治

本書至此，我所討論關於當地測量方式的實踐，都可能會給讀者一個錯誤的印象，就是儘管距離、大小、量等等的在地概念，和國家提供的單一抽象標準都非常不同且更為多樣，但它們仍然是以客觀精確為目的。這個想法是錯誤的。所有的測量方式，都是權力關係展演所留下的證明。要了解早期當代歐洲測量方式的實踐，就如庫拉所展示的，我們得回到主要社會階級間相互競爭的利益，這些階級包括貴族、神職人員、商人、工匠以及農奴。

45 同樣的動機也出現在爪哇村民對於階級化的常民分類上：「不足的」（那些擁有的東西不夠的人）以及「充足的」（那些擁有足夠東西的人）。更多請見Clifford Geertz, *Agricultural Involution* (Berkeley: University of California Press, 1963)。

大部分當代測量方式的政治，是源於當代經濟學家大概會稱之為封建地租的「黏性」。貴族與替神職人員管帳的人，往往會發現要直接提高封建地租是很困難的事情；各種不同等級的改變都是經過長期鬥爭後得來的，甚至只是漲比平常的標準多一點點，都會被視為要打破傳統[46]。但是改變測量方式，往往能達到與漲價殊途同歸的目的。例如當地的地主可能會用比較小的籃子乘裝借貸給農民的稻穀，然後堅持要用較大的籃子償還。他可能會暗中或正大光明地放大磨坊（為領主所壟斷）接受的穀物袋的大小，並縮小用來計算麵粉的袋子的尺寸；他也可能用比較大的籃子收取封建稅款，用比較小的籃子發放薪水。雖然管理封建稅款和薪資的正式習俗因此保持不變（舉例來說，要求特定地區收成繳納的小麥袋數維持相同數量），實際的收入可能會逐漸偏向有利於地主[47]。這種騙局絕非毫無價值。庫拉估計，在被稱作封建復辟（*réaction féodale*）[48]的變動中，用來收集主要封建地租的蒲式耳（bushel, *boisseau*），在一六七四年到一七一六年間體積增加了三分之一[49]。

即使當測量單位的標準（例如蒲式耳）顯然是大家都同意的單位，但遊戲才剛開始。在早期的現代歐洲，幾乎每個地方都有無數關於如何調整籃子的微型政治（micropolitics），例如透過磨損、裝滿、編織技巧、濕度、邊框厚度等等。有些地方的蒲式耳或其他測量單位是以金屬形式為準，而且由可信賴的官方收藏保存，或是乾脆刻在教堂或是市政廳的石頭上[50]。但遊戲還沒結束。穀物要怎樣倒出來（從肩膀高度倒下能夠把容器塞比較滿，還是從腰的高度呢？）、現場有多潮濕、是否可以搖晃容器，以及最後在裝滿時，是否、或是如何將表面填平，都是冗長且爭論不休的主題。有些設計要求必須得裝滿穀物，有些只需要「半滿」，有些則要求填平或是「裝到邊緣處」（*ras*）。這些都不是枝微末節的瑣事。只要封建主堅持以滿載的蒲式耳接收小麥和黑麥[51]，他可以增加百分之二十五的租金收益。如果按照慣例，一蒲式耳的穀物得裝到容器邊緣，那一場關於平刮板的微型政治就會爆發。它應該要是圓形的，所以在它沿著邊緣繞時能裝入更多穀物，還是它應該要有鋒利的邊緣？誰可以使用平刮板？哪個人值得信任，並可由他保存平刮板？

46　被視為習慣的東西不一定會有很悠久的家世系譜。習慣的延續往往是其中一方出於利益考量，害怕不利於他們的重新談判，而將既有的安排視為恆常且神聖不可侵犯的事實。

47　偶爾權力的平衡會往另一個方向傾斜。在這個部分，可以參考法國什一稅（tithe）稅收長期衰退的證據，請見 Emmanuel LeRoi Ladurie and Joseph Gay, *Tithe and Agrarian History from the Fourteenth Century to the Nineteenth Century: An Essay in Comparative History*, trans. Susan Burke (Cambridge: Cambridge University Press, 1982), p. 27。

48　譯注：租金收入的減少以及農民增加對於市場的投入，致使地主系統性地透過這種方式來增加收益以避免破產。

49　Kula, *Measures and Men*, p. 150. 在一九二〇與三〇年代的下緬甸地區，房東用來收房客實物租金的稻籃子，被戲稱為「破籃」（James C. Scott, *The Moral Economy of the Peasant: Rebellion and Subsistence in Southeast Asia* [New Haven: Yale University Press, 1976], p. 71）。

50　例如其中一個巴黎知名的鐵製土瓦茲（*toise*），就鑲在夏特雷飯店上。更多請參考：Ken Alder, "A Revolution Made to Measure: The Political Economy of the Metric System in France," in Norton W. Wise, ed., *Values of Precision* (Princeton: Princeton University Press, 1995), p. 44。

51　馬森（Marsenne）本著十七世紀嚴謹的精神，計算出一個裝到容器邊緣的蒲式耳共有一七二〇〇〇粒小麥，而一個裝滿的蒲式耳可以容納二二〇一六〇粒小麥（Kula, *Measures and Men*, p. 172）。至於在燕麥這種顆粒比較大的穀物上，這個優勢就顯得比較小。

如大家所預料的，一個相似的微型政治，也在土地測量單位上捲起千堆雪。厄爾（*ell*）是常見用來測量長度的單位，被用在劃定要耕種或是除草這些屬於封建勞動債務的區域上。再一次地，以厄爾為單位的長度跟寬度都非常地「黏」，是透過長久鬥爭所建立而成的。對封建主或是監工而言，透過增加厄爾的長度以提高勞動稅，是件十分誘人的事。如果成功了，不僅不會違反徭役的正式規範，還能增加工作量。而所有測量方式中最黏的，大概是十九世紀前的麵包價格。作為前現代時期最重要的生存物資，它被當作是生存物價指數，其成本深植於約定俗成，與一般城市薪水的變動密不可分。庫拉所透露的驚人細節，展示出麵包師傅儘管害怕正面違反「公正的價格」而引起暴動，但他們還是能控制麵包的重量與大小，好補足一定程度上小麥與黑麥價格的變動[52]。

## 治國之術與晦澀難懂的測量方式

因為測量方式的在地標準和實際需求密切結合；因為它們反應出獨特的農作模式和農業技術；因為它們會根據天氣與生態系有所改變；因為它們「擁有權力的特質，且是能顯示階級特權的工具」；而且因為它們處在「激烈的階級鬥爭的核心」，測量方式成為治國之術中令人頭痛的問題[53]。將測量方式精簡化與標準化的嘗試，就像音樂作品上的主導動機一樣，在法國歷史上不停地發生——而它們一再地發生，恰恰代表了前一次的失敗。各種將當地實踐編纂為法律並創造轉換表格的謹慎嘗試，都會迅速地被在地的改變取代與淘汰。國王的執行者必須對抗各種在地測量方式，像是一塊布滿密碼的拼貼物，執行者必須將之一一破解。如同每個地區都使用自己的方言一般，每一種都無法為外人所理解，而且還容易在沒有預兆的狀況下改變。國家不是得冒著風險，可能對當地形勢做出重大且具有破壞性的誤判，就是得過度依賴當地幫手的建議——即王室信任的貴族和神職人員，而他們根據自己的影響力，只要有機可趁，絕對毫不手軟。

對君主制度而言，難以辨識在地測量方式的實踐，這件事不僅僅是行政上的難事，它同時也危及了國家安全最攸關生死且敏感的部分。食物供給是早期當代國家的阿基里斯腱；除了宗教戰爭之外，沒有什麼比糧食短缺和它所促成的社會動盪更能威脅國家的了。在沒有可比較的測量單位的狀況下，國家幾乎沒有辦法監控市場，比較基本商品在不同地區的價格，或是有效規範食物供給[54]。它不得不根據粗略的訊息、謠言與對自身有利的在地報告，摸索出回應方式，但經常相當遲緩且無法妥善地回應。另一個敏感的政治問題，也就是公平的賦稅，亦超越國家所及之處，而國家往往難以找到收穫與價格可相互比較的基本事實。考量到國家情報的粗糙程度，大力徵稅、徵用軍隊駐防地、緩解都市資源短缺或任何其他措施，都可能會引發政治危機。就算不會危及國

52 同前，pp. 73-74. 與其他慣用的測量方式一樣，這種作法使當權者與民眾堅持秤重與測量麵包師傅的麵包，以防止這種狀況發生。

53 同前，pp. 98-99。

54 同前，p. 173。

家安全，測量方式的巴別塔也會產生巨大的政治失能，以及低於或高於財政目標的模式[55]。因此，若要進行任何有效率的中央監控或經過控制的比較，必少不了標準、固定單位的測量方式。

## 測量方式的精簡化與標準化

「我們這個時代的征服者，無論是平民或是君主，都希冀他們的帝國擁有一個統一的外觀，而權力的卓越之眼能遊蕩於其上，免於任何損害或限制其視野的不平坦之處。同樣的律法、同樣的測量單位、同樣的規範，而如果我們能夠一步一腳印實踐，還會有同樣的語言；這將會是臻於完美的社會組織。……現今最偉大的口號，就是統一。」

——班傑明・康斯坦（Benjamin Constant），《征服的精神》（*De l'esprit de conquête*）

如果創造簡化和可識別的科學林業計畫，會遭到使用權利受損的村民抗議，那麼政治上反對標準化與可辨識測量方式單位的聲浪，可說是更加執拗。建立與實施在地測量單位的權力是種重要的封建特權，而且具有物質上的利害關係，這使得貴族和神職人員並不願意放棄。他們阻撓標準化最明顯的證據，是絕對王朝統治者所嘗試的一系列、堅持一定程度統一性的新措施，最終都因為貴族與神職人員的抵制而以失敗收場。地方封建實踐的特殊性，以及抵抗中央王權滲透的能力，有助於保障地方權力的自主性。

最終，是三個要素協力促成庫拉所謂的「測量革命」。首先，市場交易的增加鼓勵了測量單位的統一性。再者，法國的大眾觀點以及啟蒙時代的哲學家皆偏好單一標準。最後，法國大革命與特別是拿破崙建國的影響，在法國跟整個帝國實施公制系統。

大規模商業交易以及遠程貿易，往往會促進測量方式的共同標準。對規模相對較小的貿易，穀物商人只要知道各個供應商使用的測量方式，就可以和他們進行貿易。實際上，他們還能因熟知各種單位而獲得好處，就像是走私者透過不同稅制與關稅的微小差異占盡便宜一般。但是到了某個程度，大部分的商業行為都是由一連串的交易鏈所組成，且往往距離遙遠，在不知名的買家和賣家間進行。有了標準的重量與測量單位，就能讓這種貿易大幅精簡化並且讓它變得更清楚明白。手工商品往往是由單一製造商根據特殊顧客的需求所製造出來的，並藉此針對該物品制定出特殊價格。但大規模製造出來的商品，不是為了特別任何一個人而做；相反的，它的目標客群是所有人。某個程度上來說，量產商品的最大優點，就是可靠的一致性。於是，從比例上來說，當商業規模增加，而交換的商品逐漸變得標準化（一噸小麥、一打的犁頭、二十個車輪），人們就會愈來愈傾向於接受廣泛認可的測量單位。官方與重農主義者相信，統一的測量單位，是創造國家市場與促進理性化的經濟行動的前提[56]。

55 正是因為財政困難地區的積極逃避提供了「阻力」或是指引，往往能避免考慮不周的稅法引發實際的反抗。

56 正如肯・阿德（Ken Alder）指出，缺乏可以施加標準化的中央威權，似乎沒有影響英國、德國、美國的國內市場（"A Revolution Made to Measure," p. 62），而流動性與經濟成長就足已創造出共同的交換標準。想要更通盤了解關於這部分的歷史論述，請參考Frank J. Swetz, *Capitalism and Arithmetic: The New Math of the Fifteenth Century* (La Salle, Ill.: Open Court, 1987)。

統一舉國上下的測量方式是國家長久以來的計畫，在十八世紀時獲得大規模的民眾支持，而這都要感謝封建復辟。為了極大化莊園的收益，封建領地的持有者（大多為新受封者）透過操控測量單位來達成目標。人民的受害感，從他們在革命前的三級會議所準備的陳情書中可見一斑。第三階級的成員在陳情書裡持續呼籲使用均等的測量單位（儘管他們最感憤慨的不是這個），而貴族與教士階級的陳情書則對此保持緘默，似乎是暗示他們對此事的現狀十分滿意。下列來自不列塔尼的請願書是個很典型的例子，也就是對統一測量方式的請求，能被類比成對於王權的忠誠。「我們請求（國王、王室、以及他的首席大臣）加入我們，一起停止這些施加在我們這些善良、謹慎的人民階級身上的暴行。在此之前，我們都無法將我們的委屈上呈至王座跟前，而現在，我們呼籲國王替我們伸張正義，**而我們謹此表達出我們對一位國王、一套律法、一種重量，以及單一一種測量方式最殷切的渴望。**」[57]

對支持中央集權的菁英來說，萬能的公尺之於陳舊而各自為政（particularistic）的測量方式，就像是官方語言跟既存混亂無張的方言一樣。這些古怪的慣用語需要被放諸四海皆可使用的金本位制取代，就像是絕對王朝的中央銀行掃去所有封建主義的地方貨幣一般。公制系統同時是行政中央化、商業改革以及推動文化進程的重要手段。革命共和國的院士就跟在他們之前的皇家院士一樣，將公制視作一種智識工具，能讓法國「收穫繁多、兵多將廣、**易於管理**」[58]。統一的測量單位，被認為可以刺激穀物貿易、讓土地變得更具生產力（因為能更輕易地比較價格和生產力），以及，毫無意外的，替一套全國性的稅法立下基礎[59]。但改革者同時也盤算著一場名副其實的文化革命。「正如同數學是科學的語言，公制系統也會成為商業與工業的語言」，用來統一並轉化法國社會[60]。一套理性的測量單位，將會促成理性的公民社會（rational citizenry）。

然而測量單位的精簡化，有賴於其他當代革命性的政治精簡化：亦即單一、同質的公民身分這個概念。只要每個莊園採用不同的法律制度，只要不同群體的人在法律下依舊不平等，他們就可能在不同的測量方式下擁有不同的權利[61]。平等的公民身分這個想法，也就是抽象的「無記號」公民，可以追溯到啟蒙時代，也可見於百科全書派（Encyclopedist）的論述中[62]。對百科全書派學者而言，混亂不堪的測量方式、社會制度、遺產法規、賦稅制度和市場規範，都是阻礙法國成為單一民族國家的巨大障礙。他們希望藉由一系列中央化與理性化的改革，能將法國轉化成一個民族社群，在這裡，共同的成文法、測量單位、習俗以及信仰放諸四海皆準。值得注意的是，這個計畫提倡**民族**公民身分——當一個法國國民漫步在王國內，他能和其他所有同胞一樣獲得同

57 引自Kula, *Measures and Men*, pp. 203-4。
58 Alder, "A Revolution Made to Measure," p. 48。
59 同前，p. 54。
60 同前，p. 56. 公制系統只是一系列測量方式改革中的一環。有一段時間，人們齊心協力將一天劃分為十小時，而每一個小時有一百分鐘，每分鐘包含一百秒。與此同時，還有創建十二進位制或是以十二為基數的數字系統等倡議。
61 同前，pp. 122-23。
62 我認為法國近期關於穆斯林女學生是否可以穿戴頭巾的熱烈辯論，是為了將這個無記號公民的傳統包留在世俗教育中。

等公平的待遇。原本為社群內的住民所熟悉、但對外人來說非常神秘，且毫無章法、沒有相似之處的眾多小社群將會被取代，從中將會有一個單一民族社會崛起，並能完美地從中央辨識內部狀況。支持前述願景的人深知，達成這件事所需要的不僅僅是行政便利性，還包括人民的轉變：「習俗、觀點以及行為原則統一後，將無可避免地產生具有相同習慣以及秉性的更大共同體[63]」。平等的公民身分所建構成的抽象網格，將創造出新的現實：法國公民。

測量單位的同質化，只是一個更宏大、具解放性的精簡化工程的一部分。只一個動作，國家就保障在法律之前，法國人民人人平等；他們不再是封建主的子民，而是身懷不可剝奪的權利的公民九[64]。所有之前「自然」的區別現在都被「去自然化」與取消，至少在法律上是如此[65]。在一個前所未見的革命脈絡下，當整個政治制度得從首要原則開始重新打造，那麼要制定統一的測量方式，當然就也不是什麼難事。就像革命頒布的命令記載的：「有了單一公平的測量方式，人民幾百年來的夢想終於實現！革命為人民帶來了公尺！[66]」

聲明宣告公尺的普世性，比起確保它們能在法國公民的生活中派上用場，實在是輕而易舉的一件事。在法院、國家的學校系統、各種如財產契據、法律契約、以及稅法等文件上，國家可以堅持專門使用這些單位。但在官方領域外，公制系統的發展十分緩慢。儘管法典宣布沒收商店的土瓦茲（*toise*）棒，以公尺棒取而代之，但大眾仍然持續使用舊制系統，在他們的公尺棒上標誌出舊有的測量單位。即使到了一八二八年，新的制度仍然屬於法律的世界（*le pays légal*）而非真實的世界（*le pays réel*）。就像是夏多布里昂（Chateaubriand）所說的，「當你遇到一個人說出公頃、公尺或公分，而不是阿旁（*arpent*）、土瓦茲或是皮德（*pied*），這個人保證是個行政長官。」[67]

## 土地制度：在地實踐與財政速記

早期現代國家的主要收入是來自商業與土地的稅款，它們是國家財富的主要來源。就商業稅收而言，這代表的是各種國內的消費稅、通行費與市場稅、執照費用以及關稅。就土地財源而

63 Alder, "A Revolution Made to Measure," p. 211。

64 正如東尼．朱特（Tony Judt）非常敏銳地提到，革命章程所建立的公民權利，以及自然或個人權利的差別，在於前者原則上是隨國家及其法律決定，因此也就可以被法律撤回，而後者基本上是不可逾越的。更多請參考Judt, *Past Imperfect: French Intellectuals, 1944-1956* (Berkeley: University of California Press, 1992)。

65 法國大革命的公民概念，掃除了猶太人社群所面對的法律障礙。在革命後以及拿破崙征服時期，所有法軍滲透之處，他們的抵達都伴隨著將完整公民身分延伸到猶太人身上這件事。更多請參考Pierre Birnbaum and Ira Katznelson, eds., *Paths of Emancipation: Jews, States, and Citizenship* (Princeton: Princeton University Press, 1995)。

66 Gianfranco Poggi, *The Development of the Modern State: A Sociological Introduction* (Stanford: Stanford University Press, 1978), p. 78. 值得一提的是，對於所有伴隨平等公民身分而來的人權進步，這個重大的改變同時也暗中破壞了國家與公民之間的中介結構，並給予國家有史以來第一次直接接近公民的機會。平等的公民權利不只代表了法律平等以及普世男性普選權，同時也有普世徵兵的義務，正如那些很快就被徵召進拿破崙軍隊的人。從國家的高度來看，國家之下的社會逐漸變得像是一連串無數、國民身分平等的個人（particuliers），而國家根據這些人的角色，例如納稅人、潛在的軍隊入伍者等，與他們打交道。

67 引自Kula, *Measures and Men*, p. 286。

言，這意謂著將所有應稅財產連結到必須繳稅的個人或組織上。這個程序在現代國家的脈絡下看似直接了當，但過去的實行因為兩個因素而十分困難。首先，傳統土地規範（land tenure）的實踐往往變化多端且錯綜複雜，難以找到賦稅者與應稅財產一對一的連結。再者，就跟標準化測量措施的狀況一樣，當國家想要建立統一、透明的財產關係時，許多社會力量的利益只會遭到破壞。最終，中央化國家成功地施加新穎且（由中央）可辨識的財產制度，但一如林業的科學化，不僅從根本上對這套制度所描繪的實踐進行刪節，同時也將這些活動轉化，將它們變得更適合於速記與主題式辨識。

## 實例

城市有其秩序，鄉村有其習俗。（*Negara mawi tata, desa mawi cara.*）

——爪哇俗諺

透過一個假設性的傳統土地規範，或許可以證明，要將這些慣例同化成當代地籍圖的極簡模式，有多麼的困難。接下來描述的模式，揉合了我在文獻或東南亞的田野中所見到的實踐。儘管我舉的例子只是假設性的，但並非不符合現實狀況。

讓我們想像：一個社群中，各個家庭擁有在主要的農作物生長季節時使用耕地的用益物權（usufruct rights）[68]。但是只有幾種特定的作物能種植在這些田上，而土地的用益物權每七年就會根據住民家庭的大小以及手腳健全的成人人數重新分配。在主要作物收成季過後，所有農田都會轉變成公共土地，每個家庭都可以在上面拾落穗、放牧家禽與牲畜，甚至是種植快速熟成的旱季作物。在村莊共有的牧場上放牧家禽與牲畜的權利遍及所有當地家庭，但可放牧的動物數量依照家庭大小而定，尤其是在牧草有限的乾旱年分。不打算放牧的家庭可以把這些權利讓渡給當地村民，但不可以給外地人。每個人都有為一般家用蒐集柴薪的權利，而村裡的鐵匠與麵包師傅被分配到的可蒐集量又更多。至於在鄉村林地進行商業銷售，則是被禁止的。

種下的樹與它結的果實，不管它們最後生長延伸至何處，都屬於種下這棵樹的家庭的財產。然而從樹上掉下來的果實，則屬於任何採集或撿到它的人。當一個家庭砍倒他們的樹，或樹因為暴風雨倒下，樹樁將屬於這個家庭，最近的鄰居可以拿走樹枝，而樹冠（包括葉子與枝椏）則為任何能拔下它們的窮人家所有。土地留給有孩子的寡婦或是受徵招入伍男性的家屬使用或出租。土地和樹木的用益物權或可以出租給任何一個村民；只有在社群裡沒有人想要申請時，用益物權才會輪到村外人的手中。

在一場農作物歉收導致的食物短缺後，許多配置都得重新調整。過得比較優渥的村民應該要負責照顧較貧困的親屬，分享土地、雇用這些人或單純提供食物。如果短缺持續下去，每戶的一

68 譯注：指基於特定目的而對非所有物進行使用和收益的權利，主要能讓擁有所有權者以外的人，皆可透過法定的方式行使「使用」和「收益」的權能。

家之主會組織起來，可能會清查食物存貨，並開始每日配給。如果遇到極為嚴重的短缺或是飢荒，嫁到村裡但還沒生孩子的婦女就不會獲得食物，而且應該回到她原本的村莊。這最後一項風俗慣習，提醒了我們常常發生在地方土地慣習上的不平等；單身女性、年輕男性，以及所有被認為是落在社群核心之外的人，明顯都居於弱勢。

這段敘述還可以再更詳盡，畢竟這種敘述本身就是種精簡化，但它的確傳達了在地方脈絡下，某些財產關係實際上有多複雜。以我這種方式描述這些常見的習慣，彷彿它們是種定律，這本身就是種失真。最好將地方習俗理解為一連串不斷變動、協商後的實踐，它們會持續根據新的生態與社會環境——當然包括權力關係——而調整。土地租佃的地方傳統不應該被浪漫化；它往往充滿缺陷，人們可能因性別、地位以及家世而有不平等的待遇。但因為它非常在地、特殊且適應力強，它的可塑性能夠成為微幅調整的來源，引領盛行的實踐邁向改變。

請想像一個立法者，他唯一在乎的是尊重土地使用的方式。換句話說，想像一套實證法系統（positive law），嘗試描繪這錯綜複雜的財產關係與土地制度。光想像要將這些作法簡化成行政者可以理解的一套規範，這之中所需要的條款、附屬條款、以及再附屬的附屬條款，就夠讓人頭大了，遑論還要強制執行。而就算這些實踐可以寫入法律中，最後的條文也必須犧牲它的可塑性以及精細的環境適應能力。能刺激出新的適應辦法的情境實在多不勝數，遑論還要將它們一一具體說明，寫進規範用的法條之中。這法律實際上是將一個不斷變動的過程凍結凝滯。旨在反映不斷進化的實踐的實證法律，充其量只能展現出一個不連貫且機械性的適應過程。

至於隔壁村莊，以及在它之後的另一個村莊呢？我們虛構的立法者，無論他是多麼不世出的曠世奇才、多麼煞費苦心，最後他都會發現，適用於一組在地實踐的法律，到下一個地方可能就不再合適。每個村莊都有自己特殊的歷史、生態系、種植模式、親族關係和經濟活動，它們都會需要一組新的規範。在最極端、最根據每個地方特殊性而制定法律的情況下，有多少村莊，相對應的就會有多少的法律。

行政上來說，這些混亂的地方性財產規範當然是場夢魘。經歷這場惡夢的人，不是具備特殊實踐、將被寫入法規的群體，而是試著創造單一、同質、國家層級的行政法規的官員。像是「充滿異國風味」的重量與測量單位，對住在當地且日日夜夜使用它的人，在地租佃系統的實踐可說是清楚明瞭。這些細節可能會常常受到挑戰，而使用這系統的人可能也會有各種不滿，但這是他們最熟悉的系統，當地住民可以輕易掌握細節，並根據自身目的彈性地使用各種條款。另一方面來說，國家官員沒辦法在辨識這套系統後，再為每一個管轄區量身實施一套晦澀難懂的財產制度。實際上，現代國家這個概念，完全建立在一個極其簡化且一致的財產制度的假設上，該制度清晰且容易辨識，國家因此能從中央進行操控。

當代財產法是一套複雜程度高到可以提供大批法律從業人員就業機會的系統，我用「簡單」這個詞形容財產法，聽起來似乎極為不妥。的確，財產法從許多角度上來說，的確是難以讓一般市民參透。在這個脈絡下，「簡單」這個詞因此是相對的，也會根據觀點而有所改變。當代終身土地所有權（freehold tenure）的制度是透過國家的介入與斡旋而成的，因此只有受過足夠訓練而且可以理解國家法令的人才能理解它的運作方式[69]。不懂法規的人無法理解它相對簡單與明瞭的程度，就像是村外的人會迷失在相對清楚的地方佃租制度中。

測量、編纂、精簡化土地佃租制度，是所有當代國家都想要達成的財政與行政目標，就像是科學林業重新創造森林一般。但要照顧與考慮到各地千變萬化的土地佃租制度，基本上是難如登天。至少對自由國家（liberal state）而言，歷史上的解決方案，通常是誇張地精簡為個人的終身土地所有權。也就是說，土地為法律上的權利主體（legal individual）所持有，包含各種使用、繼承、販售的權力，這項權力被具體化為格式一致的所有權契約（deed of title），而國家司法和警察機構會確保強制執行這份契約。就像是森林裡的植物被化約成標準的樹，在地實踐的複雜佃租制度，也被縮減成終身制、可移轉的所有權。在行政景觀（administrative landscape），農業的環境被覆蓋上統一且均質的土地網格，而每一格土地上都有個權利主體作為土地擁有者，因此他們也就成了納稅者。於是，比起清理共有土地和混合形式佃租制度上的莽榛蔓草，根據土地面積、土壤等級、經常種植的作物以及預定的產量來評估這類型的財產及擁有者，可說是簡單的多。

高度精簡化所創造出最極致的產物，就是地籍圖。地籍圖由受過訓練的測量員所繪製，並以既定的尺度描繪出來，因而對於所有被持有的土地而言，是項或多或少完整且正確的勘測。既然創造這種地圖背後的邏輯是要建立可管理且可信賴的賦稅形式，地圖本身便結合了財產登記，土地上的每一塊地都可以連結到負責繳稅的所有者。從課徵土地稅的角度看來，地籍圖與財產登記的作用，就如同科學林業的地圖與表格，用於壓榨樹林以達到財政目的。

## 幾乎成型的農村法

大革命後的法國統治者得面對的鄉村社會，是一個有著封建與革命兩種實踐彼此細密交織的網絡。要將它的複雜性歸類並記錄下來，是難以想像的工程，遑論還要在短期內有效地消滅這些複雜性。舉例來說，意識形態上對於平等與自由的承諾，與鄉村慣用的契約相悖逆，例如仍然使用「主人（*maître*）」與「奴僕（*serviteur*）」等詞彙的手工業行會（craft guilds）契約等。新成立的民族國家不是王國，其統治者同樣也對社會關係缺乏一致的法律架構這件事十分不滿。對一些人而言，一部可以涵蓋所有法國人（Frenchmen）的新民法似乎就夠了[70]。但是對擁有鄉村財產的資產階級而言，他們和他們的貴族鄰居們一樣倍感威脅，擔憂大革命與革命初期的大恐慌（*La Grand Peur*）所帶來的地方暴動，以及更具體而言——變得更勇敢且具有自主性的農民階級所擁

---

69 像是E．P．湯普森（E. P. Thompson）在*Whigs and Hunters: The Origin of the Black Act* (New York: Pantheon, 1975)這本書提到的：「十八世紀一系列的法律裁定，揭示律師已經轉向至絕對財產所有權的概念，而（最毋庸置疑的是）法律憎惡同時共有使用權的混亂與複雜性」（p. 241）。

70 《民法》沒有明確涉及農業，只有一件事除外：它明確說明了出租農業（*fermage*）的指導方針，好承認巴黎盆地到法國北邊大批富有且深具影響力的農民的存在。在此感謝彼得．瓊斯（Peter Jones）讓我注意到這段討論奠基的研究基礎：Serge Aberdam, *Aux origines du code rural, 1789-1900: Un siècle de débat* (n.d., but probably 1978-80)。

必要。

有的攻擊能量。於是一部可以保障他們安全、清楚明確的《鄉村法》（*code rural*），就變得十分必要。

最終，即使革命後的拿破崙法典在其他領域攻城掠地，卻沒有任何一套鄉村法足以獲得掌權聯盟的支持通過。這個僵局對本書的目的十分具有啟發性。第一個草案起草於一八〇三年到一八〇七年間，預計要清除某些最傳統的權利（像是共牧權[71]以及免費通行他人財產），並根據資產階級財產權和契約自由的概念來重新打造農村裡的財產關係[72]。儘管這個提案其實預示了某些當代法國的常見作法，許多革命分子凍結了這項提案，因為他們害怕這種完全不加干涉的自由主義，會讓大地主用新的方式再製封建主義的臣屬關係[73]。

拿破崙下令重新調查這個問題，並由喬瑟夫．瓦內．皮瓦蘇（Joseph Verneilh Puyrasseau）主持。與此同時，國會議員拉魯耶（Lalouette）則建議，可以執行我在假設性舉例中已指出完全不可能的事情，也就是他要系統性地蒐集所有在地作法、分類、將之編纂成法律條文，並根據法典獎懲這些在地實踐，而這部還在討論的法典將會成為《鄉村法》。但是這個可愛又迷人的計畫，也就是向農村人口提供一部能直截反映出他們在地實踐的鄉村法，卻被兩個麻煩所破壞。第一個挑戰，是決定農村生產關係「多如繁星的多樣性」中，哪些面向該被陳述和編纂到法典裡[74]。就算鎖定某個特定區域，裡頭每個農莊的實踐也有所變化，而且還因時制宜；任何編纂成法典型態或規範的作法，都具某種程度上的武斷性，也是人造的靜態。因此，將在地實踐編入法典，也就變成一項極度政治性的行為。地方顯貴能以法律為由當作掩護，支持自己的偏好，而剩下的人就會失去他們可以依賴的習慣法權利。第二個難題，則是對所有支持中央集權與經濟現代化的人而言，可辨識的國家財產制度是進步的先決條件，而拉魯耶的計畫對他們則是種致命的威脅。就像瑟吉・阿本單（Serge Aberdam）指出的，「拉魯耶的計畫會帶來梅蘭・德・杜艾（Merlin de Douai）和革命派的資產階級法律人一直極力避免的結果」[75]。無論是拉魯耶或瓦內所提出的版本最終都沒有通過，因為他們跟一八〇七年時的先驅一樣，似乎都旨在設計出一套加強地主權力的法律。

## 共有土地制度的不可辨識性

就像我提到的，前現代與當代國家在稅收問題上，更常與社群而非個人打交道。一些表面上

---

71 譯注：共牧權（common pasturage），即在他人土地上放牧的權利，例如佃戶在其莊園內的空地或林地上放牧、因在皇家森林裡擁有土地，或是能夠在豐收後開放的牧地（shack-lands）放牧等權利。

72 「簡單來說，一八〇七年提出的籠統政策，否定具有特殊性的鄉村法律，盡可能將鄉村的社會關係放到法律權威之下，而這個法律權威是資產階級統一使用在全國人口上的。」（作者自行翻譯，同前，p. 19）。

73 沒有證據表明類似的顧慮存在於殖民地，這些地方是行政便利性與商業邏輯凌駕大眾意見與實踐之處。更多案例可以參考：Dennis Galvan, "Land Pawning as a Response to the Standardization of Tenure," chap. 4 of "The State Is Now Master of Fire: Peasant Lore, Land Tenure, and Institutional Adaptation in the Siin Region of Senegal" (Ph.D. diss., Department of Political Science, University of California, Berkeley, 1996)。

74 同前，p. 18。

75 同前，p. 22。

是個人稅的稅，像是俄羅斯惡名昭彰的「靈魂稅」，照理得跟所有子民收取。但實際上，這些稅往往都是由社群直接繳納，或是因子民臣屬於貴族，所以間接透過後者上繳；而沒有繳交的下場往往是全體社群都會被懲罰[76]。唯一會固定下探到家戶還有耕地的賦稅單位，是當地貴族與教士在收取封建稅款以及什一稅的時刻。就這部分而言，國家不僅缺乏行政工具、亦無足夠的資訊可以滲透到這個層次。

國家知識的限制，部分來自於在地生產的複雜性及變化性，但這並不是最重要的原因。集體賦稅的形式，使得地方官員為了自己的利益普遍歪曲在地行政狀況，以減少當地稅收和徵兵的負擔。為了這個目的，他們低估當地人口數、系統性地低報耕地面積、隱藏新的商業獲益、誇大暴風雨和乾旱後的作物損失[77]等。地籍圖與土地登記的目的就在於消除這些財政封建主義，並且使國家的財政收入合理化。就像是科學林業需要樹木的詳細目錄好實現森林的商業潛力，財政改革者需要一個詳細的土地所有權清單，好實現極大化且持續不斷的作物收益[78]。

就算國家願意挑戰當地貴族與菁英的反抗，以及負擔完成地籍圖測量所需的財政資源（這非常耗時與昂貴），它還得面對其他困境。尤其某些集體擁有土地的形式，並沒有辦法適當地為地籍形式所描繪。舉例來說，十七世紀和十八世紀早期的丹麥鄉村生活，是由「艾爾拉」（*ejerlav*）[79]所組成的，其中的成員有特定的權利可以使用當地的可耕地、荒地以及林地。要在這樣的社群內將特定的家戶與個人和地籍圖上特定的土地所有權相結合，根本是癡人說夢。挪威的大型農場（*gard*）也有類似的問題。每個家戶所擁有的權利，是一定比例的農場價值（*skyld*），而不是地號，沒有任何一個共同擁有者可以說他擁有農場的哪一塊地。[80] 儘管估計每一個社群的可耕地，並推測作物收益與生存需求後，可能可以得出合理的稅收負擔，但這些村民大部分的謀生方式，其實是透過在公共用地上釣魚、經營林業、蒐集樹脂、打獵以及製作木炭來維生。要控管這些收入來源完全是緣木求魚。粗估這些共有地的價值也於事無補，因為附近村莊的居民往往會共享彼此的共有地（就算這樣做是違法的）。這些社群的生產模式，與地籍圖上所假設的個人土地終身所有權完全不相容。儘管有人提出不太具說服力的證據，聲稱共同財產比起個人終身所

---

76 在殖民時期的越南，人頭稅（head tax）或按人頭收稅（capitation），乃是根據估算人數向一整個社群徵稅。如果稅的總和沒有全收齊，警察會跑來強行拍賣所有可以沒收的東西（像水牛、家具或珠寶），直到總稅額被付清。這種系統提供了誘因，使得村裡擁有最多值得被沒收物品的頭人會確保稅款能按時繳交。

77 這種普遍化對當代社會主義形式的集體農耕也有一定的效用。像是在建立匈牙利的集體農場時，非常可觀的農田量從帳本中「消失」，更多請參考Istvan Rev, "The Advantages of Being Atomized: How Hungarian Peasants Coped with Collectivization," *Dissent* 34 (Summer 1987): 335-49。在中國致命的大躍進結束後，許多地方上的集體農場為了自己的生死存亡，系統性地隱藏生產量，不上報給中央，更多請參考Daniel Kelliher, *Peasant Power in China* (New Haven: Yale University Press, 1992)。

78 擁有大量田地的貴族可能也會製作地籍圖，他們相信可以藉此找到可賦稅的土地以及逃稅的子民。

79 譯注：「艾爾拉」（ejerlav）為丹麥在地籍圖上所使用的一種土地分類。每個艾爾拉包括一或多個擁有編號的區塊。它可以是一個村莊及其周圍的田地、一個莊園或教區的特定土地劃分範圍。

80 丹麥與挪威案例來自於以下書中的寶貴分析：Roger J. P. Kain and Elizabeth Baigent, *The Cadastral Map in the Service of the State: A History of Property Mapping* (Chicago: University of Chicago Press, 1992), p. 116。

有權，比較沒有生產力[81]，但國家反對共有土地制度（communal forms of land tenure）的理由，完全是建立在一個正確的觀察之上，也就是這套制度在財政上難以清楚辨識，因而在財政上也比較沒有生產力。與其像是運氣不好的拉魯耶一樣努力嘗試，想將地圖和現實合而為一，歷史上出現過的解決方案，往往是國家強力實行一套符合財政網格的財產系統。

只要共同土地的數量充足且基本上沒有什麼財政價值，就算土地制度難以清楚辨識或為人理解，也不是什麼問題。但當它變得稀缺（也就是當「自然」變成了「自然資源」），不管它是屬於國家還是公民的財產，它就成了法律上財產權利得處理的對象。財產的歷史在這個意義上，代表的是毫不留情地將曾經一度被認作是大自然的禮物——森林、野獸、荒地、大草原、地底下的礦物、水與水道、空權（擁有建築物或地表面積上的天空的權利）、可呼吸的空氣、甚至是基因序列——都合併到財產體制之中。在農場的共同財產這個案例中，施加財產終身所有權（freehold property）並不像是當地習慣的權利結構一般，能讓當地住民清楚明白其意涵，而是為了稅收稽徵機關或土地投機買賣者所設。地籍圖為國家權力增加了紀錄一切的能力，於是向國家和跨區域的市場提供了概觀一切的基礎[82]。

透過實例，或許更能清楚地展示新穎且更可辨識的財產制度是如何設置的過程。有關革命前兩個俄羅斯村莊的故事，提供了教科書等級的案例，說明國家如何根據它對農業成長以及行政命令的信念，嘗試創造出個人土地財產權（individual tenure）。大部分的俄羅斯鄉村，就算是在一八六一年解放後，仍然是財政上無法辨識解讀的典範。共有土地財產形式盛行，而國家對於誰在哪塊土地上耕種，或是它的收穫與收入有多少，完全是一無所知。

諾沃塞洛克村（Novoselok）擁有種植、放牧以及林業相關的各種經濟活動，而卡季尼特茨（Khotynitsa）只經營有限的種植與放牧（圖三與圖四）。土地設計之所以是複雜且混亂無章的長條狀，是為了確保每個家戶在每一個生態區上都可以獲得一塊地。一個家戶可能擁有多達十到十五塊不同的地，而這些土地構成了代表村莊裡不同生態區和微氣候的樣本。這種作法謹慎地分散

---

81 美國北方低地州與加拿大的胡特爾教派（Hutterite）穀農的高度生產效率，是與此看法相左的眾多實例之一。更多案例請參考George Yaney, *The Urge to Mobilize: Agrarian Reform in Russia* (Urbana: University of Illinois Press, 1982), pp. 165-69。

82 墨西哥的當代案例可以從瑟吉歐・贊德耶斯（Sergio Zendejas）書中優異的分析中找到，"Contested Appropriation of Governmental Reforms in the Mexican Countryside: The *Ejido* as an Arena of Confrontation of Political Practices," in Sergio Zendejas and Pieter de Vries, eds., *Rural Transformation as Seen from Below: Regional and Local Perspectives from Western Mexico* (La Jolla, Calif.: Center for U.S.-Mexican Studies, University of California, San Diego, 1997)。贊德耶斯指出，在墨西哥革命後出現稱作「艾希多」（Ejido）的合作農場體系，剝奪國家對於國內將近兩萬八千個合作農場所掌握的知識，包括農業模式、房屋劃分、村莊內共有土地的所有權制度等。米卻肯州（Michoacán）村民將國家的測量、註冊以及分派所有權到每一塊土地上的做法，視作個人化財產權、分割共有土地以及施加財產稅的序曲，他們因此反抗，不讓他們的土地被測量。而《墨西哥憲法》第二十七條的改變，也預設了一個全國性終身土地制度的市場，證實了村民的恐懼為真。這件事並不只牽涉到建立當地土地的市場，正如一個村民所說的：「不管有沒有證書，我們不是一直在販賣與租賃（艾希多的）土地嗎？」這更是由國家力量支持，創造地區性與全國性土地市場的問題。要達成這件事，國家的第一個工作，就是將革命後地方自主性所建立的不透明土地所有權地景，變得更清楚明瞭。在這個脈絡下，更多討論請參考Luin Goldring, *Having One's Cake and Eating It, Too: Selective Appropriation of Ejido Reform in an Urbanizing Ejido in Michoacán* (forthcoming)。

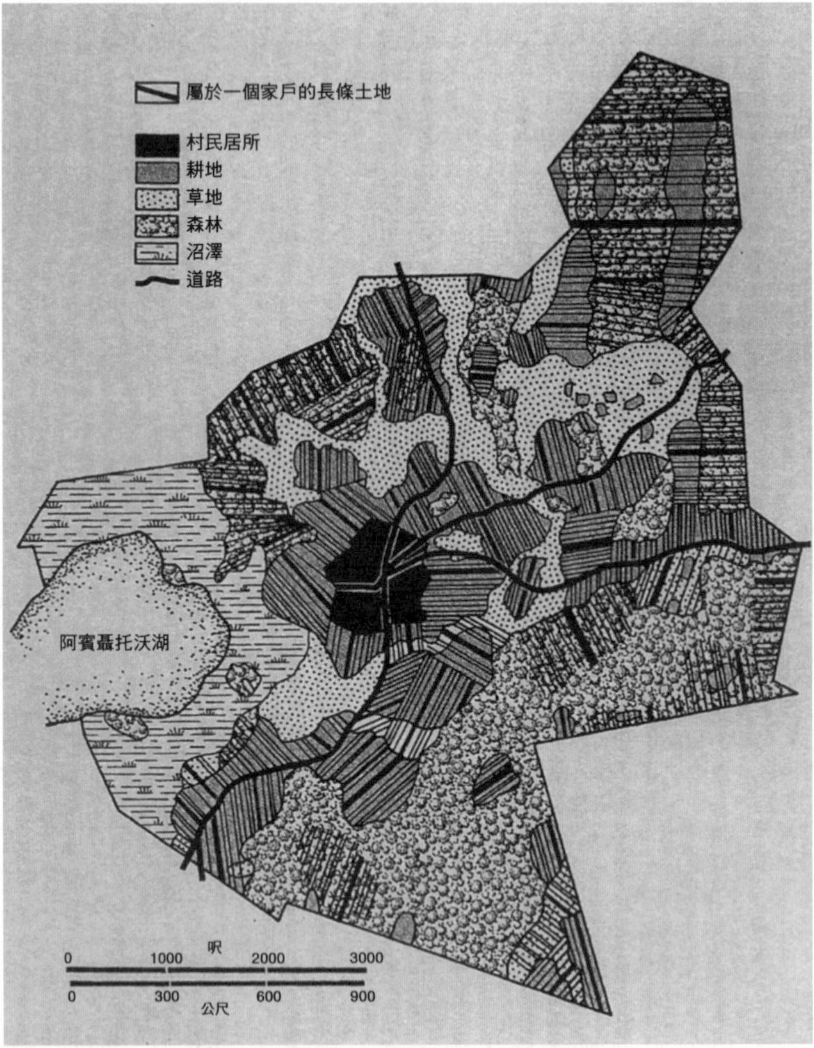


圖三　斯托雷平改革（Stolypin Reform）前的諾沃塞洛克村

了每個家庭會遇到的風險，而隨著時間變化，土地會根據家戶的消長重新分配[83]。

83 我自首在這裡可能傳達出錯誤的想像，讓人誤會土地的安排是一致的。實際上，就算在俄羅斯「黑土帶」（black earth），都有許多不同土地編制的方式，而許多村民並沒有重新分配土地（Yaney, *The Urge to Mobilize*, p. 169）。

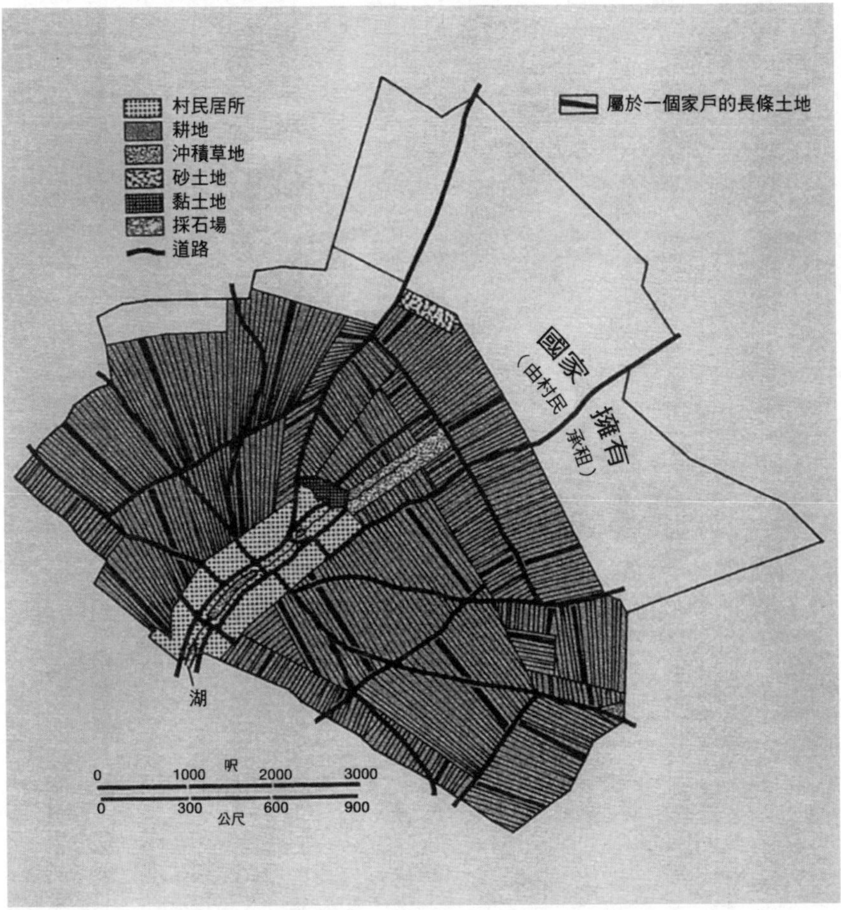


圖四　斯托雷平改革前的卡季尼特茨村

這項設計已經夠讓地籍測量者頭昏腦脹了。乍看之下，這個村莊本身好像需要一個專業測量者來把這一切搞定。但實際上，這個稱為交錯條帶狀（interstripping）的耕作系統，對住在當地的人而言，根本是小菜一碟。條狀的土地通常筆直且彼此平行，要重新調整時，只要沿著田地的一側移動小木樁就可以了，無須考慮土地的面積尺寸。如果土地的其中一端不是平行的，可以移動木樁來彌補土地另一端較窄或較寬的事實。不規則的土地不是根據面積劃分，而是根據產出。從眼睛上來看——尤其是牽涉到描繪地籍圖的那雙眼——這個模式看起來十分迂迴且不理性。但是對熟悉這個系統的人而言，它是如此簡單且完美地適用於他們的目的。

國家官員和農業改革的大夢，至少在解放後，是將敞田制度（open-field system）轉換成一系列他們認為是西歐模式的統一與獨立農莊。他們渴望打破由社群掌握個別家戶的制度，並從向整個社群收取集體稅收的模式，轉換成向個別土地持有者徵稅。就跟法國一樣，財政目標和農業進步的統治信念緊密連結。就像是喬治．亞內（George Yaney）所述，塞吉．威特伯爵（Sergei Witte）和彼得．斯托雷平（Petr Stolypin）的改革計畫，共享了事情該如何發展且需要如何改變的想法：「第一幅畫面：貧窮的農民在擁擠不堪的村莊內，為飢餓所苦，在他們狹小的條狀土地上，身上的犁不斷不小心彼此碰撞。第二幅畫面：農業專家官員引領一些進步派的農民邁向新土地，為其餘農民留下更多空間。第三幅畫面：離開的農民不再受長條狀土地限制，在新的田地上設立胡爾托（*khutor*，帶有居住空間的完整農莊），並採用最新的種植方法。留下來的人，不再為村莊與家庭所束縛，投入新的需求經濟——所有人都更加富有、更具生產力，城市都能被餵養，而農民不再無產階級化[84]。」這段話十分直白地顯示出，對交錯條帶狀系統的偏見，是來自於俄羅斯鄉村的自主性、外人對這套系統的不可辨識性，以及風行的科學化農業教條，後者的斬釘截鐵甚至缺乏實際證據[85]。國家官員與農業改革者推斷，只要農民有了統一且私有的土地，他們會瞬間變得渴求富有，而且會將家戶組織成有效率的勞動力，並採用最新的科學化農業。斯托雷平（Stolypin Reform）改革因此大步向前邁進，而在改革的浪潮中，地籍秩序亦被帶入諾沃塞洛克村與卡季尼特茨村（圖五與圖六）。

在諾沃塞洛克村，十七個獨立的胡爾托被建立起來，旨在給予每個家戶一部分的草地、可耕地以及林地。在卡季尼特茨村，建立了十個胡爾托跟七十八個農場（*otrub*），農場的主人仍然住在村莊中心。基於地籍圖的考量，新的農場能被記載在地圖上，可以清楚容易地由上而下、由外而內地辨識出來，而且因為每一個農場都是由一個可識別的人所擁有，就可以賦稅。

單單只看圖五和圖六的地圖其實容易讓人誤解。這些村莊模型暗示了一個有效率的地籍圖團隊努力不懈地在鄉間工作，把混亂的敞田轉變成整齊的小農場，但現實是另外一回事。實際上，有秩序、長方形的田地如同幻想，幾乎只有在最新拓荒的土地上才能實現，因為測量者在那邊不

84 同前，p. 212。
85 亞內指出門諾派（Mennonite）的耕作中，交錯條帶狀的土地與組織成為合併農場的土地具有一樣生產力（同前，p. 160）。

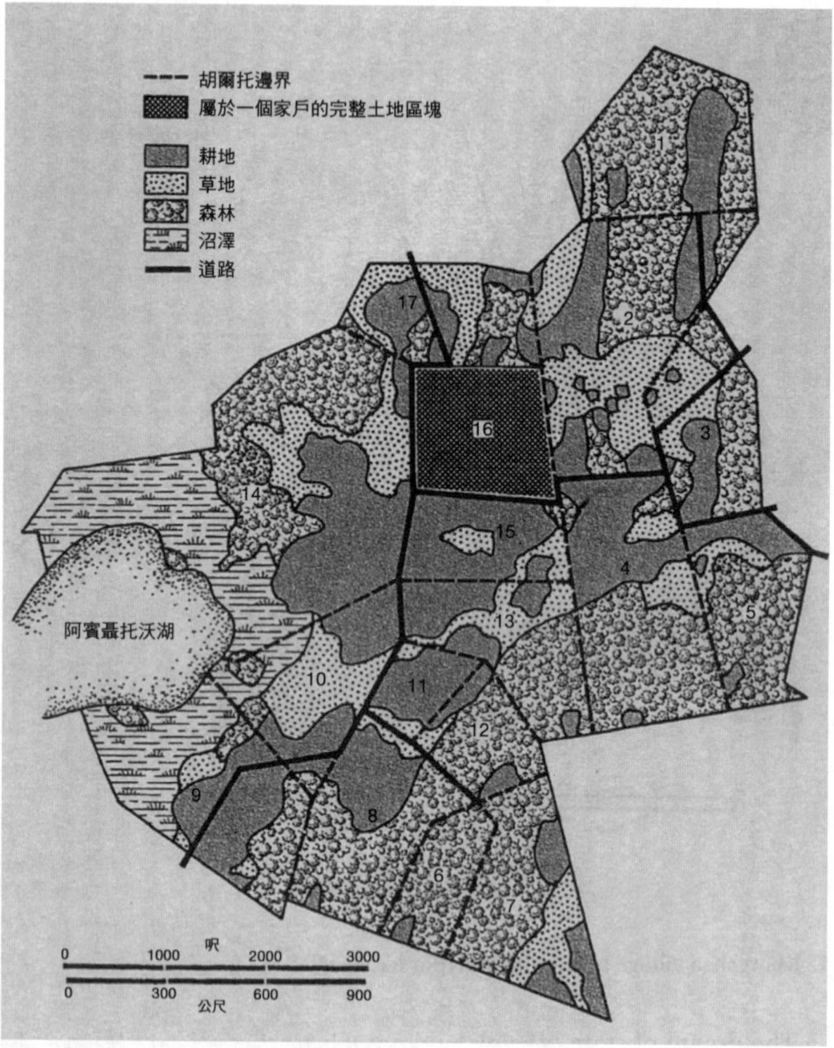


圖五　斯托雷平改革後的諾沃塞洛克村

會遇到什麼地理上的阻礙或社會抵抗[86]。在其他地方，改革者就算承受著建立完整農場的巨大壓力，仍普遍受到挫敗。儘管被禁止，但未經許可的田地合併仍然存在，同時也存在「紙上合併」，亦即新的農夫持續在他過去的長條

86　毫無抵抗地接受測量也未必總是發生在新移墾的土地上，因為在集體土地定居處，具有共同財產並且違背政府意願這種事也很常見。

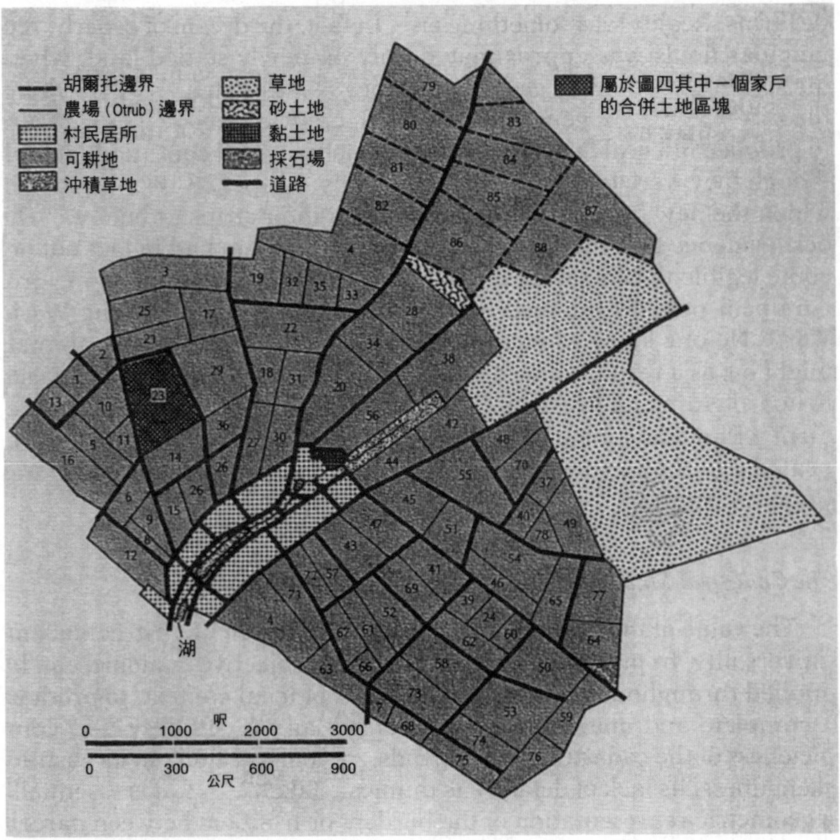


圖六　斯托雷平改革後的卡季尼特茨村

土地上農耕[87]。中央賦稅官員無法理解這套農業財產系統，最明顯的證據就在於第一次世界大戰時期，沙皇政府實施了極為有害的收購政策。因為沒有人知道穀物或是牲口的稅款是多少，於是許多農夫再也活不下去，但有些人卻有辦法囤積穀物和牲畜[88]。而統治者沒有適當地掌握對地產與財富的相關知識，逕行強制收購的狀況，在十月革命後的戰時共產主義（War communism）[89]期間又再度上演[90]。

## 地籍圖作為給外來者的客觀資訊

地籍圖對國家的價值，來自其抽象性與普世性。至少原則上來說，無論各地的狀況為何，地籍圖上一致的客觀標準可以使用於整個國家，以製造出完整且清楚的土地財產地圖。饒富興味的是，地籍圖的完整程度恰恰是仰賴於抽象描繪與缺乏細節——也就是它的淺薄程度。單獨來看，它的本質就是幾何上再現了每塊土地間的邊界與邊境。而這塊土地裡面的內容則一切空白——沒有任何具體說明——因為這對地圖繪製本身沒有任何重要意義。

當然，對於一塊地而言，有太多資訊遠比表面積還有邊界位置來的更為重要。包括土壤種類、什麼樣的作物可以生長於其上、種植起來辛苦的程度，以及到市場的距離遠近，都是潛在買家首先會問的問題。這些問題也會是稅務員想要知道的。從資本家的角度來看，單就土地的物理面積根本不是重點。這些土地的性質只有在它們所在的範圍被定位和測量後，才會變得有意義（尤其對國家而言）。而與地點和面積不同的是，要辨識這些性質所牽涉到的判斷過程非常複雜、容易受到詐欺，而且容易被事件影響。像是輪作與收成可能會改變、新工具與機器可能會導致種植方式轉變，而市場可能會有所變動。相反地，地籍測量則是精簡、主題式、籠統且一致的。無論它有其他什麼缺陷，地籍測量是個大前提，好用來支持稅收制度把每一塊土地與其所有者——也就是納稅人——緊密地結合在一起[91]。秉持著這個精神，一八〇七年的荷蘭土地稅調查（靈感來自於拿破崙時代的法國），強調所有測量者都要使用相同的測量方式、測量者的工具得定期接受檢查，好確定其一致性，而所有地圖都要以一比二八八〇的統一比例尺繪製[92]。

---

87 同前，chaps. 7 and 8。農民銀行肩負著貸款給貧困農民的龐大壓力，無意間鼓勵了較舊的土地分配制度。因為銀行需要有擔保品，可以在農民違約時扣押。但較為貧窮的農民在集體農地上耕種，往往沒有固定的土地能作為擔保。在這種窘境下，銀行發現放款只能以整個農村為單位，或是在可識別、鄰近土地上耕作的整個農民群體。值得一提的是，一如當代賦稅系統，當代信用金融系統也需要清楚可識別的財產體系才能運作。

88 同前，pp. 412-42。

89 譯注：戰時共產主義是指蘇俄在一九八一年到一九二一年國內戰爭時期的經濟政策，主要目的是盡可能保障布爾什維克政權的城鎮與軍隊，在此非常時期能有足夠的糧食與武器供應。

90 Orlando Figes, *Peasant Russia, Civil War: The Volga Countryside in Revolution, 1917-1921* (Oxford: Clarendon Press, 1989), chap. 6, "The Rural Economy Under War Communism"。

91 在進行全面的地籍調查之前，有些土地是開放給所有人且不屬於任何人，儘管會由某些社會性安排來規範其使用方式。隨著第一張地籍圖的到來，這類土地普遍都被劃定為國有地。所有土地都有人負責——若非私人持有，就會變成國家的財產。

92 Kain and Biagent, *The Cadastral Map*, p. 33。海洋、河川與荒地都被略過，因為它們無法帶來任何收益。整個操作都遵循《土地稅的測量方法》（*Mode d'arpentage pour l'impôt foncier*）這份手冊的指引。

一般的土地地圖，特別是地籍圖，是設計來使局外人能夠清楚地辨識當地的狀況。純粹就當地人而言，地籍圖實在是百無一用。每個人都知道誰擁有河邊的牧草、其飼料收入的價值，以及土地得支付的封建稅收，因此根本沒有必要知道土地精準面積。有些重要的區域，或許可以從老舊契約上的文字敘述地圖或是土地產權冊中（「大橡樹以北一百二十呎到河岸邊，那裡……」），找到標記出土地擁有者負有義務的區域。大家可能會想像這類文件能提供寶貴的資訊給剛開始管理領地的年輕繼承者，但是嚴格意義上的地圖真正派上用場的場合，是在土地市場開始蓬勃發展時。因此，荷蘭可說是製作地圖的領頭羊，因為他們比較早開始商業化，再加上每位投資風車排水的投機者，都想要預先確切知道他們將獲得新開發的土地中的哪一塊地。這種地圖對擁有地產的資產階級來說尤其重要，因為這讓他們可以在短時間內審視一大片領土。地圖的微型化得以讓地主在對當地地域不熟悉的狀況下，或是財產是由許多片土地組成時，能充當備忘錄（aide-mémoire）使用。

早在一六〇七年，英國土地勘測員約翰．諾頓（John Norden）就在地圖可以代替巡迴視察的預設前提下，將自己的服務販售給貴族：「根據正確訊息而公正畫下的土地，描繪出鮮活的領地圖像，每一條河川支流與每一部分的地景都會與實景一模一樣。當領主坐在他的椅子上，就可以觀看他所擁有的一切，包括它們在哪裡，以及如何呈現。而為領主所用且為他所有的一切細節，都能立刻被看見。」[93]國家稅收行政系統也需要同樣的邏輯：一個可辨識的官僚準則，可以讓新的官員迅速掌握，並且透過文件就能從他的辦公室管理一切。

## 這張圖缺失了什麼？

> 行政管理者知道他所看見的世界，是一個將熱鬧嘈雜、欣欣向榮的騷動所組成的真實世界，極端精簡化後的模型。他滿足於這粗糙的精簡化結果，因為他深信真實世界大多是空洞的——真實世界的現實與他所面對的任何狀況都沒有關聯，至於最重要的因果關係，往往十分簡短與簡單。
>
> ——赫伯特・賽門（Herbert Simon）

以賽亞・柏林（Isaiah Berlin）在他對托爾斯泰的研究中比較刺蝟與狐狸這兩種動物，前者知道「一件重大的事情」，而後者則是知道許多事情。科學林務員與地政官員就像是刺蝟。科學林務員的興趣高度集中在商業木材，地政官員則只關注土地稅收，這限制他們得針對單一問題找出最清楚明確的答案。另一方面，自然學家與農夫則像是狐狸，他們知道許多關於森林和耕地的知識。儘管林務員跟地政官員的知識十分狹隘，可是我們不該忘記他們的知識是系統化與綜觀全局的，能讓他們看見與理解狐狸所無法掌握的一切[94]。但我想要強調的是，獲得這種知識的代價，

93 引自同前，p. 5。

94 Peter Vandergeest 指出，在第三世界的脈絡裡，由全球定位科技幫助所製造出的地籍圖或土地使用圖，讓專家可以免除拜訪當地的不便，就規劃出土地使用政策與規範（"Mapping Resource Claims, or, The Seductive Appeal of Maps: The Use of Maps in the Transformation of Resource Tenure," paper presented at a meeting of the Association for the Study of Common Property, Berkeley, June 1996）。

是用相對靜態與短視近利的觀點理解土地制度取得的。

地籍圖其實很像替河川中的水流拍取靜態照片，它代表了（represents）在測量當下土地配置與所有權的狀況。但水流總是不停湍流，而在重大社會騷亂與成長的時期，地籍測量可能會定格於社會劇烈動盪的景象[95]。改變在土地邊界上發生：土地因為繼承或是購置而被分塊出售與合併；新的水渠、道路與鐵路被削減；土地使用項目發生變更等。由於這些特定變化會直接影響稅收的評估，因此規定要記錄在地圖或產權登記冊中。然而，大量累積的注解和旁注到一定程度，會使得地圖難以閱讀，因此得繪製一個更新過但仍然是靜態的地圖以供使用，而這個過程將會不斷地重複。

任何運作中的土地稅收系統，都不會一旦辨識出土地和所有權狀態後就停止運作。這套系統必須創造其他也是靜態的概要事實，以便判斷可永續盈利的稅收。土地分級的依據可能是土壤等級、灌溉程度、上面種植的作物或預設的平均產量（通常是透過檢查扦插樣本得知）。這些事實本身就不斷改變，或者它們可能是以平均值呈現，但背後卻隱藏各種劇烈的變化。就像是一幅地籍圖的靜止照片，它們可能會隨著時間愈來愈脫離現實，而必須一而再、再而三地重新檢查。

這些國家的精簡化工程——一如所有國家的精簡化工程——比起它們理應呈現的真實社會現象，總是來得更靜態與簡略。農夫很少會真的體驗到平均收成、平均降雨量或莊稼的平均售價等平均值。早期當代歐洲與其他地區悠久的農村稅收反抗史，可以被解釋成兩股力量無法契合的結果：一邊是頑強的財政要求，另一邊是鄉村人口滿足此一要求的能力每每出現劇烈消長的時刻[96]。然而，就算是最公平合理、最立意良好的地籍系統，也沒辦法在缺乏固定的測量與計算單位下統一實施。它無法反應農夫複雜的真實經驗，就像是科學林務員的計畫沒有辦法反映出自然學家的複雜森林[97]。

由於地籍的濾鏡必須服膺實際與具體的目標，因而也忽視了被明確定義的視野之外的一切，這件事反應在測量本身遺失的各種細節上。近期瑞典研究發現，測量者將土地的幾何形狀畫得比他們實際上所見的還要更方正，略過一些彎曲的路和小的急轉彎，會讓他們的工作更容易，但又不會實際影響到測量結果[98]。就像是商業林務員覺得忽略一些不重要的森林產物比較方便，地政官員也傾向無視土地在商業使用以外的功能。被指定為種植小麥或乾草的田地，也可作為床的填料、拾穗、兔子、鳥類、青蛙與蘑菇的重要來源，大家並不是不知道這件事，而是選擇忽略，以

95 土地本身有時也會因為山崩、土壤侵蝕、河道改道和沖積而移動。想要理解財產法如何嘗試處理會「移動」的對象，請參考 Theodore Steinberg, *Slide Mountain, or The Folly of Owning Nature* (Berkeley: University of California Press, 1995)。

96 在我早期的作品，我仔細檢查了在東南亞脈絡下的這個問題。更多請參考 Scott, *The Moral Economy of the Peasant*, chap. 4。

97 在一七八五年的奧地利，Franz Joseph 必須選擇用淨收入還是總收入作為土地稅的基礎。他最後選擇總收入，因為它比較簡單（每單位土地平均作物×土地單位量×平均作物價格＝總收入）。犧牲精準性與公平性以創造出一個行政上可行的系統是必須的。更多請參考 Kain and Biagent, *The Cadastral Map*, p. 193。

98 同前，p. 59。

避免沒必要地將簡單清楚的管理公式變得太複雜[99]。當然，短視近利最顯著的例子，是地籍圖與評鑑系統只將土地面積及其價值視作具有生產力的資產，或是可以販售的商品。土地上任何對生存目的或是對當地生態系可能有用的價值，都被另劃為是美學、儀式或情感價值。

## 轉變與抵抗

> 地籍圖是一種控制的工具，同時反映與強化了下令製作者的權力……。地籍圖是具有黨派之分的：在這之上，知識就是權力，它提供了完善的資訊，用以加強某些人的優勢，並對其他人不利，一如在十八與十九世紀稅的鬥爭中，當時的統治者與被統治者都很清楚這件事。最後，地籍圖是活躍積極的：在描繪一個現實的同時，它也抹去舊的世界，就像是發生在新世界或是印度的殖民過程。
>
> ——羅傑．詹姆士．彼得．凱恩（Roger J. P. Kain）與伊莉莎白．白珍特（Elizabeth Baigent），《地籍圖》（*The Cadastral Map*）

稅官用來理解現實的速記表格不僅僅是觀察用的工具，根據財政的海森堡原則[100]，他們往往有權力轉化他們所記下的現實。

法國在督政府時期建立、直到一九一七年才廢止的門窗稅（door-and-window tax），是個很好的例子[101]。發起者一定是認為一個寓所的門窗數量和它的大小成正比。因此，稅務員不需要進到房子或是進行測量，只要計算門窗的數量即可。作為一個簡單且可實施的規則，這實在是神來一筆。但是後果接踵而至。在此之後，農民的住處就根據這個原則設計與裝修，以盡量減少房子的開口。儘管財政損失可以靠提高每個開口的稅收撥亂反正，但是長期來講，這對鄉村人口的健康所產生的負面效果，延續超過一個世紀。

比起門窗稅，國家強制施加的新型土地制度更具革命性質。它建立了一組全新的制度性關係。無論最新的土地制度對行政官員而言有多麼簡單一致，卻是將心不甘情不願的村民們拋擲到一個由地契、土地管理局、費用、評估與申請所構成的世界。他們得面對一群坐擁權力的新專家，包括地政官、測量員、法官以及律師等，而村民對這些人的程序與決策規則都一知半解。

如果新的土地制度是殖民政權強制施行的——這表示，實行這個制度之處的人對於該制度一無所知，而此制度又是由國外的征服者使用不為當地人知的語言與制度脈絡強加其上，再加上當地原本的制度與終身所有權制完全不同的情況下——後果就會更不堪設想。舉例來說，在印度的「永久協議」（permanent settlement）創造了一個新的階級，這些人因為繳納土地稅而變成了土地

99　來自地下礦床的礦權和礦產收入問題，是這種普遍化的重要例外。

100　譯注：即測不準原理，亦即人無法完全精確預測物體在特定時刻移動後的位置和動量，只能掌握在特定時刻後物體存在於某段位置的機率以及物體擁有某動量的機率。作者在此要表達的是財政上的速記無法掌握精確的現實。

101　Eugen Weber, *Peasants into Frenchmen: The Modernization of Rural France, 1870-1914* (Stanford: Stanford University Press, 1976), p. 156。

所有人，擁有繼承與販賣這些所有權的權利，但這類權利過去從未出現過[102]。與此同時，上百萬名的種植者、租戶與勞動者失去他們慣有的權利，無法再使用這些土地及其產品。殖民地中第一群解開最新土地行政體系之謎的人，都享受到了最獨一無二的機會。也因此，在湄公河三角洲為法國官員及其越南臣民充當中間人的越南秘書和翻譯人員，都發了大財。儘管村裡的農民以為共有地都開放給他們使用，但中間人透過著力於法律文件（例如地契）或是收取相關費用上，時而會成為整個村莊的地主。當然，這些新的中間人有時候會使用他們的知識，協助同胞能安然穿越新穎法律制度的層層阻礙。不管這些人的行為如何，他們對於專為行政管理者設計、清晰透明的土地佃租制度非常熟悉，再加上不識字的鄉村人口無法解讀新來的土地制度，這兩件事結合的結果，使權力關係產生驚天動地的轉變[103]。所謂對官員而言是簡化的事物，對大部分的農民而言都只是變得更加神秘。

終身所有權與土地測量標準化之於中央稅收系統與房地產市場，就如同中央銀行貨幣之於市場[104]。兩者均以同樣的方式，對大部分地方上的權力與自主性產生重大威脅，也難怪會遭到頑強抵抗。在十八世紀的歐洲脈絡下，任何地籍普查都可說是中央集權化的第一著棋；在地的教士與貴族注定要目睹他們的賦稅權力與他們享受的豁免權被波及。平民則很可能將這視作增加新的地方稅的藉口。尚—巴蒂斯特．柯爾貝（Jean-Baptiste Colbert）是一名偉大的絕對王朝「中央集權」支持者，提議要在法國進行全國地籍測量，但在一六七九年被貴族與教士聯合的勢力所阻攔。在法國大革命後一個多世紀，激進的法蘭索—紐爾．巴貝夫（François-Noël Babeuf）在他的《永恆的地籍註冊計畫》（*Projet de cadastre perpetuel*）一書中，想像著一個完美平等的土地改革，每個人都可以得到同等的土地[105]。他的幻想同樣也慘遭挫敗。

我們必須謹記在心的，不僅僅是國家精簡化並轉化世界的能力，還有社會擁有的能力——可以用來改變、擾亂、阻止，甚至顛覆強加於其上的分類。為了這個目的，分辨紙上的現實與活生生的現實是很有用的作法。就像是莎莉・福克・摩爾（Sally Falk Moore）及其他許多人強調過

---

102 針對印度「永久協議」這個過程以及知識根源，請參考以下驚人的分析：Ranajit Guha, *A Rule of Property for Bengal: An Essay on the Idea of Permanent Settlement* (Paris: Mouton, 1963)。一如古哈提到的，英國殖民統治者在十八世紀遇到的既存所有權制度，完全令他們一頭霧水：「他們每個階段都會遇到準封建權利與義務，而任何使用他們所熟悉的西方術語進行解釋的嘗試，都遭受到挑戰。波斯語地產紀錄的難解符號令他們困惑。他們無法輕鬆掌握書寫與財產法有關的古代和中世紀語言，這件事只是困難的一部分；另一部分的難題來自於，只存在於記憶與深植在各種地方風俗的傳統紀錄，與所有書面法律都擁有同等的權威。」（p.13）。

103 想參考一個非常認真推敲且全面的研究，檢查殖民地的法律政策如何轉變土地爭議糾紛的解決、土地終身所有權制度以及社會結構，請見莎莉・福克・摩爾的書：Sally Falk Moore, *Social Facts and Fabrications: "Customary" Law on Mount Kilimanjaro, 1880-1980* (Cambridge: Cambridge University Press, 1986)。

104 地籍圖、終身所有權以及國內土地市場的結合，造成了一定程度的可辨識性，為土地投機者與稅關都帶來十足的優勢。普遍的商品化，根據通用貨幣為所有東西與服務標上價格，創造了蒂利所稱之為的「商業經濟（的）可視性」。他寫道：「在一個商品和服務只有一小部分被買賣的經濟體中，往往存在著這個尋常的狀況：收集收益的人無法準確地觀察或評估資源，而許多人對任一種特定資源都具有所有權。」（Tilly, *Coercion, Capital, and European States*, pp. 89, 85）

105 這種平等當然完全是脫離現實的，請見Kain and Biagent, *The Cadastral Map*, p. 225。柯爾貝於一六六七年的《森林法》也是第一個條理清楚的嘗試，以犀利的笛卡爾式手段將法國森林空間編入法典裡。與這相關的資訊可以參考Sahlins, *Forest Rites*, p. 14。

的，地政局的紀錄或許可以拿來作為賦稅的根據，但它們與真實的土地使用權幾乎毫無關聯。紙上的持有人不一定就是有效的持有人[106]。就像我們前面所看到的俄羅斯農民，他們可能會在「紙上」註冊土地合併，但仍然持續交錯條帶狀的使用模式。當有人嘗試入侵、占領、侵占土地，而且達成目的時，這顯示出實際上（de facto）財產權如何運作，而這是紙上的現實所無法再現的。對特定的土地稅與什一稅逃避或是抵抗到一個程度後，這些稅法就成了已失效的法律[107]。至於紙上的土地佃租制度與現實世界的土地制度間落差最大的時刻，大概是在社會動盪與反叛發生的時候。但就算是在比較平靜的時期，官方辦公室裡的土地紀錄背後，總是有一個影子土地系統尾隨其後或與之並行。我們永遠都不能預設在地實踐會服膺於國家理論。

所有中央集權的國家，都會肯認包山納海且相同一致的地籍圖的價值，但是製圖本身又是另一回事。根據經驗法則，愈早製圖且製作愈全面的地方，通常會有個強大的中央集權國家，施加權力到相對無力的市民社會上。相反的，在一個擁有組織良好的市民社會，且國家相對較弱之處，地籍圖通常會比較晚完成，往往出於自發且製作較為零碎。因此，拿破崙時代的法國比起英國更早完成製圖，這是因為英國的法律人士長期阻撓這項會威脅到他們在各地賺錢的計畫。依據同樣的邏輯，被母國法令所統治的殖民地，往往會比下令替它們製作地籍圖的中心國家，還要早就完成繪製，愛爾蘭大概就是第一個例子。伊恩・哈金（Ian Hacking）指出，在克倫威爾（Cromwell）征服愛爾蘭後，「在威廉・佩蒂（William Petty）的獨裁統治下，愛爾蘭的土地、建築、人與牲畜被徹徹底底的調查，好完成英格蘭在一六七九年對這個國家的洗劫[108]」。

如果殖民地是人口稀少的定居者殖民地（settler-colony）[109]，就像是北美洲或是澳洲，要打造一個完整且一致的地籍網格，幾乎是探囊取物之事。要注意的問題不再是描繪出既存的土地使用型態，而是調查哪些土地可以贈送或是販賣給剛剛抵達的歐洲人，還有忽視原住民族及其共有財產的制度[110]。湯馬仕・傑佛遜（Thomas Jefferson）帶著啟蒙時代理性主義訓練過的雙眼，想像著將俄亥俄河以西的美國土地分割成「數以百計」的區塊，每一塊土地是每十哩為一格的正方格，

---

106 在馬來西亞，華人被法律禁止擁有特殊種類的農業用地。為了克服這個障礙，華人男性會以馬來共謀者之名註冊土地。而為了確保這個共謀者不會試著行使他正式的財產權力，這個馬來人得同時簽署比他的財產價值還要高的借款單，借款人則是這個華人的名字。

107 法國革命時期的法律，選擇嘗試讓什一稅透過暫時的「什一稅贖回款」（tithe redemption payments）慢慢消失，而非直接廢除。然而民眾反抗劇烈且不肯妥協的程度，使得這個款項最終也被廢止。更多請參考James C. Scott, "Resistance Without Protest and Without Organization: Peasant Opposition to the Islamic Zakat and the Christian Tithe," *Comparative Study in Society and History* 29, no. 3 (1987): 417-52。

108 Ian Hacking, *The Taming of Chance* (Cambridge: Cambridge University Press, 1990), p. 17。作為霍布斯的學生，佩蒂以精準評價價值與生產力的眼光調查土地。他的政治經濟學理論可以從這本書窺見：*Political Arithmetik, or A Discourse Concerning the Value of Lands, People, Buildings...* (1691)。

109 譯注：「定居者殖民地」指大量殖民母國的人移往殖民地定居，其人數多到能確保他們在殖民地獲得政治與統治優勢，進而成為當地社會的統治團體。

110 有個想像是，北美洲與澳洲的土地本質上是無人占用的，亦即它們不是為生產與市場交換所用，這番想像是導致這些土地被「重新分配」的基礎。諸如高地清洗（Highland Clearances）和對美洲原住民、紐西蘭毛利人、澳洲原住民，以及阿根廷原住民等原住民的土地剝奪，都結合了這類虛構的想像。

圖七　經地籍調查過的地貌，北達科他州的卡斯爾頓

並要求拓荒者根據分配收下土地。

傑佛遜所提出的明確幾何形狀，並不只是個美學選擇；他聲稱不規則的區塊劃分會產生騙局。他引用麻薩諸塞州的經驗來加強論據：該州實際土地持有量，比契約授予的土地多了百分之十到百分之百[111]。規律的格線不僅為賦稅管理機構提供可辨識的土地狀況，它同時也是種方便且廉價的策略，將土地包裝成同質的單位向外販售。格線促進土地商品化的程度，與它對土地邊界與賦稅的幫助不相上下。以行政管理的角度來說，這亦是輕鬆寫意。遠在天邊且毫無在地知識的人，也可以擁有與註冊土地[112]。當土地計畫被寫下後，它具備一種林務員表格般不近人情、機械的邏輯。但實際上，傑佛森計畫中的土地所有權（被國會修改成適用於三十六平方英哩的長方形分區與鎮區），並不總是遵從規定好的格局。

托倫斯不動產登記制（Torrens system of land titling）發明於一八六〇年代的澳洲與紐西蘭，提供了一個平版印刷、預先測量過的網格圖，描繪出了移居者根據先來後到原則登記並分配到的土地。這是用來賣土地時，最迅速且最經濟實惠的發明，這個作法之後也為其他許多英國殖民地

111 Heilbron, introduction to *The Quantifying Spirit in the Eighteenth Century*, p. 17。

112 Theodore M. Porter, *Trust in Numbers: The Pursuit of Objectivity in Science and Public Life* (Princeton: Princeton University Press, 1995), p. 22. 波特非常令人信服地指出，「機械化的目標」（mechanical objectivity）如何成為官僚的手段，尤其是在民主國家中，專家的判斷與專業知識往往有掩飾自私自利動機的嫌疑。機械化的目標可以創造出非個人的決策，使它立刻看起來民主且中立。

所採用。但是這些幾何網格愈是同質與僵固，所描出的景觀就愈可能會與當地自然特色相衝突。這首紐西蘭的諷刺詩恰到好處地描繪這衝突的可能性：

現在這條路穿過了麥可的土地
　儘管在地圖上看來一切妥善
考量它原本的使用目的
　也無須有所責難
入夜後不是不可能
　造成些許意外

這條路在紙上精心策劃
　並無情地被下令執行
穿越了懸崖、山脊和溝壑
　一條筆直與均勻的路線
只排除了人與馬
　得移動的那部分[113]

在當代效益主義國家（utilitarian modern state）日益壯大的統治技術軍械庫中，地籍測量只是其中一種技術[114]。前現代國家對於獲取足夠讓它維持秩序、榨取稅收、增加軍隊的情報已經感到很滿足，而當代國家愈趨嚮往「看管」（take in charge）國家的物質與人力資源，並使他們更有生產力。要達成這些讓治國之術更上層樓的目標，會需要更多關於社會的知識，而照這邏輯，第一步就是要獲得土地、人口、收入、職業、財產與社會偏差行為的詳細清單。「官僚國家對於自我組織與控制資源的需求逐漸增長，刺激他們蒐集各種極其重要的統計資料；著重林業與理性農業、測量與精準的地圖製作以及公共衛生與氣候學。」[115]

儘管國家的目標不停擴張，但國家想要得到的知識，還是與這些目的直接相關。例如十九世紀的普魯士感興趣的是遷入者與外移者的年紀與性別，而非他們的宗教信仰或種族；對當時的普魯士而言，重點是紀錄潛在的逃兵人口，並維持供給軍隊所需的適齡男性[116]。國家之所以逐漸關

113 引自Kain and Biagent, *The Cadastral Map*, p. 320。

114 關心這個問題的學生可能會好奇，我為什麼沒有處理時間的精簡化。理性化和商品化工作與行政的線性時間，的確是一個伴隨我這個討論的故事。我沒有處理是因為這會讓這個章節太長，以及這已經被其他人充滿想像地討論過了，像是：E. P. Thompson, "Time, Work, Discipline, and Industrial Capitalism," *Past and Present* 38 (December 1967)。想要參考精細的研究，也可以參見Ronald Aminzade, "Historical Sociology and Time," *Sociological Methods and Research* 20, no. 3 (May 1992): 456-80。

115 Heilbron, introduction to *The Quantifying Spirit in the Eighteenth Century*, pp. 22-23。

116 Hacking, *The Taming of Chance*, p. 145. 拿破崙在一八〇六年後避免執行普查，因為害怕這會揭露他的戰爭如何災難性地影響法國人口。

注生產力、健康、公共衛生、教育、大眾運輸、礦物資源、穀物生產以及投資等問題，並不是因為放棄較早期治國之術的目標，而是因為在現代世界要達成那些目標，所牽涉的層面變得更深更廣。

# 第二章　城市、人民、語言

製圖學院製作了帝國的地圖，大小與帝國完全相同，且內容一模一樣……而後世知道這張廣為流傳的地圖是毫無用處的，他們不無褻瀆地將這張地圖拋棄在酷暑與嚴冬之中。

——蘇亞雷茲．米蘭達（Suarez Miranda），《智者的旅行》（*Viajes de varones prudentes*, 1658）

中世紀建造的城鎮或是中東城市最古老的街區（麥地那式〔medina〕街區），在沒有重大改動的狀態下，其鳥瞰圖具有特殊的外觀。它看似完全失序，或是更精確地說，城市與完全抽象的形式格格不入。街道、巷弄與過道以各種角度交錯，其密度之高，宛如某些有機過程所衍伸出難以理解的複雜事物般。在中古城市的案例上，也就是防禦需要的城牆與或是護城河之處，可能會有如同樹輪成長一般、外城接替著內城的狀況發生。約莫西元一五〇〇年的布魯日（Bruges）圖像大概可以展示這個格局（圖八）。這座城市的界線是由城堡綠地、市集、河流和運河所界定的，而這些河流和運河（直到淤塞發生之前）是這個織品貿易城市的命脈。

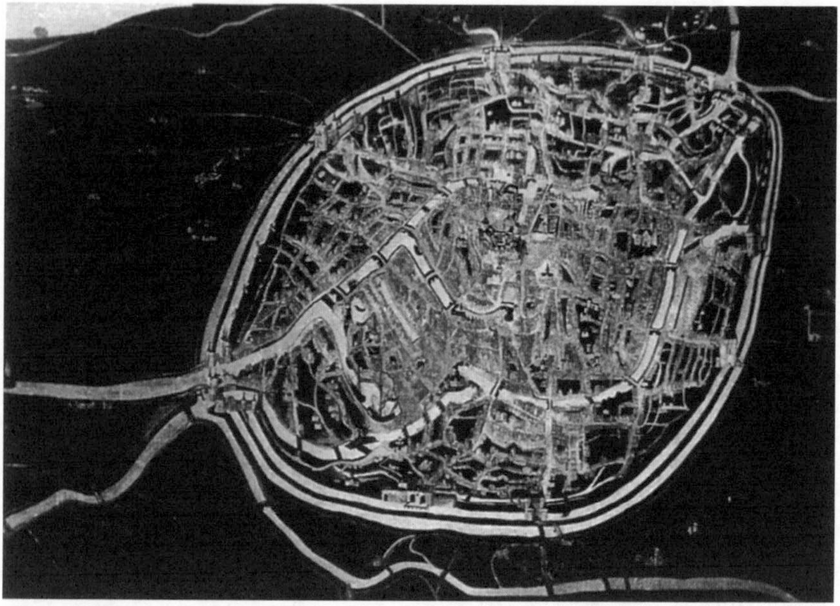

圖八　約莫西元一五〇〇年的布魯日，來自布魯日市政廳的圖畫

城市的布局在發展過程中並未經過整體設計，而且欠缺一致的幾何邏輯，但即使如此，也不代表居民就會因此感到困惑。許多人以為城市的鵝卵石街道，不過是因為重複使用而自然浮現的人行道。但是對許多在布魯日各街區長大的人而言，這個城市令他們感到十分親近，也十分清楚易懂，它的街道與巷弄跟平日最常行經的路線近乎一致。至於對第一次拜訪的陌生人還有商人來說，這個城市顯得特別高深莫測，單純只是因為它缺乏重複性與抽象的邏輯，無法讓初來乍到的人定位。西元一五〇〇年的布魯日，其城市景觀偏袒在地知識勝過外來知識，包括外來的政治權威[1]。它在地理空間上的運作方式，宛如語言上困難且令人難以理解的方言一般。城市的樣貌像是層半透膜，它加強了

城市內部的溝通，並對成長過程中不講這種特殊地理方言的人，固執地維持不熟悉感。

歷史上，有許多城市街坊對外地人相對來說無法辨識（或是與這類街坊相似的鄉村，例如磨坊、沼澤以及森林），這件事提供了政治安全上重要的餘裕，防止外來菁英掌控。有個簡單的方式可以確定這種餘裕的存在，也就是詢問外來者是否需要當地嚮導（當地地陪）才能成功地找到路。如果答案是肯定的，那這個社區或地域至少在一定程度上可以隔離於外界打擾。這種阻絕再加上當地團結的模式，已經在許多截然不同的脈絡下被證明具有政治價值，像是歐洲十八世紀以及十九世紀早期因為麵包價格而爆發的城市叛亂、阿爾及利亞的民族解放陣線（**Front de Libération Nationale**）在阿爾及爾城堡要塞（Casbah）頑強抵抗法軍[2]，以及仰賴市集政治（**politics of the bazaar**）[3]幫忙拉下了伊朗沙王（Shah of Iran）的時刻等等。於是，不可辨識性自古以來就是享有政治自治權的可靠對策，今日依然如此[4]。

1 如大家可能預期的，獨立城鎮更有可能會偏袒在地知識，遠遠勝過為了行政與軍事目的而設計的皇家城市。

2 北非要塞的不可辨識性並非堅不可摧。民族解放陣線的抵抗儘管讓法軍付出巨大的政治代價，最終仍因穩定的警察工作、虐待以及當地告密者的網絡而失敗。

3 譯注：常另譯為巴札（Bazaar），是中東世界對傳統市集的泛稱，源自伊朗波斯語。至今仍舊是伊朗人主要的購物與社會生活場域。

4 許多美國城市政府當局無法有效管理市中心貧民區，引發了人們嘗試以「社區治安」（community policing）為由恢復「巡警」。社區警察的目標是要創造一群在地的警察幹部，他們十分熟悉社區內部的物理配置與特別是當地人口，而是否獲得當地人的協助對於警察職務的推行影響重大。這麼做的目的是要將被視為外來人的官員轉變成為內部人士。

在重新設計城市，好讓城市變得更容易辨識之前（我們等下會再回到這個主題），國家權威會致力於透過能夠加強監督與控制的方式，替複雜的老舊城市製圖。因此，法國主要城市大多都得接受過審慎的軍事製圖（即軍事偵察，*reconnaissances militaires*），尤其是在大革命之後。當城市抗爭發生時，當權者希望可以迅速移動到精確的地點，以方便有效控制與壓制叛亂[5]。

正如人們預期的，國家與城市的計畫者一直努力克服這種空間上的不可理解性，並使得城市地理空間從外部看來更加透明與清楚。面對城市未經規劃而形成的雜亂無章，他們的態度與林務員對未經規劃過、自然茂盛的森林的態度，可說是如出一轍。在網格或是幾何上十分規律整齊的拓荒地，它們的起源八成都仰賴非常直白的軍事邏輯。正方形、充滿秩序、公式化、以古羅馬兵營隊型為基礎的營隊具有許多優勢。士兵可以輕易地學習建造的技巧；軍隊的司令官能確切知道其副官與不同的部隊配置為何；而任何羅馬傳令官或是軍官抵達軍營後，會知道他們要到哪去找他們想找的官員。我們甚至可以推測，一個巨大且充滿多種語言的帝國很可能會意識到，將根據公式設計的營地或城鎮視為其秩序與權威的戳記，在象徵意義上十分有用。在其他一切條件都相同的狀況下，根據簡單、重複的邏輯所布局的城市，可能會是最容易管理與監視的。

無論幾何的城市地景在政治與行政上的便利性為何，啟蒙運動擁抱的強大美學，抱持著對直線與對眼睛可視的秩序的狂熱，觀賞這一切。沒人能比笛卡爾表現出更清楚的偏見：「比起工程師根據自己的喜好，**在空曠的平面上設計出井井有條的城鎮**，這些古老的城市曾經只是**零星四散**的村莊，隨著時間發展成偉大的城市，但其通常**布局拙劣**。雖然在逐一考慮後一類城鎮的建築時，人們會在其中發現與前者相等、甚至更多的藝術價值，但是在看到建築物的排列方式（有大有小）以及它們如何**扭曲街道並使得地面凹凸不平**後，人們會說**這些安排是偶然，而非人使用理性的意志而為之**。[6]」

笛卡爾的觀點令人聯想到等同於科學林業的都市型態：街道以直線布局並以直角交錯，建築設計一致、大小相等，而一切都以單一且由中心向外的計畫為基礎。

強大的國家與布局一致的城市，兩者選擇性的親近是顯而易見的。研究城市分類的歷史學家劉易斯・芒福德（Lewis Mumford），將這兩者共生關係的當代歐洲起源，定位在義大利城邦國家的開放與清晰的巴洛克風格之上。在與笛卡爾意氣相投的狀況下，芒福德聲稱：「組織空間，將它變得連續不斷，並化約成測量與秩序，是巴洛克心態的一種勝利。[7]」更重要的是，中世紀城市巴洛克式的再設計，加上它宏偉的建築、景色和廣場，以及對一致性、比例跟遠景的關注，都是為了反應君主宏偉與令人敬畏的權力。美學的考量往往勝過城市既存的社會結構及其世俗

---

5 在此感謝Ron Aminzade寄給我原本在一八四三年軍方官員在圖盧茲市（Toulouse）進行高級偵察時，所準備的兩張地圖內附有的解釋性紀錄。它們來自*Archives de l'Armeé, Paris*, Dossier MR 1225。它們註記了可能會妨礙來回移動的地形、會阻礙軍隊移動的水道、在地人口的態度、鄉音的難度以及市場位置等。

6 René Descartes, *Discourse on Method*, trans. Donald A. Cress (Indianapolis: Hackett, 1980), p. 6，引自Harrison, *Forests*, pp. 111-12。

7 Lewis Mumford, *The City in History: Its Origins, Its Transformations, and Its Prospects* (New York: Harcourt Brace Jovanovich, 1961), p. 364。

功能。「早在推土機發明之前，」芒福德補充：「義大利軍隊的工程師藉由他在毀滅上的特殊專長，發展出推土習慣的心態，這意謂著嘗試清除地上的障礙，以便在其僵固的數學線條上有個清楚的開始。[8]」

巴洛克城市的視覺權力能再上層樓，是為了在內部與外在敵人的威脅下，嚴密保障君主的軍事安全。因此，阿伯提（Alberti）與帕拉迪奧（Palladio）將主要街道視作是軍事街道（viae militaires）。這種路必須筆直，而且根據帕拉迪奧的觀點，「如果路在每個地方都被建造的一模一樣，這樣就會更便利：也就是說，將**不會有任何地方是軍隊不能輕易行軍的**。」[9]

當然有許多城市都近似於笛卡爾的模型。出於很明顯的原因，這種城市大多是從頭就開始規劃成嶄新、烏托邦式的城市[10]。就算它們不是根據帝國法律建造的，它們也是由開國元勳們設計，創造出重複且一致的方型廣場，以配合未來居民入住[11]。十九世紀晚期芝加哥的鳥瞰圖（如同威廉・佩恩〔William Penn〕的費城與紐海芬），就是網格狀城市的範例之一（圖九）。

從行政者的角度來看，芝加哥的地面設計幾乎是座烏托邦。因為它是由直線、直角、以及重複性所組成的[12]，於是它能讓人立刻欣賞它的整體樣貌。就算是河流也難以破壞城市不間斷的對稱性。對外來者——或是警察——而言，尋找一個地址是相對簡單的一件事，不需要任何當地嚮導。比起外來者，在地居民的知識並不特別具備優勢。像是曼哈頓上城一樣，如果交叉的街道

8 同前，p. 387。

9 引自同前，p. 369。

10 例如湯馬斯・摩爾（Thomas More）的烏托邦城市，就是完美地一致，於是「知道其中一個城市的人就知道全部城市，除非地表的性質作梗，不然它們一模一樣。」（More, *Utopia*, quoted in 同前，p. 327）。

11 聖彼得堡是被規劃過的烏托邦首都的最驚人案例，這個大都市被杜斯妥也夫斯基稱為「世界上最抽象且最被計畫過的城市。」見Marshall Berman, *All That Is Solid Melts into Air: The Experience of Modernity* (New York: Penguin, 1988), chap. 4。巴比倫人、埃及人、當然還有古羅馬人建立了「網格式定居地」，早在啟蒙運動之前，直角就被視作是文化優越性的證據。桑內特（Richard Sennett）寫道：「希波達莫斯（Hippodamus of Miletus）經常被認為是第一個將網格視作文化表現的城市建造者；他相信網格表達出文明生活的理性。羅馬人在他們的軍事征服中，詳細展示了野蠻人粗魯且毫無形式的營地，與羅馬人的軍事堡壘與城堡間的對比。」（*The Conscience of the Eye: The Design and Social Life of Cities* [New York: Norton, 1990], p. 47）。

12 嗯哼，幾乎。有幾條街道——在林肯（Lincoln）、亞區（Archer）與藍島（Blue Island）——跟隨印地安人的步道，於是就偏離了幾何邏輯。

圖九 芝加哥市中心地圖，約莫一八九三年

具有連續編號，而且與更長且也是連續編號的街道相交，則這個都市計畫將會獲得更高的透明度[13]。網格狀城市在地面上的秩序促使了地下的井然有序，包括水管、排水溝、汙水道、電纜、瓦斯管以及地下鐵——這些秩序對城市管理者而言也十分重要。送信、收稅、實施普查、讓人與物資進出城市、壓制暴動或叛亂、挖掘水管或汙水道、尋找罪犯或是徵兵（假設這個人處在特定地址）、規劃大眾運輸交通工具、自來水供給以及移除垃圾，都會因為網格的邏輯而變得更加容易。

在人類定居處的幾何秩序中，有三個部分特別受到重視。第一點，城市秩序最明顯之處不是在街道上，而是由上方與由外部所見。就像是遊行隊伍中的遊行者，或冗長的裝配線上的鉚釘工人，在網格之中的行人無法立刻察覺規模更宏大的城市計畫。這種對稱只能透過圖畫（實際上，這正是把尺和白紙給小朋友所預期會得到的結果），或是從地面上方呼嘯而過的直升機的視角所見：簡言之，來自於上帝的視角，或是一個專制統治者的視角。這個空間的事實大概是都市與建築計畫過程本身固有的，而這個過程牽涉了微型化與縮尺模型，讓資助者與規劃者能由上而下地凝視，宛如直升機一般[14]。畢竟，要視覺上地想像一個大規模的建設計畫看起來如何，除了微型化這些建築外，別無他法。於是，我認為這些尺度如玩具的計畫，是根據其雕塑模型般的性質與視覺秩序所評估而成的，而且這種觀點往往無人可以複製，或者能做到的人類觀察者寥寥無幾。

透過城市或地景的縮尺模型來實現想像中的微型化，實際上是靠飛機達成的。鳥瞰圖的製圖傳統（在芝加哥地圖中十分明顯），已不再僅僅是慣例常規。憑藉著遙遠距離這項優勢，空照圖將地面上看似的混亂失序分解成浩瀚的秩序與對稱。飛機對現代主義者思想與計畫十分重要，這絕非誇大。飛機提供了能將地形變得平坦如畫布般的視角，促使產生「綜觀全局的視野、理性控制、計畫與空間秩序」的新抱負[15]。

城市秩序能輕易從外部辨識的第二個重點，是其整體樣貌的重大計畫，與其居民們體驗到的生活秩序沒有一定的關係。儘管能夠更容易提供某些國家服務，而且可以更容易定位位處偏遠的地址，這些優勢可能會被許多可察覺的缺點抵銷掉，例如缺乏高密度的街道生活、不友善的權威介入，失去促進舒適感的不規則空間、非正式娛樂的聚集場地，以及社區感等等。幾何上規律的都市空間，其整齊秩序也不過就只是整齊的秩序。其視覺上的系統化有其儀式性或意識形態的特質，更像是閱兵或兵營的秩序。這種秩序能在市政或是國家權威管理城市時有其效率，但不保證

13　很多讀者可能會想到，儘管擁有形式上的秩序，上曼哈頓或芝加哥部分的網格區域基本上無法被管理且十分危險。沒有任何形式上的秩序可以克服抵銷它的巨大力量，包括貧窮、犯罪率、社會混亂或是對官員的敵意。有關這個區域，其中一個不可辨識性的跡象是人口普查局承認，漏算的非裔美國人的人數是漏算的白人的六倍。這種低估埋下了政治上的動盪隱憂（politically volatile），因為普查的數字可以決定每個州有權獲得的國會席次。

14　請參考這位地理學家令人大開眼界的著作：Yi-Fu Tuan（段義孚），*Dominance and Affection: The Making of Pets* (New Haven: Yale University Press, 1984)。

15　Denis Cosgrove, "The Measure of America," in James Corner and Alex S. MacLean, eds., *Taking Measures Across the American Landscape* (New Haven: Yale University Press, 1996), p. 4。當然，麥卡托地圖使人習慣了在平面上投影廣闊的微型景觀。

它對民眾有同樣效果。於是，暫時來說，我們對整齊的空間秩序與社會經驗的關係，得先保持不可知論的態度。

第三個值得注意的面向，則是同質化、幾何狀與一致的屬性，對於市場而言作為標準化商品的便利性。就像是傑佛遜的土地調查計畫或是無主土地所有權的托倫斯制度，網格提供了規律的區塊與街區，十分適合用於買賣。正因為它們是抽象單位，與任何生態或地形現實脫節，它們跟能經得起無止盡積累與分裂的貨幣十分相似。網格計畫在這方面的特色同樣適用於調查者、規劃者、房地產投機商。在這個例子上，官僚與商業邏輯十分一致。就像芒福德提到：「從商業角度來說，機械格局的美麗應該要十分樸素。這種計畫不會替工程師造成不規則土地與曲線狀邊際線所帶來的特殊問題。職員能夠計算出街道施工或土地出售所涉及的平方呎數：甚至律師的辦事員只要透過在標準文件上填寫適當的尺寸，就可以撰寫銷售必備的契約書。最後，只要有丁字尺與三角板，市政中心的工程師在沒有任何建築師或社會學的訓練下，就可以『規劃』出一座大都市，具備符合規格的土地、符合規格的街區、符合規格的寬闊街道⋯⋯，正是因為缺乏對特殊景觀或人類目的的調整能力，這種不明確的性質提升了它用於交易的普遍效用。[16]」

大部分的舊世界（Old World）城市，其實都是布魯日與芝加哥的歷史混合物，儘管有不只一位政治家、獨裁者或城市規劃者，策劃出要替現存的城市徹底改頭換面的計畫，這些夢想都必須付出財務和政治的代價，於是它們很少有機會脫離塗鴉板上。相反地，一步一腳印的規劃方式反而更為常見。許多城市中心、古老的核心往往還是保持得跟布魯日一般，而外圍更新的區域則更可能呈現出一個或多個都市計畫的痕跡。有時候這些分歧被形式化，就像是舊德里跟作為帝國首都的新德里，這兩者之間強烈的對比。

有時候權威會採取嚴厲的手段，翻新既存城市。塞納省省長奧斯曼男爵（Baron Haussmann）在路易・拿破崙（Louis Napoleon）統治下改造巴黎，這個宏大的公共建設計畫從一八五三年延續到一八六九年。奧斯曼的巨大計畫承擔了金額前所未見的公債，將數萬人趕出他們的家，而這只能由一個不需要直接向選民負責的行政權威完成。

重建巴黎的背後邏輯，與將原生林轉化成為了單一財政管理的科學林業的邏輯十分相似。兩者皆同樣強調精簡化、可辨識性、直線、中央管理，以及對整體能有綜觀全局的理解。就像是森林一般，重建計畫大多都達成其使命。但是一個主要的差別，在於奧斯曼的規劃是根據對巴黎人的行為與情感所帶來的影響而制定的，財政因素的影響較小。儘管這些計畫的確在首都創造出更多清楚的財政空間，但那只是為了讓城市變得更好管理、繁榮、健康、建築上更莊嚴的副產品。[17] 當然，這兩者第二個主要的差別，是那些被連根拔起的第二帝國都市計畫有機會能夠反攻，而它們確實也做到了。就像我們將會看到的，巴黎的翻新預示著許多威權高度現代主義計畫的自相矛盾，而本書很快就會仔細審視之。

16 Mumford, *The City in History*, p. 422。

17 這個計畫不只創造了更能夠辨識的財政空間，還創造了一群圈內人的財富，他們使用針對這個計畫的內行人知識，從房地產投機中獲利。

圖十重現的計畫圖展示出奧斯曼計畫建構出來的新大道，以及革命之前的環城大道被拓寬與拉直[18]。但翻新這件事，儘管看似只是建造一個新的街道圖，它卻大幅低估了改變所需的工程。對於必須進行的拆除與建設，以及街道計畫所新增的可辨識性，新設計帶有配合「原生」巴黎的強烈痕跡，例如遠離中心的大道，是沿著一七八一年的古老關稅牆（octroi）而成的。但奧斯曼的計畫遠遠超過交通改革。伴隨著大道新穎的可辨識性所出現的，是改變日常生活的革命：新的溝渠、更有效的廢水

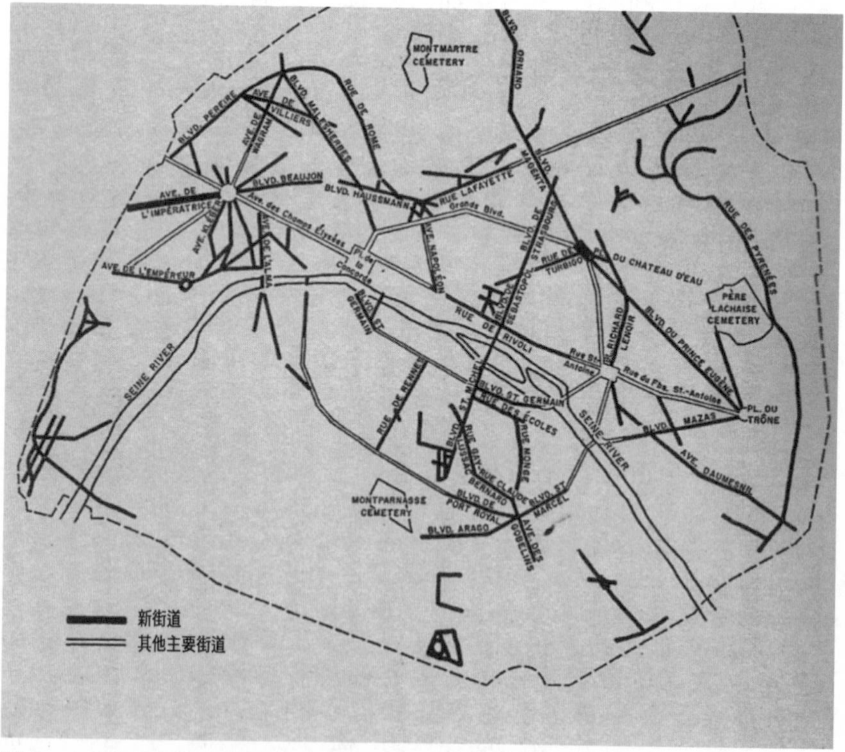


圖十　一八七〇年的巴黎地圖，展示出一八五〇到一八七〇年之間建造的主要新街道

系統、新的鐵道與月台、中央化的市場（Les Halles）、瓦斯管線與照明，以及新的公園與公共廣場[19]。到了世紀之交，路易．拿破崙所創造出的新巴黎已經成為廣為愛戴的公共工程奇蹟，並成為外國有志規劃者的聖地。

在路易．拿破崙與奧斯曼為巴黎打造的計畫中，重點核心是國家的軍事安全。城市重新設計最重要的目的，是要讓它在面對群眾叛亂時能夠更加安全。正如奧斯曼所述：「這個皇后城市的秩序是普遍（公眾）安全的主要前提之一[20]」。在一八五一年前的二十五年間，街壘（Barricades）發生的次數高達九次，路易．拿破崙與奧斯曼都見過一八三〇與一八四八的革命；更晚近的巴黎工人六月起義與對路易．拿破崙政變的抵抗，則是該世紀最大的叛亂。作為一個回歸的流亡者，路易．拿破崙很清楚這可能會證明他對權力的控制是多麼地不堪一擊。

---

18 巴黎的絕對主義王朝統治者，特別是路易十四之前的統治者，將一座古老、準規劃過、巴洛克式的城市贈送給了巴黎，而路易十四則選擇在凡爾賽宮這個「新空間」上大肆規劃。

19 如Mark Girouard提到的，這個計畫包括公共設施與機構，像是公園（最著名的巨大布洛涅森林）、醫院、學校、大學、兵營、監獄、以及新的歌劇院（*Cities and People: A Social and Architectural History* [New Haven: Yale University Press, 1985], p. 289）。大概在一個世紀後，羅伯特．摩西（Robert Moses）冒著更大的困難，對紐約市進行了類似的改造。

20 引自John Merriman, "Baron Haussmann's Two Cities" (typescript, p. 8), later published in French as chap. 9 of Merriman's *Aux marges de la ville: Faubourgs et banlieues en France, 1815-1871* (Paris: Seuil, 1994)。我這部分的討論非常感謝Merriman小心的說明。除非特別標記，不然都是由我本人翻譯。

但是，叛亂的布局並非平均分配在整個巴黎。反抗集中在人口密集的工人階級一區，而它和布魯日一樣，具有複雜且難以辨識的街道圖[21]。巴黎在一八六〇年之所以會併吞「內郊區」（*quartiers*，位於關稅牆和外部防禦工程之間，涵蓋了二十四萬居民），目的很清楚是為了要掌控至今為止都逃過警察掌控的野蠻地帶。奧斯曼形容這個地區是「高密度的市郊地帶，由二十個不同的行政部門管轄，隨機建造，上方覆蓋著由狹窄曲折的公共道路、小巷和死胡同所組成的糾結網絡。在上面的游牧人口因為沒有任何與土地（財產）的實際連結，也就缺乏有效的監視，於是便以驚人的速度成長[22]。」至於巴黎內部，有像是瑪黑區（Marais）、尤其是聖安東尼郊區（Fauboug Saint-Antoine）那般革命的**門廊**（*foyers*），這兩處都成了抵抗路易・拿破崙政變的堅定中心。

軍事控制這些反叛的空間（亦即還沒有被納入地圖之處），是奧斯曼計畫不可或缺的一部分[23]。在環城大道與關稅牆之間新闢的一系列大街，是設計來加強城市外圍的街壘與叛亂區域之間的移動。如奧斯曼所見，他的路能確保多重、直達的鐵軌與道路，會將城市各區域以及負責其秩序的軍隊單位連結在一起[24]。因此，舉例來說，巴黎東北方最新的大街，能讓軍隊從庫爾伯瓦街壘直衝到巴士底，鎮壓發生在聖安東尼郊區的騷亂[25]。許多嶄新的鐵道和車站的位置，也是根據類似的策略目標設立的。只要有機會，叛亂地區都被新的道路、公共空間以及商業發展拆除或毀壞。在解釋為何展開這個計畫需要五千萬法郎的貸款時，萊昂・佛雪（Léon Faucher）強調國家安全需求：「公共秩序的利益不下於健康的利益，而這需要儘速切過街壘區的大片土地[26]。」

巴黎的重建同時也是個十分必要的公共衛生手段。而公衛學家聲稱能讓巴黎更健康的方法，同時也會讓巴黎在經濟上更有效率，軍事上更安全。陳舊的下水道與污水池估計含有三萬七千匹馬的糞便（一八五〇年），再加上不可靠的供水，使巴黎成為名符其實的瘟疫之城。這個城市有全法國最高的死亡率，而且也最容易受到霍亂這種致命的流行病影響；在一八三二年，該疾病奪走一萬八千四百人的性命，其中包括法國首相。而在這些具有革命性質的反抗區，因為群聚與環境衛生的缺乏，死亡率又最高[27]。對那些沒被趕走的人而言，奧斯曼的城市是個更健康的城市；

---

21　芒福德寫下：「巴黎中世紀的街道難道不是都市自由的最後庇護所？難怪拿破崙三世批准毀去狹窄的街道與死胡同，夷平整個街區好提供寬闊的林蔭大道。這是避免來自內部攻擊的最佳保護措施。」(*The City in History*, pp. 369-70.)

22　引自Louis Girard, *Nouvelle histoire de Paris: La deuxième république et le second empire, 1848-1870* (Paris, 1981), p. 126, cited in Merriman, *Aux marges de la ville*, p. 15。這與後來環繞巴黎的左翼工人階級郊區（又稱紅帶），相似程度十分驚人。在南非種族隔離政策時期，索維托（Soweto）和其他黑人的城鎮儘管出於隔離的目的，在隔離時建造的十分清楚，但在官方眼中同樣也變成無法辨識、叛亂的空間。

23　由於規劃者缺乏可信賴的城市地圖，第一步是建造暫時的木頭高塔，以達成製造準確地圖必須的三角測量。詳見David H. Pinkney, *Napoleon III and the Rebuilding of Paris* (Princeton: Princeton University Press, 1958), p. 5。

24　引自Jeanne Gaillard, *Paris, la ville, 1852-1870* (Paris, 1979), p. 38, cited in Merriman, *Aux marges de la ville*, p. 10。

25　同前，pp. 8-9。

26　同前，p. 9。Merriman的翻譯。

27　Pinkney, *Napoleon III*, p. 23。人口學歷史常常見到西歐的都市人口困擾於流行病與普遍的高死亡率，一直要到十九世紀才開始能成功成長；城市的成長大多來自比較健康的鄉村的移入人口。儘管這個觀點被挑戰，其證據仍具有高度說服力。請見Jan de Vries明智且審慎的總結與評論：*European Urbanization, 1500-1800* (Cambridge: Harvard University Press, 1984), pp. 175-200。

更良好的空氣和自來水循環與陽光曝曬，將能夠減少流行病發生的風險，一如商品與勞動力的循環（健康的勞工）對這個城市經濟福祉的貢獻。勞工生產力和商業成功的效益主義邏輯，與戰略和公共衛生的問題息息相關。

驅動巴黎轉變背後的政治美學品味來源——路易．拿破崙，也是十分關鍵。當奧斯曼被委任為塞納省省長時，路易．拿破崙交給他一份地圖，上面有中央市場、布洛涅森林（Bois de Bologne）以及其他最終都被建立起來的道路。毫無疑問地，路易．拿破崙的計畫，很大一部分採用了聖西蒙學派十分有遠見的全球報（*Le globe*）中的主意，以及傅立葉（Fourier）與卡貝（Cabet）所描繪的都市社區模型[28]。他們宏偉的設計吸引了路易．拿破崙個人的決心，要讓輝煌的新首都為他輝煌的政權做見證。

就像發生在許多威權國家的現代化計畫一樣，領袖的政治品味偶爾會壓過純粹的軍事或功能問題。直線構成的街道或許能巧妙地幫助部隊動員對抗叛亂，但它們的兩側也是優雅的外牆，而街道末端將是讓遊客印象深刻的宏偉建築[29]。沿著大道所建的單一現代建築可能意謂著比較健康的住宅，不過這往往就僅止於外觀。都市計畫的分區規範幾乎都只關注建築物可視的外表，但在外牆之後，建築商可以建造擁擠且不通風的住宅，而他們也都這樣做了[30]。

如T．J．克拉克（T. J. Clark）所觀察到的，最新的巴黎被非常強烈地視覺化了：「奧斯曼的其中一個目的，是要給現代性一個形狀，而他當時似乎在這方面取得了一定的成功；他建造一系列形式，在此之中，城市似乎是可見的，甚至是可以理解的：為了複製這個公式，巴黎正在成為奇觀[31]。」

在這個狀況下，可辨識性是根據階級與功能對人口進行明確的隔離所達成的。巴黎的每個區域逐漸採納特定的特色，包括穿著與活動，還有資產階級的購物區、繁榮的住宅區、工業市郊、手工業區域和波黑米亞區。因為奧斯曼誇張的精簡化，巴黎變成更容易管理與治理、以及更好「解讀」的城市。

就像當代秩序中最具有野心的計畫一般，奧斯曼廣闊而壯觀的新首都，也存在著一個邪惡的雙胞胎。重建的巴黎市中心之所以能在城市空間階層中占據最高階的位置，是基於將都市貧民遷往邊緣地帶這個先決條件[32]。沒有一個地方能比貝爾維爾（Belleville）更能驗證這件事了，它是巴黎東北部一個十分受歡迎的工人階級區，在一八五六年發展成為一個擁有六萬人口的城鎮。

---

28 Pinkney, *Napoleon III*, chap. 2。

29 Merriman, *Aux marges de la ville*, pp. 7-8。也請參考T. J. Clark, *The Painting of Modern Life: Paris in the Art of Manet and His Followers* (Princeton: Princeton University Press, 1984), p. 35。路易．拿破崙與奧斯曼對直線的狂熱是很多笑話的哏。例如Edmond About劇作中的一個角色，夢想著有一天塞納河會自己截彎取直。他說因為「它不規則的曲線真是令人心驚膽戰。（quoted in Clark, *The Painting of Modern Life*, p. 35）。」

30 Pinkney, *Napoleon III*, p. 93。

31 Clark, *The Painting of Modern Life*, p. 66。想要參考描繪老開羅、農莊等整齊的東方主義展覽，如何讓在巴黎的阿拉伯遊客以全新的方式看待他們的社會，請見Timothy Mitchell精彩的分析，*Colonizing Egypt* (Berkeley: University of California Press, 1991)，特別是chaps. 1-3。

32 Gaillard, *Paris, la ville*, p. 568, quoted in Merriman, *Aux marges de la ville*, p. 20。

許多居民因為奧斯曼的拆遷而喪失繼承權；有些人稱它為被放逐者的社區。到一八六〇年代，它變成了如同早期聖安東尼郊區的市郊——一個無法辨識的叛亂門廊。「問題不在於貝爾維爾不是個社區，而是它變成了資產階級會害怕的那種社區，警察無法滲透，政府無法規範，在那裡，平民階級以其狂野的激情和政治怨恨占據了上風。[33]」如果像是許多人聲稱的，一八七一年的巴黎公社的起義，有部分是因為被奧斯曼放逐到邊緣的人想嘗試重新征服城市（「城市重新征服城市」，*la reconquete de la Ville par la Ville*）[34]，那貝爾維爾就是這種情緒的地理中心。公社成員在一八七一年五月後期的軍事防禦，往東北部和貝爾維爾撤退，以貝爾維爾的市政府作為他們的最後據點。貝爾維爾被視為革命分子的巢穴，承受了殘暴的軍事占領。

分析上，有兩件諷刺的事，標誌了公社的鎮壓過程。第一個是奧斯曼的策略性設計是個勝利。第二帝國希望可以擊退平民叛亂的大道與鐵路線，被證明有其價值。「感謝奧斯曼，凡爾賽的軍隊可以一舉從水塔廣場直入貝爾維爾[35]。」第二件諷刺的事在於，就像是聖安東尼郊區因奧斯曼的拆除逐漸消失於眾人視野之外，新建的聖心教堂也摧毀了大部分的新興犯罪區，該教堂建在「有罪的城鎮之上……作為犯罪之地的補償。[36]」

## 姓氏的創造

有些我們一再用來理解社會現實、習以為常的分類，它們的來源是國家可辨識性與標準化的計畫。例如有些跟永久姓氏（permanent surname）一樣基本的東西。

在廣受歡迎的電影《證人》（*Witness*）中，有個片段顯示出，在都是陌生人的狀況下，我們的確會仰賴姓氏作為循跡探索的工具[37]。電影中，年輕的偵探試著找到可能目睹一場謀殺的年輕艾美許（Amish）男孩。儘管偵探可以循著男孩的姓氏找人，但他被許多艾美許的傳統主義所阻撓，包括艾美許人所講的古老德語方言。他的第一個直覺當然是去翻電話簿，上面羅列著正式的姓名與地址，但艾美許人沒有電話。此外，他還發現艾美許人的姓氏數量很少。他的窘境提醒我們美國多樣的姓氏與名字，讓我們有辦法清楚地辨識許多素未謀面的人。少了這些名字的世界讓人困惑；的確，偵探發現艾美許社會是如此晦澀難懂，導致他需要土生土長的追蹤者替他找路。

33 David Harvey, *Consciousness and the Urban Experience* (Baltimore: Johns Hopkins University Press, 1985), p. 165，引自Merriman, *Aux marges de la ville*, p. 12。同時也可以參照David Harvey, *The Urban Experience* (Baltimore: Johns Hopkins University Press, 1989)也涵蓋了類似的範圍。

34 Jacques Rougerie, *Paris libre, 1871* (Paris, 1971), p. 19, quoted in Merriman, *Aux marges de la ville*, p. 27。

35 Merriman, *Aux marges de la ville*, p. 28。

36 同前，p. 30。

37 這部分我要感謝班納迪克·安德森（Benedict Anderson）對《證人》敏銳的觀察。更廣泛地說，他對普查與地圖作為分類性網格的分析，尤其在殖民地情境下，對我在此方面的思考影響十分深遠。詳見安德森的《想像的共同體》一書，Anderson, *Imagined Communities: Reflections on the Origin and Spread of Nationalism* (London: Verso, 1983)。同樣很優秀的書來自Thongchai Winichakul, *Siam Mapped: A History of the Geo-Body of a Nation* (Honolulu: University of Hawaii Press, 1994)。

世界各地的命名習慣慣例十分豐富。對一些人而言，個人在生命不同階段（嬰兒、童年、成人）有不同的名字，甚至在死亡之後亦然，這並非很少見的事；此外還有開玩笑、儀式、哀悼時會用到的名字，以及和同性朋友或是跟伴侶家人互動時會使用的姓名。每個名字都針對生命中特殊的階段、社會背景或是對話者而存在。個人往往會以不同的名字被稱呼，端視他或她處在生命中的哪個階段以及呼喚他們的人是誰。要回答「你叫什麼」（What is your name?）這個在當代西方世界沒什麼懸念的問題，最合理的答案是「視情況而定」[38]。

對於使用這些命名慣例長大的內行人，這些名字清楚明瞭且容易辨認。每個名字以及使用脈絡都傳達了重要的社會知識。命名的複雜性就像是布魯日街道的網絡、在地重量與測量的分類、在地習慣的土地佃租制度一般，通常與在地的用途有些直接且往往很實際的關係。但是對外來者而言，若要了解當地社會，姓名令人難解的複雜性是項可怕的挑戰。要找到人，遑論還要在家族網絡中確定他或她的位置，或是追蹤遺產的繼承，變成了龐大的工程。再加上假如這群人出於某些原因，對外在權威隱藏其身分與活動，這種命名慣例用在偽裝上的價值可說是相當可觀。

永久且繼承制的父姓的發明，是在行政性精簡化自然（例如森林）與空間（例如土地佃租制度）後，打造當代治國之術的必要先決條件的最後一步。幾乎在每個狀況下，它都是設計來能讓官方毫無懸念地辨認其大部分公民的國家計畫。在成功的狀況下，它甚至可以創造出能被辨識的人[39]。法律上認可的稅與什一稅名冊、財產名冊、徵兵名單、普查以及財產清單，在沒有可以固定個人的身分、並將他或她連結到特定親屬團體的方法的情況下，是連想都不用想的。如大家可能預期的，支持指定永久父姓的政治推廣活動，通常都發生在國家努力將其財政體系置於更健全和更有利可圖的基礎上時。地方官員與大部分的人民據此合理推論後，害怕國家之所以致力於將他們化為數據並註冊他們的身分，可能會是新的稅收負擔或是徵兵的前兆，於是他們往往會抗拒這些政治推廣活動。

如果絕大部分永久的姓氏是官方可辨識性計畫的一部分，那它應該會出現在比較早熟的國家社會中。中國即是一個驚人的案例[40]。在大約西元前四世紀（儘管確切的時間與我們對它的理解都還有爭議），秦朝顯然開始施加姓氏到大部分的人民之上，並為了賦稅、強制勞動以及徵兵的目的，清算人口[41]。這些新作法也可以被視作「老百姓」的起源，照字面上來看就是「一百個

38 例如可以參照 William E. Wormsley, "Traditional Change in Imbonggu Names and Naming Practices," *Names* 28 (1980): 183-94。

39 採納永久且繼承式的父姓這件事走了很遠，但不是全程。但是國家如何要替個人安上獨特且毫不模糊的名字呢？就像是身分證、社會安全碼與護照系統，姓名需要公民合作，攜帶著這些名字並根據官員要求出示之。這種合作在大部分的當代國家系統中，透過將清楚的身分作為接收權利的方式穩住了；在更威權的系統中，沒有攜帶身分證明文件會遭到嚴厲的懲罰。但是若這樣仍然存在著普遍的抵抗，個人不是會錯誤地自我辨識、就是使用錯誤的身分。於是，最終極的辨識方式是身體上無法抹滅的記號：刺青、指紋、與DNA「簽名」。

40 我特別感謝國立澳洲大學的詹納爾（Bill Jenner）和 Ian Wilson，以及哈福德大學（Haverford College）的 Paul Smith 關於中國十分豐富的建議。秦朝與漢朝的官員對人口註冊的計畫有其雄心大略，但他們的目標最終完成程度如何，仍然是個問號。詹納爾認為這個目標大致上已經實現，而 Alexander Woodside 則聲稱被忽略的人數眾多。

41 請參見，諸如 W. J. F. Jenner, "Freedom and Backwardness: Europe and China," paper delivered at "Ideas of Freedom in Asia," Humanities Research Centre, Australian National University, July 4-6, 1994; and Patricia Ebrey, "The Chinese Family and the

古老的姓氏」，而到了當代中國，這個詞則意謂著「尋常人民」。在這之前，中國傳說裡的父系關係，往往已在統治氏族及其相關支系間行之有年，但不存在於尋常人民間。民間百姓不具有姓氏，甚至在這方面也沒有向菁英學習。針對每個家庭指派父系姓氏絕非偶然，這是提倡（男性）家庭領袖地位的國家政策不可或缺的一部分，這個作法給予男性對他們妻子、孩子以及後輩的法律管轄權，而這也讓他們對整個家庭的財政責任負責[42]。這項（秦朝的）政策要求註冊所有人口，在此之後，「人們所有關於稱呼的大雜燴，都被歸為姓氏，永永遠遠地傳給他們的父系後代[43]。」因此，建立永久的父姓制度與創造父系家庭本身，都可以歸因於早期的國家精簡化工程。

最晚到十四世紀，絕大多數歐洲人都還沒有永久的父系姓氏[44]。一個人的姓名通常都是他的名，有時候甚至足夠用來當作在地身分辨識的方式。如果需要更多資訊，可以加上第二個稱號，用來指涉他的職位（在英文的案例中，有史密斯〔鐵匠，smith〕與貝克〔烘焙師，baker〕）、地理位置（希爾〔山丘，hill〕或愛吉伍德〔邊緣地帶，edgewood〕）、他爸爸的名字，或是他的個人特質（修特〔短，short〕或是隆〔長，long〕）。這些第二稱號通常不會成為永久的姓氏；它們不會在擁有者死後還存活下去，除非像是貝克的兒子決定從事同樣的行業，並且以同樣的第二稱號被稱呼。

我們可以從佛羅倫斯城邦國家在一四二七年失敗的人口普查（*catasto*）遺留下的檔案中，學到一些關於歐洲創造永久父系姓氏過程的知識[45]。這個普查是個勇敢的嘗試，透過確定其子民及其財產、居住地、所有土地以及年紀，好合理化國家的收入與軍事力量[46]。仔細研究這些紀錄後可以證明，首先，就像是中國的案例，國家主動提倡使用新的姓氏，而非僅僅紀錄既存姓氏，於是人們往往難以判斷國家紀錄的姓氏，除了在這些紀錄的文本外，是否有任何社會意義。再者，在領土內各種施加永久姓氏的手段——在這情況下是托斯卡尼——成為一個粗略衡量國家能力的標準。

在十五世紀早期的托斯卡尼，家庭姓氏還侷限在很少數有權力、有財產的家族中（像是史特羅齊〔Strozzi〕）。對這些家族而言，姓氏是用來達到被社會認可為「集團」的方法，而親族或姻

---

Spread of Confucian Values," in Gilbert Rozman, ed., *The East Asian Region: Confucian Heritage and Its Modern Adaptation* (Princeton: Princeton University Press, 1991), pp. 45-83。

42 Ebrey, "The Chinese Family," pp. 55-57。

43 同前，p. 59。

44 就我所知，冰島是唯一一個到了二十世紀晚期，仍然沒有採納永久姓氏的歐洲國家。

45 這部分的佛羅倫斯普查資料完全是來自於 David Herlihy and Christiane Klapisch-Zuber, *Tuscans and Their Families: A Study of the Florentine Catasto of 1427* (New Haven: Yale University Press, 1985)。

46 關於年齡的問題，就像土地所有權問題一樣，它在國家手上與大眾實踐時，是兩個截然不同的概念。請參見同前，pp. 162-69。在在地實踐中，確切的年齡並不重要。大概的年紀與出生順序（例如最年長的兒子、最小的兒子）更為有用；在這份人口普查中，這反映在人們傾向將年齡以五歲或十歲為單位向上通報（例如三十五、四十、四十五、五十、六十歲）。然而，對國家來說，出於許多原因，準確的年齡很重要。「財政成人」的年紀以及義務服兵役的年紀皆為十八；超過六十歲的人就沒有繳納人頭稅的責任。於是如大家所預期的，出現了在人口學上不可能的通報，人口集中於十八歲以下與六十歲以上。就像是姓氏，具備嚴格、線性與歷時性意義的年紀，這樣的指稱用法源自於國家的計畫。

親則將採用姓氏視為一種手段，可以用來宣告他們擁有具有影響力的家族靠山。在這個社會內，除了一小部分的人跟一小群抄襲這些作法的都市貴族外，沒有其他任何的永久家庭姓氏存在。

在這樣的狀況下，普查機關要如何定位並註冊一個人，遑論他的所在地點、財產與年紀呢？在撰寫申報書時，一位典型的托斯卡尼人不僅會提供自己的名字，還會以類似聖經的風格提供他爸爸或是祖父的名字（路易吉，喬望尼之子，喬望尼為保羅之子）。考量到受洗獲得的名字數量有限，以及許多家庭習慣每一代輪流重複使用名字，這個族譜順序還是不足以創造出毫無疑慮的身分辨識系統。因此，這個人可能還會再加上他的職業、暱稱或個人特質。沒有任何證據顯示這些稱呼是永久的父系姓氏，儘管這些作法與類似的慣例最終可能有助於讓姓氏制度成形，至少在紀錄的目的上是如此。最後，佛羅倫斯城邦國家想要達成普查的行政技巧不足。民眾的抵抗、許多當地菁英的不服從，以及普查本身曠日廢時與其成本，都讓這計畫注定失敗，而官方也回到早期的財政系統上。

我們所擁有的證據顯示，距離國家財政可及之處愈遠，任何一種形式的第二稱號會變得愈稀少。當佛羅倫斯有三分之一的家戶申報其第二稱號，申報第二稱號的比例在次級鄉鎮降到五分之一，在鄉村更是只有十分之一。一直要到十七世紀，托斯卡尼最遙遠且貧窮、與國家機關接觸最少的地方，也才終於形成了家庭姓氏制度。

關於國家肇建與永久父系姓氏兩者的關係，十四與十五世紀的英格蘭也存在著類似的例子。就像是在托斯卡尼，英格蘭只有有錢的貴族家庭傾向擁有固定的姓氏。在英格蘭的案例中，這些名字通常指涉家族起源於諾曼第的地理位置（例如博蒙特、博西、迪士尼），或是他們在威廉征服者時代就獲得在英格蘭的采邑位置（例如薩塞克斯的傑拉德）。對於剩下的男性人口，標準的實踐方式僅僅是透過盛行的識別方式連結父與子[47]。因此，威廉·羅伯森（William Robertson）的男性子嗣可能會叫做湯馬士·威廉森（Williamson，威廉的兒子），而湯馬士的兒子則可能又叫做亨利·湯馬森（Thompson，湯馬士的兒子）。必須注意的是，孫子名字本身不具備任何與祖父身分有關的證據，這使得透過名字追蹤後代這件事變得更複雜。許多北歐的姓氏儘管現在已經成為永久的姓，但就像是被琥珀逮住的蒼蠅，仍然帶有指派「誰的父親是誰」這古老目的的痕跡（Fitz-、O'-、-sen、-son、-s、Mac-、-vich）[48]。在姓氏制度建立之初，它通常具備在地邏輯：擁有磨坊的約翰變成約翰·米勒（John Miller）；製作車輪的約翰變成了約翰·威爾萊特（John Wheelwright）；長得矮小的約翰變成約翰·修特（John Short）。而他們的男性後裔無論其職業與地位為何，仍保留著父姓，徒為一個專斷的稱呼。

個人姓氏的發展（就是照字面的一個名字加到另一個名字上，不可跟永久父姓搞混），與手寫官方文件的發展並起，例如什一稅紀錄、領地稅金名冊、婚姻註冊、普查、稅賦紀錄與土地紀

---

47 在西方，女人、家僕以及不自由的勞工往往是最後才採納姓氏的（以及獲得投票權），因為他們在法律上被納入次要的範圍，並由家庭的男性領袖負責。

48 其他指涉父親的姓氏沒有那麼明顯，因此像是「維克多·雨果（Victor Hugo）」原本的意思只是「維克多，雨果的兒子」。

錄等[49]。如果要大量逐一確認不為政府當局所知的個人的身分，個人姓氏對這種行政活動的成功是必要的。請想像什一稅或人頭稅收稅者在面對男性人口時的麻煩：百分之九十的男性共享六種基督教的名字（約翰、威廉、湯馬士、羅伯特、理查、亨利）。有第二個稱呼對紀錄是絕對不可或缺的，而如果該男子說他沒有，紀錄官就會為他發明一個。第二稱呼以及它所衍伸出來的姓名名單，其與人口可辨識性的關係，就像是統一測量與地籍圖之於不動產的可辨識性一般。儘管個人通常會傾向隱姓埋名，但當他被強迫賦稅時，準確地被辨認出來才符合他的利益，以避免重複繳稅。許多十四世紀的姓氏顯然就只是行政性地捏造結果，設計來讓人口於財政上更容易被辨別。許多「姓氏」被記載在文件上的人，可能根本沒有意識到他們被記錄下的是什麼，而對大部分人而言，姓氏在文件之外根本沒有任何社會意義[50]。只有在一些很少見的狀況下會看見像是「威廉．卡特，裁縫師」的條目，這暗示著我們可能在處理一個永久姓氏。

人們與國家以及類似國家的組織（大型領地以及教堂）互動密度的增加，與永久且可繼承的父姓，兩者發展的狀況完全相同。因此，當愛德華一世闡明了土地所有權制度，替莊園土地建立長子繼承權與世襲繼承權後，他為採用永久父姓制度提供了強大的誘因。至少對長子而言，使用父親的姓氏變成在父親死後申請土地產權的方法之一[51]。現在，產權得經過國家確認批准，而曾經只是官僚幻想的姓氏，具備了相應社會現實的血肉。大家可以想像長久以來，英格蘭子民們實際上有兩個名字——他們的在地名稱與一個「官方」、固定的父姓。在與非個人的行政體系來往頻率增加後，除了在該男子個人的親密圈子外，官方名字在各地盛行。就像是在托斯卡尼一樣，社會上或地理上住在離國家權力機構比較遙遠地方的人，都要到比較晚才獲得永久父姓。因此，英格蘭南方的上層階級，比起下層階級或是住在北方的人，更早獲得永久姓氏。而蘇格蘭人跟威爾士人還要再更晚才取得[52]。

國家命名的慣例，就像國家製圖的慣例一般，無可避免的都與賦稅有關（勞動、軍事服務、穀物、收入），因此也都會引起民眾反抗。一三八一年偉大的農民起義（通常又稱瓦特・泰勒反叛〔Wat Tyler Rebellion〕），可以歸因於史無前例、十年之久的賦稅調查註冊與評鑑[53]。對於英

---

49 我要感謝機敏的研究助理Kate Stanton對於這個議題背景的研究。

50 請參考C. M. Matthews, *English Surnames* (London: Weidenfeld and Nicolson, 1966), pp. 35-48。

51 如Matthews所提到的：「只有一塊棒狀地的卑微農民急於透過身為他父親的長子的權利來獲得土地，諸如繼承大筆遺產的富人一般。他只能在莊園法院申請土地的產權與贈與土地，資料則會由『法院名冊的副本』（即作為副本）保有，這代表著終身租戶的名字會被銘刻在永久記錄中。這個系統提供了直接的誘因，讓男人保留其父親與祖父紀錄在案的同樣姓氏。」（同前，p. 44.）而考量到十四世紀英格蘭難以預測的死亡率，年輕的兒子可能也會想保留姓氏，好以防萬一。

52 有時候大家可以從歷史文件瞄到永久姓氏凝固的時刻。例如在亨利八世統治的十六世紀早期，一個出現在法院的威爾士人被問到他的名字時，他以威爾士風格回答：「湯馬士，威廉的兒子，湯馬士的兒子，理查的兒子，赫爾的兒子，伊凡・毛更的兒子。」法官責罵他，並要他拋棄舊有的習慣。在這之後他就根據他市場的家戶名，稱呼自己為模斯頓，並將這個名字留給他的後世。」(William Camden, *Remains Concerning Britain*, ed. R. D. Dunn [1605; Toronto: University of Toronto Press, 1984], p. 122)。湯馬士的鄰居對這個「行政上」的姓氏幾乎一定是一無所知。

53 請參考Rodney Hilton的經典研究：*Bond Men Made Free: Medieval Peasant Movements and the English Rising of 1381* (New York: Viking Press, 1977), pp. 160-64。

格蘭以及托斯卡尼的農民而言，全體男性普查這件事聽起來就算不是具有毀滅性的，也是個壞兆頭。

當永久的姓氏制度被施加到殖民地人口上時，我們就有機會觀察到一個在西方可能得經過很多世代才得以完成的過程，如何被縮減到十年或是更短的時間內形成。發生在歐洲和殖民地的行動中，經常含有許多相同的國家目標，但在殖民地的狀況下，國家更官僚化，且更不能容忍民眾反抗。粗暴的殖民式命名過程使這一過程的目的及自相矛盾變得更加明顯。

若要舉例，沒有什麼能比在西班牙統治下的菲律賓更能描繪這件事了[54]。菲律賓人被一八四九年十一月二十一日的命令指示要採取固定的西班牙姓氏。該命令的作者是殖民地總督（也是中將）那西索．克拉維亞．拉度阿（Narciso Claveria y Zaldua），他是個一絲不苟的行政官，而他對理性化姓名制度的決心，就像是他要理性化既存的法律、州界以及曆法一般[55]。他的命令聲稱，他觀察到菲律賓人普遍缺乏可能可以「根據家庭區分他們的」姓氏，而且他們採用一小群聖徒的名字作為受洗名字的做法，引發了極大的「混亂」。至於補救的辦法則是編冊（*catalogo*），也就是一份不僅包括個人姓名，還包括從植物群、動物群、礦物、地理和藝術中提取的名詞和形容詞的綱要，這份綱要旨在供當局用於指派永久、可繼承的姓氏。每個在地官員都會獲得一份姓氏補給單，足夠讓他使用在他的法律管轄區上，「確定按字母（字母表）進行分配[56]。」在實踐上，每個城市都會獲得幾頁以字母序羅列的綱要，這造成整個城市的姓氏都是以同樣字母開頭的狀況。在過去一百五十年很少有內部移民的情況下，這項行政工作的痕跡在整個國家土地上仍然清晰可見：「舉例來說，在比科爾地區，整個字母表就像花環一樣覆蓋在阿爾拜省、索索貢省和卡坦端內斯省上，而這些省在一八四九年屬於阿爾拜的單一管轄區。從省會的A開始，字母B和C標誌著沿海從塔巴科到提維之外的城鎮。我們返回、並沿著索索貢海岸追蹤字母E到L；然後從達拉格的以拉亞山谷開始都是M。我們在波蘭吉和理邦與S一起停下來，最後快速遊覽卡坦端內斯島，以完成字母表。[57]」

這道命令如同解藥，解決了主要是行政管理者與收稅官所面對的混亂局面。他們相信普世姓氏可以加強司法、財政與公共秩序的行政管理，同時也可以讓即將結婚的伴侶更容易計算他們是幾等親[58]。但是對具有克拉維亞性格的效益主義國家建設者而言，他們最終的目標是獲得一份完整且清楚的人民與納稅人清單。這從這道命令簡短的前言可以看得非常清楚：「有鑑於這項措施

---

54 我特別感謝Rosanne Ruttan、Otto van den Muijzenberg、Harold Conklin與Charles Bryant讓我追蹤菲律賓的案例。關鍵的文件是Domingo Abella, ed., *Catalogo alfabetico de Apellidos* (Manila: National Archives, 1973)。也參考比較短的報告：O. D. Corpuz, *The Roots of the Filipino Nation*, vol. 1 (Quezon City: Aklahi Foundation, 1989), pp. 479-80。至於要參考對殖民地東蘇門答臘的巴塔克人的命名和身分形成具有洞察力的分析，請參考Mary Margaret Steedly, "The Importance of Proper Names: Language and 'National' Identity in Colonial Karoland," *American Ethnologist* 23, no. 3 (1996): 447-75。

55 有將近三百年的時間，西班牙為菲律賓提供的曆法比西班牙還要早一天，因為顯然麥卡倫的旅行沒有為他們朝西邊環了半個球而調整日期。

56 Abella, *Catalogo alfabetico de Apellidos*, p. viii。

57 同前，p. vii。

58 好像菲律賓人沒有完美適當的口頭或紙本系譜學計畫，可以達到同樣的目的。

的效用與實用性，現在是時候頒布一道讓公民註冊制度（在這之前是文書紀錄）成形的命令了，這不僅僅可以實現並且確保前述目標，還可以作為以下活動的基礎：國家統計、確保賦稅的徵收、個人服役的定期履行，以及收取免除義務的費用。同樣的，它也可以提供人口移動的精確資訊，也就避免非法移民、藏匿納稅人，以及其他濫用情形[59]。」

透過從整個殖民地獲得的精確公民列表，克拉維亞想像每個地方官員建構出八個欄位的表格，上面註明進貢義務、社群勞動義務、名字、姓氏、年紀、婚姻狀況、職業，以及免除義務，第九欄則是用在更新登記資料上並紀錄狀態改變，而且每個月提交審查。由於資料的精確性與一致性，這些登記簿能讓國家在馬尼拉收集與編輯準確的統計資料，以促進財政效率。為全國人口指派姓氏與建造完整且可以識別的納稅人清單，其驚人的成本被合理化，只因為就算得花費兩萬披索才能建立出這份清單，政府預測它能持續每一年為國家帶來十萬或二十萬的年收入。

但如果菲律賓人選擇忽略他們新的姓氏呢？克拉維亞早就想過這個可能性了，而他採取手段確保這些名字會留下來。除了官方紀錄的家庭名字外，學校老師被命令要禁止學生用其他方式稱呼、或甚至是認識彼此，未積極實施這項規範的老師會被懲罰。考量到學校低微的入學率，更有效的作法大概是頒布子條款，禁止教士、軍隊以及民事官員接收任何沒有使用官方姓氏的文件、申請、請願或契約。使用其他名字的文件均無效且作廢。

如大家所預期的，真實世界的實行，與克拉維亞想像中清楚明白且嚴密編制的納稅人行政制度烏托邦，兩者相差千萬里。像是麥格塞塞（Magsaysay）或馬嘉柏皋（Macapagal）等非西班牙語姓氏的持續存在，證明部分的人口不為這種權力行使所動。當地官員繳交的報告書不完整，或是什麼都沒給。此外，還有一個克拉維亞曾預示到，但卻無法適當處理的嚴重問題：新的註冊員很少紀錄註冊者之前使用的名字，儘管註冊員應該要這樣做。這意謂著官員若要追蹤姓名轉變之前的財產與納稅紀錄，變得難如登天。國家實際上讓這個計畫的成功，蒙蔽了其後續作業。

就像是森林、土地制度以及可辨識的城市，姓氏在真實世界的慣例，永遠無法企及它的設計師渴望達到的簡化與一致的完美。最晚到了一八七二年，實施普查的嘗試仍被證明是場徹底的失敗，而且一直要到了一八九六年的革命前，才有了第二次嘗試。儘管如此，到了二十世紀，絕大多數的菲律賓人還是有了克拉維亞替他們夢想出來的姓氏。國家在人民生命中的重量，以及國家堅持其統治與地位的能力，確保了這件事的發生。

普世的姓氏是相對近期的歷史現象。追蹤財產所有權與遺產、收稅、維持法院紀錄、執行警務、徵兵以及控制傳染病，都因為清楚的全名與逐漸增加的固定住址而變得更為輕鬆容易。而當效益主義的國家投入於製作完整人口清單的同時，自由主義思想中的公民身分（意謂著投票權與徵兵制度），也對標準化姓名的實踐大有貢獻。立法施加永久姓氏的作法，在沒有姓氏傳統的西歐猶太人案例上特別明顯。拿破崙「關於沒有固定姓氏與名字的猶太人」的命令中，在一八〇八

---

59 Abella, *Catalogo alfabetico de Apellidos*, p. viii。

年下令他們實施姓氏制度[60]。作為解放進程的一部分，奧地利一七八七年的立法要求猶太人選擇其姓氏，如果他們拒絕，就要為他們選擇固定的姓氏。普魯士的猶太人解則是在偶然的狀況下採用姓氏[61]。許多移民到美國的移民，無論是否是猶太人，在他們出發時都不具有永久的姓氏。然而，很少有人在沒有正式姓氏的情況下還能通過最初的書面審核，而這些姓氏仍為他們的後代所沿用。

創造固定永久姓氏的過程，持續在大部分的第三世界與已開發國家的「部落邊境」（tribal frontiers）發生[62]。當然，時至今日還有許多其他國家推動的標準名稱，大大提高了國家識別個人的能力。出生與死亡證明的發明、精確的住址制度（至少比「住在山丘上的約翰」還要精確）、身分證、護照、社會安全號碼、照片、指紋，以及最近才開始出現的基因檔案，這些都取代了相當粗糙的永久姓氏。但姓氏過去是使個人公民在官方上可辨認的第一步，也是至關重要的一步，而姓氏加上照片目前仍是身分證明上的第一個社會事實。

## 標準官方語言的指令

因語言不同所形成的巨大文化障礙，大概最能有效保證可以使一個社會世界僅讓局內人輕易理解，但讓外來者摸不著頭緒[63]。就像是在十六世紀的布魯日，外來者或國家官僚可能會需要當地嚮導指引其方向，他們同樣也會需要當地譯者，好在不熟悉的語言環境下理解當地事物，並被當地人理解之。然而比起複雜的住宅模式，特殊的語言是更強大的自治權基石。它同時也是特殊歷史、文化鑑賞力、文學、傳說，以及往昔音樂的承載者[64]。從這個角度來看，在地獨一無二的

---

60 想了解法國的永久父姓以及它與國家肇建的關係，請參考這本充滿洞見的著作，Anne Lefebvre-Teillard, *Le nom: Droit et histoire* (Paris: Presses Universitaires de France. 1990)。她檢查行政與法律上的國家官員，逐漸授權特殊命名實踐並限制在什麼樣的情況下可以改名的過程。民事註冊與家庭紀錄本在十九世紀末期建立，並成為警察行政、徵兵、民事與刑事司法、與監控選舉的重要工具。警察與一般人民相遇時的標準開場白：「你的文件，先生」，就是從這個時期開始的。在一八七一年巴黎公社末期，公民身分註冊毀於市政廳與司法院的火災後，官員有了行政上被「蒙蔽」的經驗，他們開始關注於保存註冊複本。

61 Robert Chazon, "Names: Medieval Period and Establishment of Surnames," *Encyclopedia Judaica* (Jerusalem and Philadelphia: Keter Publishers and Coronet Books. 1982), 12-809-13。在一九三〇年代，納粹通過了一系列「姓名法典」，其目的是要從非猶太人中分辨他們覺得是猶太人的人。擁有聽起來是亞利安名字的猶太人被要求要改名（加上「以色列」或是「沙拉」），擁有聽起來是猶太人名的亞利安人亦然。核准的名字被蒐集起來，而有爭議的案例則被上繳到系譜研究的帝國辦公室。當行政執行完成時，單單一個人的名字就可以讓他被驅逐或處決。請參考Robert M. Rennick, "The Nazi Name Decrees of the Nineteen Thirties," *Journal of the American Name Society* 16 (1968): 65-88。

62 例如土耳其到一九二〇年才開始採用姓氏政策，而這是阿塔圖克現代化運動的一部分。像是西裝、帽子（非土耳其氈帽）一般，永久的姓氏和當代國家都與阿塔圖克的計畫相符。被廢黜的伊朗沙王的父親，李查沙王，命令所有伊朗人都使用他們居住的城鎮名稱作為姓氏，好理性化該國的家族名稱。Ali Akbar Rafsanjani因此代表「來自Rafsanjan的Ali Akbar」。儘管這個制度對於採取他的世代有指派家戶的優點，但它對Rafsanjan當地的人顯然沒有什麼釐清的效果。也有可能是國家特別想要監督那些「移動」或「在錯誤地點」的人。

63 特別排除共食的飲食法律也是社會排除強而有力的工具。如果要制定一套文化規範將一個群體與他周遭的群體隔離開來，那確保該群體成員不能輕易與他人交談或吃飯，會是一個很好的開始。

64 這是項事實，即便班納迪克·安德森非常有洞見地指出，國家的歷史往往與假造的血統吻合。

語言對國家知識而言是一個巨大的障礙，遑論要殖民、控制、操控、指導或宣傳了。

於是，在所有國家精簡化的工程中，施加單一的官方語言可能是最強而有力的一項，而它是其他許多精簡化的前提。像是尤金．韋伯（Eugen Weber）提到在法國的案例上，這個過程大概可以視作是一種國內殖民化，在這之中，不同的外來省分（像是不列塔尼與奧克西塔尼）在語言上被征服，文化上被收編[65]。在最初堅持使用法語的努力中，國家的目標很明顯是提升在地實踐的可辨識性，官方堅持每一種法律文件——無論是遺囑、銷售文件、借貸文件、合約、年金或是財產契據——都要使用法文。只要這些文件持續使用在地方言，它們不僅會讓從巴黎被派來的官員感到害怕，而且幾乎不可能與中央法律和行政標準化的計畫維持一致。語言中央集權化的政治活動開始取得部分成功，是在與國家權力的擴張攜手合作之後。到了十九世紀晚期，除了少部分的人口，對大部分的人而言，和國家打交道都是無法避免之事。請願、法院案件、學校檔案、申請以及與官員聯繫等，都必須用法語寫作。很難想像有一個更有效的方法，能夠迅速貶低在地知識並優待擅長官方語言規範的人。這是巨大的權力轉換，在國家邊緣、缺乏法語能力者被消音與邊緣化。他們現在需要在地嚮導帶領他們進入新的國家文化內，而這些人則以律師、公證人、學校老師、書記官以及士兵的形式出現[66]。

跟大家猜想的一樣，在語言中央集權化的背後，潛伏著一個文化計畫。法語被視作是國家文明的承載者；推行法語的目的不只是讓各省能融會貫通拿破崙法典，同時也是為他們引進伏爾泰、拉辛（Racine）、巴黎的報紙，以及國民教育。韋伯挑釁地指出：「除了白人肩上那份要建立法語國家的負擔之外，沒有什麼更能夠清楚表達帝國主義情操了，他的第一次出征就是在自己國家內。」[67]在一個曾經掌握拉丁文，就能讓一小群菁英參與到更廣闊的歐洲文化之地，現在掌握了標準法語，就確保了任何人都能全面參與法國文化。這個舉動背後隱含的邏輯，是界定文化的層級，而在地語言與其地區的文化遭降級為新奇有趣的地方風格，已經算是最好的待遇。這個幽微的金字塔頂端，是巴黎及其制度與組織：公部門、學校、研究院（包括作為語言守護者的法蘭西學術院）。這個文化計畫相對地成功，倚賴的是暴力與誘勸。亞歷山大·聖久內堤（**Alexandre Sanguinetti**）指出：「這是種中央集權，讓法國在法國人之外、或是在法國人的冷漠中，依然能建立起來……法國是一個蓄意的政治建設，中央權力從未停止為它的創造而鬥爭[68]。」標準（巴黎人的）法語以及巴黎不僅是權力的中心點，它們也是磁鐵。市場的成長、物理流動

---

65 Eugen Weber, *Peasants into Frenchmen: The Modernization of Rural France, 1870-1914* (Stanford: Stanford University Press, 1976), chap. 6。Weber指出，在十九世紀的最後二十五年，有一半已經成年的法國人，母語都不是法文。請見Peter Sahlins傑出的著作*Boundaries: The Making of France and Spain in the Pyrenees* (Berkeley: University of California Press, 1989)關於法國語言及其邊緣地帶的討論。儘管行政官方語言的系譜至少可以追溯十六世紀，施加國家官方語言於其他領域最早要到十九世紀才開始。

66 想要參見這個過程的精彩分析，請見Abram de Swaan, *In Care of the State* (Oxford: Polity Press, 1988)，特別是chap. 3, "The Elementary Curriculum as a National Communication Code," pp. 52-117。

67 Weber, *Peasants into Frenchmen*, p. 73。

68 引自同前，p. 113。

性、新的工作、政治贊助、公共服務，以及國民教育系統，都意謂者法文能力以及與巴黎的聯繫，是朝向社會進步和物質成功的途徑。這項途徑即是國家精簡化，它承諾獎賞順從於這個邏輯之人，並懲罰那些無視它的人。

## 交通格局的中央集權化

將巴黎式法語視為官方標準語言，引發了語言中央集權化，這套模式也被複製在交通的中央集權化上。一如新的語言統治方式將巴黎變成了訊息傳播的樞紐，比起地區性或在地交通，新的道路與鐵道系統也愈來愈有利於從巴黎出發或抵達巴黎的移動模式。以電腦的專用術語來說，國家政策愈來愈像是「硬連線」模式，讓中央官方及權威更容易抵達與辨識各省分，這遠遠超過絕對主義國家的國王可以想像的程度。

讓我們在一個過分簡化的情況下，比對一個相對不集中的交通通訊網絡以及一個相對集中的交通通訊網絡。如果繪製成圖，不集中的模式會是商品與人沿著路實際移動的物理影像，而非行政命令創造的結果。這些移動不會是隨機而成的；它們會反映出沿著溪谷和水道、以及環繞著隘道旅行時的悠閒，並顯示重要資源與儀式場所的位置。韋伯捕捉到了橫跨在這些景觀中，由豐富的人類活動所激發出的移動：「這些路為職業活動所服務，像是玻璃製造者、運輸或販賣鹽的人，以及陶藝家沿著行進的特殊小徑，或是通往鍛造廠、礦山、採石場和大麻田的特殊道路，以及讓亞麻纖維、大麻、亞麻織品和紗線被帶到市場上的那些路。同時還有朝聖路線與列隊路線。[69]」

為了本書的論點，如果我們可以想像一個地方，其物理資源分布平均，且沒有會影響移動的物理障礙（例如山岳或是沼澤地），則使用中的路徑圖可能就會形成一個類似於微血管狀、密集集中的網絡（圖十一）。而描繪出來的圖，當然不可能是完全毫無規則的。根據地點與資源而成的市場城鎮會形成小型樞紐，一如宗教

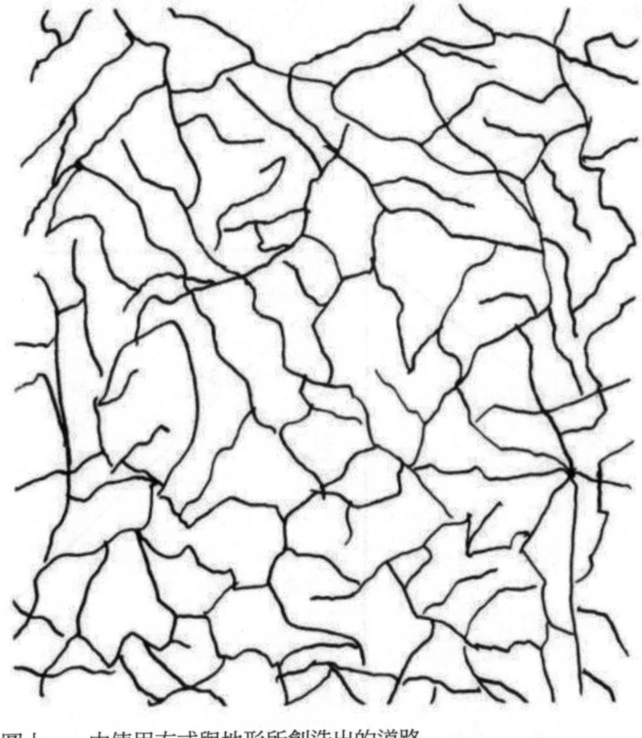

圖十一 由使用方式與地形所創造出的道路

69 同前，p. 197。

聖地、採石場、礦場、以及其他重要地點[70]。同樣在法國的例子上，道路的網絡長久以來反映出地方封建主跟國家王朝想要中央集權化的野心。然而，提出這個假想圖的重點，只是要描繪一個僅被國家中央集權化輕微染指過的交通通訊路線的景象，它在許多方面都和早先展示過、十四世紀晚期布魯日的城市風景有異曲同工之妙。

從柯爾貝開始，法國國家肇建的現代主義者們一心想在這種模式上，疊上一個精心規劃的行政中央集權網格[71]。他們的計畫是將高速公路、運河以及最終的鐵路線對齊，讓他們像車輪的輪輻一般從巴黎向外輻射（圖十二），而這個計畫從來沒有完全實現過。這個網格與柯爾貝為了善加管理

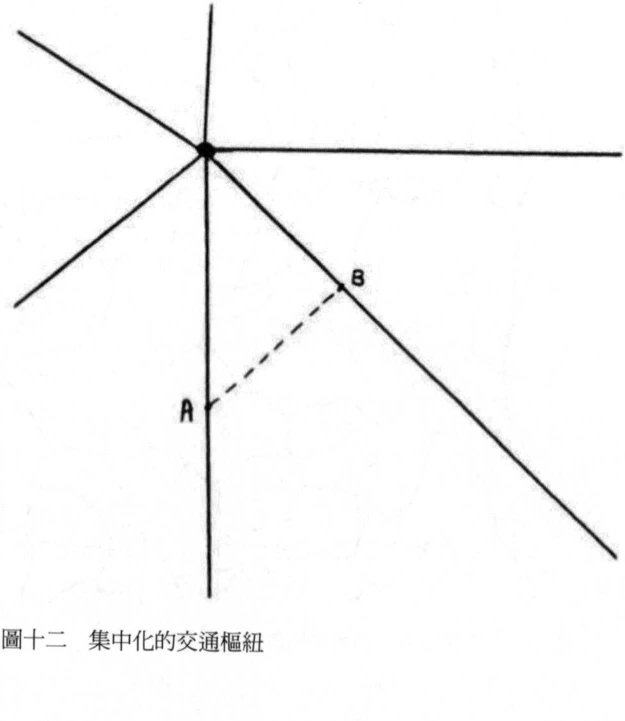


圖十二　集中化的交通樞紐

國家森林所設想的土地區域管理制度（*tire-aire*），兩者之間的相似性並非偶然。兩者都是設計來要極大化使用的權力並加強中央管制。而這種制度所涉及的精簡化，都與地點位置有關。對在樞紐的官員而言，要沿著路線從甲地移動到乙地變得更加容易。這個布局是設計來「為政府和城市服務，其缺乏配套的街道網絡的原因，與大眾習慣或需求幾乎毫無關聯。中央的一位歷史學家稱這類道路為行政高速公路，〔是〕為了軍隊行進和進入國庫的稅收所建的。[72]」但是對想要從甲地到乙地旅行或在兩地間移動商品的人而言，事情沒那麼容易。就像是所有文件得「通過」官方法律語言而成，大部分的商業運輸同樣得通過首都。

驅動這個幾何精神背後的智識力量是——且至今仍是——高等路橋學院（Corps des Ponts et Chaussées）的知名工程師們[73]。高等路橋學院院長維克多．拉格朗（Victor Legrand）提出一個美

---

70 想要參考一個仔細描繪標準市場區位地理的書，請參見G. William Skinner, *Marketing and Social Structure in Rural China* (Tucson: Association of Asian Studies, 1975)。

71 接下來關於法國交通集中化的資料大多來自於Cecil O. Smith, Jr.所做的精美調查，"The Longest Run: Public Engineers and Planning in France," *American Historical Review* 95, no. 3 (June 1990): 657-92。至於比較法國高等路橋學院與美國陸軍工程兵團的文獻，請見Theodore Porter, *Trust in Numbers: The Pursuit of Objectivity in Science and Public Life* (Princeton: Princeton University Press, 1995), chap. 6。

72 Weber, *Peasants into Frenchmen*, p. 195。

73 各項計畫仍然持續被辯論著：他們的經費、商業價值、以及軍事效用。關於此部分的歷史可參見Francois Caron, *Histoire de I'exploitation d'un grand réseau: La compagnie des chemins de fer du Nord* (Paris: Mouton, 1973), and Louis-Maurice Jouffroy, *L'ère du rail* (Paris: A. Colin, 1953)。我感謝Ezra Suleiman在文獻上的幫助。

好構想，要建造七條連接巴黎與大西洋和地中海各點的偉大連線。他的計畫被稱為「拉格朗之星」，起初提議用於運河上，後來更大幅應用在鐵道計畫上（其中包括巴黎北站與巴黎東站）[74]。

作為中央集權化的美學，這個計畫蔑視商業邏輯或成本效益的準則。這個網格的第一個步驟，從巴黎東邊拉到史特拉斯堡及邊界的線，直直穿過布里台地，而非沿著馬恩河沿岸的人口中心。由於寧可追尋幾何完美而拒絕屈服於地形，法國的鐵道比起英國或德國的鐵路可說是近乎天價。而軍隊也採取路橋學院的邏輯，相信能直線抵達邊界的鐵路會占有軍事優勢。在一八七〇到七一年的普法戰爭中，這個想法被證明是悲劇性的錯誤[75]。

這種交通模式的改造產生了巨大的後果，其中大部分是刻意為之的：將法國鄉村及鄉村內的法國公民與巴黎和國家連結起來，並協助首都向外部署軍隊，以在國內各地平息民眾叛亂。其目標是達成軍事統治整個國家，如同奧斯曼在首都所做到的一般。因此，它加強了巴黎與國家的力量，卻犧牲了鄉村，並劇烈地影響各地的經濟，加速中央財政與軍事的控制，且透過偏袒垂直層級的連結以阻斷或削弱橫向的文化與經濟關係。像是官方法語使地方方言邊緣化一樣，這種交通模式迅速並徹底地邊緣化了邊緣地區。

## 結論

出於必要，現代國家的官員得遠離他們負責管理的社會至少一步，或往往是好幾步。他們透過一系列的分類評價他們所處社會的生活方式，而這些抽象的分類總是與其意圖捕捉的完整現實有所差距。因此，儘管林務員的圖表與表格，具備將許多個別的事實精鍊成較大模式的概要化能力，它們還是無法（也無意）捕捉真實森林完整的多樣性；因此，地籍圖與地契雖然用來代表真實且既存的土地使用與出售情形，但它們粗糙且令人誤解。大型組織的工作人員主要透過文件和統計數據簡化後的近似值來「看見」他感興趣的人類活動：賦稅收益、納稅人清單、土地紀錄、平均收入、失業人口數、死亡率、貿易與生產力數據、特定區域霍亂案例的總數。

這些分類對於治國之術是必不可少的。國家的精簡化，諸如地圖、人口普查、地籍圖清單，以及測量的標準化單位，皆代表著用來掌握龐大且複雜的現實的技巧；為了讓官員理解整體的面貌，複雜的現實必須被縮減成概要式的分類。達成這個目的的唯一方法，是將無窮盡的大量細節化約成一系列分類，而這些分類能有助於總結描述、比較和合計。就像是查爾斯·蒂利（Charles Tilly）指出的，這些抽象類別的發明、闡述與配置，意謂著國家能力的大躍進，亦即從進貢與間

---

74 鐵路旅行對於直線與準確的時間表在技術上的親和力——以及流線型——一起成為現代主義中的一項重要美學。

75 Smith, "The Longest Run," pp. 685-71。Smith聲稱拉格朗之星意謂著許多為第一次世界大戰而召集的預備役人員，必須通過巴黎才能集合，而在更加分散的鐵路計畫下，會有更直接的路線可以到達前線：「許多在史特拉斯堡的預備役人員得通過首都到波爾多披上他們的制服，再回到亞爾薩斯去作戰。」Von Möltke將軍觀察到他有六條鐵路線，能將北德聯軍的部隊移動到莫賽河與萊茵河之間的戰區，而法軍來到前線的部隊得在史特拉斯堡或梅茲下車，而這之中隔著佛日山脈。最終，也許也是最重要的，就是萬一巴黎遭到圍城，拉格朗之星就變得群龍無首。在戰後，最高指揮部堅持增建橫向鐵路線以彌補缺失。

接統治前進到課稅與直接統治。間接統治只需要最極簡的國家機構，並依靠當地菁英和社群，後者則希冀從中央扣壓資源與知識。直接統治引發廣泛的抵抗，使談判成為必須，而這往往會限制中央的權力，但它也讓國家官員第一次直接了解並進入以前晦澀難懂的社會。

直接統治具備最先進的技術，其能力在於發現新的社會事實並片面總結已知的事實。亞特蘭大的疾病管制中心是最顯著的案例。該中心具備一個樣本醫院的網絡，讓它可以第一個「發現」——流行病學意義上的——諸如毒性休克症候群（toxic shock syndrome）、退伍軍人症（Legionnaires' disease）和愛滋感染等當時還不為人知的疾病。這種典型化的事實（stylized facts）[76]是國家知識的重要形式，讓官員可以及早介入流行病的傳染，理解會劇烈影響公眾福祉的經濟趨勢，並判斷他們的政策是否達到預期效果，並在手上有許多關鍵事實的時刻制定政策[77]。這些事實允許各種差別性的干預，而其中許多干預真的能救人一命。

為了增加統治者對於社會的可辨識性而發明出的技術變得十分複雜，但驅動這些技術發展的政治動機古今一轍。占用、控制、（沒有貶低意義上的）操控仍然最為顯著。如果我們想像一個國家沒有可靠的手段計算並定位其人口、估算財產、並勘測土地、資源與居住地，我們想像中的這個國家，其介入社會的手段必然是粗糙的。因此，一個對於國家來說相對不透明的社會，它將免於一些精細調整過的國家介入手段，無論是受歡迎（如全體人民接種疫苗）或遭憎惡（像是個人所得稅）的介入情況。這個社會所體驗到的介入往往經由在地追蹤者斡旋而成，他們從內行人的角度理解這個社會，並很有可能在這個過程中置入自己的特殊利益。缺乏這種斡旋，國家行動很可能會變得笨拙，過分超出或低於其目標；即便在有斡旋者的狀況下，這種情況也常發生。

因此，一個無法被辨識的社會，會是國家進行任何有效介入的障礙，不管介入的目的是為了掠奪還是為了公眾福祉。如果國家大部分的利益只是局限於奪取幾噸穀物或是圍捕一些被徵召的士兵，國家的無知都還不算太致命。但是，當國家的目標需要改變公民的日常習慣（衛生或健康習慣）或是工作表現（有品質的勞工或是保養機械），這種無知就可能使人傷殘。一個徹底可辨識的社會排除了在地壟斷資訊的能力，並透過統一的法律、身分、統計資料、規範與測量方式，創造出一種屬於國家的透明性。與此同時，它也極可能為站在頂端、具有知識和取得資訊的當權者服務，讓他們能輕鬆解讀國家創建的新編排格式，並取得新的地位優勢。

當然，可辨識的社會所允許的差別性干預也能置人於死地。一個發人深省並使人啞口無言的例子，是在一九四一年五月，當時處在納粹占領下的阿姆斯特丹統計局製作的地圖（圖十三）[78]。當搭配居民清單解讀時，這份地圖成為可指引當局如何圍捕城市裡猶太人口的概要式再

76 譯注：「典型化的事實」意謂著簡化實證經驗研究的結果，將機率與可能性的結果化約為既定事實，此概念主要為經濟學領域使用。

77 請參考Ian Hacking, *The Emergence of Probability: A Philosophical Study of Early Ideas About Probability, Induction, and Statistical Inference* (Cambridge: Cambridge University Press, 1975)。

78 我極度感謝阿姆斯特丹的城市博物館提供本書圖十三所使用的地圖複印本，最重要的是，策展出精緻且不藏私的展覽「飢餓冬天與阿姆斯特丹的解放」，及其目錄《這裡，在當時……》（*Here, back when...*）。（Amsterdam: City Museum, 1995。）

現，而其中六萬五千人最終都被驅逐出境。

這份地圖叫做「市內猶太人分布圖」。每個點都代表十個猶太人，而這是一個使猶太人密集區域顯而易見的計畫。這個地圖蒐集的資料，不僅僅來自要求有猶太人血統的人自我註冊的官方命令，同時也從人口登記（「在

圖十三　阿姆斯特丹統計局製作的地圖，名為「市內猶太人分布圖」（一九四一年五月）

荷蘭執行得特別全面」[79]）與商業登記中得到資料。如果我們簡單地思考製造這個統計陳述所需的詳細資料，包括姓名、地址、族裔背景（可能由人口登記的姓名或申報所決定）以及製作地圖的嚴謹程度，我們可以發現，可辨識性對國家能力的貢獻昭然若揭。當然，納粹政權提供了這場行動背後的殘暴目的，但荷蘭當局所提供的可辨識性，是讓這項計畫得以有效實施的手段[80]。我必須強調，這種可辨識性只是放大了國家差別性干預的能力，而這種能力原則上可以輕易地用來照顧猶太人，一如驅逐他們一般。

可辨識性意謂著有一個位處中央、且能夠綜觀全局的觀者。我們在此考察的國家精簡化工程，是設計來提供國家當局用以觀看社會的示意圖，而沒有權力的人則無從負擔這種視野。就像是美國高速公路上戴著鏡面墨鏡的巡邏員一樣，當權者對整個社會特定的面向享有近乎壟斷的圖像。這種充滿特權的優越觀點，在所有將命令與控制複雜人類活動視為至高無上的機構環境中，可以說是司空見慣。修道院、兵營、工廠與行政官僚（私人或公家機關）施展許多與國家相似的功能，同時也複製其資訊結構。

國家的精簡化工程可以被視作不間斷的「可辨識性計畫」的一部分，而這個計畫從來沒有被徹底實現過。這種精簡化工程的資料——在各種程度上——充滿了錯誤、省略、有缺陷的合計、

---

79 *Here, back when...*, p. 10。

80 就像我們從安．法蘭克的例子所知道的，既然許多公民願意在城市內與郊區藏匿猶太人，驅逐出境作為一個系統性的行政實踐最終還是失敗了。而當猶太人口對當局來說變得更難以理解，他們就逐漸被迫得依賴在地的追蹤者。

詐騙、疏忽、政治扭曲等。可辨識性的計畫存在於任何旨在操控社會的治國之術內，但這個計畫會被各國競爭、技術困難以及最重要的——人民的抵抗逐步摧毀。

國家精簡化的工程至少有五個值得強調的特質。最明顯的一點，是國家精簡化的工程只對官方感興趣的社會生活面向進行觀察，它們是**充滿利益**、效益主義的事實。第二點是它們幾乎都是明文寫下的（口頭或數字）**紀錄性**事實。第三點，它們往往是**固定的**事實[81]。第四點，最格式化的國家事實通常都是**匯總**的事實。匯總的事實可能會是客觀的（交通網絡的密度），或僅僅是關乎於個人的一系列事實（就業率、識字率、居住型態）。最後，為了大部分的目的，國家官員需要將公民歸類分組，以便做出集體評估。因此，可以被匯總並呈現為平均值或分布圖的事實，一定得變成**標準化**的事實。無論被匯總、形形色色的個體的實際情況有多麼迥異特殊，令人感興趣的是他們之間的相同之處，或是更精確地說，他們在標準化的尺度或連續體上的差異。

若要製造易於匯總的標準化事實，這個過程至少需要三個步驟。首先，必不可免的一步是創造測量或編碼的共通單位。樹木大小的等級、終身所有權、用來測量土地財產或穀物數量的公制系統、統一的命名慣例、牧場區塊、標準大小的城市土地範圍等，都是為了這個目的所創的單位。下一步，每一個落入分類的項目或案例都會根據新的評估單位計算與分級。某棵特別的樹會重新成為某種樹木尺寸等級的實例；一塊特別的農地會重新成為地籍圖中的座標基準；一項特別的工作重新成為職業類別的案例；一個特別的人會根據新的公式重新成為具有姓名的人。每種事實都得被撥亂反正並重新帶回舞台上，就像穿上官方編織的新制服，搖身一變成為「一系列完整分類網格中」的一部分[82]。而只有在穿上這樣的服飾後，這些事實才能扮演好自己的角色，在過程的高潮中發揮作用：依循新單位的邏輯、透過匯總所創造出的全新事實。最後，我們終於來到對當局有用的概要性事實：特定規模等級的數千棵樹、在十八到三十五歲間的數千名男性、特定規模等級的數千座農場、姓氏以筆畫最少為開頭的多名學生、感染肺結核的特定人數。結合許多公制的匯總結果後，我們得到一個十分精巧、複雜且在此之前都不為人知的事實，包括像是肺結核病患依照收入與城市位置的分布。

稱呼這些煞費苦心的人工產物為「國家精簡化工程」（state simplifications）的知識可能會有誤導之虞，它們絕非腦袋簡單的產物，甚至往往為官員非常複雜地使用著。「精簡化」這個詞其實代表兩種非常特殊的意涵。首先，官員所需要的知識，一定要能給他或她一個整體的概要圖；這個概要圖必須要以可以複製於其他案例上的方式編排。在這個狀況下，這些事實必須失去其特殊性，並以某一個等級的一員的方式，以概要或簡化的形式重新出現[83]。再者，在與第一點意義

81 即使這些事實看起來是動態的，它們通常也是隨著時間的推移、經過多次靜態觀察後的結果，透過「連接各點」的過程，給出狀似連續運動的外貌。實際上，究竟在甲觀察與乙觀察之間發生了什麼事，仍然是個謎，而這常常被習慣性地在點到點之間畫上直線這件事所掩蓋。

82 這是班納迪克．安德森在《想像的共同體》中的講法，p. 169。

83 我很感謝 Larry Lohmann 向我堅持官員比起一般人在現實的再現上，並不必然會更抽象或狹隘。反之，他們需要的事實是用在他們制度角色的實踐與利益上。他大概會傾向我徹底放棄「精簡化」這個詞，但我抗拒這個做法。

極度相關的情況下，將概要性事實聚集起來的過程中，必須要瓦解與忽略在其他狀況下可能關係重大的差異。

以就業的精簡化為例。許多人的工作狀態極其複雜，而且每天都會改變。但是出於官方統計的目的，「有報酬的工作」成了一種典型化的事實——若不是有報酬，就是沒報酬地被雇用。此外，用來描述比較奇特的工作生活的方式，被使用於匯總的統計資料的分類嚴格限制著[84]。蒐集與詮釋這些匯總資料的人，清楚他們的類別有某種虛構與武斷的特質，也知道自己隱藏大量有問題的變異。然而，當塵埃落定，這些貧乏的分類無可避免地會以「所有被分到相似等級的案例實際上都是同質且一致」的方式運作著。所有同樣大小範圍的標準樹都是相同的；所有在特定土壤等級的土壤在統計上都是相同的；所有的汽車工人（如果以產業分級）都很類似；所有天主教徒（如果以宗教信仰分類）亦皆相似。就像是席奧多．波特（Theodore Porter）針對機械化客觀性研究所指出的，「有種巨大的誘因，使偏好刻板與標準化的測量方式勝過高度準確的測量方式」，因為如果同樣的程序不能可靠地在其他地方派上用場，準確可說是一無是處[85]。

行文至此，我已經提出一個相對直接、甚直陳腐的論點，來評論對國家官僚觀察部分或全體人口狀態所必要的精簡化、抽象化與標準化。但我想要進一步提出一個主張，類似於我為科學林業提出的觀點：當代國家透過其官員，在各種程度上嘗試創造一個恰好具備標準化特質的地域與人口，而這能讓國家以最簡單的方式監督、計算與管理。這個當代國家烏托邦式、無所不在且結果持續令人失望的目標，目的是要將在其之下既混亂又失序、且不停改變的社會現實，轉變成類似於其監測之下的行政網格。大部分十八世紀晚期與十九世紀的治國之術都孜孜矻矻於此項計畫。「在從貢金到稅收、間接統治到直接統治、屈服到同化的這段時期，」蒂利指出，「國家大多透過施加共同語言、宗教、貨幣以及法律系統，還有提倡建立貿易、交通與通訊的連結系統等方式，同質化其人口並瓦解他們之間的藩籬。」[86]

就像是科學林務員可能會想像一個可完美辨識的森林，種植同齡、同種、單一形式的樹木，在平坦的長方形空地上沿著直線生長，而林下灌木叢與盜伐者皆被清除與驅逐乾淨[87]，國家官員

84 這裡至少有三個問題。首先是分類的霸權。要如何為一個經常替餵養他們、讓他們擁有自己的土地、或是用穀物或現金支付他們勞動的人分類呢？對於如何分類此種案例的武斷決定，往往會為最終結果所模糊，只有占優勢的類別才會出現。席奧多．波特提到法國國家統計局官員的報告指出，就算是訓練有素的編碼員，也會對多達百分之二十的職業類別進行不同的編碼（*Trust in Numbers*, p. 41）。統計局官員的目標是要確保編碼員之間信度的最大化，就算達成這個目的的習慣會犧牲一些真實的狀態。第二個問題我們之後會回頭探討：是分類，更精確地說，在分類背後的國家力量如何形塑資料。舉例來說，在一九七〇年代美國經濟衰退的時期，官方的失業率高達百分之十三，被認為是過分誇大事實。主要的原因，是因為許多名目上失業的人從事於「帳本外」的非正式經濟工作，於是沒有通報他們的收入與就業以避免納稅問題。可以說無論當時和現在，財政系統引發了一種意在背離資料庫、隱於幕後的現實。第三個問題是蒐集與聚集資訊的人可能對於資料的呈現有其特殊利益。在越戰期間，由於衡量平反叛亂成功的重要指標是屍體數量和被鎮壓村莊，這導致指揮官們誇大了數字，這在短期內取悅了他們的上級，但也愈來愈脫離現實。

85 此目標是要消除人口普查員或編碼員在主體間的變異性。這需要標準、機械的程序，而沒有個人判斷的空間。請參照 Porter, *Trust in Numbers*, p. 29。

86 Charles Tilly, *Coercion, Capital, and European States, A.D. 990-1992* (Oxford: Blackwell, 1990), p. 100。

87 從管理科學中所引進關於「最佳化控制理論」的大量文獻，象徵著科學林業中的此種趨勢。對於其應用及文獻，請

可能也會嚮往一群可完美辨識的人口，每個人都註冊過、且擁有對於行政網格至關重要的特殊的姓名與地址；每個人都追求單一、可辨認的職業；而這些人所有的交易買賣都根據指定的表格與官方語言被記錄下來。這種將社會描繪成宛如閱兵場的諷刺文是誇張了些，但它所體現的事實或許可以讓我們理解我們接下來要檢視的宏偉計畫[88]。對這種單一性與秩序的追求，提醒我們當代國家的治國之術，其實在很大的程度上是項內在殖民的計畫，而它常常如帝國主義的修辭一般，被「文明的任務」粉飾太平。當代民族國家的建造者不只描述、觀察與繪製；他們同時也殫精竭慮於將人民與風景形塑成適用於他們觀察技巧的模樣[89]。

這個傾向或許在其他許多層級式的組織中也存在。如同唐那德．奇司宏姆（Donald Chisholm）在評論行政協調的文獻時的總結：「中央協調的計畫的確在任務環境已知且固定的情況下可以有效運作，而這個環境可以被視作封閉的系統。[90]」當人口或社會空間愈靜態、標準化、單一，它就愈能夠被辨識，而愈能為國家官員的技術所改變。我認為許多國家活動旨在在其管轄權內，將人口、空間、與自然轉化成平淡無奇、且最適合觀察與控制的封閉系統。

國家官員往往讓他們的分類延續下去，並施加精簡化工程，因為在所有的機構中，國家最具有堅持根據其計畫對待人民的能力。因此，源於地籍測量者、普查調查者、法官或警察的各式人為分類，到最後之所以可以成為安排人類日常經驗的類別，是因為它們深植於可以構建這些經驗、由國家創造的機構之中[91]。無論是經濟計畫、調查地圖、所有權紀錄、森林管理計畫、族裔分類、存款簿、逮捕紀錄，還是政治邊界的地圖，這些概要的資訊是理解現實的出發點，也因此深具影響力，因為國家官員能夠理解與型塑它們。在獨裁的狀況下，沒有任何其他有效的方式主張其他現實狀況，於是書面上虛構的現實往往會占上風，因為警察與軍隊正是作為這些文件的代

---

參照D. M. Donnelly and D. R. Betters, "Optimum Control for Scheduling Final Harvest in Even-Aged Forest Stands," *Forest Ecology and Management* 46 (1991): 135-49。

88　諷刺文並不夠深遠，以至於它沒有捕捉到早期國家科學倡導者的抒情烏托邦主義。我在此引用普魯士統計之父Ernst Engel：「為了獲得精確的再現，統計研究得徹底伴隨一個人在地球上的存在。這要考慮他的出生、受洗、接種疫苗、教育及其表現、努力程度、離校的狀態、後續的教育與發展以及當他成為一個男人後，他的身體狀態以及攜帶武器的能力。這也伴隨他之後走過的人生軌跡；需記下他選擇的職業、在哪裡成家立業以及他管理的能力、是否在年輕時就為老年時存下大筆財富、他是否、何時以及在幾歲時結婚，以及他選擇與誰為伴侶——統計資料無論在他人生走上坡或下坡時都照看著他。假設他的人生遭遇三長兩短，或經歷物質、道德、精神的毀滅，統計資料也同樣會記錄下來。統計資料只會在他死後才離開——在確定死亡年紀並記錄下引領他死亡的原因為何之後。」（引自Ian Hacking, *The Taming of Chance* [Cambridge: Cambridge University Press, 1990], p. 34）。很難再找到一份比這更完整紀錄十九世紀早期國家利益的清單，及其創造出的書面記錄。

89　蒂利呼應殖民的主題，描述歐洲民族國家內以直接統治取代間接統治的過程（*Coercion, Capital, and European States*, pp. 103-26）。

90　Donald Chisholm, *Coordination Without Hierarchy: Informal Structures in Multiorganizational Systems* (Berkeley: University of California Press, 1989), p. 10。

91　班納迪克．安德森對此過程有最優秀的描述：「為（殖民國家）想像中的地圖所指引，它根據民族—種族等級階序制度的原則，組織了新的教育、司法、公共衛生、警察、以及移民官，但這些總是以平行的方式被理解。被統治的人口經過不同學校、法院、診所、警察局和移民局的網絡，創造出了「交通習慣」，及時為該國早期的幻想提供了真實的社會生活（*Imagined Communities*, p. 169）。關於英格蘭國家肇建的文化層面的相關討論，可以參考Philip Corrigan and Derek Sayer, *The Great Arch: English State Formation as Cultural Revolution* (Oxford: Blackwell, 1991)。

表而被部署分派。

這些書面紀錄是法庭、行政檔案，以及大部分公務員手上能接觸到的有效事實。在這個意義上，除了為了紀錄在文件中而標準化的事實之外，對於國家而言，實際上也沒有其他的事實。而在這些文件中所犯下的錯誤，比起未被通報的事實而言，影響力可說是更大且更為長遠。舉例來說，如果你想為自己的不動產所有權進行辯護，通常你有義務呈上一份稱為財產契約的文件，並在為此目的而設立的法院和法庭中進行辯護。如果你希望在法律上站得住腳，就必須擁有一份官方接受的文件證明自己的公民身分，無論是出生證明、護照或身分證。國家單位所使用的分類不僅僅使其環境變得可以辨識，它們同時也是官方主導的旋律，而大部分的人口則必須隨之起舞。

# 第二部
# 轉化視野

# 第三章　威權主義式的高度現代主義

然後，此時我就像稍早清晨在船塢上一樣，但也像是此生的第一次，我再一次看見筆直得完美無瑕的街道，人行道上閃閃發光的玻璃，透明寓所神聖的平行六面體，灰藍色隊伍那方正的和諧。這一切對我而言，都像是我自己——而非過去的世代——戰勝了老舊的神祇與生命。

——尤金．薩米爾欽，《我們》

撤換與取代了神的現代科學，將障礙（對自由的限制）移除了。它也創造了空缺：屬於至高無上的立法者兼經營者、屬於世界秩序的設計者和管理員的位子，此刻空蕩得令人害怕。空位得被補上，否則……。在整個現代時期，空虛的王位一直對幻想家與冒險者發出持續而誘人的邀請。人們幻想世界上存在能涵納一切的秩序與和諧，這個夢想一如以往地鮮明，而比起以往，此刻它是前所未見地近在人類觸手可及之處。現在就要倚靠凡人來實現並確保它的統治地位了。

——齊格蒙．鮑曼，《現代性與大屠殺》

目前為止，我們所檢視的國家精簡化的工程，其性質都有如地圖。亦即它們是設計來精確地總結大千世界中，對製圖者有直接利益關係的面向，並省略剩下的部分。除非地圖遺漏了使用上不可或缺的訊息，不然抱怨地圖缺乏細緻的差異與細節是毫無意義的。一份城市地圖如果旨在再現每座紅綠燈、道路上的每個坑洞、每棟建築、每座公園中的每個草叢與每棵樹，將會變得與它要描繪的城市一般巨大而複雜[1]。這會讓抽象化與總結等製圖的初衷變得毫無意義。地圖是為了特定目的而設計的工具。我們可以評斷其目的是否高尚，或是道德上令人反感，但地圖本身只有符合或不符合其用途的區別。

然而，在每一個案例中，我們已經強調地圖顯而易見的權力，它們能夠轉化以及總結它們描繪的事實。當然，轉化事實的權力並非寄宿在地圖上，而是在掌握在一群人手中，他們擁有決定地圖要使用何種特定視角的權力[2]。當一家私人企業旨在極大化持續性的木材收益、利潤或生產，它會根據這個邏輯對它的世界製圖，並使用它所擁有的權力確保這份地圖的邏輯凌駕一切。在功利主義的精簡化工程上，國家並沒有壟斷權，但國家希望至少能獨占合法使用武力的權力。這也是為何從十七世紀到現在，最具有轉化能力的地圖，其發明者與使用者是社會上最具有權力的機構：國家。

直到最近，國家施加計畫到社會上的能力都受限於野心與實力的侷限。烏托邦本身嚮往經過微調的社會控制，儘管這種對社會控制的抱負，可以追溯到啟蒙時代的思想以及修道院式與軍事般的實踐，但十八世紀的歐洲國家大多都還是一台榨取機器。與前人相比，國家官僚（尤其是在絕對主義時代的國家官僚）的確已經能更詳細地描繪出王國的人口、土地佃租制、生產以及貿易狀況，而且他們也變得更能有效地從鄉村榨取收益、穀物，以及徵兵。但若要將他們的行為稱為絕對主義統治，不得不說有點誇大其實。他們缺乏一致的強制力，既沒有細緻滲透的行政網格，也沒有能採取侵入性更高的社會工程實驗所需的詳細知識。為了充分發揮他們逐漸增長的雄心壯志，他們必須更加狂妄自大，也需要一個可以勝任這項任務的國家機器，以及一個能任由他們宰制的社會。一直到十九世紀中期的西方世界以及二十世紀的其他地方，這些條件才都達成了。

我相信十九世紀晚期與二十世紀在諸多國家發展過程中發生的悲劇性事件，皆是肇因於三個要素，它們形成特別致命的組合。第一個是嚮往施加行政秩序到自然與社會之上，而這種渴望我們已經在科學林業中看見了，但它被提升到了更加全面且野心勃勃的境界。「高度現代主義」似乎可以適當地形容這種嚮往[3]。高度現代主義有如一種信仰，政治光譜上許多截然不同的意識形

1　我的同事Paul Landau因為布魯日想到一個故事。有一個國王，不滿於地圖沒有忠實呈現他的王國，終於堅持製作了一個比例尺一比一的地圖。當新地圖完成時，它精準地覆蓋了既存的王國，將原有的真實王國覆蓋於其再現之下。

2　用常見的例子可能會有助於理解。就算是在自由主義民主的社會，一個現代公民非常常見的困擾，是要將他們特殊的問題呈現給官僚體制中具有權力的人員。但該公務員是根據一個簡化後的網格模版在工作，而該網格的目的是要能涵蓋所有這個人要處理的案件。當案件被決定落入哪一個「檔案箱」或是「分類格」後，該採取的行動或是該遵循的協議大多都已成定局。公務員致力於將檔案分到適當的分類中，而公民則抗拒被當作是一個分類下的某個案例，並試著堅持自己獨一無二的問題需要根據其特殊的價值被檢視。然而這些嘗試往往無疾而終。

3　我從大衛・哈維（David Harvey）的書《The Condition of Post-Modernity: An Enquiry into the Origins of Social Change》

態均將其奉為圭臬。它主要的信使與倡議者是工程師、規劃人員、技術官僚、高級行政官員、建築師、科學家、幻想家中的先鋒派。如果要想像一個高度現代主義者的萬神殿或名人堂，其中幾乎一定會納入亨利・德・聖西蒙（Henri Comte de Saint-Simon）、勒・柯比意（Le Corbusier）、瓦爾特・拉特瑙（Walther Rathenau）、羅伯特・麥克納馬拉（Robert McNamara）、羅伯特・摩西（Robert Moses）、讓・莫內（Jean Monnet）、伊朗的沙王（the Shah）、大衛・李林塔爾（David Lilienthal）、弗拉基米爾・列寧（Vladimir I. Lenin）、里昂・托洛斯基（Leon Trotsky），以及朱利葉斯・尼雷爾（Julius Nyerere）等名字[4]。這群人設想了一項橫掃社會生活所有層面的理性工程，以改善人類的處境。「高度現代主義」作為一種信念，並不是單一政治傾向獨有的性質；我們將會看到，它同時擁有右翼與左翼的變體。造成悲劇的第二個要素，是毫無節制地使用現代國家的權力，作為實現這些設計的工具。第三個要素則是虛弱與衰竭的市民社會，他們缺乏抵抗這些計畫的能力。高度現代主義的意識形態提供了欲望；現代國家提供了實行這些欲望的手段；而無力的市民社會有如被夷平的平坦地面，可供建造這些（反）烏托邦。

我們等下很快就會回到高度現代主義的部分。但我想在這裡強調，二十世紀許多由國家發起的巨大人禍，都是對社會具有宏觀與烏托邦計畫的統治者的傑作。我們可以從右派中指認出高度現代主義者的烏托邦主義，其中納粹絕對是個很好辨識的例子[5]。至於南非種族隔離下巨大的社會工程、伊朗沙王的現代化計畫、越南的造村（villagization），以及巨大的後期殖民發展計畫（例如蘇丹的吉濟拉灌溉計畫），都可以被歸在這個旗幟之下[6]。但不能否認的是，這些規模宏大、國家強制的二十世紀社會工程，往往是出於進步派菁英分子之手，其中多數是革命派。這是為什麼呢？

---

（Oxford: Basil Blackwell, 1989）借用了「高度現代主義」一詞。哈維認為，這種現代主義的巔峰出現在第二次大戰後，而他特別關注的是資本主義與生產組織。但是他對高度現代主義的描述在此也適用：「對於『線性進步、絕對真理，以及在標準化的知識與生產下理性規劃理想社會秩序』的信仰，可說是特別強烈。於是現代主義的結果就是『實證主義、技術官僚，以及理性主義』，而它同時也是規劃者、藝術家、建築師、批評家、以及其他高級品味的守護者的前衛菁英們所施加的結果。歐洲經濟的『現代化』進展迅速，而國際政治與貿易的伸展被合理化成是替落後的第三世界帶來一段慈善與進步的『現代化進程』。（p. 35）」

4 對於美國「公共企業家」（public entrepreneurs）的案例研究，請參考Eugene Lewis對於Hyman Rickover、J. Edgar Hoover和Robert Moses的研究：*Public Entrepreneurs: Toward a Theory of Bureaucratic Political Power: The Organizational Lives of Hyman Rickover, J. Edgar Hoover, and Robert Moses* (Bloomington: Indiana University Press, 1980)。莫內和拉特瑙一樣，經歷過一戰時期的經濟動員，他當時幫助組織英國與法國間橫跨大西洋的戰爭原料補給，而他在二戰時期繼續承擔此責。等他到了戰後時期幫忙規劃法國與德國煤礦及鋼鐵生產的統合時，他早就有了幾十年跨國管理的經驗。請參考François Duchene, *Jean Monnet: The First Statesman of Interdependence* (New York: Norton, 1995)。

5 我沒有打算在這裡討論太多，但我想納粹最好被視作一種反動（reactionary）的現代主義形式。像是進步的左派，納粹於國家強制的社會工程也有遠大的抱負，想當然爾包括滅絕、驅逐、強制節育，以及以「改善」人性基因為目標的選擇性繁殖。納粹作為致命的現代主義形式的案例，可以參考齊格蒙・鮑曼精彩且具有說服力的著作：*Modernity and the Holocaust* (Oxford: Oxford University Press, 1989)。同時也可以參考觀點類似的Jeffrey Herf, *Reactionary Modernism: Technology, Culture, and Politics in Weimar and the Third Reich* (Cambridge: Cambridge University Press, 1984)，與Norbert Frei, *National Socialist Rule in Germany: The Führer State, 1933-1945*, trans. Simon B. Steyne (Oxford: Oxford University Press, 1993)。

6 我在此感謝James Ferguson提醒我，反動的高度現代主義計畫和進步派的變種一樣無所不在。

我相信答案在於取得權力的進步派人士通常有某些特性，他們在上台時帶著對既存社會全面性的批判，而且獲得大眾授權（至少一開始是這樣），讓他們改變現況。這些進步派希望使用權力，為人類的習慣、工作、生活方式、道德行為、世界觀帶來遠大的改變[7]。為了達成目的，他們使用瓦茨拉夫·哈維爾所稱的「整體社會工程的兵工廠」[8]。然而，對烏托邦的嚮往本身並不危險。一如奧斯卡·王爾德所強調的：「沒有烏托邦的世界地圖根本不值一哂，因為它忽略了人性總是降落的國度。[9]」對烏托邦的憧憬之所以會出錯，是因為它被對於民主或公民權力毫無承諾的菁英所把持，而他們很可能會使用毫無拘束的國家權力達成這個成就。當屈就於這種烏托邦實驗的社會缺乏頑強抵抗能力時，也是烏托邦願景走向無可救藥的時刻。

那究竟什麼是高度現代主義呢？我們最好將它視為對科學與技術進步信念強而有力（甚至可以說是來勢洶洶）的變體，約莫從一八三〇年到第一次世界大戰期間，這種信念與在西歐及北美的工業化息息相關。其中心思想是對於以下幾點的高度信心：持續的線性進步、科學與技術知識的發展、生產的擴張、社會秩序的理性設計、人類需求滿足的程度逐漸成長，以及對自然（包括人性）的逐漸掌控，而最後這點與科學對自然法則的理解同步發生[10]。因此，**高度**現代主義是一個勢不可擋的願景，它關乎如何將技術和科學進步的利益——通常是透過國家——應用到所有人類活動之上[11]。就像我們已經看到的，如果說國家官僚的效益主義**敘述**（description）傾向透過施展國家權力，將事實硬是向其描述靠攏，那我們可以說高度現代主義的國家，始於對新社會大規模的**命令**（prescription），而它意圖強加這些命令於新社會之上。

在十九世紀末期的西方世界，各類型的現代主義者比比皆是，當時的人很難不屬於其中一分子。科學和工業帶來的巨變，怎麼能不給人們留下深刻印象，甚至讓人敬畏呢？[12]例如任何一個住在英國曼徹斯特的六十歲人士，在他或她的人生中，會目睹棉花與羊毛紡織業的革命、工廠系統的成長、生產上使用到的蒸汽動力和其他驚人的新穎機械設備、冶金術與交通（尤其是鐵路）上的驚人突破，以及便宜的量產商品的出現。考量到化學、物理、醫學、數學，以及工程的驚人

---

7 這絕對不是要偷偷為保守主義者辯護。許多保守主義者幾乎不在乎公民自由，也可能訴諸各種必要的暴力以維持其權力。但是他們的野心以及傲慢比較節制：他們的計畫（和反動現代主義呈現對比）不需要顛覆社會並創造新的集體、家庭與團體忠誠、以及新的人類。

8 Václav Havel, address given at Victoria University, Wellington, New Zealand, on March 3 1, 1995, reprinted in the *New York Review of Books* 42, no. 11 (June 22, 1995): 36。

9 引自齊格蒙．鮑曼，*Socialism: The Active Utopia* (New York: Holmes and Meier, 1976), p. 11。

10 對於權威環境主義啟迪人心的討論，請參考Douglas R. Weiner, "Demythologizing Environmentalism," *Journal of the History of Biology* 25, no. 3 (Fall 1992): 385-411。

11 請參照Michael Adas, *Machines as the Measure of Men: Science, Technology, and Ideologies of Western Dominance* (Ithaca: Cornell University Press, 1989)，與Marshall Berman, *All That Is Solid Melts into Air: The Experience of Modernity* (New York: Penguin, 1988)。我認為，高度現代主義的新元素並不只是對於全面計畫的抱負。許多帝國主義絕對主義國家都有類似的展望。他們創新的部分是其行政技術與社會知識，讓組織社會整體成為可能，而過去這種組織方式只有在兵營或修道院出現過。這部份傅科在《規訓與懲罰》*Discipline and Punish: The Birth of the Prison*, trans. Alan Sheridan (New York: Vintage Books, 1977)的論點十分具有說服力。

12 在此我想指出科學知識與創新的進展（許多發生在十八世紀或是更早期），以及科學發明對於日常物質生活所帶來的巨大改變（往往在十九世紀發生）兩者的區別。

進步，任何有稍稍在關心科學世界的人，無不期待新奇蹟持續到來（例如內燃機引擎與電力）。或許十九世紀前所未見的改變會使許多人陷入貧窮與邊緣化，但這些受難者也會承認某些革命性的事情正在發生。然而到了現代，這一切看起來都十分天真，我們現在遠比過去更清楚認識科學進步的限制與代價，而且也習得了對於任何總體式論述的後現代懷疑主義。但這些新的敏感度忽略了現代主義的預設在我們生活中盛行的程度，同時也特別忽略了一個事實，亦即偉大的熱情和革命的狂妄自大，正是高度現代主義重要的一部分。

## 發現社會

從描述邁向命令之路，與其說是一種深層心理趨勢偶然的結果，不如說是刻意為之的舉動。從啟蒙運動的觀點來看，成文法的目的不在於反映一群人特有的習慣與實踐，而是要透過將最理性的習俗編入法典，使其成為普世標準，以及打壓最邊緣與野蠻的習俗，以創造出一個文化社群[13]。在王國內建立單一標準的重量與度量衡，其目的不僅僅是促進貿易；這些新的標準意在同時表達與提倡新的文化統一性。早在能為這場文化革命所用的工具存在前，孔多塞（Condorcet）這類的啟蒙時代思想家就在展望使用工具的那一天。他在一七八二年寫道：「這些科學幾乎是我們時代創造出來的，其對象是人類本身，其直接的目標是人類的幸福，這些科學將會享有不亞於物理科學的進步。這個想法是如此的甜美，以至於我們的後代將會在智慧與啟蒙上超越我們，這已不再是幻想。在思考道德科學的本質時，人們將會發現，就像物理科學得立基於觀察事實，道德科學也要遵從相同的方法，獲得同樣準確與精準的語言，達到同樣程度的確定性[14]。」到了十九世紀中期，孔多塞眼裡的光芒成為活躍的烏托邦計畫。之前使用在森林、重量、度量衡、稅收、工廠方面的精簡化與理性化，現在被使用到社會設計整體之上[15]。工業級的社會工程就此誕生。或許工廠跟森林會是由私人企業所規劃，但施加工程到整個社會的野心，幾乎都是由民族國家獨享的計畫。

「國家的角色」這個新概念，代表了十分根本的轉變。在這之前，國家的活動大多都限制在貢獻金錢與權力給最高統治者的人身上，正如科學林業與官房學派的例子所示。而現在國家的中心目的是要改善所有社會成員，提升他們的健康、技巧與教育、壽命、生產力、道德，以及家庭生活，這個想法十分的新穎[16]。當然，舊的國家與新的國家，這兩個概念有直接的連結。改善人

---

13 Witold Kula, *Measures and Men*, trans. R. Szreter (Princeton: Princeton University Press, 1986), p. 211。

14 引自Ian Hacking, *The Taming of Chance* (Cambridge: Cambridge University Press, 1990), p. 38。許多年後，有人可能會爭論雅各賓黨人是第一個嘗試透過轉化社會秩序與製造快樂的人。就像Saint-Just所寫到的：「快樂這個概念在歐洲是前所未見的。」請參考Albert O. Hirschman, "Rival Interpretations of Market Society: Civilizing, Destructive, or Feeble," *Journal of Economic Literature* 20 (December 1982): 1463-84。

15 我在此萬分感謝James Ferguson，他在我早期草稿中具有洞察力的評論，為我指引了這個方向。

16 例如請參考Graham Buschell, Colin Gordon, and Peter Miller, eds., *The Foucault Effect: Studies in Governmentality* (London: Harvester Wheatsheaf, 1991), chap. 4。

民技術、體力、公民道德，以及工作習慣的國家，可以增加其稅收基礎並派出更好的軍隊，任何啟蒙時代的主權實體都可能追求這樣的政策目標。但是，到了十九世紀，人民的福祉逐漸不再只被視為增強國力的手段，而是國力本身的目的。

這個轉變的不可或缺的條件，是發現社會作為一個與國家分離、並且能用科學描述的物化（reified）客體。在這方面，國家創造出關於人口的統計知識，例如年紀數據、職業、生育率、識字率、財產所有權、守法程度（以犯罪數據為基礎），讓國家官方可以用盡善盡美的新方式描繪人口，一如科學林業允許林務員能夠小心地描述森林一般。舉例來說，伊恩．哈金解釋有人將自殺率或謀殺率視作一群人口的特徵，所以大家可以像是在討論日常記帳一般，討論每年「花費」在謀殺上的「預算」，儘管沒有人知道這個具體的殺人犯與其受害者是誰[17]。統計事實被精心製作成社會律法，這是從社會的精簡化描述邁向設計與操縱社會的一大步。如果人可以重新形塑自然，設計出更適當的森林，為什麼不重新形塑社會，並創造出更合適的人口呢？

干預的規模可說是毫無止境。社會變成一個物體，而國家可以帶著要讓它臻於完美的眼光，管理並轉化之。一個進步的民族國家，會根據新式道德科學的最先進技術標準來操縱社會。早期國家或多或少原封不動接受既存的社會秩序，當地社會秩序在國家警戒的目光下生生不息，而現在它們史無前例地成為要積極管理的目標。設想一個人工、操縱的社會設計是可能的，設計的基礎不是風俗或是歷史意外，而是根據有意識的、理性、科學的標準。社會秩序的每個角落跟空隙都可能獲得改善：個人衛生、飲食、養育孩童、住宅、姿勢、娛樂、家庭結構，以及最惡名昭彰的人口的基因遺傳[18]。貧困的工人階級往往是科學式社會計畫的第一個適用對象[19]。改善這群人日常生活的計畫隨處可見，受到進步的都市與公共衛生政策廣為宣傳，在典型工廠城鎮與新創立的社福機構中也會制定相關計畫。因為貧困匱乏而可能帶有威脅性的次級人口，包括像是窮人、流浪者、精神病患、罪犯等，可能會成為社會工程最常關照的對象[20]。

鮑曼認為，可以採用「園藝」的比喻捕捉這個新的精神。園丁——或許專精於正規公園的景觀建築師是最恰當的比擬——圈了一畝自然地，創造了完全由人為設計植物秩序的空間。儘管花卉是有機物，限制了造景可以達成的目標，但園丁在整體安排和培養、修剪、種植和剔除特定植物等方面，擁有極大的自由裁量權。正如無人看管的森林之於長期管理的科學森林，無人照料的

17　Hacking, *The Taming of Chance*, p. 105。哈金成功地展示出統計上的「平均」變質成為分類上的「正常」，而正常最後則變成社會工程要達到的「基準」。

18　至今有許多歷史研究清楚指出西方世界對於優生學工程的支持有多麼普遍。相信國家一定要介入以保護該種族的生理與心理特質，這想法在進步派內十分常見，並幾乎激起了國際性的社會運動。直至一九二六年，美國四十八州中有二十三州擁有允許強制絕育的法律。

19　請見Gareth Stedman-Jones, *Languages of Class: Studies in English Working-Class History, 1832-1982* (Cambridge: Cambridge University Press, 1983)。非常重要的一點是，在西方強權中，幾乎所有與殖民主義「文明任務」相關的組織，都曾經有類似要將本國鄉間與城市下層階級人口同化與文明化的計畫。差別也許在於，在殖民脈絡中，官員有更大的強制力能施加在被客體化的外國人口上，這能讓社會工程達到更大的績效。

20　想要閱讀科幻小說如何描述試著創造出擺脫「自然」的「技術官僚與客觀的人」，請見C. S. Lewis, *That Hideous Strength: A Modem Fairy Tale for Grown-Ups* (New York: Macmillan, 1946)。

自然之於花園兩者也有同樣的關係。花園是人類試著施加自身秩序、效益和美的原則，到自然之上的產物[21]。種在花園的東西總是一小部分經過千挑萬選後，才決定可能會長在那邊的樣本。同樣地，社會工程師謹慎地規劃設計，並維持一個更完美的社會秩序。啟蒙時代對於人類自我進步的信仰，在某個程度上變成了對於社會秩序完美程度的信念。

社會工程一個最大的難題，在於它似乎悖逆於現代性的一般經驗。社會世界最明顯的特徵是不斷變化，想要改變它，彷彿是要試著駕馭一場旋風般。馬克斯聲稱：「不停地革新生產、持續擾亂所有社會關係、不間斷的不確定性與躁動，在在使得資產階級時代有別於其他先於它的時代[22]。」當時，他並不是唯一一個有這種想法的人。現代性的經驗（在文學、藝術、工業、交通和大眾文化上）首先是一種有關速度、移動、改變的體驗，令人失去方向，而自稱為現代主義者的人認為這些體驗令人振奮且具有解放性[23]。若要解決這個悖論，最寬容的作法，也許是想像這些社會的設計師腦中所想的，大概是汽車設計師腦中所想的「效率化」。與其捕捉社會的變遷，他們寧可希望設計出社會生活的形狀，能夠極小化阻撓進步的摩擦力。但這個解方的難處在於，國家社會工程本質上就是威權專制的。改變與發明的多重來源被取而代之，只剩下一項計畫的權威；既存社會生活的彈性與自主性也被取而代之，只剩下一種職位都被設計好的僵固的社會秩序。各種形式的「社會標本剝製術」的趨勢是不可避免的。

## 高度現代主義的激進權威

> 重要的是，這一次我們將把科學應用於社會問題上，並獲得國家全力支持，就像過去戰爭得到國家權力支持一般。
>
> ——C·S·路易斯，《那可怕的力量》（*That Hideous Strength*）

高度現代主義令人困擾的特徵，很大程度源於它聲稱要以科學知識權威的口吻，來談論如何改善人類的處境，以及它傾向禁止其他與其對抗的意見來源。

基本上，高度現代主義意味從根本上徹底切斷與歷史和傳統的連結。只要理性思維與科學法則能夠為每一個經驗問題提供單一答案，任何事情都不該被視作理所當然。所有人類與生俱來的

---

21 這是個有趣但充滿問題的「野生」花園的案例，裡面「失序」的樣貌是經過仔細規劃過的。這是個美學規劃的問題，旨在創造出特定的效果給觀者——嘗試複製無人看管的自然。這個困境就像是將動物園模仿大自然的設計一樣棘手，也就是設計的人要理解這個設計並不包括允許動物互相獵食。

22 Karl Marx, from the *Communist Manifesto*，引自Berman, *All That Is Solid Melts into Air*, p. 95。

23 取代火車的飛機在許多方面看起來都是定義早期二十世紀現代性的形象。到了一九一三年，未來主義藝術家與劇作家Kazimir Malevich為名為《飛越太陽的勝利》（*Victory over the Sun*）的歌劇創造了佈景。在最後一幕，觀眾聽到幕後傳來引擎的聲音，以及宣布地心引力在未來國家已經被克服的高聲喝采。Malevich的同代人柯比意則認為飛機是新時代的統治象徵。想要理解飛行的影響力，請見Robert Wohl, *A Passion for Wings: Aviation and the Western Imagination, 1908-1918* (New Haven: Yale University Press, 1996)。

行為，例如從家庭的結構到居住型態、再到道德價值以及生產形式，只要這些習慣與實踐都不是奠基於科學推論，都得重新檢視與重新設計。過去的結構往往都是迷思、迷信和宗教偏見的產品。於是經過科學設計的生產計畫與社會生活，都會比公認的傳統更好。

這種看法的來源是十分專制的。如果一個計畫過的社會秩序，比起偶然、非理性累積後的歷史實踐來得更為優越，就會產生兩個結論。首先，只有擁有能夠用來指認與創造這個優越社會秩序的科學知識的人，適合在新的時代統治社會。再者，那些退步無知、拒絕同意科學計畫的人，需要為了該計畫的利益接受教育，否則就該滾到一旁。高度現代主義的強硬版本，像是列寧與柯比意所執行的計畫，創造出了對被介入的對象冷酷無情的奧林匹亞山。在最激烈的情況下，高度現代主義想像要把地板清掃得一塵不染，然後一切重新開始[24]。

於是，高度現代主義傾向貶低或排除政治。政治利益只會阻撓持有科學工具以便勝任分析工作的專家，並挫敗他們所想出來的社會解方。作為個人，高度現代主義者可能會對人民主權、或是古典自由主義中對於（會限制高度現代主義者的）私領域不可侵犯等看法抱持民主觀點，但這些信念和他們的高度現代主義信仰往往無關或相悖逆。

儘管高度現代主義者始於想像重新打造社會習慣與人性，他們開始動手的時刻卻充滿著無限的野心，想要為了人類的目的而改變自然——這野心一直是他們信仰的核心。《共產黨宣言》對技術進步的禮讚，展示出烏托邦的可能性如何橫掃各種政治派別，徹底擄獲知識分子的心，馬克斯與恩格斯寫道：「征服自然，使用機器，應用化學到工業與農業上，輪船的行駛，鐵路的通行，電報的使用，清理整塊大陸以利開墾，河川的通航，以及從地下呼喚出大量人口。」[25]實際上，對馬克斯而言，這些因為資本主義發展而得以實現的技術承諾，就是社會主義的濫觴，因為它會史無前例地將資本主義的果實分配給工人階級。十九世紀晚期的學術氛圍充斥著大型工程提案，像是蘇伊士運河，在一八六九年完工，替歐亞貿易帶來重大影響。為聖西蒙烏托邦社會主義者喉舌的《全球報》（*Le globe*），報導了無數關於巨大計畫的討論：巴拿馬運河的建造、美國的發展、影響深遠的能源與交通計畫。他們相信人類的天命是馴服自然，目的是服務自己的利益以及保護自己的安全，這之所以種信念或許正是高度現代主義的基石，有部分原因是許多巨大冒險實際上已獲成功[26]。

再一次地，這個視野所隱含的威權主義與國家主義昭然若揭。這些計畫的宏大規模代表著，除了少數例外（例如早期的運河），這些計畫需要透過稅收或貸款所得獲得大量資金挹注而成。就算大家想像有資本主義經濟私人贊助，這些計畫通常還是需要龐大的公共權威授權，方得以沒收私有財產、違背人們的意願逼其迫遷、保障所需的借款或公債，以及協調各相關公家機關的工作。在一個國家主義的社會，無論是路易拿破崙的法國或是列寧的蘇維埃政權，這些權力已經建

24 雅各賓黨試圖推動一個嶄新的開始，從「第一年」展開新的年曆，並根據新的、世俗的系統為日期與月份重新命名。為了標誌出自己重新創造嶄新的緬甸民族國家，波布政權從「零年」開始。

25 引自Harvey, *The Condition of Post-Modernity*, p. 99。

26 在這個章節，陽性的稱謂並不是傳統用法，而更是刻意的選擇。請見Carolyn Merchant, *The Death of Nature: Women, Ecology, and the Scientific Revolution* (San Francisco: Harper, 1980)。

制在政治體制中。至於在非國家主義的社會，這些任務需要有類似政府權力的新的公共權威或是「超級機構」，以把人送上月球，或是建造水壩、灌溉系統、高速公路，以及大眾運輸系統。

高度現代主義著重的時間點幾乎完全是未來。儘管任何有巨大祭壇貢獻給向前進步的意識形態，都注定會偏好未來，但高度現代主義是盡心盡力地作到了這點。過去式是種阻礙，歷史一定要被超越；當下是啟動美好未來計畫的平台。高度現代主義的論述以及那些擁抱它的國家，他們的公眾宣言都有一項關鍵特徵，亦即嚴重依賴「英勇地朝向經過改造後進步的未來」的視覺形象[27]。對於未來的戰略選擇帶來了後果。如果某個程度上未來是已知且可以達成的——這是進步信仰所鼓勵的信念——未來的收益因不確定性而打折的程度就愈小。這股信念可以達成實際的效果，說服大部分的高度現代主義者確信會有更好的未來，並合理化了達成目的前所有的短期犧牲[28]。社會主義國家無所不在的五年計畫就是這種信仰的例子。進步被客體化成一系列預先設想的目標，大多是物質上且可以量化的目標，要透過這段期間的存款、勞動力和投資來達成。當然，有時候在計畫之外沒有其他選擇，尤其是當單一目標似乎得凌駕其他目標之上，像是打贏戰爭。然而，這種活動的內在邏輯意味著某個程度上確信未來、確信手段與目的的計算合理、確信人類福祉的意義十分高尚。至於這些計畫往往得調整或是捨棄，則意味著這些計畫背後的預設到底有多麼「高不可攀」。

如此看來，高度現代主義應該會大量吸引可以從這種世界觀裡獲益最多的階級與階層，也就是能從中獲得地位、權力，以及財富的人。而這個思想的確也是官僚知識分子、技術人員、規劃者，以及工程師奉為圭臬的意識形態[29]。他們被授予的地位不僅僅是統治與特權，同時也是對國家建設和社會變革等偉大事業的責任。當這些知識分子想像自己的使命是把一群技術落後、缺乏教育、生存導向的人類引領進二十世紀，他們自我指派成教育這些人民的文化角色就變得加倍重要。進行這種等級的歷史任務，或許能讓統治的知識分子階級士氣高漲、團結、以及讓他們願意做出（與施加）犧牲。這種對美好未來的憧憬，往往與菁英在日常生活中所見到的失序、悲慘，以及不合時宜地計較蠅頭小利等狀況呈現鮮明對比。事實上，計畫者遇到愈是棘手與抗拒的現實世界，他們就愈可能迫切需要烏托邦的計畫來填補之，不然這些空洞可能會引發絕望。設計出這些計畫的菁英，含蓄地將自己描述成學習與進步觀點的典範，認為他們的同胞可能會想要效仿之。而考慮到高度現代主義作為論述所具備的意識形態優勢，也難怪會有這麼多後殖民菁英會被牽著鼻子走[30]。

---

27 例如Margaret M. Bullitt, "Toward a Marxist Theory of Aesthetics: The Development of Socialist Realism in the Soviet Union," *Russian Review* 35, no. 1 (January 1976): 53-76。

28 Baruch Knei-Paz, "Can Historical Consequences Falsify Ideas? Or, Karl Marx After the Collapse of the Soviet Union." Paper presented to Political Theory Workshop, Department of Political Science, Yale University, New Haven, November 1994。

29 雷蒙・阿宏（Raymond Aron）先知般的異議，*The Opium of the Intellectuals*, trans. Terence Kilmartin (London: Seeker and Warburg, 1957)，是這個脈絡下的重要文件。

30 一個計畫愈是巨大、資本密集、且中央集權，他們就愈容易吸引到權力與贊助者。想要了解這個脈絡下對世界銀行水災控制的計畫，請見James K. Boyce, "Birth of a Megaproject: Political Economy of Flood Control in Bangladesh," *Environmental Management* 14, no. 4 (1990): 419-28。

後見之明來說，這種對高度現代主義的勇氣毫不留情的批評，在某個重要的面向是非常不公允的。如果我們將高度現代主義信仰的發展放到它的歷史脈絡，如果我們質問高度現代主義的敵人到底是誰，將會出現一幅讓人同情的景象。醫生與公共衛生的工程師，也就是具有新知識、可以拯救數百萬生靈的人，往往為大眾偏見與根深蒂固的政治利益所阻撓。可以重新設計都市住宅，讓住所變得更便宜、更衛生、更方便的城市規劃者，為房屋仲介與既存品味所阻擋。設計出革命性、嶄新的發電與交通模式的發明家與工程師，遭遇工業家與勞工的反對，因為新科技幾乎一定會取代他們的獲益與工作。

對十九世紀的高度現代主義者而言，科學支配自然（包括人性）是充滿解放性的概念。大衛．哈維觀察到，科學「承諾人們將不再為資源稀缺、匱乏與自然災難的隨機性所苦」，「社會組織的理性形式與思想的理性模式的發展，承諾將人們從神話、宗教與迷信的不理性，以及從權力的濫用與人性的陰暗面解放出來[31]。」在我們討論後續版本的高度現代主義前，我們應該要記得關於十九世紀高度現代主義前輩的兩個重要事實：首先，幾乎每一次高度現代主義者的介入，都是以公民尋求保護和幫助的名義所進行的，並且獲得他們的支持。再者，從許多方面來說，我們都是這些高度現代主義計畫的受益人。

## 二十世紀的高度現代主義

在創建可實現的烏托邦時，對整個社會秩序採取徹頭徹尾、理性的工程設計，大多都是二十世紀的現象。而當時的歷史土壤，似乎特別有利於高度現代主義意識形態的茁壯。這些土壤包括國家權力的危機，像是戰爭與經濟蕭條，以及國家相對不受阻撓地進行計畫的能力上升，例如革命奪權以及殖民統治。

二十世紀的工業戰爭，必須得向社會與經濟的動員邁向史無前例的一步[32]。就算像是美國或是不列顛這些自由的社會，在戰爭動員的脈絡下，對於社會的管理也變得更為直接。一九三〇年代的世界經濟大蕭條，同樣促使了自由主義國家對社會與經濟計畫的密集實驗，以紓解經濟困難並重新獲得統治的正當性。在戰爭與經濟蕭條的狀況下，邁向一個被管理的社會有其**不可抗力**的一面。二戰後重建遭戰爭蹂躪的國家，大致上也可以被歸到這個分類下。

但是高度現代主義會接納革命與殖民主義，是出於完全不同的原因。革命政權與殖民政權各自擁有不尋常的權力。革命國家打敗了古老政權，往往獲得堅定支持者的授權，可以依照革命者的形象重塑社會，**此外**，他們所面對的市民社會往往衰竭疲憊，能積極反抗的能力十分有

31　Harvey, *The Condition of Post-Modernity*, p. 12。

32　參考查爾斯・蒂利在 *Coercion, Capital, and European States, A.D. 990-1992* (Oxford: Blackwell, 1990) 重要的理論貢獻。

限[33]。對太平盛世的期待往往與革命運動息息相關，於是更貫注了動力給高度現代主義的野心。殖民主義政權，尤其是到了後期，往往成為密集社會工程實驗之處[34]。「福利殖民主義」（welfare colonialism）的意識形態與殖民政權渾然天成的威權主義勢力結合，激發了各種雄心壯志的計畫，意圖徹底改造本土社會。

要精確定位出二十世紀高度現代主義的「誕生」，指認特定的時間、地點，以及人物，多少有點武斷，尤其考量到高度現代主義有各種知識起源。但我們還是可以考慮以德國在第一次世界大戰的動員，及與此最相關的人物，瓦爾特·拉特瑙（Walther Rathenau），作為其出生點。德國的經濟動員可以說是戰爭的技術官僚奇蹟。德國之所以能把軍隊保留在戰場上，並在觀察者預期他們即將崩潰時仍然能維持好一陣子適當的補給，大多都是因為拉特瑙的計畫[35]。拉特瑙是工業工程師，繼承父親一手創立的通用電力公司（Allgemeine Elektricitäts-Gesellschaft, AEG），也是這間大公司的總裁，他當時被安排去掌管戰爭原物料處（Kriegsrohstoffabteilung）[36]。他意識到原物料和運輸的計畫配給是維持戰爭成果的重要關鍵。德國一步一步地發展出計畫經濟，在工業生產、彈藥以及軍備補給、運輸以及交通控制、價格控制、民用配給上獲得豐碩的成果；在此之前，沒有任何國家嘗試過這些做法。計畫與協調的規模之大，使國家必須前所未見地動員所有徵兵、士兵以及戰爭相關工業的勞工。這樣的動員促進了能夠領導整個社會的「管理民間機構」的想法的誕生[37]。

拉特瑙對於無所不在的計畫以及理性化生產的信念，根深蒂固於一種知識連結，而這個連結是由熱力學的物理法則，以及有關工作的新穎應用科學所共同打造而成的。對許多專家而言，狹隘且唯物主義式的「生產主義」將人的勞動力視作機械系統，能夠拆解成能量傳送、移動，以及物理行為。將勞動精簡化成個別的機械效率問題，直接誘發了以科學控制整個勞動過程的欲望。像是安森．拉賓巴赫強調的，十九世紀晚期的唯物主義在其形而上的核心中，將科技與生理學視為同等重要[38]。

這種生產主義至少有兩條獨特的系譜，一條來自北美，一條來自歐洲。美國的貢獻來自腓德烈．泰勒影響深遠的著作，他將工廠勞工的每一分鐘拆解成獨立、精確、重複的運動，為工廠工

33 內戰，像是在布爾什維克的案例上，可能會成為鞏固革命力量的代價。

34 白人移居者的殖民地（像是南非與阿爾及利亞）以及反叛亂行動（anti-insurgency campaigns，例如越南、阿爾及利亞，以及阿富汗），都完成了大量的人口搬遷與強迫移居。然而在大部分的案例中，假裝實施全面性社會計畫是為了被影響的人口的福祉著想，這種藉口十分薄弱。

35 在此我要特別感謝 George Yaney 的討論，*The Urge to Mobilize: Agrarian Reform in Russia* (Urbana: University of Illinois Press, 1982), pp. 448-62。

36 Anson Rabinbach, *The Human Motor: Energy, Fatigue, and the Origins of Modernity* (Berkeley: University of California Press, 1992), pp. 260-71。在一九零七年，早在戰爭之前，拉特瑙和不少建築師與政治領袖家就建立了德意志工團，用來支持工業與藝術的科技創新。

37 請參考 Gregory J. Kasza, *The Conscription Society: Administered Mass Organizations* (New Haven: Yale University Press, 1995)，特別是 chap. 1, pp. 7-25。

38 Rabinbach, *The Human Motor*, p. 290。

作的組織帶來了一場革命[39]。對於工廠經理和工程師，最新發明的生產線讓他們可以使用非技術勞動者，並控制生產速度以及整個生產過程。歐洲傳統的「能量學」，關注於移動、疲憊、測量過的休息、合理的衛生，以及營養的問題上，同樣也在概念上把工人視作機器，儘管是得餵飽並且得維持良好工作秩序的機器。取代工人的是一種抽象、標準化的工人，擁有一致的生理能力與需求。威廉皇帝工作生理學研究院（Kaiser Wilhelm Institut für Arbeitsphysiologie）起初被視作增加戰時前線與工業效率的手段，而它跟泰勒主義一樣，都是建立在理性化身體的計畫上[40]。

而再一次地，這兩種傳統最突出的地方，是它們為許多政治立場上迥然不同、受教育的菁英分子所信仰。「泰勒主義和技術官僚主義是三管齊下的理想主義的口號：掃除經濟與社會危機、透過科學增加生產力、重新施展科技的魅力。消除社會衝突以支持科技與科學需求的社會願景，能夠擁抱自由主義、社會主義、威權主義、甚至共產主義以及法西斯主義的解方。簡單說，生產主義在政治上是淫亂放蕩的。[41]」

任何一種形式的生產主義之所以對政治光譜右端到中段都具有吸引力，大多要歸功於它作為技術性「解決」階級鬥爭的承諾。如果如它的支持者所宣稱的，它可以大量增加工人的產量，那再分配的政治就可以被階級合作所取代，而獲利與薪資都可以同時成長。對大部分左派的人而言，生產主義承諾讓工程師或國家專家與官員來取代資本家。它同時也提出了單一最佳解方，或稱「最佳實踐」，給所有工作組織上的問題。而最符合邏輯的結果，大概是某種雨露均霑、一體適用的計算尺威權主義（slide-rule authoritarianism）[42]。

拉特瑙在哲學與經濟學上經過廣泛的訓練，具備戰時規劃方面的經驗，並從電力固有的精準性、覆蓋範圍和轉化的可能性中得到社會結論，這些都讓他能夠為社會組織吸取最廣泛的教訓。在戰爭時期，私有企業必須讓路給國家社會主義，「巨大的工業事業必須優先於它們明顯的私人擁有者以及所有的財產法[43]。」這其中涉及的必要決定與意識形態毫無關係，而是由純粹的技術與經濟需求所驅動。專家統治與新穎科技的潛力，尤其是巨大的電網，讓新形態社會的工業秩序

39 要了解近期對美國科技與生產發展的評價，請參考Nathan Rosenberg, *Perspectives on Technology* (Cambridge: Cambridge University Press, 1976)，Rosenberg, *Inside the Black Box: Technology and Economics* (New York: Cambridge University Press, 1982)，以及Philip Scranton, *Figured Tapestry: Production, Markets, and Power in Philadelphia, 1885-1942* (New York: Cambridge University Press, 1989)。

40 請參考Ernest J. Yanorella and Herbert Reid充滿創意的文章，“From ‘Trained Gorilla’ to ‘Humanware’: Repoliticizing the Body-Machine Complex Between Fordism and Post-Fordism,” in Theodore R. Schatzki and Wolfgang Natter, eds., *The Social and Political Body* (New York: Guildford Press, 1996), pp. 181-219。

41 Rabinbach, *The Human Motor*, p. 272。Rabinbach在此將Charles S. Maier傑出的文章的結論換句話說。Charles S. Maier, “Between Taylorism and Technocracy: European Ideologies and the Vision of Industrial Productivity in the 1920s,” *Journal of Contemporary History* 5, no. 2 (1970): 27-63。

42 范伯倫（Thorstein Veblen）是解釋美國這個觀點最知名的社會科學家。這個意識形態的文學版本在辛克萊・路易斯（Sinclair Lewis）的《艾羅史密斯》（*Arrowsmith*）和艾茵・蘭德（Ayn Rand）的《源泉》（*Fountainhead*）也十分顯著，而他們的著作來自截然不同的政治光譜。

43 Rabinbach, *The Human Motor*, p. 452。拉特瑙的寫作請見*Von kommenden Dingen* (Things to come)和*Die Neue Wirtschaft* (The new economy)，後者創作於戰後。

成為可能，既中央集權化，也同時具有地方自主性。在讓工業公司、技術官僚以及國家連成一氣的戰爭時期，拉特瑙察覺到了和平時期進步社會的樣貌。由於重建的技術與經濟需求十分明顯，而且在各個國家都需要同樣的合作協調，拉特瑙在計畫方面的理性信仰帶有國際主義的味道。他將現代形容是「新的機器秩序……（以及）將世界整合成一種無意識的自我抑制團體，一種不間斷的生產與維持和諧的社群。」[44]

世界大戰是工程師與規劃者政治影響力的巔峰。他們看到自己在極端時期能夠完成多少事情，也就不禁想像：如果同樣的能源與規劃可以投入到大眾的福祉而非毀滅上，他們可以抵達到什麼樣的境界。他們與許多政治領袖、實業家、勞工領袖，以及傑出的知識分子（像是英國的菲利普・吉布斯〔Philip Gibbs〕、德國的恩斯特・榮格〔Ernst Jünger〕，以及法國的古司塔夫・雷朋〔Gustave Le Bon〕）做出一樣的結論，亦即只有以全新且全面的熱情投入技術創新，以及隨之而來的規劃，才能重建歐洲經濟並帶來社會和平[45]。

列寧本人對於德國工業動員的成就印象深刻，而且他相信這展現了如何將生產社會主義化。就像列寧深信，如達爾文的演化論一般，馬克斯發現了永恆不變的社會法則，列寧相信大量生產的科技是科學法則而非社會建構。一九一七年，在十月革命不到一個月前，他寫下：戰爭「加速資本主義的發展到如此驚人的程度，把獨占的資本主義轉化成**國家**獨占的資本主義，不論是無產階級或是革命派的小資產階級民主黨員，**都無法**停留在資本主義的範圍內[46]。」他和他的經濟顧問擷取拉特瑙以及梅倫朵夫的作品，應用到替蘇維埃經濟規劃的計畫中。對列寧而言，德國戰爭經濟是「當代大型資本主義技術、規劃和組織中的極致。」他將它視作社會主義式經濟的原型[47]）。假設這樣的國家是在工人階級代表的手中，那社會主義系統的基礎就會存在。在忽略透過革命奪取政權這個大問題的前提下，列寧對於未來的願景與拉特瑙十分相似。

列寧在體會工廠裡的泰勒主義如何有利於社會主義生產控制這件事上，也不落人後。儘管他早先譴責這些技術，稱其是「科學敲詐出的汗水」，到了革命時期，他變成德式系統性控制的熱情支持者。他頌揚「紀律、組織以及和諧合作的原則，它們建立於最現代、最機械化的工業、以

---

44　Walther Rathenau, *Von kommenden Dingen* (1916)，引自Maier, "Between Taylorism and Technocracy," p. 47。Maier強調戰時德國資本與勞動顯著的和諧是以通貨膨脹政策為代價才達成的，這個政策最終造成毀滅性的後果（p. 46）。

45　Michael Adas, *Machines as the Measure of Men: Science, Technology, and Ideologies of Western Dominance* (Ithaca: Cornell University Press, 1989), p. 380。Sheldon Wolin, in *Politics and Vision: Continuity and Innovation in Western Political Thought* (Boston: Little, Brown, 1960) 提供了在政治光譜上不同位置、但擁有類似想法的思想者的清單，從法西斯主義者與民族主義者這端到自由派、社會民主黨、與共產黨那端，而且在法國、德國、奧匈帝國（普魯士的Richard von Moellendorf，與拉特瑙關係匪淺以及管理戰後經濟的政論家）、義大利（左派的葛蘭西以及右派的法西斯主義者Masimo Rocca和Benito Mussolini），以及俄羅斯（有「蘇維埃泰勒」之稱的Alexej Kapitonovik Gastev）都有支持者。

46　V. I. Lenin, *The Agrarian Programme of Social-Democracy in the First Russian Revolution, 1905-1907*, 2nd rev. ed. (Moscow: Progress Publishers, 1954), p. 195, written September 28, 1917（作者只加了第一個強調）。

47　Leon Smolinski, "Lenin and Economic Planning," *Studies in Comparative Communism* 2, no. 1 (January 1969): 99。Smolinski聲稱，列寧與托洛斯基對於電力中央管理可以創造依賴中央的農村人口，並允許國家控制農業生產這件事的看法十分明顯（pp. 106-7）。

及最嚴格的課責與控制系統上[48]。」

> 泰勒主義系統，在這方面可以說是資本主義的遺言，像是所有資本主義進步一般，結合了資產階級剝削的狡猾殘暴，以及在許多方面的偉大科學成就，包括對於工作機械動作的分析、排除不必要且不靈巧的動作、使用正確的工作方式、引用最優良的會計與控制系統等等。蘇維埃共和國一定要不惜代價，採用這些領域最珍貴的科學成就……。我們在俄羅斯一定要組織泰勒系統的研究與教學，並系統性地嘗試將它貫徹到我們的目的上[49]。

到了一九一八年，因為生產衰退，列寧呼籲使用嚴格的工作規範，有必要的話，還要重新引進讓人厭惡的按件計酬工作。第一屆「全俄羅斯科技管理協會代表大會」在一九二一年召開，會中泰勒主義與能量學（energetics，又稱人體工學〔ergonomics〕）這兩派支持者間的辯論成為焦點。當時，至少有二十間學院專注於探討蘇聯的科學管理，研究該主題的期刊也一樣多。宏觀控制的經濟體加上工廠內部泰勒主義微觀的中央控制原則，是一組誘人且互利的組合，吸引像列寧這種威權主義與高度現代主義的革命分子。

儘管二十世紀高度現代主義具威權主義的誘惑，它們還是往往被拒於門外。它們被拒絕的理由不僅十分複雜，還往往因對象而異。雖然我的本意並非仔細檢視高度現代主義計畫可能遇到的障礙，但自由主義民主思想與制度為它所設下的特別障礙，還是值得一提。有三個要素十分關鍵。第一個是對於私領域和私人活動的存在及信仰，相信它們不能為國家及其組織合理侵犯。當然，這個自主空間的存在一直飽受威脅，尤其在卡爾．曼海姆（Karl Mannheim）[50]之後，迄今為止許多私人領域已是官方干預的對象。米歇爾．傅科（Michel Foucault）大部分的著作都在試著描繪這些深入健康、性慾、心理疾病、流浪者或公共衛生的侵略及其背後的策略。但是重視私領域的思想，還是為許多高度現代主義者的野心設下了界線，高度現代主義者如果不是依本身的政治價值觀而自我節制，就是出於謹慎，深怕侵犯私領域會引發政治風暴。

第二點密切相關的因素是自由主義政治經濟學的私部門。就如傅科所述，與絕對主義和重商主義

不同的是：「政治經濟學宣告了整體經濟過程對於主權來說會是不可知的，因此，掌握經濟

---

48 Lenin, *Works* (Moscow, 1972), 27: 163，引自Ranier Traub, "Lenin and Taylor: The Fate of 'Scientific Management' in the (Early) Soviet Union," trans. Judy Joseph, in *Telos* 34 (Fall 1978): 82-92（原本發表在*Kursbuch* 43 [1976]）。蘇維埃中泰勒主義的吟遊詩人是Alexej Kapitonovik Gastev，他的詩歌與散文充滿了人與機器「結合」的抒情：「許多人覺得反感，因為我們想將人類視作螺絲、螺帽、機器。但我們必須大無畏地承擔它，就像我們接受樹木的成長以及鐵路網的擴張。（引自同前，p. 88）。在史達林一九三〇年代肅清期間，大部分的勞動學院都被關閉，而裡面的專家都遭到流放或是槍殺。

49 Lenin, "The Immediate Tasks of the Soviet Government," *Izvestia*, April 28, 1918，引自Maier, "Between Taylorism and Technocracy," p. 51 n. 58。

50 譯注：卡爾．曼海姆（Karl Mannheim），匈牙利社會學家。

的主權是不可能的。」[51] 自由主義政治經濟學的重點不僅僅是自由市場保護財產並創造財富，同時也是經濟實在太過複雜，層級制的行政體系永遠無法管理之[52]。

對高度現代主義計畫的第三個障礙，同時也是最重要的，是有效的代議制度的存在，而具有反抗能力的社會可以藉此讓它的影響力發揮效果。這樣的制度阻撓了高度現代主義計畫最嚴苛的部分，而阻止的機制則類似開放社會中由反對派發起的宣傳與動員，並像是沈恩（Amartya Sen）所說的，這些宣傳與動員避免了飢荒。他指出，統治者不會挨餓，而他們也不太可能得知或是迅速回應社會需求以杜絕飢荒，除非他們的制度性位置提供了強烈的誘因。言論自由、集會自由和媒體自由確保大規模的飢餓被廣為宣傳，而代議制度的集會與選舉自由，確保了民選官員在保護自我利益的狀況下，會盡可能避免飢荒。同樣地，高度現代主義計畫在自由主義民主社會裡，也必須根據在地意見充分地自我調整，以避免選舉失利。

但是要真正理解不受自由主義政治經濟學阻礙的高度現代主義，最好是透過理解其高度的野心及其後果。是時候讓我們轉向都市計畫以及革命論述實踐的部分了。

---

51　Graham Burchell, Colin Gordon, and Peter Miller, *The Foucault Effect: Studies in Governmentality*, with two lectures by and an interview with Michel Foucault (London: Wheatsheaf, 1991), p. 106。

52　海耶克在二十世紀已經強力且充滿爭議地提出這個論點，他是在戰後反對規劃與福利國家者的心頭好。尤其請見《通向奴役之路》*The Road to Serfdom* (Chicago: University of Chicago Press, 1976)。

# 第四章　高度現代主義的城市：實驗與批判

智者忽必烈啊，沒人比你更清楚，永遠不能將城市跟形容城市的文字混為一談。

——伊塔羅．卡爾維諾，《看不見的城市》（*Invisible Cities*）

在巴洛克的世界觀中，時間是致命的缺陷：其機械化的秩序不允許成長、改變、調整，也不允許創意地更新。換句話說，巴洛克計畫是一體成形的成就。它必須一氣呵成，永恆地被固定與凍結住，就像是神燈精靈一夕之間完成的一般。這些計畫需要建築學上的暴君，替絕對君主工作，而他們的壽命得長久到足以完成自己的構想。要改變這樣的計畫，引進新的風格元素，是在破壞他們的美學基礎。

——路易斯．芒福德，《歷史中的城市》（*The City in History*）

芒福德在這章開頭的題詞，是特別用來批評皮爾．查爾司．朗方（Pierre-Charles L'Enfant）

所設計的華盛頓，但它整體上是對巴洛克式都市建築的批判[1]。廣泛一點地說，芒福德的批判也能拿來用在瑞士裔法國散文家、畫家、建築師和規劃者查爾斯・艾德瓦多・尚納雷的作品與思想上，更為人所知的是他工作上用的名字——勒・柯比意。尚納雷是高度現代主義都市設計的化身。他活躍於一九二〇到一九六〇年代，與其說他是建築師，他更像是位懷抱雄心壯志、具有遠見的規劃者。他大部分碩大無朋的計畫最後都無疾而終；它們通常需要堅強的政治決心與必要的財務資金才能完成，而只有很少數的政治權威能夠召集到這些資源。一些能令人緬懷他雄才大略的經典傑作確實存在，最有名的大概是印度旁遮普省樸素的首府昌迪加爾（Chandigarh），以及位在馬賽的巨大公寓住宅「居住統一體」（L'Unité d'Habitation，又稱「馬賽公寓」）。但柯比意最顯而易見的遺產，存在於他沒有實現的巨大計畫的邏輯中。他時不時提出各種都市計畫：巴黎、阿爾及爾、聖保羅、里約熱內盧、布宜諾斯艾利斯、斯德哥爾摩、日內瓦，以及巴塞隆納[2]。他早期的政治立場詭異地結合了索雷爾（Sorel）的工團主義革命派，以及聖西蒙的烏托邦現代主義，而他同時在蘇維埃俄羅斯（一九二八至一九三六年）[3]與菲利普・貝當（Philippe Pétain）元帥下的維琪政權做過設計。當代都市計畫的關鍵宣言，亦即國際現代建築協會（Congrés Internationaux d'Architecture Moderne, CIAM）的雅典憲章，忠誠地反映了他的教條。

柯比意帶著復仇的心，擁抱巨大、機器時代、階層化、中央化的城市。如果想要尋找現代主義都市生活中浮誇的諷刺角色，不會有比虛構出柯比意更恰當的作法了。他的看法極端，但影響深遠，而他的想法在頌揚高度現代主義內部邏輯的方面，深具代表性。柯比意以他的膽識、才華與一致性，清楚展示了高度現代主義的信仰[4]。

## 總體的都市計畫

一九三三年出版、並在一九六四年稍經修改後重新發表的《光輝之城》（*La Ville Radieuse*）一書裡，柯比意對自身觀點提供了最完整的解說[5]。就像在其他地方一樣，柯比意的計畫是非常有自覺地厚顏無恥。如果恩斯特·弗里德里希·舒馬克（E. F. Schumacher）證明了「小」的美德，柯比意則是聲稱，實際上，「龐大就是美」。若想欣賞他能鋪張到什麼程度，最佳方式就是簡單地看一下他的三項設計。第一個是他為巴黎市中心所設計的瓦贊計畫的核心構圖（圖十

1 我特別感謝Talja Potters在本章第一稿時充滿洞見的評論。

2 柯比意進入一九二七年國際聯盟總部設計大賽的作品獲得第一名，但他的設計從來沒落成。

3 這個時期的作品請參考Jean-Louis Cohen, *Le Corbusier and the Mystique of the USSR*: Theories and Projects for Moscow, 1928-1936 (Princeton: Princeton University Press. 1992)。

4 對於現代性與美國城市的精彩分析，請參考*Modernity, Space, and Power: The American City in Discourse and Practice* (Cresskill, N.J.: Hampton Press, 1995)。

5 Le Corbusier (Charles-Edouard Jeanneret), *The Radiant City: Elements of a Doctrine of Urbanism to Be Used as the Basis of Our Machine-Age Civilization*, trans. Pamela Knight (New York: Orion Press, 1964)。法文原版是*La ville radieuse: Eléments d'une doctrine d'urbanisme pour l'équipement de la civilisation machiniste* (Boulogne: Editions de l'Architecture d'Aujourd'hui, 1933)。以下分析主要基於這兩個版本。

四），第二個是為布宜諾斯艾利斯所設計的新「商業城市」（圖十五），最後一個則是替里約熱內盧約莫九萬居民所建造的巨大住宅計畫（圖十六）。

這些計畫規模之龐大實在不言而喻。它們不與既存的城市妥協，新的城市景觀徹底取代原有的城市。在每一個案例中，新的城市都具有驚人的雕塑性質：新城市被設計成可以產生強大視覺效果的**形狀**。值得注意的是，只能從遠方才能感受到這番視覺效果。布宜諾斯艾利斯被設想成得從海上幾哩外的地方才能看見，柯比意採用了現代克里斯多福·哥倫布（Christopher Columbus）的視野，而他對此寫下的形容是：「在航行兩週後」對新世界的驚鴻一瞥[6]。里約熱內盧設計圖的視角是在距離幾哩外的地方，就像是從飛機上往下俯瞰所見。我們看到的是一座六公里長、距地面一百公尺高的高速公路，綿延地包圍住一棟棟十五層樓高的公寓帶。新的城市徹底地蓋住了老城市。他替擁有三百萬人口的巴黎設計出的計畫，則是

6　Le Corbusier, *The Radiant City*, p. 220。

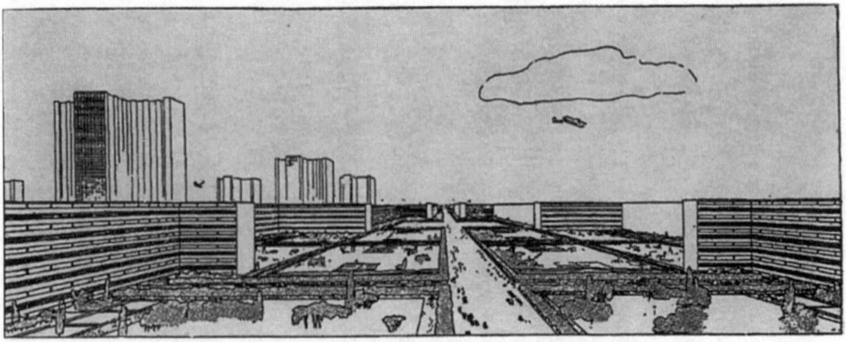

圖十四　柯比意為巴黎這具有三百萬人口城市所設想的瓦贊計畫

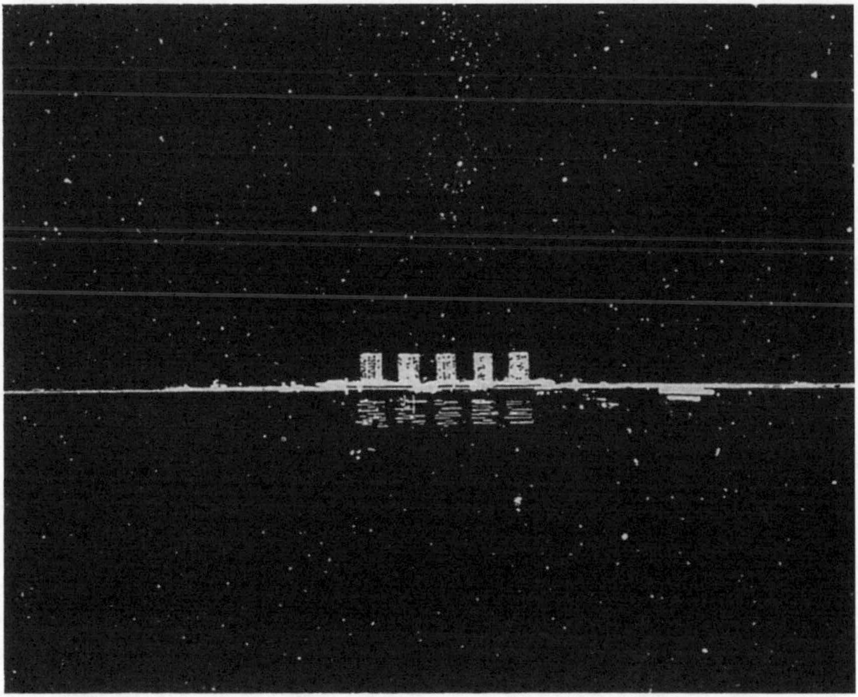

圖十五　柯比意為布宜諾斯艾利斯所設計的「商業城市」計畫，這是假設從靠近城市的船上所見的視野

圖十六　柯比意替里約熱內盧所規劃的道路與住宅

從城外遠方高處凝視，各個黑點所強調的距離再現了各條大道上的車輛，以及一架小飛機和一架直升機。沒有任何一個計畫涉及城市的歷史、傳統，或是其所在處的美學品味。不管這些城市設計描繪得如何驚人，它們都未透露任何脈絡背景，這些中立性質讓它們可以是世界上的每一個角落。儘管高昂的建設經費或許可以解釋為什麼這些計畫都沒被採納，但柯比意拒絕迎合既存城市的在地人所自豪的特點，這項堅持對他的設計也毫無助益。

柯比意對於幾世紀以來都市生活所創造的物理環境毫無興趣，他蔑視巴黎以及歐洲各大城市在世紀交接之際，一切混亂、黑暗、失序、擁擠與瘟疫般的狀態。我們將會看到，他一部分的鄙視是來自於功能與科學的因素：一個城市想要變得更有效率與更健康，的確得毀去一切它所繼承而來的東西。但他另一部份的蔑視是來自於美學因素：對他來說，視覺上的混亂與迷惑實在是令人髮指。他想要糾正的失序不太是基礎的失序，而是從距離上來說，俯瞰時所看到的失序。[7]根據他對從空中由上往下看的鄉村小型房產的評論（圖十七），我們可清楚地觀察到他多重的動機。「從飛機上鳥瞰這無止盡分割、形狀不一的土地區塊。當代機器愈是發展，就有愈多土地被分割成小型區塊，使得機器所能展現的神蹟變得一無是處。這結果就是浪費：效率低落、任人拼湊。[8]」純粹的形式秩序，至少得和為了機械時代所做出的調整一樣重要。他堅持：「建築是超越所有其他藝術的藝術，它達到了理想的宏偉壯觀、數學秩序、沉思、存在於情感關係中的和諧感。[9]」

整齊、幾何的簡明性質，與功能上的效率並非兩個需要平衡的不同目標；相反地，整齊的秩序是效率的前提。柯比意替自己設下了一個任務，也就是要創造出理想的工業城市，在這個任務中，機械時代背後的「普遍事實」需要透過平面上的簡潔性質表達出來。要達到這座理想城市的嚴謹

7 與許多高度現代主義者一樣，柯比意對飛機情有獨鍾。他寫道：「作為一個建築師以及一個城鎮規劃師……我讓自己被飛機的翅膀載著，使用鳥瞰視野，從天空望出去的視野……眼睛現在實質上看到了腦袋只能主觀想像的東西。（天空望出去的視野）是我們新增的感官功能；是新的測量標準；是新的感知能力的基礎。人類會使用這個視野創造新的目標。城市將從此萬丈高樓平地起」。（引自James Corner and Alex S. MacLean, *Taking Measures Across the American Landscape* [New Haven: Yale University Press, 1996], p. 15）。

8 Le Corbusier, *The Radiant City*, p. 322，強調為作者所加。

9 同前，p. 121。

圖十七　約莫一九三〇年代亞爾薩斯的空照圖，源於柯比意的書《光輝之城》

與統一性，它對既存的城市歷史所做出的妥協必須愈少愈好。「我們必須拒絕對現狀妥協，也就是對我們現在所處的混亂局面，拒絕做出哪怕是最輕微的讓步。」他寫道，「無法在現狀中找到任何解決辦法。」相反地，他的新城市最好能以一個單一、一體的都市組成樣態，從清理過的空地上崛起。柯比意的新型都市秩序，浪漫地結合了笛卡爾式的純粹形式，以及機械一絲不苟的要求。他誇誇其談地宣稱：「以蒸氣船、飛機、汽車之名，我們主張擁有健康、邏輯、勇敢、和諧、完美的權利[10]。」有別於被他形容為「豪豬」與「但丁地獄」的巴黎的原始樣貌，他的城市會是「經組織過、平靜、充滿力量、優美、秩序的城市。[11]」

## 幾何與標準化

在閱讀柯比意的著作或是觀賞他的建築素描時，不可能不去注意到他對簡單、重複線條的熱愛（狂熱？），以及他對複雜性的恐懼。他把樸素的線條視作個人信念，並將此信念描繪成人性的本質。用他的話說：「當無數且多樣的元素被放在一起，就可能會產生無限的組合。但人的思想會因而迷失，並且為這樣複雜的可能性感到厭倦，於是控制這一切便成了緣木求魚。心靈上註定的失敗，會令人沮喪。……理性……是堅不可摧的直線。因此，為了要從這樣的混亂中拯救自我，為了替自己的存在提供一個可以忍受、接受的框架，一個對人類福祉與控制具有生產力的框架，人類將自然法則投射到一個人類精神所體現的系統上：幾何。」[12]

當柯比意造訪紐約市時，他為紐約中城區的幾何邏輯感到深深震撼。他所稱之為「高樓大廈機器」與街道規劃的簡潔性令他滿意：「街道之間以直角相交，心靈獲得了解放。[13]」他在其他地方則回應了他視為懷念既存城市多樣性（在這裡是巴黎）的人的批評。他強調，大家可能會抱怨，現實生活中的街道彼此交會於各式各樣的角度，而其變化是無窮無盡，「但是」，他回應，「這就是問題所在。**我消滅了這些問題。這就是我的出發點……我堅持使用直角交叉口。**[14]」

柯比意本來希望能將機器、科學與自然的權威，加諸到他對直線與直角的熱愛之上。但無論是他優秀的設計還是他火熱的爭議性，都無法合理化這個行為。他最欣賞的機器——火車、飛機，以及汽車——體現了偏向圓形或是橢圓形的形狀，而非直角（水滴型是最具備流線型的形狀）。至於科學的部分，所有形狀都呈現幾何的樣貌：不規則的四邊形、三角形，以及圓形。如果純粹的簡潔或效率才是標準，與其選擇正方形或長方形，何不使用圓形或是球體（也就是最小

---

10　Robert Fishman, *Urban Utopias of the Twentieth Century: Ebenezer Howard, Frank Lloyd Wright, and Le Corbusier* (New York: Basic Books, 1977), p. 186。

11　Le Corbusier, *The Radiant City*, p. 134。

12　同前，pp. 82-83，第一個強調為作者所加，第二個來自於原出處。

13　來自Le Corbusier, "When the Cathedrals Were White," trans. Francis Hyslop, quoted in Richard Sennett, *The Conscience of the Eye: The Design and Social Life of Cities* (New York: Norton, 1990), p. 169。對於柯比意一九三五年一整年在美國的遊歷，請參考Mardges Bacon, *Le Corbusier in America: Travels in the Land of the Timid* (forthcoming)。柯比意沒有獲得他想要在美國贏得的建案，因為很顯然地，就算是對還沒開拓的地區而言，都市規劃者對於他立基於毀滅的規劃十分冷感。

14　Le Corbusier, *The Radiant City*, p. 123，強調來自於出處。

的表面積涵蓋了最大的空間）呢？也許就像是柯比意所說的，自然就是數學，但一直要到最近，生存形式所具有的複雜、細緻與「混亂」邏輯，才開始在電腦的幫助下為人所理解[15]。說穿了，他的偉大建築其實不偏不倚地表達出美學上的意識形態——對於古典線條的強烈偏愛，而他將這線條視作「高盧人」的線條：「莊嚴崇高的直線，以及，啊，莊嚴崇高的法式精確[16]。」這是用來主宰空間一個強而有力的方法。更重要的是，這個方法提供了一個清晰的網格，讓人一瞥就能輕鬆掌握，並且能在各個方向無止盡地重複。就實際考量，想當然爾，直線往往十分不實際且災難性地昂貴。在地貌崎嶇之處，不考量陡峭的爬坡與下坡就建造平鋪直敘的康莊大道，會需要挖掘與推平地貌等浩大工程。柯比意式的幾何學很少能達到收支平衡。

柯比意拓展他線性與抽象城市的烏托邦計畫到令人敬佩的程度。他預視到商業建設的工業化，將會迎向備受歡迎的標準化。他同時也預見到會出現預先組合好的房子與辦公大廈，這些組合屋的各部份會先在工廠建好，再被帶到建地組裝完成。這些元素的大小都會經過標準化，而各式標準化的大小能讓建築師決定各種獨一無二的組合。門框、窗戶、磚頭、屋頂磁磚、甚至是螺絲釘都會服膺於一致的規範。國際現代建築協會在一九二八年起草第一份宣言，呼籲國際聯盟立法規範新的標準，以發展出普世的技術語言，並在全世界強制推廣教授。國際協定能夠使不同的家用設備與裝置測量標準「規範化」[17]。柯比意致力於實踐他所推廣的內容。他為蘇維埃所設計的巨大宮殿（從未落成）本意是要吸引蘇維埃高度現代主義。他聲稱該建築會替所有建築建造精確且普世通用的新標準——涵蓋燈光、溫度、通風、結構、美學的標準，而它將會一體適用於跨越所有緯度的所有需求[18]。

直線、直角，以及施加國際建築規範，都是朝向精簡化的重要步驟。然而，最重要的一步，大概是柯比意一生所堅持的原則，即嚴格的「功能分離」。這個教條的象徵，可以在《光輝之城》開頭所宣布的十四條原則中的第二條所見，也就是「街道之死」。他的意思其實是行人與車輛的交通道路徹底分離，此外還有慢車道與快車道的分離。他厭惡行人與車輛混雜，這會使得路很難走，而且還會阻礙交通順暢。

功能分離的原則被應用在各種領域上。一九二九年國際現代建築協會第二次會議的最終報告，是由柯比意與他弟弟所合著。他們一開頭就攻擊傳統住房建築建設：「貧窮以及傳統技術的不足遺留了權力的混亂，**各種功能不自然的混合**，而這些功能之間只存在著無關緊要的聯繫。……我們必須找到並使用新的方法……讓它們自然而然地適用於標準化、工業化、泰勒主義化……。如果我們持續使用現有的方法，也就是讓兩種功能相互混用與相互依賴（例如安排與裝潢對應於建設；循環對應於結構），我們將持續在同樣的靜止狀態內動彈不得。[19]」

15 想要理解生活形式的分形邏輯，請參考James Gleick, *Chaos: Making a New Science* (New York: Penguin, 1988)。

16 Le Corbusier, *The Radiant City*, p. 178。但是在他實際的建築中，他的實踐變化更多。

17 同前，pp. 22-23。諷刺的是，他獲得了第一名的國聯（當時最普世的機構）總部的設計卻從未蓋成。

18 同前，p. 46。

19 同前，pp. 29-30。對於嚴格、功能上分區的法律是當今美國社區失敗和郊區蔓延的原因，James Howard Kunstler 提供了強而有力的論點，請參考"Home from Nowhere," *Atlantic Monthly*, September 1996, pp. 43-66。

在公寓大廈之外，城市本身也在演練經過規劃的功能分離——這種演練成為了都市計畫的準則，持續到一九六〇年代晚期為止。城市內部有分開的工作場所、住宅區、購物與娛樂中心，以及紀念碑與政府建築。如果可以，工作場所還會被分成辦公大樓與工廠。柯比意對於都市計畫中每一個區域都必須、且只能夠有一種功能的堅持，體現在他掌控昌迪加爾（他唯一一座蓋出來的城市）的規劃後，所做出的第一項行動中：他用「紀念碑構築而成的衛城」取代了原先規劃為市中心、占地二百二十英畝的屋舍，遠離住宅區[20]。在他為巴黎規劃的瓦贊計畫中，他把他稱之為「城市（la ville）」的住宅區域，與工作場所的商業中心分離開來。「這是兩種不同的功能，連續但不同步，代表了兩個截然不同且類別上完全獨立的區域。[21]」

嚴格遵守功能分離的邏輯十分清楚易懂：如果一個城市區域只有一個目的，那規劃起來會十分容易。如果行人不需要和汽車與火車搶路，那人行道的規劃會變得十分簡單。如果森林的單一目的是要極大化家具級木材的收益，那森林的規劃會變得十分輕鬆。如果單一設備或計畫得用來同時達成兩個目的，那取得平衡的過程會變得十分惱人。如果一定得考量到許多目的，那規劃者所要處理的變數將會不堪設想。就像是柯比意所說的，面對這種充滿萬千可能性的迷宮，「人的腦袋會迷失且疲累不堪。」

於是，只要功能分離，規劃者能針對效率做出更清楚明確的思考。如果道路的唯一功能是讓汽車可以從甲地到乙地迅速且節省地移動，規劃者就只需要針對效率的部分比較兩條路的計畫。而有鑑於我們在修建從甲地到乙地時的道路時，所考慮的正是效率這件事，這個邏輯便非常合理。但必須注意的是，為了達到這種明確性，我們排除了其他道路的潛在用途，像是讓用路人輕鬆寫意地遊覽沿途風光、美學考量或是視覺利益，還有大量貨品的運輸。即使在道路這件事上，效率這個標準如此狹隘，以致忽略了其他不得輕視的目的。至於在人類稱之為家的地方，效率這狹隘的標準對人類生活甚至施加了更嚴重的暴力。柯比意根據公共衛生知識，計算出人類所需的空氣（精準的呼吸，*la respiration exacte*）、溫度、光線以及空間。每個人需要的空間基準從十四平方公尺開始，而他認為如果準備食物或洗衣服等活動是在公共空間進行，這數字可以減少到十平方公尺。但能應用在道路上的效率標準，卻很難適用於住家，家是一個眾人會拿來工作、休閒、私人活動、社交、教育、煮飯、談論八卦與政治等活動的空間，尤其每一項活動都抗拒被降級成以「效率」為標準；當有人為了聚集在家裡的朋友做飯時，廚房裡發生的事情就不僅僅是「準備食物」。但由上而下對大量人口進行有效規劃的邏輯，要求每個極大化的數值都要明確定義好，同時極大化數值的多寡也得嚴格限制，最好的情況是只考慮單一數值就好[22]。柯比意的教條根據使用性質與功能，謹慎地描繪出都市空間，好讓單一目的的計畫與標準化成為可能[23]。

20 Lawrence Vale, *Architecture, Power, and National Identity* (New Haven: Yale University Press, 1992), p. 109。

21 Le Corbusier, *The Radiant City*, p. 71。

22 另一個這種精簡化的替代選擇，是以最終用戶或消費者的口味為主。大家會想住在這裡嗎？目前的住戶還喜歡住在這裡嗎？這種條件不能與市場標準混淆，後者也會詢問眾人是否能負擔得起。

23 我寫道「柯比意的教條」，因為實際上他的建築不只成本不低廉，功能上也沒有效率。甚至他實際的建築，也比他的理論教條來的有趣。

## 以計畫、規劃者及國家而治

柯比意的第一條「都市主義原則」是一句格言——「計畫：獨裁者」[24]，比「街道之死」還重要。再怎樣強調都不為過的是，與笛卡爾一樣，柯比意強調要讓城市成為單一、理性計畫的倒影。他萬分欣賞羅馬軍營與帝國城市布局的整體邏輯。而他不厭其煩地覆述既存城市以及未來城市的對比：前者是歷史機遇的結果，而後者是刻意設計、徹頭徹尾都跟隨科學原則的產物。

柯比意計畫（Plan，他第一個字一定要大寫）的教條需要的中央集權化，會為城市本身的中央集權所複製。伴隨功能分離而來的是等級制度。他的城市是座「單頭」城市：位在中央的核心區域，要行使大都會區域的「高級」功能。他用以下文字來形容巴黎瓦贊計畫中的商業中心：「從辦公室發出讓世界井然有序的命令。實際上，高樓大廈是城市的大腦，是整個國家的大腦。它們體現了所有活動所依賴的闡述與命令的工作。所有一切都集中於此：征服時間與空間的工具——電話、電報、廣播、銀行、商行、工廠決策的機構：金融、科技、商業。[25]」

商業中心下達命令；它不提供建議，更不用說諮詢。在此運作的高度現代主義的威權主義計畫，部分來自柯比意對於工廠秩序的熱愛。他譴責當代城市及其房子與街道的腐敗（*la pourriture*），並挑出工廠作為唯一例外。在那裡，單一理性的目的決定了實質配置與協調數百人的活動。他特別讚揚鹿特丹的范內勒（Van Nelle）菸草工廠。柯比意欣賞其樸素的性質、每一層樓的落地窗、工作的秩序，以及工人顯而易見的滿足感。他以頌揚生產線上的威權主義秩序作結：「那裡有個等級標準，眾所周知且人人服從」，他欽佩地觀察工人。「他們接受這些秩序，以便像是蜂巢中的工蜂一樣自我管理：秩序、規律性、準時性、正義、家父長主義。」[26]

科學式的都市規劃者與城市設計和建造的關係，一如懷有創業家精神的工程師主導工廠的設計和建造。城市與工廠均由單一一顆頭腦規劃，同樣地，這一顆頭腦也要從工廠辦公室和城市的商業中心指揮它的活動。但等級制度還不僅如此。城市即是整個社會的腦袋：「偉大的城市命令一切：和平、戰爭、工作」[27]。無論是穿著、哲學、科技或是品味，偉大的城市支配與殖民邊陲地帶：影響與指揮的動線完全是由中心向外擴張[28]。

對於權威關係該如何安排，柯比意的看法是再清楚不過的：等級制度將盛行於各方。但是占據金字塔頂端的不是任性妄為的獨裁者，而是當代的哲人王（philosopher-king）[29]，他會把科

---

24 Le Corbusier, *The Radiant City*, p. 7。

25 Le Corbusier，引用自Fishman, *Urban Utopias*, p. 193（強調為作者所加）。

26 Le Corbusier, *La ville radieuse*, pp. 178-79（我個人的翻譯）。

27 Le Corbusier，引用自Fishman, *Urban Utopias*, p. 208。

28 比較柏拉圖在《法律篇》（*The Laws*）提出的城市中社會與政治秩序的空間再現：中心的衛城、城市核心的同心環、工匠（非公民）的郊區，以及耕地的內外環。像切派一樣，城市被分割成十二個「派狀」部分，成了警衛隊招募和每年輪調的基礎。請參考Pierre Vidal-Naquet, “A Study in Ambiguity: Artisans in the Platonic City,” *The Black Hunter: Forms of Thought and Forms of Society in the Greek World*, trans. Andrew Szegedy-Maszak (Baltimore: Johns Hopkins University Press, 1986), chap. 11, pp. 224-45。

29 譯注：或常譯為「哲學家皇帝」。是古希臘哲學家柏拉圖在《理想國》中提出的一種模範的國家統治者，需要經歷重重培訓，才能養出追從並具有智慧、可靠、簡樸的性格。

學理解的真理，應用到所有人的福祉之上[30]。想當然爾，總規劃者抱著常見的狂妄自大，想像他一個人就壟斷了真理。舉例來說，在《光輝城市》一書中，柯比意在一段個人反思裡宣稱：「在分析後，在計算後，我帶著想像與詩意（為阿爾及爾）規劃，這些計畫驚人地真實。它們不容質疑。它們令人屏息。它們表達出所有當代的光輝。[31]」但值得我們關注的不是柯比意過分的驕傲，而是他認為他具有那種無情的權威，有資格能以普世科學真理之名發言。他的高度現代主義信仰，從來沒有像以下我要詳細引用的內容一般鮮明與不祥地表達過：

> 獨裁者不是一個人，**它是計畫，是正確、實際、精準的計畫**。當問題清楚地被提出時，它能夠為你提出解方，以既完整又不可或缺的和諧解決問題。**這項計畫的建立，遠離了市長辦公室或是市政廳的狂熱，遠離選民的呼喊，遠離社會受害者的哀嘆**。它是由穩重與清澄的心靈所規劃。它只考慮人類的真理。它忽略了所有近期規範、既存使用方式，以及手段。它不考慮它是否能在現行憲法下所實行。它是注定為了人類存在的生物性創造物，並能透過當代科技所實現[32]。

這項計畫的智慧橫掃所有社會障礙：民選權威、選民、憲法，以及法律架構。就最輕微的程度而言，我們處在規劃者的獨裁統治之下；就最嚴重的程度來說，這接近一種讓人聯想到法西斯形象的權力和冷酷崇拜[33]。就算有這些形象，柯比意仍認為自己是技術天才，並以真理之名要求權力。在他這個例子上，技術官僚治國是一種信仰，相信都市設計的人類問題有其獨特解方，而專家可以發現並實行之。透過政治決定這些技術問題並且討價還價，會導向錯誤的解決辦法。既然有單一、真實的答案可以處理當代城市規劃問題，各種問題自然毫無妥協的餘地[34]。

---

30 都市計畫的天才會尋找賦予他權力、讓他實行遠見的獨裁者這件事，在德國偉大的地理學家、中地理論提出者Walter Christaller的職業生涯中，也是顯而易見。他把他的服務借給納粹政權，「好對在最新贏得的波蘭領土上創造出層級秩序的都市殖民地提供建議。」這是實施他的六邊形市場區域理論和在平坦的平原城鎮布局的機會。他在戰後加入共產黨，「他希望威權主義政權會使用他們的權力，根據中地理論提出的最佳模式，重新安置被戰爭蹂躪的城市。」這是試圖將最初作為對區位經濟學的簡化分析描述，強加於人的經典案例。Hans Carol, "Geographica: Walter Christaller, a Personal Memoir," *Canadian Geographer* 14, no. 1 (1970): 67-69。在此感謝Otto van den Muijzenberg對這一則注釋的幫助。

31 Le Corbusier, *The Radiant City*, p. 181。

32 同前，p. 154（強調為作者所加）。

33 我試著特別小心地使用「法西斯」這種意義深遠的詞彙，但我想這裡是十分合理的。當柯比意寫下帕德嫩神廟的美麗時，他對於暴力的歡慶昭然若揭。「記住帕德嫩神廟」，他寫道，「記住它的清晰度、它清楚的線條、它的情緒張力、它的經濟、它的暴力，記住它在優雅和恐怖所創造的風景中的巨大吶喊。力量與純淨。」（同前，p. 187〔強調為作者所加〕）。同時我們也將看到，柯比意有種對他的敵人與都市貧民採取去人性化作法的傾向：「一切都仰賴計畫的智慧……我在這邊講的是一個替自己提供計畫經濟的社會，並且掃蕩我們所知的社會中所存在的寄生蟲。」（p. 73）（強調由作者所加）。

34 芒福德也批評巴洛克式計畫的精神中類似的狂妄自大，但在二十世紀的眼中，這種精神似乎沒有那麼廣泛。在他對笛卡爾篇章的評論中（本書第一章所引用），芒福德比較兩種秩序的思考：有機與機械的。「有機秩序起源於全面的狀態，機械秩序則是為了概念的藝術系統而精簡化了生活事實，他們更靠近人類的心靈，而非生活本身。第一種與『其他的原料』合作，甚至是指引他們，但它承認他們的存在並理解他們的目的；第二種是巴洛克式的暴君，堅持自己的法律、秩序、社會，而這些都是在他的命令下、由單一專業權威所施加的。」（*The City in History: Its Origins, Its*

在他的職業生涯中，柯比意很清楚他這種徹底的都市規劃需要威權主義的手段。他在早期一篇名為〈邁向機器時代的巴黎〉的文章中，向他的法語讀者宣稱：「我們需要一位柯爾貝」[35]。在他的重要著作的首頁，可以看到「這份作品是向權威致敬」這行字。柯比意作為一名近似公共的建築師的職業生涯，大部分時間都可以解讀是對「君主」（最好是專制的那種）的追求，而君主將會為他塗上聖油、使他成為宮廷的柯爾貝。他展示替國際聯盟做出的設計、向蘇維埃菁英遊說他替莫斯科規劃的新計畫、想盡辦法讓自己被任命為全法國規劃與分區的管理者，並讓他的計畫被新阿爾及爾所採納。最終，在賈瓦哈拉爾．尼赫魯（Jawaharlal Nehru）的資助下，他在印度的昌迪加爾建設了省會。儘管柯比意在法國的政治立場堅定地定錨於右翼[36]，但他顯然會接受任何可以讓他放手去做的國家政權。當他寫下「在他（科學規劃者）的計算結束時，他就有立場說——而他也會說：**應該要如此！**[37]」，他是為邏輯而非政治所服務。

蘇聯吸引柯比意之處不是其意識形態，而是在於一個充滿革命性、高度現代主義的國家，或許可以提供一個友善的環境給有遠瞻性的規劃者。在建造消費者合作社的中央聯盟總部後（Centrosoyuz）[38]，他提出重建莫斯科的宏偉設計，而他只花了六個星期準備這個計畫，他認為這個設計符合蘇聯在無階級社會中創造全新生活方式的願景。觀賞謝爾蓋．愛森斯坦（Sergey Eisenstein）探討農民與科技的電影《舊與新》（*The Old and the New*，原片名 *The General Line*）後，柯比意為電影中的拖拉機、乳油分離機以及大型農場的歡慶所吸引。他在對俄羅斯都市景觀進行類似改造的計畫中，經常提到這一點。

史達林的人民委員認為他對莫斯科的規劃以及蘇維埃宮殿的計畫過於激進[39]。蘇維埃現代主義者埃爾・利西茨基（El Lissitzky）攻擊柯比意的莫斯科是：「不知從何而來的城市……並非資

---

*Transformations, and Its Prospects* [New York: Harcourt Brace Jovanovich, 1961], p. 394）。對於從中央向外構想城市的吸引力，而非讓城市自己透過未經規劃的增生物而成長，並不總是來自於幾何理性（就像是笛卡爾一樣）；規劃過的城市被視作是皇權的證明，也比較健康，甚至是在十七世紀就有這樣的想法。因此約翰・艾夫琳（John Evelyn）剛從歐陸隨查理二世結束流亡、返回英國時，寫下倫敦是「一座由木造、北方式、非人為的房屋組成的城市，它的一些主要街道十分狹窄，從遠處看，它不能再更扭曲了，而且城牆內十分不具對稱性。」（引自Mark Jenner, "The Politics of London Air: John Evelyn's Fumifugium and the Restoration," *Historical Journal* 38, no. 3 [1995]: 542〔強調為作者所加〕）。

35 引自Fishman, *Urban Utopias*, p. 213。

36 柯比意是「振興法國」（Redressement Français）這個圈子的成員，這是一群與右翼交好的實業家。想要理解這兩者的連結，尤其是柯比意在蘇聯的作品，請參考Cohen, *Le Corbusier and the Mystique of the USSR*。

37 Le Corbusier, *The Radiant City*, p. 131（強調來自原著）。他繼續說道：「計算的力量如此之大，以至於輕率的人可能會想立即將它供上祭壇，並膜拜之。」

38 柯比意對於這棟建築的線條與透明度特別自豪，而這就跟其他許多他在一九二零年代的建築一樣，是從鐵屑中建成的。他形容：「欣賞這種建築嶄新與強大的優點：底層結構的完美線條。該建築類似於櫥窗展示中的物體，而且它清晰好辨識。」（Le Corbusier, "Les Techniques sont l'assiette meme du lyricisme: Elles ouvrent un nouveau cycle de l'architecture," in *Précisions sur un état présent de l'architecture et de l'urbanisme* [Paris, 1930]，引自Cohen, *Le Corbusier and the Mystique of the USSR*, p. 77〔強調為作者所加〕）。

39 柯比意最終為他在蘇聯的經驗感到難堪：「有幾次我被要求畫下蘇維埃的城市計畫；很不幸地，一切都只是空談。我對這感到十分抱歉……。我對於基本社會事實做了如此有深度的研究，讓我自然而然地成為第一個創造偉大無階級城市的人，充滿和諧與快樂。有時想到我在蘇聯被抗拒的原因看起來毫無道理，就讓我痛苦。（引自Cohen, *Le Corbusier and the Mystique of the USSR*, p. 199）。

本主義、無產階級或社會主義（的城市）……一座紙上的城市，與活生生的自然毫無關係，座落在沙漠之中，甚至不允許河流穿越（因為弧線會與風格相衝突）[40]。」柯比意則像是要證明利西茨基對於「不知從何而來的城市」的控訴確有其事，他幾乎完整無缺地回收了他的設計（除了刪掉所有涉及莫斯科的部分），將它重新再現成適合巴黎市中心的光輝之城。

## 城市作為烏托邦計畫

柯比意深信他深具革命性的都市計畫傳達出了普世科學真理，於是他自然而然地以為，只要大眾理解這個邏輯，就會擁抱他的設計與計畫。國際現代建築協會最初的宣言呼籲要教導小學生科學住宅的基本原則：陽光與新鮮空氣之於健康的重要性；電力、溫度、光線以及聲音的基本原則；家具設計的正確原則等等。這些原則屬於科學的範疇，而非品味；這些教誨會及時創造出配得上科學建築師的客戶。就像科學林業能夠（也辦到了）直接對森林加工，並根據其計畫形塑森林；科學建築師也要首當其衝，負責訓練新的客戶，讓他們能夠「自由地」選擇柯比意為他們規劃的都市生活。

在我想像中，任何建築師都會認為她所設計的住宅，能夠替她的客戶帶來幸福快樂，而非悲慘痛苦。問題只在於建築師如何理解幸福快樂。對柯比意而言，「**人類的幸福已經存在**，幸福的形貌呈現在數字、數學、適當計算過的設計和已經可以看到城市的規劃中。[41]」至少從他的言語之中可以看出，由於他的城市是機器時代意識的理性表現，他深信當代人會全心全意地接受之[42]。

然而，柯比意城市裡的公民主體所體驗到的滿足，並非個人自由以及自主的愉悅感。他們愉悅感的根源，是以符合邏輯的方式融入理性計畫之中：「權威現在必須介入，父權權威，父親關心孩子的權威……我們必須建造出人性可以重生之處。當都市社群的集體功能能夠組織起來時，就會出現眾人的個人自由。每個人都會根據他與全體的關係生活著。[43]」在巴黎的瓦贊計畫中，每個人在巨大都市等級制度下的位置，都是根據空間規範而成。企業菁英（工業型）會住在核心區域的高樓大廈裡，而底層階級會住在邊陲地帶的小花園公寓中。一個人的地位可以直接從他與城市中心的距離讀出來。但是，就像運作良好的公寓，每個城市裡的人都會擁有「集體自豪感」，一如製造出完美商品的工人生產線。「只做一部分工序的工人了解自身勞動力所扮演的角色，對他們而言，遍佈工廠裡的機器就是力量與清楚明白的典範，**並使他成為完美的工作的一部分，這是他單純樸實的心靈永遠不敢嚮往的**。[44]」柯比意大概是以宣稱「家是生活的機器」最為

40 引自同前，p. 109。為了合理化莫斯科計畫中嚴厲的線性秩序，柯比意寫道：「弧線造成癱瘓，而彎曲的路是驢子的路。」（引自同前，p. 15）。

41 引自同前，p. 93（強調出於原著）。就像是《光輝城市》大部分的內容一樣，這一段反映出柯比意對政治權威的吸引力，他們本身就能為他的規劃內容賦予實體。

42 關於柯比意和昇華這個概念的討論，請參考Colin Rowe, *The Architecture of Good Intentions: Towards a Possible Retrospect* (London: Academy Editions, 1995)。

43 Le Corbusier，引自同前，p. 152。

44 Le Corbusier，引自Fishman, *Urban Utopias*, p. 177（強調為作者所加）。

人所知，而同樣地，他認為計畫中的城市是一座大型、高效能的機器，而其中具有許多精密校準過的零件。他因此假設，他城市裡的居民會帶著自豪，接受他們在這偉大、科學計畫的都市機器中所扮演的小角色。

柯比意透過自己的觀點，替他的同胞的基本需求作規劃——這些需求在既存的城市裡往往被忽略或遭到毀謗。而他基本上是經由建立抽象、簡化過、只需要特定物質與物理需求的人類主體，來達成這件事。這個計畫性的主體只需要特定面積的生活空間、特定質量的新鮮空氣、陽光、開放空間以及基本服務。在這個程度上，他所設計的城市的確比他所反對的擁擠、黑暗的貧民窟來得更健康且機能性更佳。他因此提及了「準時而準確的呼吸」以及各種決定公寓最佳尺寸的公式；他堅持建造摩天大樓，保留公園的空間，以及最重要的，有效率的交通運行。

柯比意式的城市被設計成一個生產工作坊。在這個脈絡下，人類的需求是規劃者根據科學所規定出來的。他從未承認，被他規劃的主體可能會想要針對這件事表達什麼珍貴的意見，或是他們的需求可能會是複數而非單數。由於規劃者對於效率的關注，他將購物與準備食物視為麻煩，得由中央服務區負責處理，如同經營良好的飯店所提供的服務[45]。儘管地面空間的目的是要提供社會活動，但他對於公民實際的社會與文化需求隻字不提。

正如我們所見，高度現代主義意謂著拒絕相信過去是可以改進的模型，以及對於大破大立的渴望。愈烏托邦式的高度現代主義，它對於既存社會所隱含的批評就愈徹底。《光輝之城》書中某些最充滿謾罵性質的散文，就是在針對柯比意想要超越的悲慘、混亂、「腐敗」、「墮落」、

「渣滓」、「垃圾」的城市。在他展示的照片裡，貧民窟被標記為「破爛」，或是在法國首都的案例上，他稱之為「歷史、歷史性以及腫瘤狀的巴黎。」他悲嘆貧民窟的狀態以及這些狀態所創造出的人。「那五百萬人之中（從鄉村來到城市賺錢的人），有多少只是城市的負擔、障礙，悲慘、失敗、由人類垃圾組成的黑色堵塞物？[46]」

他對於貧民窟的反對是雙重的。首先，它們在美學上無法達到他對紀律、目的以及秩序的標準。他反問：「有什麼比一群毫無秩序的群眾更令人痛苦呢？」他補充說，自然「是全然的紀律」，即便自然以「違背人類利益」的邏輯運作，它也會將他們「一掃而空」[47]。在這裡，他暗示現代城市的創始人，必須要對採取無情的行動有所準備。至於貧民窟的第二個危險在於，除了吵雜、危險、骯髒、黑暗以及疾病蔓生，它們藏匿了可能會威脅權威當局的革命分子。一如奧斯曼，柯比意知道擁擠的貧民窟曾經是、也一直是阻礙警方能有效工作的障礙。他來回切換分析路易十四的巴黎和羅馬帝國，並寫道：「從擁擠的小屋與骯髒的巢穴深處（羅馬〔凱薩的羅馬〕平民生活在緊鄰且不可分割的擁擠房舍的混亂中（一如摩天大樓）），有時會掀起一股反叛的熱潮；**陰謀在累積的混亂暗黑深處中孵化，而在這種混亂中，任何形式的警察活動都極其困難**。……要在貧民窟裡逮捕使徒保羅，根本是難如登天，而他的佈道詞將如星火燎原般口耳

45 Le Corbusier, *The Radiant City*, p. 116。
46 同前，p. 138。
47 同前，p. 176。

相傳。」[48]

柯比意潛在的資產階級支持者與他們的代表如果還有疑慮的話，其實大可以放心，柯比意筆下可辨識、幾何的城市能加強警方工作。在奧斯曼設法改造的巴洛克式絕對主義城市上，柯比意提議要將它徹底淨空，帶著控制與等級制度的思想，建造出一個取代奧斯曼城市市中心的新中心[49]。

## 高度現代主義建築的教材

柯比意對於建築思想的影響，完全勝過他實際建造的建築結構。甚至連蘇聯都無法達到他的雄心壯志。他是因為作為高度現代主義規劃關鍵元素的案例與教材（關鍵程度通常被過分誇大），他才會被放到這個分析裡。他對於新機器時代文明中他所稱之為「絕對效率與絕對理性化」的信念是不可動搖[50]。儘管他得向民族國家負責，但他的憧憬是普世通用的。就像他所說的「各地的城市計畫、普世的城市計畫、絕對的城市計畫[51]。」如同我們所見，他為阿爾及爾、巴黎以及里約所作的實際計畫，其規模是古今中外，前所未見。一如他的同代人，柯比意為第一次世界大戰的全面軍事動員奇觀所影響。他鼓勵大家：「讓我們來規劃，以二十世紀事件的尺度來規劃，規劃出與撒旦（的戰爭）一樣大……大！大！大！[52]」

在他大無畏的計畫中，視覺、美學元素極為重要。他將乾淨、流暢的線條與機器「專業」的精簡互相連結，他對於機器及其產品的美麗充滿正面的情感。至於房子、城市、農村，也可以

「作為轟隆轟隆平穩的機器聲的無瑕產品，從工廠與工作坊中，裝備精良、閃閃發光地出現。」[53]

最後，對於柯比意的終極現代主義所不可或缺的，是他否定了傳統、歷史和社會所接受的品味。在解釋當代巴黎交通堵塞的起源後，他警告人們改革的誘惑：「對於我們現在所處的爛攤子，我們必須拒絕將任何一丁點的現況納入考慮。」他強調：「在這裡是找不到解決辦法的」[54]。

---

48 同前，p. 120。巴洛克城市的規劃者也知道狹隘的巷道對於國家是種危險。請參考芒福德對於那不勒斯國王費蘭特對黑暗和彎曲的恐懼的評論。（*The City in History*, p. 348）。

49 Le Corbusier, *The Radiant City*, p. 120。在一個異想天開的註腳中，柯比意想像了一座青銅紀念碑，前景是路易十四、拿破崙一世和拿破崙三世手牽著手，背景是微笑的柯爾貝和奧斯曼，他們也手牽著手。前景中的三人用空著的手舉起一個捲軸，上面告誡著：「看在上帝的份上，堅持下去。」

50 同前，p. 27。

51 同前，p. 187。

52 同前，p. 185。

53 同前，p. 70。福特主義與泰勒主義在這裡的影響也是顯而易見。請參考 David Harvey, *The Condition of Post-Modernity: An Enquiry into the Origins of Social Change* (Oxford: Basil Blackwell, 1989), pp. 35-44。柯比意在他前二十年的職業生涯後，和純粹主義與建構主義緊密相連。對建構主義者而言，物體最有效率的形狀就是最理想的形狀；他們禁止裝飾，因為裝飾會讓人分心，忽視功能性設計的純粹美學。以這種精神設計的房子會從內部開始設計，讓功能以及可以使用的原料決定房子的形狀與外觀。儘管柯比意忠於他的意識形態，他仍然對於他的設計中畫家般的線條保持高度關心，而他將這歸諸於經典或自然形式。到他晚年，他禁止他人在他的工作室使用「功能主義」一詞。要理解柯比意早期的設計與智識社群，請參考 Russel Walden, ed., *The Open Hand: Essays on Le Corbusier* (Cambridge: MIT Press, 1975)，尤其是 Charles Jencks, Anthony Sutcliffe, and Mary Patricia May Sekler 的選文。

54 Le Corbusier, *The Radiant City*, p. 121。

相反地，他堅持我們一定要拿起「一張白紙」，一張「乾淨的桌布」，從零開始展開新的計畫。正是在這個脈絡下，他為蘇聯以及發展中國家充滿雄心壯志的統治者所吸引。在那裡，他希望他不會受到西方世界的「荒誕不妥之處」所妨礙，他在西方只有機會實踐他口中的「整型外科建築」（orthopedic architecture）[55]。西方世界長久以來建立的城市，他們的傳統、利益團體、動作緩慢的組織制度，以及複雜的法律與規範性結構，只會箝制一個高度現代主義格列佛的夢想。

## 巴西利亞：一個（幾乎）建成的高度現代主義城市

> 城市也相信自己是心靈或是機運的產物。但無論哪一個，都無法撐起城市的城牆。
>
> ——伊塔羅．卡爾維諾，《看不見的城市》（*Invisible Cities*）

沒有任何一座烏托邦城市，是精確地根據先知般的建築師所設想所建造而成。科學林業員會遭遇各種阻撓，奇形怪狀、難以預測的大自然，以及各有目的的員工跟能進入森林的人，都會破壞科學林業的計畫；都市規劃者也面臨類似的處境，必須滿足贊助者的品味與財務收入，並面對建造者、工人與住民的反抗。就算如此，巴西利亞大概是我們目前所知最接近高度現代主義的城市了，它或多或少是根據柯比意與國際現代建築協會制定的路線所建設而成的。感謝詹姆斯．霍爾司頓（James Holston）精彩的著作《當代主義城市：對巴西利亞的人類學批判》（*The Modernist*

*City: An Anthropological Critique of Brasilia*）[56]，我們始能分析巴西利亞計畫的邏輯與其實踐的程度。正確評價巴西利亞對於其創造者以及城裡居民的意義上的落差，將反過來替珍・雅各（Jane Jacobs）對現代城市計畫的根本批判鋪路（這不是雙關）。

在巴西內地建立新首都的想法，甚至早在巴西獨立前就已存在[57]。然而它的落成其實是來自於巴西民粹總統儒塞利諾・庫比契克（Juscelino Kubitschek）私心偏好的計畫。他在一九五六到一九六一年間就任，向巴西人承諾「五年內完成五十年的進步」，以及擁有自給自足、經濟成長的未來。在一九五七年間，已經被任命負責公共建設以及住宅標準的首任設計師奧斯卡・尼邁耶（Oscar Niemeyer）組織了一場設計競圖，盧西奧・科斯塔（Lucio Costa）以非常簡略的手稿贏得了比賽。科斯塔的想法僅有一條「不朽之軸」，以用來確定城市中心的界線：它由梯田狀的築堤所組成，而這些築堤會創造出一條弧線，與城市中心一條筆直的大道相交會，以及一個確立城市邊界的三角形（圖十八）。

---

55 同前，p. 128（強調由作者所加）。讓人好奇的是，比起柯比意的巨大計畫，他小型的計畫無論是在美學或是在實用性上，似乎是更成功。特別是廊香教堂，被認為是一項了不起的成就，他在拉紹德封的早期房屋因為其裝飾特色備受推崇，儘管柯比意後來唾棄這些裝飾。

56 James Holston, *The Modernist City: An Anthropological Critique of Brasilia* (Chicago: University of Chicago Press, 1989)。

57 巴西有一段對於占領內陸充滿雄心壯志的計畫，但最終都以悲劇收場的歷史。一九七二年，跨亞馬遜高速公路在萬人擁戴（與生態問題）下通行；但是到了一九八〇年代後期，大部分的路段都雜草叢生，無法通行。

兩位建築師都是根據國際現代建築協會與柯比意的教條在作業。尼邁耶是巴西共產黨的長期會員，而他同時也被蘇維埃版本的建築當代主義所影響。在建築競賽後，這計畫幾乎馬上就在戈亞斯州（Goiás）中部高原的一塊空地上開始動工，此地距離里約熱內盧與海岸將近一千公里，東北部距離太平洋一千六百二十公里。這的確是座曠野中的新城市。感謝庫比契克將巴西利亞視作他的優先任務，規劃者現在面對的是「一

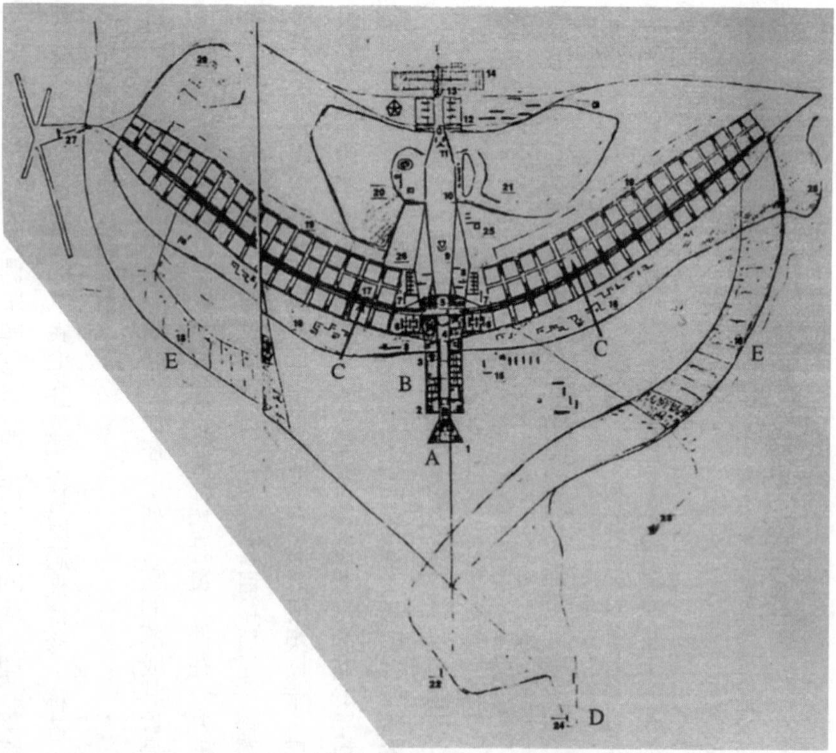


圖十八　科斯塔在一九五七年的計畫，展示出A，三權廣場；B，政府部門；C，超級街廓（superquadra）的住宅區；D，總統官邸；以及E，獨棟住宅。

條乾淨的桌布」，他不需要做出任何「整型外科」式的妥協。國家規劃機構掌控了當地所有的土地，所以無須與任何私有財產擁有者討價還價。於是，這座城市根據精心設計過的統一計畫，從頭開始規劃起。住房、工作、娛樂以及公共行政在空間上都彼此分離，就像是柯比意會堅持的一般。因為巴西利亞本身就是單一功能、嚴格的行政首都，計畫本身就是劇烈的精簡化。

## 巴西利亞作為巴西的對立面（或是超越）

巴西利亞被庫比契克、科斯塔以及尼邁耶視作未來的城市與發展的城市，以及一個可以實踐的烏托邦。它不涉及巴西的過去或是其偉大的城市，如聖保羅、薩爾瓦多、里約熱內盧等地的習慣、傳統以及實踐。為了強調這一點，庫比契克稱他自己在巴西利亞的官邸為黎明宮。「如果巴西利亞不是巴西新的一天的黎明，那它還會是什麼呢？[58]」一如彼得大帝的聖彼得堡，巴西利亞本來要成為模範城市，成為一個會改造住在當地的巴西人的中樞——從個人習慣與居家組織，到他們的社會生活、娛樂以及工作。這個改造巴西與巴西人的目標，必然意味著對巴西原本樣貌的蔑視。在這個意義上，新首都的重點是要顯現與舊巴西腐敗、退步以及無知的對比。

作為該計畫起始點的大十字路口，已經有各種詮釋，例如基督的十字架或是亞馬遜弓的象徵。然而科斯塔卻將它指涉為「不朽之軸」，柯比意曾用相同的詞來形容他筆下許多都市計畫的

58 引用自Lawrence J. Vale, *Architecture, Power, and National Identity* (New Haven: Yale University Press, 1992), p. 125。

中心。就算這個軸是項微小嘗試，試圖表現出巴西利亞在某方面與巴西國家傳統仍有相似之處，這城市仍然可以在世界上任何一個地方出現。除非這座城市的歷史是國際現代建築協會的現代主義教條，不然它沒有為其歷史提供任何線索。這是一個國家強行創造的城市，旨在向巴西人和全世界展示一個新的巴西。而它至少在一個意義上是國家強力創造的城市：由於它是為了公務員而創建的，因此原本可能會留給私人領域的生活面向，都被精心組織過，從家庭和住宅事務，到醫療服務、教育、托兒、娛樂、商業百貨等等。

如果巴西利亞是巴西都市的未來，那巴西都市的過去與現在是什麼呢？這個新的首都到底想要否定什麼呢？大部分的答案可以從柯比意新都市主義的第二原則推導出來：「街道之死」。巴西利亞是設計來移除作為公共生活空間的街道以及廣場。儘管規劃者可能沒有計畫要消除當地街區的忠誠與競爭關係，但它們也是新城市的犧牲品。

從殖民時代開始，公共廣場以及擁擠的街邊迴廊，就是巴西都市市民生活的發生地。如霍爾司頓所解釋的，市民生活有兩種形式。第一種是由教堂與國家贊助，節慶或愛國隊伍與儀式往往是在城市的主要廣場進行[59]。第二種形式則涵蓋了城鎮廣場幾乎無窮無盡的市民用途。孩子可能會在那玩耍，而大人可能需要購物，或閒逛並遇到熟人，或與朋友相約吃飯或喝咖啡，打牌或是下棋，享受觀看與被觀看的社會消遣。重點是這個廣場作為街道的交會處，以及一個清楚封閉、框起來的空間，它成為霍爾司頓很適切稱呼的「公共會客室」[60]。作為一個公共空間，廣場的特點是所有社會階層都可以進入，以及它所能容納的各種活動。除非國家禁止，廣場是個充滿彈性的空間，讓使用者為了大家共同的目的而使用。廣場與忙碌的街道之所以能吸引群眾，正是因為它們提供了活生生的景色——無數未經規劃、非正式、即興、且能夠同時發生的相遇。而在擁擠狹窄的家庭住宅之外，街道往往是公共生活的空間中心[61]。「我要進城辦事」的口語用法是「我要上街去」。如社交生活的焦點一般，這些空間對於公共意見與「地方愛國主義」（**barrio nationalism**）的發展也至關重要，它能夠以體育隊伍、樂團、主保聖人慶典、慶祝團體等組織形式展現出來。更不用說，在適當的時機下，街道與公共廣場也能成為針對國家的公眾抗議與叛亂所在處。

迅速看過巴西利亞的景色，與我們剛剛形容的巴西城市作對照，可以看出轉變有多麼劇烈：沒有可供公眾聚集的街道，只有道路和高速公路等專門提供給車輛交通使用的路（比較圖十九與二十）。

那裡有個廣場。但那是什麼樣的廣場啊！巨大而宏偉的三權廣場（Plaza of the Three Powers），兩側是內閣大道（Esplanade of the Ministries），其規模之大，甚至連閱兵隊伍也相形見絀（比較圖二十一與圖二十二，以及圖二十三與圖二十四）。相較之下，連天安門廣場與紅場都顯得十分

59 Holston, *The Modernist City*, pp. 113-19。

60 同前，pp. 115。

61 拿這個傳統與柯比意的意圖相比，他寫下：「咖啡廳與類似的地方再也不會成為吃掉巴黎人行道的黴菌。我們得殺死街道。」(*Towards a New Architecture*, trans. Frederick Etchells [New York: Praeger, 1959], pp. 56-59)。

溫馨舒適。就如許多柯比意的計畫一般，要觀賞這個廣場的角度是從天空往下俯瞰（如圖二十四所示）。想要跟朋友約在那邊，約莫就跟想要在大戈壁中央約人碰面一般困難。而就算真的見到朋友了，在那邊也會無事可作。因為功能簡化的要求，廣場作為公共會客室的基本原則不適用於巴西利亞。這個廣場是國家的象徵中心；唯一能在這裡進行的活動，只有各部會的工作。老廣場的活力來自於住宅、商業、行政在匯集區的混雜，至於在巴西利亞各部會工作的人，必須開車回家，再開到屬於各個住宅區、但位於住宅區之外的商業區中心。

巴西利亞城市景觀其中一個驚人的效果，是幾乎所有城市裡的公共空間都是官方指定的公共空間：體育場、劇院、音樂廳以及計畫好的餐廳。小又鬆散的非正式公共空間，像是路邊咖啡廳、街角、小公園、社區廣場，全都不存在。矛盾的是，這座城市的特徵是大量名義上開放的空間，如同柯比意的城市計畫。但這些地方更像是「死掉的」空間，就像是三權廣場上的空間一般。霍爾司頓透過展示國際現代建築協會的教條解釋這一點，也就是他們如何創造出由大量空隙隔開的雕塑式建築，這是舊城市「圖形—背景」（figure-ground）關係的倒轉。根據我們覺知的習慣，這些當代城市的空隙似乎並不是誘人的公共空間，反而是讓人想逃離的巨大空虛所在[62]。持平地說，這些計畫的效果是要避開所有未經官方授權的空間，這類場所可能發生不期而遇與興之所至的聚會。這種分散與功能性的隔離，意謂著要與人相見，必須要先有計畫才行。

62　請參考 Holston 在《The Modernist City》有趣的分析，pp. 119-36。

圖十九 聖保羅巴拉封達區的住宅街道，一九八八年攝。

圖二十 巴西利亞L1住宅通道，一九八〇年攝。

圖二十一　薩爾瓦多的歷史中心佩洛尼奧廣場（Largo do Pelourinho），有城市博物館以及前奴隸市場。攝於一九八〇年。

圖二十二　巴西利亞的三權廣場，廣場上的城市博物館以及晨曦宮。攝於一九八〇年。

圖二十三　聖保羅的主教座堂廣場。攝於一九八四年。

圖二十四　巴西利亞的三權廣場與內閣大道。攝於一九八一年。

科斯塔與尼邁耶不只是在他們的烏托邦城市中放逐了街道與廣場。他們深信自己同時也驅逐了擁擠的貧民窟，以及隨之而來的黑暗、疾病、犯罪、污染、塞車與噪音，還有公共服務的缺乏。利用屬於國家的土地，由推土機推過後，在空蕩的土地上開始工作，這種作法有其特定的優勢。至少可以避免土地投機、敲詐租金，以及立基於財產的不平等，這些都是困擾土地規劃者的問題。一如柯比意與奧斯曼，這之中存在著解放性的視野。有關衛生、教育、健康、娛樂等最新與最好的建築知識，都可以放到計畫之中。每居民二十五平方公尺的綠色空間，符合聯合國教科文組織（UNESCO）的設計理想。如同任何一份烏托邦計畫，巴西利亞的設計反映出建造者與其贊助者庫比契克的社會與政治承諾。所有居民都會有類似的住房；唯一的差別是他們每個人會分配到多少單位。跟隨進步的歐洲與蘇維埃建築師的計畫，巴西利亞的規劃者將公寓建築合併，當時稱之為「超級街廓」（superquadra），以加強集體生活的發展。每一個超級街廓（將近三百六十個公寓，住著一千五百到兩千五百位居民）有其托兒所與小學；每四個超級街廓會有所屬的中學、戲院、社交中心、運動設施以及零售商店區。

巴西利亞未來居民的需求差不多都反應在計畫中了。只是這些需求同樣也是透過柯比意的公式所製造出的抽象、主題式需求。儘管這的確是座由國家建造、理性、健康、較為平等的城市，這份計畫完全不向居民的欲望、歷史以及生活實踐妥協。在許多重要的面向上，巴西利亞與聖保羅或里約的關係，就像是科學林業與未經規劃過的森林一般。兩個計畫都具有高度可識別性，經規畫過的精簡化工程旨在創造出一個有效的秩序，能從上往下監督與指導。然而，像是我們將會看到的，這兩個計畫在許多類似的地方都失敗了。最終，這兩個計畫都將城市與森林改變成符合規劃者簡單網格的樣貌。

## 住在巴西利亞

大部分從其他城市搬到巴西利亞的人，都會驚訝地發現：「這是座沒有群眾的城市」。大家抱怨巴西利亞缺乏喧囂的街道生活，沒有使人行道充滿生氣的忙碌街角與店面外的延伸區域。對他們而言，這幾乎就像是巴西利亞的創建者實際上在「避免規劃出一座城市」，而非規劃了一座城市。他們最常說的是巴西利亞「缺乏街角」，意思是它缺乏在高密度社區中的複雜交會點，包括住宅、公共咖啡館和餐館，以及休閒、工作與購物的場所。儘管巴西利亞完好地提供了某些人類所需，但工作區域與住宅區的功能分離、前兩者與商業區及娛樂區的分隔、超級街廓間的巨大縫隙、以及特別貢獻給汽機車交通的道路系統，讓街角的消失成了定局。這項設計的確避免了交通堵塞；但它也屏除了令人歡迎與熟悉的、行人之間的摩肩接踵，霍爾司頓的一位受訪者將之稱為「社交歡愉性」[63]。

巴西利亞第一代的居民創造了「巴西利特」（brasilite）這個詞，意思約莫是巴西利亞炎

---

63　同前，pp. 105-7。我任性地將 convivencia 翻譯成「社交歡愉性」而非「社會性」。因為這讀起來比較忠於霍爾司頓的受訪者想要表達的意思（p. 105）。

（Brasíl(ia)-itis），這個詞很恰當地切中他們所經歷的創傷[64]。它像是反諷科學的臨床狀態，意謂著拒絕巴西利亞生活的標準化與匿名性。他們使用巴西利特一詞來指涉缺乏愉悅感的日常生活，缺乏了其他巴西城市會有的娛樂、對話、調情，以及一點儀式感的戶外生活[65]。與人見面，通常意謂著得在他們的公寓或是在工作場所會面。就算我們接受最初精簡化的前提，認同巴西利亞是一座行政城市，這座首都的結構中還是有一種枯燥乏味的匿名性。居民基本上缺乏他們可以開拓與印上他們活動特徵的小型、容易進入的空間，就像他們過去在里約熱內盧和聖保羅所作的一般。當然，巴西利亞的居民沒有什麼時間透過他們的生活實踐改造城市，但這座城市仍然被設計成要頑固抵抗他們的嘗試[66]。

巴西利特這個詞，也強調了建造出的環境如何影響住在裡面的人。比起里約熱內盧與聖保羅五顏六色、千變萬化的生活，住在乏味、重複、簡樸的巴西利亞，每日的行程大概好比活在感官剝奪箱中。高度現代主義都市計畫的訣竅，或許可以創造出形式上的秩序與功能分離，但卻得以忍受感官貧乏與無聊的環境為代價，而這個環境將無可避免地傷害居民的精神。

巴西利亞所創造出的匿名性，可以從組成超級街廓的公寓外觀與尺寸觀察到（比較圖二十五與二十六）。對於超級街廓的居民而言，最常見的抱怨是每棟公寓大樓都長得一模一樣，以及住民彼此間的孤立（「在巴西利亞，只有家跟工作」）[67]。每一棟大樓外觀都是根據嚴格的幾何與平等主義設計。從外觀上來看，各公寓間毫無區別；他們甚至沒有陽台可以讓居民添加獨特的風格並創造半公共的空間。這些公寓住宅（尤其是這種形式的公寓住宅）讓人迷失的部分原因，是因為它不符合人們根深蒂固的家庭概念。霍爾司頓要一群大部分住在超級街廓的九歲小朋友畫出「家」，反而每個人都畫出傳統獨棟的房子，圖中有窗戶、大門以及帳篷狀的屋頂[68]。相反地，超級街廓抗拒個體性的戳章，而它們外牆的玻璃牆，則侵犯了家中私密的空間感[69]。建築師關注計畫的整體美學，不只抹去了地位差異的外在展示，也排除了差異的視覺活動。就像是整體的城市計畫不利於自治的公共生活，城市住宅區域也不利於個體性。

64 同前，pp. 24-26。
65 同前，p. 24。
66 當然，巴西利亞的某些特質還是讓居民確實喜歡住在巴西利亞：政府設施、高水準的住宅、以及對於孩童而言安全的城市。
67 同前，p. 163。
68 同前，p. 171。獨棟的小房子也可能只是一個在童年早期就建立起來、傳統家庭形象的再現。
69 請參考霍爾司頓有趣的分析，他檢視了超級街廓的設計如何消滅「Copa」，即傳統巴西住宅中最公共與社會的空間。同前，pp. 177-80。

圖二十五 歐魯普雷圖（Ouro Preto）的蒂拉登特司路（Rua Tiradentes）住宅區，攝於一九八〇年。

圖二十六　巴西利亞超級街廓區，攝於一九八〇年。

巴西利亞建築的重複與單一性，更是加深其令人迷失的性質。巴西利亞是一個例子：行政和都市服務部門眼中的理性與可辨識性，對於得探索城市的一般居民而言，簡直是神秘的混亂。巴西利亞所擁有的地標甚少，每個商業區或超級街廓群幾乎長得一模一樣。城市的各分區名稱是由一組精心設計的縮寫和省略詞所構成，除非以中央的總體邏輯來理解，一般人根本難以掌握。霍爾司頓指出宏觀與微觀之間對比的諷刺性，前者具備秩序、後者充滿困惑：「因此，儘管拓樸呈現出總體秩序，令人們注意到計畫的不尋常與抽象，但是實際上，當理性貫徹一切，城市的實踐知識反而減少。[70]」從烏托邦城市規劃者的角度來說，他的目標是要改變世界，而不是配合世界。至於巴西利亞生活中所發生的驚嚇與迷失，都只是其教育目的的一部分。一個對既存品味與習慣諂媚逢迎的城市，將無法完成烏托邦大業。

## 未經規劃的巴西利亞

從一開始，巴西利亞就沒跟著計畫在走。城市的主要規劃者原本是為了嶄新的巴西以及嶄新的巴西人而設計——有秩序、現代、有效率、充滿紀律。但同時代的巴西人阻撓他們——他們擁有不同的愛好，而他們下定決心要讓自己的意見被聽見。不知為何，規劃者假設大量的工人（超過六萬名壯丁）會響應建造城市的號召，並在結束後悄悄地離去，把城市留給本來就為他們設計的行政人員。甚至，規劃者也未適當安排如何安置這些建造工人。庫比契克把盡快完成巴西利亞的建設視為首要任務。儘管建築工一再超時工作，建築工地的人口仍然很快超過了規劃給建築工的「自由城」（Free City）的臨時住房數量。他們馬上就擅自占據了額外的土地，在上面建造臨

70 同前，p. 149。也請參考Kevin Lynch, *The Image of the City* (Cambridge: MIT Press, 1960)。Lynch「可想像性」的概念和一個地方或社區的居民能如何「描繪」該地比較有關，而非規劃者或行政人員創造出的可辨識性。而像是霍爾司頓所提到的，這兩者秩序的形式常常呈現負相關。

時房屋；在整個家庭都遷居到巴西利亞的情況下（或是在那邊種田），他們建造的房屋有時相當可觀。

在拓荒者入侵巴西內陸後，巴西利亞的「先鋒」被集體稱作「二十世紀的旗士（*bandeirantes*）」。[71]這個標籤是種恭維，畢竟對於一個歷史上依附於海岸線的國家而言，庫比契克的巴西利亞是對國家內陸象徵性的征服。然而在一開始，為巴西利亞所吸引的體力勞動者被貶低成「坎丹狗」（*candango*）。坎丹狗是「毫無內涵、沒有文化、流浪者、下層階級、教養淺薄」之人。[72]庫比契克改變了這一切。他利用本來就是要改造巴西的巴西利亞建城計畫，將坎丹狗轉化成新國家的無產階級英雄。他宣稱：「未來詮釋巴西文明的人，一定會敬畏這些充滿古銅色活力的無名泰坦，他們是坎丹狗，默默無名的英雄，建設巴西利亞。……當批評者嘲笑我準備建造的新烏托邦城市時，坎丹狗們一肩挑起重任。」[73]為了充分利用修辭提供給他們的空間，坎丹狗堅持在烏托邦城市擁有一塊地。他們組織起來抵禦自己的土地，要求獲得城市服務以及確定的財產所有權。最後，到了一九八〇年，百分之七十五的巴西利亞人口住在沒有人預期規劃過的拓荒區，而經規劃過的城市內人口，則不到預期人口（五十五萬七千人）的一半。窮人能在巴西利亞獲得的落腳處，不僅僅是庫比契克和他的妻子薩拉女士（Doña Sarah Kubitschek）的善舉，政治結構也扮演了關鍵的角色。非法占居者能動員與抗議，以及讓他們的聲音被聽見，都是因為當時的政治系統充滿競爭。無論是庫比契克還是其他政治人物，都不可能放過培養未來票倉的機會。

未經規劃的巴西利亞（也就是真實存在的巴西利亞），與原本規劃者的展望十分不同。根據社會階級嚴格劃分隔離空間的城市，取代了原本規劃成無階級之分的行政中心城市。住在邊緣的窮人每天長程通勤到市中心，而大部分的菁英的工作地點跟住家都在市中心。許多有錢人也創造他們自己的拓居地，裡面有獨棟住宅與私人俱樂部，因此也就複製了巴西其他地方的富裕生活方式。未經規劃的巴西利亞——無論是有錢人的或是窮人的巴西利亞——都不僅僅是個附帶結果或意外；位居計畫核心的秩序與可辨識性有其代價，實際上未經規劃過的巴西利亞必須位在邊陲地帶，才能維持這種秩序與可辨識性。這兩個巴西利亞不僅截然不同，它們也共棲共生。

要想徹底改變巴西這類大規模且充滿差異的國家（更不用提要在五年內做到），根本是癡心妄想。像是許多對自己國家充滿鴻鵠之志的統治者，庫比契克對於直接攻擊巴西所有的一切和巴西人缺乏信心，於是他轉向更合理的任務：萬象更新，從零開始，創造一個模範的烏托邦。從一個新地點、新地方崛起，這座城市將為它的新居民提供一個改頭換面的物理環境——一個根據最新的健康、效率與理性秩序的準則所精心打造的環境。由於這座進步的城市將完全由國有土地上的統一綜合計畫中發展起來，而所有合約、商業許可和分區計畫都在規劃機構（Novacap）手中，因此這些條件都看似有利於成功建立「微型化烏托邦」。

巴西利亞作為一個高度現代主義的烏托邦空間，到底有多成功呢？如果從它與老舊巴西都市

71 譯注：Bandeirantes意指旗士，是十六世紀葡萄牙拓荒者的別稱。
72 Holston, *The Modernist City*, p. 209。
73 引自同前，p. 210。

的差距考量的話，那的確是巨大的勝利。但如果從它改造巴西其他地方的能力，或是引起大家對新生活的熱愛來看，這成功是微乎其微。比起計畫文件上假想出的巴西利亞，真正的巴西利亞充滿了抵抗、顛覆與政治計算。

## 柯比意在昌迪加爾

巴西利亞畢竟不是出自柯比意之手，把這城市的失敗歸咎到他身上似乎不太公道。但有兩點可以合理化巴西利亞和柯比意之間的關係。首先，巴西利亞的建造，非常虔誠地遵守柯比意所著的國際現代建築協會教條。再者，柯比意的確在設計另一個首府城市上扮演主要角色，而這城市也反映出巴西利亞所遇到的人為問題。

旁遮普的新首都昌迪加爾，在原本的規劃者馬修．諾維奇（Matthew Nowicki）突然過世前，已經規劃好了一半[74]。尼赫魯在尋找下一個規劃者時，邀請柯比意完成設計並監督建造過程。這個選擇符合尼赫魯自己高度現代主義的目的：也就是在新首都推廣現代科技，戲劇化地展現新印度菁英想要傳達的價值[75]。柯比意對於諾維奇和艾伯特．邁爾（Albert Mayer）計畫的修改，全部都是往紀念主義建築（monumentalism）與線性線條發展。在巨大弧形的區域，柯比意以直線軸取代之。在首都的中心，他添加了一條巨大的紀念碑式軸線，與巴西利亞以及他對巴黎的計畫有異曲同工之妙[76]。在擁擠的市集，這種儘可能將商品跟人塞進狹小空間的地方，他以巨大廣場取而代之，此地如今大多空無一人（圖二十七）。

儘管印度的道路交叉口往往是公共聚集地，柯比意改變了尺度並安排了分區計畫，好避免在發展過程中推動了街景。一名近期的觀察者表示：「從地面上看，這尺度是如此地巨大，而每條街道相會處是如此地寬，以至於大家只能看到大片水泥地鋪展開來，其中行人寥落。小規模的街道攤販、小販與手推車都被禁止進入城市中心。於是，即使某些地方能添增吸引人的事務與活動來源，好降低市集內水泥的貧瘠感與權威感，這些地還是無法被用盡。[77]」

就像巴西利亞，這些努力是為了超越現有的印度，並且向昌迪加爾的公民——主要是行政人

74 對於昌迪加爾的資訊，我的來源如下：Ravi Kalia, *Chandigarh: In Search of an Identity* (Carbondale: Southern Illinois University Press, 1987)，以及在Russell Walden, ed., *The Open Hand: Essays on Le Corbusier* (Cambridge: MIT Press, 1977)中的三篇文章：Maxwell Fry, "Le Corbusier at Chandigarh," pp. 351-63；Madhu Sarin, "Chandigarh as a Place to Live In," pp. 375-411；以及Stanislaus von Moos, "The Politics of the Open Hand: Notes on Le Corbusier and Nehru at Chandigarh," pp. 413-57。

75 旁遮普的政治家也支持這個計畫，把它視作失去拉赫爾（Lahore）的補償品，拉赫爾是巴基斯坦脫離印度前的旁遮普首都、蒙兀兒帝國權力的中心，以及蘭吉特・辛格治下錫克教王國的首都。我在此感謝Ramachandra Guha所提供的資訊。

76 如Maxwell Fry所形容的，柯比意當時全神貫注於巨大空間內建築的視覺效果，他帶來了貫穿香榭麗舍大道、將羅浮宮連接到凱旋門的大軸線計畫，並試圖在新環境中設計出「在單一視線內最全面與宏偉的延伸」。請參考Fry, "Le Corbusier at Chandigarh," p. 357。

77 Sarin, "Chandigarh as a Place to Live In," p. 386。

員——展示他們未來的形象。昌迪加爾落得和巴西利亞一樣的結果，在邊緣與外圍出現另一個計畫外的城市，與中心嚴謹的秩序相悖逆。

## 反對高度現代主義城市主義的案例：珍・雅各

珍・雅各（Jane Jacobs）在一九六一年寫下《偉大城市的誕生與衰亡：美國都市街道生活的啟發》（*The Death and Life of Great American Cities*）一書，正是要反對這一波現代主義、功能性都市計畫的浪潮。這本書當然不是第一本批評高度現代主義式城市主義的書，但我相信它是觀察最仔細、智識基礎最深厚的批判[78]。作為對於當代都市規劃教

圖二十七　柯比意為昌迪加爾市中心設計的市集（chowk），或稱廣場。

條最全面的挑戰者，這本書引起諸多爭議，而它的迴響至今仍餘音繞樑。這本書造成的效果之一是在三十年後，雅各許多觀點都被納入現在都市規劃者的工作前提裡。儘管她稱之為「針對當今城市計畫與重建的砲火」主要是瞄向美國城市，但她將柯比意的教條，無論是應用在美國外還是在美國內，安置在她的主戰場中心。

雅各的批評中最出色且最具說服力的部分，是她獨特的視野。她從街道開始，對社區、人行道和十字路口的微觀秩序進行民族誌研究。在柯比意一開始由天空往下「觀看」他的城市時，雅各以她作為行人日常巡視的角度，觀看她的城市。雅各同時也是政治運動者，參與許多運動，反對她認為規劃不良的分區重劃、道路修建以及住宅開發案[79]。以這種方式為基礎的激進批評，竟然是來自城市規劃者的知識分子圈子，簡直是不可思議[80]。她將日常城市社會學應用到城市計畫，而這種新穎的風格，與當時城市計畫的正統教育習慣相差甚遠[81]。檢視她從邊緣所做出的批評，將有助於凸顯許多高度現代主義的失敗。

---

78 例如在十五年之前Percival Goodman and Paul Goodman就已經發行的書*Communitas: Means of Livelihood and Ways of Life* (New York: Vintage Books, 1947)，裡面許多觸及到雅各作品裡的主題，但這本書提倡去中心化以及適當的科技。

79 在紐約，雅各被認為是建築大師羅伯特．摩西的頭號敵人。

80 另一方面來說，雅各對於建築的知識十分深厚。她的先生是個建築師，而且她從報社與校訂工作往上做到《建築論壇》（*Architectural Forum*）期刊的副總編輯。

81 另一個相似且有趣的例子是同時期瑞秋．卡森的著作，《寂靜的春天》(Boston: Houghton Mifflin, 1962)。卡森透過提出一個普通但有力的問題，展開了她對殺蟲劑濫用深具影響力的攻擊：「唱歌的鳥兒都到哪兒去了呢？」

## 視覺秩序與經驗秩序的對抗

在雅各的論點中，一個很有創意的洞見是：整潔的幾何秩序與可以符合日常所需的系統，這兩者之間沒有必然的相似處。她詰問：憑什麼期待一個運作良好的環境或社會安排，在純然視覺的層次上會滿足秩序與規律的概念？為了展示這個難題，她以哈林區東邊的一個新計畫住宅為例。該住宅裡有一塊醒目的長方形草坪，是當地居民唾棄的目標，這片草坪甚至被強迫搬遷到該住宅區、並且得與陌生人住在一起的人視作一種侮辱，因為要在那邊買報紙、買咖啡、或是借五十分錢，都是癡人說夢[82]。草坪顯而易見的秩序，似乎殘酷地象徵著一種更加強烈的混亂。

雅各宣稱，都市規劃者所犯的一個基本錯誤，是從建築形式的重複和規範中（也就是純粹的視覺秩序），推斷出**功能**秩序。相反的，最複雜的系統並不會在表面上展示規律性；它們的秩序得從更深層處挖掘。「要將功能秩序複雜的系統視作秩序，而非混亂，這需要理解力。如果不能理解它們在做什麼，那麼秋天從樹上飄落的落葉，飛機引擎的內在，兔子的內臟，以及報紙的地方新聞編輯部門，看起來都是一片混亂。可是一旦將這些事物視作秩序的系統，它們看起來就會完全不一樣。」從這個層面來看，雅各是個「功能主義者」，一個柯比意的工作室所禁止使用的詞彙。她問道：這個結構是為了什麼功能而存在，而它服務這個功能的目標達成度有多高？事物的「秩序」是由它所服務的目的所決定，而非它表面上純然美學的觀點[83]。相反地，柯比意似乎深深相信最有效率的形式，永遠都是古典式的清晰與秩序。柯比意規劃與建造的物理環境和巴西利亞一樣，都具有形式上整體的和諧與精簡性。然而，在大多數情況下，若考慮到人們會想要生活和工作的場所，它們在許多重要面向都是徹底的失敗。

深深困擾雅各的，正是這個一般都市計畫模型的失敗。這些規劃者對於城市的概念，不但不是來自於都會區實際的經濟與社會功能，也與其居民（密切相關的）個人需求毫無關係。他們最基本的錯誤，就是看待秩序時使用純然美學的角度。這個錯誤讓他們進一步犯下功能分離的死板錯誤。在他們眼中，土地的混用，像是商店與住宅公寓、小工作坊、餐廳與公共大樓的混雜，創造了視覺失序與混亂。單一功能目的（一個購物區、一個住宅區）的最大優勢，在於讓他們得以追尋單一功能的一致性與視覺系統化。就計畫而言，規劃單一功能目的的區域，絕對要比起多重功能目的的區域來得更加輕鬆愜意。極小化使用數量（就是減少得處理的變量）因此就與視覺秩序的美學結合，替單一功能目的這個教條辯護[84]。與此相關的一個比喻是比較在閱兵場上組織的軍隊，以及在戰場上與敵軍作戰的軍隊，這兩者間的對比。閱兵場上的軍隊具有整齊的視覺秩序，這是透過軍事組織單位與軍階所畫成的直線而來的。但這個軍隊毫無用處，只是展示用。在

82 Jane Jacobs, *The Death and Life of Great American Cities* (New York: Vintage Books, 1961), p. 15。

83 同前，p. 376。早期建構主義時期的柯比意在原則上不會反對這個觀點，但作為實踐問題，他總是非常關注城市規劃或個體建築物的雕塑性質——而這有時會有驚人的效果，像是廊香教堂（1953）。

84 對於近期分區實踐的批判，可以參考 James Howard Kunstler, "Home from Nowhere," *Atlantic Monthly*, September 1996, pp. 43-66。

戰場上的軍隊不會展現出同樣的秩序系統，但用雅各的說法，他們會做到訓練時要求他們做的事情。雅各認為她知道這種對由上而下抽象、幾何秩序的狂熱根源何在：「當代城市計畫受到烏托邦傳統的間接影響，再加上施加較為實際的藝術教條的直接影響，當代城市計畫打從一開始，就肩負著得將城市轉變成嚴謹的藝術作品這個不適當的目標[85]。」

雅各強調，可供規劃人員使用的統計技術和投入產出模型近來變得愈來愈複雜。而因為他們可以精確計算出重建區的預算、材料、空間、能源和交通需求，規劃人員被鼓勵嘗試各種壯舉，例如大規模掃蕩貧民窟。這些計畫持續忽略「如同移動細沙、電子或是撞球」一樣搬遷家庭的社會成本[86]。這些計畫也都建立在十分不可靠的假設上，而他們處理複雜的秩序系統的方式，就好像這些系統可以透過數值技術簡化一般。舉例來說，他們把購物視作牽涉到購物空間面積的數學問題，而交通管理則是在一定時間與一定寬度的街道上移動特定數量的車輛。這些的確是重要的技術問題，但是就像我們會看到的，真正的問題牽涉層面比這還要更廣。

## 交叉使用與複雜性的功能優勢

我們逐漸意識到，大型城市裡所建立與維持的秩序是種非常脆弱的成就。雅各對於社會秩序的看法非常細緻，深具啟發性。社會秩序不是丁字尺與計算尺所創造出的建築秩序的結果。社會秩序也不是警察、夜間巡邏隊、公共官員這些職位所造就的。相反地，雅各指出：「城市裡公眾的和平——人行道與街道上的和平……維護這股和平的力量是一片由人們自發控制、自訂標準所構成的精細、幾乎無意識的網絡，這些控制與標準也是由人們自己實行。」街道安全的必要條件，包括清楚區分公共空間與私人空間、大量的人斷斷續續地觀察著街道（「凝視街道」〔eyes on the street〕）、並且持續與大量使用街道空間（這可以增加街道上眼睛的數量）。[87] 她提出符合這些條件的地點是波士頓的北角（North End）。因為密集的便利商店與雜貨店、酒吧、餐廳、麵包店跟其他商店，當地的街道總是攘往熙來。人們總會到那裡購物、散步，以及觀看別人購物與散步。店員們對於觀察街道有最直接的利害關係：他們知道許多人的名字、他們每天在那邊、他們的生意得仰賴社區的人流。到這個地方辦事或是吃吃喝喝的人也提供了街道上的眼睛，如同從公寓窗戶向外觀察街道景色的老人。這些人很少是朋友，但他們大都相識且認得彼此。該過程具有很強的累積性。當街道愈是生動與繁忙，觀賞與觀察它就變得更有趣；這些十分熟悉社區的無償觀察者，提供了自願與消息靈通的監視。

雅各提到了在她位於曼哈頓區域混合的街道上所發生的啟發性事件：有個男人看起來想要誘騙一個八、九歲的小女孩跟他走。當雅各從她所在的二樓窗戶看出去，想著她是否該介入時，肉

85 Jacobs, *Death and Life*, p. 375。只要我們討論的藝術學院派作品是Josef Albers而非Jackson Pollock的，這一點就十分合理。與這有關的是柯比意一開始是從畫家發跡，而他從沒放下過畫筆。

86 同前，p. 437。

87 同前，pp. 31-32。近期關於社會信任與社會資本的社會科學文獻證明了缺乏這些東西的經濟代價，表示這些平凡的事實現在成為正式研究的對象。很重要到要強調的一點是，雅各「街道上的眼睛」這一點，假設了基本程度的社群情感。如果街道上的眼睛對一些、或是所有社群成員充滿敵意，像是Talja Potters提醒我的，那公共安全並不會提升。

販的老闆娘出現在人行道上，一如熟食店的老闆、酒吧的常客、水果攤販、洗衣店員工，以及其他幾個從廉價公寓窗戶往外看的人，他們都準備好要阻止綁架的發生。「維安人員」從未現身，他們似乎也沒什麼存在的必要[88]。

另外一個非正式城市秩序與服務的例子也十分具有教育意義。雅各說當她和先生出遠門、有朋友要來借住、或是他們不想要等待深夜訪客的時候，他們會把公寓鑰匙留給熟食店老闆，而這老闆有個專門的抽屜放著大家替朋友留的鑰匙[89]。她提到附近幾乎每個功能混合區域的街道上都有人扮演這樣的角色：食品雜貨商、糖果店老闆、理髮員、肉鋪老闆、乾洗店、書店老闆等等，這是私營商家的公共功能之一[90]。雅各強調，這些服務並不是什麼深厚友誼延伸出來的；這是她稱之為人與人之間形成「街區關係」的結果。而這些服務是不太可能由公家機關提供。城市無法依循維繫小型農村社群社會秩序的模式，亦即倚靠個人名聲、面對面的政治；相反地，城市得依賴高密度、人來人往的街區關係，以維持有限度的公共秩序。親疏交錯的網絡使得往往無形、卻至為關鍵的公共設施成為可能。你不需要多想，就會請人幫你在劇院保留位置、在你去上廁所的時候幫你看一下小孩、或是在你要走進熟食店買三明治時，幫你顧一下腳踏車。

雅各的分析以關注公共秩序的微觀社會學而出名。維持這種秩序的人，都是有正職的業餘人士。這裡沒有正式維護城市秩序的公共或志願組織：沒有警察、沒有私人警衛或是社區糾察隊、沒有正式的會議或是公職人員。相反的，秩序是鑲嵌在日常實踐的邏輯中。更甚者，雅各認為只有具備這種豐富、非正式的公共生活從底層由下而上的支持，維繫秩序的公家機關才有可能成功運作。一個只有警察作為唯一維繫秩序角色的都市空間，會變得十分危險。雅各承認，這些非正式公共生活的零碎交流，點頭問好、稱讚小嬰兒、詢問對方在哪裡買到那麼漂亮的梨子，這些行為看起來可能很瑣碎。「但這些行為的加總，可是一點都不瑣碎」，她堅持道：「這些地方上個人間隨意與公開的接觸，大部分是偶然，大部分只是在辦雜事時完成的。而這些都是由當事人自己評估衡量而成，並非由其他人強加給他。這些行為的加總，將成為人們對公共身分的感覺，成為眾人尊重與信任的網絡，以及社區與個人在需要時可以使用的資源。若缺乏這種信任，城市街道將大難臨頭。這種信任的培養無法制度化。最重要的是，**其中不存在私人彼此間的承諾**[91]。」

當柯比意由上而下開始正式的建築秩序，雅各由下而上地開創非正式的社會秩序

多樣性、交叉使用及複雜性（無論是社會性或是建築上的）是雅各的格言。住宅區與購物區和工作場所的混雜，使得社區更加有趣、更加方便、也更令人嚮往，而這些性質會吸引路上人潮，並反饋使得街道變得相對安全。她的例子的整體邏輯，都取決於如何創造人群、多樣性、以及便利性，這些定義了人們會想要待在一個地方的環境。此外，因為生動與色彩繽紛的社區所吸

88　同前，pp. 38-40。值得注意的是，這種非正式監視和社會秩序的關鍵，是迅速消失且為人詬病的小資產階級。
89　同前，pp. 59-62。
90　同前，pp. 60-61。雅各提供了一連串典型的糖果店老闆在一個早上會提供的無償服務，承認許多這種小型服務能讓店員與客人更加「糾纏」在一起。
91　同前，p. 56（強調出於原著）。

引來的大量人潮，對於商業與財產價值也有其經濟影響，而這可一點都不瑣碎。一個地方受歡迎的程度與其經濟成功可說是齊頭並進。一旦形成這種區域以後，大多數規劃者想要特別規劃專區進行的活動，將會被吸引到這些地方。與其在為了公園娛樂目的而創造出的巨大公園裡遊玩，許多小孩喜歡在街道上嬉戲，因為這裡比較安全、多變，而商店與家庭所提供的安全便利也近在咫尺[92]。要理解繁忙的街道比起特別劃定區域更具有磁鐵效應，不會比理解為什麼廚房往往是房子裡最熱鬧的房間還要難。這是最靈活使用的空間——食物與飲料、煮飯與進食——因此也就是社會化與交換的空間[93]。

這種多樣性的前提是什麼呢？雅各認為，具有多重主要用途的區域是不可或缺的要素。街道與街區應該要短一點，好避免路太遠，對行人與商家形成障礙[94]。建築最好要有各種屋齡與品質差異，這樣才會有不同形式的租約以及使用目的。想當然耳，這每一個條件都違反當時正宗都市規劃者的工作前提：單一功能街區、長長的街道，以及建築統一性。雅各補充，混合主要用途，與多樣性和密度相輔相成。

以像是在華爾街金融區這種單一功能區的一家小餐廳為例。這家餐廳得在早上十點到下午三點間賺取一整天的利潤，也就是在辦公室人員一天結束通勤回家、讓街道陷入冷清之前，上午喝咖啡的休息時間與午餐時間。相對地，在混合功能區的餐廳就可能會有一整天源源不絕的客流。它的營業時間因此更長，不只有利於自己的生意，也有利於附近專門販賣店，這種店在單一功能區域可能在經濟上會遭到邊緣化，但在熱鬧的混合功能區就成了大家的焦點。生龍活虎的活動、建築以及人群，在規劃者美學的眼中儼然是種讓人眼睛疼痛的失序，但對雅各而言卻是充滿活力與生命力的象徵：「不同用途功能錯綜複雜的混合，並不是一種混亂的形式。相反地，它們代表了複雜與高度發展的秩序形式[95]」。

雅各研究公共安全、公民信任、視覺利益、以及便利性如何從微觀等級發源，替混用與複雜性提出十分具有說服力的證據，但在交叉使用還有多樣性的優勢上，還存在著一個更大的論點。就像是多樣的原生林，一個內部高度分化的社區，有各式各樣的商店、娛樂場所、服務、住宅選擇、公共空間，而就定義上來說，這實際上會是個更具彈性且更能長久的社區。經濟上來說，其商業「機會」的多樣性（從殯儀館與公共服務機構到雜貨店跟酒吧），讓它在面對經濟衰退時不那麼脆弱。與此同時，其多樣性可以替經濟復甦時的成長提供許多機會。就像是單作栽培的森林，儘管單一功能區在一開始可以獲得成功，但在壓力下也特別脆弱。充滿多樣性的社區才能屹

92 同前，pp. 84-88。雅各引用一九二八年地區規劃報告關於休閒娛樂的部分，上面提到年紀在五到十五歲的人口中，只有將近四分之一真的會在遊樂場玩耍，這無法與「充滿生命力與冒險」的城市街道相比。

93 在現代，如果廚房有台電視，其作為家庭最常使用的空間的地位將無人能敵。我的荷蘭同事Talja Potters跟我說，在一九二〇到一九七〇年所建設的荷蘭工人階級公寓，廚房面積有刻意縮水過，勞工因此被迫得像優雅的中產階級一樣，到客廳吃飯和社交。

94 雅各書中的章節〈小街區存在的必要性〉（The Need for Small Block）是她分析模式的典範。請見*Death and Life*, pp. 178-86。

95 同前，p. 222。

立不搖。

在缺乏一個更恰當的術語下，我認為要發展出雅各的參考框架，「女性的眼睛」是不可或缺的。當然，許多男性對高度現代主義的都市計畫也提出了充滿洞見的評論，一如雅各引用了許多這些人的著作。然而，要想像她的論點是由一個男性以同樣的方式下出來的結論，實在是有點困難。她許多批評更是加深了這個印象。首先，她體驗城市的方式，不僅僅是每天上下班或是前往購物與各種提供服務的場所。相反地，她用來觀看街道的眼睛，其視角是屬於辦雜事的購物者、推著嬰兒車的母親、嬉戲的孩童、喝咖啡或是一起吃點東西的朋友們、散步的愛侶、從家中窗戶往外看的人、接待顧客的店員、在公園裡板凳上坐著的老人[96]。工作並沒有從她的分析中消失，但她的注意力集中在街道上的日常事務中，而它們出現在工作周圍和工作之外。這種對於公共空間的關心，讓家中裝潢與如工廠般的辦公室落在她的守備範圍之外。她仔細觀察的活動，包括散步與只看不買的櫥窗購物，大多都是沒有單一目的、或是嚴格來說沒有特定目的的活動。

拿這種觀點與高度現代主義都市計畫的關鍵元素相比，我們會看到後者需要許多形式的精簡化，將人類活動刪除到只剩下定義明確的單一目的。在正統的計畫下，這種精簡化是工作與住宅區嚴格分離，以及住家與辦公均和商業區嚴格功能分離的基礎。對柯比意等人而言，交通問題變成如何最迅速且節省地運載人類（通常是透過汽車）這個單一的問題。購物活動變成如何為特定數量的購物者與商品提供適當的空間與入口。甚至娛樂項目也被分成特定的活動，被分割成遊戲場、運動場、劇院等等。

因此，雅各所擁有的女性的眼睛的第二個結果，是她意識到許多人類活動（當然包括工作）是為了追求各種目的以及滿足感。對於一個工作者而言，每天中午跟同事們愉快地吃午餐，可能是一整天最重要的事情。推著嬰兒車的媽媽可能同時也在跟朋友講話、辦理雜事、找東西吃，或是在當地的書店或圖書館找一本書。在這些活動的過程中，可能還會有其他的「目的」不請自來。開車去工作的男男女女可能不只是去工作。他或她可能也會在乎沿途上的景色或是旅伴，還有停車場附近的咖啡店。雅各在使用「街區的眼睛上」可說是才華洋溢，而她在寫作時，充分意識到任何活動都蘊含著各式各樣的人類目的。城市的目的是要容納與支持這種豐富的多樣性，而非再三阻撓。而長久以來的都市計畫教條之所以一直無法做到這點，她認為與性別有很大的關係。[97]

## 威權主義計畫作為城市的標本剝製術

對雅各而言，城市作為一個社會有機體，是活生生的結構，不停地改變並湧出驚喜。其相互連結的狀態是如複雜且極度不為人知，於是計畫往往可能一不小心割斷其活躍的生理組織，毀滅

96　在一九五〇年代，雅各除了同時身兼多份工作外，同時也是個太太與母親。

97　在解釋孩子為什麼喜歡在人行道而非遊樂場玩樂時，雅各寫道：「大部分建築設計師是男人。令人好奇的是，他們的設計與規劃，排除男性作為任何人類住處中平凡、日常生活的一部分。在規劃住宅生活時，他們的目標是滿足空虛的家庭主婦和學齡前兒童可能的日常需求，非常嚴格地為了母系社會而規劃。」（*Death and Life*, p. 83）。

或殺害充滿活力的社會過程。她比較規劃者的「藝術」與日常生活的實際行為：「**一座城市不能是藝術作品**，……比起生活的包容性以及無窮無盡錯綜複雜、難以理解的狀態，藝術是武斷、象徵性、且抽象的。那是藝術本身的價值，以及其秩序與一致性的來源。……這種對於藝術與生活徹底的混淆的結果，便不再是生活或藝術，而成了標本剝製術。使用恰當時，標本剝製術可以是有用且體面的技藝。然而，當展示出來的標本是死亡、填充過的城市時，就變得太過分了。」[98]雅各反對當代都市規劃的核心論點，是它將死板的網格加諸於這種豐富且未知的可能性之上。她譴責伊比尼澤．霍華（Ebenezer Howard）田園城市的憧憬，因為這個計畫中規劃好的隔離，假設農夫、工廠工人、以及商人將維持在固定與特定的社會階級裡。這樣的假設無法尊重或是提供「自發的自我多樣化」與流動性，而這些正是十九世紀城市的主要特色[99]。

都市規劃者對於大規模掃蕩貧民窟的熱愛，也因為同樣的理由遭受攻擊。貧民窟是貧困的移民來到城市的第一站。只要這些地方還算穩定，經濟狀態相對穩健，而人與商家沒有貧困到需要貸款，貧民窟在一定的時間內是可以自己「去貧民窟化」的。許多貧民窟已經做到這點。規劃者頻繁地摧毀「去貧民窟化的貧民窟」，因為這些地方反對他們「布局陳列、使用、地面覆蓋範圍、混用與活動」的教條[100]。更不用提到這些「都市更新」背後的土地炒作與安全問題。

雅各時不時會後退一步，對美國城市無限與不停改變的多樣性表達某種敬畏和謙遜：「它們錯綜複雜的秩序，體現出無數人做出與完成無數計畫的自由，從很多方面來講都是偉大的奇蹟。對於這種功能相互依賴所形成的集體、這種自由，以及這樣的生活，我們應該要更情願地讓它們更容易被理解，而不該如此不在乎地不知道它究竟是什麼。[101]」許多都市規劃者教條背後的蠻橫假設，亦即他們知道人們想要什麼，以及人們應該要怎樣利用時間，對雅各而言是十分短視近利且傲慢。他們假設，或至少他們的計畫假設，人們喜歡開放空間、（分區後的）視覺秩序，以及平靜。他們認定人們想要住在一個地方，然後去另一個地方工作。雅各深信他們都錯了，而且比起由上而下規定人類的想望，她已經準備好要從街道等級的近距離日常觀察來反駁這個論點。

雅各所批判的都市規劃者，他們空間分隔與單一功能分區的邏輯背後，同時是美學、科學與充滿實用性的。在美學的部分，它帶來了視覺的規律性與系統化，這是一個整體所需的雕塑視

---

98 同前，pp. 372-73（強調出於原著）。比較雅各與芒福德對於巴洛克城市計畫的批判，後者是「殘酷、偏頗、缺乏合作……，而且對於緩慢、複雜的社會交流以及透過嘗試與選擇的耐心調整與修正漠不關心，而這些都是標誌出城市發展更有機的作法。」(*The City in History*, p. 350)。

99 Jacobs, *Death and Life*, p. 289。對於經濟多樣化過程的詳細分析，請見雅各後來出版的著作 *The Economy of Cities* (New York: Random House, 1970)。法律理論家Carol Rose下了十分有趣論點，認為財產的視覺再現，像是圍牆、牆壁、籬笆、窗戶、門等等，作為一種忽略歷史變化的靜態和永恆的修辭運作著。請參考Rose, *Property and Persuasion: Essays in the History, Theory, and Rhetoric of Ownership* (Boulder: Westview Press, 1994)，尤其是第九章"Seeing Property," pp. 267-303。

100 Jacobs, *Death and Life*, p. 287。

101 同前，p. 391。普魯東與克魯特泡金這般重要無政府主義思想家的回音在這段落中回響。我不知道雅各是否刻意創造這些共鳴，而這有可能是來自於Paul Goodman的著作。但這之中缺少的部分是，在缺乏國家支持的都市計畫下，大型商業與投機者的利益每天都在改變城市風景。她的論點的效果，是要透過將未經規劃的城市看作是數以千計微小且概念上平等的行為的結果，好「自然化」之。

野。科學上，它減少了未知的變量，規劃者就不需要再去尋找解答。就像是代數中的聯立方程式一樣，城市計畫中太多的未知數使得任何解法都會有問題，或者需要大膽的假設來處理。規劃者所遇到的問題堪與林務員比擬。林務員困境中一個現代式的解決辦法，是從管理技術學來的最佳控制理論，也就是可以透過少數的觀察和簡化的公式，成功預測木材的持續產量。更不用說，當更多變量可以轉化為常數時，會達成最簡單的最佳控制理論。因此，在具有相同的土壤和濕度類型的平坦平原上，以直線種植單一物種、同齡森林，會產生出更簡單和更精準的最佳控制公式。比起一致性，多樣性總是更難設計、建造、控制。當伊比尼澤·霍華將城鎮計畫視為簡單的雙變量問題，只觀察封閉系統內的住房需求與工作數量兩者間有何關係時，他同時在時間和功能方面，在自己限制的範圍內以「科學方式」操作。剩下的則交由綠地空間、光線、學校，以及人均平方公尺的公式來完成。

和在林業的實踐裡一樣，在科學計畫中，從簡陋的假設落實到塑造環境的實踐，這個捷徑只是為了滿足公式所要求的精簡化。為了人們購物需求所創造的計畫，這之中的邏輯是個很好的例子。當規劃者將公式應用在特定面積的商業空間、分配好食物與服裝等商品類別後，他們意識到，為了避免附近的競爭對手搶走他們的客戶，他們得確保這間購物中心在規劃的範圍內必須居於壟斷地位。於是重點就變成立法規範這些公式，保證購物中心壟斷其服務區域[102]。僵固、單一功能分區便不再只是美學手段。它對於科學計畫是不可或缺的幫助，同時也可以把偽裝成觀察資料的公式，轉換成自我實現預言。

如果由上而下觀看，經過徹底精簡化後的城市，同時也具有實用價值跟效率。像是電力、自來水、廢水、郵政等服務性的組織，在地上或地下都經歷過了精簡化。由於不斷重複蓋功能相似的公寓或辦公室，單一功能分區變得更容易生產與建造。柯比意期盼著未來看到這些建築的各個部分都能工業化預製[103]。靠著這種方式分區，也能夠產生出一座內部每一個區在美學上都更統一、功能上更「有序」的城市。每個區域都適合單一或非常少數的活動：在工業區的工作，在住宅區的家庭生活，以及在商業區的購物和娛樂。對於警方而言，這種功能隔離大幅度減少了難以控制的人群，並且在實質計畫中，針對人口的流動與行為儘可能地引進控制。

一旦整體城市計畫的渴望被確立，統一和規範的邏輯將勢不可擋。成本效益更是促成這種趨勢。就像如果囚犯穿著同樣材質、同顏色、同尺寸的制服，就能夠替監獄省去不少麻煩和花費，每一次對多樣性的讓步，都可能導致管理時間與預算成本相對增加。如果規劃者當局不需要和大眾的需求妥協，那一體適用的解決辦法將會獲得勝利[104]。

雅各展現出自己的眼光與公式，和城市規劃者做對照。她指出她的美學是實用主義與街頭路

102　同前，p. 737。

103　許多建築的小型零件當然長久以來一直是大量製造的結果，包括標準木材、石膏板、屋頂板到地板，以及最著名的釘子。早在一九八〇年代，西爾斯百貨的居家工具組就已經上市了。

104　當然在表現成果很關鍵的部分，像是軍隊，這個邏輯會被其他標準超越。因此軍人往往會有不同大小、尺寸剛好的軍靴，但他們的髮型還是會保持一致。

線的，這種美學參考了居住在城市裡的人們所體驗的工作秩序。她問道：是什麼樣的物理環境會吸引人潮、促進流動、鼓勵社會交換與交流、並且滿足效益主義與非效益主義的需求？這種觀點啟發她許多見解：短街區比長街區來到得更好，因為它們可以讓更多活動聚在一起。應該要避免會破壞行人利益的大型卡車倉庫或是加油站。巨大的道路與令人害怕、會成為視覺與物理障礙的廣大開放空間，應該愈少愈好。這之中的邏輯，並非是先驗的視覺邏輯，或是狹隘、純粹的效益主義邏輯。相反的，這是一種評估標準，來自於給定的安排如何能滿足城市居民社會上與實際上的需求，而這些需求往往得在他們的實際活動中展現出來。

## 替未經規劃而規劃

城市本身歷史輝煌的多樣性（正是其價值與魅力的來源），是許多人與許多歷史實踐未經規劃的創造品。大部分的城市，是許許多多沒有任何具體意圖的微小行動所創造出的向量和。儘管經過王權、規劃組織以及資本主義投機者的努力，「城市大部分的多樣性，來自於千千萬萬不同的人與不同的私人組織，帶著截然不同的想法與目的，在公共行動的正式框架外，規劃與設計出的結果。[105]」柯比意對於這種既存城市的敘述也會深感贊同，但這正是最讓他害怕的地方。就是這種雜亂無章的目的與意圖，得為毫無規劃的城市的混亂、醜陋、失序以及效能低落負責。然而，目睹同樣的社會與歷史事實，雅各卻看到稱讚它的理由：「因為（而且只有是在）城市是每個人一起創造的情況下，它能夠擁有為每個人提供不同東西的能力。[106]」然而，她不是支持自由市場的自由主義者；她清楚地知道，資本家和投機者正不顧一切地利用他們的商業實力和政治影響力，改變這座城市。但是面對到都市公共政策，她認為規劃不該竊取未經規劃的城市：「城市計畫和設計的主要責任應該是在公共政策和行動可及的範圍內，開發出適合各種非官方計畫、意見和機會發展的城市[107]。」當柯比意的規劃者專注在城市風景的整體形式，以及把人有效地點對點運送時，雅各的規劃者有意識地為意料之外、小型、非正式、所有非生產性的人類活動——亦即構成「生活城市」的生命力的要素——創造空間。

比起大部分的都市規劃者，雅各更清楚哪些力量持續改變城市的社會生態學與市場。在港口、鐵路以及高速公路前仆後繼地成為移動人類與商品的方式的同時，它們就展示出了城市各區域的興衰。即便是雅各大力稱讚的成功、充滿活力的社區，她也承認它們是自己成功的犧牲品。這些地區因為便宜的土地價值與房租而遭到城市移民的「殖民」。當一個地區變得讓人更想搬進去，它的房租會上漲，當地商業型態會跟著改變，而新的商家往往會把原本幫助改造該區的先驅者趕走。城市的本質是不斷變化；一個成功的社區不能被規劃者凍結和保存。一個經過大幅規劃的城市，其作為大都市招牌的多樣性，將必不可免地減少。而規劃者所能期望的最好的結果，是

105 Jacobs, *Death and Life*, p. 241。

106 同前，p. 238。「而且只有是在」這個警語，可能是雅各很罕見地承認，在自由經濟中缺乏全面的計畫下，塑造城市不對稱的市場力量很難會是民主的。

107 同前，p. 241。

適度增強而非阻礙城市複雜性的發展。

對雅各而言，城市的發展如同語言的演化一般。一種語言是數以百萬計的使用者共同的歷史創造。儘管所有使用者對於語言發展的途徑會有影響，但這過程並不總是特別平等。語言學家、文法專家、教育家，他們之中不少都獲得國家權力的支持，對這過程影響深遠。但是，語言發展的過程不盡然特別順獨裁者之意。儘管專制獨裁者想盡辦法進行「中央規劃」，語言（尤其是日常交談的形式）仍然固執地走向其豐富、多重意義、生動活潑之道。同樣地，儘管城市規劃者嘗試設計城市、將城市定型，城市仍然逃離規劃者的魔爪；城市的居民總是重新發明與改變城市。[108]對於大城市以及豐富的語言，它們的開放性、可塑性以及多樣性，讓它們能夠為了千變萬化的目的（許多甚至還未發掘出來）而服務。

這個類比可以再往下推。如同規劃過的城市，語言計畫的確是可能的。世界語就是一個例子；技術跟科技語言也是，在為了它們所設計來使用的有限目的上，它們的確是精準又有用的表達方式。但語言的本質不是為了一、兩個目的所用。它是一種普遍的工具，憑藉其可改造性和靈活性，根據各種目的，能屈能伸。正因為語言蘊含多方繼承的歷史，這種特性提供了使語言維持可塑性的各種關聯與意義。同樣地，大家可以從零開始規劃城市。但既然沒有個人或是委員會的意見，能夠完全涵蓋賦予居民活力的功能目的與生活方式（不管是現在還是未來），它必然會是一座有著自己歷史的複雜城市的單薄版本。它會是巴西利亞、聖彼得堡、昌迪加爾，而非里約熱內盧、莫斯科或加爾各答。只有這些城市數百萬居民的時間與作為，能將這些單薄的城市變成豐富的城市。規劃過的城市最大的缺點，不僅僅是它沒有尊重住在城市裡的人各自獨立存在的目的和主體性，同時它也未能充分考慮其居民之間互動的偶然性及其帶來的結果。

雅各對於從許多城市社區內衍生出來、嶄新的社會形式，帶有一種睿智的尊重。這種尊重反映在她對正常運作的社區中，平凡但意義深遠的人際關係的關心上。她肯認沒有任何都市社區可以、或是應該要是靜止的，並強調最小程度的延續性、社會網絡，以及「街區關係」的來往關係，都需要相互交織的城市地域性。「如果一個地方的自治政府要發揮作用，」她若有所思地寫道：「任何人口流動的基礎，一定得建立在打造鄰里網絡的人群會延續下去的基礎上。這些網絡是城市不可取代的社會資本。當這些資本不論為何而流失，它所帶來的（社會）所得會消失，它們將永不復返，直到新的資本緩慢且意外地累積出來。[109]」從這個角度看來，就算是面對貧民窟，雅各也堅決反對大規模掃蕩，而這些掃蕩計畫在她寫作的時代非常盛行。或許貧民窟內部沒

---

108　對於這個論點如何應用在都市設計的解釋，請參考Michel de Certeau, *The Practice of Everyday Life* (Arts de faire: La pratique du quotidien), trans. Steven Rendall (Berkeley: University of California Press, 1984)。另一個在這個脈絡可以成立的類比是「市場」，與海耶克所發展的概念相似。但我從這類比看到的問題是，現代市場與「自發的社會秩序」並不是同義詞，它反而是十九世紀高壓國家所強行實施的，如同博蘭尼（Karl Polanyi）指出的一般。我認為，海耶克所形容普通法的發展與這比較接近。無論如何，城市、市場、或普通法，都是歷史權力關係的創造者，而它們不但不是「自然的」也不是「自發的社會秩序」的創意結果。在她對於都市計畫充滿說服力的批判中，雅各常常想要自然化未經規劃的城市，如同海耶克想要自然化市場一般。

109　同前，p. 138。

有很多社會資本，但它有的是可供建立的空間，而非毀滅[110]。雅各之所以不會成為埃德蒙·伯克（Edmund Burke）路線的保守分子，變成這類慶祝所有歷史給予的一切的人，是在於她強調變化、更新與發明的部分。想要阻止這種改變（儘管大家可能會嘗試適當地影響之），既愚昧且無用。

強而有力的社區，一如強而有力的城市，是複雜糾結的過程的產物，無法由上而下被取代。雅各讚許地引用了史丹利·坦克爾（Stanley Tankel）的話，他提出了一個很少見、反對大規模掃蕩貧民窟的例子。「既然我們現在這麼容易把巨大的建案誤認為巨大的社會成就，我們的下一步會需要十分謙遜。我們將得承認，要創造一個社群這件事，超越所有人能想像的程度。我們得珍惜我們所擁有的社群，他們十分難得。『修房子但不修理人』、『不把人安置在社區外』，如果公共住宅想要大受歡迎，這些標語就必須存在。[111]」實際上，雅各所提出的例子的政治邏輯是，儘管規劃者沒有辦法創造出有在運作的社群，但是一個正常運作的社群，在一定限度內可以改善自己的狀態。考量到計畫的邏輯，她解釋，在民主的背景下，一個相對穩健的社區如何為創造與維持好學校、有用的公園、充滿活力的都市服務以及體面的住房而戰。

珍·雅各的寫作，是為了反對伊比尼澤·霍華與柯比意，這些主導著她的時代的城市計畫領域的主要人物。對於她的批評者而言，她反而像是個保守人物，頌揚貧窮社區內社群的美德，無視許多人迫不及待想離開；忽略城市已經被「規劃」的程度——不是被大眾倡議組織或是國家，而是具有政治關係的開發商與金融投資商。這些批評觀點本身當然還是有其道理。但是對我們的目的而言，她毫無疑問地指出了高度現代主義城市計畫中，狂妄自大的主要缺陷。第一個缺陷，是假設規劃者可以安心地擅自揣摩他們計畫所需要的未來景象。我們現在已經具有足夠的知識，知道對於從既有的生育率、都市移民，以及就業與收入結構預測未來，要心存懷疑。這些預測常常錯誤百出。就像對於戰爭、石油禁運、天氣、顧客品味以及突發政治事件，我們預測的能力實際上是零。再者，對於什麼東西能打造出讓居民滿意的社區，我們已經有了更多的了解（部分要感謝雅各），但我們仍然不太清楚要怎樣支持與維持這樣的社群。從密度、綠地以及交通的公式著手，可能會產生出勉強有點效率的結果，但要藉此創造出一個讓人想住進去的地方，根本是海底撈針。至少巴西利亞與昌迪加爾證明了這一點。

許多高度現代主義城市都是行政首都——巴西利亞、坎培拉、聖彼得堡、伊斯蘭馬巴德、昌迪加爾、阿布加、杜篤瑪、圭亞那城，這不是巧合[112]。在一個全新的環境中，座落著國家權力的中心，而人口組成大多為必須居住在此的國家雇員，在這裡，國家幾乎可以強制其規劃過的網格獲得勝利。這座城市主要的產業是為國家行政體系服務這件事，就已經大幅簡化規劃的任務。當局不需要跟奧斯曼一樣和既存的商業文化中心競爭。而由於國家權力已經控制分區、就業、住

110 在紐約市布朗區南邊幾個悲慘區域的早期撥亂反正的階段中，可以發現雅各的某些洞見。這些地區曾經是最糟糕的城市衰敗的代名詞。結合重新裝潢既有公寓與建築、提倡混合目的區域發展與都市住宅基地、讓小額貸款更容易取得、以適度規模進行這一切，這些的確似乎是加強了可發展社區的創造。

111 引自同前，pp. 336-37。坦克爾的請求出現在一九五七年六月的「建築論壇」中。

112 請參考Lisa Redfield Peattie, *Planning, Rethinking Ciudad Guayana* (Ann Arbor: University of Michigan Press, 1987)。

宅、薪資等級以及實質配置的工具，他們可以為了城市改變環境。這些國家全力支持的都市規劃者，有點像是不僅能自由設計服裝的裁縫師，他們還可以自由修改顧客身體，以符合他們設計出的服裝尺寸。

雅各聲稱，拒絕「標本剝製術」的城市規劃者，必須發明出一種新的計畫，能夠支持創新的措施與隨機性，儘可能地減少排除選項，並且支持在這些措施中出現的循環與交流。為了解釋城市生活的多樣性，雅各列出了路易斯維爾藝術中心多年來提供的十幾種用途：馬棚、學校、劇院、酒吧、運動俱樂部、鐵匠鋪、工廠、倉庫、藝術家的工作室。她接著反問：「誰能夠預期或提供這一連串的可能性與服務？」她的答案很簡單：「只有缺乏想像力的人會認為自己做得到；只有傲慢的人會想做這件事。[113]」

---

113 Jacobs, *Death and Life*, p. 195。

# 第五章　革命政黨：計畫與診斷

C同志啊，感覺是主要的成分，但思想是組織。列寧同志曾說過，組織是我們所有之中最優越的。

——安德烈．普拉東諾夫（Andrei Platonov），《切文古爾》（*Chevengur*）

共產主義是現代性最虔誠、最有活力、且最英勇的鬥士……。正是在共產主義中……預示了現代性大膽的夢想，從無情和無所不能的國家中解放出來，被發揮得淋漓盡致：宏偉的設計、毫無限制的社會工程、巨大笨重的技術、對自然的全面改造。

——齊格蒙．鮑曼，〈沒有其他選擇的生活〉（*Living Without an Alternative*）

列寧對革命的建設，從很多方面來說都和柯比意對現代城市建設的設計很類似。兩者都是十分複雜的嘗試，需要委託一個受過訓練、具有專業主義與科學洞見的核心幹部，搭配上完整的權力，監視計畫的實行。而如同柯比意和列寧抱持的高度現代主義，蘿莎・盧森堡（Rosa Luxemburg）與亞歷山德拉・柯倫泰（Aleksandra Kollontay），這兩個反對列寧政治觀點的人，看法也與珍・雅各十分雷同。雅各懷疑中央規劃的城市的可能性與可欲程度，而盧森堡與柯倫泰則懷疑由先鋒黨由上而下規劃的革命的可能性，以及這種革命是否值得追求。

## 列寧：革命的建築師與工程師

參考列寧的主要作品，可以發現他是一位高度現代主義者。他思想的大致輪廓其實非常一致；無論是關於革命、工業規劃、農業組織或是行政，作品主要聚焦於單一與一致的科學答案。受過訓練的知識分子會熟知這些答案，而眾人應當遵從之。當然，列寧做出的實踐則是另外一回事。他的各種能力，包括感知大眾情緒以打造布爾什維克政治宣傳、在看似謹慎的狀況下雷厲風行地戰術性撤退、為贏得先機而大膽出擊等等，這些能力都比他的高度現代主義思想更能幫助他成為成功的革命者。但我們在這裡主要處理的，是列寧作為一位高度現代主義者這部份。

分析列寧在革命中高度現代主義觀點的主要文本是《怎麼辦？（我們運動中的迫切問題）》（*What Is to Be Done?*）[1]。在列寧論點的主要目的中，高度現代主義是不可或缺的一部分：他要說服俄羅斯左派，只有一小部分挑選過、中央集權、革命派的專業幹部，才能替俄羅斯帶來革命。早在一九〇五年革命「彩排」之前，列寧就已經在一九〇三年寫下這本書，而就算是在情況完全不同的一九一七年，從二月沙皇遭推翻到十月布爾什維克掌握權力這段期間，他寫下《國家與革命》（*State and Revolution*）時，也從未徹底放棄這個觀點。我會拿列寧這兩份作品以及他的農業相關論述，比較蘿莎・盧森堡用來回應《怎麼辦？》的《大規模罷工、政黨與工會》（*Mass-Strike, Party, and Trade Unions*），以及亞歷山德拉・柯倫泰的著作。柯倫泰是布爾什維克黨內團體「工人反對派」的重要人物，他們在革命後批評了列寧的許多政策。

## 《怎麼辦？》的列寧

列寧以《怎麼辦？》作為書的標題，這個選擇具有重大意義。這也是尼古拉・車爾尼雪夫斯基（Nicholas Chernyshevsky）廣受歡迎的小說書名。在書中，「新人類」是一群知識分子，他們的目的是要摧毀既有秩序，並獨裁統治與建立社會烏托邦。這是列寧的哥哥亞歷山大最喜歡的一本書，他在一八八七年因為策劃謀殺沙皇而被處決。即使列寧成為馬克斯主義者後，這仍然是最受他喜愛的書：「我開始認識馬克斯、恩格斯與普列漢諾夫（Plekhanov）的作品，但仍然只有車爾尼雪夫斯基對我的影響最為深遠[2]。」列寧相信優越的知識、威權領導與社會設計可以轉變社

---

1　列寧，《怎麼辦？（我們運動中的迫切問題）》（*What Is to Be Done? Burning Questions of Our Movement*）(New York: International Publishers, 1929), p. 82。

2　引自Robert Conquest, "The Somber Monster," *New York Review of Books*, June 8, 1995, p. 8。我們也已知道列寧也崇拜另外一本烏托邦作品，即Tommaso Campanella的《太陽城》（*City of the Sun*），這本書形容了一個宗教烏托邦，裡面的設計包含了強而有力的教育與說教特質，以塑造公民的心靈與靈魂。

會的想法，貫穿這兩本《怎麼辦？》。

在《怎麼辦？》中，列寧分析先鋒黨和工人兩者間的關聯時，參雜了特定的比喻。這設定了該作品的基調，並限制了在這範圍內可以討論的內容。這些譬喻主要集中在教室與兵營[3]。黨與在地的煽動者和宣傳者充當教師的角色，他們能夠把對於經濟狀況的不滿，升級成革命性的政治訴求，或者他們有如革命軍隊中的軍官，將他們的軍隊部署到最佳位置。在扮演老師的角色時，先鋒黨和它們的報紙會發展出一套明確的威權主義教育風格。先鋒黨會分析各式各樣的民怨，並在正確的時間點「下令行動的絕對程序」，而這將會貢獻給「世界上全體的政治鬥爭」[4]。實際上，列寧抱怨黨的運動者，認為他們無能的程度讓人遺憾。他堅持，當時的黨還不配稱作是「先鋒運動」。「我們的行動應該要讓所有其他的軍隊單位看見，並讓他們不得不承認我們是先鋒。」先鋒黨的目的是要在革命政治裡訓練心甘情願但「落後」的無產階級，於是他們才有可能會被吸收到軍隊裡，先鋒黨才能藉此「蒐集並利用抗議中哪怕是最粗淺的每一粒稻穗」，並創造充滿紀律的革命軍隊[5]。

按照這些譬喻，一般的「大眾」，特別是工人，變成了「身體」，而先鋒黨則成為了「頭腦」。黨之於工人階級的關係，正如智識之於蠻力，深思熟慮之於困惑，經理之於工人，老師之於學生，行政管理者之於服從者，專業人士之於業餘人士，軍隊之於強盜，或是科學家之於外行人。稍微解釋這些譬喻如何運作，將有助於脈絡化列寧版本的高度現代主義（儘管是革命性）政治。

列寧當然有意識到革命計畫必須仰賴民兵與自發的抗議。然而，只依賴由下而上的民眾行動所產生的問題，是這些行動往往十分零星且發散，很容易被沙皇的警察收拾掉。如果我們把大眾的行動視作星火燎原的政治素材，那先鋒黨的角色就是要集中這些充滿爆炸性的炸藥，瞄準目標，在引爆的時候才能拉下政權。先鋒黨「結合了民眾的**基本**破壞力以及革命分子所組織、**有意識的**破壞力量[6]。」革命黨是革命的思考器官，確保在其他情況下如一盤散沙的群眾蠻力，能夠有效率地發揮作用。

這個觀點的邏輯，讓列寧把先鋒黨視作一個將要成為參謀部的組織，而它要處理的則是一大群缺乏紀律、剛剛徵召就被派上戰場的軍隊。這個軍隊愈是難以駕馭，它就愈需要一群小又團結的參謀部。列寧的左派競爭者（經濟派）認為十個智者很容易就被警方帶走，但一百個傻子（革命群眾）無人能擋。對此，列寧回應：「如果缺乏『一打』努力又充滿天分的領袖（有天分的人不是到處都有），少了這群經過專業訓練、從長期經驗中學習、並能十分和諧地共事的關鍵角

---

3　教室與軍營的譬喻和列寧在黨內的名聲相輔相成，他的同志稱呼他為「德國人」或「教授先生（Herr Doktor）」，這和他在蘇黎世待過或從德國得到的幫助無關，而單純只是因為「他的整潔與自我紀律」。(Conquest, “The Somber Monster”).

4　列寧，《怎麼辦？》p. 80。

5　同前，p. 84（強調由作者所加）。

6　同前，p. 161（強調由作者所加）。

色，沒有任何一個現代社會的階級能夠帶領一場堅定的鬥爭。[7]」

列寧軍事組織的比喻不僅僅是動聽的修辭，這也是他對於黨組織的主要看法。他在寫下「戰術」與「策略」時，是明明白白的軍事風格。只有參謀總部能夠根據整體的作戰計畫布署革命勢力；只有參謀總部可以綜觀戰場全局並預測敵人的動作；只有參謀總部會擁有「彈性……能根據鬥爭最變化多端的情況迅速自我調節」，以及「能夠放棄對力量集中和占優勢的敵軍正式開戰，但同時又能在敵軍笨拙與動彈不得的情況下占盡先機、發動出奇制勝的攻擊的能力。[8]」列寧堅持，早期社會民主黨革命的失敗，正得歸因於缺乏能夠提供組織、規劃與協調的參謀部。這些「年輕的戰士」「以異常粗糙的設備與訓練邁向戰場」，他們就像是「犁田的農夫隨便撈起一根棍子。」而他們「迅速且徹底的潰敗」是早就注定的下場，「因為這些公開的衝突，並沒有經過系統性和謹慎思考、以及為了一場頑強的鬥爭所費時準備的計畫。[9]」

嚴格的紀律之所以十分必要，有部分是因為革命的敵人裝備更精良，而且具有更多歷練。這解釋了為什麼革命力量中「批評的自由」，只會讓機會主義者與資產階級價值觀的權勢受惠。再一次地，列寧掌握軍事的譬喻來解釋他的論點：「我們緊緊地牽著彼此的手，緊密地在崎嶇陡峭的道路上行軍前進。我們四周都是敵人，而彈火不停地向我們攻來。我們之所以自發地並肩作戰，是為了打擊敵人，而非退入鄰近的沼澤地。」沼澤地就是他所謂的批評的自由[10]。

列寧所設想的先鋒黨與基層黨員的關係，或許可以用「群眾」或「群眾們」的詞彙來說明。儘管這個詞已經成為社會主義者的標準用語，但它其實意義深遠。沒有什麼能比「群眾」一詞，更能讓人留下缺乏秩序、只有數量與數字的印象了。很明顯地，當基層黨員被標誌成為群眾，就代表了只要在穩定的領導下，他們主要替革命過程帶來的，將會是大量的參與者及隨之而來的蠻力。這樣的印象傳達出的是巨大、參差不齊、毫無頭緒、缺乏任何團結力量的一群人，他們沒有歷史、沒有想法、也沒有行動的計畫。當然，列寧很清楚工人階級有自己的歷史與價值，但除非這些歷史和價值被科學式社會主義的歷史分析與先進革命理論所取代，不然它們會將工人階級帶領到錯誤的方向去。

因此，先鋒黨不僅僅對於群眾戰略性的團結不可或缺，他們還必須真的替群眾思考。黨的功能是成為行政菁英，而他們對於歷史和唯物主義辯證的掌握，將能讓他們制定階級鬥爭中正確的「戰爭目標」。黨的權威來自於它的科學知識。列寧引用了「卡爾．考茨基全然真實且極為重要的言論」。考茨基認為無產階級沒有辦法自己追求「當代社會主義意識」，因為他們缺乏這所需

7 同前，p. 114。列寧在這裡指的是德國社會民主黨，他認為他們比起俄羅斯的同儕是更先進。也可以參考 p. 166，列寧強調：「沒有任何運動可以在缺乏穩定的組織領導的狀況下維持連續性。」幾乎所有社會主義運動中都曾辯論這個問題。這個問題在義大利共產主義者與理論家安東尼奧．葛蘭西（Antonio Gramsci）的寫作中也出現過，他的想法基本和列寧類似。然而我們將會看到，蘿莎．盧森堡也處理了這個問題，但獲得了截然不同的結論。

8 同前，p. 162。

9 同前，p. 95。

10 同前，p. 15。

要的「深奧科學知識」——「科學的承載者不是無產階級，而是**資產階級知識分子**。[11]」

這是列寧反對自發性[12]的核心案例。對他而言，這世界上只有兩種意識形態：資產階級與社會主義。考量到資產階級意識形態的盛行與歷史力量，工人階級自然發展出的意識形態，將只會讓歷史走向資產階級意識形態的勝利。列寧有句令人難忘的名言：「如果只靠自己的努力，工人階級只能發展出工會意識。[13]」相反地，社會民主的意識一定要從外部而來，也就是源自社會主義知識分子。先鋒黨被描繪成徹頭徹尾最清醒、科學、社會主義的一群人，和群眾形成鮮明對比。按照列寧的邏輯，群眾毫無知覺而且活在科學之前的年代，他們一直有吸收資產階級價值觀的危險。列寧對於缺乏紀律的警告是「與社會主義意識形態只要有一丁點的偏離，都是在鞏固資產階級意識形態。[14]」這使得大家會以為，參謀總部的嚴密控制是唯一力量，可以穩定隨時會解散並四處走動的徵召兵力。

有時候，列寧在論述中會用另一個譬喻取代軍隊與教室，亦即官僚或產業組織。在這之中，只有執行長跟工程師可以看到組織更大的目標。列寧呼籲在革命中進行類似的分工，而在這裡，高級幹部壟斷了對革命不可或缺的先進理論。正如同為了生產而設計出理性計畫的工廠老闆或工程師，先鋒黨以科學理解掌握革命理論，科學智識讓他們成為唯一有能力領導所有無產階級進行解放鬥爭的人。若要列寧在一九〇三年就引用量產的生產線論證他的觀點，還為時過早，但他從建造業挪用了另一個最好的比喻：「請告訴我，」他提問，「當磚匠在為一個未曾見過的**龐大結構**砌磚時，他難道不是使用『紙上』的線來幫助他找到每塊磚頭的正確位置，好確保他最後的目標是個整體的作品；讓他不僅僅使用了每一塊磚，甚至也讓每一塊磚頭和前後的磚頭並排，形成一條完整無缺的線嗎？而我們黨的生命不正也經歷這段時期嗎？我們有了磚頭與砌磚人，但我們難道不是缺乏可讓眾人所見的指引線，導引我們運動的目標嗎？[15]」黨的科學洞察力使它能夠擁有整個嶄新結構的藍圖。工人則是要對於革命的建築師充滿信心，建築師知道自己在做什麼；而工人的角色就是帶著這份信心，追隨發配給他們的藍圖。

當代資本主義生產分工的類比，跟軍隊譬喻的意涵大致相同。例如兩者都需要威權手段與中央控制。列寧因此寫下，黨會需要「分配他們組織工作中一千零一種瑣碎的**功能**」，他抱怨「技術不足」，並呼籲要統合「所有這些小黨派成為一個大的整體」。他的總結是：「專業化必須以中央集權為前提，而中央集權必然會要求專業化。[16]」

這的確是《怎麼辦？》中巨大的困境，致使列寧改變了書的主題。原本，提倡革命是與民

---

11 引自同前，p. 40。列寧在註解（p.41）強調，工人要提升到知識分子的等級，並創造社會主義意識形態是可能的，「但是，」他補充，「他們就不再是以工人的方式參加，而是社會主義理論家，例如普魯東與魏特林（Wilhem Weitling）。」

12 譯注：自發性（Spontaneity），在此指的是革命由群眾自發行動，而非經過黨策劃發動而成。

13 同前，p. 33。

14 同前，p. 41。

15 同前，p. 151（斜體強調由作者所加）。列寧在這邊寫的特別是針對先鋒黨的機構之一，《火星報》。

16 同前，pp. 120-21。

怨、暴力與決定新的政治**目標**息息相關的問題，列寧在書中將其轉變成對於技術專業化、等級以及如何以有效且可預期的方式編制等**手段**的論述。政治如奇蹟般地消失，不存在於革命的基層黨員中，留給菁英與先鋒黨去處理，而他們就像是工業裡的工程師，會彼此討論該如何安排工廠廠房。先鋒黨是用來製造革命的機器。黨內不需要政治，因為社會主義知識分子的科學理性需要技術上必要的服從；黨的判斷並非主觀與充滿價值判斷，它是客觀和邏輯上的必然。

列寧將他的推論延伸到他對革命菁英的描繪。他們不只是革命的人，而是「專業革命分子」。他堅持使用「專業」這個詞最完整的涵義：經驗老到、全程參與、經過訓練的革命分子。這個小型、機密、充滿紀律與專業的幹部，和工人的組織呈現特別強烈的對比——後者龐大、公開、而且是根據他們的職業所組成，這兩者絕對不能互相混淆。因此，在工廠經理跟員工的譬喻之外，列寧還加上了專業人士與實習生或業餘人士的對照。根據他的假設，實習生或業餘人士會因為專業人士豐富的技術知識與經驗而服從他們。如同柯比意想像大眾會順從建築大師的知識與計算，列寧深信一個明智的工人，會將自己置於專業革命分子的權威之下。

最後，讓我們回到教室的譬喻，也就是先鋒黨作為老師，群眾作為學生。列寧所使用的這個比喻並不特別，畢竟他所處的年代是教育的年代，工人的讀書會和社會主義激進分子的學校十分常見，尤其在德國，蘿莎・盧森堡在柏林的社會主義學校任教。儘管學校教室的形象稀鬆平常，但十分值得注意的是，列寧特別使用它來形容社會主義訓練。列寧的許多思想和文章，大致上都致力於可說是「社會主義教義」的部分。他非常關心要怎樣訓練激進分子、黨報《火星報》

（*Iskra*）的角色，以及演講、宣言、標語的內容。但列寧的社會主義教室危機四伏。他無時無刻都在害怕老師會失去對學生的控制，然後被狹隘的經濟需求、立法改革，以及純粹的地方事務等無所不在的影響所淹沒。教室的譬喻本來就隱含著上下等級關係，但列寧最大的擔憂是他的社會主義老師會屈服並「被學生同化」。列寧著作裡強而有力的文化評斷呼之欲出，這點在以下這個代表性的段落裡非常明顯：

> 我們最首要、最緊急的任務就是幫助訓練工人階級的革命分子，他們在**黨的活動中**，將會和革命知識分子處在同一個水平上（我們強調「黨的活動中」，是因為在其他地方要把工人提升到知識分子的水平上，儘管必要，但並不是件容易且緊急的任務。）因此，注意力**主要**得放在**提高**工人水平到革命分子的任務上，但在這樣做的過程中，我們不必像是經濟派那樣，**把自己降級**到『勞工群眾』的地位，或是像《自由（報）》（*Svoboda*）所希望的，把自己降到普通工人的水準[17]。

黨的困境在於要如何訓練可以親近工人的革命分子（也許他們本身就有工人背景），但同時也要讓他們不會被工人在政治與文化上落後的狀態所吸收、污染、削弱。列寧部份的擔憂，來自

---

17 同前，p. 122（強調為原文所有）。

於他當時堅信俄羅斯的工人階級與大部分的社會主義知識分子，和他們的德國同儕比起來，是異常可悲的落後。在《怎麼辦？》一書中，德國社會民主與德國工會運動一再地被當成典範，而俄羅斯則缺乏這種模式。但列寧所關心的原則超越國家差異——這些原則源於黨和工人階級各自扮演的明確功能與角色。歸根究柢，階級意識是只有率領著先鋒黨、意識形態上開明的人所承載的客觀真理[18]。

列寧邏輯的中心思想是先鋒黨必須要成為「不為所動的驅動者（unmoved mover）」，儘管這聽起來大大違反了牛頓第一運動定律。為了政治宣傳與煽動，和工人階級親密交流是絕對必須的，但兩者間的接觸永遠不能危及知識、影響力與權力的層級關係。如果專業革命分子要成為有效率的領導者，他們需要對工人有詳細的知識與理解，就像是成功的老師必須了解學生、軍官必須了解他們的部隊、生產線的經理必須了解工人一般。這是為了實現菁英所設定的目標而獲得的知識。這裡描述的關係是如此不平衡，我們甚至可以將其類比為手工藝者與原物料兩者間的關係。木工或泥瓦匠必須非常熟悉無生命的原料，才能實現他的設計。在列寧的例子中，較缺乏生命力、被拿來形塑的原料，必然是指「群眾」或是「無產階級」的普世形象。當我們使用這些扁平的詞彙時，要去理解工人階級內部在歷史、政治經驗、組織技巧、意識形態上（更不用說宗教、族裔、語言）的巨大差異，就變得十分困難。

還有一個與當時局勢以及俄羅斯相關的原因，讓列寧會想要堅持維持小型、充滿紀律、機密的革命分子本部。畢竟他們是以獨裁的制度，在沙皇秘密警察的鼻子下做事。他正面評價德國社會民主黨內競選公職的開放性，讚揚德國由於政治與媒體的自由，每個人都能看到所有候選人的公共紀錄，而他在這評價後嘆道：「想像把這個畫面套入我們的獨裁專制上看看！[19]」在革命分子得冒著被逮捕的危險而藏匿身分的情況下，公開民主的方式是異想天開。列寧主張，俄羅斯的革命分子一定要根據他們的敵人，也就是政治警察，調整他們的策略。如果這是列寧對於秘密性和鐵的紀律所做出的唯一論據，那的確是可以被看作是在面對當地情況時，附帶做出的策略性退讓。但事情並非如此。黨的機密性是種設計，用來避免由下而上的污染，其重要性不下於避免逮捕和流放。要不是如此，沒有其他詮釋方式可以解讀以下段落：「如果這樣的組織（『經驗老到的』革命分子秘密團體）的存在具有堅定的理論基礎，而且有社會民主黨的報刊喉舌，我們**就不需要擔心這個運動會因為許多『外在』元素的吸引而脫離正軌。**[20]」

運動怎麼會脫離正軌呢？列寧認為有兩個主要的危險因素。第一個是自發性，自發性使革命力量的戰術協調變得不可能。當然，第二個就是工人階級無可避免的意識形態分歧，往工會主義或是立法改革走去。既然真實、革命性的階級意識，永遠都無法在工人階級內部自主發展，於是工人的實際政治觀點，將總是對先鋒黨構成威脅。

18　例如請參考 Kathy E. Ferguson, "Class Consciousness and the Marxist Dialectic: The Elusive Synthesis," *Review of Politics* 42, no. 4 (October 1986): 504-32。

19　列寧，《怎麼辦？》，p. 129。

20　同前，p. 121（強調為作者所加）。

這大概是為什麼當列寧在撰寫政治宣傳與煽動時，他的想法與資訊都是單向地傳播出去。他對黨報鍥而不捨的重視，與這個脈絡不謀而合。一份報紙不僅僅「煽動」正在起鬨或是面色不善的群眾，它甚至創造了一種絕對的單向關係[21]。報紙如同後來出現的收音機，都是適合發送訊息，而非接受訊息的媒介。

在許多情況下，列寧和他的同志還延伸使用污染威脅的字面意涵，以衛生學和疾病的細菌學說作為譬喻，因此也就能夠討論「小資產階級桿菌」與「感染」[22]。這種意象的轉變並非穿鑿附會，列寧的確希望將黨的環境保持在消毒過且無菌的狀態中，以免黨感染到潛伏在外的許多疾病[23]。

列寧在《怎麼辦？》一書中對工人階級的態度，跟馬克斯對於法國的小自耕農惡名昭彰的描述十分相近。馬克斯形容他們是「一袋馬鈴薯」，這麼多「相似的東西」，卻缺乏整體結構或是團結力。這個假設反過來塑造了先鋒黨的角色。訣竅在於要改變群眾間無形、分散、破碎、在地導向的憤怒，將之轉變成具有目的與方向、組織過後的力量。就像是磁力強大的磁鐵能將千千萬萬雜亂無章的鐵屑排成直線，黨的領導們被期望要能將群眾轉變成政治軍隊。在當時，實在很難知道群眾除了他們象徵的原物料外，到底還能為革命計畫帶來什麼。至於列寧對於黨該承擔什麼功能的角色，則列出了非常完整的清單：「我們必須以**理論家**、**政治宣傳者**、**煽動者**與**組織者**的身分走入所有階級之中。[24]」從這張清單可以得到的推論是，革命者將提供知識、意見、行動的方向與動力，以及組織結構。從智識、社會、文化服務都是由上而下單向流動看來，實在很難想像大眾除了被集結起來之外，還能扮演什麼角色。

列寧設想了一種革命分工，這是無論共產黨是否大權在握，都預期要使用（但很少落實）的分工方式。中央委員會針對所有戰術與策略做下關鍵的決定，而附屬於黨的群眾組織與工會則作為指令的「輸送帶」。如果我們跟列寧一樣，想像先鋒黨是帶來革命的機器，那我們將會看到，先鋒黨和工人階級的關係，與資本主義企業家和工人的關係可說是大同小異。工人階級對生產不可或缺；工人階級的成員必須接受訓練與指引，至於如何以有效率的方式安排工作，則必須交給內行的專家。當然，革命分子和資本家的目的截然不同，但他們面對的手段問題與解決辦法如出一轍。工廠經理要處理的是如何為了高效率生產，布署工廠中的「手」（單位可以更換）。科學社會主義政黨要處理的問題，則是如何有效地布署群眾以加速革命。兩者相比，這種組織邏輯看

21 「煽動」（agitation）在這個脈絡是另一個診斷性的詞彙，只有在外來者煽動下，才能攪動一攤死水。

22 在一九二一年第十次俄羅斯共產黨代表大會上，當托洛斯基的軍隊碾壓一場反對布爾什維克專政、真正的無產階級起義時，布哈林和其他人譴責「小資產階級傳染病」已經從農民傳染到部分工人階級。請見Paul Averich, *Kronstadt, 1921* (Princeton: Princeton University Press, 1970), chap. 3，尤其pp. 129-30。

23 在預防真實的疾病與感染時，列寧親自寫下衛生規範，好確保克林姆林宮會是乾淨、沒有病毒的環境。例如他指導「所有（搭火車）來的人，應該要在進到他們的房間前洗澡，把他們的髒衣服放到一缸消毒水中。……任何拒絕衛生規範的人會被從克林姆林宮趕出去，並以對社會造成傷害為由被起訴。」來自Dimitri Volkogonov, *Lenin: Life and Legacy*, trans. Harold Shukman (London: Harper Collins, 1995), cited in Robert Service, "The First Master Terrorist," *Times Literary Supplement*, January 6, 1995, p. 9。

24 列寧，《怎麼辦?》，p. 79（強調由作者所加）。

起來更適用於按表操課、使用已知科技、發日薪的工廠生產，遠勝過缺乏固定時程、高風險的革命工作。然而，正是這種組織的模型，架構了列寧的論點。

要理解列寧對先鋒黨所抱有的烏托邦夢想，可以將它和在世紀之交廣受歡迎、同時存在反動（動員型）和左派運動中的「群眾運動」連結。群眾運動設在巨大的運動場或是遊行廣場上，訓練數千位年輕男女能夠整齊一致地移動。他們的動作愈複雜（通常背景都有韻律音樂），景象就愈讓人嘆為觀止。在一八九一年第二屆索科爾（一個提倡國族主義的捷克體操與體能組織）全國大會上，超過一萬七千名捷克人精心展示了一場經過統籌的運動[25]。群眾運動的目的是為了由上而下創造出驚人的秩序、訓練與規訓的展演，它會以紀律嚴明的力量，讓參與者和觀眾都讚嘆不已。這樣的奇觀預設、而且需要一個中央集權的權威來規劃跟執行這種展示[26]。也難怪各式各樣的新型群眾動員政黨，會認為這樣的公開展演和他們組織的意識形態不謀而合。列寧非常現實，無法想像俄羅斯的社會民主黨員能有這般高度協調與紀律。但這個中央協調的模型顯然是他所追求的目標，因此也是他用來評價自己成就的標準。

儘管列寧與柯比意的訓練背景與目標有極大落差，他們都具備了高度現代主義觀點的基本要素。即使他們假托科學的主張令人難以信服，但他們的確都相信有著那麼一門掌握一切的科學，能夠成為一小群負責規劃的菁英的權威來源。柯比意相信當代建設與效率設計的科學真理，能讓他用烏托邦城市，取代都市主義不和諧、混沌的歷史積累。列寧深信唯物主義辯證的科學，不只能讓黨對於革命過程擁有獨一無二的洞見，也能賦予黨領導工人階級的特權，否則工人階級在其他狀況下只會呈現失序與意識形態錯誤。對於城市該如何設計以及革命該如何落實上，這兩個人都認為他們的科學知識提供了正確、統一的答案。他們對於這種方法的自信，意謂著科學設計的城市與革命，都不需要向預想的受益人的既存實踐與價值學習。相反地，他們都期待能夠在權限範圍內，重新塑造人類原料。當然，他們兩個人都以改善人類處境作為終極目標，同時也都試著透過極端的階層制度與威權主義來達成這個目標。在這兩個男人的寫作裡，軍事與機器的譬喻無所不在；對柯比意而言，房子與城市是生活的機器，至於對列寧而言，先鋒黨是革命的機器。訴諸中央集權形式的官僚統合（尤其是工廠與閱兵場），自然而然地在他們的文詞中蔓延[27]。當然，他們是高度現代主義中影響最深遠且最偉大人物之一，但他們同時也最具有代表性。

25　請參考Bruce M. Carver, *The Young Czech Party, 1874-1901, and the Emergence of a Multi-Party System* (New Haven: Yale University Press, 1978), p. 117。Peter Rutland告知我，這種觀點不僅存在於威權意識形態的政治運動中，它同時也應用在運動文化中由上而下、機械般精準跟協調的視角，這也為國族主義者、資產階級、與民主運動所享有。這種經協調過的「群眾運動」的傳統，當然也倖存於美國大學足球賽中場的樂隊表演中。想要更了解社會運動中的機器譬喻，請參考第六章。

26　尼古拉．希奧塞古（Nicolae Ceaușescu）在布加勒斯特幾乎快建好的共和國宮，就擁有許多這種類似的設計。立法會議廳有分層的陽台，環繞著希奧塞古的「水壓控制升降的講台」，而宮殿的六百個時鐘都集中於希奧塞古房間的一個控制台上。(*New York Times*, December 5, 1991, p. 2). 相反的，列寧總是反對針對個人的膜拜——黨本身應該要是革命交響樂團的指揮者。

27　即使如此，這裡要強調，柯比意與列寧都不具有穩定、一板一眼的官僚性格。

## 理論與實踐：一九一七的革命

仔細解釋兩場俄羅斯革命（二月與最重要的十月革命）會太偏離主題。但我可以做的，是扼要地分析實際革命過程和《怎麼辦？》書中所提倡的組織教條，指出這兩者的主要原則是多麼天差地遠。就如同高度現代主義計畫在巴西利亞和昌迪加爾的計畫，高度現代主義的革命計畫並沒有在實踐中證實其價值。

俄國大革命最惱人的事實，是先鋒黨布爾什維克的貢獻十分有限。列寧最成功的部分是在革命成為已經完成的事實後，俘虜了這場革命。如同漢娜．鄂蘭精簡的描述：「布爾什維克發現權力倒在街上，就走過去撿了起來。」[28] 愛德華．霍列特．卡爾（E. H. Carr）是最早寫下最完整的俄國革命時期研究的人，他總結：「列寧與布爾什維克對於推翻沙皇的貢獻可以被完全忽略。」列寧也不是個有先見之明、能預先看清楚戰略情勢的總司令。在一九一七年一月，也就是二月革命的前一個月，他惆悵地寫下：「我們老一輩的人可能看不到即將到來的革命決戰。」[29]

在革命前夕，布爾什維克的確是有一定的工人基礎，尤其受到莫斯科和聖彼得堡的低技術勞工歡迎，但社會革命黨、孟什維克（Menshevik）[30]、無政府主義者與沒有黨派的工人仍然占大多數。更重要的是，附屬於布爾什維克的工人中，沒什麼人服從於《怎麼辦？》中設想的層級控制。

列寧對於革命實踐的嚮往，是希冀布爾什維克能夠形成一個緊密、紀律嚴明、一個口令一個動作的結構，但這個理想和實際經驗相差了十萬八千里。除了一個關鍵的方面外，一九一七年的革命與一九〇五年流產的革命十分類似。反叛的工人接管工廠並奪取市政權力，至於在鄉村，農民開始奪取土地並攻擊仕紳與稅官。無論是在一九〇五年或一九一七年，這兩個活動都不是布爾什維克或革命先鋒黨發起執行的。在一九一七年自發組織蘇維埃經營工廠的工人，無視他們自己蘇維埃執委會的命令，更不用提布爾什維克了。至於農民則是把握中央政治真空的機會，恢復土地的社群控制，並實施他們在地的正義。大部分的農民從來沒有聽過布爾什維克，遑論要依他們的命令行事。

對於一九一七年十月晚期各種事件細節的解說，讓讀者最吃驚的大概是無與倫比的混亂，以及在地自發性的勝利[31]。在這種政治環境下，要去設想中央協調是癡人說夢。軍事史學家與敏銳的觀察者一直都明白，在戰爭的過程中，指揮結構往往搖搖欲墜。將領與他們的軍隊失去聯繫，

---

28 漢娜．鄂蘭，*On Revolution* (New York: Viking, 1965)。

29 E. H. Carr, *The Bolshevik Revolution, 1917-1923*, vol. 1 (Harmondsworth: Penguin, 1966), p. 36; Lenin quoted on p. 80。卡爾把這個判斷延伸到所有二月革命的政黨中：「革命政黨在創造革命上都沒有扮演直接的角色，他們沒有預期革命的發生，一開始還感到困窘。工人代表團的彼得格勒蘇維埃在革命時刻的創建，是缺乏中央指導的工人團體的自發行為。它是聖彼得堡蘇維埃的復活，後者在一九〇五年扮演了短暫但光榮的角色。（p. 81）」

30 譯注：孟什維克是俄羅斯社會主義革命三大派別之一。

31 請參考注二九，Sheila Fitzpatrick, *The Russian Revolution* (Oxford: Oxford University Press, 1982)；以及Marc Ferro, *The Bolshevik Revolution: A Social History of the Russian Revolution*, trans. Norman Stone (London: Routledge and Kegan Paul, 1980)。

而且常常無法跟上戰場迅速變化的局勢；指揮官所下達的命令，很有可能在抵達戰場時已無關緊要[32]。在列寧的情況下，命令與控制的結構之所以難以動搖，是因為它一開始就不存在。很諷刺地，列寧本人當時與黨的領導者格格不入（其中許多人身陷囹圄），而他在革命前夕被批評為魯莽的政變者。

讓一九一七年革命比一九〇五年還更有可能成功的新條件，是第一次世界大戰，尤其是因為俄羅斯向奧地利出兵後的軍事潰敗。這讓數千萬名士兵丟下武器回到城市，或是回到鄉下搶奪土地。亞歷山大・克倫斯基（Aleksandr Kerensky）的臨時政府幾乎沒有什麼力氣能布署戰力抵禦這個情形。正是在這個狀況下，布爾什維克「接管了空虛的王位」，雖然列寧的一小群軍隊在十月二十四日的起義，的確是提供了致命的一擊。在這之後直到一九二一年，可以被形容是一個未經世故的布爾什維克國家，對俄羅斯的**重新征服**。「重新征服」不僅僅是與「俄國白軍」的內戰；也是向在革命期間掌握地方權力的自主勢力開戰[33]。這之中所牽涉到最重要的部分，是一場長長的鬥爭，好毀滅蘇維埃的獨立力量，並對工人實行計件制、勞動管制和廢除罷工權。布爾什維克在鄉村逐漸施加政治控制（取代當地公社權力）與強行糧食上繳，最終對農民進行集體化[34]。布爾什維克的國家肇建過程，需要大量的暴力對付過去受益於它的人，克隆斯塔特人、坦波夫人和烏克蘭馬克諾夫契諾起義證明了這一點。

《怎麼辦？》裡清楚描述的先鋒黨模型，是執行命令與控制的絕佳範本。然而，一應用到實際的革命過程中，就只是癡人說夢，與事實毫無關聯。唉，這模型真的正確描述的部分，是革命奪權後，國家權威的作為。事實證明，列寧所形容、希望可以引發革命的權力結構，更像是長命百歲的「無產階級獨裁政權」。當然，在這個情況下，工人與農民並沒有同意這種權力的結構；而是國家將其視作必要的協調強行實施。

既然革命的勝利者有權力寫下他們如何獲得政權的官方歷史，從某種意義上來說，他們的敘述與歷史事實吻合的程度也就無關痛癢了。因為大部分的公民都相信包裝精美的解釋，無論它是否正確，這進一步增強了他們對革命領袖的洞察力、決心和權力的信任。將革命過程化為「就是這樣」的標準故事，大概是最終極的國家精簡化工程。它為了不同的政治與美學目的所服務，而這反過來又有助於解釋它所採用的形式。當然，在一開始繼承革命後國家的人，為了自己的既得利益，會想要把自己描述成歷史結果的主要推動者。這樣的解釋強調了他們作為領導者和鼓吹者

32　有關俄羅斯人在描繪這個情況最優秀的作品，是托爾斯泰在《戰爭與和平》中，對拿破崙在俄羅斯的戰役進行的精彩分析。(New York: Simon and Schuster, 1942), pp. 713, 874, 921, 988。也請參考John Keegan, *The Face of Battle* (New York: Viking Press, 1976)。

33　列寧認可自主行動推動革命向前所扮演的角色（甚至是在一九一七年革命後），他在一九一八年時寫道：「無政府主義的想法現在以活生生的形式出現。」請參考Daniel Guérin, *Anarchism: From Theory to Practice*, trans. Mary Klopper (New York: Monthly Review Press, 1970), p. 85。Guérin指出，布爾什維克早期大部分的立法，都是在事後對自主行動和實踐的合法化。

34　請參考根據豐富的文獻資料所創作出引人深省、鉅細靡遺的研究。Orlando Figes: *Peasant Russia, Civil War: The Volga Countryside in Revolution, 1917-1921* (Cambridge: Cambridge University Press, 1996)。

不可或缺的角色，在列寧的部分，則是最能與布爾什維克既定的組織意識形態相吻合。米洛萬．吉拉斯（Milovan Djilas）指出，官方授權的革命歷史「把革命形容得好像是革命領袖先前所規劃的行動下的產物[35]。」我們無須表現的很犬儒或是偽善：領袖或將軍會誇大他們對事件的影響力，本來就是理所當然的；從他們所在的位置觀看，世界就是長這樣，而如果下屬對領袖所看到的畫面有異議，則多半不會有好下場。

在掌握國家權力後，勝利者出於十分強而有力的利害關係，會想要儘快將革命從街道上移到博物館與教科書中，以免大家決定重複這個經驗[36]。強調少數領導人英明果斷的概要式的說法，可以加強他們的合法性；強調團結力、一致性與核心目標，會讓這些領導人看起來是必不可免的，於是就會希望他們能永遠存在。對民眾自主行動的蔑視還有一個額外目的，就是要暗示工人階級在沒有外部領導的狀況下，無法獨立行動[37]。這種說法還可能會把握機會，指認出革命內在與外在的敵人，挑出仇恨與需要被打壓的適當對象。

革命菁英所提倡的標準說法，同時也奠基於歷史過程將世界「變得理所當然」的方式，抹去了革命出於歷史偶然性的證據。在「俄國大革命」奮鬥過的人，只有在革命成為既定事實後，才發現他們為了革命奮鬥過的事實。同樣地，沒有任何一個參與過歷史的人，像是第一次世界大戰或是突出部之役（Battle of the Bulge），或甚至宗教改革或文藝復興，在當下就知道他們所參與的任何事情，可以被這樣概括為一段歷史。而由於畢竟事情**就是**以某種方式發生了，從事後能清楚地看到一定的規律或是起因，於是事情的結果有時看來似乎不可避免，於是也就變得理所當然。大家都忘記事情可能會有完全不同的結局[38]。正是因為這個遺忘，讓人踏下了把革命變得理所當然的另一步[39]。

當像列寧這樣的勝利者能夠施加他的革命理論時，他並不是聚焦在革命事件本身，而是在革命後的官方故事上，這些敘事往往強調革命領導人的能動性、目的以及非凡才華，並盡可能地貶低歷史的偶然性[40]。就這樣，最後一件諷刺的事，是布爾什維克革命的官方敘述，六十多年來都

35 Milovan Djilas, *The New Class* (New York: Praeger, 1957), p. 32。

36 我要感謝Peter Perdue向我指出這一點。Djilas也有提到這一點（同前）。

37 官方說法就算在某部分可以形塑集體記憶，他們不能完全取代真的參加過革命過程的人的個人和集體經驗。但是對那些沒有個人記憶、因此得由教科書或愛國言論接觸革命的人而言，除非有其他與之衝突的資訊來源，不然官方歷史往往占上風。

38 這就是這首歌謠的重點：「沒有釘子，就沒蹄鐵。沒有蹄鐵，就沒戰馬。沒有戰馬，就沒騎士。沒有騎士，就沒輿情。沒有輿情，就沒勝仗。沒有勝仗，就沒了王國……。」（John M. Merriman, ed., *For Want of a Horse: Choice and Chance in History* [Lexington, Mass.: S. Greens Press. 1985]）。

39 幾乎很難找到強調偶然性的歷史解釋。想要創造對於一個過去發生事件的解釋，往往需要悖逆事實的整齊與連貫性。任何參加過某項事件，並閱讀報紙如何報導該事件的人，都會意識到這個現象。也可以想像，有個犯下謀殺行為的人，或是跳河自殺的人，在事後都會被認作是殺了誰誰誰的人或是從某某橋跳下去的人。那個人的人生事件會根據他生命如何結束而被重新解讀，好像這件事是無可避免的，即便這個行為可能是高度隨機的。

40 在布爾什維克的案例中，官方敘事必須涵蓋一場布爾什維克最終獲得領導地位、真實的群眾運動。馬克斯的史料需要一群軍事、革命性的無產階級。這是二月革命與十月革命事件中不需要發明的一部分。但需要被排除在歷史之外的，是新的國家機器與自主蘇維埃和農民強烈鬥爭的那部分。

緊密地向《怎麼辦？》所指出的烏托邦方向靠攏。

## 《國家與革命》的列寧

列寧後期的《國家與革命》常常與《怎麼辦？》時期的列寧相提並論，展現出他對於先鋒黨和群眾關係看法的巨大轉變。毫無疑問地，列寧在一九一七年八月與九月（二月革命之後、十月革命之前）短時間內奮筆疾書的宣傳冊，其口吻當然很難與一九〇三年的文章保持一致。在一九一七年時，列寧有很重要的戰略考量，希望可以鼓勵群眾自主參與革命行動，愈多愈好。他和其他的布爾什維克黨員擔心，許多已經成為工廠主人的工人以及俄羅斯都市人可能已經失去革命熱情，這讓克倫斯基的臨時政府能奪回控制，並阻止布爾什維克的行動。對列寧的革命分子而言，一切都取決於顛覆克倫斯基的政權，就算群眾本身完全不遵守布爾什維克的紀律也無妨。這也難怪在布爾什維克鞏固權力前的十一月早期，列寧聽起來很像無政府主義者：「社會主義不是由上而下制定出的秩序。國家官僚自動化與其精神格格不入；社會主義是活生生、充滿創意，由群眾自發創造而來[41]。」

儘管《國家與革命》書中平等與烏托邦的口吻，十分貼近馬克斯所想像的共產黨，但是對我們的目的而言，令人怵目驚心的是列寧高度現代主義的信念，在書中仍然無所不在。首先，列寧毫無疑問地指出，使用國家暴力是建造社會主義的唯一辦法。他公開坦承在掌握權力後所需要的暴力：「無產階級需要國家權力，也就是暴力的中央化組織，暴力的組織，……才能引導無數的群眾（農民、小資產階級、半無產階級）組織社會主義經濟的工作。[42]」再一次地，馬克斯主義將提供想法與訓練，替工人群眾創造腦袋：「透過教育工人政黨，馬克斯主義將教育無產階級的先鋒，讓他們能夠接下政權並領導社會主義下的所有人類，讓他們能夠引導與組織新的秩序，成為所有勞苦和被剝削者的老師、嚮導、領導者，帶領他們打造反對資產階級和沒有資產階級的社會生活。[43]」這個假設是工人階級的社會生活只能由資產階級或是先鋒黨所組織，而永遠不是工人階級自己的成員所完成。

---

41 此處列寧引用自Averich, *Kronstadt*, 1921, p. 160。我相信列寧在這裡是有意識地抄襲盧森堡，儘管我沒有直接的證據。大家可以在列寧為一九〇五年革命短暫的狂喜中找前例：「革命是被壓迫者和被剝削者的節慶……。在革命時期，群眾從未像現在這樣積極地作為新社會秩序的創造者站出來。就是在這種時候，人民能表現出奇蹟。」（取自"Two Tactics of Social Democracy," quoted by Richard Stites, *Revolutionary Dreams: Utopian Vision and Experimental Life in the Russian Revolution* [New York: Oxford University Press, 1989], p. 42）。

42 列寧，《國家與革命》(New York: International Publishers,193 I), p. 23（強調為原著所有）。值得注意的是，被強制力指導的不是革命的敵人資產階級，而是被剝削的階級。只有無產階級例外，因為強制力對他們而言不甚必要。如Leszek Kolakowski所提到，列寧在革命剛結束時就明確表示，為了避免人們想像未來的國家強制措施將會由無產階級或其代表民主地決定：「無產階級專制的重點是不被法律限制的絕對權力，建立在純粹且直接的暴力之上。而他說在共產主義在全世界獲得徹底的勝利之前，將不會有自由與民主（這是他的用詞）。」("A Calamitous Accident," *Times Literary Supplement*, November 6, 1992, p. 5）。

43 列寧，《國家與革命》，pp. 23-24。

與此同時，列寧滔滔不絕地敘述一個新的社會，在這社會裡，政治將會消失，而幾乎所有人都可以勝任處理所有行政事務。列寧樂觀主義的效仿對象，正是他那個時代偉大的人類機器：工業組織與大型官僚。在他的想像中，資本主義的成長會自然而然地打造一個非政治的官僚結構：「資本主義文化創造了大規模的生產、工廠、鐵路、郵政服務、電話等等，而在這個基礎之上，老舊的『國家權力』的大多數功能都會被精簡化，而且可以被縮減到註冊、填寫、核對的簡單操作，每個識字的人都能輕鬆完成，將來只要有一般工人薪水的人就可以做這些工作。在這個情況下，就能（而且必須）剝奪這些職能如影隨形的每一項特權，和官員每一絲嚴謹且不可侵犯的表象。」[44]列寧召喚了當代生產中技術理性完美的美景。一旦掌握了適用於既定分工中每個小型的「簡單操作」後，就幾乎沒有什麼可討論的了。革命把資產階級從這艘「遠洋郵輪」的主控室趕下來，讓先鋒黨進去操作，開闢了新的航道，但眾多船員的工作並沒有改變。值得注意的是，列寧所想像的機械結構是純然靜態的。生產形式是固定的，而如果它確實發生了變化，這些變化不需要新的秩序所需的新技巧。

這種資本主義狀態所創造的烏托邦式，它的承諾是任何人都可以參與國家管理。資本主義的發展創造了巨大的社會化官僚組織以及「千百萬經過訓練、紀律嚴明的工人[45]。」加總起來，這些巨大、中央化的官僚，是新世界的關鍵。列寧目睹了他們在拉特瑙的帶領下，在德國戰時動員發揮的作用。科學與分工催生了一種技術專家的制度秩序，在此之中，政治與辯論都不是重點。當代生產模式替技術上必要的獨裁統治提供了基礎。「對於……個人獨裁權力的重要性而言，」列寧觀察到：「我必須說，大規模的機器工業正是社會主義的基礎……，它要求一個絕對且嚴格**統一的意志**，引導數以百計、千計、萬計的人結合起來的勞動力……。但要如何確保嚴格統一的意志呢？透過數千人將自己的意志屈服於一人之下……。我們要學習在工作時，對抗如滾滾春洪般混亂、洶湧的工人公共會議式民主，**並毫不質疑地服從**單一個人的意志，即蘇維埃領袖之下。」[46]

從這方面看來，列寧對於福特主義與泰勒主義生產技術的熱情，讓他加入許多和他同時代的資本家之列。當時許多西方工會所拒絕的手工業「去技術化」（de-skilling），獲得列寧大力支持，他認為這是理性國家規劃的關鍵[47]。對列寧而言，存在著一個單一、客觀、正確、有效率的答案，可以回答所有關於如何在行政與生產上進行理性設計的問題[48]。

---

44　同前，p. 38（強調為原文所有）。

45　同前，p. 83（強調為作者所加）。

46　列寧，"The Immediate Tasks of the Soviet Government," March-April 1918，引自Carmen Claudin-Urondo, *Lenin and the Cultural Revolution*, trans. Brian Pearce (Sussex: Harvester Press, 1977), p. 271。值得強調的是，這裡和「公共會議民主」息息相關的簡短、自然主義形象，絕對是和蘿莎．盧森堡的作品借來的。

47　請參考David Harvey, *The Condition of Post-Modernity: An Enquiry into the Origins of Cultural Change* (Oxford: Basil Blackwell, 1989), p. 126。哈維將列寧、福特、柯比意、伊比尼澤．霍華和羅伯特．摩西分類成現代主義者。

48　當然，對於這種忽視人類主觀性的問題，實際上沒有合理有效的解決方案。有效的生產設計一定得仰賴工人的正面回應。在俄亥俄州洛德斯鎮痛恨「有效率」的大規模生產線的汽車工人，以懶散的工作方式回應這個方案，這使得生產線效率低落。

列寧接著以傅利葉的方式繼續想像，一個巨大的國家工團會自行運作。他將這視作一個技術的網絡，而這個網絡將會透過理性與紀律的習慣，把工人限制在適當的日常工作中。在一個冰冷無情的歐威爾式段落裡（這或許是對無政府主義者、或其他拒絕這種邏輯的地痞流氓的警告），列寧暗示這個系統將多麼冷血無情：「想要從這樣的國家系統中逃離，將無可避免地愈來愈困難……而且可能會遭到立刻且嚴厲的懲罰（因為武裝工人是非常實際的人，而非多愁善感的知識分子，他們不允許任何人玩弄他們），很快地，遵守共同社會生活中簡單與基本原則的**必要性**，就會變成一種**習慣**。」[49]

列寧與柯比意的高度現代主義十分相似，除了列寧的烏托邦更平等，而且它的脈絡是在無產主義獨裁之下。他們的社會秩序被想像成是巨大的工廠或是辦公室，就像是柯比意說會發出「轟隆轟隆平穩聲音的機器」一般，在這裡，「根據整體配置，每個人都生活在有秩序的關係之中」。儘管列寧和柯比意的影響力深遠，但他們所共有的觀點並不特別。這兩個人觀點的相似性是種提醒，也就是在某個程度上，無論是左派的社會主義者或是右派的人，他們都受制於當代工業組織的樣板。類似的烏托邦，即一種「讓人公然崇尚的普魯士價值：威權主義、軍事、平等、官僚社會主義的夢想」，可以在馬克斯和聖西蒙的作品中找到，它同時也存在於當時在俄羅斯備受歡迎的科幻小說，尤其是愛德華·貝拉米（Edward Bellamy）的小說《百年回首》（*Looking Backward*）[50]。高度現代主義在政治上十分多變，它可以出現在所有政治偽裝中，甚至是無政府主義。

## 《農業問題》時期的列寧

為了解決列寧是否一直以來都持有高度現代主義立場這個問題，我們只需要分析他在農業問題的寫作即可。在這個領域上，高度現代主義的觀點一直受到高度爭論。我們大部分的證據則可以從單一作品而來，也就是列寧在一九〇一與一九〇七年間所著的《農業問題》[51]。

這份文本不停地譴責小規模家庭農業，並讚頌巨大、高度機械化形式的現代農業。對列寧而言，這不是規模上的美學問題，而是歷史必然性的問題。技術低等的家庭農業與大規模機械化農業的區別，正是家庭手工業的手動織布機跟大型紡織廠的機械化紡織機之間的差別。前者的生產模式註定會滅亡。列寧的這個譬喻是跟馬克斯借來的，而馬克斯常使用這個譬喻指稱手工織布機帶來了封建主義，而電動織布機帶來了資本主義。這個譬喻是如此有說服力，導致列寧在其他脈

49 列寧，《國家與革命》，pp. 84-85（強調為原文所有）。馬克斯、恩格斯、列寧都使用「流氓」無產階級這個詞來形容所有逃過工人階級規訓的邊緣人。他們對於流氓這個要素有無邊無盡的鄙視，幾乎和維多利亞時代對於「好吃懶做」的窮人差不多。

50 Stites, *Revolutionary Dreams*, p. 32。

51 列寧，*The Agrarian Question and the Critics of Marx*, 2nd rev. ed. (Moscow: Progress Publishers, 1976)。列寧對於農業的基本立場早在他一八八九年的書《資本主義在俄羅斯的發展》（*The Development of Capitalism in Russia*）就處理過了。然而，這本書所預測資本主義在鄉村自主的發展，並沒有像他預期的程度一般。想要參考針對馬克斯對俄羅斯鄉村分析重要的修正主義著作，請見Teodor Shanin, ed., *Late Marx and the Russian Road: Marx and the Peripheries of Capitalism* (New York: Monthly Review Press, 1983)。

絡下也要使用它，像是在《怎麼辦？》一書中，列寧聲稱經濟派的對手使用「手工方法」，而布爾什維克則是專業（現代、訓練有素的）革命分子。

對列寧而言，農民的生產形式（更不用說農民本身）是無可救藥的落後。他們是歷史遺毒，如同家庭手工業，將毫無疑問地會被農業用大規模機器產業掃蕩一空。「二十年已經過去了」，他寫道，「機器將小型生產者從他最後一個避難所趕了出來，彷彿就在跟那些耳聰目明的人說，經濟學家必須一直向前看，朝著技術進步前進，至於那些不肯向前看而形同背棄歷史的人，會立即地被拋在後頭；這裡沒有、也不可能會有中間路線。[52]」在列寧這份和其他的寫作中，他鄙視一切當時俄羅斯還保留的栽培與社會實踐，而這和傳統風俗、共有、三圃制（three-field system）的土地分配模式息息相關。在這個情況下，共同財產的概念阻止了資本主義的全面發展，而這反過來成為革命的條件。「現代農業技術，」他總結：「需要轉變所有農民土地分配的狀態，包括古老、保守、野蠻、無知以及貧困的經濟手段，三圃制、原始的農具、耕作者家父長制造就的貧困、家畜飼養的習慣方法、以及對市場條件和要求的幼稚無知，都必須被徹底拋棄[53]。」

然而，把從製造業獲得的邏輯應用在農業上，這種作法的適切性仍充滿爭議。許多經濟學家替農村生產戶進行了勞動力配置、生產、開銷的仔細研究。儘管他們許多人在意識形態上都致力於替小型財產的生產效率提出論點，但他們得先處理大量的實證證據[54]。他們認為，大量農業生產的本質意味著，與農業集約化（關注於施肥、小心培植等等）相比，機械化的獲益是微乎其微。他們宣稱，超過平均家庭農場的面積後，機械化的獲益規模是微不足道，或甚至是負成長。

如果這些論點都是根據俄羅斯的資料所提出，也就是在農村基礎建設的落後程度阻礙了機械化與商業成長的國家，列寧可能還不會把這當回事。但大部分的資料都是來自德國與奧地利這些相對發展較好的地方，這些國家的自耕農高度商業化，而且對市場的力量反應靈敏[55]。

列寧開始反駁旨在顯示家庭農業的效率或競爭力的數據。他利用這些實證資料的前後矛盾之處，並引用其他學者（包括俄羅斯與德國人）的資料來駁斥。在資料看起來無懈可擊的地方，列寧聲稱自耕農有辦法在做這些事後還能倖存，是因為他們忍著飢餓，過度勞動他們自己、他們的妻小、他們的牛與其他牲畜。不管小型農場創造出多少獲利，都是過度工作與消費不足（underconsumption）的結果。儘管這種「自我剝削」的形式在農民家庭中並不少見，列寧的證據並不能讓人完全信服。對他（和馬克斯）所理解的生產模式而言，手工業和小型農業的殘存必須是偶然出現的時空錯亂。儘管我們從他們身上理解到小規模生產是多麼高效與頑強，但列寧對於未來的

52 同前，p. 45。

53 列寧，*The Agrarian Programme of Social Democracy in the First Russian Revolution, 1905-1907*, 2nd rev. ed. (Moscow: Progress Publishers, 1977), p. 70。

54 德國與奧地利學派所做出的農場家戶調查實證研究，在世紀之交非常具有影響力。這個傳統的偉大俄羅斯經濟學家是A. V. Chayanov。他是位謹慎的學者、小型財產的強硬支持者（他創作了自己的烏托邦小說）以及蘇維埃官員。他在一九三二年被史達林的警察所逮捕，據傳在一九三六年被處決。Pyotr Maslov是另外一位當代俄羅斯支持小農效率與集約化的人，他也對列寧的立場提出異議。

55 列寧，《農業問題》，p. 86。

發展毫不遲疑。「這份調查證實了大規模生產農業的技術優越性……與自耕農的過度工作與消費不足，這在他為了地主而轉型成為一般農民或計時工後也一樣。……這個事實毫無爭議地證明了，在資本主義系統下，自耕農在農業的地位，在每個程度上都與工業裡的手工業者十分雷同。[56]」

《農業問題》也讓我們能夠欣賞列寧高度現代主義的額外面向：他對於現代科技的禮讚，以及最重要的是他對電力的讚賞[57]。他以聲稱「共產主義是蘇維埃電能加上所有鄉村的電氣化」聞名。對他和大部分高度現代主義者而言，電力有種神秘的吸引力。我認為，這種吸引力與電力作為一種權力形式這獨一無二的性質有關。不同於其他蒸汽動力、直接水力或是內燃機的機制，電力是**無聲**、精準、幾乎看不見的。對列寧與很多人而言，電力是種魔法。鄉村生活現代化最大的希望，是只要電纜線架好，電力可以遠距離輸送，可以在任何需要的地方、以所需的數量立刻送達。列寧錯誤地想像這或許可以取代大部分農場所操作的內燃機。「電力發動的機器可以更順暢與精準地運作，因此要使用在脫穀、犁地、擠奶、切割牧草上就會變得更加方便。[58]」將電力放在所有人唾手可得之處，國家就可以消滅馬克斯所說的「愚蠢的鄉村生活」。

對列寧而言，電氣化是打破小資產階級地主模式的關鍵，因此也就是能夠根除鄉村「資本主義根源」的唯一手段，而這個根源正是「內部敵人的基礎」。這個敵人「仰賴小規模生產，而要毀滅它只有一個辦法，就是將國家經濟（包括農業）放置在嶄新的當代大規模生產技術基礎之上。只有電力可以提供這個基礎[59]。」

電力對列寧大部分的吸引力在於它的完美，它數學上的精準。人類的工作，甚至是蒸汽驅動的犁或脫穀機的工作都具有瑕疵；相較之下，電力驅動的機器在操作上似乎是可靠、精準、且持續不斷。它的優點應該還要再加上它是從中央控制[60]。它提供了一個可見的傳輸線網絡，該網絡從一個中央發電站發出去，從中生產、分配以及控制動力的流動。電力的本質與列寧烏托邦式、中央集權的夢想吻合得天衣無縫。從發電站向外發出的電線圖，會和巴黎中央化後的交通樞紐一樣地輻射（參見第一章），只除了前者流動的路線是單向的。傳輸線以超越地理的方式用電力覆蓋整個國家。電力讓人能夠平等地接觸到當代世界的重要部分，而且並非偶然地，將光——實質

---

56 同前。

57 要參考更全面的論述，請見Jonathan Coppersmith, *The Electrification of Russia, 1880-1926* (Ithaca: Cornell University Press, 1992)；以及Kendall Bailes, *Technology and Society Under Lenin and Stalin: Origins of the Soviet Technical Intelligentsia* (Princeton: Princeton University Press, 1978)。威爾斯（H. G. Wells）在拜訪蘇聯後，流暢地寫下他在一九二〇年十月與列寧的對話：「列寧這個屏棄所有『烏托邦』的正統優秀馬克斯主義者，最後還是屈服在烏托邦之下，電力的烏托邦。」(*Russia in the Shadows* [New York: George H. Doran, 1921], p. 158)。

58 列寧，《農業問題》，p. 46。現在很容易會忘記第一次體驗到電力的人，當下會有多麼興奮。根據記載，Vladimir Mayakovsky當時說：「出現電力後，我對自然失去了興趣。」（Stites, *Revolutionary Dreams*, p. 52）。實際上，對於列寧所提到的所有活動而言，牽引機這種不需要傳輸線、可移動的能量來源，會比電力更實用。

59 來自於列寧在第八屆蘇維埃大會的報告（December 22,1920），當時要創立俄羅斯電氣化的國家委員會（GOELROQ）。引自Robert C. Tucker, ed., *The Lenin Anthology* (New York: Norton, 1975), p. 494。

60 中央電氣化使得國家造成的大規模停電或是部分停電變成可能。這種技術集中化的做法通常與其烏托邦式的承諾形成鮮明（如果不是滑稽的）對比。想參考馬可仕統治下菲律賓精彩的案例，請參考Otto van den Muijzenberg, "As Bright Lights Replace the Kingke: Some Sociological Aspects of Rural Electrification in the Philippines," in Margaret M. Skutsch et al., eds., *Towards a Sustainable Development* (forthcoming)。

上與文化意義上——帶給村民（narod，也就是「黑暗時代的人」）[61]。最後，電力能提供（它也需要）規劃與計算。電力運作的方式和列寧希望社會主義國家權力運作的方式不謀而合。

對列寧而言，同樣的發展邏輯也適用於先鋒黨、工廠和農場的高層菁英。專業人士、技術員與工程師會取代業餘者而成為領袖。奠基於科學的中央化權威會戰勝一切。像是柯比意，對列寧而言，組織內部功能特異性的程度、例行公事與各單位可替代性所創造的秩序狀態，以及機械化的程度，都是優越的理性與效率的評量基礎。在農場與工廠這部份上，規模愈大且資本愈密集就愈佳。我們已經可以從列寧的農業概念中窺見對拖拉機站（machine-tractor station）[62]的狂熱、大型國營農場的建立，以及最終的集體化（列寧死後才發生），甚至還有引發赫魯雪夫推行處女地運動這種巨大殖民計畫的高度現代主義精神。與此同時，列寧的觀點有很強的俄羅斯血統。他和彼得大帝聖彼得堡的計畫，以及十九世紀初阿列克謝．阿拉克切夫（Alexei Arakcheev）在亞歷山大一世的資助下所建立的巨大軍事殖民地模型，有著家人般地相似——他們設計的目的都是要將俄羅斯拖曳到現代世界。

只聚焦在列寧高度現代主義的思想上，會有精簡化一位極為複雜的思想家的危險，列寧的思想和行動都常常悖逆於當時潮流。在革命的期間，他能夠鼓勵公社占領土地、自主行動，以及激起讓鄉村的蘇維埃「從他們自己的錯誤中學習」的欲望[63]。在毀滅性的內戰和糧食收購危機的尾聲時，他決定擱置集體化並鼓勵小規模生產與小型交易。有些人認為，在列寧最後的論述中，他傾向放棄農民農場，並由此猜測他不會讓一九二九年史達林下令的殘忍集體化發生。

儘管有這些背書，我還是認為，沒有什麼理由相信列寧會放棄高度現代主義信念的核心[64]。甚至在他描寫他在一九二一年克隆斯塔特起義的戰略性撤退，還有持續不斷的都市糧食危機中，這點都十分明顯：「直到我們重新打造農民……**直到大規模機器重新鑄造他們之前**，我們必須向他確保他可以不受限制地經營生計。我們必須找到和自耕農共存的形式……**因為重新打造自耕農**，重塑他們心理整體與所有的習慣，是需要持續好幾個世代的任務……[65]。」如果這是戰略性撤退，那承認要改造農民需要好幾代的時間，聽起來並不像是打算馬上繼續攻擊的將領會說的話。但另一方面來說，列寧的信仰從未消失過，亦即機械化是轉化冥頑不靈的人性的關鍵。列寧體認到通往現代社會化農業的道路將是多麼漫長曲折，而他的這個想法存在著一種嶄新的節制

61 如預期般的，電力的光與村民的「啟蒙」這個類比，將布爾什維克的文化與技術計畫結合起來，常常在蘇維埃修辭中使用到。列寧寫下：「對於非黨員的農民群眾而言，電力是『不自然』的光；但我們認為『不自然』的事情，是農民與工人在過去幾百與幾千年間，在地主與資本家的控制下，活在落後、貧困與壓迫之中。我們現在要做的，就是把我們建設的每一個電力站都變成啟蒙的堡壘，用來讓群眾具備對電力的意識。」（引自Tucker, *The Lenin Anthology*, p. 495）。

62 譯注：拖拉機站是蘇維埃特有的國有機構，其目的是讓集體農場可租借大型農業機器，並提供人力操作和維修這些工具。

63 Figes, *Peasant Russia, Civil War*, p. 67。

64 他沒有放棄的，還有他對於共產黨統治使用暴力的信念。在一九二二年，當舒雅（Shuya）鄉村的宗教教徒公開抗議黨沒收教堂財產時，列寧主張大規模報復。「我們能射殺愈多人愈好，」他聲稱：「我們現在要教導這群人重要的一課，這樣他們接下來幾十年都不會妄想要反抗。」（引自John Keep, "The People's Tsar," *Times Literary Supplement*, April 7, 1995, p. 30）。

65 引自Averich, *Kronstadt*, 1921, p. 224（強調由作者所加）。

——這是農民奮力抵抗的成果。但一旦踏上旅程，列寧眼中的前景看起來仍毫無二致。

## 盧森堡：革命的醫師與助產師

羅莎．盧森堡不僅僅只是列寧的同代人。她同樣也是非常投入運動的革命分子與馬克斯主義者。在她不那麼具有革命情操的左翼盟友的命令下，她和卡爾．李卜克內西（Karl Liebknecht）於一九一九年在柏林被暗殺。儘管珍．雅各是針對柯比意與大部分高度現代主義城市計畫的批評者，柯比意在他死前大概從來沒聽過雅各這個人。但是列寧曾經與盧森堡見過面。他們大部分是為了同樣的觀眾而寫作，而且深知彼此的意見，盧森堡的確也特別反對列寧對於革命情境下先鋒黨以及黨和無產階級關係的論點。本書主要討論盧森堡直接處理列寧高度現代主義觀點的文章，包括：〈俄羅斯社會民主的組織性問題〉（一九〇四年），〈罷工、黨、以及工會〉（一九〇六年），以及在她死後出版的《俄國大革命》（寫於一九一八年，一九二二年首度出版，也就是克隆斯塔特起義之後）。

盧森堡與列寧最不一樣的地方，在於她相對地信任工人階級自主性的創造力。她之所以在〈罷工、黨、以及工會〉會抱著樂觀主義，部分是因為這篇文章與《怎麼辦？》不同，它是在一九〇五年的革命為工人民兵提供了客觀教訓後而寫下的。盧森堡特別為華沙無產階級對一九〇五年革命所產生的巨大迴響所震攝。至於〈俄羅斯社會民主的組織性問題〉則是在一九〇五年之前所寫，它是對《怎麼辦？》的直接回應。在波蘭共產黨拒絕臣服於俄羅斯社會民主黨的中央管理時，這篇文章發揮了關鍵的作用[66]。

在強調列寧與盧森堡的差別時，我們絕對不可以忽略他們兩人視為理所當然、共同的意識形態基礎。例如，兩人都相信馬克斯對於資本主義發展的矛盾以及革命的必然性所做出的假設；他們都與漸進主義和任何跟非革命政黨做出戰略性妥協的人為敵。就算在策略方面，他們都肯認先鋒黨的重要性，理由是先鋒黨更有可能看到全體情況（「整體」），而一般的工人比較可能只看到他們所在地的情形與他們的特殊利益。無論是列寧或是盧森堡都沒有所謂的「黨的社會學」，亦即無論利益的定義為何，他們都沒有想過黨的知識分子與工人的利益並不總是相同。他們可以迅速洞悉工會官僚的社會學，卻無法看見馬克斯革命政黨的社會學。

實際上，盧森堡跟列寧一樣，也使用過工廠經理的比喻，來解釋為什麼工人遵守指示是比較聰明的辦法，因為這可以貢獻他們的力量給從他們的角度可能無法立刻看見、更好的成果。但他們兩人分歧之處，是追求這項邏輯的過程。對列寧而言，這個整體只能掌握在先鋒黨手中，他們在

66 Rosa Luxemburg, "Mass-Strike, Party, and Trade Unions" and "Organizational Questions of Russian Social Democracy," in Dick Howard, ed., *Selected Political Writings of Rosa Luxemburg* (New York: Monthly Review Press, 1971), pp. 223-70, 283-306，以及Luxemburg, "The Russian Revolution," trans. Bertram D. Wolfe, in Mary-Alice Waters, ed., *Rosa Luxemburg Speaks* (New York: Pathfinder Press, 1970), pp. 367-95。如果盧森堡真的在德國獲得權力，猜測她的信仰是否還能維持住，會是非常有趣的一件事。但很清楚的是她在沒有權力時的觀點，和未掌權時的列寧有著天壤之別。

實質上壟斷了知識。他設想了一個全知的中心，就像是天空中的一隻眼睛——它構成了嚴格的等級制度的基礎，無產階級在這種行動中只是步兵或棋子。對盧森堡而言，或許黨比起工人還要更有遠見，但對於它所要領導的人所傳授給它的教訓，黨仍然時時刻刻都為此驚喜。

比起列寧，盧森堡認為革命過程更複雜且更難以預測，一如雅各認為要創造成功的都市社區，遠比柯比意想得更為複雜與神秘。就像我們會看到，盧森堡所使用的譬喻更直陳事實，她捨棄軍事、工程和工廠的類比，而更常使用成長、發展、經驗與學習等詞彙[67]。

先鋒黨可以下令或禁止群眾罷工，一如司令官可以下令他的士兵到前線或是將他們限制在軍營內，這對盧森堡而言是很荒唐的一件事。任何想要操縱罷工的企圖，在她眼中都顯得不切實際且有違倫理。她拒絕這個觀點背後的工具主義：「這兩個趨勢（下令或是禁止群眾罷工）都是始於同樣純粹無政府主義（pure anarchist，原文寫法）的概念，亦即群眾罷工只是鬥爭的技術性手段，能隨意地根據一個人的知識與良心『決定』或『禁止』之，好像這是某種大家放在口袋、不停玩弄的小刀，可以『為了緊急狀態做好準備』，或是下定決心打開卡榫準備使用一般[68]。」全員罷工，或甚至是革命，是一件複雜的社會事件，這牽涉到許多人類意志與知識，而先鋒黨在這之中，只是其中一個因素而已。

## 革命作為一個活生生的過程

盧森堡視罷工與鬥爭為辯證式的歷史過程。經濟結構與勞動力有助於形塑既有的選擇，但永遠無法決定這些選擇。因此，如果產業規模較小、而且地理位置分散，罷工規模通常也會比較小而分散。然而，每一次罷工都會迫使資本結構產生變化。例如如果工人贏得較高的薪資，這個漲幅可能會促使產業變得更穩定，並引進機械化以及新形態的管理模式，而這些都會影響下一輪罷工的性質。罷工當然也會教導工人新的一課，並改變他們團結與領導的狀態[69]。盧森堡對這個過程以及人類能動性的堅持，讓她對於狹隘的戰略看法能有所警覺。罷工或革命不只是戰略與命令要導向的目的；導向這些目的的過程同時也會塑造無產階級的性質。革命是**如何**發起的和革命是否發生一樣重要，因為過程本身事關重大。

列寧想要把先鋒黨轉變成工人階級的軍事參盟總部這件事，在盧森堡眼中十分不切實際且充滿道德瑕疵。列寧的等級制度邏輯忽略了工人階級（個人或是群體）中必然存在的能動性，他們的利益與行動永遠不能被機器加工成嚴格的服從。更甚者，就算真的能做到這些紀律與服從，如

---

67 Elzbieta Ettinger 認為盧森堡對於普通工人智慧的信任，有一個可能的來源是因為她對波蘭國族主義詩人 Adam Mickiewicz 的愛，他頌揚普通波蘭老百姓的創意與洞見。請參考 *Rosa Luxemburg: A Life* (Boston: Beacon Press, 1986), pp. 22-27。

68 Luxemburg, "Mass-Strike, Party, and Trade Unions," p. 229。儘管盧森堡對於無政府主義冷淡的提及，她的觀點很大部分都與無政府主義者對於一般行動者在革命中扮演獨立、創意的看法重疊。例如請參考 G. D. Maximoff, ed., *The Political Philosophy of Bakunin: Scientific Anarchism* (New York: Free Press, 1953), p. 289。書裡提到巴枯寧對於中央委員會有限的領導，預示著盧森堡對中央委員會角色審慎的看法。

69 盧森堡在這裡對工人階級運動的分析，是直接來自於她一八九八年在蘇黎世大學的博士論文，"The Industrial Development of Poland"。詳見 J. P. Nettl, *Rosa Luxemburg*, vol. 1 (London: Oxford University Press, 1966)。

果黨硬要實行，它將會喪失無產階級獨立與創意的力量，而無產階級正是革命的主體。相較於列寧對控制和秩序的渴望，盧森堡指出大型社會行動無可避免的失序、混亂以及鮮活的畫面做為對照：「比起按照最高委員會所決定的謹慎計畫，並執行僵固與空洞的審慎政治行動，」她在寫的時候明顯指涉列寧，「我們看到的是充滿活力的生命，有血有肉，不能從革命更大的框架中剔除：群眾罷工和革命有著密不可分、千絲萬縷的關係。[70]」在比較她和列寧的看法時，盧森堡一再地從複雜、有機的過程中尋找譬喻——如果隨意地切割，將導致有機體本身的生命危險。若理性且等級森嚴的執委會可以隨心所欲地布署無產階級軍隊，這個想法不僅與真實的政治生命毫無關係，而且還會變得死板空洞[71]。

在她駁斥《怎麼辦？》時，盧森堡強調中央集權等級制度的代價，是失去來自下層的創造力與新想法：「列寧心目中的『紀律』絕對不只是工廠灌輸給無產階級的，同時也是軍營、當代官僚制度、資產階級中央集權的國家機器的整體結構所施加而成。……列寧所提倡的極端中央集權化的本質，充滿了貧乏的**夜巡隊精神**（德文：*Nachtwachtergeist*），而非積極與充滿創意的靈魂。他主要都在致力於**控制**黨，而非**滋養**；致力於**限制**，而非**發展**；致力於**嚴密控制**，而非**團結**。[72]」

列寧和盧森堡分歧的核心，在他們各自使用的譬喻上最為明顯。列寧像是死板的校長，想下達非常明確的教訓——這個校長察覺到學童是多麼難以控制，而為了他們的利益，他不顧一切地想要讓他們維持秩序。盧森堡也看到學童難以控制的一面，但她把這視作生命力的象徵，是充滿可能性的寶貴資源；她害怕過分嚴格的校長會摧毀學童的熱情，留下一個嚴肅、死氣沉沉的教室，沒有人可以學到什麼東西。其實她在其他地方講過，因為德國社會民主黨一直努力於控制與規訓，導致德國工人階級士氣低落[73]。列寧認為學童可能會影響一位懦弱膽怯的老師，他強烈譴責這個可能性，認為這是反革命危險的一步。對盧森堡而言，教室代表著真正的合作，她默認老師也可能會從學童身上學到寶貴的一課。

當盧森堡開始將革命視作類似於複雜的自然過程時，她的結論就是先鋒黨所扮演的角色必然十分有限。要完整理解這個過程實在太複雜，遑論要事先指導或是規劃。她對於一九〇五年帝俄政府在冬宮前射殺群眾後，俄羅斯各地的民眾自發組織印象深刻。在下面我所引用的描述中，她使用了大自然的譬喻，表達她深信中央集權控制是種幻想：

70 Luxemburg, "Mass-Strike, Party, and Trade Unions," p. 236。

71 盧森堡也具有美學上自由的精神。她的愛人兼同志Leo Jogiches一直責備她小資產階級的品味與欲望，而她在投入革命的同時也為私人生活的價值所辯護。她對斯巴達克派報紙《紅色旗幟》（*Die Rote Fahne*）的設計建議，精巧地捕捉到了她的熱情：「我不認為報紙應該要像是英國草坪一般對稱、修剪……。相反地，它不應該被馴服，像是野生灌木叢，充滿生機，閃耀著青年才俊。」（引自Ettinger, *Rosa Luxemburg*, p. 186）。

72 Luxemburg, "Organizational Questions," p. 291（強調為作者所加）。

73 德國工人階級的革命能量的覺醒，再也不能以存在於德國社會民主黨已故的記憶中、監護人般的手段的精神喚起，……只能透過對於所有可怕的嚴肅性和所涉及任務複雜性的洞察力、政治成熟與獨立精神的結果、群眾的批判性判斷能力的果實（才有可能喚醒革命能量）。而群眾的這些能力，已經在過去幾十年來，被社會民主黨以各種藉口系統性地扼殺了。（Luxemburg, "The Russian Revolution," pp. 369-70：強調為作者所加）。

像是一九〇五年俄羅斯革命展示的，群眾罷工是一種變化多端的現象，它反映了所有階段的政治與經濟鬥爭，以及革命所有的階段與時刻。它的可應用性、效率以及開始的時刻，都不停地在改變。就在群眾罷工好像走到一個狹隘的關卡時，突然就打開了嶄新廣闊的革命視角；而它讓任何以為可以全盤掌握局勢的人感到失望。它一下像是巨浪一般襲捲整片土地，一下自我分割成一張由涓涓細流組所成的巨大網絡，一下又像是從地底往地面汩汩流出的新鮮泉水，沿著地面涓流。……一切（形式的民眾鬥爭）相互貫穿，相互比鄰，相互交叉，相互流動，相互重疊；它是一片永恆動人且外觀不斷變化的海洋。[74]

因此，群眾罷工不是先鋒黨戰略性的發明，好在適當的時機派上用場。相反地，它是「革命活生生的脈搏，同時也是最強大的驅動輪，……革命中無產階級鬥爭最傑出的形式。[75]」從盧森堡的觀點來看，列寧一定很像是想要替一條奔騰的急流修築堤壩的工程師，好在革命時能一口氣創造巨大的氾濫。但盧森堡認為並沒有辦法去預測或是控制群眾抗爭的「洪水」；專業革命者不能影響它的流道，雖然他們可以跟列寧一樣，乘著洪水之勢獲得權力。有趣的是，比起《怎麼辦？》中的烏托邦場景，盧森堡對革命過程的理解，為列寧和布爾什維克獲得政權的過程提供了更優越的描述。

因為盧森堡將政治衝突視作一種過程，這使得她能在列寧認為是失敗和死路的事物上，看見的更多。她在一九〇五年的寫作中強調：「每一次政治行動退去後，無數的經濟鬥爭都會如雨後春筍般浮上檯面。」[76]她所使用的有機過程的譬喻，傳達出它的自主性與脆弱性質。為了工具性的目的，從無產階級運動鮮活的生理組織中榨取某種特殊的罷工行動，將會威脅到整個有機體。她思考列寧的理論後寫下：「如果沉思理論[77]提議要人工肢解群眾罷工，好達到『純粹的政治性群眾罷工』，那就像是其他肢解手段一樣，這種肢解方式無法感知這個現象活生生的本質，而是將其全都扼殺。」[78]盧森堡對工人運動的態度與雅各對城市看法一致：它們都是錯綜複雜的社會有機體，其來源、動態與未來都只能被模糊地理解。介入與肢解工人運動會扼殺它們，一如沿著嚴格的功能性線條開拓城市，只會創造出毫無生機、如同標本剝製後的城市。

如果列寧面對無產階級的方式像是工程師處理原物料一般，帶著目標要塑造他們，那盧森堡對待無產階級的方式就像是外科醫生。無產階級跟病人一樣有自己的體質，限制了可以介入的手段方法。醫生必須尊重病人的體質，並根據病人的強壯或虛弱之處給予幫助。最後，病人的自主性與病史無可避免地會影響到結果。沒有人能重新徹頭徹尾地打造無產階級，再完美地將之放進預先決定的設計之中。

74　Luxemburg, "Mass-Strike, Party, and Trade Unions," p. 236。
75　同前，p. 237。
76　同前，p. 241。
77　譯注：此處的沉思理論（contemplative theory）指涉將意識視為產生所有思想與感覺的基礎條件。
78　同前，pp. 241-42。

但在盧森堡對於列寧和布爾什維克的批評中，主要且不斷出現的主題，是他們獨裁的手段以及對於無產階級的不信任，這造成了非常劣質的教育政策，阻礙了成熟獨立的工人階級的發展，而後者正是革命和創造社會主義不可或缺的一環。因此，她同時攻擊德國與俄羅斯的革命分子，認為他們以先鋒黨的自我意識取代無產階級的自我意識，並無視目標應該是要**創造**具有自我意識的工人階級運動，而非利用無產階級作為工具。像是充滿信心又具有同情心的監護人，她認為錯誤的步伐都會是學習過程的一部分。她譴責社會民主黨：「然而，機敏的雜技人員並沒有看到，導演這個角色的真正主體，是工人階級集體的自我意識，他們有堅持犯錯並從中學習歷史辯證的權利。最後，我們必須坦承，在歷史上，真正革命性的勞工運動所犯下的錯誤，比起最完美且無懈可擊的『中央委員會』，絕對更豐富且更有價值。[79]」

在將近十五年後，亦即布爾什維克在一九一七年十月奪權後一年，盧森堡使用一模一樣的方式攻擊列寧。她在革命後立刻對無產階級專政這個發展方向所提出的警告，看起來就像是個預言。

盧森堡深信列寧與托洛斯基徹底破壞了對無產階級專政適當的理解。對她而言，這代表由無產階級**全體**統治，而這需要所有工人最廣義的政治自由（但這自由不能給敵人階級），這樣他們才能在打造社會主義時發揮他們的影響與智慧。無產階級專政並不像是列寧和托洛斯基所假設，是由一小群黨的領導人，以無產階級之名施展專政權力。對盧森堡而言，托洛斯基因為在選舉後局勢的改變而提議不召開制憲會議，這是比疾病本身更糟糕的治療方式。只有積極的公共生活可以補救代議組織的缺點。然而布爾什維克將絕對權力集中在少數人手中，「透過壓制公共生活，堵住了政治經驗的泉源，以及向上發展（達到更高階段社會主義）的來源。」[80]

這項爭議不僅僅是戰術策略的差異，更是對於社會主義本質看法徹底的歧異。列寧進行的方式好似社會主義的道路早就仔細規劃好了，而黨的任務，則是要使用黨機器的鐵的紀律，確保革命運動中規中矩地待在正軌上。相反地，盧森堡相信社會主義的未來，將在工人和革命國家之間真誠的合作中被發現與制定。實施社會主義並沒有「事先開好的處方簽」，也沒有「社會主義大綱與教課書中的重點」這種東西[81]。社會主義未來所特有的開放性並不是缺點，作為一個辯證過程，它反而象徵一種優勢，勝過烏托邦社會主義枯燥無味的公式。社會主義的創造是「新的領域，只有體驗過無數問題的經驗能夠改正並開創出新的路線。只有未經阻礙、充滿活力的生活，才能成為數千種新形式與**臨場發揮**，展現創造力，並糾正自己所有錯誤的嘗試。[82]」列寧所使用

79 Luxemburg, "Organizational Questions," p. 306。

80 Luxemburg, "The Russian Revolution," p. 389。透過一直強調工人階級的倫理與理想面向，盧森堡大概低估了生計問題的重要性。至少在一九一七年，這些問題和狹隘的工會主義一樣，很容易就會引發革命。她和列寧對於工人階級的物質主義，都不像在歐威爾的《通往威根碼頭之路》（*Road to Wigan Pier*）或《巴黎倫敦落拓記》（*Down and Out in Paris and London*）中可以看到的那般尊敬。列寧把工人看作一群男性學童，需要時時刻刻監督與指引，而盧森堡大概忽略了很多東西，其中包括他們對於民族主義的偏好，和他們有時候容易被嚇到的程度。

81 同前，p. 390。這裡提到教科書的部分不是在嘲弄；世紀之交時的社會主義掉書袋和說教的程度，往往讓當代觀察者感到吃驚。教室的譬喻盛行於社會主義思想，而正式的指導教誨則是常態。盧森堡很大一部分的職業生涯，都是在社會民主黨的高等政黨學校的教室與改作業中度過。

82 同前（強調由作者所加）。我們可以拿這個和義大利無政府主義者Errico Malatesta的手段相提並論，他在一九〇七年的

的命令與恐怖，還有盧森堡口中的「工廠工頭的專制力量」，剝奪了革命中這種眾人的創造力與經驗。她唱衰地補充，除非工人階級整體參與這種政治過程，不然「社會主義將由十幾名知識分子在幾張辦公桌後頭頒布。[83]」

從事後發展來看，列寧在革命之後馬上建構出封閉與權威的政治秩序，這使得盧森堡的預測令人沮喪，但又十分正確：「但是隨著整個國家的政治生活受到壓制，蘇維埃的生活一定也會癱瘓。缺乏普選，缺乏毫無限制的出版與集會自由，缺乏意見的自由鬥爭，每一個公共組織的生活都將死去。……公眾生活將逐漸沉睡。……在現實中，只有一打優秀的頭頭（黨領袖）在領導，工人階級的菁英們被邀請來替領袖的言論鼓掌喝采，並毫無意義地批准領袖提議的決議。然後，在這根源，是派系問題，……是資產階級意義上的獨裁專政[84]。」

## 亞歷山德拉・柯倫泰和工人反對派對列寧的評價

在革命後，柯倫泰實際上是布爾什維克之中盧森堡式批判者的當地代表。柯倫泰作為中央委員會（Zhenotdel）婦女小組的領袖，以及在一九二一年早期與工人反對派保持密切關係的革命分子，她是列寧身旁的一根刺。在一九二一年俄羅斯共產黨第十屆代表大會前，她撰寫了充滿尖銳批判的手冊，幾乎被列寧視作叛徒行為。俄羅斯共產黨第十屆代表大會召開的時間，剛好是黨正要組織鎮壓克隆斯塔特工人與水手叛亂，以及烏克蘭的馬克諾起義期間。在這種危險的時機點上攻擊黨領導，是在誘惑「群眾的本能」對黨產生背叛。

盧森堡和柯倫泰之間有著直接了當的連結。柯倫泰在二十世紀早期閱讀盧森堡的《社會改革或革命》（*Social Reform or Revolution*）後，便對她印象深刻，而她在德國社會主義分子的聚會上也見過盧森堡本人。儘管柯倫泰的小冊子呼應了盧森堡對於中央集權、威權主義式社會主義實踐大部分的批判，它本身具有特殊的歷史脈絡。柯倫泰將她的論據視作工人反對派論點的一部分，要求一場由工會自由選出代表的全俄羅斯生產者大會，而該會議將指導生產與工業規劃。與柯倫泰關係良好的盟友亞歷山大・什利亞普尼科夫（Alexander Shlyiapnikov）和其他工會分子警覺到技術專家、官僚和黨中央扮演愈來愈具有支配性的角色，以及他們對工人組織的排除。在內戰期間，或許類似戒嚴的管理技術還算可以理解，但現在他們已經在內戰中獲得絕大多數的勝利，社會主義建設的方向似乎變得岌岌可危。在要求由工會共同管理產業的訴求上，柯倫泰帶來了豐富的實際經驗，這些經驗源自她令人沮喪的工作，亦即代表職業婦女與國家機構談判該如何組織托兒所和食堂。最終，在遺留下先知般的批評之後，工人反對派成為違法組織，而柯倫泰則被迫噤聲[85]。

---

《無政府》（*Anarchy*）中指出，就算被良善的威權社會主義者統治是可能的，這會「大量減少（生產力），因為政府會將民眾自發組織限制到剩下零星幾個。」（引自Irving Louis Horowitz, *The Anarchists* [New York: Dell, 1964], p. 83）。

83 Luxemburg, "The Russian Revolution," p. 391。

84 同前。

85 不像是其他異議分子，柯倫泰沒有被謀殺或是送到勞改營。她在隱約知道要壓制自己的批評下，在一系列外交和大使柯倫泰的冊子攻擊黨國組織，將其比喻成專制的學校老師，和盧森堡使用的詞彙如出一轍。她尤其抱怨中央委員會與工人的關係已經變成嚴格的單向指揮關係。工會幾乎被視作只是黨給予工人指令「聯繫的連結」或是輸送帶；如同老師將上級下令執行的課綱與課程計畫向下傳授給學童一般，工會被指望要用同樣的方式「培養群眾」。她斥責俄羅斯共產黨過時的教育理論，讓學生沒有任何發展原創性潛力的空間。「當大眾開始翻閱我們傑出領導速記的備忘錄與言論時，會為其中出乎意料的教育活動形式感到震驚。每篇論文的作者都提出一套培養群眾的完美體制。但是這些『教育』體制都沒有為受教者提供實驗的自由、訓練，以及創造力的表達。在這方面，我們的教育學者食古不化。[86]」

有一些證據指出柯倫泰為婦女所做的工作，直接影響了她為工人反對派所提出的論點。像是雅各之所以對於城市能有不同的看法，是因為她身為職業婦女和母親這些額外角色，柯倫泰也是從女性倡議者的角度看待共產黨，而這些女性的工作很少被認真對待。她指責黨剝奪婦女在組織「生產和發展創造能力領域中的創意型任務」的機會，並將她們限制在「家政、家務等等有限的任務之中。[87]」她作為婦女小組代表而被貶低與鄙視的經驗，和她譴責共產黨也把工人視為嬰兒、而非主動且有創意的大人有直接關連。在她控訴黨認為女性只適合家政工作的段落中，她嘲弄在礦工會議上，托洛斯基讚揚自願更換商店櫥窗的工人這件事，因為這顯示出他其實想將這些工人限制在純粹的清潔工作上。

一如盧森堡，柯倫泰相信要打造社會主義，不能憑藉蘇聯共產黨中央委員會的一己之力就能夠完成，無論他們是多麼的高瞻遠矚。工會不只是打造社會主義的工具或是輸送帶；它們在很大的程度上是社會主義生產模式的主體與創造者。柯倫泰精準地指出這根本的差異：**「工人反對派在工會看到的是共產主義經濟的管理者與創造者，而布哈林（Bukharin）和列寧還有托洛斯基，只交付給他們共產主義學校的角色，僅僅如此。」**[88]

柯倫泰和盧森堡一同堅信，工業工人在工廠的實踐經驗，是專家與技術人員所需的必要知識。她並不想要低估專家與官員的角色；他們是很重要，但他們只有在和工會與工人真誠合作的狀況下，才能高效能地工作。她對這種合作形式的願景，可能十分類似農業推廣服務處和需要這種服務的農民之間的緊密關係。也就是說，處理工業生產的技術中心會在俄羅斯各地建立，但他

---

職位中倖存。請參考Beatrice Farnsworth, Alexandra Kollontai: *Socialism, Feminism, and the Bolshevik Revolution* (Stanford: Stanford University Press, 1980)。

86 Alexandra Kollontai, *Selected Writings of Alexandra Kollontai*, trans. Alix Holt (London: Allison and Busby, 1977), p. 178。由於找不到柯倫泰的文章〈工人的反對〉（The Workers' Opposition）原始的俄文版本，這段話是引自一九二一年重印的翻譯。

87 同前，p. 183。家庭自主性又是另一個問題。柯倫泰要求蘇維埃的母親不要把孩子想成「我的」或是「你的」，而是「我們的孩子，共產主義國家的孩子」。

88 同前，p. 182（強調為原著所有）。

們處理的任務和他們提供的服務，會直接回應到有需求的生產者[89]。專家是要為生產者服務，而非規定他們怎麼做。為了這個目的，柯倫泰提議要開除在一九一九年後才入黨、沒有實際工廠經驗的許多專家與官員——至少在他們真的完成一些體力勞動之前不得入黨。

像是盧森堡一樣，她也清楚看到讓工人獨立倡議組織感到挫敗後所帶來的社會與心理後果。從實際的例子出發——工人取得柴火、建立用餐室、開設托兒所——她解釋工人如何在每一個步驟都被官僚的拖延與欺瞞所阻撓：「每一個獨立思想或是倡議行動都被當作是『異端』，像是違反黨的紀律一樣，被視作是侵犯中央特權的企圖，而中央一定要『監督』一切並且『裁定』所有事情。」這所造成的傷害不僅僅是專家和官僚更容易做出拙劣的判斷，黨的這種態度帶來兩種下場。首先，這反映了「對於工人創造力的不信任」，好像他們高攀不上「我們黨公開宣揚的理想」。再者，最重要的是這扼殺了工人階級的士氣與充滿創造力的精神。從他們對專家官僚的挫敗感中，「工人變得憤世嫉俗，說：『讓官僚他們來照顧我們。』」這樣的後果是一群武斷、短視近利的官員，指揮著垂頭喪氣的勞動者，讓他們在工廠中度過「毫無信任感」的日子[90]。

對於什麼**類型**的任務可以打造革命並創造嶄新形式的生產模式，柯倫泰和盧森堡的預設都有著相同的出發點。對她們兩個而言，這些任務是行經未知水域的船。一些經驗法則或許存在，但是不可能預先描繪好藍圖或作戰計畫；等式上有太多的未知，不可能會有一步到位的解決辦法。用科技術語來說，這種目地只能透過逐次逼近法（successive approximation）的隨機過程、試誤法、實驗，以及經驗教訓來實現。這種努力所需要的知識，並不是從第一原理的知識演繹出來的，反而是從希臘古典時期所稱的「梅蒂斯」（*mētis*）而來，我之後會再針對這點進行討論。這個詞往往非常不適當地被翻譯成「靈巧」，但它的意思應該是只有透過長時間練習相似、但不完全相同的任務才能獲得的知識，而這需要不斷適應不停變化的環境。當盧森堡形容建設社會主義的「新領域」需要「臨場發揮」和「創造力」時，她所呼籲的就是這種知識。當柯倫泰堅持黨領導並非永遠正確，他們也需要「日常經驗」，和「真的同時有在生產與組織生產」的「基礎階級集體的實際工作」時，她就是在呼籲累積這種知識[91]。用許多馬克斯主義者所理解的術語來說，柯倫泰所問的問題，是最聰明的封建領地管理者能否自行發明出早期的資本主義。她的回答是當然不行，因為他們的知識與技巧直接掛勾在封建生產上，一如與她同時代的技術專家從資本主義架構學習並汲取教訓。現在要打造的未來是沒有前例可以依循的，只能自行琢磨。

柯倫泰聲稱：「要頒布執行共產主義是不可能的。它只能經由實際研究的過程創造出來，也許得透過錯誤，但這只有透過工人階級的創造力才能達成。」就修辭效果而言，這與盧森堡和列寧都曾表達過的觀點相呼應。雖然專家和官員的協助角色至關重要，但「只有那些與產業直接相關的人，才能帶入創新的觀點到工作中。[92]」

89 同前，p. 185。
90 同前，pp. 191, 188, 190。
91 同前，p. 187。
92 同前，pp. 187, 160。

對列寧而言，先鋒黨先是製造革命的機器，再來才是要建造社會主義──他假設這些任務的主要藍圖都已經完成了。對柯比意而言，房子是生活的機器，而城市規劃者是專家，他們的知識讓這些人知道該如何打造城市。柯比意認為人與城市規劃的**過程**毫無關係，儘管設計的結果得考量他們的福祉與生產力。列寧不能在沒有無產階級的狀況下創造革命，但他將他們視作要布署的軍隊。革命與科學主義社會的目標當然是為了工人階級的利益。這些計畫都意謂存在著一個單一、統一的答案，能讓專家發現，於是就能夠有一個指揮中心，能夠，或是應該，強行施加正確的解方。

與他們相反的是柯倫泰與盧森堡，她們認為這些任務在事前都是不可知的。考量到嘗試的不確定性，多樣的實驗與新作法最能夠揭露哪一些攻擊最有效，哪些最無用。如同雅各的城市，革命和社會主義在技術員跟充滿天分與經驗的業餘人士共同生產下，會最為成功。最重要的是手段與目的兩者沒有嚴格的區別。和工廠製造輪軸的過程不同，盧森堡和柯倫泰的先鋒黨不能直接了當地製造革命與社會主義。因此無論先鋒黨對於結果付出多少，它不能跟工廠一樣依照它的產品被評斷（在給定的勞動力和資本額下，生產出一定品質與多少數量的輪軸）。與此同時，盧森堡和柯倫泰的先鋒黨也在製造特定形式的工人階級：充滿創意、有意識、能幹、充滿力量的工人階級，而這是黨要達到任何目標的先決條件。正面一點地說，旅途過程跟目的地一樣重要。負面地說，先鋒黨可能會用違背原初目的的手段完成革命。

# 第三部

# 鄉村定居與生產的社會工程

可識別性是操控的先決條件。國家對社會所展開的任何實質介入——替大眾施打疫苗、生產商品、勞力動員、對人民及其財產徵稅、掃盲運動、徵兵、施加衛生安全標準、逮捕罪犯、實施全民教育等——都需要創造出清楚明白、能夠觀測的單位才能進行。根據介入的形式，這些單位可以是公民、村莊、樹木、田野、房舍，或是根據年齡分類的人。無論被操縱的單位為何，他們都得根據一定的方式分門別類，讓他們能夠被辨識、觀察、紀錄、計算、加總以及監測。這所需要的知識程度，必須與介入的深度大致上相輔相成。也就是說，想要操縱的程度愈高，實現它所需要的可識別性就愈高。

普魯東正是因為這個在十九世紀中期到達高峰的現象，宣稱：「被統治就是被關注、被檢查、被暗中監視、被規範、被灌輸、被布道、被列下並被勾選、被估算、被評價、被譴責、被命令……，被統治就是在每一個操作、執行、動作上，被標誌、被登記、被計算、被估價、被告誡、被預防、被改革、被矯正、被糾正。[1]」

從另一方面來說，普魯東所哀嘆的事物，其實都是當代國家治國之術的偉大成就。至於這成就有多麼貧乏與得來不易，則十分值得大書特書。廣泛地說，大部分的國家都比他們宣稱管理的社會來得年輕。因此國家面對的管理對象，都是在與國家計畫毫無關係的情況下自然發展的居住

1 Pierre-Joseph Proudhon, "Q'est-ce que c'est la propriktk?"引自Daniel Guerin, *Anarchism: From Theory to Practice*, trans. Mary K Jopper (New York: Monthly Review Press, 1970), pp. 15-16.

地型態、社會關係與生產，自然環境更是如此[2]。於是這些社會形式往往十分多樣、複雜、且無法複製，而對國家而言，這些形式（往往刻意地）相對晦澀難懂。參考一下早先提到如布魯日的城市居住地、或是古老中東城市麥地那的形式（見第二章）。每座城市、每個區域、每個社區都是獨一無二；它們是無數設計與活動所造就的歷史總和。即便其形式與功能都各有邏輯，這些邏輯的來源並非出自單一的整體規劃。其複雜性無法透過簡單愜意的製圖工作來理解。更甚者，任何一張地圖都受到此刻此地的限制。單一區域的地圖，無法指出鄰近其他地區特有的複雜性，而在製圖當下讓人滿意的敘述，在幾年後也將逐漸失去效用。

如果國家的目標很小，那它就不太需要深入地理解社會。如同一位偶爾只會從一大片森林中拿取一些柴薪的樵夫，他不需要對森林有詳細的認識；一個只打算奪取幾車穀物和零散徵幾個兵的國家，亦不需要一張嚴謹、充滿細節的社會地圖。但是如果國家充滿野心——如果它想要在不會造成飢荒與叛亂的狀況下，極大化穀物與勞動力的榨取；如果它想要創造出識字、擁有技術且健康的人口；如果它想要每個人都說同樣的語言，並崇拜同樣的神——那它就必須具備更多知識，並更具有侵入性。

至於國家要如何掌控社會呢？在本章和接下來的兩個章節中，我將特別處理意圖由上而下、大規模重新設計鄉村生活與生產背後的邏輯。從中央、王室或國家的角度來看，這些過程往往被描述為「文明化歷程」[3]。我個人則偏好將它視作一種馴化的企圖，意即一種社會園藝工程，目的是讓中央更容易辨識與進入鄉村，取得產品和榨取人民。在馴化的工作中，許多要素就算不是普世皆然，也是十分常見，它們可能會被稱作是定居與培植的「定居過程」、「集中化」，或是「極端精簡化」。

我們將仔細檢視兩則惡名昭彰的農業精簡化計畫——蘇聯的集體化與坦尚尼亞的烏賈馬（ujamaa）村莊——從中尋找它們設計之中較為綜觀的政治邏輯，以及它們作為生產計畫之所以會造成種種失敗的原因。但是在這之前，如果能先透過東南亞的歷史歸納說明這類生產計畫，將有助於理解這些過程：我們可以看到，從前殖民、殖民到獨立政權時期的生產計畫的目的，其實具有連續性，當代國家也不例外，他們將這些計畫與自身的發展能力結合，以便實現拓居與生產計畫。

在前殖民時期的東南亞，除非土地本身是具有戰略意義的河口、海峽或要道，不然出於人口因素，土地控制對國家肇建很少有決定性的作用。相較之下，人口控制更重要（在西元一七〇〇年，大約是每平方公里五個人）。治國成功的關鍵往往是能在王室方圓附近的合理範圍內，吸引並擁有大量具備生產力的人口。考量到人口相對的稀缺，以及物理上人口出走的容易程度，除非

2　更精確地說，社會不只會展現出其成員的目的與行為（當然也包括他們的反抗），但同時也會表現出在這之前許多任何國家的「計畫」，這每一項計畫都為地理上特殊的社會階層打下基礎。

3　這個詞來自諾伯特．愛里亞斯（Norbert Elias）傑出的作品，The Civilizing Process, vol. 1 of The History of Manners, trans. Edmund Jephcott (New York: Pantheon, 1982)。但我們將會看到，它同時也適用於在西方世界外實施這些計畫、稱呼自己為「現代化者」的人。也請參考愛里亞斯的著作《Power and Civility, the second volume of The History of Manners》。

有人能在耕地上工作，不然控制耕地根本毫無意義。於是，前殖民時期的王國在榨取稅收和徭役的程度上，要同時能維持君主的野心，並且避免造成大規模逃亡，其選擇十分有限。前殖民時期的戰爭往往重點不是在宣示領土，而是想要圍捕俘虜，並將他們安置在鄰近宮廷中央之處。能有不斷成長、具備生產力的人口在王室首都領域內定居，比起王室本身的土地大小，更能有效展示國家的力量。

因此，前殖民時期的國家對於其人口的定居過程——建立永久、固定的居住地——可說是興致勃勃。只要人們能夠生產經濟剩餘，人口愈集中，國家要侵占穀物、勞動力與兵力，就變得愈輕而易舉。從最粗略的角度來說，這種決定論式的地理邏輯，不過就只是標準的區位論的應用。約翰．海因里希．馮．邱念（Johann Heinrich von Thünen）、瓦爾特．克里斯塔勒（Walter Christaller）和威廉．史金納（G. William Skinner）已經仔細證明過，在其他條件都一致的狀況下，市場位置、作物專業化和行政結構的地理模式，往往會因為經濟上的移動而反覆出現[4]。政治上對勞動力與穀物的侵占，通常也遵循相同的位置邏輯，偏好人口集中勝過分散，並反映出建立在運輸成本上的侵占邏輯[5]。在這個脈絡下，大部份關於治國之術的傳統文獻，都在處理如何能在一個居民可以逃到鄰近的邊疆、或是在附近國王羽翼下定居的情境中，吸引並保持其人口。在大部分東南亞地區，「用腳投票」一詞都具有字面上的意涵[6]。

泰國傳統的治國之術發現了一種新的技術，可以最大幅度地減少逃跑的平民，並將他們與國家或是貴族領主連結在一起。他們發想出一套紋身系統，確切地使用符號標誌平民，明確劃分誰「屬於」誰。這樣的紋身證明了，必須要使用特殊的方式才能識別並固定住一群傾向用腳投票的人。由於逃跑實在太常見，有許多賞金獵人的謀生方式，是在森林裡巡邏尋找逃跑者，並將他們歸還給他們的法定擁有者。[7] 在西班牙統治菲律賓的初期，羅馬天主教修士的莊園也有類似困

---

4 請參考 *Von Thünen's Isolated State* (1966), trans. Carla M. Wartenberg (Oxford: Pergamon Press), and G. William Skinner, *Marketing and Social Structure in China* (Tucson: Association of Asian Studies, 1975). Walter Christaller是中央區位理論的創始人。在他在一九三二年於愛爾朗根大學的博士論文中寫下這個理論時，就替史金納的作品奠定下了假設前提。

5 在水上移動比陸地上移動來的更為容易，因此其距離比較不是由物理距離測量，而是「旅行時間」。由於這些王國有長途貿的傳統，因此他們對侵占是興致勃勃（往往是透過進貢關係），而這不只是對穀物或是人力，也包括珍貴的商品，例如寶石、貴金屬、藥物和樹脂等，這些商品往往有利可圖，而且對遠距離進行的貿易而言，亦是有利於管理的。

6 這方面的例子可以在以下告誡中看到，這是由寡妃修氏傳達給那臘底哈勃德國王的，取自《緬甸國王琉璃宮編年史》，trans. Pe Maung Tin and G. H. Luce (London: Oxford University Press, 1923), p. 177：「考慮這個國家的狀況。汝身邊沒有人民或是子民，沒有大群的男男女女……汝之男女同胞皆遲到了，不會進入汝的王國。他們害怕汝之統治；對汝而言，噢，王者阿郎，當個堅強的統治者是種藝術。」對東南亞這種現象的經典分析，請見Michael Adas, "From Avoidance to Confrontation: Peasant Protest in Pre-Colonial and Colonial Southeast Asia," *Comparative Studies in Society and History* 23, no. 2 (1981): 217-47。海岸或是河岸邊的人口可以說是「用槳投票」。

7 人口出走的問題當然不僅是在東南亞才會發生。在十四世紀晚期及十五世紀，當黑死病消滅將近三分之一的西歐人口之後，由於農民可以輕易地逃到死人遺棄的土地上，貴族在利誘農民上遭遇到嚴重的問題。擁有開放邊境的奴隸國家，在這方面總是十分脆弱；在美國內戰之前，逃走的奴隸總是往北方、加拿大、或是西邊的「自由州」去。在俄羅斯，沙皇大多數的法令都涉及逃亡農奴的問題。總而言之，只要有開放邊境的地方，非自由的勞動形式總是難以維持，除非有足夠的暴力能動員來控制人口。

援。在當時，按照拉丁美洲模式重新安置、並為了能讓統治者監督生產而被組織起來的塔加洛人（**Tagalog**），經常從嚴酷的勞工制度中逃了出去。他們被稱作歸山者（*remontados*），即「回歸山林」的農民，他們在山林內會享有更多的自主性。

大致上來說，如果用「國家的空間」與「非國家的空間」來思考前殖民時期與殖民時期的東南亞，對我們的討論可能會更有幫助。在國家的空間內，人民定居在相對密集的類永久性聚落中，而國家也能相對輕鬆地侵占他們所生產的糧食（通常是水稻）與勞動力剩餘。在非國家的空間中，定居的人口則十分稀少，通常實行刀耕火種或是輪耕制，維持較為混合的經濟模式（包括像是混養或仰賴森林產物），他們具有高度的流動性，因此嚴重限制國家能有效侵占他們生產物的機會。國家的空間與非國家的空間不僅僅只是預先存在的生態或地理條件，能夠鼓勵或阻礙國家形成。對於即將成為統治者的人而言，其中一個主要目標即是**創造**並隨後擴張國家的空間，透過諸如建造灌溉系統、在戰爭中俘虜子民、強制定居、將宗教入法等方式達成。古典的國家設想一群集中的人口，在毫不費力的狀況下，穩定地生產與供應易於運輸與儲存的糧食和貢品，並為國家安全、戰爭和公共工程提供人力剩餘。

艾德蒙．李區（**Edmund Leach**）在再現傳統緬甸政體時，他對於緬甸邊疆敏銳的理解力，也隱約地遵從這個邏輯。他建議我們不要像是在當代國家的脈絡下，把前殖民時期的緬甸國家看作是物理上連續的領土，相反地，這些領土遵循截然不同的邏輯，複雜拼湊出來的。他堅持我們應該要用地形上水平的部分來描繪這個王國。從這個邏輯來看，緬甸實際上是由定居在以王宮為中心的特定範圍內的河谷的**所有**水稻生產者所組成。而一如前面所提到的，這就是國家的空間。考量到不同的生態環境，假設地景上下一個海拔範圍的五百到一千五百呎內所涵蓋的是實行輪耕制度的居民，他們的分布更廣且更為散亂，於是也更難成為國家有效的侵占對象。就算他們可能會定期向中央王室進貢，他們仍然不是王國不可分割的一部分。至於在海拔更高的地方，可能又會有其他生態、政治與文化圈。實際上，李區所提倡的，是要我們把在首都範圍內、密度相對較高的水稻定居地視作「王國」，至於剩下的地區即使很靠近首都，仍然也只是「非國家空間」[8]。

在這個脈絡下，治國之術所扮演的角色，是要極大化國家空間內具有生產力的定居人口，並同時向非國家空間收取貢品，或至少要讓該區變得中立[9]。不屬於國家的區域，往往在象徵與實際意涵上扮演著顛覆的角色。從宮廷優越的角度來看，這些空間及其居民是粗魯、失序與野蠻的典範，而透過比較，可以衡量與之相對的中央所具備的文明、秩序與精緻程度[10]。於是想當然

8　這個邏輯在內陸王國（王宮〔kraton〕風格）最為適用。每當有戰略位置作為天然的壟斷或是阻塞點，加上對這些戰略位置的控制可以作為侵占的基礎時，這個邏輯就會失效。我所想的是控制河口（馬來世界中上游／下游的區別）、海峽、隘口、或是重要資源的控制。

9　從東南亞的案例做出結論後，有人可能會認為國家的形成，是由集中、集約的生產所鼓動的。這些生產人口持續生產剩餘，並且發現離開的成本很高（例如在清理田地和控制水源上有很高的沉沒成本），或是他們生產的商品體積很大（如食品），易於儲存或是移動（如穀物），並且每單位體積和重量的價值相對較高。

10　住在這些空間的人，當然會有不一樣的看法。他們將他們的自由、行動能力與榮譽，和被綁在王室的手掌心中做出比較。一句令人玩味、且十分中肯的阿富汗諺語抓住了此中區別：「稅收吞噬了山谷；榮譽吞噬了山丘。」

耳，這些空間往往也就是逃跑的農民、叛亂者、強盜、王位覬覦者等威脅王國的人的避風港。

當然，不同海拔的生態系統只是其中一種描繪非國家空間的要素。它們可能也會涵蓋以下一項或多項獨特的特徵：它們可能比較難以滲透（野生、毫無人跡、有如迷宮、荒涼）；人口可能非常分散，或具有遷移的習慣；或是這些地方對於國家要侵占剩餘時，沒什麼幫助[11]。因此溼地與沼澤（想想現在伊拉克與伊朗邊境上、處於困境之中的沼地阿拉伯人〔Marsh Arabs〕）、不斷變化的三角洲與河口、山脈、沙漠（特別受游牧的柏柏爾人和貝督因人所喜愛）和大海（緬甸南部所謂的海上吉普賽人之家），更普遍地說，就我所使用的「非國家空間」這個詞而言，邊境當之無愧[12]。

無論是在東南亞或是其他地方，當代的發展計畫都需要創造國家的空間，讓國家可以在上面重新配置那些將要「被發展」的人的社會與經濟。當代發展型民族國家把邊陲的非國家空間轉化成國家空間的行為，可說是無所不在，而對這些空間上居民而言，這過程往往十分慘痛。安娜·羅文豪普特·秦（Anna Lowenhaupt Tsing）在謹慎解釋印尼民族國家企圖捕捉在加里曼丹（Kalimantan）游牧的山丘民族梅拉圖斯人（Meratus）時，描述了一個驚人的案例。她注意到，梅拉圖斯人所居住的地區，「到目前為止都使人如墜五里霧，難以達到一般開發案所需要的清晰與能見度。」作為同時進行輪耕與遷徙狩獵的採集者，他們的親屬單位時常變動，居住地廣泛分布在環境十分嚴苛的區域裡。而且在印尼人眼中，梅拉圖斯人還是異教徒，他們成為一道開發的難題。印尼官方曾試圖以非常散漫的方式，將梅拉圖斯人集中在主要道路附近規劃好的村莊中。

其背後不言自明的目的，是要創造出一群固定、集中的人口，好讓負責管理孤立人口的官員在巡迴該地區時，可以看見這些人，並對他們下達命令[13]。國家能夠監督與開發梅拉圖斯人的先決條件，是他們的不可流動性，但是梅拉圖斯人的民族認同，正是仰賴於「不受阻礙的流動性」[14]。

從國家發展的術語和政府官員的角度來看，梅拉圖斯人難以接近的程度，是他們極度落伍的指標。梅拉圖斯人被那些要開化他們的人形容成「還沒被安排好」或「還沒被布置過」（*belum di-ator*）、「還沒被傳過教」（*belum berugama*），而他們的種植方式則被描述為「沒秩序的農業」（*pertanian yang tidak teratur*）。至於國家到底想要對他們怎樣，梅拉圖斯人早已心中有數。一

---

11 要想出這些地方，最好的方法之一，是詢問逃亡的農奴和奴隸在哪裡休養復原，以及逃亡奴隸的社區在哪裡建立。這些空間是非國家空間，而官方會想要盡可能抹去。在美國，一個強而有力的例子是在內戰後的南方，政府盡其所能消滅自由黑人賴以維持獨立生存的大片土地，並驅使黑人進入勞動市場，通常是為他們以前的奴隸主工作。大部分被解放的黑奴偏好藉由在開闊的土地上耕作、捕魚、狩獵、誘捕和放牧，以維持不穩定的生活，更勝過屈服於長期雇傭勞動。一如Steven Hahn所指出的，一系列柵欄和非法侵入的法律、狩獵與誘捕的禁令、放牧限制、流浪法等等，都是設計來消滅非薪資勞動與（非國家）空間。請參考Hahn, "Hunting, Fishing, and Foraging: Common Rights and Class Relations in the Post-Bellum South," Radical History Review 26 (1982): 37-64.

12 為了避免這看起來很像地理決定論，讓我強調一下，人類的能動性在創造與維持非國家空間上，扮演十分重要的角色。最極端的情況下，就算是偉大的城市，在國家基本上交出其控制給叛軍或是反抗人口後，有些地方可能也會變成非國家空間。

13 一個與剝奪梅拉圖斯人「他們的」森林有關的目標，是要使土地更容易被納入國家伐木和盈餘的計劃之中。

14 Anna Lowenhaupt Tsing, In the Realm of the Diamond Queen: Marginality in an Out-of-the-Way Place (Princeton: Princeton University Press, 1993), pp. xiii, 28, 41。

個當地領袖觀察到，他們被要求在森林的主要道路上定居下來，「所以政府可以看到人」。他們深信，他們之所以被要求定居在成群的房子內，是為了「在政府來訪時看起來很不錯」[15]。從發展、進步、文明的論述來看，印尼國家為梅拉圖斯人所做的規劃，同時也是一個可識別性與中央集權化的概要式計畫。

至於創造並明確區分國家空間與非國家空間的成就，一直要到實際發生叛亂的脈絡下，才終於完成其邏輯上一直想要達成的成果。出於軍事威脅的本質，國家需要有能容易監視與巡邏的國家空間控制之，像是堡壘、強制安置地，或是拘留營。關於這方面的當代案例，可以在二戰後馬來亞（Malaya）緊急狀態時期，馬來亞所謂的新式村莊中看到。這些村莊是專門設計來隔離中國的小農場主與從事橡膠業的人口，避免他們向遠在中國內部的游擊隊提供人力、食物、現金，以及物資。不情不願的居民被安置在排列成直線、編上號碼而且長得一模一樣的房子中，而這種設置之後會被越南的「戰略村」抄襲使用[16]。人口移動的進出受到嚴格監視。他們與戰爭期間建造的集中營僅有一步之遙，旨在建造與維護一個清楚、具有界線、集中的國家空間，並盡可能將內部與外界完全隔離。在這裡，直接控制與規訓比侵占來得更重要。在近代有許多前所未見的嘗試，意圖替國家收回非國家空間。無論如何，這種收回非國家空間的方式，可以拿來形容越戰期間大量使用橙劑（Agent Orange）砍伐大片森林的行動，這種方式能夠讓森林變得更清楚、更安全（當然是對政府部隊而言）。

國家空間這個概念在市場經濟的脈絡下適當修正後，也能解決東南亞在殖民農業政策時明顯出現的謬論。殖民者決定偏好栽培業勝過小型農業生產，我們要如何解釋箇中緣由呢？這個偏好的原因想必不是出於效率關係。歷史上來說，大概除了甘蔗[17]，對於所有唸得出名字的作物而言，小型農場都能夠完勝大型的生產單位。殖民國家一次又一次地發現，由於小型生產者固定成本低廉、可彈性使用家庭勞動力，他們始終能以比國家或私營種植園更低的價格銷售作物。

我相信，如果能將種植園的各種「效率」作為稅收（利潤稅和各種出口稅）、勞工規訓與監視、政治控制的單位，就可以幾乎解決這個謬論。以殖民時期馬來亞的橡膠生產為例，在二十世紀第一個十年的橡膠熱剛開始時，英國官員與投資者都相信在莊園生產的橡膠，具備了較好的種植原料、較為優良的科學管理，以及更多可用的勞動力，這將會證明它們能比小型農場更有效

15　同前，pp. 48. 93。

16　我記得在菲律賓丹轆省和邦阿西楠省看到類似的拓居地，那裡每一棟房子都藉由巨大的字母，在房子正面靠近階梯的地方，陳列睡在該房子裡所有家庭成員的名字與年紀，這讓維安部隊在夜間巡邏時，可以更容易辨識出未經授權的訪客。

17　甘蔗一砍下來就要立刻壓榨，以避免蒸發和發酵所帶來的損失。對於大型壓榨機的需求（出於非常合理的原因，被稱為糖「心」）、牽涉到運輸甘蔗的問題、透過加工就可以大幅減少的體積，都提供了天然的障礙，讓壓榨機擁有者可以直接控制生產，或是透過束縛性契約完成。與咖啡、菸草、茶、橡膠、或是棕櫚油相比，甘蔗在中央化生產上，具有得天獨厚的優勢。

率地生產出橡膠，獲利也會更高[18]。但是當他們發現自己錯了的時候，官員仍然堅持系統性地支持生產橡膠的莊園，殖民地的整體經濟因此付出相當大的代價。在全球經濟大蕭條期間，馬來西亞惡名昭彰的史蒂文森計畫，就公開透過限制小型農莊的生產，以保存橡膠產業中凋零的莊園部門。如果沒有這個計畫，大部分的莊園都會消失。

至於殖民者在保護莊園部門的同時，也在保護他們國人以及都市投資客的利益，這個說法只是解釋這個政策的其中一個因素。如果這是主要的原因，大家會預期這項政策將隨著馬來西亞的獨立而失效。但我們很快就會看到，這個狀況並沒有發生。儘管種植園的生產效率比小型農場更低，但以它們作為稅收單位的便利性大幅超越小型農場。比起向一大群行蹤不定的種植者收稅，遑論他們的土地所有權、生產、利益對國家而言還難以辨識，監督並向大型、公家經營的企業要錢更為容易。而且因為種植場專門生產單一作物，要預估其生產和獲益也將更輕而易舉。在莊園生產橡膠的第二個優點，是它往往提供中央化的住宅與勞動力，他們更能經得起中央政治與行政控制。亦即比起具有本身特殊歷史、領導者以及混合經濟的馬來茅屋村（*kampung*），莊園是更能被清楚辨識的社群。

類似的邏輯，也可以有效應用在馬來西亞獨立之後所建立的聯邦土地計畫上。為什麼在一九六〇與一九七〇年間，在大規模自願移民積極開拓馬來西亞邊境的同時，馬來西亞政府會選擇建立大型、昂貴、而且受到官僚監督的拓居地呢？拓荒者的拓居地基本上不花政府一毛錢，而且歷史上來說還創造了有競爭力的家庭企業，種植並銷售經濟作物。政府所建立的巨大橡膠與棕櫚油企業，它們作為經濟提案根本毫無道理。因為它們建立的成本十分高昂，而每個開拓者所需要的資本支出，將遠遠超過理性商人會做下的投資。

然而，從政治與行政上來說，這種巨大、中央規劃並且由中央經營的計畫，能帶來各種優勢。在馬來統治者對馬來亞共產黨革命的企圖仍然記憶猶新時，當時經過規劃的拓居地具備戰略性村莊的一些優勢。它們根據簡單的網格模式布局，而且外來的官員能一眼立刻辨識。房地具有連續編號，而居民都經過註冊，比起開放邊境地區的人，這些居民受到更嚴密地監視。因此，政府可以根據年齡、技術，以及政治上可靠的程度精心挑選出馬來西亞的拓荒者。事實上也的確如此；在我一九七〇年代後期工作過的吉打州（Kedah），州內的村民都很清楚，如果他們想要被挑選到拓荒計畫中，需要獲得執政黨當地政治代表的推薦。

馬來西亞拓荒者的行政與經濟條件，與早期工業化的「企業城」的狀況十分雷同，在這之中，每個人都有類似的工作，由同樣的老闆給薪，住在公司的宿舍，並在同樣的公司商店購物。在種植園的作物成熟之前，拓荒者都會領到固定的薪水。他們的產品是由國家管道所銷售，而計

18　招募獨立種植的馬來人替莊園做事，被證明是難如登天，因此進口印度與中國勞動者以增加莊園勞動力，看似更為容易。除非殖民者願意冒著政治風險，創造一個進口而來的自耕農階級，與馬來人爭奪土地，不然馬來人難以招募的事實本身就有利於種植園。在其他地方，有其他方法可以創造容易辨識的侵占範圍。在爪哇，文化系統（Cultural System）常常要求村民在村裡的土地種植進口作物，以替代他們需要繳納的稅金。至於在某些地方，非常需要迫使經濟獨立的農民從事給薪勞動或在種植園工作，而官方通常會發現現金支付、普及的年度人頭稅等方法十分有用。

畫官員列舉了大量違規行為，一旦拓荒者違反其中任何一項，就可能遭到解雇。透過經濟依賴與直接政治控制，執政黨可以一再地制定此類計畫，以贏得選舉多數。集體抗議十分少見，而且往往會被行政人員的制裁壓制。更不用說，聯邦土地發展局（Federal Land Development Authority, FELDA）的墾居計畫讓國家能夠控制出口作物的組合、監視生產和加工過程，並設定售價以創造盈餘。

官方宣稱的規劃拓居地計畫的理由，幾乎總是建立在有秩序的發展和社會服務的論述上（像是提供醫療診所、公共衛生、合適的住宅、教育、乾淨的水源，以及基礎建設）。官方的修辭並非刻意地言不由衷；但是它沉默地誤導了一項事實，亦即這種有秩序的發展會以各種方式加速達成侵占、安全與政治霸權等重要目標，而如果只有自主的邊境拓荒，是無法達到這些目標。國家建造新村莊是反叛亂政策的一環，而聯邦土地發展局的計畫是其中比較「軟性」的平民版本。它們所創造的紅利與其說是經濟回饋，不如說是在擴大國家空間後所帶來的股息。

國家所規劃的定居過程和拓居地很少會照著計畫走，無論在馬來西亞或其他地方皆然。一如科學林業或是網格城市，被開發的對象往往能習慣性地逃過精密微調的控制，不讓控制的發明者遂行所願。但我們永遠都不能忽視一件事實，亦即無論開發計畫再怎麼受到在地實踐的影響，計畫的效果都取決於它們所取代、原本存在的東西，其關鍵性不下於計畫能實際達成多少它所吹噓的目標。

在規劃拓居地上的集中人口時，不一定會創造出國家規劃者預想中的事物，但在計畫實施之前已存在這塊土地上、並非藉由國家資源所凝聚的社群，總是會被集中化的計畫分裂或摧毀。被取代的社群無論在一般標準下是多麼糟糕，他們都擁有自己獨一無二的歷史、社會關係、神話，以及共同行動的能力。就定義上來說，國家所指定的拓居地，一定得從頭開始打造凝聚力與共同行動的根源。於是，同樣就定義上來說，新社群也是失去行動能力的社群，於是也更容易受到國家由上而下、由外向內的控制[19]。

19　因此，就會有在越戰期間，山謬・杭庭頓在道德上愚鈍、社會學上正確的觀察出現：在鄉間不停地轟炸，以及隨之而創造出來、在主要城市外圍的大型難民屯居地，提供許多優勢給那些想要影響並動員選民的人。他推論，那些在難民營的人比起仍然住在鄉村社區的人，來得更好操控。這之中所隱含、令人毛骨悚然的邏輯無懈可擊；愈多炸彈降落在鄉間，美國和在西貢的夥伴就愈有機會支配接下來任何和平的選舉競爭。引自杭庭頓，"Getting Ready for Political Competition in South Vietnam," paper presented at the Southeast Asia Development Advisory Group of the Asia Society, circa 1970。

我相信這個讓社會缺乏動員能力的邏輯，是以下這個普遍可觀察的事實的關鍵因素，亦即在工業化開始時，衰落的村莊往往比新成立的無產階級更能成為集體抗議的源頭，儘管這與標準馬克斯主義的推論相反。無論是自願或是被強迫的，遷居往往會消滅原先存在的社群，並用最新抵達、暫時分裂的群眾取代之。諷刺的是，與馬克思在《霧月十八》中所描述的農村農民相比，這群人更像是「袋子裡的馬鈴薯」。

# 第六章　蘇維埃農業集體化，資本主義的美夢

比起翻新巴黎的奧斯曼男爵，蘇維埃社會的主要建造者和設計巴西利亞的尼邁耶更為相似。戰爭失利、經濟崩盤、革命，這些條件的結合所提供給國家的，是國家所能擁有、最接近推土機鏟平後的土地了。這種情況所產生的結果，是一種極端的高度現代主義，它膽大妄為的程度讓人回想起其先驅，即法國大革命的烏托邦面向。

我沒有打算在這裡仔細討論蘇維埃的高度現代主義[1]，畢竟我也不是這方面最知識淵博的指引。我的目標是強調蘇維埃高度主義裡文化與美學的要素，這個作法後續將啟發對於蘇聯與美國高度現代主義的研究，發現蘇、美兩者之間的關聯——亦即它們對於巨大機械化、工業型農業的信仰。

1　討論蘇維埃高度現代主義最好的書籍，應該是理查·史蒂茲的Revolutionary Dreams: Utopian Vision and Experimental Life in the Russian Revolution (New York: Oxford University Press, 1989)。它豐富的參考資料涵蓋了大部分可以使用的文獻。

在某些重要的方面，蘇維埃高度現代主義和俄羅斯的絕對主義之間並沒有激烈的斷裂。厄內斯特・蓋爾納（Ernest Gellner）認為，啟蒙運動包含兩個面向，一個主張個人主權及其利益，另一個讚揚專家的理性權威，而對那些希望自己的「落後」國家可以迎頭趕上的統治者而言，後者才真的講到他們心坎裡。蓋爾納認為，當啟蒙運動抵達中歐時，它是「中央集權的力量，而非解放的力量」[2]。

因此，列寧式高度現代主義，在十八、十九世紀俄國沙皇及其顧問的理念中引起強烈迴響，理查・史蒂茲（Richard Stites）稱這種理念為「行政烏托邦主義」。行政烏托邦主義表現在一系列計畫中，它們根據「階級、紀律、組織化、嚴格的秩序、理性規劃、幾何的環境、社會福利國家主義的形式」，把人口（農奴、軍人、工人、公務員）組織到制度之內[3]。彼得大帝的聖彼得堡正是這個視野的城市體現。整座城市根據嚴格的直線與放射狀的規劃，在嶄新的地表上布局。根據設計，城市的直線大道寬度必須是最高建築的兩倍，而城市內最高的建築，自然是建立在城市的幾何中心。建築本身反映了功能與等級之分，每一棟建築的外觀、高度和材料，都與居民的社會階級互相對應。城市的物理布局，實際上是一張清楚的地圖，展示它所預期的社會結構。

無論是在都市或鄉村，都遍布許多聖彼得堡的複製品。在凱薩琳女皇的統治之下，格里高利・波坦金（Grigory Potemkin）公爵建造了一系列樣板城市（像是葉卡捷里諾斯拉夫）和鄉村聚落。接下來的兩位沙皇，保羅與亞歷山大一世，都繼承了凱薩琳對普魯士秩序與效率的熱情[4]。他們的顧問阿列克謝・阿拉克切夫（Alexei Arakcheev）建立了一個樣板莊園，農民在裡面得穿著制服，並遵從關於保養與維護的詳細指令，甚至還得攜帶記載他們所有違規紀錄的「懲罰書」。從這個莊園發展出一個更大膽的計畫，該計畫創造了一片分布廣闊、自給自足的軍事殖民團網絡，到了一八二〇年後期，該網絡大約已涵蓋七十五萬人。這種想要創造新俄羅斯的企圖，和失序、充滿流動力與快速變遷的邊疆社會呈現明顯對比。在人民抵抗、貪腐與無能之下，創造新俄羅斯的野心只能落得失敗收場。無論如何，早在布爾什維克掌權之前，威權主義式社會計畫已有許多失敗的前例，失敗實驗的殘骸早已遍布在歷史的景觀中。

列寧和他的同盟者幾乎能從零開始，實施高度現代主義的規劃。戰爭、革命，以及接踵而來的飢荒，替瓦解革命前的社會（尤其是城市）打下基礎。工業生產普遍的崩解促使了大量的人口從城市出走，以及實質上倒退到以物易物的經濟體制。接著而來的四年內戰，更分解了既存的社會連帶，並用「戰時共產主義」的方法——徵收、戒嚴、脅迫，替遭受強大壓力的布爾什維克上

2　我們知道這個推論並沒有扭曲自由主義的教條。約翰・彌爾（J.S. Mill）被稱作啟蒙運動的自由之子，他無疑相信落伍退步本身，就可以合理化把威權權力交給現代化者這件事情。請參考Ernest Gellner, "The Struggle to Catch Up," Times Literary Supplement, December 9, 1994, p. 14。至於跟這個論點類似的文獻，也請參考Jan P. Nederveen Pieterse and Bhikhu Parekh, eds., The Decolonization of the Imagination: Culture, Knowledge, and Power (London: Zed Press, 1995)。

3　史蒂茲，Revolutionary Dreams, p. 19。恩格斯對這種共產主義式的計畫十分不屑，稱呼他們為「兵營共產主義」（barracks Communism）。

4　凱瑟琳大帝在普魯士出生，而且與包括伏爾泰在內的幾位百科全書主義者有熱情的書信往來，她誠心誠意地追求理性秩序的狂熱。

了一課。

布爾什維克致力於推平社會的地形，並帶著高度現代主義者的野心，野心勃勃地想要和第一次社會主義革命的先鋒者有所區別。幾乎他們規劃的一切都是以紀念碑的規模在進行，從城市到個別的建築（蘇維埃宮）與建設計畫（白海運河），以及後續第一個五年計畫（在馬格尼托哥爾斯克〔Magnitogorsk〕，也稱為鋼城或磁山城）巨大的工業計畫，更不用提農業集體化。希拉·費滋派翠克（Sheila Fitzpatrick）非常中肯地稱呼這種對巨大的熱愛為「巨物狂熱症」（gigantomania）[5]。經濟體本身被視作秩序良好的機器，在這之中，每個人都可以跟列寧預示的一般，根據國家中央統計局詳細列出的描述與數量，輕鬆地製造商品。

然而，布爾什維克的計畫不僅僅只是轉變物理世界。他們想要的是文化革命，創造出新的人類。在所有黨派中，世俗派知識分子的成員對這個面向投入最多，提倡無神論與打壓基督教儀式的推行運動，不停地對鄉村施壓。新的「革命型」葬禮與婚姻在這些鼓動中被發明出來，他們積極鼓吹用「十月命名儀式」取代受洗[6]。理性、乾淨、節儉的火葬受到大力提倡。與這些世俗化措施一同而來的，還有大規模與廣受歡迎的教育與識字推廣活動。建築師與社會規劃者發明了新形態的公社生活方式，設計來要取代資產階級家庭的生活模式。公社食物、洗衣間以及育兒服務等，都保證要讓婦女從傳統的家庭分工中解放出來。房舍的安排明顯要讓它們能成為「社會凝聚器」（social condensers）[7]。

「新人類」——布爾什維克的專家、工程師或公務員，都成了社會倫理最新規範的表率，有時候被簡稱為「無產階級文化（*kultura*）」[8]。為了趕上科技與科學的狂熱，無產階級文化代表強調準時性、乾淨、公事公辦、禮貌謙虛，以及優秀但不做作的舉止[9]。正是出於這種對文化的理解以及黨對時間聯盟（The League of Time）的熱忱——提倡時間觀念、有效率的工作習慣、根據時鐘設置的日常工作——讓尤金・薩米爾欽能在《我們》這部小說內寫出讓人歎為觀止的諷刺文，並在日後成為喬治・歐威爾創作《一九八四》的靈感來源。

這場文化與建築革命讓外來觀察者最感到吃驚的，是它對於公共形式的強調——讓新世界的視覺與美學層面都整齊劃一。最好的例證大概是史蒂茲所稱之為的「召集的節慶」，由早期蘇維

5 希拉・費茲派翠克，*The Russian Revolution* (Oxford: Oxford University Press, 1982), p. 119。我相信「巨物狂熱症」這個詞當時在蘇聯也有人使用。大部分蘇聯巨大計畫的終極失敗，本身就是個重要的故事，其重要性為羅伯特・康奎斯特所記載，他觀察到「冷戰的結束可以說是矽谷打敗鋼城」。（"Party in the Dock," Times Literary Supplement, November 6, 1992, p. 7）。至於想要了解鋼城的產業、文化、以及社會歷史，請參考Stephen Kotkin, *Magnetic Mountain: Stalinism as a Civilization* (Berkeley: University of California Press, 1995)。

6 在法國大革命後的法國鄉村也可以看到類似的有趣之處，它們也有著「去基督教化」並提供世俗儀式的推廣活動。

7 譯注：社會凝聚器（Social Condensers）代表的是要透過建築影響社會關係，透過公共空間的設計弭平社會差距，進而凝聚社會關係。

8 譯注：即為Proletkult，全稱為Proletarskaya Kultura。意指無產階級文化。

9 史蒂茲，Revolutionary Dreams, p. 119。也請參考Vera Sandomirsky Dunham, *In Stalin's Time: Middle-class Values in Soviet Fiction* (Cambridge: Cambridge University Press, 1976，以了解在史達林之下，這種緊縮如何轉變為富裕。

埃政府的文化總監阿納托利．盧那察爾斯基（Anatoly Lunacharsky）[10]所組織而成。在他製作的戶外劇場中，革命必須以和原始版本同樣巨大的規模重新上演，有大砲、樂團、探照燈、河上的船隻、四千名演員，以及三萬五千名觀眾[11]。就算真實的革命混亂不堪，但重新演繹的革命需要軍事上的精確性，不同的演員以排為單位組織起來，並透過旗語和野戰電話動員。像是大型演習一般，公開觀賞為過去的事件賦予了秩序、目標以及中央指揮，目的是要讓觀者印象深刻，而非反映歷史事實[12]。如果我們能把阿拉克切夫的軍事殖民團視作對秩序的預想、再現、以及渴望，那或許盧那察爾斯基所籌劃的革命表演，可以被視作想要代表布爾什維克與無產階級群眾關係的願望。當時政府卯足全力確保儀式能順利進行。當盧那察爾斯基抱怨五一慶祝拆毀了許多教堂時，莫斯科州委第一書記扎爾．卡岡諾維奇（Lazar Kaganovich）表示：「我的美學要求從莫斯科六個區域前來的示威隊伍，能夠同時湧進紅場。[13]」至於在建築、公共舉止、都市設計、公共儀式上，對可視、理性、有紀律的社會外觀的著重，似乎大為風行[14]。史蒂茲認為這種秩序和目的導向的公共面貌，與幾乎支配整個社會的無政府狀態，它們兩者之間有某種反比的關係：「在所有這類型的烏托邦中，其組織者用理性與對稱的術語形容它們，他們使用規劃、控制過的數據、統計資料、預估和精確命令的數學語言。至於軍隊殖民地的視野與烏托邦計畫幾乎找不到相似處，其理性的外表難以掩蓋滔滔不絕的悲慘、失序、混亂、腐敗，以及隨之而來的反覆無常。[15]」

史蒂茲的主張或許有言外之意，亦即在某些狀況下，我所稱之為的微型化秩序，可能會取代真實的事物。具備秩序與一致性的外觀跟小型且易於管理的區域，可能會變成目的本身，再現可能會篡奪現實。當然，在研究更大的現象時，微型化和小型的實驗的確可以扮演重要的角色。根據比例尺與風洞建造飛機模型，是設計新型飛機的基本步驟。但是當現實與再現兩者產生混淆，像是將軍把閱兵場認作是戰場本身時，後果就會不堪設想。

## 蘇維埃與美國的戀物癖：工業型農業

在開始討論蘇維埃農業集體化的實踐與邏輯之前，我們必須承認，世界各地的社會工程師與農業規劃者，許多都抱持著對巨大、甚至是國家規模的理性化農業的信仰[16]，而他們是很有自覺

10 史蒂茲，"Festivals of the People," chap. 4 of Revolutionary Dreams, pp. 79-97。

11 同前，p. 95. 對許多沒有實際參加革命的人來說，透過愛森斯坦的電影，這種公開戲劇化的重演是持續鑲嵌在他們意識中的視覺影像。

12 作曲家與電影創作者被期待要成為「靈魂的工程師」。

13 引自史蒂茲，Revolutionary Dreams, p. 243。

14 列寧一定是被另外一本他最喜歡的著作影響，康帕內拉的《太陽城》，於是他希望在整個城市內豎立革命者的公共雕像，並附上鼓舞人心的銘文：紀念碑的政治宣傳。請參考 Anatoly Lunacharsky, "Lenin and Art," International Literature 5 (May 1935): 66-71。

15 史蒂茲，Revolutionary Dreams, p. 242。

16 這整大段都是根據黛博拉．費茲傑羅即將出版的傑作《Yeoman No More: The Industrialization of American Agriculture》中的第二、四、六章而來，我對此萬分感激。章節與頁數都是根據書稿而來。

地在從事這項共同事業。像是國際現代建築協會的建築師，他們透過期刊、學術研討會與展覽保持聯繫。其中來往最密切的，是美國農藝學家與在俄羅斯的同儕——甚至在冷戰期間，聯繫也沒有完全中斷。在完全不同的經濟與政治環境下工作，俄羅斯的農藝學家非常羨慕美國農場資本化的程度，尤其是在機械化方面；至於美國人則欽羨俄羅斯規劃的政治規模。他們攜手合作以創造大規模、理性、工業型農業新世界的程度，可以由下列針對他們關係的簡短描述看到。

大約從一九一〇到一九三〇年代末期，是美國熱切地將工業手段應用到農業上的高峰。當時最新的專業是農業工程師，他們是擁護這份熱情的主要人物；他們受到工業工程這個前輩領域的潮流影響，尤其是時間和動作研究的先知腓德烈．泰勒的學說，農業工程師把農場重新概念化成「食物與纖維的工廠」[17]。泰勒主義的原則是科學化測量工作過程，透過將工作拆解成簡單、重複的工序，讓非技術勞工能夠迅速學習，這個作法在工廠可能非常吃香[18]，但它們在應用到種植作物的多樣性和非重複性等要求上，效果啟人疑竇。農業工程師因此轉移注意力到農場其他比較能簡單標準化的操作上。他們試著理性化農場建築的安排、標準化機器與工具，並提倡主要糧食作物的機械化。

農業工程師的專業直覺，讓他們盡可能地試著複製當代工廠的特色。這促使他們堅持要放大典型小農場的規模，這樣才能大量生產標準化的農業商品，並機械化其操作，他們認為這樣才能大大地減少每單位生產成本[19]。

我們稍後會看到，工業模型只適用於一些農業，而非所有的農業。可是當時的人還是將它視作教條，不分青紅皂白地使用，而非把它當作需要小心求證的科學假說。現代主義者對於大規模、生產集中化、大量生產產品的標準化，以及機械化的信心，支配了當時工業的主要部門，以至於它成了一種信仰，相信同樣的原則能以同樣的方式應用在農業上。

許多人為了考驗這個信仰而付出努力，其中最大膽的或許是湯馬斯·坎貝爾（Thomas Campbell）在蒙大拿的「農場」，始於，噢，或許我應該說是，創立於，一九一八年[20]。它在許多方面都是座工業型農場，憑著創辦計畫書出售股份，文件中形容這個企業是「工業機會」；金融家約翰·皮爾龐特·摩根（J. P. Morgan）幫他公開募集了兩百萬美金。蒙大拿農業股份有限公司是座巨大的小麥農場，占地九萬五千英畝，之中許多塊地是從四個美國原住民部落租來的。儘管是私人投資，但如果沒有美國內政部與美國農業部（USDA）的幫忙與補助，這個企業是不可能成真的。

---

17 同前，chap. 2, p. 21.

18 許多評論家已經再三強調，這種重新設計工作的過程，是從具備技術的手工業者與勞工手上搶奪生產控制，並將這些技術放到管理者手中，管理者的階級與特權都是由工人「去技術化」之後而來的。

19 在約莫一九二〇年左右，大部分美國工業所製造出來的農業機器，其市場都不在美國之內，因為美國的農地普遍較小，市場在加拿大、阿根廷、澳洲、俄羅斯等農地比較大的國家。費茲傑羅，*Yeoman No More*, chap. 2, p. 31。

20 想了解對坎貝爾企業更精彩和完整的解說，請參考 *The Campbell Farm Corporation*, chap. 5，同前。值得補充的是，美國農業的經濟蕭條是從一戰結束時就開始，而非一九三〇年。於是當時的時機十分適合大膽的實驗，購買或是租賃田地的價格十分低廉。

坎貝爾聲稱整個農場有百分之九十是工程，只有百分之十是農業，他盡其所能地標準化農場營運。他種植小麥與亞麻，這兩種吃苦耐勞的作物在種植到收穫之間幾乎不太需要關注[21]。他所耕種的土地可以說是巴西利亞被鏟平後的土地的農業版本，是一片十分肥沃、不需要再施肥的處女地。這塊地的地形也讓事情變得更簡單：那是片平坦的土地，沒有森林、小溪、石頭或是山脊等會阻擋機器在上面順暢運作的東西。換句話說，選擇最簡單、最標準的作物，並租賃幾乎是一片空白的農業地，都是精挑細選的作為，為的是在上面應用工業方法。坎貝爾在第一年買了三十三台牽引機、四十台捆束收割機、十台脫穀機、四台聯合收穫機和一百輛貨車；他在一年中大部分時間聘用了約莫五十個人，但在農場旺季時雇用了約莫兩百個人[22]。

我沒有打算在這裡詳細記載蒙大拿農業股份有限公司的命運，尤其黛博拉·費茲傑羅（Deborah Fitzgerald）已經寫下了出色的紀錄[23]。值得一提的是，由於第二年的旱災以及政府在一年後取消對於售價的支援，導致了農場的崩盤，並浪費了J·P·摩根一百萬美金。除了氣候與售價外，坎貝爾的農場也面臨其他問題：土壤差異、勞工的流動率，以及在尋找無須監視、具備技巧與靈巧的勞工方面，出現困難。儘管整個企業一直撐到一九六六年坎貝爾過世，但它實在沒辦法證明工業型農場比家庭農場更有效率，或是獲利更高。工業型農場勝過小型生產者的優勢在於巨大的規模，讓它在貸款、政治影響力（牽涉到稅收、補助款項與避免徵收），以及銷售手腕上占有優勢。工業型農場在靈活度和優質勞動力等方面所付出的代價，往往是透過巨大的政治和經濟影響力來彌補。

許多以科學方式管理的工業型農場建立在一九二〇到一九三〇年間[24]，其中多家農場都成為經濟大蕭條徵收下，被銀行與保險公司接管的土地，並導致銀行跟保險公司擁有太多賣不出去的農場。這種由多達六百多個農莊所組成的「連鎖農場」的綜合經營模式十分常見（一個農場培養豬崽，另一個農場餵養牠們，如同當代家禽的「契約農場」），而買下它們則是投機性投資[25]。和坎貝爾的農場一樣，它們也沒比家庭農場更有效率。實際上，考量到工資和利息的固定成本很高，它們過高的資本化使它們很容易受到不友善的信貸市場和產地價格所影響。相反地，家庭農場比較能夠勒緊褲帶，轉向自給自足模式（subsistence mode）。

21 用本章後面發展的術語來說，小麥和亞麻是「無產階級」作物，而非「小資產階級」作物。

22 費茲傑羅，*Yeoman No More*, chap. 4, pp. 15-17。

23 同前，nn. 14 and 18。

24 另外一個類似的農場，而且和一九三〇年新政有直接相關的，是費爾威（Fairway）農場企業。在一九二四年由M. L. Wilson與Henry C. Taylor建立。他們兩個都是在威斯康辛大學的制度性經濟學受訓，這個企業是設計來要把沒有地的農夫訓練成科學、產業農夫。這個新企業的資本是透過約翰．D．洛克菲爾當捐客獲得的。「費爾威」農場之後會成為新政時期許多充滿野心的農業方案效尤的對象，Wilson和Taylor以及其他威斯康辛進步派的同事們，都在羅斯福時代的華盛頓升遷高位。更多關於這個關係的敘述，請參考Jess Gilbert and Ellen R. Baker, "Wisconsin Economists and New Deal Agricultural Policy: The Legacy of Progressive Professors" (unpublished paper, 1995)。一九二〇年代是農業實驗的黃金時代，一部分是因為農業產品在一戰後經濟衰退，刺激設計來要舒緩危機的政策。

25 Fitzgerald, *Yeoman No More*, chap. 4, pp. 18-27。對於堪薩斯的工業種植與被稱之為黃塵地帶的生態災難兩者的關係，請參考Donald Worster, *Dust Bowl: The Southern Plains in the 1930s* (New York: Oxford University Press, 1979)。

為了將美國小型產權制度與巨大的規模經濟、科學和中央化管理相互調和，許多人提出建議，其中最驚人的提案是一九三〇年代由墨翟凱・以西凱爾（Mordecai Ezekial）與謝爾曼・強森（Sherman Johnson）所提出的。他們大略概述了一個「國家農業公司」的輪廓，這個公司會整合所有農場，將其垂直整合並由中央進行管理，它還能夠「在國內各個農場間移動務農所需的原物料，建立生產目標與配額，分配機器、勞動力與資本，還能將產品從一個區域移動到另一個區域加工與使用。這個組織計畫就像是巨大的輸送帶，和工業世界有異曲同工之妙[26]。」以西凱爾無疑受到他才剛參加的俄羅斯集體農莊導覽，以及經濟大蕭條所造成的困境所影響。強森和以西凱爾並不是唯二呼籲大規模中央化工業型農業的人，這種想法不僅僅是在回應經濟危機，同時也是種信心，深信高度現代主義的未來勢不可擋。像是下述這種信心的展現，在當時非常具有代表性：「農業集體化是由歷史與經濟所構成的。政治上來說，自耕農與農夫是在拖進步的後腿。技術上來說，他們就和曾經在狹小的車庫裡手工組裝汽車的低微機械師一樣陳腐。俄羅斯人是第一個認清楚這件事的人，而他們根據歷史的必要性調整自己。[27]」

在這些崇尚俄羅斯的文字背後，代表著對高度現代主義的共同信念，更勝過特定的政治意識形態。這個信念甚至被一個臨時湊成的高度現代主義交換計畫所強化。許多俄羅斯農藝學家與工程師把美國視作工業化農業的麥加，並來到美國參訪。俄羅斯的美國農業團幾乎都會參訪坎貝爾的蒙大拿農業股份有限公司，以及參見米爾班・林肯・威爾森（M. L. Wilson），他在一九二八年是蒙大拿州立大學農經系的系主任，之後在亨利・華勒斯（Henry Wallance）領導的農業局擔任高官。俄羅斯人是如此受到坎貝爾的農場所震撼，以至於他們提出如果坎貝爾願意到蘇聯示範其農業經營的方式，他們願意提供他一百萬英畝的地[28]。

另外一個方向的往來亦是同樣活躍。蘇聯雇用了數千名美國技術人員與工程師，幫忙設計蘇維埃工業生產的各種基礎，其中包括曳引機和其他農場機械的生產。到了一九二七年，蘇聯也購買兩萬七千架美國曳引機。像是以西凱爾等許多來自美國的訪客，都很欣賞蘇維埃的農場，而這種農場到了一九三〇年，更是替大規模的農業集體化帶來了希望。讓美國人印象深刻的不只是農場的大小，同時也包括根據理性、平等主義原則，發展出俄羅斯生產方式的技術專家——農藝學家、經濟學家、工程師、統計學者。西方市場經濟在一九三〇年代的失敗，更是加強了蘇維埃實驗的吸引力。而兩邊的訪客在歸國後，都深信他們已經看到了未來[29]。

---

26 費茲傑羅，*Yeoman No More*, chap. 4, p. 33.該規劃的大綱也可參考Mordecai Ezekial and Sherman Johnson, "Corporate Farming: The Way Out?" *New Republic*, June 4, 1930, pp. 66-68。

27 Michael Gold, "Is the Small Farmer Dying?" *New Republic*, October 7, 1931, p. 2 11，引自費茲傑羅，*Yeoman No More*, chap. 2, p. 35。

28 同前，chap. 6, p. 13.也請參考費茲傑羅，"Blinded by Technology: American Agriculture in the Soviet Union, 1928-1932," *Agricultural History* 70, no. 3 (Summer 1996): 459-86。

29 熱情的參觀者包括約翰．杜威（John Dewey）、Lincoln Steffens、Rexford Tugwell、Robert LaFollette、Morris Llewellyn Cooke（當時美國科學管理最大的支持者）、Thurman Arnold，以及想當然耳，湯馬斯．坎貝爾（他稱蘇維埃的實驗為「世界上最大的農業故事」）。對於蘇維埃為了鄉村生活的進步與現代化所做出的規劃，Robert LaFollette太太Belle LaFollette的稱讚非常具有代表性：「如果蘇維埃能如願以償，所有的土地都能由拖曳機種植，所有的村莊都能讓電力

如費茲傑羅和路易斯．佛爾（Lewis Feuer）所指出，美國農業現代化的支持者之所以會受到農業集體化的吸引，與對馬克斯主義或蘇維埃生活方式的信仰毫無關聯[30]。「相反地，是因為蘇維埃對於用工業規模以及工業方法種植小麥的方式，和美國人認為美國農業該走的方向十分相似。[31]」對於這些美國觀察者而言，蘇維埃集體化所代表的，是將美國制度帶來的不利政治因素排除後的巨大示範計畫；「亦即，美國人將巨大的蘇維埃農場視作巨大的實驗所，而美國人可以在這之上嘗試如何增加農業生產（尤其是小麥生產）的激進想法。許多他們想要進一步學習的東西，基本上不可能在美國嘗試，有部分是因為成本太高，一部分是因為沒有適當的大型農地可供使用，還有一部分是因為許多農夫與農場勞動者，會警覺到這個實驗的意圖為何。[32]」他們希望能將蘇維埃實驗用在美國農藝管理學的態度，類似於田納西河谷管理局對美國區域計畫的態度：一座實驗場，以及一個可能採用的模式。

儘管坎貝爾沒有接受前往蘇維埃經營大型展示農場的邀請，有其他人接受了。威爾森、哈絡得．維爾（Harold Ware）（他在蘇聯進行了大量的實驗）以及蓋．利金（Guy Riggin）都受邀在占地五十萬英畝的處女地上，規劃一座巨大的機械化小麥農場。威爾森在寫信給朋友時，表示這將會是世界上最大的機械化小麥農場。他們在一九二八年的十二月，用兩週的時間在芝加哥的飯店房間內規劃了整個農場的布局、勞動力、機械需求、作物輪種、與步調一致的工作日程表[33]。他們會認為**可以**在芝加哥的飯店房間規劃這座農場這件事，凸顯了他們的傲慢，相信關鍵的問題會是抽象的，而技術之間彼此的關係不需要任何背景知識。費茲傑羅很敏銳地觀察到：「其實就算在美國，這些規劃也算太過樂觀，因為它們是把自然和人類行為不切實際地理想化後的結果。在這個範圍內，這些計畫代表了在有數百萬英畝的平地、無數勞動者，以及政府承諾會不計代價達到生產目標等條件下，美國人會怎麼做；**這些計畫都是針對抽象、理論上的空間所設計**。這些農業空間不符合美國、俄羅斯或任何實際的空間位置，它們遵從物理與化學的鐵則，不理會任何政治與意識形態立場[34]。」

這幾位美國人在莫斯科以南一千哩的頓河畔羅斯托夫附近，建立了名為駱駝（Verblud）的巨型國營農場（*sovkhoz*），占地三十七萬五千英畝，用於小麥的種植。儘管在這個農場一開始的確生產了大量的小麥，但作為一個經濟提案，它可說是一敗塗地。失敗的詳細原因不是我們關心的重點，重點在於失敗的原因大部分都可以總結成是**脈絡**問題，也就是這個特定的農場所具備的

---

照亮，所有的社區都能有棟中央房舍，當作學校、圖書館、聚集廳以及劇院，他們將擁有為城市產業工人計劃的一切便利和優勢。」（引自Lewis S. Feuer, "American Travelers to the Soviet Union, 1917-1932: The Formation of a Component of New Deal Ideology," *American Quarterly* 14 [Spring 19621: 129）。也請參考David Caute, *The Fellow Travellers: Intellectual Friends of Communism*, rev. ed. (New Haven: Yale University Press, 1988).

30 Feuer, "American Travelers to the Soviet Union," pp. 119-49，引自費茲傑羅，*Yeoman No More*, chap. 6, p. 4。

31 費茲傑羅，*Yeoman No More*, chap. 6, p. 6。

32 同前，p. 37。

33 同前，p. 14。

34 同前，p. 39，（強調為作者所加）。

特定脈絡情境導致這個計畫的失敗。與原本計畫不同的是，這個農場不是一個假設性、普遍的、抽象的農場，而是一座無法預測、複雜、特殊的農場，它是由獨一無二的土壤、社會結構、行政文化、天氣、政治限制、機器、道路，以及員工的工作技巧與習慣等要素的結合。我們將會看到，它和巴西利亞的狀況十分雷同，也就是野心勃勃的高度現代主義計畫的典型失敗，他們認為在地知識、實踐、與背景都無足輕重，或頂多就是需要避開的小問題。

## 蘇維埃俄羅斯的農業集體化

> 我們這邊所擁有的不是機器，是活生生的人在這裡生活。在他們自己安頓下來之前，你不能指使他們。我曾經認為革命就像是台蒸汽引擎，但我現在知道它並不是。
>
> ——安德烈．普拉東諾夫，《切文古爾》（*Chevengur*）

蘇維埃農業的集體化，是威權主義式的高度現代主義計畫中非常極端、但也很適合拿來分析的案例。它代表的是農業生活與生產前所未見的轉變，而這是由國家所支配的所有暴力強行而成的。更甚者，指導這個巨大改變的官員們，對支撐起鄉村經濟的生態、社會、與經濟安排皆所知甚少，如瞎子摸象地進行一切工作。

在一九三〇年代早期到一九三四年間，蘇維埃政府對鄉村展開一場實質的戰爭。史達林意識到他無法仰賴鄉村的蘇維埃「消滅富農（*kulak*）」與進行集體化，於是他派了兩萬五千名上過戰場的都市共產黨員與無產階級，他們擁有徵收穀物、逮捕反抗者、實施集體化的所有權力。史達林深信農民會盡其所能拉垮蘇維埃政府。在米哈伊爾．蕭洛霍夫（Mikhail Sholokhov，《靜靜的頓河》一書的作者）寄給他的信中，他提醒史達林頓河的農民正處在挨餓邊緣，而史達林則回答他：「你那個地區（和你那個地區以外）受人尊敬的穀物生產者們，正在進行『義大利式罷工（*ital'ianka*）』！在搞破壞！而他們對於讓工人和紅軍們沒飯吃，一點都不感到羞恥。就算這種破壞安靜無聲且看起來很無害（沒有血戰），並不能改變這些穀物種植者，實際上正在對蘇維埃的權力展開一場『安靜』的戰爭的事實。這是飢餓的戰爭啊，我親愛的蕭洛霍夫同志。」[35]

這場戰爭到底犧牲了多少生命，實際數字仍然有所爭議，但不可否認的是這一切都極為悲慘。「去富農化」和集體化運動，再加上持續不斷的飢荒，這造成的死亡數字從「保守估計」的三四百萬，到近期某些蘇維埃數據顯示的兩千萬人都有。在最新的檔案資料公開後，估計最高的死亡人數變得更加可信。在這些死亡背後，社會混亂與暴力的程度往往超過革命之後立即發生的內戰。數百萬人逃往城市或邊境，惡名昭彰的古拉格（即勞改營）迅速擴大，公開的叛亂和飢荒

35 引自羅伯特．康奎斯特，*The Harvest of Sorrow: Soviet Collectivization and the Terror-Famine* (New York: Oxford University Press, 1986), p. 232。另外一個更清楚認可這是場「戰爭」的，是M. M. Khateyevich的宣言：「一場無情的鬥爭正在農民與我們的政權中展開。這是場死亡的鬥爭。這是考驗我們力量與持久程度的一戰。要用一場飢荒才能顯示誰才是主人。這犧牲了數百萬的性命，但集體農場的系統將會留下，我們贏得了戰爭。」（引自同前，p. 261）。

肆虐鄉村，全國一半以上的牲畜（包括幫忙耕種的動物）都慘遭宰殺[36]。

到了一九三四年，國家終於「打贏」了與農民的戰爭。如果有史上有任何一場戰爭贏得了「皮洛士式勝利（Pyrrhic victory）」的稱號，那非它莫屬。國營農場（sovkhoz）和集體農場（kolkhoz）都沒辦法達成任何列寧、托洛斯基、史達林，以及其他布爾什維克黨員所設想的特殊社會主義目標。它們在替都市、工業化勞動力提高穀物生產量，或是生產廉價與豐盛的糧食上，也明顯一事無成。它們沒辦法如列寧所期望的那般，成為技術上有效率與創新的農場。甚至在列寧現代化的試金石，亦即電氣化方面，也只有百分之四的集體農場在二戰前夕做到。農業集體化絕對沒有在鄉村創造「新的男人與女人」，或是廢除鄉村於城市的文化差異。在接下來半個世紀，許多作物每公頃的產量不是停滯不前或低於一九二〇年代記錄的水平，就是比革命之前還要差[37]。

在另一方面，以一種詭譎的國家中心的方式，農業集體化取得了莫大的勝利。它被證明是一種粗製濫造的工具，可以使用在傳統治國之術的雙重目標上：侵占與政治控制。儘管蘇維埃的集體農場可能無法製造大量的剩餘與糧食，但它很適合成為國家的工具，讓國家可以決定種植方式、固定鄉村的實際薪水、侵占絕大部分生產的糧食，以及從政治上閹割鄉村[38]。

如果我們可以將蘇維埃國家在農業部門做的事形容成是偉大的成就，這種成就即在於占領了一個特別不利於侵占與控制的社會與經濟領域，並創造出更適合由上而下監視、管理、侵占與控制的制度形式以及生產單位。蘇維埃政府所繼承（而且有一段時間鼓勵）的農村社會，是沙皇政府的同盟者，即大地主與貴族官員被掃地出門後，由自耕農、中間階層的農民、手工業者、私營商人和各種流動勞工與流動人口取而代之而來[39]。這樣一個動盪、不受拘束、無人帶領（群龍無首）的農村社會，是如此難以控制而且幾乎沒有任何政治資產。布爾什維克則是跟科學林務員一樣，帶著幾個簡單的目標就想要重新設計他們的生存環境。布爾什維克創造了一個巨大、等級森嚴、國家管理的農場，好取代他們從沙皇所繼承的土地。在這之上，種植方式與收購配額都是由中央規範，至於這塊土地上的居民，根據法律都不得搬遷移動。作為一種收購與控制的機制，這樣設計出來的系統服務了蘇維埃政權將近六十年，並在停滯、浪費、士氣低迷、生態環境破壞上付出了巨大的代價。

農業集體化之所以可以維持六十年，與其歸功於國家的計畫，不如說是透過臨時湊合、半黑市（**gray market**）、以物易物及其投機取巧等方式，某部分彌補了它的失敗。一如「非官方的巴

---

36　在中國所謂的大躍進中，死亡人數不相上下，而且可以用類似的詞彙來分析。我選擇聚焦在蘇維埃俄羅斯之上，主要是因為這件事發生在大躍進的三十年之前，因此獲得更多學者的關注，尤其是過去七年，最新公開的俄羅斯檔案拓展我們在這方面的知識。至於要了解中國方面的經驗，請參考很受歡迎的Jasper Becker, *Hungry Ghosts: China's Secret Famine* (London: John Murray, 1996)。

37　在收益量很高的國營農場或是展示計畫裡，通常都是透過昂貴的機器、肥料、除蟲劑、除草劑達成產量，這個結果在經濟上十分不合理。

38　要參考針對農業集體化及其結果特別精彩與細膩的解釋，請見Moshe Lewin, *The Making of the Soviet System: Essays in the Social History of Interwar Russia* (New York: Pantheon, 1985)，特別是part 2, pp. 89-188。

39　我使用「lumpen」這個詞來指涉一群種類繁多、職業多變的龐大流動人口。儘管馬克思和列寧總是輕蔑地使用這個詞，暗示犯罪傾向和政治機會主義（political opportunism），我在此並沒有貶低這些人的意圖。

西利亞」在官方規劃中毫無正當性，卻仍然能夠崛起，讓城市有了生機，許多在正式的指揮經濟與蘇維埃律法之外的非正式實踐，也在蘇維埃興起，並規避了許多系統內建的龐大浪費與無能。換句話說，農業集體化的運作，從來沒有根據其生產規劃與收購的等級網格在運行。

在我接下來的簡單描述中，明顯可以發現農業集體化不能都歸咎到史達林的錯誤上，儘管他得為其高速的運作與殘暴負起大部分的責任[40]。一個歷經集體化的農業體系，一直都存在布爾什維克未來的藍圖之中，至於一九二〇年晚期的巨大的收購鬥爭，可說是當時在決定追求強制工業化的背景下，必然的結果。共產黨對於集體化計畫的高度現代主義信仰，在一九三〇年代早期孤注一擲的隨意湊合應變後，仍然存活了很長一段時間。這套聲稱是美學與科學的信仰，在之後農業高度現代主義的夢想中，仍然清晰可見，即赫魯雪夫的處女地計畫。即使在史達林過世已久、而且史達林在農業集體化所犯下的罪遭到公開譴責之後，赫魯雪夫仍照常實施。在已經有證據證明這些計畫是如此不堪一擊的情況下，這種信仰和結構還能歷久不衰，實在令人嘆為觀止。

## 第一回合：布爾什維克國家與農民

> 有時候，我覺得如果我能在每個人每一次想要講「解放」的時候，說服他講「系統化」，還有在他講「改革」或是「進步」時，改成「動員」，我就不需要寫這麼一本關於俄羅斯政府和農民互動的冗長書籍了。
>
> ——喬治・亞尼（George Yaney），《激發動員的衝動》（*The Urge to Mobilize*）

在前述特別引用的這本書中，亞尼描寫的是革命前的俄羅斯，但他這番敘述也很適用於布爾什維克國家。一直到一九三〇年，列寧式的國家及其前任沙皇式的鄉村政策，兩者間的延續性更勝其差異。他們都相信由上而下的改革，以及大型、現代、機械化的農場，是農業生產力的關鍵。天啊，他們對於複雜的鄉村經濟也同樣蒙昧無知，再加上毀滅性地對農村進行猛烈襲擊，並以武力奪取糧食。儘管這個延續性甚至到了一九三〇年制度革命之後還持續存在，但這場革命費盡全力推動農業集體化的新奇之處，在於革命國家願意不惜一切代價，徹底改造農業部門的制度格局。

新的布爾什維克國家所要處理的鄉村社會，是十分地晦澀難懂、抗拒統治、具有自治權與充滿敵意，遠比沙皇時代的官僚所面對的還要麻煩。如果沙皇時代的官僚在一戰時期「粗野的俄羅斯朝貢品蒐集方法」，引發了大規模的反抗與逃避[41]，那我們完全有理由相信，布爾什維克在農村榨取糧食之路，會更為艱辛。

40 現在普遍認為史達林得親自為在一九三二年八月起草的秘密法令負責，該法令稱穀物為「神聖且不得碰觸的」國家財產，而藏匿他們的人會成為「人民公敵」，並下令要立刻將他們逮捕並射殺。同樣一個史達林，在一九三五年傑出集體農場成員第二次大會上，大力主張保留足夠的私人用地：「大部分的集體農場成員想要種植果園，養一圃菜園或是養蜂。集體農場成員想要一個像樣的生活，而零點一二公頃是不夠達成這樣的生活的。我們需要分配給他們四分之一到半公頃的地，某些地區甚至要到一公頃。」（引自Sheila Fitzpatrick, *Stalin's Peasants: Resistance and Survival in the Russian Village After Collectivization* [New York: Oxford University Press, 1951, pp. 73, 122）。

41 同前，p. 432.

如果鄉間大多數的人對布爾什維克都充滿敵意，那這個情緒大部分是互相的。我已經提到，列寧的《土地法》已經給了農民他們所奪取的土地，而對列寧而言，這是一個戰術上的策略，設計來要在權力鞏固的過程中，換取鄉村的風平浪靜；他無疑相信自耕農最終也要被廢除，以迎來大型、社會主義式的農場。對托洛斯基而言，他所稱之為「由雕像與蟑螂組成的俄羅斯」能愈快轉變成「城市化之國」愈好。至於對許多剛剛城市化、一般的布爾什維克來說，廢除「黑暗與落伍的農民世界」，「對他們剛剛出現的個人與工人階級認同至關重要。[42]」

農民對布爾什維克而言是未知的領域。在革命當下，整個黨在俄羅斯總共只有驚人的四百九十四位「農民」黨員（大部分八成是鄉村知識分子）[43]。大部分的村民從沒見過共產黨員，儘管他們可能聽過布爾什維克的法律，確定農民擁有已經被奪去的土地的所有權。唯一在鄉村擁有跟隨者的革命政黨是社會革命分子（Social Revolutionaries），他們民粹主義的根源往往使他們對列寧的威權主義觀點興趣缺缺。

革命過程本身使得鄉村社會變得更晦澀難懂，因此也就更難徵稅。當時已經發生了大規模土地侵占，事後則很不恰當地以「土地改革」之名昇華之。實際上，在戰爭期間對奧地利的攻擊失利以及隨之而來的大規模逃亡後，農民已經吸收了仕紳與教堂的土地跟「王室土地」。有錢的農民所建立的獨立農莊（從斯托雷平土地改革「分離出來的人」），往往會被強迫回歸到村莊的分配地上，而鄉村社會實際上受到激烈地壓縮。非常富有的人的財產被沒收，至於許多非常窮困的人，他們人生第一次變成了小自耕農。根據其中一筆數據顯示，俄羅斯沒有土地的鄉村勞動者減少了一半，而平均農民所擁有的地，則增加了百分之二十（在烏克蘭增加了百分之百）。沒收的土地共計兩億四千八百萬英畝，幾乎都是從地方組織向大小地主沒收而來，再加上農民自有用地，現在幾乎每個家戶平均會有七十英畝的土地[44]。

從稅務官或是軍隊收購單位的角度來看，這情況根本難以想像。每個村莊的土地佃租制度改變是如此劇烈，之前的土地所有權紀錄（如果還存在的話），幾乎完全無法用來處理近期的土地所有權。每個村莊在許多層面都有其獨特之處，而且就算原則上這些村莊有被「製圖」過，這段時期的人口流動與軍事混亂，都只會使地圖在六個月或是更短的時間內失效。於是小自耕農、公社土地制度和時空上不休止的改變，這個組合替所有精密調整過的稅收系統帶來無法跨越的障礙。

革命在鄉村的的另外兩項後果，更是加劇國家官員行事的困難。首先，在一九一七年之前，大型農民的農場跟地主的企業，近乎生產了供給國內使用以及出口糧食的四分之三。鄉村經濟的這一部分餵養了城市，現在這一切都消失了。剩下大部分的耕種者消耗了他們自己大部分的收成，而他們可不會順從地坐以待斃，交出糧食。更平等的新型態土地分配，意謂著如果布爾什

42 奧蘭多．費吉斯，"Peasant Aspirations and Bolshevik State-Building in the Countryside, 1917-1925," paper presented at the Program in Agrarian Studies, Yale University, New Haven, April 14, 1995, p. 24。費吉斯也將這個觀點和至少可以追溯到一八九〇年的社會主義者傳單連在一起，這些傳單聲稱農民注定要因為經濟進步而失敗。

43 R. W. Davies, *The Socialist Offensive: The Collectivisation of Soviet Agriculture, 1929-1930* (London: Macmillan, 1980), p. 51.

44 康奎斯特，*Harvest of Sorrow*, p. 43.

維克像沙皇一樣「拿走」穀物一般地榨取任何東西，都會使他們與中小型農民的生存需求產生衝突[45]。

再者，大概也是革命更關鍵的後果，是它大幅提升農民社群抵抗國家的決心與能力。每一場革命都會創造出暫時的權力真空，此時古老政權的權力已被摧毀，但革命政權還沒在領土上徹底鞏固自己的權力。由於布爾什維克黨員大部分是城市居民，而且他們還在打一場曠日廢時的內戰，以至於鄉村的權力真空顯而易見，而這十分不尋常。奧蘭多・費吉斯（Orlando Figes）指出，儘管條件有所限制，這是俄羅斯史上第一次，鄉村擁有組織管理自己事務的自由[46]。而正如之前提到，村民通常使用武力或是用火燒逼出仕紳，占領他們的土地（包括公有土地與森林的權利），並迫使分離者回到公社之中。村民往往表現得像是個有自治權的共和國，只要紅軍支持當地的「革命」，他們就會任其擺布，但他們頑強抵抗任何強行向地方徵收糧食、牲畜或是人力的行徑。在這個情況下，剛剛起步的布爾什維克國家，帶著它慣有的軍事掠奪樣貌抵達鄉村。在農民眼中，這看起來一定很像是國家對鄉村的重新征服，如同一種新的殖民過程，將威脅到他們剛剛贏得的自治權。

考量到俄羅斯鄉村的政治氣氛，即使一個政府全盤了解農村經濟、具有在地的支持者以及柔軟的交涉技巧，他們也會遇到很多難題，而布爾什維克則是三者皆無。根據收入或財富而成的稅收系統，大概只有在具備有效的地籍圖和最新的人口普查的狀況下才有可能，但這兩者都不存在。更甚者，農場的收入會因為每一年不同的收成與售價而改變，於是所得稅就得針對當地收穫的狀況，更加小心謹慎地徵收。然而新的國家不僅缺乏能夠有效執政的基本資訊，它還大肆地摧毀沙皇時代國家機器中的各地官員、仕紳、財務專家與農藝專家，這些人無論再怎樣不適任，至少都曾經在戰爭期間管理稅收與穀物。最重要的是，布爾什維克普遍缺乏鄉村階級的在地嚮導，能幫助他們在充滿敵意與令人困惑的環境中找到方向。原本應該要扮演這個角色的鄉村蘇維埃，往往都是由效忠在地利益而非效忠中央的村民所擔任。另一個替代的部門，即鄉村貧農委員會（*kombedy*），聲稱在當地的階級鬥爭中要代表鄉村無產階級，他們往往不是成功被鄉村收編，就是困在與鄉村蘇維埃的暴力衝突之中[47]。

---

45 都市企業的崩盤也使情況雪上加霜，都市企業通常會替鄉村地區提供消費性商品或農村工具，而企業崩盤讓農民無法在市場購買東西，也因此失去販賣穀物的誘因。

46 請參考奧蘭多．費吉斯精彩又細膩的著作，*Peasant Russia, Civil War: The Volga Countryside in Revolution, 1917-1921* (Oxford: Clarendon Press, 1989)。即使是接近革命也會產生類似的真空，一九〇五年革命之後，沙皇政府花了將近兩年的時間才重新確立對農村的控制權。

47 透過革命過程，鄉村相對的統一性提高了。最有錢的地主不是離開就是被燒毀，而最貧困、沒有地的家庭，通常會獲得一些土地。於是村民的社經地位變得更相似，遇到外在要求時，反應也會十分類似。既然許多獨立的農夫都被施壓要回到公社，他們現在要在公有土地上分配到家用土地，就得仰賴整個村落幫忙。因此也就不難理解，為何鄉村貧農委員會被布爾什維克操縱在手中的時候，它們會遭受到鄉村蘇維埃代表堅決的反抗。「薩馬拉州的一位政府官員，帶著反諷的意圖，聲稱在鄉村貧農委員會和蘇維埃之間的衝突，代表了這段時期鄉村地區『階級衝突』的主要形式。（同前，p. 197）」在更大的鄉村裡，可以在某些一戰或內戰期間曾經擔任過紅軍的受過教育的年輕人、學校老師和退伍軍人（還有那些想像他們在新的集體農場可能會占得位置的人）身上，找到支持布爾什維克農業計畫的人。請參考費吉斯，"Peasant Aspirations and Bolshevik State-Building."

鄉村農民的自治組織（mir）之所以讓大部分的布爾什維克官員感到十分不解，不僅僅是因為這些官員的社會背景往往來自都市，以及鄉村事務眾所皆知的複雜性，同時也是在地策略刻意為之的結果。這項策略在早期鄉村與仕紳和國家起衝突時發揮作用，被證明扮演保護性的功效。各地的公社都有低報可耕地與多報在地人口的悠久歷史，以盡可能顯示出自身的貧困且沒稅可繳。[48]在一九一七年人口普查中，俄羅斯的可耕地被低估了百分之十五，而這正是這種欺騙行為的後果。現在，除了農民早期轉換成農業用地、但是卻沒有向上通報的森林地帶、放牧地和開放土地外，他們為了維持自己的利益，也會想要盡可能地隱藏他們從地主和仕紳那邊搶來的地。當然，鄉村委員會確實保留了土地分配、組織公共犁田隊、固定的放牧時間表等紀錄，但這些紀錄都沒有提供給官員或是鄉村貧農委員會。當時盛行的一句話完善地捕捉了這個情境：「農民『被法律承認』（意指《土地法》），但『偷偷地生活著』。」

充滿壓力的國家如何在這片迷宮中找到出路呢？布爾什維克的確在任何可能的地方都建造了大型國營農場與集體農場，其中許多是「波坦金集體農場（Potemkin collective）[49]」，僅僅是設計來替既存的實踐增添合法性。但在其他地方，當集體農場不只是虛有其名，它們展現了徹底精簡化鄉村土地持有以及納稅單位的行政與政治吸引力。亞尼對這蘊含的邏輯所做出的結論，可說是無懈可擊：

從技術層面來說，比起搞清楚每一家分配到的地、以農民傳統的方式測量其價值、並痛苦地將它們從分散的條狀地轉變成固定的農場，不顧個人要求開墾大塊土地絕對更簡單、更輕鬆。再加上首都來的行政人員，都偏好監督與向大型生產單位收稅，而非與各自為政的農夫打交道。……集體化對真實的農業改革者有雙重吸引力。從修辭的目的來說，集體化代表了社會理想，而與此同時，集體化似乎把土地改革與國家控制的技術問題變得更簡單了。[50]

在混亂的一九一七到一九二一年間，像這樣的農業實驗機會並不多，而許多嘗試普遍都鎩羽而歸。然而，它們成為了十年後全面農業集體化運動的前兆。

由於布爾什維克沒有辦法重新打造鄉村地景，他們轉而使用沙皇時代在戰爭期間採取的手段，即在戒嚴的狀況下強制勒索錢財。但是「戒嚴」這個詞所傳達出的秩序，在真的實行起來後並不存在。在一九一八年春夏的糧食危機時，武裝的群眾（*otriady*）——有些人經過授權，有些是城鎮裡飢餓的人自發組成的——大肆掠奪鄉村，竭盡所能地奪取他們可以獲得的一切。就糧食

48 還有一種趨勢，是隱藏來自工藝品、手工業、貿易以及「花園」作物等副業的收入。應該還要補充，在這段期間，人力資源、農場動物、肥料以及種子的缺乏，意謂著不是沒有辦法播種，就是收成會比平常還要更少很多。

49 譯注：波坦金為十八世紀俄羅斯政治人物，曾為了討好俄羅斯女王而建設了虛有其表的波坦金村，「波坦金村莊」指專門捏遭讓人留下虛假印象的建設和舉措。

50 亞尼，*The Urge to Mobilize*, pp. 5 15-16。對亞尼而言，他稱之為沙皇政權下的「彌賽亞社會農藝師」的願望，十分驚人地由布爾什維克集體主義者延續下去。在某些情況下，他們根本是同一批人。

收購配額的設定而言，它們「純粹是呆板的會計數字，來自於對耕地不可靠的估計，以及農村會大豐收的假設。」它們從一開始就是「虛構且不可能達成的」[51]。收購的穀物看起來更像是掠奪與竊取而來的，而非上繳與購買。一項估計指出，有超過一百五十起叛亂是因為反對國家強行沒收穀物而起的。既然布爾什維克在一九一八年三月將自己改名為共產黨，許多反抗者自稱為布爾什維克與蘇維埃（他們把這名字跟《土地法》連在一起），要對抗共產黨分子。列寧指出在坦波夫、伏爾加河流域、烏克蘭的農民起義，比所有俄國白軍加起來的威脅還要大。農民不顧一切的抵抗，幾乎使得城市走上飢荒滅絕之路[52]。而到了一九二一年年初，黨第一次拿起槍桿子，指向黨在克隆斯塔特的叛亂工人與水手。到了這個時刻，陷入困境的黨採取戰術性撤退，放棄了戰時共產主義，採取了寬恕自由貿地與小型財產的新經濟政策（New Economic Policy〔NEP〕）。如費吉斯所述：「布爾什維克政府剛剛打敗了俄國白軍，受到西方八個強國支持，但它在自己的農民面前投降了。[53]」這是場空虛的勝利，在一九二一到一九二二年之間，死於飢荒和傳染病的人數，幾乎和一戰與內戰加起來的死亡人數一樣多。

## 第二回合：高度現代主義與收購

對未來農業的高度現代主義信念和更急切的國家侵占危機結合，促使了政府在一九二九年到三〇年冬天推動全面農業集體化。由於我們只會討論其中兩個部分，不可免地得拋下其他（非常多）迫切的問題，像是農業集體化的人類代價、與尼可萊·伊凡諾維奇·布哈林（Nikolai

Ivanovich Bukharin）所領導的「右派」的反對派鬥爭、還有史達林是否想要全面摧毀烏克蘭文化及許多烏克蘭人。

史達林和列寧一樣信仰工業化農業，這點無庸置疑。他在一九二八年五月提到，農業集體化的目標是要「把小型、落伍、分散的農民農場轉變成穩固、巨大、公共的農場，裡面會提供機械、具備科學的資料，並能夠生產大量的穀物給市場[54]」。

這個夢想在一九二一年被延期。有人曾經抱持希望，認為一九二〇年代逐漸擴張的農業集體化部門，能夠提供國家三分之一的穀物需求。然而，農業集體化部門（包括國營農場與集體農場）吸收了整體百分之十的勞動力，卻僅僅生產出農業總產量百分之二點二的產量[55]。當史達林決定毀去工業化方案時，當時既存的社會主義農業部門不只明顯無法提供任何食物給迅速成長的都市勞動力，它也不夠用來外銷，以資助工業成長所需的進口技術。而史達林所需要的穀物，則在許多從新經濟政策開始致富的中產與富有農民手上。

---

51 費吉，*Peasant Russia, Civil War*, p. 250。

52 飢荒和從城鎮中逃亡，這兩者使得都市工業工人的人數，從一九一七年的三百六十萬，下降到一九二〇年的一百五十萬。（Fitzpatrick. *The Russian Revolution*, p. 85）

53 費吉，*Peasant Russia, Civil War*, p. 321。

54 引自 Fitzpatrick, *Stalin's Peasants*, p. 39。

55 至少理論上來說，最「先進的」是國營農場——無產階級式、工業、集體農場的工人，他們會有薪水，但是不被允許擁有私人土地。這些農場在一開始也獲得許多國家投資的機器。關於生產數據，請見 Davies, *The Socialist Offensive*, p. 6。

從一九二八年開始，官方的徵用政策使國家陷入與農民的衝突之中。穀物的強制交貨價格是市價的五分之一，而當農民的反抗變得更為堅定，政權回到訴諸警力的方式處理[56]。當收購開始衰退，拒絕交出指定量的人（他們和反對農業集體化的人都被稱作富農，無論其社會地位為何）會被逮捕，抓去流放或是處以死刑，而他們的穀物、設備、土地、牲畜都會被沒收後賣掉。這些命令是直接傳達給負責穀物收購的人，並挑明要他們安排貧農會議，好讓這一切看起來都是由下而上進行的。這個如火如荼的穀物戰爭，是政府在一九二九年晚期決定要強迫全面（*sploshnaia*）農業集體化的背景，而非仔細規劃過的政策行動的結果。時常意見不合的學者們也都一致同意：農業集體化的首要目的，是要確保能沒收糧食。費滋派翠克以此主張展開她的農業集體化研究：「農業集體化的主要目的是要增加國家穀物的收購，並削弱農民囤積穀物的能力。考量到一九二九到三〇年冬天的農業集體化，這是農民與國家在穀物收購上長達兩年痛苦的鬥爭累積下的結果。對農民而言，集體化的目的從一開始就昭然若揭。[57]」羅伯特・康奎斯特（Robert Conquest）也表示：「集體化農場基本上就是專門選來榨取穀物和其他產品的運作機制[58]。」

從農民堅決的反抗以及我們所知道的部分看來，顯然這也是絕大部分農民的看法。沒收他們的穀物會威脅到他們的存亡。安德烈・普拉東諾夫小說中描繪農業集體化下的農民，將沒收穀物視作否定早期的土地改革：「這是狡詐的手段。一開始你給了我們土地，接下來又把我們的穀物拿走，直到一粒不剩。你是這樣地弄死我們的地！除了地平線外，我們農民什麼都沒有了。你是要唬誰呢！[59]」而這也威脅到農民在革命之後所獲得的微小社會與經濟自治權。甚至連貧困的農民都害怕農業集體化：「這將牽涉到放棄自己的土地和工具，並且和其他家庭一起工作。跟在軍隊中暫時活在命令之下不一樣，這是永遠——這代表一生要活在兵營之中。[60]」由於史達林沒辦法從鄉村獲得任何可信賴的支持，他從城鎮與工廠派遣了兩萬五千名「全權代表」（黨員），不計代價要「摧毀農民自己的公社，並以臣屬於國家之下的集體經濟取代之。[61]」

## 威權主義式的高度現代主義理論與實行農奴制

如果邁向「全面」的農業集體化，是政黨下定決心，要一勞永逸地沒收土地與上頭作物的直接結果，那這個決心是經過高度現代主義濾鏡過濾後的結果。儘管布爾什維克不一定會同意達成目的的手段，但他們的確相信自己知道現代農業最終應該要長成什麼模樣；他們以視覺與科學理解農業。現代農業應該要是大規模，愈大愈好；是高度機械化，並且由科學與泰勒主義式的原則，根據不同等級操作。最重要的是，種植者是具有高度技巧與紀律的無產階級，而非農民。在

56 同前，pp. 82-113。
57 費滋派翠克，《Stalin's Peasants》，p. 4。
58 康奎斯特，《Harvest of Sorrow》，p. 183。
59 安德列．普拉東諾夫，《切爾古文》，trans. Anthony Olcott (Ann Arbor: Ardis, 1978)。
60 M. Hindus, *Red Breed* (London, 193 l)，引自Davies, *The Socialist Offensive*, p. 209。
61 Davies, *The Socialist Offensive*, p. 205。

史達林因為現實的失敗導致他對大型計畫失去信心之前，偏好十二萬五千英畝到二十五萬英畝的集體農場（「穀物工廠」），如同於本書早先提到美國人協助的計畫[62]。

在地表上與視野上的烏托邦抽象化相呼應的，是非常不切實際的計畫。只要有地圖和一些針對規模與機械化的預設，一個專家可以在對在地知識與情況一無所知的狀況下，設計出一份計畫。一位在一九三〇年三月到烏拉山附近參訪的農業官員，寫信回莫斯科抱怨：「在區（Raion）執委會的指示下，十二位農藝學家已經足不出戶二十天，只為了替不存在的區公社寫出營運生產計畫，他們從未離開辦公室或是進到田裡頭去。[63]」當西邊大盧基（Velikie Lukie）另一個畸型的官僚產物被證明笨拙不堪時，規劃者輕輕鬆鬆地就在避免犧牲抽象化狀況下，縮小了規模。他們將八萬公頃的計畫分成三十二個相等的正方形，每一塊占地兩千五百公頃，每個正方形都是一個集體農莊。「他們在畫下這些正方形時，完全沒有考慮實際村莊、住處、河流、山丘、沼澤，或其他該地的人口與地形特色。[64]」

符號學上來說，我們不能將這種現代主義對農業的願景，僅視作單獨的意識形態片段，它們總是被視作對既存鄉村世界的否定。集體農場要取代鄉村農民的自治組織或村莊，機器要取代用馬犁田與手工勞動，無產階級工人要取代農民，科學農業要取代民間傳統與迷信，教育要取代無知與陋習（*malokulturnyi*），而豐足要取代勉強維生。簡言之，農業集體化意謂著農民及其生活方式的終結。社會主義式經濟的引入也伴隨著文化上的革命；「黑暗的」人民，也就是農民，對布爾什維克國家而言是僅存的棘手威脅，農民將會被理性、勤奮、去基督教化、具有進步思想的集體農場工人取代[65]。農業集體化的規模旨在抹殺農民及其制度，藉此縮減鄉村與都市世界的差距。想當然耳，這整個計畫預設巨大的集體農場會像計畫經濟中的工廠一樣運作，滿足政府所要求的穀物量與其他農產品。政府在一九三一年約莫徵收了大約百分之六十三的總收成量，這行動簡直就像是為了證明這個論點。

從中央規劃者的角度來看，農業集體化最大的優點，是國家可以控制每種作物的種植量。根據對穀物、肉類、乳製品等等的需求，國家理論上可以將這些需求編入對集體農莊部門的指令之中。但實際上，由上而下施加的種植計畫根本毫無邏輯可言。準備這些計畫的土地部門，對規定要種植的作物、各地耕種所需要投入的資源、或是當地土壤條件根本是一知半解。然而，他們需要填滿配額，於是他們就填滿配額。在一九三五年，當時的中央農業生產局局長雅科夫列夫（A.

62 甚至是從美國標準來看，蘇維埃期間的集體農場一直都很巨大。Fred Pryor 計算出在一九七〇年間，平均的國營農場大概是十萬英畝，而平均的集體農場約莫是兩萬五千英畝。國營農場更容易獲得資源投入、機器、以及其他補助。請參考 Frederick Pryor, *The Red and the Green: The Rise and Fall of Collectivized Agriculture in Marxist Regimes* (Princeton: Princeton University Press, 1992), table 7, p. 34。

63 費滋派翠克，*Stalin's Peasants*, p. 105。

64 同前，pp. 105-6，大家可以想像土壤與既存的種植形式也會被忽略。

65 如同布爾什維克所解釋的：「集體農場是農民逃離貧窮與黑暗的唯一手段。」（Davies, *The Socialist Offensive*, p. 282）。這部電影也許在愛森斯坦的電影《舊與新》中，可以找到最佳的視覺圖像，展現電力、機械和集體化的文化轉變性質。這部電影以俄羅斯農村為背景，是名副其實的科技羅曼史。這部電影巧妙地傳達了高度現代主義的烏托邦願望，將緩慢的黑暗民族與其馬匹和鐮刀，與電動乳油分離器、牽引機、割草機、發動機、摩天大樓、發動機和飛機的圖像進行對比。

Iakovlev），呼籲讓「真正了解他們的農地」的「常任幹部」管理集體農場時，他在暗示當時的在位者並不真的了解這些農地[66]。在此，我們看見了一九三六到三七年大整肅帶來的災難，亦即政府暫時鼓勵特定數量的農民批評集體農莊的官員，好抓出「鬧事者」。一個集體農場被下令要耕種草地與開放土地，如果沒有這些地，農場就沒有辦法餵養牲口。另一個收到耕種命令的農莊，則是透過在私人土地與流沙上播種，好種下之前分配到的乾草地兩倍量的作物[67]。

規劃者明顯偏好單作栽培和嚴格與全面的分工。整個區域逐漸專業化，當然也包括個別的集體農場，像是只生產麥子、牲畜、棉花或馬鈴薯[68]。在牲口的生產上，一個集體農場會生產給牛或豬吃的飼料，而另外一個農場會飼養並繁殖牛跟豬。集體農場與區域專業化背後的邏輯，與都市功能性分區背後的邏輯極其相似。專業化減少了農業學家需要考慮到的變項；它同時也提升了工作的行政常規化程度，從而提高中央官員的權力和知識。

收購也遵從了類似的中央集權化邏輯。從計畫的需要和通常不可靠的收成估計開始，每個州、區和集體農莊的一系列配額，是機械化推導出來的結果。每個集體農莊接下來就會聲稱不可能達到這個配額，懇求降低配額。他們從過往辛酸的經驗學習到，如果真的生產到配額所需量，也只會提高下一輪配額量。從這方面來看，集體農場的農夫比工業的工人活在更危險的狀態裡，因為後者無論如何都能領到薪水及配給卡，無論工廠是否有達到配額要求。然而對集體農場的農民而言，達到配額量可能代表著要挨餓。確實，一九三三到三四年的大飢荒，只能被稱作是農業集體化與收購飢荒。那些想要惹是生非的人會面臨到更可怕的「配額」風險——被視作富農以及國家的敵人。

對大部分的農民而言，集體農場威權主義式的勞動制度，不只威脅到生計，似乎也將他們在一八六一年解放後所贏得的自由收了回去。他們將農業集體化與祖父母記憶中的農奴制度作比較。其中一個國營農場的工人這樣說：「國營農場總是強迫農民工作，他們要農民幫他們犁田，甚至不給我們麵包跟水。接下來還會是什麼？這就跟封建時代的barschina（徭役）捲土重來沒兩樣。」[69]農民開始抱怨全聯盟共產黨的縮寫VKP，代表的根本就是「第二輪農奴制（*vtoroe krepostnoe pravo*）」[70]。這個戲稱並非單單只是比喻，這項制度與農奴制度幾乎如出一轍[71]。集體農場的成員被要求一半的時間都要在國有地上工作，以獲取卑微的薪水，用現金或其他方式領取。他們大部分都仰賴自己私有的微小土地，種植自己所需的食物（穀物以外的作物），儘管他

---

66 費滋派翠克，*Stalin's Peasants*, p. 194。

67 同前，pp. 306-9。

68 關於如何在違反當地土壤和氣候條件的情況下，將更極端版本的區域專業化強加於中國農村，請參考Ralph Thaxton, *Salt of the Earth: The Political Origins Of peasant Protest and Communist Revolution in China* (Berkeley: University of California Press, forthcoming)。

69 費吉斯，*Peasant Russia*, Civil War, p. 304。這種類比在許多反對農業集體化的早期反抗中具體體現出來。就像他們在農奴制下一樣，農民在這段期間摧毀了所有勞動稅、作物交付、債務等記錄。

70 Conquest, *Harvest of Sorrow*, p. 152。

71 和農奴制相似性的部分，請參考Fitzgerald, *Stalin's Peasants*, pp. 128-39。對於農奴制度和奴隸制度謹慎又資料充沛的探討，請見Peter Kolchin, *Unfree Labor: American Slavery and Russian Serfdom* (Cambridge: Harvard University Press, 1987)。

們根本沒什麼時間耕種自己的菜園[72]。集體農場所需要上繳的量以及價格都由國家決定，集體農場成員每年還須繳納道路工程和運輸車輛的徭役費，他們被迫交出自己私人土地上的牛奶、肉類、雞蛋等配額。集體農場的官員跟封建主一般，習慣利用集體農莊的勞動力替他們的私人副業工作，而在法律之外，他們實際上擁有武斷的權力可以侮辱、毆打、流放農民。一如在農奴制度下，法律規定這些農民沒有移動的自由。內部的護照系統被重新引進，以確保城市裡沒有「沒人想要與沒有生產力的居民」，並避免農民出逃。而管理部門也通過法律，剝奪農民擁有狩獵槍枝的權利。最後，從一九三九年開始，居住在自家老農社、而非村莊核心（胡爾托）的集體農場成員，都會被強迫搬遷，這個重新遷居的政策影響了超過五十萬的農民。

由此產生的勞動規則、財產制度和居住模式，實際上類似於種植園或莊園農業以及封建奴役制度的混合物。

作為國家為了革命性的改變而強行實施的巨大藍圖，農業集體化在它所毀滅及它所建造的事物之上，都同樣為人所知。農業集體化一開始的企圖，並非只是擊垮富裕的反抗農民並奪取他們的土地；它也是為了解散進行這種抵抗的社會單位：鄉村農民的自治組織。農民公社通常是在革命過程中組織田地占領的工具，協調土地使用與放牧、管理地方事務，以及反對收購[73]。如果集體化是由傳統的鄉村組織而成，那共產黨有十分充分的理由擔心它們會鞏固農民的基本反抗單位。鄉村蘇維埃不正是迅速地逃離了國家的控制嗎？於是，龐大的農業集體化擁有徹底避開村莊結構的決定性優勢，它可以由黨幹部或是專家組成的委員會經營。如果巨大的集體農場要被分割成不同部門，每個專家都可以成為每個部門的經理，「報告諷刺地指出，這就**像是舊時代**（農奴時代）**的莊園管家……**。[74]」最終，除了邊境地帶，實際的考量終究勝出，而大部分的集體農場都與早期農民公社及其土地重疊。

然而，集體農場不只是隱藏在傳統公社後的門面裝飾。幾乎一切都變了。所有讓公共自治生活成為可能的焦點都被移除了。小酒館、市集與市場、教堂、當地磨坊都消失了；在它們的遺跡上佇立著集體農場辦公室、公共會議室與學校。非國家的公共空間都被（當地的）政府機關的國家公共空間取代。

社會組織與生產的集中化、可辨識性和中央集權化，可以參見位在特維爾州上三角（Verchnyua Troitsa）的國營農場地圖（見圖二十八）[75]。大部分的老村莊都從中央遷出，重新搬遷到了外圍

72 一位蘇聯記者和人權活動家在一九八〇年代間所寫下的深刻敘述，顯示出基本形式沒有發生太大變化，請見Lev Timofeev, *Soviet Peasants, or The Peasants' Art of Starving*, trans. Jean Alexander and Alexander Zaslavsky, ed. Armando Pitassio and Alexander Zaslavsky (New York: Telos Press, 1985)。

73 我個人相信以下歷史紀錄：鄉村農民自治組織是農民對仕紳和國家調整適應的結果，後者將其視為集體單位，目的是用來徵稅、徵兵和收取某些形式的奴役款項。為了確保每個人都有辦法支付公社集體徵收的人頭稅，家庭之間會定期重新劃分土地。也就是說，俄羅斯每一區公社相對團結的程度，是他們與統治者之間獨特關係史造成的結果。這個說法完全符合以下事實，即這種團結一旦成形後，就可以用於其他目的，包括反抗。

74 費滋派翠克，*Stalin's Peasants*, p. 106（強調由作者所加）。

75 我十分感謝我的同事Teodor Shanin和他的研究團隊，他們比較研究了多達二十個集體農場，讓我可以在這個章節使用他們的地圖與照片。尤其感謝Galya Yastrebinskaya與Olga Subbotina，他們提供了Utkino村的老照片。這個村在一九一二年建立，位於伏洛格達城外二十哩處。

（圖例參考十一）[76]。公寓樓共兩層樓高，總共有十六個套房，主要都在市中心附近（圖例參考十三、十四、十五；也見圖二十九），至於當地的行政與貿易中心、學校、社區建築等所有由國家經營的公共機關，都在靠近新網格的中心附近。就算考慮到地圖在形式上有所誇大，國營農場與農業集體化的村莊蔓延的程度，跟自治的組織秩序相比還是相去甚遠；圖三十的照片展示出的舊式房舍與巷子，展現了強烈的視覺對比（見圖三十）。

與奧斯曼將巴黎的物理布局翻新，使它變得清楚易懂並加強國家統治相比，布爾什維克對於俄羅斯鄉村的改造更為全面、徹底。它

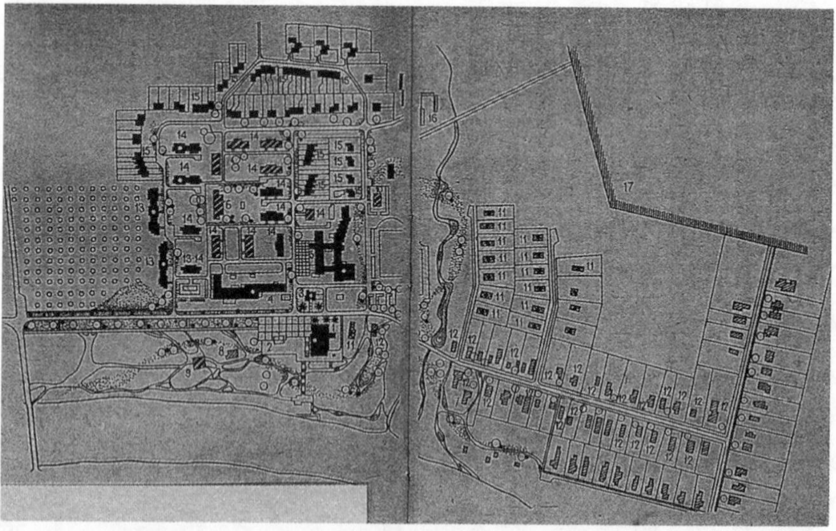

圖二十八　特維爾州上三角的國營農場的計畫圖，圖中顯示下列地點：一，社區中心；二，紀念碑；三，飯店；四，在地行政機與貿易中心；五，學校；六，幼稚園；七和八，博物館；九，商店；十，澡堂；十一，從新的建設區域移過來的老木屋；十二，老村莊；十三到十五，二到三層樓的房子；十六，停車場（私人擁有）；以及十七，農業區（農場、儲藏室、水塔等等）。

打造了能清楚解讀的集體農場，好取代難以為外人理解而且十分頑固的鄉村農民自治組織。它創造了當地唯一的經濟單位，好取代難以計數的小農場[77]。隨著階級分明的國營農場逐一落成，一個近乎自治的小資產階級

---

76 請注意，未移動的舊式房屋（圖例參考十二）本身座落在主幹道旁邊的土地上。我並不知道這個村莊在十八世紀建立時，這個形式是否有行政管理因素，或是原先的拓荒者設計了這個網格。搬遷過的老房子最初是如何處置的，也是個謎。

77 當然這個同樣的邏輯也適用在工業上，偏好大型單位勝過小工廠或是手工生產。Jeffrey Sachs觀察到：「如果一個大公司可以做到同樣的工作，中央規劃者不會想協調一個部門下數百個小公司的活動。於是標準的策略，就變成在任何可能的地方創造一個巨大公司。」（*Poland's Jump into the Market Economy* [Cambridge: Cambridge University Press, 1993)。至於在蘇維埃經濟的脈絡下，巨大的工業單位就是馬格尼托哥爾斯克的巨大鋼鐵集團，現在成為工業與生態破壞的驚人代表。也請參考Kotkin, *Magnetic Mountain*。

圖二十九　上三角其中一個新村莊的兩層樓房舍，每一棟有十六間公寓。

圖三十　在上三角的老村莊中，緊鄰小巷的房舍。

被隸屬於國家的員工所取代。因此，黨國建立了一個所有決策都要由中央處理的鄉村經濟體，以取代農業規劃、收成、銷售決策都掌握在個別家戶的狀況。它創造了得直接依賴國家才能取得聯合收穫機、牽引機、肥料和種子的農民，以取代在技術上來說算是獨立的農民。它創建了適合簡單與直接侵占的單位，以取代收成、收入和利潤幾乎是難以捉摸的農民經濟。它發明了可以融入國家行政網格、一模一樣的會計單位，以取代具有獨一無二歷史與實踐的各種社會單位。這種邏輯與麥當勞的管理方法十分雷同，即根據共通的配方與工作時間表，使用模組等類似的設計單位生產類似的產品。各單位可以在任何地景上被輕易複製，至於來單位查看操作表現的檢查員，則進入了一個清楚易懂的領域，他們只要用一份清單就可以進行評估。

任何對這六十年農業集體化的全面評估，都會需要現在可供使用的檔案資料，以及比我更有能力獲得資料的方法。然而，對一般在學習農業集體化歷史的學生而言，驚人的是它如何能在所有高度現代主義的目標上都慘遭滑鐵盧，儘管有大規模的投資丟擲在機器、基礎建設以及農藝學研究之上。而自相矛盾的是，它的成功之處是在傳統治國之術的部分。國家設法獲得了足夠的糧食來推動快速的工業化，就算它同時得對抗荒腔走板的效率、停滯的收成，以及生態災難[78]。在付出巨大的人力成本後，國家也設法消除鄉村人口可以組織來公開對抗國家的社會基礎。另一方

78 關於蘇維埃農業對生態的影響，更全面的討論請見Murray Feshbach, *Ecological Disaster: Cleaning Up the Hidden Legacy of the Soviet Regime* (New York: 1995), and Ze'ev Wolfson (Boris Komarov), *The Geography of Surviva: Ecology in the Post-Soviet Era* (New York: M. E. Sharpe, 1994)。

面，國家雖有宏大的願景想打造大型、高產能、高效能、科學技術進步的農場，以生產高品質農產品，但國家在這方面的能力幾乎是零。

蘇維埃國家所創造的農業集體化，在某些方面體現了現代農業的表象，卻失去它的內容。農場**的確**是高度機械化（根據世界標準），而它們**也的確**是由具備農藝與工程學位的官員在管理。展示用的農場的確擁有大量的收成，儘管其成本驚人[79]。但是最終這些都無法掩飾蘇維埃農業的諸多失敗。我在這邊只提到三項失敗，因為這與我們之後要討論的內容有關[80]。首先，國家從農民手上拿走他們（相對）的獨立性與自主性，以及他們的土地與穀物，這樣的結果是創造了一群基本上不自由的勞動階級，而後者回應的方式，是各地不自由的勞動者會採取各種形式的拖延與抵抗。第二個失敗，則是單一的行政結構與中央規劃的命令創造出了笨拙的機器，無法對在地知識與條件做出任何回應。最後，蘇聯的列寧式政治結構，讓農業官員幾乎缺乏動力配合鄉村的人民，或向他們妥協。國家讓鄉村的生產者重新變成農奴，解散他們的組織，並強加國家的意志到他們身上（粗略來說是侵占），正是因為國家擁有這番能力，很恰當地解釋了為什麼蘇維埃國家最後一事無成，只創造出一片列寧捧為至寶的高度現代主義農業幻影。

## 國家控制與侵占的地景

借鑑蘇聯集體化的歷史，我現在要針對威權主義式的高度現代主義制度邏輯，更坦率、更大膽地提出一些推測性的想法。然後我會提出為什麼許多巨大的社會鏟平工作，會在某些目的上適得其所，但在其他部分一敗塗地，我們在之後的章節也會回來討論這個問題。

農業集體化魯莽展開的原因，是想要獲取足夠的穀物以迅速推動工業化這個短期目標[81]。在某個程度上，威脅與暴力在一九二八跟一九二九年的大豐收上，的確有其效用，但每年這樣恐嚇威脅，卻引發農民更多的逃避與反抗。令蘇維埃國家感到痛苦的是，他們面對的公社具有異常多樣的人口，這些底層的小自耕農，他們的經濟與社會生活根本難以為外人所理解。這些條件在農民向國家的要求權上發起一場安靜的游擊戰時（不時穿插公開反抗），提供了一些戰略上的優

79　我在一九九〇年時曾經在東德梅克倫堡平原的合作（前集體）農場工作六週，當地距離新布蘭登堡不遠。當地每公頃工業用的高澱粉含量黑麥和馬鈴薯的世界級產量，讓當地官員十分自豪。但是，作為經濟議題，生產這些所需的市場成本（勞動力、機器和肥料），很明顯會讓所有會計都同意這是個沒效率的事業。

80　許多官僚的「病態行為」加劇了蘇維埃農業集體化的災難，這點無庸置疑。包括行政人員專注於特定、可以量化的結果（例如收成量、多少噸的馬鈴薯、多少噸的生鐵），而非品質好壞，還有一連串冗長的專業化與命令，讓許多官員可以躲過他們行為的巨大後果。另外，要官員對他們的「客戶」負責，比要他們向上級負責還要困難，這意謂著一方面是群體「命令主義」的病態現象，另一方面是猖獗的個人腐敗和自私自利。因此，在蘇聯這種革命、威權環境中的高度現代主義計畫，可能比在議會制度的環境中更容易偏離正軌，脫軌情形也持續更久。

81　史達林在一九三〇年三月「帶著成功頭暈目眩」的著名演講，讓朝向農業集體化的衝勁停了下來，並使很多人離開集體農場，但沒多久農業集體化的腳步又繼續下去。為了有足夠的資本能夠快速工業化，一九三〇年出口了四百八十萬的穀物，一九三一年則是五百二十萬，這些都替之後馬上到來的飢荒埋下惡種。請參考Lewin, *The Making of the Soviet System*, p. 156。

勢。而在既存的財產制度下，國家只能期待每一年能從充滿傷害的鬥爭中獲得穀物，而且還不保證會成功。

史達林選擇在這個時間點上做出致命的一擊。他強行施加了一個設計完善而且容易辨識的鄉村地景，讓侵占、控制與核心改造變得更為容易。他所想像的社會與經濟地景，當然是先進農業的工業化模型，巨大的機械化農場跟著工廠生產線運作，並且由國家規劃協調一切。

這個案例是「最新型國家」與「最古老階級」交手，並想要把後者重新打造成某種合理的無產階級複製品。與農民相比，無產階級作為一個階級已經相對容易理解，而這不僅僅是因為它在馬克斯主義理論中的核心位置。無產階級的工作制度是由工廠工時與人造的生產技術所規範。至於在新型的工業計畫中，例如馬格尼托哥爾斯克的巨大鋼鐵集團，則是和巴西利亞的規劃者一樣，可以從零開始規劃。但是農民代表的是一群小型、個人的家庭企業。他們的居住方式與社會組織有著淵遠流長的歷史邏輯，與工廠截然不同。

農業集體化的其中一個目的，是要摧毀這些對國家控制充滿敵意的經濟與社會單位，並迫使農民穿上國家設計的制度束衣。現在集體農場的最新制度性秩序，與國家想要侵占並直接開發的目的相輔相成，考量到鄉村近乎處於內戰的狀況下，這個解決辦法與其說是「社會主義式的轉化」，不如說是軍事占領與「綏靖」的產物。[82]

我們可以大概討論一些威權主義式高度現代主義與特定制度安排的「選擇性親近」[83]。接下來的討論會比較短、也比較粗糙，但它還是可以作為一個思考的出發點。高度現代主義的意識形態，體現了教義上對特定社會安排的偏好。而**威權主義式**的高度現代主義**國家**，則是更上一層樓。它們企圖施加這些偏好到國民身上（而且通常都會成功），而大部分的偏好可以從可辨識性、侵占與中央集權化控制的標準中推導而來。只要這些制度性的安排方便中央輕鬆監督、指揮，並且能輕易地施壓（最廣義上來說的納稅），那這些制度就很有可能會被提倡。我所列出的這些特點，其背後隱藏的目的與前現代治國術的目標沒有什麼不同[84]，畢竟可辨識性是侵占與威權主義改變社會的前提。不同（且至關重要）之處，只在於高度現代主義所接受的野心與干預規模，完全是另外一個境界。

標準化、中央控制，以及對中央而言綜觀全局的可辨識性等原則，都可以應用到其他領域上，頁三七九這個表格裡提到的只是建議。像是如果我們把它應用到教育上，最難以參透與辨識的教育系統，會是全權由在地組織互相決定的非正式、非標準化的教育。至於最清楚易懂的教育

82　與巴枯寧認為社會主義國家帶來的結果作對照：「他們會把所有權力集中到國家強而有力的手上，因為人民無知這個事實，會需要政府強壯、熱切的照顧。他們會創造單一國家銀行，把所有商業、工業、農業、甚至是科學化製造者，都集中到它的手上。他們會把群眾分成兩個軍隊：工業軍隊與農業軍隊，都活在國家工程師的直接命令下，後者將組成最新的科學與政治優勢階級。」（引自W. D. Maximoff, *The Political Philosophy of Bakunin: Scientific Anarchism* [New York: Free Press, 1953], p. 289）。

83　「選擇性親近」一詞來自馬克斯．韋伯的分析，他一方面分析資本主義規範與制度，另一方面分析新教之間的關係。他的論點不是所謂的直接因果關係，而是「適合」和共生關係。

84　請參考books 4 and 5 in vol. 2 of Gabriel Ardant, *Theorie sociologique de l'impbt* (Paris: CEVPEN, 1965)。

系統，則會與伊波利特・泰納（Hippolyte Taine）所描述的十九世紀法國教育十分類似：「教育部長感到十分自豪，只要他看一下他的手錶，他會知道帝國內的所有男性學童，同時在那一刻替維吉爾哪一本著作的哪一頁作注解。[85]」一個更完整的表格，會用更詳盡的連續圖表取代二分法（例如開放公有地的土地所有權，比起封閉的開放公有地所有權，會更難辨識且更難課稅，而後者又比私人所有地更難辨識，但私人所有地還是比國家擁有的地難以辨識）。至於更容易辨識或更容易侵占的土地形式，將更容易轉化成為租金來源，無論是作為私有財產或是作為國家壟斷的地租，這件事絕非巧合。

## 威權主義式高度現代主義的限制

高度現代主義的安排何時可能會成功，何時會失敗呢？從事後來看，蘇維埃農業作為高效能食物生產者慘不忍睹的表現，被許多和高度現代主義本身不太相關的因素「過度決定」了：特羅菲姆・李森科（Trofim Lysenko）徹底錯誤的生物理論、史達林的狂熱、二戰期間的徵兵，以及氣候等等。而且在很多任務上，中央集權化的高度現代主義，的確是最有效、最公平、且最令人

---

85 引自Michel Crozier, *The Bureaucratic Phenomenon* (Chicago: University of Chicago Press, 1964), p. 239。Abram de Swaan提到：「十九世紀的學校制度無疑與當時的工廠制度有些相似：標準化、形式化、以及強行施加的準時與紀律，這些性質對兩者都十分重要。」(*In Care of the State*, p. 61).

| 社會組織、制度、實踐的可辨識性 | | |
|---|---|---|
| | **無法辨識** | **能清楚辨識** |
| **居住方式** | • 狩獵採集者、游牧民族、刀耕火種者、拓荒者、吉普賽人等居住的臨時營地未規劃的城市和街區：西元一五〇〇年的布魯日、大馬士革的麥地那，西元一八〇〇年巴黎的聖安托萬郊區 | • 常駐村落、莊園和種植園、定居的部落<br>• 經規劃過的網格城市和社區：巴西利亞、芝加哥 |
| **經濟單位** | • 小型財產、小資產階級<br>• 小自耕農農場<br>• 手工業生產<br>• 小商店<br>• 缺乏書面紀錄的非正式經濟 | • 大型財產<br>• 大型農場<br>• 工廠（無產階級式的）<br>• 大型商業中心<br>• 有書面紀錄的正式經濟 |
| **財產制度** | • 開放、共有的公共財產<br>• 私有財產<br>• 在地紀錄 | • 集體農場<br>• 國家財產<br>• 國家地籍圖調查 |
| **技術與資源組織的方式** | | |
| **水** | • 地方習慣性使用、地方灌溉協會 | • 中央集權化的水壩與灌溉控制 |
| **交通** | • 去中央化的網絡 | • 中央化的樞紐 |
| **能源** | • 在地蒐集的木柴與牛糞、在地的發電站 | • 城市中心的大型發電站 |
| **身分文件** | • 未經規範的命名習慣<br>• 沒有國家公民身分文件 | • 永久的父姓系統<br>• 身分證、文件、護照等國家系統 |

滿意的答案。太空探險、規劃交通網絡、水災控制、飛機製造，以及其他需要多位專家謹慎協調的大型組織任務等等。污染或流行疾病的控制也需要一個由專家組成的中心，從數百個通報單位接收和消化標準訊息。

另一方面，高度現代主義在諸如把一頓美味的餐點放在桌上，或是進行手術等任務上，似乎是異常笨拙。我在第八章會仔細處理這個問題，但有些寶貴的資料可以從蘇維埃農業上看到。集體農場的確成功地種植某些作物，尤其是主要糧食作物：小麥、黑麥、燕麥、大麥、玉米。而它們在種植其他作物上，則是出名地沒效率，尤其是水果、蔬菜、小型牲畜、雞蛋、乳製品，以及花卉等。大部分這些作物都是由集體農場成員的私人小規模土地種出來的，就算在農業集體化的最高峰時期也是如此[86]。這兩類作物的系統性差別，可以幫助解釋為什麼生產它們的制度性條件會有所區別。

讓我們比較小麥和覆盆莓兩者間的差異，我會將前者稱為「無產階級作物」，後者則是「小資產階級作物」。小麥適合大規模與機械化種植。小麥之於集體化農業的關係，很像是挪威雲杉之於中央管理的科學林業。小麥一旦種下去就不太需要照顧，而一到收成時，聯合收穫機可以在一次的操作中就完成割穀與脫穀，然後再將它倒入要運往糧倉的卡車或火車車廂中。一旦在田地中站穩了，麥子就會一直穩穩地站到收穫的時刻。它相對容易長時間儲存，變質損失的量往往微不足道。相較之下，覆盆莓灌木需要特別的土壤才能大量結果，每年都得修枝，需要超過一個人摘採，而且不可能用機器採收。一旦包裝好，覆盆莓在最好的保存環境下只能維持幾天，如果包裝太緊或是放在太熱的地方都會壞掉。在種植覆盆莓時，基本上每個階段都需要精細的速度與處理，不然就會全軍覆沒。

於是水果和蔬菜這類小資產階級作物通常都不像集體農莊作物一樣生長，而是由個別家戶當成副業經營，這也就不足為奇了。集體部門基本上把這些作物讓給有個人利益、誘因以及農藝技巧能夠種植成功的人。原則上這些作物也能透過大型集中化的企業種植，但這些企業得對這些作物小心翼翼，照護有加，而且連帶也要善待照顧作物的員工。種植這些作物的大型農場，甚至往往也是比小麥農場更小的家庭企業，而且堅持使用穩定、具備知識的勞動力。在這些情況下，這些小型的家庭事業有新古典主義經濟學所稱的比較優勢。

小麥種植與覆盆莓生產的另一項差異，是因為小麥本身很茁壯，它的生長涉及比較少的固定步驟，所以就能讓人偷懶或是玩耍。這些穀物可以忍受些許傷害也無所謂。至於要成功種植覆盆莓會比較複雜，而且水果本身又比較嬌弱，種植者得比較配合、靈巧，並特別細心。也就是說，成功種植覆盆莓會需要大量的在地知識與經驗。這些區別與我們要開始探討的坦尚尼亞、以及我們之後對於在地知識的理解，可說是息息相關。

86　對於一九八九年之前私有土地與集體土地的關係，請見Timofeev, *Soviet Peasants, or The Peasants' Art of Starving*。

# 第七章　坦尚尼亞的強制造村：美學與微型化

在一九七三年到一九七六年，坦尚尼亞烏甲馬村莊的推廣運動企圖將國內大部分的人口永久安置在村莊居住，至於這些村莊的布局、房屋設計，以及當地經濟，部分或甚至全部都是中央政府的官員規劃好的。出於以下三個原因，我選擇分析坦尚尼亞的經驗。首先，大部分的資料顯示，在非洲脫離殖民統治後，該推廣運動是當時非洲規模最大的強制重新安置計畫，至少有五百萬名坦尚尼亞人因此遷居[1]。再者，由於國際社會對這項實驗的興趣，以及坦尚尼亞政治生活相對開放的性質，有許多針對這項造村過程的檔案保存下來。第三個原因，則是這項運動是由開發與社會福利部門所負責，而非（像其他案例）是懲罰性的侵占、種族清洗或軍隊安全（例如南非

1　朱利葉斯・尼雷爾聲稱有超過九百萬人搬進烏甲馬村莊，但考量到許多村子其實都是行政上虛構的，而許多人都是本來就住在村裡，只是因為政府數據想要自讚自誇而加進這些原居民數，真實人數應該更少。請參考 Goran Hyden, *Beyond Ujamaa in Tanzania: Underdevelopment and an Uncaptured Peasantry* (Berkeley: University of California Press, 1980). p. 130 n. 2。

在種族隔離時代的強制搬遷或是班圖家園）所促成。和蘇維埃的農業集體化比起來，烏甲馬村莊的推廣運動，是由一個相對仁慈與衰弱的國家所推動的大規模社會工程計畫。

我接下來使用的分析方式，大致上都可以用來分析許多大型的重新安置計畫。而在坦尚尼亞的案例中，假使我們發現中國與俄羅斯模式或是馬克斯與列寧式的修辭發揮了重要的意識形態作用，我們也不該把它們視作計畫的唯一靈感來源[2]。我們原本也可以選擇檢視在南非種族分立政策下大規模強制遷居的案例，它更加殘暴，經濟上更具有毀滅性。或者，我們原本也可以分析其他往往需要移動大批人口的大規模資本主義生產計畫，而它們都是在國際支援貧窮國家的狀況下完成[3]。但是當時坦尚尼亞的國家領袖，朱利葉斯．尼雷爾（Julius Nyerere）對永久重新安置的觀點，與殖民時代的政策有驚人的連續性。我們將會看到，他對於農業機械化和經濟規模的看法，是當時國際發展論述不可或缺的一環。至於這些現代化的論述，其實又是被田納西河谷管理局的模型、美國資本密集式農業的發展，以及二戰後經濟動員的教訓所深深影響[4]。

和蘇維埃的農業集體化相比，坦尚尼亞的造村運動並沒有被視作一場全面的侵占之戰。尼雷爾警告官員不得使用行政或軍事脅迫，堅持不能在反對任何人的意願下，強迫他們搬入新的村莊。無論對其受害者而言，尼雷爾的計畫帶來多麼嚴重的分裂或是有多麼冷酷無情，它們都無法與史達林造成的苦難相提並論。但即使如此，烏甲馬仍然是種強制進行、且有時充滿暴力的推廣運動。更甚者，從生態與經濟層面來看，這都是失敗的計畫。

就算是比較「柔和」版本的威權主義式的高度現代主義，我們還是可以看到各種高度現代主義之間的相似性。第一個是「進步的邏輯」。如同「缺乏進步」的森林，對國家狹隘的目的而言，坦尚尼亞既存的定居形式與社會生活，不僅無法辨識，而且還會頑強抵抗。只有透過激烈的精簡化居住形式，國家才有機會提供學校、診所、乾淨水源等發展相關的服務。但是這種行政上的便利性，當然不會是國家唯一的目標，而這就是我要提到的第二個相似性。造村化難以遮掩的潛在目的，是要重新組織人類社群，好讓他們成為更好的政治控制對象，並強化國家政策所偏好的新形態集體農業。在這個脈絡下，尼雷爾與坦尚尼亞非洲民族聯盟（Tanzanian African National Union, TANU）的展望，以及東非殖民政權所展開的農業與定居計畫，兩者是驚人的雷同。而這些相似之處，則意謂著我們發現了當代發展主義國家計畫的共通點。

但是在官僚管理的第二個共通點外，第三個相似性與效率並沒有直接關聯。如同蘇維埃的案例，我相信這裡也存在著重要的美學考量。儘管某些秩序與效率的視覺再現，對原始歷史情境具有重大意義，但它們已經與最初的脈絡分離。高度現代主義的計畫傾向以效率與縮小過的視覺形

2 在他擔任總統時期，尼雷爾幾乎造訪了所有社會主義國家。對於遍布第三世界的馬克斯主義發展計畫，相關精彩的研究請見Forrest D. Colburn, *The Vogue of Revolution in Poor Countries* (Princeton: Princeton University Press, 1994)。

3 對於回頭採取大規模與機械化農業的五個計畫，以下文本提供了十分有洞見的批評：Nancy L. Johnson and Vernon W. Ruttan, "Why Are Farms So Small?" *World Development* 22, no. 5 (1994): 691-706。

4 一如本書強調，這些影響都十分直接，畢竟許多食物與農業組織、國際銀行重建與發展計畫、世界銀行、聯合國發展組織的人員，他們都是美國來的經濟學家、農藝學家、工程師以及官員。

象到處「旅行」，與其說它是一道需要檢驗的科學命題，不如說是對視覺符號或是秩序再現的準宗教信仰。正如雅各指出，它們可以用明顯的視覺秩序取代活生生的東西。它們看起來是對的，比計畫本身是否有用還更重要；或是換句話說，如果布局排列看起來是對的，那它在現實上上也會運作完善。這種再現的重要性，體現在微型化的趨勢上，亦即必須要創造出模範村莊、示範工程、新首都等具有明顯秩序的微型環境。

最後，烏甲馬村莊跟蘇維埃農業集體化一樣，在經濟與生態上都以失敗收場。出於意識形態的考量，新社會的設計者對種植者與牧羊人的在地知識和實踐都漠不關心。他們同樣也都忘記社會工程最重要的事實：其效率高低得仰賴真實人類的回應與配合。無論新的規劃安排在原則上多麼有效率，如果眾人發現這些謀略對他們的尊嚴、計畫和品味充滿敵意，他們能**拖垮**這些安排的效率。

## 殖民主義下的東非高度現代主義農業

殖民國家不只渴望在它的控制下，創造出一清二楚的人類景觀；這個一清二楚的條件，是要每個人、每樣東西都具有（實際上的）序號。

——班納迪克・安德森（Benedict Anderson），《想像的共同體》（*Imagined Communities*）

殖民統治對殖民者一直都有利可圖。這代表要為了市場目的，在殖民地的鄉村社會刺激種植量。達成這個目的的作法，包括規定以現金或是價值不菲的作物給付人頭稅、私部門種植園，以及鼓勵白人開拓者的布署等等。英國在東非的殖民從二戰開始，尤其是在二戰之後，開始轉型成大規模的發展計畫，並為此調動所需的勞動力。證明這個轉變的跡象，是他們在戰爭期間徵用了將近三千人到種植園工作（尤其是瓊麻種植園）。而儘管戰前的計畫總是有戰後計畫的影子，後者更加野心勃勃：巨大的花生計畫、各種米、菸草、棉花、牲畜的計畫，以及最重要的，需要嚴格制度實踐的精密土壤保持計畫。重新安置與機械化是許多計畫不可或缺的一環[5]，但這些計畫大部分往往不得人心，而且以失敗收場。實際上，要解釋坦尚尼亞非洲民族聯盟之所以在鄉村能夠獲得成功，標準答案是因為眾人對殖民農業政策普遍的憤恨，特別是強制保護措施、或是包括縮減數量與藥浴家畜等與牲畜相關的規範[6]。

---

5 請參考Lionel Cliffe and Griffiths L. Cunningham, "Ideology, Organization, and the Settlement Experience of Tanzania," in Lionel Cliffe and John S. Saul, eds., Policies, vol. 2 of *Socialism in Tanzania: An Interdisciplinary Reader* (Nairobi: East African Publishing House, 1973), pp. 131-40。

6 Lionel Cliffe, "Nationalism and the Reaction to Enforced Agricultural Change in Tanganyika During the Colonial Period," in Lionel Cliffe and John S. Saul, eds., Politics, vol. 1 of *Socialism in Tanzania: An Interdisciplinary Reader* (Nairobi: East African Publishing House, 1973), pp. 18, 22。對於農民與國家關係的傑出討論，請見Steven Feierman, *Peasant Intellectuals: Anthropology and History in Tanzania* (Madison: University of Wisconsin Press, 1990)。

針對這些「福利殖民主義」（welfare colonialism）計畫背後的邏輯，研究最深入的是威廉·貝納特（William Beinert）對坦尚尼亞鄰國馬拉威的研究（當時尚稱作尼亞薩蘭）[7]。儘管馬拉威的生態截然不同，但這些農業政策的主要路線在英屬東非都大同小異。而對本書研究目的而言，最驚人的是殖民政權對當地農業的預設，與獨立、更具有合法性的社會主義國家坦尚尼亞的相似性。

殖民政策的出發點，一方面是官員對於「科學農業」全然的信仰，另一方面則是對非洲實際農業實踐的徹底懷疑。希雷（奇里〔Tchiri〕）河谷的地方農業官員指出：「非洲人沒有足夠的訓練、技巧與設備診斷土壤侵蝕問題，至於需要科學知識才能達成的補救措施，他們也是力不從心。而這正是我認為我們進入的正確時機。[8]」儘管該官員的態度無疑十分誠懇，我們實在很難不注意到，他如何理直氣壯地宣稱官員對實際種植者的重要性與權威。

按照當時規劃的意識形態，專家傾向提出複雜的計畫——「完全發展計畫」、「完整的土地使用計畫[9]」。但是要強行施加如此複雜且嚴格的法律規範，到一群很清楚當地環境限制、而且對其農業實踐邏輯充滿信心的種植者身上，可說是困難重重。專制的推行只會造成抗議與迴避。正是在這樣的脈絡下，重新安置的策略才會如此吸引人。開發新的土地或是回購白人開拓者的莊園，能讓官員從零開始建設位置緊密的村莊，還有合併單獨的土地區塊。而最新招募的開拓者，則能夠被重新安置到已經準備妥當、能夠由政權辨識的地點，以取代其他地方分散的住宅地與複雜的土地佃租模式。從建造或具體規劃小屋、場地劃定、田地的清理和耕種，到植物的選擇（有時候是播種），規劃者對細節規劃愈詳細，他們愈有機會控制計畫並確保它符合設計的形式。

貝納特清楚指出，根據這些原則所規劃的希雷河下游谷地，並不完全是根據科學原則而成。這項計畫的設計者使用了一系列與現代農業相關的科學信仰，但是其中經過在地條件脈絡驗證的是寥寥無幾。他們也布署了一系列美學與視覺標準，其中一些顯然源自於氣候溫和的西方世界，而它們已經成為有序與高產能農業的象徵[10]。至於推動計畫的主力，貝納特稱之為「技術上想像可以達成的事物」：

7　William Beinert, "Agricultural Planning and the Late Colonial Technical Imagination: The Lower Shire Valley in Malawi, 1940-1960," in *Malawi: An Alternative Pattern of Development, proceedings of a seminar held at the Centre of African Studies*, University of Edinburgh, May 14 and 25, 1984 (Edinburgh: Centre of African Studies, University of Edinburgh, 1985), pp. 95-148。

8　同前，p. 103。

9　如貝納特解釋，這些計畫通常都包含「雨水渠、等高堤、作畦、河岸保護、強制休耕、恢復性作物，以及完整的輪作系統。」（同前，p. 104）。

10　這種取代一點都不足為奇，它們往往在無意識的情況下發生。農業的「外觀」往往都具有特定歷史時空下的特色，直到有人的視覺期待幻滅，不然都會忘記這些特色與實踐。舉例來說，我在一九八九年之前第一次造訪波西米亞北部時，深深為當地集體化農場所種植的巨大玉米田感到震撼，它們往往延伸兩、三哩，沒有任何圍籬或是樹叢破壞。我才意識到我對於鄉村的視覺期待，包括了小型私有財產的物理特徵：樹、圍牆、小而不規則的土地、獨立農場的外型特色。（假設我在堪薩斯長大，我可能就不會那麼驚訝。）

在下游河岸作畦與建造堤岸的例子上，想像力幾乎像是立體繪圖；他們預期的河谷是由一塊塊中規中矩的耕地構成的，田埂整齊劃一，耕地介於一條條又長又筆直的等高堤之間，最頂端是一排被森林覆蓋的排水渠道。長方形的輪廓編排會讓環境更容易控制，以方便替當地農民的農業種植帶來技術改造與控制，或許還能順著他們規劃的美感進行這一切。正是這個解決方案才有可能帶來足夠的生產量，但設計師是出於技術上的信念與想像力制定計畫，至於這些介入對農民社會與文化會有什麼效果，他們漠不關心。[11]

農業與森林景觀的美學秩序，同樣也被人文地理學所複製[12]。一系列的樣板村莊，平均分散在由道路所銜接的長方形田地網格之上，而它們將成為技術與社會服務的中心。田地本身排列整齊，以促進計畫中的旱地輪作。實際上，希雷河谷計畫是田納西河谷管理局的縮小版本，其中包括沿著河岸的水壩，以及替資本密集加工工廠保留的位置。按照建築師設計新城鎮的模型所建造的立體模型，展示了整個計畫竣工的模樣[13]。

對於希雷下游河谷人力的重新安置與土地使用，以「一敗塗地」收尾，而它們失敗的原因也預言了烏甲馬村莊的全軍覆沒。例如在土地侵蝕這個問題上，在地的種植者反對殖民者提出的普遍解方：作畦。如同後來研究顯示，他們在這個脈絡下的反抗，從經濟上與生態上來說都是有憑有據。在沙土上作畦十分不穩固，容易在雨季導致更嚴重的坑溝沖蝕，而畦在乾季則會讓土讓迅速乾涸，促使白蟻攻擊作物的根部。即將成為開拓者的在地人痛恨政府計畫的管制；「集體種植的模範聚落」無法吸引任何自願移民，最後只得轉型成政府的玉米農場，雇用給薪勞工。自願勞動者則因為政府禁止他們在拓居地上肥沃的溼地（*dimba*）上種植而卻步。之後政府坦承，不是農民，而是政府自己在這方面犯下了錯誤。

希雷下游河谷計畫失敗的兩個重要原因，對於我們理解高度現代主義計畫的極限至關重要。首先，規劃者所操作的農業環境模型，是針對整個河谷而徹底標準化的模型。這個一體適用的假設，讓它能夠替所有進行特殊旱地輪作的種植者，帶來普遍、而且顯然是永久的解決辦法。這個解方是針對生龍活虎和變化萬千的河谷環境，所提出來靜態且僵固的答案。相較之下，根據水災的時間與程度、或是小範圍的土壤成分等環境條件，農民持有在策略上彈性的回應方式，而這些策略對每位農民、每一塊地、每一個成長季節而言，都是獨一無二的。失敗的第二個原因，則是規劃者也使用標準化的方式處理種植者，預設所有農民都會想要種植大致相同的混合作物、技術與收成。這樣的假設完全忽略了關鍵的變項，像是家庭大小與組成、農民的副業、勞動的性別分工，以及當地文化所塑造出來的需求與品味。實際上，每個家庭都有各自的資源與目標組合，這都會影響他們每一年不同的農業策略，而這是整體計畫無法顧及的。作為一項計畫，它在美學上

11 Beinert, "Agricultural Planning," p. 113。

12 對於南非不同的地理傳統、主要權力來源，以及笛卡爾式的殖民計畫，以下文本提供了非常出色的分析：請參考 Isable Hofmyer, *They Spend Their Lives as a Tale That Is Told* (Portsmouth, N.H.: Heinemann, 1994)。

13 同前，pp. 138-39。

能取悅其發明者，其精準度也能與自己嚴格的標準保持一致。但是作為開發案，它有如環境與社會的標本剝製術，讓它一開始就注定失敗。諷刺的是，在政府權限之外、沒有任何財務援助的情況下，自願且成功的開拓者拓居處，蒸蒸日上地快速發展。這種雜亂無章、難以辨認，但更有成效的拓居地，被斥責為非法占據而受到嚴厲的譴責，儘管譴責本身沒什麼實際效果。

二戰後坦干伊加（Tanganyika）野心勃勃的花生計畫也慘遭滑鐵盧，而它就宛如大規模造村運動的彩排，深具指導意義[14]。聯合非洲公司（聯合利華的子公司）與殖民國的合資企業，提議要開墾超過三百萬英畝的灌木叢，而這些地可以用來種植超過五十萬噸的花生，用於製造出口用的食用油。該計畫構想的背景，是由於對統制經濟和大型資本主義公司兩者結合後的經濟實力的信心，在戰後到達了前所未見的高峰。但是到了一九五〇年，只有百分之十的土地獲得清理，而且種下的花生種子收成有限，該計畫慘遭淘汰。

失敗的原因涉及很多層面。實際上，在發展計畫的圈子裡，花生計畫是其中一個經典失敗案例，被引用來告誡大家什麼該做，什麼不該做。這場災難至少有兩方面與希雷下游河谷計畫和大規模造村的失敗有關。首先，該計畫的設計十分抽象，幾乎不涉及農藝學的考量。牽引機開墾土地所需的時間、每英畝達到給定產量所需的化學肥料與殺蟲劑的數量等等，這些非常籠統的數據被應用在新開發的土地之上。計畫人員不但沒有詳細繪製土壤、降雨模式或地形圖，更沒有著手任何相關的實驗與試驗。現場偵查總共只花九週的時間就完成了，而且大部分還是從空中進行的！這些籠統的數字被證明是大錯特錯，而這主要都是因為他們對當地的特殊性視若無睹：在旱季變密實的黏土質土壤、不規則的降雨、作物品種對疾病沒有抗藥性、不適合土壤與地形的機械。

　　這項計畫在設計上第二個致命的假設，是「盲目地相信機器與大規模操作」[15]。計畫的創造者法蘭克・山謬（Frank Samuel）有句座右銘：「如果有機械設備可供使用，就沒有任何一項操作得手動進行。[16]」這項計畫本質上就是準軍事行動，大概還是源於戰時經驗，設計來希望能在技術上自給自足。這個計畫抽象的程度，與威爾森、維爾和利金在一九二八年的芝加哥飯店房間規劃出來的蘇維埃農業集體化小麥農場有得比（請見第六章）。花生計畫刻意地繞過非洲的小自耕農，好創造出歐式管理下的巨大工業農場。因此，這個計畫可能反映了堪薩斯平原相對的要素價格，但絕非坦干伊加的水準。如果計畫真的成功種出任何花生，那一定是以非常不划算的方式栽培。啟發花生計畫的烏托邦式資本主義高度現代主義，和啟發尼雷爾發起的造村運動、集體主義與社會主義生產的模型一樣，都不適用於坦尚尼亞。

---

14　請參考以下幾個分析案例：J. Phillips, *Agriculture and Ecology in Africa* (London: Faber and Faber, 1959); F. Samuel, “East African Groundnut Scheme,” United Empire 38 (May-June 1947): 133-40; S. P. Voll, *A Plough in Field Arable* (London: University Presses of New England, 1980); Alan Wood, *The Groundnut Affair* (London: Bodley Head, 1950); Johnson and Ruttan, “Why Are Farms So Small?” pp. 691-706; Andrew Coulson, ‘Agricultural Policies in Mainland Tanzania,” *Review of African Political Economy* 10 (September-December 1977): 74-100。

15　Coulson, “Agricultural Policies in Mainland Tanzania,” p. 76。

16　Johnson and Ruttan. “*Why Are Farms So Small?*” P. 694。儘管有山謬的座右銘加持，該計畫還是意圖要雇用三萬二千名非洲人。

## 一九七三年以前的坦尚尼亞村莊與「改良」農耕

從可辨識性與侵占的角度來說，大部分坦尚尼亞的鄉村人口都處在國家可及範圍之外。在國家獨立的時刻，一千兩百萬名鄉村居民中，估計有一千一百萬名「分散」在各地。除了涼爽潮濕、人口密集、主要從事咖啡與茶葉等市場導向農業的高原之外，大部分的人都從事自給自足的農業或是畜牧業。他們大多都在當地市場進行販售，而這都在國家監督與賦稅範圍之外。坦尚尼亞獨立國家（在早期就獲得世界銀行的支持）與殖民時代的農業政策具有相同目標，亦即將更多的人口聚集到固定且永久的拓居地上，並提倡可以生產更多市場導向的剩餘，尤其是為了出口而生產[17]。無論這些政策是以私人投機事業或是社會化的農業形式出現，如葛蘭・海登（Goran Hyden）所形容，它們都是設計要用來「捕捉農民」[18]。坦尚尼亞非洲民族聯盟的國族主義政權，當然比它前任的殖民政權更具有合法性。但不要忘記，坦尚尼亞非洲民族聯盟在鄉村的支持度，大部分都是因為它支持農民抵抗殖民政府苛刻且強制的農業規範[19]。就像是在俄羅斯，農民利用獨立的空窗期，無視或是反抗首都所推動的政策。

從一開始，造村就是尼雷爾與坦尚尼亞非洲民族聯盟的主要目標。組織村莊在這個階段的目標有三個：提供服務、創造更有產能的現代農業，以及鼓勵集體、社會主義形式的合作社。早在一九六二年尼雷爾當選時對國會的演講，他就概述了鄉村生活的重要性：

> 如果你問我，為什麼政府希望大家住在鄉村裡，答案非常簡單：除非我們都搬進去，不然我們無法提供用來發展我們土地的工具，並提升我們的生活品質。我們將無法使用牽引機；我們將無法提供學校給孩子；我們將無法建造醫院或是享用乾淨的飲用水；我們將無法啟動小型村莊工業，而只能仰賴城鎮提供我們所需的一切；而就算我們有充沛的電力，我們也永遠無法把它連結到每一個孤立的家戶之中。[20]

到了一九六七年，尼雷爾在名為「社會主義和農村發展」的重要政策聲明中，詳細闡述了鄉村生活推廣運動中的社會主義面向。對他而言，如果當時資本主義發展的模式持續下去，坦尚尼

---

17 永久的拓居地也是坦干伊加殖民時期健康與獸醫政策的基礎。關於這個脈絡的研究，請參考Kirk Arden Hoppe, "Lords of the Flies: British Sleeping Sickness Policies as Environmental Engineering in the Lake Victoria Region, 1900-1950," Working Papers in African Studies no. 203 (Boston: Boston University African Studies Center, 1995)。

18 *Goran Hyden, Beyond Ujamaa in Tanzania* (London: Heineman, 1980)。

19 在獨立鬥爭時期以及成功之後，農民毀滅了當初被下令建造的梯田，拒絕縮減家畜數量或是幫牲畜藥浴。請參考*Andrew Coulson, Tanzania: A Political Economy* (Oxford: Clarendon Press, 1982), p. 117。

20 引自"President's Inaugural Address" (December 10, 1962), in Julius K. Nyerere, *Freedom and Unity: A Selection from Writings and Speeches*, 1952-1965 (London: Oxford University Press, 1967), p. 184。對於坦尚尼亞的相關資料，我衷心感謝Joel Gao Hiza在人類學系寫出的優質論文——"The Repetition of 'Traditional' Mistakes in Rural Development: Compulsory Villagization in Tanzania," April 1993，以及他在文獻上寶貴的幫助。他非常慷慨地分享他的分析論點以及他所掌握的文獻。

亞很明顯會發展出一群有錢的「富農」（富農的俄文「kulak」當時在坦尚尼亞非洲民族聯盟內蔚為風行）階級，這些富農將迫使他們的鄰居成為雇傭勞動者。烏甲馬村莊（亦即社會主義合作社）則會帶領鄉村經濟走上不同的道路，尼雷爾解釋：「這裡所提議的，是避免坦尚尼亞成為充滿農業個體戶的國家，這類農業生產者會逐漸採納資本主義系統的誘因與道德標準，坦尚尼亞必須避免這樣的狀況發生。相反的，我們應該要成為烏甲馬村莊的國度，每個人都直接在小團體中合作，而這些小團體會為了共同的事業合作。[21]」

對尼雷爾而言，村莊生活、發展服務、集體農業以及機械化，是整個單一牢不可摧的方案。除非大家都搬到村裡去，不然零星居住在各地的農夫將無法輕易獲得教育機會，或是接受常見疾病的治療，遑論學習當代農業的技術，更無法相互合作。他宣稱：「因此，如果我們想要使用牽引機種植，第一項、而且絕對基本的待辦事項，是住在**體面**的村莊裡……，（如果我們沒有村莊，）我們將會沒有辦法使用牽引機。[22]」現代化最需要的，是把國家可能服務與管理的對象，物理上集中到標準化的單位之中。難怪，尼雷爾跟列寧常常掛在嘴邊的，是被視為現代化象徵的電力與牽引機[23]）。而我深信，強大的現代化美學在這裡扮演舉足輕重的角色。一群現代化的人一定要居住在具有特定物理布局的社群中——不僅僅是村莊，而是**體面**的村莊。

與史達林不同的是，尼雷爾一開始堅持要使用漸進且完全自願的方式創造烏甲馬村莊。他幻想許多家庭都會搬到離彼此近一點的地方，並在附近種植作物，而之後他們可能會開設一片共有的田地，他們的成功將會吸引更多人加入。「社會主義式的社區不能透過強制建立而成。」他宣稱他們「只能透過自願的成員而成；政府與領導者的責任不是要嘗試或是強制執行這種發展，而是解釋、鼓勵以及參與[24]。」之後到了一九七三年，在以政府時程的角度衡量民眾對造村的普遍抵制後，尼雷爾的立場有了改變。屆時，一群政治化的威權官僚，以及尼雷爾深信農民不知道自己利益為何的武斷想法，將拉開強制造村的序幕。也因此，在上面引用譴責「強制建立」的句子之後，尼雷爾坦承：「很有可能——**而且有時候有其必要**——得堅持特定區域的所有農民都種植一定英畝的特定作物，直到他們發現這會替他們帶來更穩定的生活，之後就不用再**強制**他們種植了[25]。」如果不能說服農民為他們的利益做出行動，那可能就得強制他們執行這些行動，這個邏輯是一九六一年世界銀行對坦干伊加第一個五年計畫所做出的報告的翻版。該報告結合了該時代的標準話術，意即必須克服落後與固執農民的習慣和迷信。該報告也對單單只靠說服能否完成任

---

21 尼雷爾，"Socialism and Rural Development" (September 1967), in Nyerere, *Freedom and Socialism: A Selection from Writings and Speeches, 1965-1967* (Dares Salaam: Oxford University Press, 1968), p. 365。值得注意的是，在獨立後廢止個人擁有土地產權，是強制造村的法律前提，像是尼雷爾說的：「所有土地現在都屬於國家的了」（p. 307）。尼雷爾以非洲傳統「共有的財產」來合理化這個行為，因此就化解了共有地與國有地的區別。

22 引自Coulson, *Tanzania*, p. 237（強調為作者所加）。

23 可以想像，尼雷爾對「得體」的村莊看起來應該要是什麼樣子，有個強烈的視覺圖像，從布局、牽引機縱橫交錯在共有的田地上運行、健康中心、學校、政府服務中心、小型村莊工業，還可能會有電力引擎與燈光。這個景象是從哪來的呢？俄羅斯、中國，還是西方？

24 引自尼雷爾，*Freedom and Socialism*, p. 356。

25 同前（強調為作者所加）。

務，抱著懷疑的態度。儘管作者群希望「社會模仿、合作，以及擴大發展相關的社群服務」能夠改變大家的態度，他們也很沉重地警告：「如果誘因、模仿和政治宣傳都沒有用，就得考慮使用執法與強制手段等適當的方式[26]。」

大量的村莊拓居與種植計畫在一九六〇年展開。儘管它們有各式各樣的變體——有些是國家與外國公司共同投資，有些是政府與準國家計畫，還有一些是自發的民眾組織——然而大部分都失敗了，依法關閉或是自然而然地凋零而倒閉。這些計畫在其中三個方面，與理解一九七三年開始的全面造村運動特別相關。

第一個是對創造先導型計畫的熱愛。這個手段本身有其道理，畢竟擬定政策的人在展開規模更大的計畫之前，可以從中學習到什麼有用，什麼沒用。但是，許多計畫都變成示範農場的展示樣板，吸收大量稀有的設備、資金、人力。這些進步與現代化的寶貴模型，得以保存一段時日。一項僅涉及三百名拓居者、十分具有影響力的計畫，設法獲得了四輛推土機、九輛牽引機、一輛越野車、七輛卡車、一個玉米磨坊、一台發電機，以及一大群幹部，其中包括十五名管理人員和專家、一百五十名工人以及十二名工匠[27]。在某個程度上，它是現代農場的成功案例，前提是人們必須忽略它實際上令人瞠目結舌的低效率，以及這個案例與坦尚尼亞實際農業狀態毫無關聯的事實。

第二個能預見坦尚尼亞經驗的面向，則是在單一政黨統治、威權行政的傳統，以及有個渴望能看到結果的獨裁者（儘管還算仁慈）的狀況下[28]，一般官僚病態的行為變得更為嚴重。新拓居地的選址往往不是根據經濟邏輯，而是要尋找地圖上「空白的地點」（最好要靠近路邊），好把拓居者都丟在那邊[29]。在一九七〇年，一群國會成員跟五位技術專家突然短暫拜訪西湖地帶（維多利亞湖的西邊），以替該地區所有的烏甲馬村莊擬定一個四年計畫（一九七〇年到一九七四年）。他們顯然深陷於取悅上級的巨大壓力，導致他們保證要大幅提高種植與生產量，他們承諾的產量「徹底不切實際，而且完全與村莊可能的發展狀況脫節。[30]」這項計畫是根據機器的使用、勞工工作狀況、土地開墾程度，以及新型作物養殖法等抽象的假設而來，他們完全沒有請教任何當地人就公布這項計畫，這和花生計畫還有芝加哥飯店房間策劃出來的蘇維埃農業集體化並

26 引自一九六一年世界銀行報告(p. 19), in Coulson, *Tanzania*, p. 161。

27 Cliffe and Cunningham, "Ideology, Organization, and the Settlement Experience," p. 135。我很確定是因為政治因素，作者省略實際位置與村莊的名字。儘管無法證明在哪，我猜測這個叫薩拿度（Xanadu）的地方應該是在首都三蘭港附近，這樣官員才能參訪學習。

28 相較於鄰國統治的現代標準，例如衣索比亞、烏干達、南非、莫三比克，以及薩伊，尼雷爾的坦尚尼亞根本是座天堂。儘管如此，坦尚尼亞非洲民族聯盟仍然一再收買法律體系，或是乾脆繞過它。一九六二年的《預防性羈押法案》，完全沒有替前述公然違法提供任何解方。到了一九六四年早期，在一場軍隊叛變之後，這個法律被任意用來圍捕約莫五百名反對政權的人，其中大多數人與推翻政權的陰謀毫無關聯。除了《預防性羈押法案》外，政權也常常訴諸一系列威權式的殖民法律。請參考Cranford Pratt, *The Critical Phase in Tanzania, 1945-1968: Nyerere and the Emergence of a Socialist Strategy* (Cambridge: Cambridge University Press, 1976), pp. 184-89。

29 Jannik Boesen, Birgit Storgaard Madsen, and Tony Moody, *Ujamaa: Socialism from Above* (Uppsala: Scandinavian Institute of African Studies, 1977), p. 38。這裡參考的是一九六九年之前，在西湖地區馬卡錫馬普亞拓居地的計畫。

30 同前，p. 77。

無二致。

最後，在創造新村莊的壓力最大之處，所有坦尚尼亞非洲民族聯盟的運動者與官員，都忽視了尼雷爾反對強制執行的忠告。因此，當他們在一九七〇年決定杜篤瑪的所有人（坦尚尼亞中部一個容易發生乾旱的區域），都應該要在十四個月內遷居到烏甲馬村莊時，官員立刻展開行動。藉著大家對一九六九年發生的飢荒還留存著切膚之痛，官員確保所有人都知道，只有住在烏甲馬村莊的人可以獲得飢荒救濟金。至於有人已經住在烏甲馬村莊、但這些村莊人數卻少於規定的兩百五十個家庭時，這些人會被迫要與其他村莊合併，好達到最低的規模要求。共有土地被蓋到新的拓居地上，而理論上，工作規範與種植計畫也要被編排到新的拓居地中。當有個農業官員堅持官方決定不容質疑，必須要擴大一個村莊的公有地到一百七十英畝，並吸收相連的私有土地時，一場難得一見的公開反抗把他踢出了村莊會議。一名與村莊站在一起的國會議員則被禁止競選連任，而且還受到監視。至於該地區坦尚尼亞非洲民族聯盟的主席，也跟村莊處在同一陣線，他的職位被拔除，並遭到軟禁。杜篤瑪是在預演即將上演的劇碼。

至於魯伍馬發展協會（Ruvuma Development Association, RDA）不幸的命運，則令人確信造村不僅只是組織村莊與進行集體農業，更是中央控制的手段[31]。魯伍馬是一個聯合組織，代表了十五個散布在松蓋亞地區、綿延一百多哩的村莊，該區域是坦尚尼亞西南邊遙遠且貧窮的地帶。與大部分烏甲馬村莊不同的是，這些村莊是由當地的年輕坦尚尼亞非洲民族聯盟武裝分子自發組織而成。他們從一九六〇年就開始組織，比起尼雷爾發布政策的一九六七年還要早得多，而每個村莊都發明了自己的共有企業（communal enterprise）。一開始尼雷爾大肆稱讚其中一個名為「利桃瓦」的村莊，讚揚在那邊可以見到活生生的鄉村社會主義[32]。鄰近村莊都羨慕他們的學校、磨坊合作社，以及銷售協會。有鑑於利桃瓦吸引了高品質的贊助與資金支持，實在很難評價他們的企業在經濟上到底有多麼穩健。但是，他們的確期望尼雷爾會宣布地方自主控制與非威權合作社等政策。另一方面來說，面對國家時，利桃瓦村民比較獨立，而且講話敢比較大聲。在贏得了許多地方黨委幹部的支持，並以自己的方式開創了鄉村合作社的先例後，他們不打算就這樣被吸收進黨的官僚主義之中。當時，利桃瓦的每個家庭被下令要種植一英畝的烤菸草，而他們認為烤菸草是勞力密集且無法獲利的作物，於是利桃瓦村民透過他們的組織公開反抗。到了一九六八年，坦尚尼亞非洲民族聯盟中央委員會的高級幹部參訪過後，魯伍馬發展協會被認定是非法組織，遭到官方禁止，組織的財產都被沒收，而黨跟官僚則承接了該組織的功能[33]。儘管這些村莊實踐了尼雷爾所支持的目標，但他們拒絕被黨中央集權計畫收編的下場，可說是十分致命。

---

31 請參考Cliffe and Cunningham, “Ideology, Organization, and the Settlement Experience,” pp. 137-39; Lionel Cliffe, “The Policy of Ujamaa Vijijini and the Class Struggle in Tanzania,” in Cliffe and John S. Saul, eds., Policies, vol. 2 of *Socialism in Tanzania: An Interdisciplinary Reader* (Nairobi: East African Publishing House, 1973), pp. 195-211; and Coulson, “Agricultural Policies in Mainland Tanzania,” pp. 74-100。最後一篇文章對坦尚尼亞鄉村政策有精彩的綜合分析。

32 Cliffe and Cunningham, “Ideology, Organization, and the Settlement Experience,” p. 139.

33 Coulson, “Agricultural Policies in Mainland Tanzania,” p. 91.

## 「下令你們住在村莊！」

尼雷爾在一九七三年十二月下達命令[34]，終止零星、未經授權而強制執行的造村時期，進入將國家機器整體投入全國造村運動的階段[35]。他過去公開譴責暴力所帶來的顧忌與影響，現在都不復存在；取而代之的是政黨與官僚希望能夠儘快達成尼雷爾想要的結果。畢竟造村是為了農民本身的利益在執行，如同負責辛揚加區域強制拓居的朱馬．姆瓦帕丘（Juma Mwapachu）所述：「一九七四年的（計畫）村莊行動，不是在說服大家參與，而是強制執行。如同尼雷爾所說的，這個行動必須使用強制力，因為在大部分的群眾走向『死亡的生活』時，坦尚尼亞不能坐視不管。因此，國家必須擔任『父親』的角色，確保人民替自己選擇一個更好、更富庶的生活。」[36]在一九六七年之前，官方政策的優先選項是新的村莊與集體農業，但推行結果令人失望。尼雷爾聲稱現在是堅持村莊生活的時刻了，這是唯一能促進發展與增加產能的方式。在一九七三年後，官方用語變成「計畫」村莊（而非「烏甲馬」村莊），推測是想要讓集體生產的制度與失敗的烏甲馬村莊，以及坦尚尼亞人此刻居住、未經規劃的拓居地與自耕農場有所區別。

實際上的推廣運動被稱作**作戰**（*Operation*）村莊行動，會讓大家聯想到軍事行動的形象，而的確也是如此。紙上紀錄的操作計畫分為六個階段：「教育（或『政治化』）民眾，尋找適當的地點，檢查地點，清楚規劃村莊並分割土地，以烏甲馬的方式訓練官員，以及重新安置[37]。」這些階段缺一不可，且必須強制執行。有鑑於該推廣運動「特急」的性質，教育民眾不代表要獲得

他們同意，而是要告訴他們得搬家了，以及為什麼搬家最符合他們的利益。更甚者，國家在行動

---

34 尼雷爾透過在電台發表演講下達了命令，而他的演講內容非常具有啟發性。他提醒他的聽眾「坦尚尼亞非洲民族聯盟政府在阿魯沙宣言之後，為人民做了多少事情：廢除通行稅、廢除小學學費、在村莊建造永久且乾淨的水源補給站、在鄉村地區增加健康中心與藥局的數量，以及增加小學的器材設施。他接著詢問農民回報了國家什麼。在回答這個問題時，尼雷爾總統基本上指出農民什麼都沒做。他們一直閒閒沒事，並逃避他們貢獻給國家社會主義發展的責任。在結束時，他說他知道他沒有辦法強迫大家成為社會主義者，但他的政府可以做的是確保所有人都住在村莊。他希望可以在一九七六年年底前達成這個目標。」（Hyden, *Beyond Ujamaa in Tanzania*, p. 130）。

35 這個舞台早在該年十月初就搭好了，當時第十六屆坦尚尼亞非洲民族聯盟雙年大會在結束時緊急要求政府「勘測鄉村區域」，他們希望烏甲馬運動可以是全國性的運動，而非仰賴在地組織（Daily News [Dar es Salaam], October 2, 1973）。而在接下來幾個月，一直有呼聲要土地官員與專業勘測員訓練各地幹部使用簡單的技術勘測，這樣他們就可以設立新的村莊（Daily News [Dar es Salaam], January 30, 1974）。但是烏甲馬村莊的「前線」手段，至少是從一九六九年才開始被坦尚尼亞非洲民族聯盟、鄉村發展部以及第二個五年計畫敦促執行。請參考Bismarck U. Mwansasu and Cranford Pratt, *Towards Socialism in Tanzania* (Buffalo: University of Toronto Press, 1979), p. 98。

36 引自Coulson, "Agricultural Policies in Mainland Tanzania," p. 74。也請參考Juma Volter Mwapachu, "Operation Planned Villages in Rural Tanzania: A Revolutionary Strategy of Development," *African Review* 6, no. 1 (1976): 1-16。這些論述需要更仔細的分析，最後兩句話的主角是「國家」和「坦尚尼亞」這些非人的行為者，而當然，他們在現實是由尼雷爾和坦尚尼亞非洲民族聯盟菁英所代表。在強制實施的脈絡下，語言上還保持著有所選擇的幻覺。最後使用「死亡的生活」這種詞彙來形容大部分坦尚尼亞人的生活，把尼雷爾和黨提升到將人從死亡召回的救贖者的角色，跟耶穌在拉撒路所做的一樣。

37 請參考Dean E. McHenry, Jr., *Tanzania's Ujamaa Villages: The Implementation of a Rural Development Strategy*, Research Series no. 39 (Berkeley: Berkeley Institute of International Studies, 1979), p. 136; Mwapachu, "Operation Planned Villages"; Katabaro Miti, *Whither Tanzania?* (New Delhi: Ajanta, 1987), pp. 73-89。

上是出奇地快。一九七〇年杜篤瑪的排練，還允許規劃組織一天規劃一個村莊計畫，新的推廣運動則將規劃組織在時間上拉得更緊。

行動的速度也不只是行政上倉促行事的副產品。規劃者認為以閃電般的速度重新安置，這帶來的驚嚇會有正面效果。這會將農民從他們傳統的環境與網絡抽離出來，並把他們放置到嶄新的環境裡。官員希望農民能夠更迅速地根據專家建議，重新成為現代的生產者[38]。當然，廣義上來說，強制安置的目的本來就是要讓人失去方向，並替他們重新找到方向。國營農場或私人種植園的殖民計畫，以及創造一個進步自耕農階級等等的各式計畫，都建立在一個假設之上，亦即透過改變人們的生活安排和工作環境，將可以徹底地改造他們。尼雷爾喜歡用傳統種植下散漫、自主的工作節奏，與工廠中緊密、相互依賴的紀律作對比[39]。擁有合作社式生產方式、緊密定居在一起的村莊，將帶領坦尚尼亞人民往後者邁進。

想當然耳，鄉村的坦尚尼亞人都不想要搬進國家最新規劃的社區之中。考慮到無論是獨立之前或之後的經驗，他們對這個行動的懷疑是其來有自。作為耕種者與放牧者，他們已經發展了定居模式，而且在很多狀況下，還形成了週期性的移動模式，這些模式都有經過仔細調整，好適應他們非常熟悉的艱困環境。國家強制的移動則會摧毀這種適應的邏輯。選址的邏輯是根據行政上的方便，而非生態考量；新的地點往往都離柴薪與水源十分遙遠，而居住在上面的人口數，往往超過土地所能負荷的程度。如同其中一個專家預言：「除非能夠有基礎設施投入，創造克服環境的新型科技，不然造村本身在經濟上非常沒有生產力，而且還摧毀了在傳統定居模式下所維持的生態平衡。集結的拓居村莊意謂著人滿為患……充滿了人與家畜，伴隨著水土流失、溝壑的形成以及沙塵暴，這些都是在人類行動突然超過土地負荷量的狀況下常見的特徵。[40]」

有鑑於群眾反抗以及特急方案意謂著必然會牽涉到官僚和軍事，使用暴力是無可避免，威脅亦無所不在。被預選要搬家的人再次被告知，飢荒救濟只會給和平搬遷的人。民兵跟軍人出動幫忙運輸，並強迫民眾順從搬遷行動。他們通知人們，如果不拆除房屋並把它裝載到政府的卡車上，當局就會拆除房屋。為了避免強制搬遷的人返家，許多房子都慘遭燒毀。一位來自基戈馬貧窮區域的學生，描述了當時坦尚尼亞常常出現的狀況：「武力與暴力都被派上用場。警察與一些政府官員都被授權行事。舉例來說，在卡林濟的卡坦那祖拉……警察以暴力掌管一切。在一些地方，農民拒絕收拾家當與搭上這項行動的貨車與卡車，他們的房子不是被燒毀就是被拆了。尼揚加處處可見房子被摧毀，這幾乎是政府每天下達的指令。農民不得不無條件轉移陣地。有些村

38 一九六一年世界銀行消毒過的報告使用的詞語是：「比起留在他們熟悉的環境，當人們搬到新的地區，他們更可能會願意改變（引自Coulson, Tanzania, p. 75）。」這是強制重新安置背後的心理學預設。世界銀行的官員跟我說，在早期要把數千名爪哇人遷移到印尼外圍的島嶼時，他們認為用飛機移動會比用船還好，而且會更便宜。因為這些人第一次搭飛機的經驗會恰到好處地讓他們感到混亂，並傳達出他們的搬遷具有革命和永久的性質。

39 引自Coulson, *African Socialism in Practice: The Tanzanian Experience* (Nottingham: Spokesman, 1979), pp. 31-32。

40 Helge Kjekhus, "The Tanzanian Villagization Policy: Implementation Lessons and Ecological Dimensions, *Canadian Journal of African Studies* 11 (1977): 282，引自Rodger Yaeger, *Tanzania: An African Experiment*, 2nd ed. (Boulder: Westview Press, 1989), p. 62。

莊根本是在強制造村。[41]」當農民意識到公開反抗既危險又徒勞後，他們盡量省下所有的東西，往往一逮到機會就從新的村莊逃出去[42]。

政府提供諸如診所、自來水與學校，給願意和平搬遷的人。有些人的確服從了，只是他們試著堅持要官員寫下白紙黑字的合約，並要求這些服務在他們搬進去之前就建立好。比起後來的強制造村時期，這些正面的誘因顯然比較常在早期且自願的階段出現。有些地區受的影響不大，那裡的官員只是將許多現有的定居地指定為計畫村莊，就一走了之。政府會依據經濟與政治邏輯決定，哪些村莊應排除在造村運動之外。像是西湖與吉利馬札羅這種富有、緊密定居的區域，之所以大部分能倖免於強制造村的命運，原因有三：當地的農民已經住在人口繁多的村莊；對國家收入與外匯而言，讓他們不受打擾地生產經濟作物十分重要；而且有許多官僚菁英住在這些區域。一些批評者認為，一個地區的政府官員比例愈高，造村的時間點就愈晚（也更散漫）[43]。

當尼雷爾確切意識到說服的效果有多麼薄弱，而暴力又是多麼普及時，他表達了他的失望。他不滿農民的房屋毀損卻沒有獲得補償，也承認一些官員把民眾轉移到缺乏水源或可耕地等不合適的地方。他坦承：「就算有我們的官方政策與民主制度，有些領導人還是沒有聽取民眾的意見。他們發現命令別人比較容易。[44]」但是，「假裝這些混亂是造村的常態，是非常荒唐的一件事[45]」，取消造村推廣運動更是不用討論的一件事。尼雷爾希望在地權威具有足夠的知識，與民眾親近，並在貫徹國家政策方面具有說服力；但是他跟列寧一樣，都不希望他們遵從人民的願望。如大家所預期的，一切消息都指出，所有的村莊會議都是單向的說教、解釋、指示、責罵、承諾，以及警告。聚集在一起的村民，被期待要成為莎莉・福克・摩爾（Sally Falk Moore）很適切地稱之為「批准的公共團體」，為非當地的決策賦予民粹的合法性[46]。但造村運動根本沒有實現這種民粹的合法性，反而只造成一群疏離、猜忌、士氣低落、拒絕合作的農民，坦尚尼亞將為此付出巨大的經濟與政治代價[47]。

41 A. P. L. Ndabakwaje, *Student Report*, University of Dar es Salaam, 1975，引自McHenry, *Tanzania's Ujamaa Villages*, pp. 140-41。在一則津津樂道的案例中，一名種植者因為土地被新的村莊徵用，憤而槍殺區長。請參考B. C. Nindi, "Compulsion in the Implementation of Ujamaa," in Norman O'Neill and Kemal Mustafa, eds., *Capitalism, Socialism, and the Development Crisis in Tanzania* (Avebury: Aldershot, 1990), pp. 63-68，引自Bruce McKim, "Bureaucrats and Peasants: Ujamaa Villagization in Tanzania, 1967-1976" (term paper, Department of Anthropology, Yale University, April 1993), p. 14。

42 要理解在這個狀況下，圍繞強制造村運動的恐懼與懷疑，請參考P.A. Kisula, "Prospects of Building Ujamaa Villages in Mwanza District," (Ph.D. diss., Department of Political Science, University of Dar es Salaam, 1973)。我很感謝David Sperling建議我閱讀這個文本。在許多方面，從烏甲馬村莊逃離的人，都受到維安人員的仔細監視。

43 同前，p. 134。有人會認為，要對一群被建構成是「他人」而非「我們」的人施加高度現代主義的改造計畫，會更加容易。這有助於解釋為什麼一開始會在像是基戈馬或杜篤馬這種貧窮的區域造村，而在游牧的馬賽人身上卻特別困難。

44 引自Coulson, African Socialism in Practice, p. 66.

45 同前。

46 莎莉・福克・摩爾，*Social Facts and Fabrications: "Customary" Law on Kilimanjaro, 1880-1980* (Cambridge: Cambridge University Press, 1986), p. 314.

47 好巧不巧，我在這裡想的是Goran Hyden一本本來可以很有趣的書，可惜他卻完全錯過了這個部分。坦尚尼亞農民的反抗似乎是對於許多糟糕的國家計畫（大部分都失敗了）痛苦的回憶所導致的理性回應，而非一些古老「情感經濟」的結果。

## 被塑造成流線型的民眾與他們的莊稼

新規劃的村莊遵從官僚與美學邏輯。尼雷爾和他的規劃者對於現代的村莊該長什麼模樣，已經有個大概的輪廓，這些視覺上的想法變成強而有力的譬喻。就拿「流線型」來說，這個詞與現代風格強烈的形象畫上等號，傳達出節省、圓滑、高效能、將摩擦力或阻礙縮減到最小的效果。政治人物與行政人員急著要兌現這個詞彙背後的象徵資本，宣稱他們會把這個組織那個企業打造成流線型，讓觀眾的視覺想像填補官僚政治的細節，將他們想像成光滑的車子或是噴射機。因此，在一個特定領域（空氣動力學）中具有特定脈絡用法的術語，被推廣到視覺與美學涵義更勝過科學的領域之上。最重要的是，我們即將了解新村莊的美學是對過去的否定。但是在那之前，讓我們先來討論行政邏輯。

一九七五年初，在尼梅爾拜訪辛揚加（坦尚尼亞北部）的新村莊時，歡迎他的是官僚典型的倉促行事與遲鈍[48]。有些村莊的布局是「房子沿著一條延伸數哩的街道建起，宛如火車的車廂一般。[49]」在尼雷爾看來，這是一個「亂丟」拓居者的粗暴案例。但這些線性的村莊的確有一些奇妙的邏輯存在。行政人員喜歡沿著主要幹道安置新的村莊，這樣要接觸或監視村莊會變得更加容易[50]。道路旁的選址在經濟上完全站不腳；但是在另一方面來說，它的確證明國家在把控制伸向農民時，往往會打擊國家想要提升農業生產的目標。正如史達林所學到的教訓：被俘虜的農民不見得就是有效率的農民。

一個得體的村莊在外觀上的視覺美學，是行政規律、整齊、可辨識性這些笛卡爾式的秩序相結合的結果。這正是現代行政型村莊，讓人隱隱聯想到現代、紀律嚴明、高生產力的農民。一位贊同造村目標的敏銳觀察者，注意到了整體的效果，他認為：「新的方法與官僚的想法比較接近，帶著官僚認為怎樣做才能比較有效率的方式在進行：強制農民移動到一個新的『現代』拓居點，例如直線、沿著道路建設、房子都擠在一起的拓居地，而這些地點都有著緊鄰著村莊中心的田野、以一大塊一大塊的方式組織農場，每一大塊地都含有村民私有田地，但是上面只有一種作物，而這些地都易於農業推廣官員控制，最後則由政府的牽引機種植作物。[51]」

隨著村莊創建重複地進行，現代村莊的行政形象逐漸被成文寫下，幾乎任何官僚都可以複製這個已知的過程。「當西湖區的領袖被要求在該區域實施烏甲馬時，他們的第一個反應是重新安置。創造新的拓居地有許多優點，它們非常清晰可見，而且很容易從一開始就中規中矩的組織起來，它們具有官僚偏好的外觀，以及沿著直線建造、具備小農地（*shambas*，花園或是農場）的

---

48 像是在坦干之類的地方，有許多「波坦金村莊」的例子，是因為尼雷爾的拜訪所建設，他離開之後就被拆了。請參考 Hyden, *Beyond Ujamaa in Tanzania*, pp. 101-8。

49 Mwapachu, "Operation Planned Villages"，引自 Coulson, *African Socialism in Practice*, p. 121。

50 Henry Bernstein, "Notes on State and the Peasantry: The Tanzanian Case," *Review of African Political Economy* 21 (May-September 1981): 57。

51 Jannik Boesen，引自 Coulson, *Tanzania*, p. 254。

房子。[52]」重建這種現代鄉村生活形象的歷史系譜將會十分有趣，儘管與我們的目的有所偏離。這毫無疑問與殖民時代的政策有所關聯，讓它看起來很像現代歐洲鄉村的景致，而我們也知道，尼雷爾對他在蘇維埃與中國之旅的所見所聞印象深刻。但重要的是坦尚尼亞規劃的現代式村莊，基本上是對既存所有的鄉村實踐的否定，包括輪作與畜牧業、混合栽培、住在主要幹道之外、親屬與宗族權力、雜亂無章的房子搭配上小而分散的居住方式、以及對國家來說分散且不透明的生產方式。這種否定的邏輯似乎常常勝過合理的生態或經濟考量。

## 集體農業與集約生產

打從一開始，把坦尚尼亞人聚集到村莊居住，就被視作必要的一步，以建立國家能夠扮演重要角色的新形態農業。第一個五年計畫的目標十分明確。

> 儘管進步方案（與轉化方案相反）可以逐漸在各區域（降雨量不足且異常之處）增加生產量，它沒有辦法具體提升產量，這是因為農場生產者散布各地，焚燒灌木使得土壤十分貧瘠，產品銷售則是困難重重。政府決定對這些區域採取的政策，將會在最優質的土壤上，**重組與重新安置農民**，建立私人或集體的所有制，並引入**經過監督的輪作與混合農業**，以保持土壤肥沃的程度。[53]

集中在計畫村莊的人，將藉著國家提供的機器，慢慢地在公有地上種植現金作物（如同農業專家特別要求的）。他們的房舍、在地行政體系、農業操作，以及最重要的，他們每日工作的狀況，都會由國家權威全權監督。

強制造村運動本身替農業生產帶來極為巨大的災難，導致國家沒有立場立刻推動徹底的集體農業。一九七三年到一九七五年間，坦尚尼亞必須仰賴大量進口的食物[54]。尼雷爾聲稱，用在購買進口糧食的十二億先令，將可以替每一個坦尚尼亞家庭買一隻牛。將近百分之六十的新村莊座落在半乾燥地帶，十分不利於永久栽培，迫使農民得走很長的路才能走到可耕地。搬遷所帶來的混亂，以及適應新生態環境的緩慢過程，意謂著進一步擾亂生產過程[55]。

一直到一九七五年，國家採取了經典的殖民形式，意圖控制在國家計畫之外的生產：法律強制每一個家戶都要在特定英畝的土地上種植特定作物。政府使用一系列的罰金與刑罰，確保這些

---

52　Boesen, Madsen, and Moody, *Ujamaa*, p. 165。

53　Coulson, "Agricultural Policies in Mainland Tanzania," p. 88（強調由作者所加）。

54　請參考Phil Raikes, "Eating the Carrot and Wielding the Stick: The Agricultural Sector in Tanzania," in Jannik Boesen et al., *Tanzania: Crisis and Struggle for Survival* (Uppsala: Scandinavian Institute of African Studies, 1986), p. 119。不友善的價格以及貨幣流動，意謂著在一九七三年到七五年五倍增長的進口量，現在的價值增加了三十倍。

55　這邊的關鍵可能是自給自足生產和為了市場生產的差異。我在此感謝Bruce McKim，他指出為了市場生產的總體經濟誘因十分微小。生產者價格是由國家市場委員會所設定，它們都近乎是沒收等級的售價，而商店往往幾乎沒有商品能讓大家使用賺取的錢財。

措施會被強制執行。在一個區域，官員宣布，除非民眾能證明他們有在耕種政府規定的七英畝半的田地，不然他們不能上市場或是搭巴士。在另一個案例中，飢荒救濟金被延遲發送，直到每一個村民都根據最低種植面積法種植一英畝的木薯後，才繼續執行[56]。導致魯伍馬烏甲馬村莊解散的其中一項主要衝突來源，是政府強迫村民種植烤菸草，而村民則認為收購價格等同於政府在沒收他們的莊稼。如同殖民者早就知道的，強制種植只有在農民物理上集中的狀況下才有可能成功，因為政府能藉此監視農民，必要時還可以規訓他們[57]。

下一步則是經過規範的集體生產[58]。這種形式的生產已經預先在一九七五年的《村莊與烏甲馬村莊法案》中被寫下，該法案建立了「村莊集體農場」，並要求村莊官員擬定每一年的工作計畫與生產目標。至於在實踐上，共有農地的大小及其生產計畫，往往都是由一位農業官員（滿心想要討好上級）與村長所決定，缺乏其他人的意見[59]。這造成的結果，就是一份與季節性勞動力供給毫不相干的勞動計畫，更不用提農民自己設立的目標。在集體農莊工作的經驗，與強迫勞役沒什麼不同。村民在這件事上沒有什麼選擇，而且他們幾乎無法從工作中得到好處。儘管許多農業推廣員特別被派來要服務共有地，但作物往往都不適合當地環境，土壤貧瘠，種子跟肥料都太晚才運到，政府答應要供給的帶犁曳引機更是不見蹤影。除了這些缺失之外，集體生產的任何利潤（有的話也十分罕見）都被算作村委會的收入，而非村民所有，這都導致村民對這些工作的憎惡。

理論上來說，政治與勞動控制的系統十分徹底且難以逃脫。村民被分成幾個分隊（mitaa），而每個分隊又被分成數個小組（**mashina**，由十個家戶所組成）。這種居住形式又被複製到共有的農地之上。每個分隊都要負責種植一部分的公有地，每一小部分的公有地又會被切割，於是每一個小組又得替他們分配到、切割過的公有地負責。同樣的，理論上來說，每一個小組的組長都要負責進行勞工動員與監視[60]。而在結構上，居住與勞動規訓一模一樣的階層設計，是為了讓村莊能夠更透明，更容易為政府所辨識。

---

56 這個法律具有悠久的殖民歷史，其意圖是要強制農民種植在乾燥環境下也能茁壯的作物，這樣能降低政府在飢荒時期發放食物津貼的花費。

57 莫三比克的棉花種植系統是這個政策模型更嚴格的版本。葡萄牙人花了很多力氣在集中人口（concentraçaoes），這樣官員或是特許經銷商才能強迫棉花的種植以及運送。在其中一個變體中，探勘者在土地上做出記號，而每個家庭都被指定到一個土地區塊上。在這個強制執行的系統下，每個人都會有個人通行證，以表明持有人是否已達到當年棉花種植配額；沒有達到定額的人可能會被逮捕、毆打，或者被送去可怕的瓊麻種植園強迫勞動。對於這個現象出色、詳細、全面的解釋，請參考 Allen Isaacman, *Cotton Is the Mother of Poverty: Peasants, Work, and Rural Struggle in Colonial Mozambique*, 1938-1961 (Portsmouth, N.H.: Heinemann, 1996)。

58 官員想要控制的不只有生產，還有消費。舉例來說，在一九七四年中的杜篤馬地區，為了讓國家消費合作社與烏甲馬商店壟斷市場，所有私人零售的食物必需品貿易都被禁止。請參考“Only Co-ops Will Sell Food in Dodoma,” Daily News (Dar es Salaam), June 6, 1974。這個舉動可能是因為「官方」商店所歷經的損失，它們通常是由黨幹部和等級很低的官僚所經營。但這種對銷售的壟斷，往往只是紙上談兵的幻想。

59 Boesen, Madsen, and Moody, *Ujamaa*, p. 105。

60 Graham Thiele, “Villages as Economic Agents: The Accident of Social Reproduction,” in R. G. Abrahams, ed., *Villagers, Villages, and the State in Modem Tanzania, Cambridge African Monograph Series*, no. 4 (Cambridge: Cambridge University Press, 1985), pp. 81-109。

但是就實踐上來說，這個系統迅速就崩毀了。實際有在經營集體種植的區域，往往都比官方呈現的紀錄還要小[61]。就集體耕作而言，大部分的小隊長或是村裡幹部，都滿足於按部就班。而如果鄰居為了照顧他們萬分重要的私有地而忽視了勞動法規，小隊長也不太願意處以罰款。

為了回應這種普遍存在的拖延，許多共有地被分割，讓每個家戶都可以負責種個半英畝大小之類的地[62]。這樣就不再需要替一塊巨大的田地協調勞動力，而且可以明確指出誰具有種植的責任，而該懲罰時又該找誰。這個新的制度與殖民時代強制種植的體制十分雷同，兩者只有一個差異：新的制度在現實中確定了每一塊地由誰負責，讓監督變得更為容易。儘管如此，這種缺乏任何可觀回報的勞動，意謂著每個家戶都只在他們的私有地上盡全力，並將共有地視作繁重且多餘的活動，儘管官方偶爾會警告他們要改變優先順序[63]。收成量的差異，自然反映了大家投注心力的多寡。

從一九六七年到一九八〇年代早期，坦尚尼亞鄉村政策的目標，是要重新打造鄉村人口的居住與生產形式，以便國家實施發展計畫，並在這個過程中控制種植者的勞動與生產。沒有什麼比第三個五年計畫（一九七八年發布）更清楚展示這一點：「在鄉村部門上，黨已經成功地重新安置鄉村農民到村莊之中，**讓國家可以指認出健全、可工作的人口**，並辨識出可以用於農業目的土地……。這個計畫旨在確保在每一個工作場所，無論是鄉村或是都市，**實施政策的單位每一年都可以設下特定的工作目標……**。村政府會確保黨所制定的發展計畫，都會被嚴格遵守。[64]」為了避免可視性與控制的目的受到懷疑，該計畫解釋：「在我們現在的條件下」，農業發展需要「建立工作時程表與生產目標」[65]。集體農場（現在稱作村政府農場）被強制執行。但就像亨利・伯恩斯坦（Henry Bernstein）提到的，在土地集體化尚未完成，以及不願意訴諸嚴厲的執法措施的狀況下，這些集體農場都註定會垮台[66]。

無論其華麗的修辭如何強調傳統文化的面向，尼雷爾農業政策的基本前提與殖民時期的農業政策毫無二致。亦即他們假設非洲種植者與畜牧者的工作方式，都非常落伍、不科學、沒效率以及生態上很不可靠。只有透過監督、訓練，必要時還要透過科學農業的專家強制執行，才能讓他們與他們的工作方式跟上現代的坦尚尼亞。他們是問題癥結所在，而農業專家則是解決問題的解方。

引用一名坦尚尼亞公務員的話來說，正是假設農民具有「傳統觀念且冥頑不靈」[67]，導致殖

61 對於五種種植作物早期的數據，請見Boesen, Madsen, and Moody, *Ujamaa*, p. 102。

62 Graham Thiele, "Villages as Economic Agents," pp. 98-99。也請參考Don Hassett, "The Development of Village Co-operative Enterprise in Mchinga II Village, Lindi Region," in Abrahams, *Villagers, Villages*, pp. 16-54。

63 因此，坦贊鐵路（在中國的援助下建造）沿線、基隆貝羅區的區域書記Ndugu Lyander提醒眾人，每個家庭必須在他們分配到的兩英畝土地上耕種，並且警告他們（暗示他將會遇到的抵抗）「將會對沒有農場的人採取行動，而且不接受任何藉口。」("100,000 Move to Uhuru Line Villages," Daily News [Dar es Salaam], October 28, 1974)。

64 伯恩斯坦，"Notes on State and the Peasantry," p. 48。

65 同前。伯恩斯坦非常犀利的指出，坦尚尼亞國家當時遇上一個嚴重的財務危機。國家與人事預算一直以來都遠遠超過經濟成長與政府收入，包括外匯。為了提高生產和控制國家收入，控制農民經濟是唯一可行的選擇。

66 雇用給薪勞動生產的半國營公司也有相當的成長。許多這些企業都投入種植（穀物、糖和給乳牛吃的飼料）。這些公司，尤其是半國營的蔗糖種植園，都十分巨大且資本密集，一如國營的瓊麻與茶葉種植園。

67 引自Coulson, *Tanzania*, p. 255。

民與獨立後的政府需要實施一系列農業計畫，從烏甲馬村莊到強制遷居，再到監視種植。這種對農民的看法，在世界銀行一九六四年針對坦干伊加第一個五年計畫的報告中無所不在。儘管該計畫指出「在保守的鄉村人口中取得重大的進展，他們反應熱烈，開始組織合作社[68]」，他們仍然呼籲要實施更多措施。因此，一九六四年的計畫宣稱：「要如何克服人民毀滅性的保守態度，並進行國家要生存就必須實施的劇烈土地改革，是坦尚尼亞領導人必須要面對最艱難的問題。[69]」

尼雷爾完全同意大部分官員的看法，他們認為他們的工作是要「克服（農民）冷淡的態度，以及他們對過時作法的依附。[70]」他和世界銀行一致贊同，第一個計畫要有六十個新的拓居點計畫，而遵守計畫規則的農民將會獲得土地。在尼雷爾一九六一年出任首相的第一場公開演說中，他無疑深信種植者階級刻意保留無知、懶散的形象：「如果你的耕地裡有還沒摘下來的棉花，如果在你能力範圍內，你少種了半英畝的土地，如果你讓土壤白白流失，或是你的耕地充滿雜草，如果你刻意忽略農業專家給你的建議，那你就是這場戰役中的叛徒。[71]」

對於種植者缺乏信仰，這對應的邏輯就是對農業專家過分虔誠，以及「對機器與大規模操作的盲目信仰」[72]。一如計畫村莊相較於過往的居住形式，是可辨識性與控制的「一大進步」，專家所提供的計畫農業也具備可辨識性與秩序，是「改進了」小自耕農及其技術無限的多樣性與混亂[73]。在新的村莊，拓居者的私人土地（小農地）通常都是根據考察員所繪製而成，而且都是經過修剪、同樣大小的正方形或長方形區塊，依直線並排（圖三十一）。它們的設計與切割過的公有地具有同樣邏輯：清楚、行政上容易管理的邏輯，而非農藝學的邏輯。因此，當茶葉種植的計畫開始，小自耕農被要求以方正、塊狀的方式種植茶葉，「因為這樣能讓推廣人員更容易處理種在同一個地方的茶葉。」[74]

田地的秩序被複製到田中作物的秩序之上。坦尚尼亞的農夫通常會在同一片田地種植兩種以上的作物（這種技術有時被稱作混作、間作或接替間作）。舉例來說，在咖啡種植時期，咖啡往往跟香蕉、豆子和其他一年生植物種在一起。對大部分的農藝學家而言，這種方法是種詛咒。如同其中一位持有異議的專家表示：「農業推廣服務一直在鼓勵農夫**單作**咖啡，並認為這種作法是現代農業的**必要條件**。[75]」如果種植的作物是香蕉，那香蕉也必須要以單作栽培。農業官員評

68 同前，p. 161。

69 同前，p. 92。

70 同前，p. 158。

71 尼雷爾，"Broadcast on Becoming Prime Minister" (May 1961), in Nyerere, *Freedom and Unity*, p. 115。

72 Coulson, "Agricultural Policies in Mainland Tanzania," p. 76。

73 如大家預期，在烏甲馬造村之後冒出一大堆土地爭議，包括各拓居地、個人、族系間的爭奪，而這都引發重要的環境後果。請參考以下文本的精彩分析：Achim von Oppen, "Bauern, Boden, und Baeume: Landkonflikte und ihre Bedeutung fuer Ressourcenschutz in tanzanischen Doerfern nach Ujamaa," *Afrika-Spectrum* (February 1993)。

74 Boesen, Madsen, and Moody, *Ujamaa*, p. 115。

75 Phil Raikes, "Coffee Production in West Lake Region, Tanzania," Institute for Development Research, Copenhagen, Paper A.76.9 (1976), p. 3。引自 Coulson, "Agricultural Policies in Mainland Tanzania," p. 80。也請參考 Phil Raikes, "Eating the Carrot and Wielding the Stick," pp. 105-41。

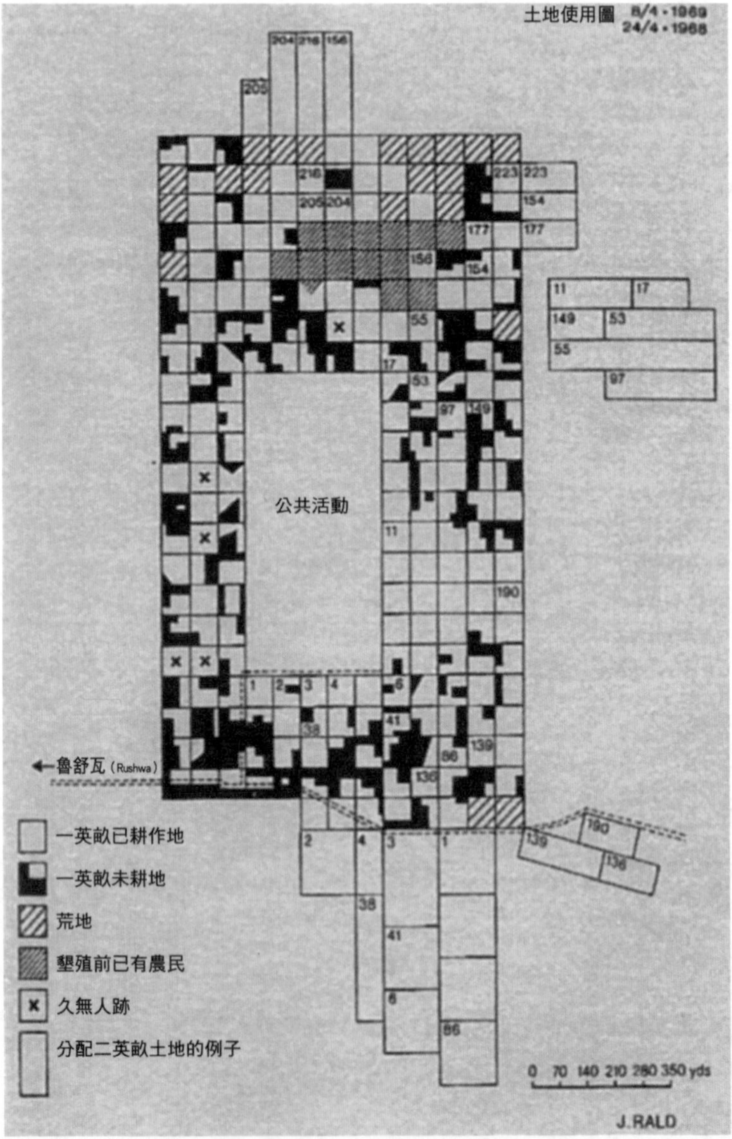


圖三十一　烏甲馬村莊的計畫：馬卡齊馬皮亞（*Makazi Mapya*），烏木隆那吉村（Omulunazi），魯舒瓦（Rushwa），坦尚尼亞。

量自己表現的方式，是他們監督的每項農作，是否以筆直、間隔適當的帶狀種植耕種，而且沒有與其他栽培植物混種。[76] 如同大規模的機械種植，單作栽培在**特定的脈絡下**有其科學根據，但農業推廣官員經常不加批判地推崇單作栽培，將它視作現代農業教義問答中的信條。儘管當時的經驗證據逐漸支持一些間作制度的生態健全性及生產力，對單作的信念仍然有增無減。單作栽培與帶狀種植，很明顯地對行政人員與農藝學家的工作大有幫助。兩種技術都有益於檢查與計算種植面積與收益；透過減少田裡影響生長的變項數量，這些技術簡化了實驗過程；它們還讓推廣建議與監督種植的工作變得更為流暢；最後，它們精簡化了收益的控制。精簡化過與容易辨識的農作物，讓國家農業官員享有許多優勢，這與「精簡化後」的商業林業所提供給科學林務員和稅務員的優勢一模一樣。

## 官僚便利性，官僚利益

威權主義的社會工程很適合拿來展示各式各樣官僚的標準病態行為。如果不把自然與人類視作具有例行行政工作功能的一環，或如果不施加武力，威權主義社會工程通常無法實現希望達成的轉變。也就是說，這些行為的副產品都是這類高度現代主義所固有的，而非什麼不幸的異常現象。我在此刻意忽略許多慘絕人寰的案例，這些悲劇往往是因為基本上不負責任的國家官員大權

76　Boesen, Madsen, and Moody, *Ujamaa*, p. 67。

在握，而這些官員又承受上級壓力，必須呈現出結果，就算群眾反抗也無所謂。相反的，我在此以烏甲馬村莊推廣運動為代表，強調兩種官員回應的基本要素：首先，公務員傾向重新詮釋推廣運動，這樣他們能更容易達到想要的結果；再者，他們重新詮釋推廣運動的方向，使之符合自己團體的利益。

第一個傾向在將目標轉化成嚴格的量化績效標準時最為明顯。在一個可以說是「實質的烏甲馬村莊」中，居民已經答應要搬遷，也同意要管理公有地，而且是具有高度生產力的農民在管理當地事務（符合尼雷爾原先的想像）。但這個實質的村莊卻被「概念上的烏甲馬村莊」，亦即一個可以添加大量統計數據的數字所取代。於是為了展現他們的成就，黨幹部與公務員持續強調移動人口的總數、創造多少新的村莊、勘測過的房屋跟公有地量、挖了多少井、清理與犁過了多少房子、送出多少肥料，以及建立了多少坦尚尼亞非洲民族聯盟分部。對官員來說，就算某個烏甲馬村莊只不過是幾卡車憤怒的農民與他們的家當，隨便被丟在一個探勘員標記過的地方，它仍然是一個烏甲馬村莊。此外，無用的美學可能會壓過事物本體。為了更易於測量並討好檢察官員，官員可能會想要讓規劃中的村莊有整齊一致的房屋，而這可能需要拆除房屋，好將它移動到距離理想位置，就算移動距離可能不超過五十呎[77]。

「政治機器的生產力」是由數值結果所評斷，這使得加總，以及更重要的「比較」成為可能[78]。而當官員意識到他們的未來得仰賴迅速製造出驚人的生產數字時，一場競爭性的模仿過程就展開了。一名官員描述當時這種氣氛，如何讓他放棄原本選擇性實施的策略，開始大規模實施造村：

這個（策略）難以實行，原因有二。首先是帶有政治色彩的競爭心態（尤其是區域之間）。在那個時間點上，官員要透過大規模動員鄉村人口的能力來自吹自擂。馬拉區的報告指出，他們在我們還沒開始時就已經完成任務。黨的高層則是歡慶與吹捧蓋塔區域重新安置的成就。誰在這個狀況下會想要落人後呢？因此，政治領袖呼籲要使用快速的手段，在短期內完成重新安置。這種一腔熱血的作法當然會造成問題，於是出現規劃不周的村莊。[79]

尼雷爾必然是透過一系列統計數據與自誇自讚的官方報告來理解推廣運動的狀況，而他更是加劇了競爭的氣氛。他給坦尚尼亞非洲民族聯盟激情萬分的報告中，充滿了數字、目標、百分比等胡言亂語[80]：

> 舉例來說，考量到造村問題。我在一九七三年坦尚尼亞非洲民族聯盟大會的報告上指出，當時有兩百零二萬八千一百六十四人住在村莊內。兩年之後，在一九七五年的六月，

---

77 James De Vries and Louise P. Fortmann, "Large-scale Villagization: Operation Sogeza in Iringa Region," in Coulson, *African Socialism in Practice*, p. 135。

78 這很中肯的詞彙是來自Bernstein, "Notes on State and the Peasantry," p. 59。

79 Mwapachu, "Operation Planned Villages," p. 117（強調為作者所加）。

80 無論是這個時候尼雷爾的言論，或是媒體上的官方報告，這些數據都與代表鄉村轉變的死亡率、收入、消費等無關。請參考Jannik Boesen, "Tanzania: From Ujamaa to Villagization," in Mwansasu and Pratt, *Towards Socialism in Tanzania*, p. 128。

我在下一場坦尚尼亞非洲民族聯盟大會向大家報告，已經有將近九百一十萬人住在村莊社區中。現在則是有一千三百萬又六萬五千人一同住在七千六百八十四個村莊裡。這是偉大的成就。這是坦尚尼亞非洲民族聯盟與政府領導人和坦尚尼亞的人民，合作後一起創造出來的成就。這代表我們國家百分之七十的人口，在過去三年搬過家[81]。

烏甲馬推廣運動中，第二個由國家當局引發、最不吉祥的轉變，是看到它的實施過程，系統性地替當局的地位與權力服務。安德魯．庫爾森（Andrew Coulson）敏銳地指出，在創造新村莊的實際過程中，行政人員與黨的官僚（他們彼此也是競爭者）有效迴避所有會削減他們特權與權力的政策，同時強化那些會加強他們小團體的決策。因此，像是讓魯伍馬這種小型的烏甲馬村莊可以不受政府干擾的運作（在一九六八年之前），學童可以參與學校的決策過程（一九六九年），工人參與管理（一九六九—一九七〇年）以及遴選村議會與領袖的權力（一九七三—一九七五年），都光明正大地被棄之不理[82]。高度現代主義的社會工程是威權自利的沃土，而坦尚尼亞的官員則盡其所能地鞏固他們的位置[83]。

## 「國家種植園」的構想

造村的目的是要徹底集中坦尚尼亞的農民，以在政治和經濟上嚴格控制之。如果這個作法成功了，將會改變原本分散、具有自主能力、難以辨識的人口。這些人一直在逃避他們認為繁瑣的國家政策。規劃者所想像的，是一群定居在政府指定村莊用地的人，這群人受到嚴密的行政控制，根據國家要求的方式，在公有地上種下單作作物。但是如果一定比例的私人土地與（相對）薄弱的勞動控制持續存在，這整個計畫看起來會很像巨大的國家種植園（儘管土地不會連在一起）。無論它的出發點是如何良善，中立的旁觀者可能會將此計畫視作最新形式的勞役。但是菁英們對此無動於衷，因為這個政策是屬於「發展」的範疇。

---

81 引自Coulson, *African Socialism in Practice*, p. 65。在新聞上也可以看到這種不停強調量化成就的作法：有這麼多人搬到新的村莊，有這麼多新的村莊建立起來，種了如此多英畝的作物，以及有這麼多百分比區域的人移到新居，如此多的土地被分配等等。請參考以下這些典型的新聞文章：Daily News [Dar es Salaam]: “14,133 Move into Villages in Chjunya,” February 19, 1974; “Two Months After Operation Arusha: 13,928 Families Move into Ujamaa Villages,” October 21, 1974; “Iringa: Settling the People into Planned Villages,” April 15, 1975。
與史達林不同的是，尼雷爾並沒有說出「被成功弄得頭暈目眩」的言論，或是暫時停止造村運動。但另一方面來說，坦尚尼亞的造村運動也沒有那麼殘暴。尼雷爾在這個演講中繼續解釋人口集中讓提供社會服務成為可能，這「對生命的尊嚴不可或缺。」

82 Coulson, *Tanzania*, pp. 320-31。

83 想要參考類似、十分有說服力的案例，請見James Ferguson, *The Anti-Politics Machine: “Development,” Depoliticization, and Bureaucratic Power in Lesotho* (Cambridge: Cambridge University Press, 1990)。Ferguson的結論是，在賴索托的「發展」機構不是剛好與政府官僚有所牽扯、要消滅貧窮的機器；它是個用來要加強與擴張官僚國家權力的機器，而剛好以「貧窮」作為出發點（pp. 255-56）。在坦尚尼亞，官僚階級還是有其他更重要的方法獲得權力，包括取代少數的亞裔商人，成為鄉村農產品買家或零售商人，或是普遍國有化貿易與工業。這在政府預算和國家僱員的成長速度每一年都比經濟成長還快這件事情上可以看出來，一直要到一九七〇年中期財政危機才阻止了繼續的擴張。

現在回頭來看，任何國家在缺乏資訊的情況下，能夠如此傲慢地規劃，強迫數百萬人遷居，實在是異想天開。同樣從事後來看，這個狂野且荒謬的計畫，注定會辜負規劃者的期望，以及辜負不幸受害者的物質與社會需求。

強制造村慘絕人寰之處，更是因為官僚的威權習性以及推廣運動的匆忙混亂，變得更為嚴重。但如果只是歸咎於行政與政治缺失，那就搞錯了問題所在。就算給這個推廣運動更多的時間，更熟練的技巧，或是更親切的「問診態度」，黨國也不太可能蒐集並消化必要的資訊，讓這個概要性的計畫能夠成功。坦尚尼亞農村人口現有的經濟活動與物理上的移動，是一系列複雜、微妙和充滿韌性的調整，以適應他們多采多姿的社會與物質環境[84]。就像我們在第一章討論各地習慣性的土地佃租制度，它們之所以會與行政法規格格不入，是因為這些制度在各地有無窮盡的變體、表達形式，以及在面對新環境的可塑性。如果土地佃租制度無法寫入法規，那想當然耳，對專家與行政人員來說，組織各個農民團體物質與社會生活的社會關係，都會顯得晦澀難懂。

在這種情況下，大規模、根據規定所做出的重新安置，對農民的生活造成了嚴重破壞。有許多造村所引發明顯的環境災難，都可以拿來證明這種典型的無知。就算每年定期氾濫的洪水對農民的種植方式十分重要，農民仍然被強迫搬遷到土壤品質低落的高原居住。就像之前提到，他們被丟到不熟悉、或是不適合種植作物的全天候道路上。村莊居住的形式使得種植者遠離他們的田野，阻礙他們監視作物或是進行病蟲害控制，這些問題原本在分散的農場都可以獲得處理。至於家畜與人類聚在一起的不幸後果，則是促使霍亂與牲畜的流行病蔓延。對於高度流動的馬賽族和其他牧民來說，透過定點放牧以創造烏甲馬牧場的計畫，對牧場保護和牧民的生計而言，都是場災難[85]。

更甚者，早在高度現代主義規劃者與專家深信，單靠他們就可以替人民規劃出令人滿意、理性、高生產力的生活時，烏甲馬村莊就註定會以悲劇收場。他們的確是具有一定的水準，可以替坦尚尼亞鄉村的發展做出貢獻。但當他們堅持他們能夠壟斷什麼是有用、什麼是沒用的知識，而且還要強行實施這些知識時，大難就要臨頭了。

將人們安置到受監控的村莊，顯然不是坦尚尼亞獨立後的民族主義菁英特有的創意。造村在坦尚尼亞和其他地方都有悠久的殖民歷史，各種計畫不停地設計出來要集中人口。同樣抱有這種技術經濟視野的，包括很晚才加入戰場的世界銀行、美國國際開發署（United States Agency for International Development, USAID）和其他對坦尚尼亞發展有所貢獻的發展組織[86]。但無論坦尚尼

---

84 在一個貧瘠的地景中，留下來是自殺，而搬遷是生存的條件。根據這個論點寫所延伸的詩意案例，請參考Bruce Chatwin, *The Songlines* (London: Cape, 1987)。

85 M. L. Ole Parkipuny, "Some Crucial Aspects of the Maasai Predicament," in Coulson, *African Socialism in Practice*, chap. 10, pp. 139-60。

86 請參考Raikes, "Eating the Carrot and Wielding the Stick"：「許多政策仰賴的假設，是坦尚尼亞政府與他們反對社會主義批評者之間，非常普遍的農業『現代化』，而許多政策都是從殖民時代承襲而來（無論是否修改過）」(p. 106)。對於世界銀行在賴索托發展的典範，也請參考Ferguson在*The Anti-Politics Machine*傑出的分析，該書討論世界銀行對賴索托造村的計畫。

亞的政治領袖有多麼熱衷於發起這項推廣計畫，就高度現代主義這個源於其他地方的意識形態而言，他們都只是這項信念的消費者，而非生產者。

坦尚尼亞的計畫特殊之處，大概是在於它操作的速度、全面程度、以及對於提供集體服務的欲望，諸如學校、診所、乾淨的水源等等。而儘管國家使用各種方式確保計畫的執行，其後果也不如蘇維埃農業集體化那般殘酷或是無可救藥[87]。坦尚尼亞國家本身相對衰弱，而且不願採取史達林的手段[88]，再加上坦尚尼亞農民本身的戰術性優勢，包括逃跑、非官方的生產與貿易、走私及拖延手段等等，這些都使得造村的實踐比它的理論來得更溫和、更不具有毀滅性[89]。

## 「理想」的國家村莊：衣索比亞的變體

衣索比亞強制造村的模式，很詭譎地跟俄羅斯的高壓強迫，還有坦尚尼亞的冠冕堂皇十分相似。除了三國明顯共通的社會主義意識形態，以及衣索比亞官員曾經以觀察計畫實施為由，官方參訪坦尚尼亞之外[90]，他們似乎對於在鄉村施展官方權威，以及實際操作計畫的過程與結果上，有更深層的情感連結。在坦尚尼亞的案例中，尼雷爾與殖民者在計畫上的連續性可說是顯而易見。至於在衣索比亞這個從沒被殖民過的地方，重新安置可以視作是百年大業，帝國王朝長期以來企圖征服母語非阿姆哈拉的人口，以及把乖張頑劣的各省份納入中央控制。

儘管馬克斯主義的革命菁英在一九七四年初奪權之後，就意圖及早著手強制遷居，但當時的領袖，門格斯圖．海爾．馬里亞姆（Mengistu Haile Mariam）中校與德爾格（Dergue，革命政權的影子政府），一直要到一九八五年才開始實施大規模造村。該政策預計會重新安置將近三千三百萬名衣索比亞鄉村人口。門格斯圖呼應尼雷爾的作法，宣稱：「衣索比亞農民分散又雜亂的居住與生活方式，沒有辦法打造社會主義……。如果不能集中大家的奮鬥成果，每個人各自維生，那結果只會是維持每日溫飽，徒勞無功，無法打造繁榮的社會。[91]」其他解釋鄉村拓居的理由，與坦尚尼亞也相去無幾：人口集中可以為分散的人口帶來服務、能夠實施國家設計的社會生產

---

87 Ron Aminzade (personal communication, September 22, 1995)聲稱，儘管造村失敗，但尼雷爾居高不下的人氣可能有部分是因為重新安置和其他國家政策，在削減年紀與性別上的等級之分有其效果，因此增進年輕人與女性的相對地位。

88 造村的速度在一九七四年後迅速地慢了下來，當時的乾旱減少了一半的收成，而在這之前的前兩年收成也十分低落。造村與強制種植所加速的食物供給短缺，實在很難用筆墨形容。無論如何，當時的坦尚尼亞在國際石油與機器處於天價之際，得進口大量的食品，儘管食物短缺讓農民更願意進入食物配給的制度，他們卻更不願意把親手種出來的作物交給國家市場委員會。在這麼緊迫的狀況下，大規模的社會實驗都被擱置。請參考Hyden, *Beyond Ujamaa in Tanzania*, pp. 129-30, 141,146，以及Deborah Bryceson, “Household, Hoe, and Nation: Development Policies of the Nyerere Era,” in Michael Hodd, ed., *Tanzania After Nyerere* (London: Pinter, 1988), pp. 36-48。

89 因為坦尚尼亞大部分生產剩餘作物的人口都住在國家邊界附近，於是他們擁有決定性的策略性優勢，讓從國家出去與進來的走私成為可能。

90 再一次的，關於馬克斯主義政權下複製行政結構、發展計畫與經濟組織的最佳文獻，請參考Colburn, The Vogue of Revolution，尤其是第四章與第五章，pp. 49-77。

91 引自Girma Kebbede, *The State and Development in Ethiopia* (Englewood, N.J.: Humanities Press, 1992), p. 23。

（生產者合作社），以及機械化與政治教育的進行[92]。

造村以及隨之而來的社會主義，基本上就是門格斯圖所謂的「現代化」。在他合理化大規模重新安置時，他譴責衣索比亞是「落後的象徵，無知的山谷」。而他呼籲衣索比亞人要「一起從大自然醜陋的力量中解放農業種植」。最後，他譴責放牧業，稱讚造村是一種「治癒我們流浪社會」的方法[93]。

但是衣索比亞實施重新安置的方法更為殘暴，無可避免地為接下來拉下政權的反抗軍打下基礎。到了一九八六年三月，計畫才實施短短的一年內，政府聲稱有四百六十萬的農民已經遷入四千五百個村莊[94]。在第一次「鼓動與宣傳」（讀為「命令」）和實際搬遷之間，只有短短的三個月，而移動路途通常十分遙遠。所有證據都指出，多數新的拓居地都沒有提供什麼服務，而比起正常運作的村莊，它們更像是流放地帶。

阿爾西地區的強制造村，顯然是從衣索比亞的首都阿迪斯阿貝巴直接規劃的，幾乎沒有當地人參與討論。當地的探勘人員與行政官員被下令要遵守嚴格的模版。當時的政權並不打算容忍各地自由發揮，於是該計畫在每個地方都被仔細複製。「但是當地的新兵都有把工作內容牢記在心，他們使用釘子和草皮，仔細標記村莊與村內超過一千（平方）公尺的院子，並遵從指導綱領所要求的幾何網格圖案。實際上，有些村莊的布局方式太過僵化；舉例來說，有個農夫得將巨大、結構良好的土庫（*tukul*，傳統的茅草房）移動約莫二十呎，好『對齊』同一排的其他房子。[95]」

以下是政府替理想村莊設計的規劃圖（圖三十二），以及實際村莊的空照圖（圖三十三），我們可以透過比較這兩者，觀察理論與實際操作的相似性。請注意重要政府組織所處的中心位置。考量到每個村莊都預計要有一千位居民，而每個院落大小都要是一千平方公尺，這之中標準化、整數導向、官僚化的心態不言自明[96]。如果每個村莊都擁有同樣數量的人口與土地，那單一模型將可以適用在任何地方，無須任何在地知識輔助。每個拓居地上的土地類型相同，能讓官方更容易提供指令，監督作物生產，並透過新的農業營銷公司（Agricultural Marketing Corporation,

92 請參考鉅細靡遺且充滿洞察力的報告：Cultural Survival: Jason W. Clay, Sandra Steingraber, and Peter Niggli, *The Spoils of Famine: Ethiopian Famine Policy and Peasant Agriculture, Cultural Survival Report 25* (Cambridge, Mass.: Cultural Survival 1988)，尤其是第五章“Villagization in Ethiopia,” pp. 106-35。作為一個帝國，衣索比亞國家具有悠久的軍事拓居與殖民歷史，這一直持續到門格斯圖的統治之下，他強迫人們從北邊搬遷到南邊的奧羅莫。

93 同前，pp. 271, 273。

94 John M. Cohen and Nils-Ivar Isaksson, “Villagization in Ethiopia’s Arsi Region,” *Journal of Modem African Studies* 25, no. 3 (1987): 435-64。這些數字有點可疑。每個村莊都概念上規劃要有一千個居民，這看起很像是把強制搬遷的人數跟村莊數相乘，可能再加上一些官方數據上額外的人口而成。在Cultural Survival中，Cohen和Isaksson比Clay和他的同事更傾向相信政權提供的資訊。

95 同前，p. 449。

96 波布統治下的柬埔寨，也遵從類似的、一絲不苟的幾何秩序。泥土牆被豎立起來，形成又長又直的運河，並掃除所有不規則的稻田，以創造無數公頃的正方形稻田。集中人口、強制勞動、禁止私下尋找食物或是離開，控制食物配給，以及處決，極端的程度連在衣索比亞都很少見。請參考Ben Kiernan, *The Pol Pot Regime: Race, Power, and Genocide in Cambodia Under the Khmer Rouge*, 1975-1979 (New Haven: Yale University Press, 1996), chap. 5。

AMC）控制收成。對於工作繁重的探勘者而言，這種一般性的規劃特別方便，因為它們與各地的生態、經濟以及社會型態都毫無關聯。為了加強村莊整齊劃一的設計，規劃的官員被要求得尋找平坦、清空過的土地，而且一定要有筆直的道路，以及類似、編過號碼的房舍[97]。

民眾們對這些幾何操作的目的不抱有任何幻想。當他們

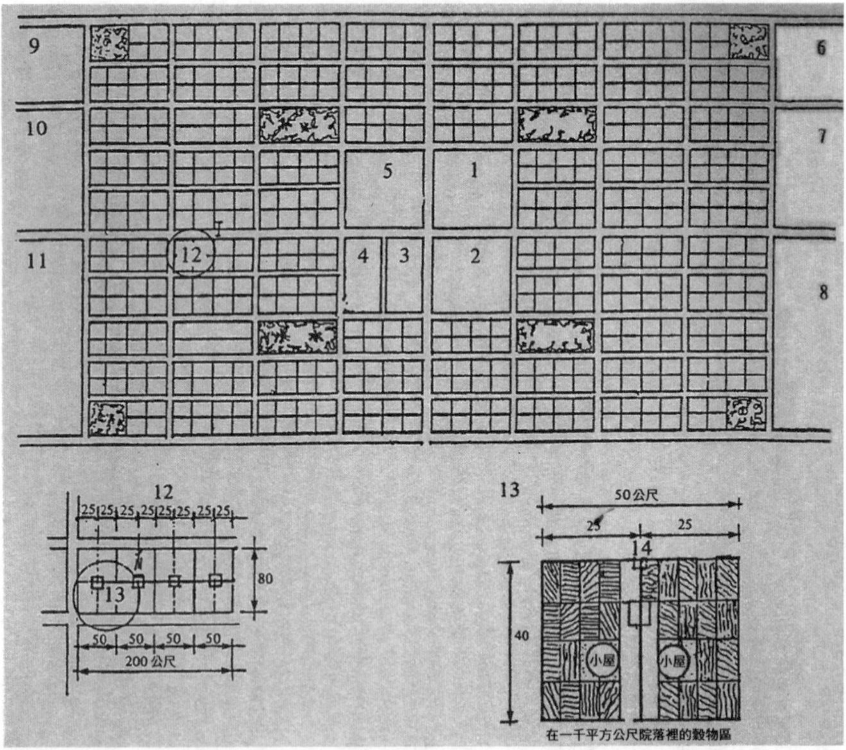


圖三十二　政府替標準社會主義村莊做的規劃圖，阿爾西地區，衣索比亞。這個布局呈現了：一，群眾組織的辦公室；二，幼稚園；三，健康中心；四，國家合作社的商店；五，農民協會辦公室；六，保留地；七，小學；八，運動場；九，種子繁殖中心；十，工藝品中心；十一，動物繁殖站。十二則描繪了放大的院落，十三是兩個場地的放大圖，用以展示十四，社區的公共廁所。

終於能夠自由暢談時，在索馬利亞的難民告訴訪談者，新的拓居形式是設計來要控制異議分子與叛軍，並避免大家離開，「更輕易監視眾人」，控制作物生產，註冊財產與牲畜，還有（在沃勒加）「讓他們更容易把我們的男孩抓去打仗」。[98]

「模範生產合作社」提供了標準化的住房：鐵皮屋頂的正方形房子（*chika bet*）。在其他地方，傳統的房舍（土庫）根據僵固的規定被拆解重組。就像在俄羅斯，所有的私人商店、茶房和

97 Clay, Steingraber, and Niggli, The Spoils of Famine, p. 121。一如蘇聯，衣索比亞有個獨立的國家農場系統，雇用薪資勞動在運作，這些農場高度機械化（至少一開始是如此），規劃用來生產主要糧食供給以及出口作物，而這一切都由國家直接控制。「到了一九七〇年晚期，由於農民自願投入集體化的速度太慢，政府開始尋找未來國家農場、平原、肥沃的區域，以供機械化農業使用。清除這些地區的居民，以便他們可以直接為國家生產，而這似乎是巴萊地區造村的主要原因。」（同前，p. 149）。

98 同前，pp. 190-92, 204。

圖三十三　衣索比亞西南部重新安置地帶的空照圖，於一九八六年攝。

小型商家都被廢止，只剩下諸如村莊群眾組織或是農民協會的辦公室、掃盲小屋、健康中心，或國家合作社的商店等公眾聚集場所。與坦尚尼亞的經驗相比，衣索比亞的推廣運動更具有軍事色彩，農民是在軍事綏靖以及政治閹割的企圖下，進行長距離的移動[99]。更不用說，衣索比亞造村的嚴苛條件，意謂著它對農們民的生計與環境，比坦尚尼亞還更具有毀滅性[100]。

若要理解衣索比亞強制重新安置所造成的損失，其影響程度遠遠超過關於飢餓、行刑、砍伐森林以及作物歉收等標準說法。無論居民是以人類社群或是食物生產單位在運作，新的拓居地總是辜負他們的期望。巨大的拓居地毀去了在地農業與放牧知識的傳統，順帶消滅三萬到四萬個運作正常的社群，而這些群體大部分都座落在可以定期生產食物剩餘的地帶。

提格雷地區被挑出來實施激進的措施，當地原本典型的種植者，往往每一季平均會種植十五種作物（如畫眉草、大麥、小麥、高粱、玉米、小米等穀類作物；甘藷、馬鈴薯、洋蔥等根莖類作物；蠶豆、扁豆、鷹嘴豆等豆類；還有辣椒或秋葵等蔬菜類[101]）。農夫對於每種作物的變化都如數家珍，何時播種，要種多深，如何準備土壤，以及如何照顧與收成等等。這種知識都是該**地特殊的知識**，因為要成功種植任何品種的植物，都得具備降雨量或土壤等在地知識，甚至包括農民耕種的每一塊土地的特點[102]。而這些知識之所以特殊，也包括他們存在於在地人的集體記憶中，包括口語紀錄的技術、種子種類，以及生態資訊等等。

一旦農夫搬遷，且往往被遷移到生態環境大不相同的地方，他所具有的在地知識都變得一無是處。傑森．克萊（Jason Clay）指出：「因此，當高原上的農民被送到像是甘貝拉的拓居營，他立刻從農業專家變成缺乏技巧、無知的勞動者，他的存活完全得仰賴中央政府。[103]」重新安置不僅僅是改變外在風景的問題，人們從擁有技術與資源以滿足他們許多基本需求、因此能夠自給自足獨立的狀態，被帶到他們的技術一文不值之處。只有在這種情況下，難民營官員才有可能將移民貶為乞丐，榨取他們的服從與勞動以維持生活所需。

儘管乾旱的確與衣索比亞的強制移民同時發生，但大部分國際救援組織所支援的饑荒，都是大規模重新安置所造成的[104]。除了社會關係的毀滅之外，因為計畫不周以及對新農業環境的無知而導致的作物歉收，都導致了饑荒的發生。社群的連帶、與親屬和姻親的來往、互惠和合作的關

---

99 這個計畫的根源可以追溯到一九七三年世界銀行的報告：「建議村民從北方人口壓力過大、土壤侵蝕、森林濫伐的區域重新安置。」儘管這個政策本來是要回應一九八四年到一九八五年的饑荒（Cohen and Isaksson, "Villagization in Ethiopia's Arsi Region," p. 443）。這種計畫背後社會控制的邏輯，可以參考這篇傑出的文章：Donald Donham, "Conversion and Revolution in Maale, Ethiopia," *Program in Agrarian Studies*, Yale University, New Haven, December 1, 1995。

100 尤其可以參考 Kebbede, *The State and Development*, pp. 5-102, and Clay, Steingraber, and Niggli, *The Spoils of Famine*, passim。

101 Clay, Steingraber, and Niggli, *The Spoils of Famine*, p. 23。

102 一名農夫告訴 Clay：「我種植六種高粱，兩種紅的，兩種熟成很快的中型白色高粱。還有一些是在穗是綠色的時候就可食用的。有五種畫眉草和三種玉米：紅色、橘色、白色。每種都根據季節種植，而它們都有專屬的種植時程。（同前，p. 23）」

103 同前，p. 55。

104 食物資助反過來用在安撫重新安置的人，在搬過去後用來把他們留在那邊。德爾格的標準技巧是宣布食物分配的時間與地點，然後把聚集的人都載走。

係，以及在地的慈善義舉跟相互依賴，都是過去村民安然度過食物短缺的主要手段。透過任意驅逐居民來剝奪這些社會資源，把拓居者與他們的近親分開，而且還不讓他們離開，這都讓營裡的拓居者在飢荒威脅時，更容易挨餓。

德爾格農村政策的內在邏輯從未實現過，這告訴了我們很多事情。如果計畫成功了，鄉下的衣索比亞人就會一直住在主要幹道旁邊，巨大、能清楚辨識的村莊，整齊劃一、編上編號的房子就會根據網格，圍繞著農民協會的總部（其實就是黨），而主席與他的副手跟民兵會在裡面工作。大家會透過機器集體種植指定作物，而這些田地是由國家的探勘者整齊規劃而成的，到了豐收季節，種植者會把作物交給國家機構，以在國外配銷與銷售，而專家與黨幹部會仔細監視勞工。德爾格原本意圖革新衣索比亞農業，試圖加強控制，但這個政策最後導致數十萬種植者的死亡，最終也終結了德爾格的統治。

## 結論

在風平浪靜的日子中，每一位行政長官都覺得，他所統治的平民百姓完全是由於他的努力才得以持續生活。每一位行政長官都覺得，正是這種為民眾所需的意識，獎勵了他所付出的努力和辛勞。想當然耳，在歷史的海洋波瀾不興時，身為統治者的行政長官在自己的一葉扁舟上，用艇篙勾住人民的大船一同向前邁進。這些長官一定會覺得，是他的努力在推動他

> 用篙勾住的大船。然而一旦風暴乍起，海上浪濤洶湧，大船憑著滂礡的動力自動前進後，這樣的妄想就破滅了。大船獨立乘風破浪，篙已經碰不到行進中的大船，於是統治者突然從主宰者、力量源泉的地位上跌落下來，變成一個渺小、無用、軟弱無能的人。
>
> ——列夫．托爾斯泰（Leo Tolstoy），《戰爭與和平》

積極規劃未來的官員與專家與農民之間的衝突，被前者稱作是進步與蒙昧主義、理性與迷信、以及科學與宗教之間的鬥爭。但是從本書分析的高度現代主義來看，他們所施加的「理性」計畫都是一敗塗地。作為生產單位、人類社群，或是提供服務的手段，計畫村莊辜負了他們（有時候誠心誠意想要）服務的對象。儘管計畫在短期內，的確可能讓人口脫離慣有的社交網絡，並藉此阻礙集體抗議，但它們最終仍然無法替發起者提供侵占或鞏固鄉村民心的作用。

## 高度現代主義與權力光學

如果造村計畫是如此理性與科學，為什麼它們會帶來如此普遍的毀滅？我相信，答案在於這些計畫本身並不具備任何有意義的理性與科學。這些規劃者是帶著特定的審美觀念在規劃一切，而我們可以稱它為現代鄉村生產與團體生活的視覺編纂（visual codification）。視覺編纂像是宗教信仰，幾乎不為批評或是證據所動。對於大型農場、單作、「體面的」村莊、牽引機犁過的地、以及集體或集中農業等等，都是種美學信念，建立在「這是這個世界該前進的方向」的信念之上，亦即一種目的論[105]。大部分的專家都不把它當作是來自西方溫帶地區、特定脈絡下的經驗假設，需要在實驗中仔細檢查。在一個特定的歷史與社會情境下，例如從剛開墾完堪薩斯平原後要種植小麥的農夫的視角，這個信念的許多要素可能還有其意義[106]。但是作為一種信念，當它被推廣與不假思索地套用到截然不同的環境之中，就帶來了災難。

如果有個火星人抵達地球，遇到了這個情況，他可能無法分辨誰是實證主義者，誰是真正虔誠的人，而這也是很合情合理。舉例來說，早在造村的二十年前，坦尚尼亞的農民曾經根據氣候變化、新的作物以及新的市場，成功調整了他們居住的模式和種植方式。就算是十分謹慎小心，他們似乎對自己的實踐仍然抱持一種非常經驗主義的態度。相較之下，專家和政治人物似乎抱著一種無法擺脫的宗教狂熱，而這在國家的支持下變得更加狂妄。

這不只是隨便一種信仰，這種信仰與其承載者的利益和地位有直接關係。因為這些視覺編纂的信仰者，將自己視作他們社會中有意識的現代化者，他們的視野需要有強烈道德意義的對比，比較出什麼是現代的（整齊、直線、一致、集中、精簡化、機械化），什麼是原始（不整齊、分散、複雜、未經機械化）。作為壟斷現代教育的技術與政治菁英，他們使用這種進步的視覺美學，定義他們的歷史任務，並提升自己的地位。

他們現代主義的信仰在其他方面也十分自私自利。在首都設計國家計畫，根據類似軍事單位遵從單一命令的形象，重新編排邊緣地區，這作法是中央集權的極致表現。每個邊緣單位和相鄰拓居地的連結，都不比它們和首都指揮中心的關係來得深刻；它們之間來往交流的方向，則很類似文藝復興繪畫早期用來組織透視法的匯合線。「透視法的傳統……一切都集中在觀者的眼裡。就像是燈塔的探照燈，只是它不是向外發送，景象是向內傳送。傳統稱這些景象為現實。透視法使得眼睛成為可視世界的中心。一切都匯集在眼睛上，彷彿是無窮遠點。可視世界是為了觀者而安排的，一如宇宙曾經一度是為了神所設置。」[107]

這裡所渴望的協調與權威的形象，讓人聯想到大規模演習的景象——成千上萬的身體按照精心排練的劇本完美一致地移動。在達成這種協調一致後，這個奇觀可能會產生許多效果。設計師會希望透過展現大規模的協調動作，讓觀者與參加的人對這種政治團結的展現感到敬畏。而一如泰勒主義的工廠，由於只有由外向內、由上而下觀看這個展示的人可以完整欣賞整體效果，他們的敬畏只會有增無減；至於在最底下參加這些協調動作的人，只是一個有機體內的小分子，這個有機體的大腦則在其他地方。如果國家可以根據這些方式行動，那將能大大討好頂端的菁英們，

105 這種視覺編纂的極端版本，可以在西奧塞古統治的羅馬尼亞中看到，上百個村莊被摧毀，以替具備「現代公寓套房」（比較容易控制）、沒有任何功能的城鎮騰出空間，而鄉村則被分割成各種區域以實行嚴格的農業分工，好像是個單一企業在管理內部分工。政權稱呼這整個系統實踐為「系統化」。以下文本應該擁有最優秀的分析：Katherine Verdery, *What Was Socialism and What Comes Next* (Princeton: Princeton University Press, 1996)，尤其是第六章，pp. 133-67。

106 但就算是在這裡也很難說，請參考Donald Worster, *The Dust Bowl: The Southern Plains in the 1930s* (New York: Oxford University Press, 1979)。

107 約翰・伯格，《觀看的方式》(London, 1992), p. 16，引自Martin Jay, *Downcast Eyes: The Denigration of Vision in Twentieth-Century French Thought* (Berkeley: University of California Press, 1993)。對於現代性與視覺這個議題十分有用的文獻，也請參考David Michael Levin, ed., *Modernity and the Hegemony of Vision* (Berkeley: University of California Press, 1993)。

而這當然也就貶低了群眾，把他們重要性縮減為零。除了讓觀者印象深刻，這種展示至少在短期內還能夠構成一種令人安心的自我催眠，有助於加強菁英的道德目標與自信心[108]。

替計畫村莊注入活力的現代主義視覺美學具有一種奇怪的靜態性質。它就像是張已經完成的畫作，不能有所進步[109]。其設計是科學與技術法則的結果，而它隱含的假設是，如果這個計畫完成了，任務就變成要維持其形式。規劃者的目標是要讓每一個新村莊，都和上一個剛完成的一模一樣。一如羅馬軍事指揮官進入一個新營地，當來自三蘭港的官員抵達村莊後，會知道在哪裡可以找到他們需要的東西，包括坦尚尼亞非洲民族聯盟的總部、農民協會以及健康中心。原則上，每塊田地和每所房子都根據整體計畫設置，而且長得一模一樣。就這個願景就現實生活上實踐而言，與特定的時空毫無關聯。它的視野不知道是從何而來。與其按照當地生態和生活習慣仔細調整各個獨一無二的拓居點，或是持續根據人口、氣候、市場變化做出回應，國家寧可創造出從政治結構、社會階層到種植技術，一切都如出一轍的單薄、普通村莊。所有變項都得被極小化。這些村莊完美的可辨識性和相似性，讓它們成為了國家計畫大業中理想、隨時可以取代的磚塊。而它們是否能**正常運作**，則是另外一回事。

## 網格的失敗

想法無法消化現實。

——尚—保羅・沙特（Jean-Paul Sartre）

對將要成為改革者的人而言，相較於改變組織的實踐方式，改變它的形式結構更為容易；比起改變組織如何運作的方式，重新設計組織結構圖中的線條和框架更加簡單；相較於要誘發服從規範與規定的行為，改變規定與規範更不費功夫[110]。與改變一個村莊的社會與生產生活相比，重新設計村莊的物理布局更佳輕鬆。出於很明顯的原因，政治菁英——尤其是威權高度現代主義菁英——通常都始於改變形式的結構與規範。這些法律與法規的改變，最容易執行而且也最容易調整。

任何在正式組織工作的人，就算是被嚴格規範所管的小型組織，也都知道手冊與白紙黑字的綱領，往往無法解釋為什麼一個組織會成功。它們成功的來源，幾乎是各種隱晦理解、默契配合，以及實際的互惠關係組合下的結果，無窮無盡且不斷改變，這是難以明文寫下來的。這無所不在的社會事實對員工和工會都非常實用。所謂「按章工作」式罷工之所以能夠成立的前提，就是個很好的例子。當巴黎的計程車司機想要向市政府當局陳情與規範和費用有關的事務時，他們有時會發動按章工作。這種罷工內容是鉅細靡遺地根據路線規範執業，就能讓整個巴黎市中心的

108　關於這個方面更詳細的論點，請參考 James C. Scott, *Domination and the Arts of Resistance: Hidden Transcripts* (New Haven: Yale University Press, 1990), pp. 45-69。

109　包曼在 *Modernity and the Holocaust* (Oxford: Oxford University Press, 1989) 中對「花園隱喻」做出了一樣的論點，這似乎是當代思想的普遍特質，尤其是納粹的種族政策。

110　莎莉．福克．摩爾在《Social Facts and Fabrications》書中，無論是實證與分析上都針對這點有十分傑出的見解，尤其是第六章。

交通停擺。司機在此具備技術性的優勢，亦即交通之所以能保持流暢，完全是因為他們掌握了一系列的實踐方式，而這往往在正式規範之外，或常常與正式規範相衝突。

任何人若企圖想要徹底規劃村莊、城市，或是語言，一定都會與他們想規劃的社會現實起衝突。村莊、城市、語言，都是大家一起創造出來的，有部分是許多人無意打造下出現的結果。在官方權威堅持要用正式的規範與規則，取代各種人為活動所交織成的複雜、難以形容的網絡時，他們勢必就會以無法預見的方式，擾亂這些網絡[111]。這一點最常被自由放任主義的支持者海耶克（Friedrich Hayek）提及，他最喜歡強調，無論統制經濟本身多複雜或清楚易懂，都無法取代大量、迅速、功能互相調整的市場跟價格制度[112]。然而在本書的脈絡下，這個論點十分重要，它可以應用在物質環境中更為複雜的社會互動模式之上，亦即我們稱之為的城市或村莊。擁有悠久歷史的城市之所以被稱作歷史「深厚」或是「濃厚」的城市，是因為它們是許多來自各地、已經消逝的人（包括官員），共同打造出來的產物。當然我們可以建造新的城市與村莊，但那會成為「單薄」或是「膚淺」的城市，而居民會馬上就會在忽略官方規範的情況下，用他們的方式讓城市運作（很有可能是從已知的文化行動而來）。在巴西利亞或坦尚尼亞計畫村莊的例子中，我們可以理解為什麼國家規劃者可能會想要一個清理乾淨的地區，以及將一群「震盪」的人口迅速移動到新的環境裡，規劃者的影響力在這裡可以擴張到極限。畢竟另一個選擇，是就地改善既存、功能健全的社群，而這些社群往往擁有比較多的社會資源，可以反抗或是重塑計畫的改變。

人工設計出來的社區，其貧乏程度和人工設計出的語言不相上下[113]。一筆成形的社區——像是巴西利亞或是坦尚尼亞和衣索比亞的計畫村莊——和古老、未經計畫的社區相比，就像是世界語之於英文或是緬甸語。大家可以想像設計出一種新的語言，在很多方面都更可以具有邏輯、更簡單、更容易推廣、不規則變化更少，技術上來說會更簡潔有力。當然，這正是世界語的發明者，拉扎爾・柴門霍夫（Lazar Zamenhof）的目標，他也想像世界語將以國際語言之名，掃除歐洲內部狹隘的國族主義[114]。但很明顯地，我們也能夠理解，為什麼世界語在缺乏強權國家強制實施的狀況下，會無法取代歐洲既存的各地方言（有位社會語言學者很愛說：「國家語言就是擁有

111　與這點有關的內容，可以參考下經典文章，作者指出對於任何重要政策措施所可能造成的結果，我們有限的知識往往會做出「螃蟹一般」的橫向策略調整，這可以降低傷害，而且更能夠謹慎行事：Charles E. Lindblom, "The Science of Muddling Through," *Public Administration Review* 19 (Spring 1959): 79-88。二十年之後作者發表了續篇："Still Muddling, Not Yet Through"，收錄於Lindblom, *Democracy and the Market System* (Oslo: Norwegian University Presses, 1979), pp. 237-59。

112　我認為，這個看法的支持者往往忘記或是忽略了一點：為了讓這一切運作，市場本身需要巨大的精簡化，好把土地（自然）與勞動力（人）視為生產（商品）的要素。這反過來會對人類社群與自然造成嚴重破壞，事實上也已有諸多實例。某個程度上來說，科學林業的精簡化，結合了科學測量的精簡化以及木材市場商業化所帶來的精簡化。卡爾・博蘭尼的經典《鉅變》（The Great Transformation）（Boston: Beacon Press, 1957），大概是反對純粹市場邏輯最好的案例。

113　我很清楚在像是語言或是社群的例子中，「人工」與「自然」兩者的對立終究是站不住腳。對於「人工」，我指的是由中央規劃、一體成形的語言或是社群，這和自然而然長成的社群呈現明顯對比。

114　請參考J. C. O'Connor, *Esperanto, the Universal Language: The Student's Complete Text Book* (New York: Fleming H. Revell, 1907); and Pierre Janton, *Esperanto Language, Literature, and Community*, trans. Humphrey Tonkin et al. (Albany: State University of New York Press, 1973)。當然，對世界語（Esperanto）的支持者而言，「普世」實際上代表著歐洲。

軍隊的方言」）。這是一種非常單薄的語言，沒有任何鑲嵌在各個社會的語言已經擁有的特點：共鳴、言外之意、現成的隱喻、文學、口述歷史、成語，以及實際使用的傳統。世界語以一種烏托邦式的玩物存活下來，而作為一種非常單薄的語言，它只由少數還守著它的理想的知識分子在使用。

## 完美與控制的微型化

威權高度現代主義計畫誇耀它們要規訓它們所能規訓的一切，這行為注定會遭到頑強的抵抗。社會怠惰、根深蒂固的特權、國際價格、戰爭、環境改變，光這幾個因素，就可以保證高度現代主義計畫的成果，會與它原初想像的天差地遠。就算國家傾注資源，強制民眾徹底服從指令也一樣，一如史達林農業集體化。那些一心想實現這些計畫的人，很難不因頑固的社會現實與物質事實感到挫敗。

回應這種挫折感的一個方法，是退回到外觀與微型化的領域——例如樣板化的城市與波坦金村莊[115]。建造巴西利亞，比徹頭徹尾改造巴西與巴西人來得容易。而這種撤退帶來的效果，是創造小型、相對獨立、烏托邦的空間，而高度現代主義者的抱負在此比較有可能會實現。這種極大化控制並極小化外部世界影響的極端案例，包括博物館或主題公園[116]。

我認為，儘管極致完美的微型化隱約放棄了大規模改變的念頭，它仍然有自己的邏輯。模型村莊、模型城市、軍事殖民地、計畫展示，以及示範農場，都讓政治人物、行政官員以及專家有機會能創造清楚明白的實驗範圍，在這之中，亂七八糟的變項與未知數的數量都會被降到最低。當然，如果這些實驗從先導階段到普遍的應用上都成功了，那它們就會成為政策計畫完美理性的形式。微型化有其優勢，在收束焦點後，可以達到更高程度的社會控制與規訓。透過集中國家物質與人力資源到單一地點，微型化可以讓建築、布局、機械化、社會服務和種植方式，接近微型化願景所追求的目標。一如波坦金早就熟知的，對官員來說，秩序與現代性的小島十分有用，它們可以展現官員所能完成的事物，藉此討好上級。如果上級本身非常封閉且資訊來源有誤，他們可能就會把示範的例子誤認為更大的現實，像是凱薩琳大帝顯然上了當，將波坦金十分具有說服力的人造景象誤以為現實[117]。以某種凡爾賽宮與小特里亞農宮[118]所具有的高度現代主義視角來說，

115 這個脈絡下請參考Susan Stewart, On *Longing: Narratives of the Miniature, the Gigantic, the Souvenir* (Baltimore: Johns Hopkins University Press, 1984)。

116 對於蘇維埃主題公園，也就是一九三九年舉辦的「國家經濟成就展」，請參考Jamey Gambrell, *Once upon an Empire: The Soviet Paradise* (New Haven: Yale University Press, forthcoming)。以下兩篇文章分析了印尼類似的例子（*Taman-Mini*，「縮影公園」），亦即根據1965年後蘇哈托總統夫人在參訪迪士尼後的構想，請參見John Pemberton, "Recollections from 'Beautiful Indonesia' (Somewhere Beyond the Postmodern)," *Public Culture* 6 (1994): 241-62; and Timothy C. Lindsey, "Concrete Ideology: Taste, Tradition, and the Javanese Past in New Order Public Space," in Virginia Matheson Hooker, ed., *Culture and Society in New Order Indonesia* (Kuala Lumpur: Oxford University Press, 1993), pp. 166-82。

117 另一個範例被誤認為是現實的例子，是在一九五〇年代末災難的大躍進期間，毛澤東的部下在他的火車路線上，精心布置了健康農民和作物豐收的欺騙性畫面。

118 譯注：小特里亞農宮是位於凡爾賽宮庭院的另一小城堡。

這種微型化的效果是在當下、當地排除風險，以避免進一步失去控制。

微型化的視覺美學也非常重要。整體的現實往往難以捉摸或管理，於是人們利用建築繪圖、模型和製圖來處理更大的現實。同樣地，高度現代主義發展的微型化，也替未來的模樣提供了視覺上的完整範例。

各種事物的微型化無所不在，這使人意圖探究，人類微型化的傾向——根據難以操縱的現實和巨大物體，創造出「玩具」——是否也有官僚版本。段義孚傑出的研究檢視人們如何常常帶著善意，微型化（也就是馴化）不在我們控制範圍內的巨大現象。在這個充滿彈性的定義下，他提到了盆景、盆石和花園（植物世界的微型化），以及玩偶與玩具屋、玩具火車、玩具士兵，以及玩具武器，還有「活生生的玩具」，即特別繁殖飼養用的狗和魚[119]。儘管段義孚主要是在討論比較有趣的馴化過程，這種控制與主宰的欲望，似乎也出現在更大規模的官僚之中。實質的目標往往因難以量化衡量，可能會被單薄、概念性的統計數據所取代，例如建成的村莊數量、犁過的田地大小等；同樣地，實際成果也有可能為現代主義秩序的微觀環境所取代。

首都作為國家與其統治者的所在地，作為（新）國家核心的象徵，以及有權有勢的外國人經常造訪之地，最有可能以名副其實的主題公園之名，獲得高度現代主義發展全心全意的關注。就算有些首都帶有現代世俗的外觀，對各個國族主義的狂熱信仰者而言，它們仍然保有某種悠久的傳統，被視為神聖的國族信仰中心。高度現代主義的首都所擁有的象徵權力，其來源不再是作為神聖歷史的代表，而是奠基於它如何象徵統治者對於國家的烏托邦嚮往。而當然，如同以往，這個象徵的展現，目的是要散發出權力，以及國家從古至今的權威形象。

殖民地的首都，往往是以這種功能為出發點所設計出來的。由艾德溫・魯琴斯（Edwin Luytens）所設計的帝國首都新德里是個驚人的案例，其設計旨在使用宏大與壯觀，以及展示軍事力量的閱兵行進軸，來威懾其子民（或許還有官員）。新德里當然是要用來否定舊德里的存在。在一份關於英國總督未來住所的備忘錄中，喬治五世的私人秘書完善地解釋了新首都的一個主要目的。他寫道，新首都一定要「引人注目且居高臨下」，不能被過去帝國的結構或是附近自然景觀特色所壓制。「我們一定要讓（印度）首度看見西方科學、藝術以及文明的力量。[120]」在新德里中央舉辦儀式慶典時，人們很可能會暫時忘記這個帝國建築的小寶石，完全為印度的現實之海所淹沒，現實不是與之衝突，就是對它不屑一顧。

許多偉大的國家，包括一些前殖民地，都選擇建立全新的首都，而非與一些過去領袖決心要超越的城市歷史妥協，像是：巴西、巴基斯坦、土耳其、貝里斯、奈及利亞、象牙海岸、馬拉威，以及坦尚尼亞[121]。就算有些建築師試著融合當地建築傳統，這些城市大部分仍是根據西方或

---

119 段義孚，*Dominance and Affection: The Making of Pets* (New Haven: Yale University Press, 1984)。

120 Lawrence Vale, Architecture, Power, and National Identity (New Haven: Yale University Press, 1992), p. 90。

121 新首都的其中一個政治優點，正是它不屬於任何既存社群。建造新的首都能夠避免在其他狀況下可能得做出的棘手（如果不是爆炸性）的選擇。根據同樣的邏輯，英語之所以是印度的官方語言，是因為這個語言是唯一一個普遍使用、但不屬於任何特定傳統團體的語言。但它的確是為印度使用英語的知識份所有，而當這個菁英「方言」變成印度

是受西方訓練的建築師的計畫所建造。勞羅斯．斐爾（Lawrence Vale）指出，許多首都的設計都是要成為完整且自給自足的物件，不考慮任何刪減與增修，眾人欽佩才是唯一目的。而他們為了傳達出霸權與支配的形象，策略性使用山丘與高度提升、城牆與擋水牆後的建物群，以及用以反映功能與地位、經過精細分級的結構層次，但這些形象都難以觸及城市邊界之外的世界[122]。

尼雷爾規劃了新的首都杜篤瑪，本來是希望能有一些新的氣象。這個政權在意識形態上的承諾，本來應該要透過刻意不具有紀念性質的建築傳達。幾個相互連接的住宅會隨著景觀的變化而起伏，而建築適度的規模將不會需要使用電梯和冷氣。但杜篤瑪絕對是被計畫成要成為一個烏托邦的空間，代表了未來，並明確地否定三蘭港。杜篤瑪的整體計畫譴責三蘭港「只關注在發展上……和坦尚尼亞的目標完全對立，如果不加抑制，將會破壞這個城市固有的人道主義居住方式，以及坦尚尼亞作為平等社會主義的國家。[123]」在統治者不顧眾人意願，替他們規劃村莊的同時，他也在替民眾創造一個新的象徵中心，連接著整齊、井然有序的山頂避難所，而我認為這個設計決非偶然。

如果改造既存城市是如此棘手困難，甚至引發出另外建立模範首都的念頭，那麼轉化現有村莊的障礙，也可能會促使規劃者退回微型化的世界。這個傾向的其中一個主要變體出自氣餒的殖民推廣官員之手，他們創造了精心控制的生產環境。庫爾森指出其中的邏輯：「如果無法強迫或是說服農夫，剩下的作法就是無視他們，直接實行由外人控制的機械化農業（像是花生計畫，或是由歐洲人控制的殖民農場），或是把他們從傳統環境中抽離，還有實施拓居計畫，讓他們同意遵守農業官員的指示，才能獲得土地[124]。」

還有一種變體，是試著從一般民眾之中訓練出一批進步的農民，動員他們從事現代農業。莫三比克仔細遵守這種政策，而這項政策在殖民時期的坦尚尼亞也舉足輕重[125]。一九五六年，坦干伊加農業部門的文件指出，當國家在對抗「保守農民的磚牆」時，政府必須「從某些地方撤退，並將資源集中在少數選擇過的地點，這個程序後來變成了『聚焦點方法』（Focal Point Approach）[126]」。為了隔離他們認為會響應科學農業的一小部分農業人口，推廣人員經常忽略其他對實質任務有直接關係的現實情境——這些現實在他們的眼皮底下，但不在他們管轄的範圍內。因此，寶琳．彼得（Pauline Peters）分析了馬拉威的一場行動，行動目的是要減少鄉村地區人口，只保留農業當局指定的「農民大師」。推廣人員試著創造微型景觀，「整齊劃一、根據單

---

國語時，他們獲得了很大的好處。美國和澳洲沒有什麼都市的歷史需要超越，他們規劃出來的首度代表了進步與秩序的憧憬，刻意與原住民的居住實踐呈現對比。

122 Vale, *Architecture, Power, and National Identity*, p. 293。

123 同前，p. 149。

124 Coulson, "Agricultural Policies in Mainland Tanzania," p. 86。

125 對於莫三比克案例的精彩敘述，請參考 chap. 7 of Isaacman, *Cotton Is the Mother of Poverty*。

126 引自Coulson, "Agricultural Policies in Mainland Tanzania," p. 78。該文件後面強調將優秀、勤奮的種植者和糟糕、懶惰的種植者分開的重要性，讓人不僅猜想拉丁美洲的焦點革命策略，即創造小的叛亂區（如Regis DeBray在一九六〇年代的分析），是否也具有發展工作上「聚焦點方法」策略的知識系譜。

作輪種而成的混用農地，取代他們認為是落後的破碎、多作的種植方式。與此同時，他們完全忽略農民普遍主動種植菸草的狂熱，就算這是推廣人員想要藉著強制力達到的結果。[127]」

如我們所強調的，計畫城市、村莊、以及語言（更不用說統制經濟），約莫都是單薄的城市、村莊、以及語言。它們之所以單薄，是因為他們只是為了一些計畫性目的而規劃，無法承擔無窮盡且複雜的活動，而這正是「飽滿」的城市與村莊的特色。這些單薄的計畫一定會帶來的一項後果，是計畫的組織創造出了非官方的現實——一種「邪惡分身」——這個分身會為了滿足這些機構無法滿足的各種需求而崛起。霍爾司頓指出，巴西利亞創造了「未經規劃的巴西利亞」，它屬於工人、移民，以及那些住宿與活動對規劃來說至關重要、但卻被計畫忽略或是排除的人。幾乎每個新的模範首都，其官方結構都無可避免會帶來另一個更「雜亂無章」且複雜的城市，而且是**後者讓官方城市得以運作**，這點基本上就是官方城市存在的前提。也就是說，這個邪惡分身不只是種不正常、「非法」的現實，它也代表了讓官方城市運作不可或缺的活動與生活。非法城市與官方城市的關係，一如巴黎計程車司機的實際操作與官方路線規範。

而我猜測，官方對其頒布的微型秩序愈是誇耀與堅持，維持這種幻想所需要的違規實踐就愈多。最僵固的計畫經濟，往往會有大量「地下經濟」、「半黑市」和「非正式經濟」等各式各樣的方法，以提供正式經濟無法提供的一切。[128]一旦這種經濟被無情地打壓，代價往往是經濟崩毀或是飢荒（像是中國的大躍進與文化大革命，或波布統治下柬埔寨閉關自守的無錢經濟）。強制國家居民維持永久、固定居住地的作法，往往會製造大量非法、無身分的人口，居住在他們被禁止前往的城市地帶[129]。在首都中心堅持僵固的視覺美學，很容易造成拓居地、貧民窟和侵占房屋的人，而往往是他們在掃地煮飯，還有幫在經濟計畫後高雅端正的城市中心工作的菁英看顧小孩[130]。

---

127 寶琳·彼得，“Transforming Land Rights: State Policy and Local Practice in Malawi,” paper presented at the Program in Agrarian Studies, Yale University, New Haven, February 19, 1993。

128 Birgit Müller, unpublished paper, 1990。

129 Kate Xiao Zhou, *How the Farmers Changed China: Power of the People* (Boulder: Westview Press, 1996)。

130 因此，分析後發現，在無可避免、膚淺的威權高度現代主義的社會幻想，和不能公開承認、但是在彌補前者必不可缺的非正式「偏差」實踐之間，兩者間的鴻溝逐漸增長。雖然我們將回到這個主題，但在這裡有必要回顧一下，虛偽公領域中官員的虔誠性質與日常再生產所必需的實踐，這兩者的鴻溝所產生出的虛偽、玩世不恭和笑柄，往往成為這種社會最優秀的文學、詩詞和歌曲的靈感來源。

# 第八章　馴化自然：可辨識與精簡的農業

故致數譽無譽。

始制有名，名亦既有，夫亦將知止。

——《道德經》

如我們所見，大型官僚組織行政上必不可少的粗淺抽象化，永遠無法適當再現自然和社會過程實際的複雜性。他們所使用的分類太過粗糙、固定與形式化，無法給他們意圖描述的世界一個公道。

出於顯而易見的原因，國家支持的高度現代主義農業訴諸同樣的抽象秩序。農業推廣與研究產生了簡單的「生產與獲利」模型，在許多重要的方面都無法重現現實世界裡農夫及其社群複雜、靈活、相互協調過後的目標。此外，這些模型也無法重現農夫種植作物的空間，反映該地的微型氣候、濕度與水源的移動方式、微域地勢（microrelief）和在地的生物歷史。由於無法有效重現真實農場與田地的豐實和複雜性，高度現代主義農業往往透過極端的精簡化來達成目的，以更輕易地直接理解、控制、管理這些農場跟田地。我之所以強調高度現代主義農業是**極端**的精簡化，是因為就算在最原始、新石器時代農業形式的狀況下，農業無可避免地就是一系列精簡化自然界廣大植物的過程[1]。不然我們還能怎麼理解為什麼人類鼓勵自己認為有用的作物生長，並阻撓令他反感的作物長大呢？

田地和森林的極端精簡化幾乎可套用相同的邏輯。實際上，精簡化農業發展的時間更早，並且被當作科學林業的模型在使用，而它主要的概念就是為了收益極大化而生產[2]。森林被重新概念化成「木材農場」，樹木以純林分成排種植，和田地作物一樣在「成熟」的時候豐收。這種精簡化的前提是商品市場和競爭壓力的存在，讓國家與企業家想要極大化收成跟收益。在單作田地和純分森林之中，許多生物體除非和收成作物與木材的健康及收益有直接相關，不然只會落得被忽略的下場。這種狹隘、只注意單一成果的焦點，而且總是著重在商業與財政利益最大處的聚焦視角，賦予了林務員和農藝學家特殊的能力，讓他們能仔細追蹤會影響這單一依變項的要素。在焦點之內，這種傑出的方法無疑可以增加收益。但是我們接下來會看到，這種強而有力但狹隘的觀點，會受到特定無可避免的盲點和在其焦點與視線之外的現象所干擾。如果繼續使用這個比喻，反過來說，這種狹隘的性質意謂著農藝學有時會被其分析焦點之外的因素所蒙蔽，而為了回應這個危機，它會被迫採取更廣闊的視角。

我們這章要處理的問題，是為什麼現代科學農業在溫帶與工業化的西方是如此成功，但在第三世界卻一敗塗地。儘管結果如此不同，但殖民國的現代化人士、獨立國家和國際組織仍然強行推廣這個模型。在結果讓人不得不嚴肅以對的非洲，有位經驗豐富的農藝學家聲稱：「在過去五十年中，生態研究在非洲農業所學到最殘酷的教訓之一，是『激烈現代化』作為選項的紀錄是如此糟糕，導致現在必須對回歸更慢和更漸進的方法嚴肅以待，並持續給予關注。」[3]

這裡所討論的重點，不在於哪項計議或是哪個種植計畫失敗的特定原因。當然，我們很熟悉的官僚病態與公開掠奪的手段，往往加劇了這些失敗。但我的論點是這些失敗的根源可以追溯到更深的層面；換句話說，這些都是系統性的失敗，就算是對行政效率和清廉做了最好的預設，依

---

1 對於指出原始森林很明顯是人類自主性耕耘了幾百年所創造的產物之一，更有說服力的資料請參考Darryl Posey, "Indigenous Management of Tropical Forest Eco-Systems: The Case of the Kayapo Indians of the Brazilian Amazon," *Agroforestry Systems* 3 (1985): 139-58; Susanna Hecht, Anthony Anderson, and Peter May, "The Subsidy from Nature: Shifting Cultivation, Successional Palm Forests, and Rural Development," *Human Organization* 47, no. 1 (1988): 25-35; J. B. Alcorn, "Huastec Noncrop Resource Management: Implications for Prehistoric Rain Forest Management," *Human Ecology* 9, no. 4 (1981): 395-417; and Christine Padoch, "The Woodlands of Tae: Traditional Forest Management in Kalimantan," in William Bentley and Marcia Gowen, eds., *Forest Resources and Wood Based Biomass Energy as Rural Development Assets* (New Delhi: Oxford and IBH, 1995)。

2 在徹底商業化的系統中，銷售作物利益的極大化和作物收成的極大化很少會一模一樣。當勞動力稀缺時，種植者會更關心要極大化每單位勞動的收成；而當土地稀缺時，每英畝的收成就成了重點。

3 保羅・理查，*Indigenous Agricultural Revolution: Ecology and Food Production in West Africa* (London: Unwin Hyman, 1985), p. 160；我在這章十分仰賴這本傑出的著作。理查信守科學農業研究，但堅持要不帶偏見地檢視非洲農夫既存的實踐，以及種植者實際的問題與目標。

然有可能失敗。

這種系統性的失敗至少可以歸咎到四個要素之上。前兩個與高度現代主義農業的歷史淵源還有制度核心有關。首先，考量到這個領域起源於溫帶、工業化的西方國家，農業計畫的現代主義者繼承了一系列未經檢查的預設，認為種植與田地準備得按照一定的方式進行，而這些方式使用在其他脈絡下皆是慘不忍睹。再者，有鑑於現代農業計畫自恃專業而傲慢，實際的計畫總是持續服務官員及其控制的國家機構的權力與地位[4]。

但是第三個要素是在更深的層面運作：高度現代主義農業系統性、極度的短視近利，造成了特定形式的失敗。它嚴格關注生產主義目標，只要是與農場投入資源和產量這兩者沒有直接關係的結果，都變得相對模糊。這意謂著在開始影響生產過程與結果之前，長期後果（土地結構、水源品質、土地佃租關係）和第三方效應，或是福利經濟學家所稱之為的「外部效應」，往往都被視若無睹。

最後，科學農業實驗的能力，亦即做出簡化的假設和分離單一變項對總產量的影響力等等，無法適當處理某些形式的複雜性。它往往忽略或低估某些不能為科學技術所理解的農業實踐。

為了避免任何人對我的目的產生誤解，我想要強調，這並不是對現代農藝科學一概而論的攻擊，更不是要冒犯科學研究的文化。現代農藝科學複雜的作物育種、植物病理學、植物養分分析、土壤分析、精湛的技術等等，創造出了許多技術知識的積累，即使是最傳統的栽培者，現在也以某種形式在使用之。相反的，我的目的是要證明農藝科學所抱持的**帝國的傲慢**，它無法正視或吸收在它典範之外所創造出來的知識，而這點嚴重限制了它對許多種植者的實用性。稍後我們會看到，對於農夫而言，無論知識的來源為何，只要能服膺於其目的，他們都會保有非常實用的彈性態度。相較之下，農業規劃者就比較無法接受其他經驗理解的方式。

## 農業精簡化的多樣性

### 早期農業

種植就是精簡化。就算是形式最粗糙的農業，它所創造出的植物景觀往往還是會比未經整理過的景觀更缺乏多樣性。當人類種植的作物經過徹底馴化後，它們就得仰賴種植者的管理為生，像是開闢空地、焚燒樹叢、破土、除草、修剪和施肥等等。嚴格來說，田地上的作物並不算人工景觀，因為包括人類在內的動物，都會在食物採集的過程中改變植物生存的環境。然而可以確定的是，大部分智人（*Homo sapiens*）所栽培的品種都已經適應改造過後的景觀，於是它們成了

4　Robert Bates, *Markets and States in Tropical Africa: The Political Basis of Agricultural Policies* (Los Angeles: University of California Press, 1981)，這本書詳細解釋了特殊的結構與制度利益，如何導致農業政策偏袒國家權力、都市消費和菁英利益。我的分析主要著重在政策錯誤更深層的來源，這個問題處在Bates政治經濟學的視野之外。

「生物怪物」，無法在野外生存[5]。

數千年的變異與人類有意識的決定，選擇了栽培品種的作物形式，它們和野生植物與雜草有著系統性差異[6]。為了方便，我們偏好種子較大且容易發芽的植物，更容易開花結果，而果實更容易敲開與剝開。耕種栽培的玉米因此有更大的玉米穗和玉米粒，而半馴化的玉米只有很小的玉米穗軸跟玉米粒。在巨大、充滿種子的商業向日葵，以及在小型林地生長的向日葵親屬作物上，這種差異最為明顯。

當然，除了收穫問題之外，種植者還根據其他屬性作選擇：質地、味道、顏色、能夠存放的時間、美學價值、磨粉與烹煮的品質等等。人類目的之廣，導致每一種作物都有許多的理想栽培方式，而每種方式都截然不同。於是我們有不同種類的大麥，為了麥片粥、麵包、啤酒、餵養牲畜等目的而播種，亦即「甜的高粱是要拿來嚼，白色種子是要拿來做麵包，擁有紅色種子、又小又黑的是要釀啤酒，而莖很粗壯、纖維很多的要拿來蓋房子和編籃子」[7]。

但是種植者在做選擇時最大的壓力來源，是要戰勝他們的焦慮，亦即不能挨餓。生存最基本的問題導致了不同作物各式各樣的耕種栽培，又稱作「地方品種」。地方品種是遺傳變異的族群，它們對不同的土壤條件、濕度水平、溫度、陽光、病蟲害、微型氣候等等擁有不同的反應。隨著時間演進，傳統種植者作為經驗老道的應用植物學家，為單一種類的作物發展出數千種的地方品種。種植者對地方品種的實踐知識，讓他們遇到無法控制的環境因素時，可以保有極大的彈性[8]。

對本書而言，如此大量的地方品種能夠源遠流長地發展，這點至少在兩個層面上十分重要。首先，當早期農夫在轉化和精簡化農業環境時，他們同時也面對了重要的利害關係，讓他們得擁抱多樣性。他們的興趣廣泛、並且十分注重食物供給，兩者結合下使他們選擇保護許多地方品種。早期農人種植的作物的基因變異，讓他們在面對乾旱、水災、植物疾病、害蟲、以及季節性氣候變化時，可以有內建的防護措施[9]。病原體可能會影響其中一種地方品種，但另一種則毫髮無傷；有些地方品種在乾旱時還是可以健康生存，有些則比較適合潮濕的條件；有些適合黏土，有些則適合沙土。耕種者謹慎地下了大量的賭注，並根據當地的條件進行微調，極大化可接受的收成量及其可靠程度。

---

5 Jack R. Harlan, *Crops and Man*, 2nd ed. (Madison, Wis.: American Society of Agronomy, Crop Science Society of America, 1992), p. 5。

6 這導致了主要作物——都屬於草類家系——的共生擬態。每個主要作物在同一個科中都有一種或多種相似的「必要雜草」，它們在跟栽培品種一模一樣的田野條件下茁壯成長，但它們耐寒的種子會比較早碎裂，進而在耕地中重新播種。

7 Harlan, *Crops and Man*, p. 127（強調為原著所有）。

8 在我作了兩年田野工作的馬來村莊，每一個年長的種植者都知道約莫八種稻米種類的名稱及其特質。

9 實際上，選擇淨空或耕種本身就是抗性的強大篩選機制。即使耕種者隨機選擇下一季的苗種，或者將作物留在田間自行繁殖，下一年作物的抗性也會增加，而這種現象稱為田間抗性。無論是哪種地方品種（包括隨機雜交和變種）長時間下來面對害蟲、壞天氣等等方面表現都會更好，而這都會為下一季的作物貢獻出更多的種子。請參考 Harlan, *Crops and Man*, pp. 117-33。

地方品種的多樣性在另一個方面也十分重要。所有在經濟上十分重要的當代作物，都是地方品種的產物。約莫在一九三〇年代之前，所有科學作物培育基本上都是在既存的地方品種之間作選擇[10]。地方品種及其野生祖先跟「逃跑植物」，都代表了現代農業所仰賴的「種質」或是種子資源。換句話說，像是詹姆斯·博伊斯（James Boyce）所形容的，現代變種和傳統農業是互補關係，而非取代關係[11]。

## 二十世紀的農業

現代與工業化的科學農業，具有單作、機械化、品種雜交、使用肥料和殺蟲劑、資本密集等特色，它替農業帶入了前所未見的標準化。這種精簡化不只是我們早先探究科學林業單作栽培的模型，它還導致基因庫縮減，而人們才剛要開始理解這個現象的後果為何。

提高作物一致性的一個主要原因，是出於要在大規模市場極大化獲利的巨大商業壓力。於是增加種植密度以提高土地生產力的作法，鼓勵科學農業採用能夠容忍緊密種植的品種。而高種植密度反過來強化了商業肥料的使用，促進農場種下對高濃度肥料（尤其是氮肥）吸收和反應最好的亞種。與此同時，巨大超市鏈的發展也有所影響，運送、包裝和展示的標準化過程，無可避免地強調大小、形狀、顏色、「吸睛度」的一致性[12]。這些壓力的結果就是得集中生產符合這些條件、數量很少的栽培品種，並放棄與之不符者。

但若要理解田地生產的一致性，最好的方法是透過機械化的邏輯來認識。至少從一九五〇年代以降，西方的要素價格有利於用農場機械替代雇傭勞動力，而農民就此開始尋找最適合機械化的栽培品種。他們選擇結構構造不會影響牽引機與噴霧機的作物，不只會同時成熟，而且還可以在機器「馬馬虎虎」掃過後就收成完畢。

有鑑於植物雜交育種的技術幾乎在同一時間發展完成，專門為機械化所培育的新品種作物很快就被創造出來。如同傑克・洛夫・克洛朋堡（Jack Ralph Kloppenberg）指出，「基因變異性是機械化的敵人。[13]」在玉米的案例上，雜交種——兩個近親品種結合的後代——創造出一大片種

---

10 「農民過去一千年間所造成的基因改變，可能比過去一、兩百年系統性的科學研究達成的還要多更多。」（Norman Simmonds, *Principles of Crop Improvement* [New York: Longman, 1979], cited by Jack Ralph Kloppenberg, Jr., *First the Seed: The Political Economy of Plant Biotechnology*, 1492-2000 [Cambridge: Cambridge University Press, 1988], p. 185）。接下來很明顯可以看到克洛朋堡精美的分析，對我寫作本章獲益良多。

11 James Boyce, "Biodiversity and Traditional Agriculture: Toward a New Policy Agenda--a Pre-Proposal" (unpublished paper, January 1996)。也請參考Boyce, "The Environmental Impact of North-South Trade: A Political Economy Approach," Working Paper 1996-3, Department of Economics, University of Massachusetts, Amherst. 1996。其實當代農業變種和傳統農業是單方面依賴而非互補關係。傳統農業的存在不需要現代農業的幫助，但現代農業顯然是仰賴地方品種的基因資本。在這個基礎上，Boyce認為要保存原地（相較於儲藏在種子銀行）並透過保護傳統種植者來發展地方品種。

12 吸睛度往往仰賴美學價值，而這和收益、品味、甚至是獲利通常有所區別。在美國傳統水果、植物、牲畜的農業獎勵競賽中，第一名往往是給果穗外型最美的玉米或是最理想的豬隻，儘管它們在經濟獲利上可能都趨於弱勢。當然，如果買家願意為了理想豬隻的「美學優勢」而付錢，那美學和獲益是可能保持一致。請參考克洛朋堡，First the Seed, p. 96。

13 同前，p. 117。下面兩個觀察也來自同一段落。

植作物個體基因相同的田地，適合機械化的操作。最早在一九二〇年，就已經出現根據機械化發展的變種了，當時亨利．華勒斯（Henry Wallace）與一家收割設備製造商合作，聯手培育有強韌玉米莖的新品種，這種品種的莖和玉米穗之間有一根強壯的柄連接著。為了使自然界適應機器加工，被稱為「植物工程」的植物育種專業領域於焉誕生。兩位植物工程的支持者強調：「機器不是用來為了生產作物而發明。實際上，作物應該要被設計成能讓機器收成。[14]」作物過去得適應田野，現在則要適應機械化。人們培育出「機器友善」的作物，它結合了許多更容易讓機器收成的特質，其中最重要的特徵包括高度韌性、果實集中、植物大小和結構均勻、果實形狀和大小一致、變得更矮小（尤其是在林木作物的情況下），以及容易從植物上掉落的果實[15]。

在一九四〇年晚期到一九五〇年間，加州大學戴維斯分校的喬迪．「傑克」．漢那（G. C. [Jack] Hanna）所發展出的「超市番茄」，就是早期的可分析案例[16]。由於戰爭引發鄉村勞動力短缺，研究者意圖發明機械收割機，並且育種出能適應新機器的番茄。最終為這項工作所培育的番茄植株，是低矮且成熟度一致的雜合種，其果實大小相似，皮厚、果肉緊實、而且沒有裂痕。為了避免機器採收時撞傷，果實在還青綠的時候就被摘採下來，並且在運送過程中經由噴灑乙烯氣體以達到人工催熟。這結果就是產出外型一致的冬天小番茄，四顆一包販售，支配了超市貨架數十年。與機器配合度相比，口味和營養品質都是次要的。或是比較客氣地說，這是培育者在機械化的嚴格限制下，盡他們所能發展出最優良的番茄。

在這個案例上，極大化收益的規則以及隨之而來的機械化收成，強而有力地改變和精簡化了田野與作物。比較缺乏彈性、沒有什麼選擇淘汰能力的機器，最適合在種滿同樣植物、能長出同樣完美成熟果實的平坦田野上運作。農藝科學被發展出要達到這種理想：巨大、精密分等過的田地；使用相同的灌溉方式與營養以控制成長狀況；自由地使用除草劑、殺菌劑和除蟲劑好維持一致的健康狀態；還有最重要的，植物育種以創造出最理想的品種。

## 精簡化的非預期後果

美國國家科學研究委員會的其中一個分會，回顧了從一八五〇年愛爾蘭馬鈴薯所造成的飢荒開始，歷史上各種重要的作物流行病，他們做出了以下結論：「這些遭遇明顯指出，單作作物和基因的一致性引發了流行病。只要有一隻可以利用這些植物弱點的寄生蟲，就足以引發流行病。如果作物本身的弱點一致，那更有利於寄生蟲的存在。透過這種方式，病毒已經毀去各種作物：

---

14 R. E. Webb and W. M. Bruce, "Redesigning the Tomato for Mechanized Production," in *Science for Better Living: Yearbook of Agriculture*, 1968 (Washington: United States Department of Agriculture, 1968), p. 104，出處同前，p. 126。克洛朋堡繼續解釋：「雜交種對蔬菜產業特別具有吸引力，而菠菜、蘿蔔、小黃瓜和十字花科（包心菜、白花椰等等）都經過雜交雜交種和重新設計，好讓缺乏選擇性、一次完成的機器收成成為可能。（同前）」值得一提的是，除了收成之外，早先某些作物的機械種植、分類和包裝也影響了作物選擇與育種。

15 同前，p. 127。

16 Jim Hightower et al., *Hard Tomatoes, Hard Times, Final Report of the Task Force on the Land Grant College Complex of the Agribusiness Accountability Project* (Cambridge: Schenkman, 1978)。

甜菜與桃子黃化、馬鈴薯的捲葉病與X和Y病毒、可可腫枝病毒、突然死亡的酢漿草、甘蔗嵌紋病毒和水稻白葉病毒。[17]」委員會在某種玉米葉枯病消滅了大部分一九七〇年的玉米收成後，召開會議以評估所有主要作物的脆弱程度。其中一位玉米雜交育種的先驅，唐那．強斯（Donald Jones），已經預視了損失基因多樣性會帶來的問題：「在環境條件優良、育種受到防蟲等良好保護的狀況下，基因上一致且純種的育種會有高生產率，而且品質令人滿意。但當這些外在條件都消失時，後果可能會是場災難……因為某些新的劇毒寄生蟲所致。[18]」

作物傳染病的邏輯在原則上可說是相對直截了當。所有植物對病原體都有一定的抵抗力；不然它們和病原（如果它只以該植物為食）都會消失。與此同時，所有植物在基因上對特定病原都十分脆弱。如果一塊田地上都種滿了基因上相同的作物，像是單交雜種（single-cross hybrid）或是無性繁殖作物，那每一株植物面對每一種病原體時都會同樣脆弱，無論是病毒、黴菌、細菌，或是線蟲。[19]這種田地對於以特定品種為生的病原體菌株和變種來說，是增殖最理想的基因棲息地。整齊劃一的棲息地，尤其是有許多作物的地方，施加了有利於病原體的天擇壓力。在病原體繁殖的正確季節條件（溫度、濕度、風等等）都到齊的狀況下，流行病能以幾何級數增長的標準條件也都到位了[20]。

相反的，多樣性是流行疾病的宿敵。在擁有許多種類植物的田野上，只有幾株很可能會受到特定病原體的影響，而這些可能染病的植物可能散布在各地，流行病的數學邏輯也就不復存在[21]。國家科學研究院報告指出，單作的田野明顯增加作物的脆弱程度，因為同一種植物都共享大部分的基因遺傳。但如果田地上布滿了某一種植物的各種地方品種，且基因各不相同，風險就會大幅降低。任何在時間與空間上增加多樣性的農業實踐，像是在一個農場或區域內實行作物輪作或是混作，都足以扮演阻礙傳染病散播的障礙。

過去五十年來興起的現代農藥使用制度，必須被視作造成這種遺傳脆弱性的主要特色，而非毫無關聯的科學成就。正是因為雜交後的植物是如此單一，導致疾病盛傳，必須採取近乎誇張的手段來控制它們生長的環境。這些雜交種就像是免疫系統出問題的人類病患，他們得待在殺菌過

---

17 Committee on Genetic Vulnerability of Major Crops, Agricultural Board, Division of Biology and Agriculture, United States National Research Council, *Genetic Vulnerability of Major Crops* (Washington: National Academy of Sciences, 1972), p. 21。

18 同前，p. 12。

19 另外一種基因單一性的影響，是讓整個植物族群在面對同樣的環境壓力時都十分脆弱。

20 第一個成功使用植物傳染病數學模型的科學著作是van der Plank。請參考Committee on Genetic Vulnerability of Major Crops, *Genetic Vulnerability of Major Crops*, pp. 28-32。

21 同樣的邏輯當然也能應用在人類疾病上。在其他條件相同的狀況下，分散的人口會比集中的人口還要來得更健康。在十九世紀之前，西歐的都市人口都沒有辦法成功自我繁殖，他們在人口上得仰賴鄉村相對健康的人口持續補充。要參考多樣性和分散程度跟生物單一性與集中化等因素與高死亡率之間的傳染病學相關性，請參考Alfred Crosby, *Ecological Imperialism: The Biological Expansion of Europe, 900-1900* (New York: Cambridge University Press, 1988), and Mark Ridley, "The Microbes' Opportunity," Times Literary Supplement, January 13, 1995, pp. 6-7。疫情期間分散的邏輯被人正式認可的時間，甚至早於人類發現疾病肇因與主要流行病媒介。請參考：Daniel Defoe，《大疫年紀事》*A Journal of the Plague Year* (1722; Harmondsworth: Penguin, 1966)。

的空間之中，以免疾病趁虛而入。而在農業上，殺菌過的田野是透過鋪天蓋地使用農藥而成[22]。

玉米作為美國最普遍種植的作物（在一九八六年，美國有八千五百萬英畝的土地種植玉米）[23]，以及第一個雜交出來的莊稼，提供了近乎完美的條件給昆蟲、疾病和雜草生長，農藥的使用量也因此非常高。玉米占了除草劑三分之一以及殺蟲劑四分之一的市場銷量[24]。其中一個長期影響（天擇理論早就預測到了），是出現具有抗藥性菌株的昆蟲、真菌、雜草，而這使得人們必須使用更高劑量或研發新種類的化學藥劑。而同樣可以預測到的，則是有些病原體發展出對一整類農藥所謂的「交叉抗性」[25]。當愈多世代的病原體接觸到農藥，它們就愈有可能發展出抗藥性菌株。除了農藥對土壤中的有機物、地下水、人類健康以及生態環境造成令人困擾的後果之外，它還加劇了一些現有的作物疾病，同時產生了新的病害[26]。

在一九七〇年美國南方爆發玉米葉枯病之前，百分之七十一的玉米田只種了六種玉米雜交種。調查葉枯病的專家強調，機械化與產品一致性所帶來的壓力，造成了作物基因庫劇烈減少。專家報告指出：「關鍵字是**單一性**。[27]」大部分玉米雜交種都是透過「德州細胞質」（Texas cytoplasm）達成的雄性絕育方法所培養出來的，這種單一性正是名為玉米草胡麻葉枯病菌（*Helminthosporium maydis*）的真菌所攻擊的對象，而不是經過德州細胞質所創造出來的雜交種近乎毫髮無傷。這些病原體並非前所未見；美國國家科學研究委員會的報告認為，這種疾病大概在史廣多（Squanto）教導清教徒如何種植玉米時就已經存在。在玉米草胡麻葉枯病菌時不時製造更毒的菌株時，「美國玉米**太多樣**了，讓新的菌株很難落地生根[28]。」前所未見的乃是宿主脆弱的程度。

報告持續紀錄：「令人印象深刻的是，大部分主要作物在基因上都十分一致與脆弱（對流行

---

22 老實說，也不真的是如此。像是我們已經學到了，人類濫用抗生素和在農作物上使用殺蟲劑都有同樣的問題，即作為攻擊目標的病原體通常在經過選擇壓力後，能比人類和植物的防禦系統更迅速地調整適應和變異。這導致在發明新一代的殺蟲劑時，必須以保持領先病原體的速度進行，而曾經被認為已經滅絕的結核病和霍亂等傳染病，又以毒性更高的菌株捲土重來。在這個脈絡下請參考Randolph M. Nesse and George C. Williams, *Evolution and Healing: The New Science of Darwinian Medicine* (London: Weidenfeld and Nicolson, 1995)。

23 David Pimentel and Lois Levitan, "Pesticides: Amounts Applied and Amounts Reaching Pests," *BioScience* 36, no. 2 (February 1986): 87。

24 克洛朋堡，*First the Seed*, pp. 118-19。棉花和高產量品種的稻米在全世界各地吸收最大量的殺蟲劑。

25 再一次的，這和人類流行疾病與病毒發展出的抗性菌株與抗性載體有著驚人的相似之處。請參考John Wargo對於瘧疾及其載體瘧蚊屬的討論《Our Children's Toxic Legacy: How Science and Law Fail to Protect Us from Pesticides》(New Haven: Yale University Press, 1996), pp. 15-42。

26 「大量使用除草劑也得付出代價。在四十五種醫療性（例如我們使用殺蟲劑所致）的作物疾病中，其中有三十種是除草劑造成的。」（克洛朋堡，First the Seed, p. 247）文獻也分析了殺蟲劑和其他媒介如何間接以同樣的方式造成災難性的後果。像是一九九五年在德克薩斯州大量使用馬拉松農藥來控制棉鈴象鼻蟲，也附帶殺死了許多有益昆蟲，進而引發了粘蟲的爆發，它們吃掉了大部分的甜菜類作物。請參考"Where Cotton's King, Trouble Reigns," New York Times, October 9, 1995, p. A10, and Sam Howe Verhovek, "In Texas, an Attempt to Swat an Old Pest Stirs a Revolt," *New York Times*, January 24, 1996, p. A10。

27 Committee on Genetic Vulnerability of Major Crops, *Genetic Vulnerability of Major Crops*, p. 6。

28 同前，p. 7（強調為作者所加）。

病來說）。」[29]來自墨西哥稀有地方品種的外來品種被認定是解決方案，可以培育不易受葉枯病影響的新變種。在這裡和其他許多案例中，唯有仰賴非專家在悠長的歷史中發展各種地方品種，創造基因多樣性，方得以提供解方[30]。如同巴西利亞計畫區的正式秩序與集體化農業，現代精簡和標準化過的農業，得仰賴非正式實踐與經驗這個「黑暗分身」為生，而最終，它將寄生於其上。

## 現代主義農業的教義問答

在一九四五年到一九七五年這三十年間，美國現代主義農業的模型與它所帶來的希望，絕對占有霸權的地位，這是非常盛行的「出口模型」。上百個大致根據田納西河谷管理局所打造的灌溉與水壩系統計畫就此展開；許多大型和高度資本化的農業計畫大張旗鼓地啟用；數千名顧問被分派到各地。出口的人事與想法都具有連續性：原本在田納西河谷管理局、美國農業局或美國財政部工作的經濟學家、工程師、農藝學家和規劃者，帶著他們的經驗與想法，現在轉任到聯合國、聯合國糧食及農業組織跟美國國際開發署工作。美國政治、經濟與軍事霸權的結合、針對給予貸款與援助的承諾、對於世界人口和食物供給的擔憂、以及美國農業的高度生產力等等，讓這些人對美國模型的自信度破表。

像是瑞秋．卡森（Rachel Carson）這些抱有質疑的人，開始質問這些模型，但他們的人數遠遠不及那些異口同聲認為未來將光彩亮麗、擁有無限可能的空想家。詹姆士．畢拉德（James B. Billard）在一九七〇年《國家地理雜誌》所出版的文章標題為〈為我們不斷增長的數百萬人口提供食物：美國農業的革命〉[31]，正是這種樂觀主義的典型。圖三十四複製了他對未來農場的想像，而這不僅僅是無聊的幻想；他告訴大家，這是「根據美國農業部專家的指導」所繪製。畢拉德的文章是一首對機械化、科學奇蹟和巨大規模的長篇禮讚。針對所有技術的魔法，他想像出了地景精簡化與命令中央集權化的過程。農地會擴大，樹、籬笆和道路會更少；田地可能會是「數哩長和幾百碼寬」；「天氣控制」可以避免冰雹與龍捲風；原子能可以「夷平坡度」，並透過海

29 同前，p. 1。以非主要作物為例，一九六九年以商業為導向種植的豆子，百分之九十六都屬於兩個品種。一九七〇年玉米枯萎病的小規模先例，則在燕麥上有跡可循。名為「奇蹟燕麥」的維多利亞被育種出來，以抵抗所有形式的冠銹菌。一九四〇年美國全國上下種滿了這個品種，而一九四六年它們則命喪致命的流行疾病。而因為燕麥在當時已經不像二十世紀初時種滿各地，所以對這場災難的報導有限。

30 想要參考這些例子精彩的清單，請見克洛朋堡，*First the Seed*, p. 168。

31 James B. Billard, "More Food for Multiplying Millions: The Revolution in American Agriculture," with photographs by James R. Blair and a painting of the farm of the future by Davis Meltzer, *National Geographic* 137, no. 2 (February 1970): 147-85。這篇文章是溫德爾．貝瑞在 *The Unsettling of America: Culture and Agriculture* (San Francisco: Sierra Club Books, 1977)第五章中嚴厲批評的對象。值得注意的是，這篇文章作為一個「充滿資訊」的幻想，從一九九七年的角度來看是多麼單薄。
生物科技和重組基因轉移的革命無疑是農業最重要的改變，但它幾乎沒有出現在這篇文章中，對遺傳脆弱性和農藥使用問題也是隻字未提。

圖三十四　大衛・麥滋爾（Davis Melzer）描繪的未來農場示意圖，此圖是「根據美國農業部們專家的指導」所繪，引自一九七〇年份的《國家地理雜誌》。圖片描述了二十一世紀早期農場的狀況「田地像球道一樣綿延，牛棚宛如高樓公寓……，在現代主義農場旁邊的是球形的控制塔，根據電腦、天氣預報、以及農場價格收報機磁帶運作。遙控的聯合耕耘機在十哩長的麥田上沿著軌道滑行，避免重型機器壓實土壤。脫粒後的穀物被匯集到田地旁的氣送管中，流入遙遠城市附近的倉儲電梯中。收割穀物的機器會替其他田地上的其他作物作準備。類似的裝置會為附近的大豆帶澆水，而一架噴射直升機將噴灑殺蟲劑。」「越過一條服務道路，錐形工廠為肉牛混合飼料，並在多層圍欄中把牛養肥，以節省地面空間。飼料透過管線進行機械分配。中央電梯上下運送牛隻，而管狀側排水管會沖洗廢料以分解出肥料。在更遠的圍欄旁邊，加工廠將牛肉裝入圓筒內，使用直升機和單軌鐵路運往市場。發光的塑膠圓形屋替草莓、番茄和芹菜等高價作物的種植提供了可控制的環境。在遠處的湖泊和休閒區附近，有抽水機組為大型作業提供水源。」

水提供灌溉水源；農夫坐在控制塔時，衛星、感應器和飛機會偵測出植物傳染病。

從操作上來說，美國出口農業的信條同樣結合了高度現代主義的基本信念。出口者與他們大部分的熱情顧客都信守以下真理：大規模農場卓越的技術效率，機械化對節省勞動力和打破技術瓶頸的重要性、單作與雜種作物勝過混作與地方品種；還有高投入農業的優勢，包括商業肥料與農料。最重要的是，比起漸進式改進，他們對大型、合併、規劃過的計畫有著無比的信任。有一部分是因為大規模、資本密集的計畫，可以像是純粹技術練習一般被規劃下來，如同在芝加哥飯店房間所發明出的蘇維埃集體農業農場。一個計畫的工業化程度愈高，再加上環境能控制得愈單一（透過控制灌溉系統與養分、使用牽引機、再加上平坦田地的發展），所要冒的風險就愈低[32]。在地的土壤、地景、勞動力、實施方法、天氣等等，似乎都與預先包裝好的計畫毫無關係。與此同時，沿著這些思路構思的方案皆強調了規劃者的技術專長、中央控制的可能性，和可以重新部屬到幾乎任何地點上的「模版」。對於急著展現現代計畫的本土菁英來說，這種作法的優勢也是顯而易見。

無論於公於私，這些計畫大部分的悲慘命運都有紀錄在案[33]。就算有奢侈的貸款補助或是強大的行政支持，大部分計畫也還是都慘遭滑鐵盧。儘管每個失敗的案例都有其特殊原因，大部分

---

32 請參考 Albert O. Hirschman, *Development Projects Observed* (Washington: Brookines Institution, 1967)。

33 針對五個類似計畫的分析（四個是私人、一個是公共的，亦即坦干伊加的花生計畫），請參考 Nancy L. Johnson and Vernon W. Ruttan, "Why Are Farms So Small?" *World Development* 22, no. 5 (1994): 691-706。

計畫的抽象化程度都給了它們致命的一擊。正如我們將看到，比起對在地環境密切的關注，這些計畫中外來的信條和抽象化占了上風。

## 現代主義信仰對抗在地實踐

透過比較高度現代主義農業教義問答的幾則信仰，以及違反這些信仰的在地實踐，我們可以藉此探索進口的信仰與在地脈絡兩者間的對比。我們將會看到，和那個時代預期的相反，這些在地實踐在科學上其實有憑有據，而在某些案例中，甚至比農業改革者鼓勵或是強行施加的農業計畫還要更好。

## 單作栽培與多重栽培

要說明從溫帶地區傳播到熱帶地區的高度現代主義農業信條有多麼短視近利，最好的例子就是它深信單作栽培優於第三世界大部分地區多重栽培的實踐。

以西非原住民的種植系統為例。殖民農業專家對地面多樣的混作系統感到訝異，同一塊田同時最多可以種到四種作物（更不用提亞種）[34]。圖三十五很中肯地重現了他們當時看到的景況。從西方人的眼中來看，這個視覺效果既草率、又失序。考量到現代農業實踐的視覺編纂，大部分的專家不需要更進一步實證調查，就知道這種作物明顯失序，是技術落後的表徵，它不符合科學農業的視覺測試標準。殖民官員和獨立後接手的當地人，都熱烈推廣要用單作種植取代混作。

我們逐漸了解**地方**脈絡的特殊邏輯，尤其是熱帶土壤、氣候、環境，這點有助我們了解多重栽培如何運作。在其他條件一致的狀況下，在熱帶自然而然長出來的生物，其多樣性比溫帶來得多更多。比起一英畝的溫帶森林，一英畝的熱帶

圖三十五　在獅子山共和國稻田剛開闢的溝壑中蓋芽條。

34　理查，*Indigenous Agricultural Revolution*, pp. 63-116。在這個討論中，我會交替使用「混作」（polycropping）和「混合間作」（mixed cropping）兩個詞彙。間作（intercropping）是混作的一種形式，亦即在第一種植物的行株間種下第二種植物。接替間作（relay cropping）也是混作的一種，即在同一塊田上依序種下作物，並且讓不同作物彼此重疊。

森林有更多種類的植物，儘管每種的個體數較少。因此，溫帶氣候未經管理過的大自然會看起來更有秩序，因為它的多樣性有限，而這可能對西方人的視覺文化有所影響[35]。透過採取多重栽培的作法，熱帶栽培者在種植技術上模仿大自然。如同熱帶森林，多重栽培在保護土壤避免風、雨和陽光的侵蝕上，能發揮一定的作用。更甚者，熱帶農業的季節是依下雨的時機決定，而非溫度。因此，各式各樣的混作策略讓農夫能夠和下雨時機對賭，利用抗旱作物保持土壤，並穿插能充分利用雨水的作物於其中。最後，比起溫帶環境，要在熱帶創造單一、經控制過的種植環境，本質上更困難。而且在人口密度低的地方，密集開闢梯田或灌溉所需要的勞動力需求，在新古典主義意義上來說是十分不經濟。

大家在這裡可能會想到珍．雅各對視覺秩序和功能上使用秩序兩者的分別。報社的辦公桌、兔子的腸子或飛機發動機的內部可能看起來很凌亂，但每一個都反映（有時候還很絕妙）與其執行功能有關的秩序。在這些狀況下，表面上明顯的混亂掩蓋了深遠的邏輯。而多重栽培則是這種秩序的植物變體。只有少數殖民專家能看到這個視覺混亂背後的邏輯。其中一位是奈及利亞的真菌學家霍爾德．瓊斯（Howard Jones），他在一九三六年寫道：

> （對歐洲人而言）整個計畫看起來……可笑又荒唐，而他們最後可能會認為這只是愚蠢的作法，用這種幼稚的手段把不同的植物堆在一起，它們最後只會弄死彼此。但如果人們能更仔細觀察，會發現這一切好像都有原因。植物不是隨便亂長，而是以適當的距離種植，再

> 以這種適當方式排列的土丘之上，這樣下雨的時候不會浸壞植物，也不會傾瀉而下，沖走細小的土壤……。總是有東西占據著土壤，這樣土不會像裸露時一樣被太陽曬乾，或是被雨水溶解濾掉……。這只是諸多案例中的一個，警告我們在對當地農業下判斷時要非常仔細與小心，對我們而言，這些農民所有種植的方法和表象都是前所未見，以至於我們很容易出於本能的保守主義，認為他們十分愚蠢。[36]

在其他熱帶國家，也有一些敏銳的觀察者發現截然不同的農業邏輯。其中一個視覺與使用秩序形成強烈對比的驚人案例，來自艾德嘉．安德森（Edgar Anderson）根據在瓜地馬拉鄉村所做的植物研究。在仔細觀察後，他發現那些沒有任何西方人會認為是花園、雜草叢生且「放縱」的垃圾堆，展現了非常有效和深思熟慮的秩序。安德森描繪了這些花園（圖三十六與三十七），而他對這個邏輯的描述值得在此長篇引用：

35　天氣愈是嚴峻，生物多樣性愈少。愈靠近凍原地帶，樹木、哺乳類以及昆蟲的數量就會下降。這當然也適用在山脈地形沿著海拔高度升高所造成的氣候帶。

36　引自Paul Richards, "Ecological Change and the Politics of African Land Use," *African Studies Review* 26, no. 2 (June 1983): 40。理查也引用了Dudley Stamp，Stamp在當時也非常熱情地寫下對抗土壤侵蝕時所廣泛使用的非洲技術：「最近在奈及利亞的旅行，讓作者相信當地的農夫早就發展出一套種植計畫，就算這計畫在細節上能夠改進，它在原則上是不能夠再更好的了。像是在某些地方使用的效果一樣，這種計畫幾乎能徹底保護並避免土壤侵蝕與肥力喪失。也許非洲人藉此能對其他地區嚴重的土壤流失問題提出解決辦法。（p. 23）」

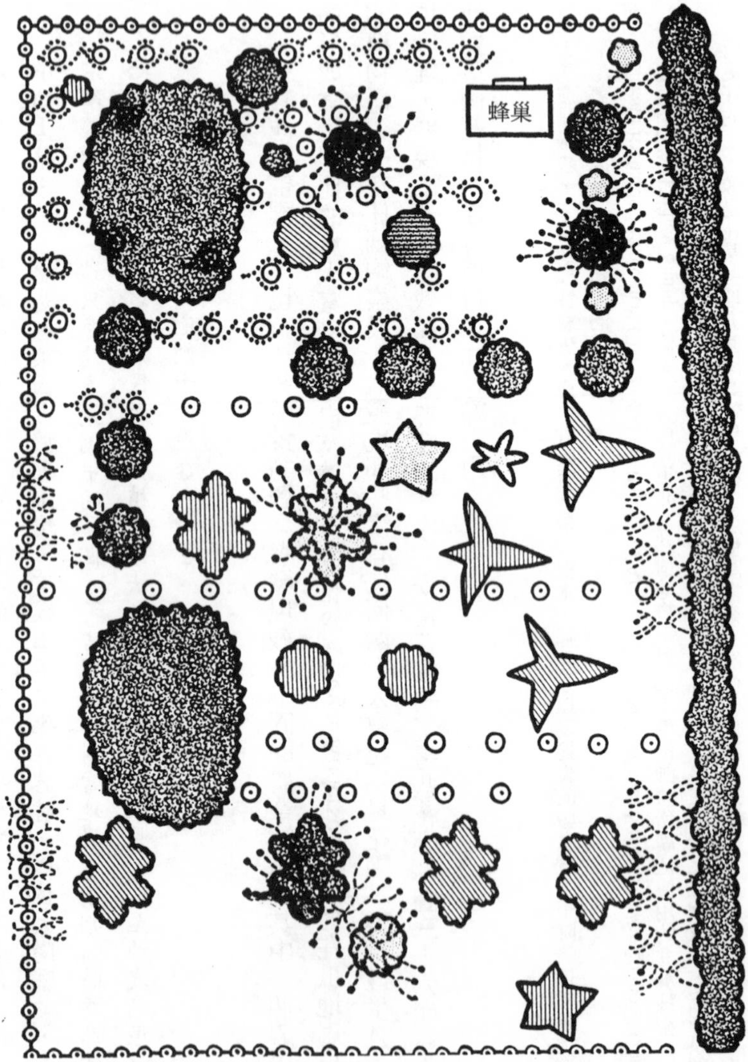


圖三十六　艾德嘉・安德森繪製的果園，在瓜地馬拉的聖塔路西亞。

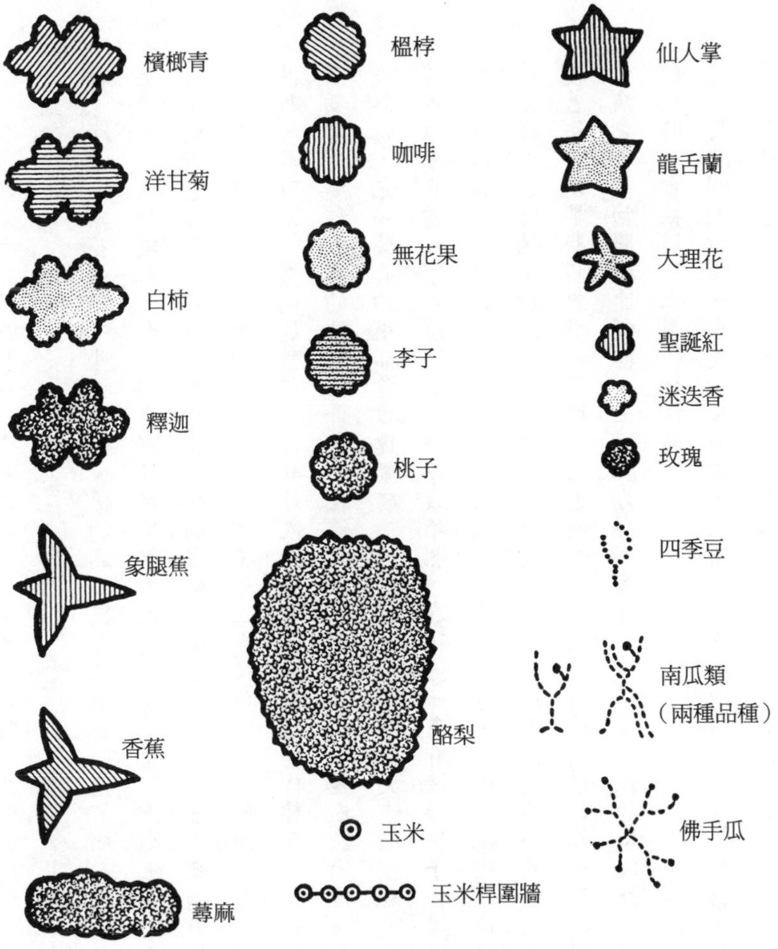


圖三十七 在他繪製位於瓜地馬拉的聖塔路西亞果園圖中，安德森使用的形狀不僅可以識別植物，還可以識別它們的一般類別。環狀代表來自歐洲的果樹（李子、桃子）；有著弧形、不規則形狀的圖案，則代表來自美洲的果樹（洋甘菊）。點狀的線意謂著藤蔓植物，小的圓形則是亞灌木，大的星星是多肉植物，楔形圖形則代表香蕉科植物。在圖三十六右側看到的窄塊是刺蓮花的樹籬，這是馬雅人使用的一種灌木。

儘管乍看之下缺乏秩序，當我們開始替花園製圖時，我們發現它們被種植在相當明確、交錯的橫排中。那裡有各式各樣當地與歐洲的果樹：釋迦、冷子番荔枝、酪梨、桃子、榲桲、李子、無花果和一些咖啡叢。他們為了巨大的果實而種下仙人掌。一大片迷迭香、一些芸香、一些聖誕紅，和一些上好的半攀爬香水月季。一整排土生土長的山楂，果實如洋娃娃大小的黃色蘋果，可以用來作出美味的蜜餞。兩種玉米，一種已經過季了，現在用來當作剛剛進入收穫季的四季豆的棚架，另一種玉米正在抽穗，長得要高的多。還有一種小型香蕉的品種，具有光滑寬闊的葉子，被當地人拿來當作包裝紙的代替品，也被用來代替玉米苞葉，烹煮當地變種版本的辣墨西哥粽。在這之上，則爬滿了各種瓜類的茂盛藤蔓。在佛手瓜終於成熟時，充滿營養的根部會重達數磅。最近在一個小浴缸大小的窪地中，挖出了佛手瓜根；這可以拿來當作家戶垃圾的垃圾堆或堆肥。在花園一角有個由箱子和錫罐所製的小蜂箱。和我們美國與歐洲相比，這個花園是菜圃、果園、醫療用花園、堆肥、垃圾堆和養蜂場。儘管這花園處在陡峭山坡的頂端，但它完全沒有侵蝕問題；土壤表面基本上在大部分的時間都被覆蓋住。乾旱期間會維持濕度，而透過介入植被，同種的植物都會隔離開來，以避免害蟲與疾病會在植物間迅速散播。土壤肥力得到保護；除了房子裡的垃圾外，成熟的植物永久失去效用時，會被埋在土壤的行株間。

對歐洲人和歐洲裔美國人而言，他們常常認為時間對印地安人毫無意義。但對我而言，這個花園似乎是個證明，亦即如果超越了他們活動膚淺的表象，我們會發現印地安人比我們更能有效安排時間。花園持續不停生產，但每個時間點上都只需要人們一點點的付出：有人下來摘南瓜的時候可以順便拔掉幾株雜草，當最後一四季豆被摘下來的時候，可以在菜圃行間挖出玉米和豆類，並於幾週之後在上面種植新作物。[37]

如同瓜地馬拉花園的微觀邏輯，一直被貶低是原始野蠻的西非混作系統邏輯終於受到認可。實際上，它們之所以受到調查，部分原因是在回應許多單作栽培計畫的失敗。即使在非常狹隘生產主義結果的面向上，混作的優勢往往也是顯而易見；而當考慮其他目標，像是永續性、保存、食物安全方面時，它們的優點更是有目共睹。

西非有百分之八十的農地都以各式各樣的混作為常態[38]。考量到我們已經知道的資訊，這根本是意料之內的事。間作系統最能適應貧瘠的土壤，而這正是西非的特色之一。比起肥沃的土壤，間作使用在貧瘠的土壤上能生產出更多作物[39]。其中一個原因似乎是間作的最佳種植密度遠大於單作的最佳種植密度，這就導致了密植作物，儘管現在對密植作物出現的原因理解有限，但

37 艾德嘉・安德森，*Plants, Man, and Life* (Boston: Little, Brown, 1952), pp. 140-41。更不用提安德森所描述的花園之所以是如此多采多姿，有部分是因為村民想要盡量種下他們會需要的食物，而非在市場上購買。但重點仍然是視覺失序背後的植物。

38 理查，*Indigenous Agricultural Revolution*, p. 63。

39 同前，p. 70。

這有可能和菌根相互作用有關，進而提高每個栽培品種的表現。密植作物在種植後期也有助於抑制雜草，而雜草在熱帶種植往往是一大限制。由於栽培品種的混作往往結合穀物和豆類（例如玉米和高粱，以及豇豆和花生），因此每種作物的營養需求和生根系統都能夠互補，可以從土壤的不同層次獲得營養[40]。在接替間作的情況下，第一批收成的作物殘餘似乎有利於剩下的作物。而同一塊田地中，栽培品種的多樣性對作物的健康和收成也有正面的效果。特殊栽培品種分散和混作的狀態能夠限制各式各樣的寄生蟲、疾病和雜草的棲地，不然它們就會像是在單作栽培的土地上，產生毀滅性的效果[41]。實際上，兩位和一九三〇及一九四〇年代農藝體系十分格格不入的專家，甚至建議：「對混作和其他在地實踐的系統性研究，可能會導向相對小幅修正約魯巴（Yoruba）和其他農業形式。而比起針對綠肥或混合農業發起革命性的改變，這些微幅修正匯總起來，可能對作物生產增加和土壤肥沃度提高更有幫助[42]。」

多重栽培引發的多層（multistoried）效應，能為產量和土壤保持帶來明顯的優勢。「上層」作物遮蔽了「下層作物」，而種植者在選擇下層作物的品種時，往往是因為它們能在陰涼的土壤和濕氣較高的地面上蓬勃發展。雨水不會直接打到地面，而是以細小的噴霧形式被吸收，這樣對土壤侵蝕與結構的破壞都比較輕微。較高的作物往往也是低矮作物的防風屏障。最後，在混作或是接替間作的狀況下，田裡一直都有作物抓住土壤，並減少太陽或風雨等造成的淋溶作用（尤其是在脆弱的土地上）。就算多重栽培對於要求立即產出的耕地不見得那麼適當，但在永續性和長期生產方面，仍然有很多值得推薦之處。

我們目前討論的混作只關注在收成和土地保養等狹隘的議題之上，忽略了種植者本身和他們使用這些技術的其他各種目的。保羅・理查（Paul Richards）聲稱，間作最明顯的優勢是富有彈性：「（它）所提供的規模涵蓋了各種組合，能夠符合個別的需求與偏好、在地環境，以及季節變遷或是一季中不斷變化的狀態。[43]」農夫採取混作，可能是為了避免在種植或收穫時面對勞動力缺乏的問題[44]。種植許多不同的作物，顯然也可以分散風險和提升糧食安全。比起只種植一、兩種栽培品種，農夫可以同時種下要花不同時間熟成的作物、可以抵擋乾旱或是潮濕環境的作物、對害蟲和疾病有不同抗性形式的作物、可以放著一段時間不去處理也不太會有損失的作物（例如樹薯），以及在「飢餓時間」到來前就比其他作物先成熟採收的作物，這些作法都能降低種植者挨餓的風險[45]。最後，也許也是最重要的，是每一種作物都深植在一系列特殊的社會關係

40　大部分傳統種植的系統，無論是多重栽培或是輪作，都是使用類似的方式結合穀物與豆類種植。

41　理查，*Indigenous Agricultural Revolution*, pp. 66-70。

42　H. C. Sampson and E. M. Crowther, "Crop Production and Soil Fertility Problems," West Africa Commission, *1938-1939: Technical Reports*, part 1 (London: Leverhulme Trust, 1943), p. 34，出處同前，p. 30。混合的栽種方式（mixed cropping，即多重栽培〔polyculture〕）不能和混合農業（mixed farming）混淆，後者意謂著在遵從歐洲自耕農模型下，農場種植多種作物（每種作物往往有專屬的區塊）和畜養牲畜。

43　理查，"Ecological Change and the Politics of African Land Use," p. 27。

44　這只是農場所擁有的條件如何影響技術選擇的一個案例，這是重要的考量，但不是唯一一個。

45　嚴格來說，這些優勢中許多都可以透過在諸多小面積的田地上種植許多單一栽培品種達成，但這樣會失去早先提到混作的特殊優勢。

之中。家戶中的每一個成員可能都對不同的作物有一定的權利或責任，換句話說，種植的制度反映了社會關係、儀式需求以及烹飪品味；這種制度超越企業家直接從新古典經濟學文獻中找到的生產策略，亦即只追求利潤最大化。

大部分殖民時代的農藝學家和經過西方訓練的繼任者，這兩者所持有的高度現代主義美學與意識形態，往往讓他們無法對在地種植實踐做出冷靜的檢視，他們將那些作法視作糟糕的習慣，而現代科學農業則可以糾正之。對這種霸權的批評（如果存在的話）都不是從內部而來，它們往往都是來自於智識出發點跟操作預設上，都和既存霸權迥然不同的邊緣地帶，一如雅各的案例。因此，對混作的合理性發表意見之人，往往來自於體制之外的邊緣人士。

這些人物之中，最驚人的大概是亞伯特・霍華德（Albert Howard，之後成為亞伯特爵士），他是在印度當地贊助人之下工作超過三十年的農業研究者。他最為人所知的是印多爾（Indore）製作法，使用科學方法從有機廢料中做出腐植質。此外，有別於大部分西方的農藝學家，他是森林生態和在地實踐的熱情觀察者。霍華德首要關注的是土壤肥沃程度和永續農業，他觀察到森林的自然多樣性和當地混作的做法，都能成功維持或提高土壤健康和肥沃度。土壤肥沃度不只是化學組成的問題，同時也包括了結構特質：土壤的耕作性（或團粒構造）、通氣程度、保水能力，以及形成腐植質所必需的「真菌橋」（菌根結合）。[46] 在複雜的土壤交互作用之中，並不是所有元素都能被精確測量，而有些可以透過實際觀察發現，但無法立刻測量。霍華德採取了複雜的實驗，研究腐植質生產、土壤結構和植物反應，並能夠呈現出比標準西方作法還要更優越的田野實驗產量結果。但是相較於每一英畝田地上可以獲得多少浦式耳的小麥或玉米，他所在乎的是作物和土壤長期的健康狀況與品質。

多重栽培的案例最後也傳回歐洲，儘管只有極少數人表示支持。瑞秋．卡森在一九六二年發表革命性的著作《寂靜的春天》，她考察了在單作栽培的狀況下，大量使用殺蟲劑與除草劑的毀滅性後果。她解釋昆蟲所帶來的問題是來自於「將巨大的田地奉獻給單一作物。這樣的系統替特定昆蟲品種爆炸性的增長打下了基礎。單作種植並沒有利用大自然運作原則的優勢，這是工程師想像出來的農業模式。大自然替地景帶來如此豐富的變化，但人類唯一的熱情是將它精簡化……。這種行為抑制了自然，尤其限制了每一個物種合適的棲息地的數量。」[47]正如同霍華德深信單作造成了土壤肥力流失，人類又為了彌補肥力而增加使用化學肥料（在一九七〇年的美國是每英畝兩百六十磅），卡森也認為單作導致害蟲數量瘋狂增長，以及為了彌補而大量使用殺蟲劑，而事後證明，這些解方比病症本身更糟糕。

出於以上以及其他原因，至少有一些微小跡象表示，有些形式的多重栽培可能同時適用於西方農夫和非洲農夫[48]。我在這並不是要說多重栽培優於單作栽培，我也沒有資格這樣說。在這

46 「菌根結合」是指某些真菌的菌絲體與種子植物根部之間的共生關係。
47 瑞秋．卡森，*Silent Spring* (1962; Boston: Houghton Mifflin, 1987), p. 10。
48 有機種植的農夫有時候會選擇混作以避免大量使用肥料和殺蟲劑。某些（不是全部）形式的多重栽培最常遇到的問題，是在生產勞力不足的情況下，它們的勞力密集程度太高。但很難說這種勞動密集的問題，是不是因為所有機器種

件事上，根本沒有單一、無視脈絡的答案，因為答案總是得仰賴各式各樣的變項，包括設定的目標、種下的作物、以及作物種植的微觀環境。但我在這裡試著證明，就算西方農藝學狹隘地只偏好生產導向，也應該讓多重栽培有機會獲得實證檢驗，證明它值得被視為農業策略。但除了少數邊緣人外，這種作法被大部分的農藝學家草草駁回，這是他們對帝國主義意識形態和高度現代主義農業視覺美學力量的致敬。

多重栽培的案例也提出了一個與農業實踐和社會結構有關的問題，我們將在這本書剩下的部分更詳細地探討，亦即**多樣性的韌性與持久性**。無論多重栽培有何其他優缺點，相較於單作，它是更方便維繫的農業形式。它更能生產出經濟學家稱之為的「希克斯收入（Hicksian income）」，亦即不會破壞生產要素稟賦（factor endowment）的收入，讓這種收入可以永無止盡地持續下去。與此同時，多重栽培也更靈活、適應性更強。它更容易吸收壓力和損傷而不會被毀滅。最近許多精練的研究都指出，至少在某個程度上，一塊田地有愈多的栽培品種，其生產力和韌性也會更高[49]。我們已經看到，多重栽培對天氣和害蟲的迫害更具有抗性，更不用提它對改善土壤所帶來的豐富效果。就算單作栽培可能總是在短期收成內占有優勢，多重栽培還是占有決定性的長期優勢[50]。森林所提供的證據，部分也可以應用在農業上：像是德國和日本的單作森林引發了非常嚴重的環境問題，以致於要需要復育生態學的拯救，才能打造重建森林健康所需、類似過往的品種多樣性（昆蟲、植物與動物）[51]。

值得一提的是，栽培作物與森林的多樣性，和雅各所提到城市社群的多樣性十分雷同。她解釋道，社區愈是複雜，它愈能夠抵抗商業環境和市價的短期震盪。多樣性同樣提供了許多能從新機會中受益的潛在成長空間。相較之下，高度專業化的社區形同賭客把所有的籌碼都賭在一局輪盤遊戲上。如果他贏了，會是大贏；如果他輸了，他將一無所有。當然對雅各而言，社區多樣性

植在設計的時候都只以單作栽培為本所造成的。其中一個混作的先驅 Wes Jackson 證明，混作光是生產方面的表現在三年內就會超過單作栽培。而混作之所以在第二年跟第三年的表現會更好，說明了兩種作物之間的交互作用是促使這種表現的重要因素（Jackson, "Becoming Native to This Place," paper presented at the Program in Agrarian Studies, Yale University, New Haven, November 18, 1994）。如霍華德一般，Jackson 主要關心農業形式的發展如何保護和增加其土壤資本。這種保護在環境穩定的低窪地不太緊迫，但在土壤脆弱的生態區（例如山坡和高地）就變得至關重要。多年生作物的混作似乎特別適合實現這個目標。

49 草原生態的比較實驗研究證實了達爾文的原本的假設，即更多樣化的生態系統更具備生產力和彈性。明尼蘇達大學的生態學家比較了一百四十七個一百平方呎的區塊，這些土地上種植了隨機選擇後不同數量的草類。「一塊土地上的物種愈多，植物的生物量就愈大，而在生長過程中吸收的氮就愈多」；「生物種類愈少，成長就愈緩慢，上層土壤的氮流失量愈大。」在乾旱之後，比起生物種類較少的區塊，有大量生物種類的土地能夠更迅速的恢復生產力。在十個物種之內，每多一個物種，生產力就會大幅提升，而超過這個範圍後，增加物種所能提高的生產力就有限。他們將這個發現理論化，認為長期來說，每多一個物種都能替環境系統提供保護，以對抗嚴峻的天氣或是害蟲傳染。請參考 Carol Kaesuk Yoon, "Ecosystem's Productivity Rises with Diversity of Its Species," *New York Times*, March 5, 1996, p. C4。

50 從成本來說，這些優點可能包括在肥料和殺蟲劑上較少的花費。

51 那些研究看似亂流的自然系統（雲、水流、空氣亂流、流行病等）背後秩序的人，已經開始將他們所謂的分形系統與線性系統進行比對。和本書相關的關鍵區別，是分形過程的靈活性和堅固程度，讓它可以在廣泛的頻率範圍內承受干擾並持續運作，這是許多生物過程共有的性質。相較之下，當線性過程脫離了原本的軌道，就會一直往新的方向偏離下去，永遠不會回歸原本的平衡範圍。若單從這方面來看，多重栽培對於干擾的承受度更高。

的關鍵是它所支持的人類生態學。各地可以提供各式各樣的商品與服務，以及讓這些成為可能的複雜人類網絡、提倡安全的行走空間、熱鬧與方便的社區所能提供的視覺趣味等——這些條件相互作用，使得這些社區地點的優勢不斷累積[52]。植物系統的多樣性和複雜性讓它能更持久且更有抵抗力，而且顯然在某個程度上，也讓人類社群更靈活與更滿意。

## 固定的田地對抗游耕

大部分的西非農民都會實行一定形式的游耕[53]。它有各式各樣的名稱，像是火耕、燒墾、輪作灌木休耕等等，游耕意謂著透過砍伐和焚燒大部分的植被，以暫時耕種一塊空地。在田地上工作一定年份後，農夫會拋棄該田地，並開闢新的一塊地。最終，當原本田地的成長力回復到原本肥沃程度時，又會被拿來耕作種植。多重栽培和最少耕犁常常和游耕結合實踐。

我們將會看到，考量到一般採用游耕地點的土壤、氣候和社會條件，游耕和混作一樣其實是理性、有效率和永續的技術。混作和游耕幾乎總是相輔相成。哈洛德．克林（Harold Conklin）早期發表、到現在都無人能超越的詳細說明，紀錄了菲律賓的游耕實踐。他指出在剛剛開闢的田地上，單一季節平均栽培品種的數量往往是四十種到六十種之間[54]）。與此同時，由於游耕極度複雜，因此也就成為難以被主權國家和推廣單位辨識的農業形式。田地本身「難以捉摸」，在不固定的時間點上種種停停——對製作地籍圖而言實在非常棘手。當然，種植者本身往往也是捉摸不定，為了待在新的開墾田地附近而定期搬遷。要註冊或是監視這些人口，遑論還要讓他們成為容易管理的納稅人，根本是薛西弗斯的任務[55]。像是坦尚尼亞一樣，國家和農業官員的計畫是要把這些無法辨識、而且可能還有煽動性質的空間，用固定的居住地和固定（偏好單作種植）的田地取而代之。

游耕冒犯到了各個門派的農業現代化人士，因為游耕幾乎在每一個層面上，都忤逆了他們對於現代農業該長什麼樣子的理解。「早期對游耕的態度幾乎是全然負面」，理查強調，「這是個糟糕的系統：剝削、混亂、而且誤入歧途。[56]」游耕的適應邏輯奠基在對地景與生態進行最小程度的干擾，並盡可能模仿當地植物的共生關係。這意謂著這些田地看起來更像未經改造的自然，而非大部分農業官員所習慣的仔細修剪、直線的田野。換句話說，游耕在生態上謹慎的態度造就了其面貌，而正是這種景觀觸怒了發展官員。

---

52　某個程度上來說，雅各顯示了社區的成功對於財產價值會有所影響，而這會破壞原本的使用方式並進而改變地方生態。對她來說，平衡並不存在，只有在城市內不同區域不斷重複的循環。

53　游耕在東南亞和拉丁美洲也很常見。

54　Harold C. Conklin, *Hanunoo Agriculture: A Report on an Integral System of Shifting Cultivation in the Philippines* (Rome: Food and Agriculture Organization of the United Nations, 1957), p. 85。在讀過Conklin仔細的紀錄後，我們不能不對這些種植者知識與技術的廣泛程度感到敬佩。

55　而這當然是為什麼這些人口常常停留在、或是得逃到非國家空間。

56　理查，*Indigenous Agricultural Revolution*, p. 50。理查繼續補充「負責殖民地事務的國會副國務卿W. G. A. Ormsby-Gore總結了當時的態度，他指出像是在獅子山共和國，『天然森林被無情地破壞，以尋找用於種植「山丘」或「土地」稻米的處女地（pp. 50-51）』。」

輪作灌木休耕有許多不為人知的優點。高地和丘陵土壤的物理特徵之一，是它們一旦被破壞，就很難恢復，而灌木輪流休耕能維持它們土壤的狀態。在土地豐盛的地方，休耕本身確保了這個實踐長期的穩定性。不停移動的種植者很少砍掉大樹或是樹樁，這種習慣限制了土壤侵蝕程度，並有助於穩定土壤結構，但這在農業官員看來是懶散又不成體統。除了少數例外，燒墾的田地大多使用鋤頭或是挖洞種植的棒子耕種，而非犁田工具。對西方農藝學家而言，這些農夫看起來只是出於可悲的無知或懶惰，在他們土地的「表面上隨便刮一刮」。而在他們遇到深耕和單作栽培的種植系統時，他們卻相信他們看到了更先進和更勤勞的人[57]。開墾新的草地後會累積一些灌木，燒毀這些灌木也被譴責是浪費。但是過了一陣子後，淺耕和焚燒被發現是非常有益的作法；淺耕能讓農夫保存土壤，尤其是在降雨量特別高的區域，而焚燒則會減少害蟲量，並替作物提供寶貴的營養。實際上，實驗顯示出在田地焚燒灌木（比起把灌木挪走）對生產量會更有貢獻，而謹慎的定時焚燒也有同樣效果[58]。

對一些經過西方訓練的觀點而言，這些種植方式所造成的結果是「極度落後」，在未耕作、半開墾的土地上，有成堆的灌木等待被燒毀，到處散落著樹樁和幾種零散的莊稼，而後者都不是呈一直線耕種。但是當證據逐漸累積下來，這種表象明顯只是幌子，甚至以生產主義者的觀點來看都是如此。一如理查所下的結論：「要適當測試任何實踐，都應該看它在所實行的環境下是否有用，而非看起來『先進』或是『落後』。這些測試需要仔細控制投入與產出。如果比起和投入更多資源的敵對系統相比，在『部分開墾』的田地上『淺層』耕作會帶來更好的收入，而且這些回饋可以長時間延續下去，那這些技術就是好的，無論它是在昨天或是數千年前發明而來。」[59]

早期眾人對游耕一片譴責，卻未能認知到非洲耕種者是根據環境微調耕種方式，這種作法非常細緻。大部分的農民將固定的窪地耕作，和較為脆弱的山坡、高地跟森林的輪耕結合。外界認為種植者什麼都不懂，但其實大部分游耕的種植者都很熟悉他們小心選擇的種植技術。

## 肥料對抗肥沃度

農人足跡乃最好的肥料。

——俗諺

商業肥料往往被讚嘆是改善貧瘠土壤、增加收成的神奇預防措施；推廣人員一再地將肥料和殺蟲劑視作土地的藥劑，但實際的結果往往使人失望。而兩個令人失望的主要原因，和我們這邊

57 同前，p. 42。

58 請參考同前，chap. 2。理查總結：「從施肥的角度來看，當代土地科學確認了森林農夫所在乎的煙灰以及莽原農夫所在乎的『糞肥』與『堆肥』的效用。（p. 61）」對於宏都拉斯焚燒技術精彩的分析，請參考Kees Jansen, "The Art of Burning and the Politics of Indigenous Agricultural Knowledge," paper presented at a congress entitled "Agrarian Questions: The Politics of Farming Anno 1995," May 22-24, 1995, Wageningen, The Netherlands。

59 理查，*Indigenous Agricultural Revolution*, p. 43。在這個脈絡下，理查接受了只要能維持下去，唯一的考驗是市場效率這個假設。

更大的論點有直接的關聯。

首先，肥料的使用建議書就無可避免的是種極端的精簡化。它們能在任何**特殊**的田地上使用，這個說法本身就啟人疑竇，畢竟土壤分級圖很可能忽略了各種田地、甚至是每塊田裡就有各自不同程度的微型變異。肥料使用的條件、「劑量」、土壤結構、肥料要使用在什麼作物之上、以及在施肥前後的立即天氣狀況等等，都可以劇烈影響吸收與效果。理查觀察到，農場和田地必備的變異「需要使用更開放的手段，在各種狀況下，農民可能會為了自己而做出必要的實驗[60]。」

再者，肥料配方為分析上的狹隘所限制。這些配方來自於傑出的德國科學家尤斯圖斯・馮・李比希男爵（Justus Freiherr von Liebig）的作品。他在一八四〇年出版的經典手稿中，辨識出土壤成分裡面的主要化學營養成分，而這些成分直到今天都還存在於典型的肥料配方之中（氮、磷、鉀）。這是偉大的科學成就，有著深遠的影響和往往十分有益的結果。它出問題的地方，是在於當它變成「帝國」知識，被稱作是所有土壤缺失的補救辦法[61]。正如霍華德和其他人煞費苦心指出，造成土壤缺失的原因有許多中介變項，包括土地的物理結構、通氣、耕作性、腐植質以及真菌橋，這些都會劇烈影響植物營養和土壤肥沃度[62]。化學肥料的確可以徹底氧化有益的有機物，但它同時也毀損其團粒構造，導致鹼化加劇以及肥力的喪失[63]。

這些細節其實都沒有那麼重要，重點是：有效的土壤科學不能只停留在化學養分之上；它必須包含物理學、細菌學、昆蟲學以及地理學，而這還是最基本的配備。在最理想的情況下，使用肥料最實際的作法，同時需要普遍與跨領域的知識，**以及**對特定田野的特殊關照，單一專家實在很難具備前者的知識；而後者似乎只有農夫才有辦法做到。將純粹化學養分的觀點與土壤分類網格相結合，並把特定領域遠遠拋在後頭的程序，是無效且引發災難的處方籤。

## 「未經許可」創新的歷史

對大部分殖民官員和他們的繼任者而言，高度現代主義的承諾讓他們對各地的實踐帶有錯誤假設，並蒙蔽他們對其動態的觀察。農業的在地實踐遠非永恆、靜態和停滯的，而是不斷地修改與調適。這種作法的彈性有部分是來自豐富的技術工具箱，可視環境調整栽種策略，像是降雨、土壤、土地傾斜程度、市場機會、勞動力需求等。許多非洲的種植者在每一季往往都會使用超過一種的種植技術，並知道其他許多可能會派上用場的技能。當新世界所有嶄新的栽培品種都可供取用時，這些農民也很敏銳地採用最恰當的種類。因此，玉米、樹薯、馬鈴薯、辣椒和各種新世

---

60 同前，p. 61。

61 李比西的確相信他的公式能夠解決所有土壤問題。

62 在霍華德所進行的許多實驗中，包括「綠肥」的精密實驗（種植糧食作物之前，先耕種固氮豆科作物），顯示出其效果在很大程度上取決於其他變項，以及正確的時機和土壤中的水分含量，這樣才能促使生成更多腐植質所必需的化學反應（首先是好氧，再來是厭氧）。請參考亞伯特・霍華德爵士的著作 *An Agricultural Testament* (London: Oxford University Press, 1940)。

63 在密集灌溉過程中留下的鹽也會發生鹼化作用。加州帝國河谷地區的種植者長年飽受鹼化之苦，導致他們不得不以愈來愈短的間隔時間安裝排水瓦管，以防止鹼化累積到達毀滅性的程度。

界的豆類與瓜類，皆被納入許多非洲種植計畫中[64]。

當然，在人類的歷史中，「農場現地」（on-farm）實驗、選擇以及調適都有好一段淵遠流長的過去，在非洲和其他地方亦是如此。民族植物學與考古植物學都能夠追溯到久遠的歷史細節，像是人們會根據完全不同的用途和成長環境，從舊世界主要的穀物或新世界的玉米中，選擇和繁殖適合的雜交種與變異種。在挑選營養繁殖的植物（即通過插條而非種子繁殖的植株）方面，也能觀察到相同的現象[65]。

如果嚴格遵循中立觀點，會有更多專家得出以下結論：出於很多因素，我們可以將每一個非洲農場視作小型的實驗室。這種看法有其道理，畢竟任何為了討生活而得和吝嗇多變的環境奮鬥的種植者社群，很少會無視可以改善糧食供給與保障的機會。同樣重要的是在地知識的限制。在地的種植者熟知當地環境和可能性，但他們當然缺乏現代科學的知識與器具所能提供的一切，像是顯微鏡、空照圖和科學植物育種等。和其他地方的種植者一樣，他們也缺乏技術或是使用相關技術的管道，無法建立大規模灌溉系統和高度機械化的農業。像是地中海盆地、中國、印度的農民，他們都可能會毀壞自己的生態系統，就算低人口密度已經降低這個風險[66]。但如果大部分的農業專家可以尊重這些在地農夫已經具備的知識，賞識他們實際、樂於實驗的態度，樂意採用符合當地需求的新作物與技術，這些專家可能就會和羅伯特．強博斯（Robert Chambers）一樣認為：「儘管在地農業知識往往被忽略或是被顧問專家推翻，但這是土地開發企業其中一個還沒動員到、最豐富的知識來源。[67]」

## 高度現代主義農業的制度性傾向

我相信，大部分農業專家對各地農夫能力的輕視，不只是偏見問題（受過教育、都市、西化的菁英針對農民的偏見），或是高度現代主義隱含的美學承諾。更確切地說，官員的態度同時也是制度優勢的問題。如果在有證據推翻之前，種植者的方式被證明是合理的；如果專家能從農夫身上學到和後者從前者學到一樣多的東西；如果專家必須將農民視為跟自己享有同等政治地位，以此和農民協調，那官員制度地位和權力的基本前提都會被摧毀。在大部分農業現代化的國家計畫中，其中不言而喻的邏輯是要鞏固中央機構的權力，以及削減種植者及其社群面對中央機構時的自主性。每

64 來自舊世界的稻米很早就出現，而且已經適應了。儘管稻米是多年生植物，大家往往以一年生的方式種植稻米。

65 過去四千年間，現代人類都沒有增加什麼重要的馴化動植物，這點反映了這段歷史有多長遠。這方面可以參考 Carl O. Sauer, *Agricultural Origins and Dispersals* (New York: American Geographical Society, 1952)。Sauer 十分仰賴俄羅斯科學家先驅在這個領域的重要著作，即 N. I. Vavilov: *The Origin, Variation, Immunity, and Breeding of Cultivated Plants*, trans. K. Starr Chester, vol. 13, nos. 1-6, of *Chronica botanica (1949-50)*。馬鈴薯是個很好的例子，它必須透過扦插無性繁殖。

66 也有例外，其中一個是衣索比亞北部和厄利垂亞在生態上的破壞。值得補充的是，工業化世界在土壤侵蝕、地下水污染或枯竭以及全球暖化方面的記錄，也不是什麼具有良好遠見的典範。

67 Robert Chambers, *Rural Development: Putting the Last First* (London: Longman, 1983)，引自理查，*Indigenous Agricultural Revolution*, p. 40。霍華德聲稱「農業革命」始終來自於農民自主而非國家行為，這是有其道理的。從英國的農業革命替工業化打下基礎，到大規模在非洲採用如可可、菸草和玉米等新作物，霍華德讓這個論點變得更普遍是不爭的事實。但它不適合套用在大規模的灌溉計畫，或是近年透過研究育種出小麥、稻米、玉米的高產量品種的栽培行為。這些國家贊助的創新計畫，往往是中央集權化的有力證明。

一種新的物質實踐，在某個程度上都改變了既存的權力、財產和地位分配；而當農業專家聲稱他們是中立的技術員，在成果上完全沒有任何制度性的利害關係時，這話是萬萬不能輕信[68]。

蘇維埃農業集體化與烏甲馬村莊所造成的中央集權化相當顯而易見，大型的灌溉計畫也是如此，官方會決定要何時洩洪，要如何分配水資源，以及如何收費；或是農業開墾，勞動力都像是在工廠環境下一樣受到監控[69]。對被殖民的農夫而言，這種中央集權化與專家所帶來的效果，是徹底將種植者去技術化。就算是在家庭農場和自由經濟的脈絡下，這仍然是利柏特・海德・貝利（Liberty Hyde Bailey）所擁戴的烏托邦觀點。貝利是植物育種家、農業科學的倡導者，也是老羅斯福掌政時期的鄉村生活委員會主席。他宣稱：「將在鄉村設立植物醫生、植物育種專家、土壤專家、健康專家、修剪與噴藥專家、森林專家、娛樂專家、市場專家（和）家政專家……，（這些人的）存在是為了給予特殊建議和指令。[70]」貝利所看到的未來，幾乎是由管理菁英全權組織而成：「但是我們不能想像整個社會是由各個渺小的土地所組成，像是『家庭農場』，住在裡面的人只是為了自我滿足；這代表的是所有鄉下的人基本上都會是勞工。我們需要有許多強大組織能力的人在這片土地上，這些人是管理者，他們能果敢行事：如果這些人在土地上找不到適當的機會而被迫轉行，那在社會或精神上都會帶來致命的後果。[71]」

就算有這些充滿希望的宣告與意圖，如果大家仔細檢查許多二十世紀的農業創新，儘管它們看起來純粹是技術性的創新、因此也看似中立，但大家得到的結論會是這種創新造成了許多商業與政治獨占，並無可避免地削弱了農夫的自主性。雜交種子的革命（尤其是玉米）就造成了這番結果[72]。由於雜交種不是不孕、就是無法繁殖出「純種」玉米，培育出親代雜種的種子公司擁有珍貴的雜種種子所有權，每年都可以上市銷售，這與農民可以自己選擇開放授粉（open pollinated）的品種截然不同[73]。

---

68 James Ferguson, *The Anti-Politics Machine: "Development," Depoliticization, and Bureaucratic Power in Lesotho* (Cambridge: Cambridge University Press, 1990)。Ferguson傑出地展示了國際和國家發展機構的制度性權力，是如何依賴於把他們的活動再現成科學專家中立的介入。

69 有人可能會反對，認為在大型灌溉工程的情況下，必須要以集中邏輯思考上游和下游用戶之間的水權分配。但事實上，在過去數百年間，許多大型的灌溉系統都是在沒有中央集權政權施展強制力的狀況下成功組織而成。想要參考這樣的系統如何運作，以及亞洲發展銀行水文專家與農藝學家強制實施的「精簡化」工程如何差點摧毀這套系統，請參考J. Steven Lansing, *Priests and Programmers: Technologies of Power in the Engineered Landscape of Bali* (Princeton: Princeton University Press, 1991)。另一個也很有用的分析是來自Elinor Ostrom, *Governing the Commons: The Evolution of Institutions for Collective Action* (Cambridge: Cambridge University Press, 1990)。

70 引自Stephen A. Marglin, "Farmers, Seedsmen, and Scientists: Systems of Agriculture and Systems of Knowledge" (unpublished paper, May 1991, revised March 1992)。馬格林的記載是對科學農業的環境與制度後果非常精闢的分析。他對知識系統的分析和我在本章對於梅蒂斯的分析十分雷同。我們各自都發現了如何使用希臘哲學家知識的概念，分辨出實踐知識與演繹知識。我認為他的討論非常有幫助且非常清楚。同時閱讀馬格林對於美國農業實踐的分析和黛博拉・費滋傑羅的書 *Yeomen No More: The Industrialization of American Agriculture* (forthcoming)會十分有趣。

71 Marglin, "Farmers, Seedsmen, and Scientists," p. 7。

72 雜交種這個詞彙的意義也有所改變。原本它指涉所有配種，現在變成是兩個「純種」配種後的結果。

73 馬格林指出美國農業部與大型種子公司緊密的合作關係，幫助後者支配了玉米雜交種的育種。同樣的支配很難在稻米和小麥上達成，因為這兩種作物是自交授粉。這些作物都得透過基因穩定的新變異種，才能提高產量。Marglin, "Farmers, Seedsmen, and Scientists," p. 17。

另一個相似但不同的中央化邏輯，則是應用在過去三十年所發展出多產的小麥、稻米和玉米變種等高產品種（high-yielding variety, HYV）。它們對產量的巨大影響（隨著作物與收成環境有所不同）仰賴兩個因素的結合，一是氮肥對大量作物有其效用，二是堅韌而能防止倒伏的短莖。如果想完全發揮它們的收益潛力，得依靠豐沛的水源（通常是透過灌溉）、大量使用商業農藥和定期使用殺蟲劑。機械化整地和收割也被大幅提倡。但就像雜交種一樣，缺乏生物多樣性的田野，意謂著每一代的高產品種都很可能得屈服於真菌、腐蝕以及昆蟲，導致農民得購買新的種子與新的殺蟲劑（因為昆蟲會發展出抗藥性）。這引發了生物軍備競賽，由於植物培育家和化學家深信他們會一路贏到底，於是種植者愈來愈被官方與私人專家所掌握。如同尼雷爾政策真正民主的部分受到壓制，在農業上，可能會威脅到管理菁英的研究與政策要素，不是沒有人研究，就是研究後在政策實施中「被挑出來反對」。

## 農業科學的精簡化預設

全盤的控制是在邀請失序。而原則似乎是，專家的邊界愈是僵固排外，而且控制愈是嚴格，就會引起愈多的失序。在冬天的溫室種植夏季作物是可能的，但這樣會讓作物對天氣產生弱點，還可能會造成前所未見的失敗。比起大自然讓橡樹或是山雀活過一整個一月，控制環境讓番茄可以活過一整個一月更是有問題。

——溫德爾．貝瑞（Wendell Berry），《美國的不安》（*The Unsettling of America*）

大部分國家發展計畫的要素，都不只是有權有勢的菁英的幻想。甚至坦尚尼亞的造村運動，顯然也是農業經濟學長久以來分析的主題。各種引進棉花、菸草、花生和米這些新作物跟機械化、灌溉、肥料系統的計畫，都經過長時間的技術研究與臨床實驗。那為什麼還會有這麼多的計畫無法達成預期的結果呢？同樣的，在下一章會討論到，為什麼許多成功的農業實踐與生產變革，都是種植者自發而非政府組織開創而成的。

## 獨立實驗變項

就我看來，紀錄顯示有一大部分的問題在於，只要這些實驗結果最終的目的是要在各種情境下由各式各樣的實踐者所採納，科學工作中的系統性限制與必要限制就會產生問題。亦即很多問題不只是中央控制的制度性誘惑、行政官僚的病態行為，或是對美學上令人滿足但經濟上毫無道理的計畫的狂熱。就算在最好的情況下，實驗結果和來自研究站實驗田的數據仍然距離人類和自然環境很遙遠，但這些實驗結果卻得在這些環境中找到歸屬。

歷史上來說，科學農業研究的正常程序，幾乎都只關注測試加入的變項如何影響每種實驗作物的產量。近期則有新的變項也加入調查研究範圍，因此這些實驗可能會檢測不同的土壤或濕度將如何影響產量，或是決定哪些雜交種不會倒伏、或是以能加強機器收成的方式熟成。有生態意識的研究通常以同樣的方式進行，逐一獨立出能讓特定水果品種抵抗特定害蟲的變項。

獨立出少數變項是實驗科學的關鍵信條，最理想的情況是在控制其他變項後，獨立出唯一變項[74]。作為一項程序，它對科學研究是極其珍貴與必要的。只有在徹底精簡化研究條件後，才有可能保證找到毫無懸念、可驗證、公正無私、普世皆然的結果[75]。如渾沌理論的先驅所述：「物理學有個基本的假設，就是理解這個世界的方式是要不停地獨立出各種元素，一直到你認為真的是非常基本的東西出現為止。然後假設其他你不理解的東西都只是細節。這個假設是建立在可以藉由觀察事物的純粹狀態來辨別少數原則——這完全是純分析概念——然後當你想要解決更**棘手的問題時，好像可以把這些東西用更複雜的方式組合起來。如果你做得到的話。**[76]」在農業研究中，除了實驗研究的變項外，控制所有可能的變項會需要對天氣、土壤和地景做出標準化的預設，更不用說不經意地標準化預設農場大小、勞動力供給，以及種植者的欲望。當然，「試管研究」幾乎最趨近於控制的理想[77]。然而就算是研究站的實驗田，它本身也是種徹底的精簡化。實驗田在「小又高度精簡化的範圍內」極大化控制的程度，並忽略剩下的部分，讓它們「徹底失控」[78]。

單作栽培和收益的量化跟這種典範萬分相配的原因，其實非常容易理解。單作栽培排除所有會使設計變得複雜的栽培品種，而量化收益則能夠避免產生出棘手的測量問題，這在以特殊品質或口味為目標生產時會發生。當人們只對來自單一樹種的商業木材感興趣時，林業科學會是最不費力的選擇。而當大家只在乎能從「標準」英畝的土地上盡可能獲得某種玉米雜種的最高產量時，農業科學則是最輕鬆寫意的作法。

當一個人從實驗室轉移到實驗站的研究區，然後再到實際農場的田間試驗所時，實驗控制的程度會逐漸消失。理查提到西非研究者對這種移動的不安，他們對於要讓研究變得更實際、但又得鬆綁實驗條件這件事感到十分焦慮。研究人員討論了選擇進行試驗的農場應該要相對同質化，以便對研究結果有同樣的影響，他們接著繼續哀嘆離開研究站後，就失去了實驗控制。他們寫下「要在幾天之內在各地種植是十分困難，而要找到同樣的田地，擁有同樣的土壤，幾乎是難如登天。」他們繼續抱怨：「其他像是害蟲攻擊或是壞天氣等干擾，都可能會影響某些處理方式。」[79]

---

74　既然這些控制在大部分真實的實驗中都只是近似值，每個實驗接著都得長篇大論地討論「外在變項」，或是實驗設計中沒有提到的變項，而這些都有可能製造出研究結果。於是，在之後的研究控制這些變項之前，這些案例的研究結果往往是模稜兩可。

75　Marglin, "Farmers, Seedsmen, and Scientists," p. 5。

76　Mitchell Feigenbaum，引自James Gleick, *Chaos: Making a New Science* (New York: Penguin, 1988), p. 185。

77　實驗室的實驗必須透過標準化和淨化環境（像是目錄中的淨化試劑）以及人造的觀察工具才能進行。對這些物體的可靠操作，有助於成功的實驗，在某個程度上也自我合理化實驗室的實踐。請參考Theodore M. Porter, *Trust in Numbers: The Pursuit of Objectivity in Science and Public Life* (Princeton: Princeton University Press, 1995)第一章，以及Ian Hacking, "The Self-Vindication of the Laboratory Sciences," in Andrew Pickering, ed., *Science as Practice and Culture* (Chicago: University of Chicago Press, 1992), pp. 29-64。

78　貝瑞，The Unsettling of America, pp. 70-71。原則上來說，最重要的依變項沒有任何理由不是營養價值、耕作時機、口味或堅硬程度。但是研究在變項比較不主觀、比較容易量化的情況下會更好管理。

79　D. S. Ngambeki and G. F. Wilson, "Moving Research to Farmers' Fields," *International Institute of Tropical Agriculture Research Briefs*, 4:4, 1, 7-8，引自理查，*Indigenous Agricultural Revolution*, p. 143。

理查解釋，這「對大家是很有幫助的提醒，解釋了為什麼實驗站內『正式』的科學研究程序，亦即強調控制除了一、兩個研究變項之外的其他所有變項，對很多小型的自耕農都是『劃錯重點』。農夫最關心的是如何處理田地上複雜的交互作用以及意外事件。從科學家的角度來看（尤其是為了發表所需、蓋棺定論的結果），在農場上做實驗的挑戰性非常高[80]。」

當科學得同時處理各個變項之間複雜的交互關係時，形同失去了讓現代科學獨一無二的特質。即使將各種狹隘的實驗研究累積起來，也不能視同為探究這種複雜性的單一研究。我要再三強調，這並不是在否定現代科學研究的實驗技術。任何沒有降低交互作用複雜性、大規模的農場研究，都可能像農民一樣證明某系列實踐產生了「良好的結果」，例如高產量，但這些研究並沒有辦法獨立區分造就這個結果的關鍵因素。我在這裡要說明的，是正視科學工作在其範疇內的權力與效用，並且正視科學在處理其技術無法勝任的問題上仍然有其限制。

## 盲點

再一次回到多重栽培的案例上，我們可以理解為什麼農藝學家會有科學、美學與制度性的理由反對混作。間作複雜的形式替同時發生的交互作用帶入太多變項，沒有辦法替因果關係帶來清楚明白的實驗證明。特定的多重栽培技術十分具有生產力，尤其是結合固氮豆科作物與穀物種植的部分，但我們難以清楚理解是什麼樣的交互作用帶來這種結果[81]。而就算把焦點限制在收益量化數字中的單一依變項，我們還是很難梳理因果關係[82]。如果我們能放寬視野限制，開始考慮其他更多的依變項（結果），像是土壤肥沃度、和牲畜的交互作用（飼料、糞肥）、與農家勞動力供給的一致性等等，比較上的困難就迅速成了科學方法最棘手的一部分。

這裡科學問題的性質與物理系統的複雜性十分相似。牛頓優雅簡單的運動定律公式，讓我們在知道兩個天體各自的質量和彼此的距離後，就能相對容易地計算它們的軌道。但是如果再加上另外一顆星球，三者間的交互作用會讓軌道的計算變得非常複雜。而如果有十顆星球相互作用（這是我們太陽系的**簡化**版本）[83]，沒有任何軌道會彼此重複，而也沒有辦法預測系統的長期狀況。每加入一個新的變項，都要考慮從中衍生出來的交互作用會以幾何級數的方式成長。

我認為，科學農業研究會選擇性親近落在其強大方法範圍內的農業技術，這種宣稱並非誇大其實。極大化單作作物產量，是其中一個最能利用科學農業研究威力的技術。只要制度性權力允許，農業官員跟科學林務員一樣，都傾向精簡化環境，並讓環境更適用於他們的知識系統。符合

---

80 Richards, *Indigenous Agricultural Revolution*, p. 143。

81 Sauer, *Agricultural Origins and Dispersals*, pp. 62-83。

82 除了在各種可能性之中找到「有效」的肇因十分困難之外，這種混作的研究還得找到並合理化比較不同收成組合的公式。假設成本相同，哪一個選項會更好：二百蒲式耳利馬豆和三百蒲式耳玉米，還是三百蒲式耳利馬豆和二百蒲式耳玉米？是要透過使用市場價格（這代表答案將逐週和逐年變化）、卡路里含量、總體營養價值或其他指標得出一個共同的分母？問題的難度迅速提升。

83 而且這個版本的太陽系排除了各式各樣的衛星、小行星，還有附近的星球等。

他們現代主義美學跟政治行政利益的農業形式，也恰好符合他們專業的科學使命[84]。

至於在實驗設計之外「失序」的部分呢？當實驗之外的交互作用能加強期望中的效果，那的確能證明它們是有益的[85]。沒有什麼先驗的理由可以預測它們的效果是什麼，重要的是它們完全處在實驗模型的範圍之外。

但是，有時候這些效果同時具有重要與潛在的威脅性。其中一個驚人的案例是在一九四七年到一九六〇年間風行全球的殺蟲劑，其中最惡名昭彰的莫過於滴滴涕（DDT）。滴滴涕被拿來撲殺蚊蟲，以減少這些害蟲帶來的傳染病。實驗模型主要限於確定能消滅蚊群所需的劑量濃度和使用條件。這個模型在其關注的問題上非常成功，滴滴涕的確消滅了蚊子，並劇烈減少地方性瘧疾和其他疾病的發病率[86]。但我們慢慢發現，它也有破壞環境的效果，劑量殘餘為食物鏈中所有的有機體所吸收，其中當然包括人類。使用滴滴涕和其他殺蟲劑後，對土壤、水源、魚類、昆蟲、鳥類和各種動物造成的後果是如此複雜，我們到現在還無法徹底理解到底發生了什麼事。

## 衰弱的周邊視覺

前述問題有部分在於副作用會不停分岔，持續衍生。根據初階效果（first-order effect）的說法，在地昆蟲的減少或消失會導致開花植物的改變，接著會影響其他植物和嚙齒類動物的棲息地等。另外一部分則是專家只在實驗的條件下檢驗過殺蟲劑在其他物種上的效果。但是滴滴涕是應用在實驗室外的**田地**上，而如卡森所指出，科學家並不知道當滴滴涕跟土壤和水參雜或是在陽光下會產生什麼交互作用。

大部分都是**外於**科學典範的人意識到這些交互作用的效果，我認為這點非常有趣，也非常具有啟發性。尤其是大家開始意識到鳴叫的鳥類大幅減少，眾人才警覺到自家廚房外面有些東西**消失了**，最終（透過科學方法）追蹤到滴滴涕在鳥類器官的濃度如何造成蛋殼變得更脆弱以及繁殖銳減。這個發現反過來刺激了一系列針對殺蟲劑效果的研究，最終引來了立法禁止滴滴涕的使用。在這些案例上，科學典範的權力有部分是來自於排除實驗外變項，而被排除的實驗變項往往也不吝於來一記回馬槍。

84　溫德爾．貝瑞在一九七七年的作品中詰問美國農業部：「測試各種土壤管理系統的控制土地區塊在哪裡？現今使用役用動物、小規模技術和替代能源的小型農場績效數據在哪？沒有農藥的土地在哪裡？如果它們存在，那這就是我們這個時代隱藏最隱密的秘密。但如果它們不存在，科學農業的科學權威又從何而來呢？沒有適當的控制對照，就沒有證據；於是無論從哪個角度來說，這就不是實驗。」（*The Unsettling of America*, p. 206）。從那時候開始就有了此類的比較，許多成果紀錄於美國農業部有機農業小組在美國農業部有機農業研究實驗後，所編寫的《有機農業報告和建議》（Washington: USDA, 1980）。這和西非的故事異常的相似。在許多案例中，特殊的實踐都被視作不值得調查，因為這些實踐及其實踐者被視為落後且沒有效率。只有在主流教條的異常和長期後果昭然若揭後，這些實踐才受到仔細檢視。

85　像是長期以來被用來治療頭痛的阿司匹林，直到最近才被發現有其他正面的效果。

86　事後來看，大家還是可以說從收益成本分析的角度來看，減少疾病的效益更甚於它對環境的破壞。但那不是重點，重點是在這個狀況下，這些成本是在實驗模型之外，無法用任何方式評估。

用來分析農場效率與獲利的農藝學邏輯，同時也透過限制它們選擇研究的視野來獲得權力。把農場當成公司來研究其微觀經濟，對農藝學的研究工具最為有利。只要透過必要的精簡化，簡化成本、投入、天氣、勞動力的使用、價格等要素的假設，農藝學的分析邏輯就能夠指出使用特定的機器、購買灌溉設備、種植特定的作物是賺是賠。這種研究以及市場分析常常展現出大型高度資本化、高度機械化的操作所最容易達到的經濟規模。在這種狹隘的觀點之外，數百種考量都被排除，這跟實驗科學的手法如出一轍。但在農經分析上，採取這種作法的人往往具有政治能力，至少在短期內可以確定他們不用為這種邏輯所造成「農場公司以外」的更大後果承擔經濟責任。一位邊緣經濟學家在一九七二年向美國國會作證時，清楚地概述了美國的農業模式：

一直要到過去十年內，大家才開始正視大型農場公司是透過外部化一定的成本，才能達到收益水準。大部分大規模營運的缺點，一直都不在大型農場公司決策的框架之內。垃圾處理、控制污染、對公共服務造成負擔、鄉村社會結構的惡化、對稅基的傷害，還有集中經濟權力的政治後果，都沒有被視為大規模營運的成本，至少農場公司不這麼認為。這些問題無庸置疑是由更大的社群買單。

理論上來說，大規模營運應該要讓這些公司將更大範圍的成本與利益，納入內部的決策框架之內。但在現實狀態中，伴隨著大規模營運的經濟和政治力量，不斷誘惑大公司獲取利益並轉嫁成本[87]。

換句話說，儘管農業公司的商業分析師的周邊視覺很微弱，這些公司個人和集體擁有的政治力量，有助於他們避開盲點範圍內可能的負面影響。

## 短視近利

幾乎所有旨在評估農民利益決策的研究，都是僅持續一季或最多幾季的實驗。這些研究設計隱含的邏輯，都是長期效果不會與短期研究結果相衝突。然而，研究時間範圍的問題，甚至對那些將產量極大化視為終極目標的人而言，也是息息相關。除非他們只在乎立即的收成，不然無論結果如何，他們都得處理永續性與希克斯收入等相關問題。因此，最重大的實踐分歧不是出現在帶著文化與社會目標進行農業設計的人（像是保存家庭農場、地景、多樣性）和想要極大化利益的人之間，而是在短視近利的生產主義者和眼光長遠的生產主義者之間。畢竟，對土壤侵蝕和供水問題的關注，與其說是出於對環境的考量，不如說是出於對當前生產可持續性的考慮。

作物研究和農場經濟學相對短期的傾向，甚至排除了生產主義者會感興趣的長期結果。例如，許多多重栽培研究認為混作對系統性生產有長期優勢。史蒂芬・馬格林（Stephen Marglin）指出，長達二十年或是更久的混作實驗，和持續一、兩季的實驗所得出的結果可能完全不同[88]。

---

87 明尼蘇達大學的Philip M. Raup於一九七二年三月一日在美國參議院小型企業委員會的公聽會發言，引自溫德爾・貝瑞，*The Unsettling of America*, p. 17。

88 Marglin, "Farmers, Seedsmen, and Scientists," pp. 33-38。

農民放任授粉與選種（與雜交育種完全相反的方式）所發展出的新品種，產量可能會與最優良的雜交種並駕齊驅，但能在獲利等其他方面更具有優勢，這種事並非完全不可能[89]。我們現在已經學到，科學和單作森林帳面上的利益，是透過森林長期健康與生產力所付出的嚴重代價換來的。既然農場大多都是家族企業，大家可能會以為會有更多作物和企業經濟的研究，願意把整個家庭世代的週期當作時間分析單位處理[90]。

似乎沒有任何一種科學方法的邏輯一定需要使用短期的觀點；這種觀點較像是在回應制度跟商業的壓力。另一方面，需要獨立出幾個變項並假設其他變項都固定不變，並且排除所有實驗模型之外的交互作用，則是深深烙印在科學方法之中。這是讓它在視野中實現驚人的清晰度的條件。總而言之，被實際科學實踐所遮蔽的地景——盲點、外圍和遠景——同時也是構成現實世界很重要的一部分。

## 科學農業的精簡化實踐

### 有些作物比其他作物更平等

現代農業研究往往假設，農夫最關心的事情是投入最少資源後獲得的產量。這個假設非常方便；如同科學林業的商業木材，平凡無奇、同質、單一的商品創造了一種可能性：亦即在不同栽培技術和綜合統計間進行數量上的比較。常見的種植面積、每英畝的產量和每年的總產量，是衡量開發計畫是否會成功的關鍵標準。

但無論再怎麼實用，除了**純粹**使用在市場商品銷售之外，認為所有的稻米、玉米、小米皆「平等」，基本上對任何作物而言就是個不合理的假設[91]。每一種作物的亞種都有其特殊性質，這不只是成長方式，也包括作物豐收時的性質。在某些文化中，特定品種的米是種來使用在特定的菜餚上；其他品種的米可能是用在特殊儀式，或是在當地債務關係中清帳結算時派上用場。在理查對於獅子山共和國的觀察中，我們可以欣賞到在分辨各種米以及烹飪方法上的差異時，當地人會有的一些複雜考量：

---

89 例如可以參考克洛朋堡，*First the Seed*, chap. 5. Harlan, *Crops and Man*, p. 129。他的紀錄寫道，經過六十年的試驗，經選擇後在田中遺留下的大麥種子庫，可以達到育種植物百分之九十五的產量，而且確定是更堅韌並對疾病更有抗性的大麥品種。

90 家庭發展週期最經典的研究是A. V. Chayanov, The *Theory of Peasant Economy*, introduction by Teodor Shanin (Madison: University of Wisconsin Press, 1986)。將穩定的家庭農場視為組織的政策論點之一，是由於它得顧及每一世代的利益，它會比資本主義公司更有可能維護或改善土地和環境品質。傳統上來說，同樣的邏輯被用來論證許多形式的佃農和租佃會導致破壞性實踐。

91 就算所有的穀物在市場都同樣平等，每個種類都還是會有獨特的勞動需求、成長特質，以及抗性，這對種植者來說都是很重要的差異。

像是『它煮起來很爛』這類詞彙不僅僅是主觀上『品味』的問題，它涵蓋了儲藏、準備與消費等一連串相關的性質。某種米的種類是否能適應當地食物加工的技術？是已經脫殼、磨好、搗碎過的了嗎？需要多少水分和燃料來烹煮？它在烹調前後可以存放多久？門德當地的婦女宣稱，改良過的沼澤稻米在第二次上桌後，比起較硬的「高地」稻米更難下嚥。只要有了正確品種的稻米，就有機會縮短農場在旺季時煮飯所需的時間。因為有時候一天得花三到四個小時煮飯（包括脫殼、準備火源和取水的時間），縮短烹煮所需的時間在勞動力短缺時十分重要[92]。

我們到目前為止只有考慮穀物脫殼的部分。那如果我們拓寬視野，考量整棵作物呢？我們將會發現在種子穀物之外，植物還有其他許多可以收成的部分。因此，中美洲的農民可能不只會對玉米粒收成的大小與數目感興趣，她也可能會想要把玉米穗軸拿來當作刷子使用；而玉米殼和葉則能用於包裝、蓋茅草屋的屋頂、飼料以及暫時的籬笆圍牆。中美洲的農民之所以比美國玉米帶的農民更熟知玉米的種類，有部分是在於各種玉米種類的用途各異。玉米也可能會因為這之中任何一種用途被拿到市場上兜售，因此其價值並不只局限於玉米粒。同樣的故事當然幾乎可以套用在任何廣泛種植的栽培品種之上。這些植物生長階段的各個部分，都可能會派上用場，像是麻線、植物染料、膏藥、用來生吃或烹煮的綠色植物、包裝材料、寢具，或是用於儀式和裝飾的物品。

就算從商業的角度來看，植物也不僅僅只是穀物，而玉米和作物的各種亞種和雜交種也不是都生而平等。因此對種植者而言，以重量和總量衡量種子的收益可能只是眾多目的的其中一個，或許還不是最重要的目的。但是當科學農業或植物育種開始將這如此廣泛的價值和用途納入利益計算之中，就會再次碰上牛頓十個天體的困境。而就算這些計算的模型能呈現一部份的複雜性，其使用方式仍然會遭到任意變動。

## 實驗地對抗實際田野

一如我之前提到，所有田地的地方性質都十分棘手。這就像是要把實驗室與實驗站出產的一般、標準化的教會高級拉丁文，翻譯成一般各地教區的方言會出現的問題。當田間準備、種植時程和肥料需求的標準解決方案，被應用在諸如剛種了兩種燕麥、充滿石頭、低窪、坐南向北的田地時，總是得進行調整。就跟任何應用科學的專家一樣，在實驗站的農業科學家和推廣人員都有意識到這項翻譯的問題。但問題總是在於要如何發現與傳達研究發現，才能幫助到農夫。只要研究發現或解決方案不是強制執行，農民就必須決定它們是否滿足他的需求。

農業研究站的實驗地與地籍圖十分雷同，它們無法再現農夫田地的多樣性與變化。實驗者一定得根據已經標準化過、處在平均範圍的條件假設，諸如土壤、田間準備、除草、降雨、溫度

92　理查，*Indigenous Agricultural Revolution*, p. 124。

等，才能進行操作。但是每個農夫的田地都是各種獨一無二條件、行動、事件的集合體，其中有些可以事先知道（像是土壤組成），有些則不是掌握在人類手中（例如天氣）。各式各樣變項的**交互作用**和每一個變項本身一樣重要；因此，對剛剛除草的岩石土壤跟對未除草的積水土壤而言，早期雨季為它們所帶來的影響十分不同。

實驗工作的平均值和標準化掩蓋了一個事實，即平均天氣年份或標準土壤成分是統計虛構出來的。如同貝瑞指出：

> 工業化版本的農業認為，農業種植每年都會替農民帶來一系列相同的問題，而每個問題總會有相同通用的解決方法。因此，這項產業所提供的解決方案，可以安全簡單地代替農民本來的處理方式。但這是錯誤的。在一個優質的農場上，考量到天氣和其他的變項，沒有任何長年重複出現的問題或者任單一問題，會連著兩年一模一樣。好的農夫（宛如藝術家、四分衛、政治家）一定要精通任何解決處理的辦法，他得在巨大的壓力下做出選擇，並有技巧地在正確的時間與地點應用這些手段[93]。

儘管土壤跟天氣不同，不會每天鬧事作怪，但它常常在同一塊土地上有著劇烈的差異。農業科學基本的精簡化所要求的，首先是土壤得根據酸度、氮濃度和其他性質的少數分類分門別類。而至於要分析一塊田上的土壤，作法是蒐集田地上不同區域各一小撮的土，將它們結合成一個樣本分析研究，這樣就能代表土壤平均的性質。這個程序隱約承認該地的土壤品質存在實質的歧異性，於是根據此分析所推薦使用的肥料，可能對該田地上任何一個區域都不太適用。但是比起從其他公式得出來的推薦，這對整體田地在平均上是「錯誤較少」。再一次的，貝瑞要我們小心這種一般化的作法：「大部分的農場，甚至是大部分的農地，是根據不同的土壤模式和觀念所組成。好的農夫總是知道這件事，並據此使用土地；他們謹慎的學生，向天然植被、土壤深度與結構、坡度和排水學習。他們不是理論、方法或機械普遍概念的使用者[94]。」當我們把混作和土壤條件的複雜性與變化結合，要成功應用一般公式更是難如登天。就算我們知道某些植物對天氣和濕度的容忍度為何，不代表它們就會在這個限度中欣欣向榮。艾德嘉・安德森（Edgar Anderson）解釋，一般植物「對於要在何時何地成長、在什麼樣的狀況下發芽是異常挑剔。對於它們會和不會、以及在什麼條件下願意容忍跟哪些植物為鄰，除了對少數品種的研究之外，都沒有人研究過，而這個過程十分複雜[95]。」

93　溫德爾・貝瑞，《Whose Head Is the Farmer Using? Whose Head Is Using the Farmer?》in Wes Jackson, Wendell Berry, and Bruce Coleman, eds., Meeting the Expectations of the Land: Essays in Sustainable Agriculture and Stewardship (San Francisco: North Point Press, 1984)，引自馬格林，《Farmers, Seedsmen, and Scientists》, p. 32。

94　貝瑞，*The Unsettling of America*, p. 87。我並不認為我是貝瑞所定義的好農夫，但是在我的小農場中一個三英畝的牧羊場上，我可以藉著植被的型態辨識出至少六種土壤狀態。四種是和排水直接相關，而其中兩種似乎是反應了坡度、光照和過去使用方式留下的影響。

95　安德森，*Plants, Man, and Life*, p. 146。

對於種植舉足輕重的微觀特色，諸如地形和環境等，各地本土的農民都抱著高度的警戒。理查在分析西非時所提供的兩個案例，可以展示在標準化網格中無法看到的微小細節。在當地令人困惑的小規模灌溉系統變化之中，理查至少辨識分類了十一種灌溉方式，其中有些還有次級變體。一切都直接取決於當地具體的地形、土壤、洪水、降雨等細節，而當地所使用的灌溉類型，則取決於該地區是季節性氾濫的三角洲、排水不良的碟型窪地或是內陸山谷的沼澤。和根據工程計畫不遺餘力大幅度修改地景的大型工程方案相比，這些小型「計畫」利用了地景既存的可能性，而這兩種作法是天差地遠。

理查的第二個例子，則指出西非的農夫如何利用相對簡單但精巧的方式，選擇種植什麼樣品種的水稻以對付當地的害蟲。獅子山共和國的門德農民沒有聽信教科書建議該種植什麼稻米品種，而是選擇了一種帶有長芒（芒或刺毛）和穎片（苞片）的稻米。教科書的理由大概是這種品種的收成較低，或是芒和穎片只會增加更多的穀殼，這些穀殼必須在脫粒後進行風選。而農民的理由則是長芒和穎片能在稻穀進到脫粒室之前，阻止鳥類吃掉大部分的稻米。微型灌溉系統跟防治鳥害的資訊對當地種植者都十分重要，但這些細節都不會、也不能出現在現代農業規劃者高高在上的製圖之中。

許多批評者都聲稱，科學農業不只是系統性地偏好大規模、生產導向的單作栽培，農業科學的研究發現應用也有其限制，因為所有的農業都是在地的。霍華德提出在根本上完全不同的實踐，他的論點建立在兩個前提上。第一個前提是實驗地無法產生有用的研究結果：

小型的土地區塊跟農場截然不同。要像管理小型自給自足的土地一樣管理一座營運良好的農場，根本是緣木求魚。牲畜和土地的基本關係消失了，而且也無法透過適當的輪作來保持土壤的肥力，儘管這是優良農業的原則之一。區塊和農場的關係不復存在，甚至不能代表它所處的農地。一系列的農地區塊無法代表科學家想要調查的農業問題……。於是在這個狀況下，將高等數學應用在如此不健全的技術上，能獲得什麼優勢呢？[96]

霍華德的第二個前提，是許多農場和作物健康的重要指標都是**質性的**：「例如像是作物和土壤這種相互作用的系統，得依賴每週和每年都在變化的多種要素，它們是否能夠產生與數學精準度相對應的量化結果？[97]」依據霍華德的理解，狹隘、實驗性和限制嚴格的量化取徑的危險性，在於它會徹底排除其他形式的在地知識和判斷，而大部分種植者擁有的是後者。

但是就我看來，霍華德和其他人沒看到科學農業實驗研究最重要的抽象化性質。在我們知道種植者的目的之前，我們如何定義這項研究的效用？對什麼的效用？科學農業最巨大的抽象化，是在它對於人類能動性的建構：它創造了陳腐的樣板角色——普通的耕耘者，一群只對以最低的成本實現最大產量感興趣的人。

96　霍華德，*An Agricultural Testament*, pp. 185-86。
97　同前，p. 196。

## 虛構的農夫對抗真實的農夫

不只是天氣、作物、土地具有複雜和多變的性質，農民也是如此。每一季、每一天，數百萬的種植者都在追求無數截然不同的複雜目標。這些目標及其不停改變、混雜的組成，都無法以任何簡單的模型與敘述輕易掌握。

農業研究的常見標準是一種或多種主要作物的營利能力，而這顯然是大多數耕種者的共同目標之一。然而，觀察這個目標是如何被其他能夠完全取而代之的目的介入，則十分具有啟發性。我以下提出的複雜性完全只是蜻蜓點水，點到為止。

每個農場家庭擁有其獨特的土地、技術、工具、勞動力，而這都嚴格限制他們經營農場的方式。當我們只考慮勞動供給的面向：一個「充滿勞動力」的農場擁有許多身體健全的年輕勞動者，能夠選擇種植勞動密集的作物、特殊的種植時程和發展手工副業，這都是「缺乏勞動力」的農場無法輕易做到的。更甚者，這種家庭農場還會經歷家庭週期發展的不同階段[98]。在每年有部分時間外出打工的農民，可能會種植早熟、晚熟或不太需要照顧的作物，以配合他們的遷移時間表。

之前提到，特定作物的收益可能不只和作物收成與生產成本有關。作物的殘株可能是牲畜或水禽非常重要的飼料；作物可能會因為它在和其他品種輪作時對土壤造成的影響，或是它在間作時對其他作物帶來的幫助而變得舉足輕重；作物的穀物可能比不上作物本身替手工業生產提供原料的重要性，無論該材料是在市場上銷售還是在家中使用。在生存線上掙扎的家庭在選擇作物時，可能不會根據作物的獲利程度做出選擇，而是注重作物收成的穩定性，以及市價崩盤時它們是否能拿來吃。

我在目前為止所介紹的複雜性，在原則上至少可以符合一個經過徹底修改、新古典經濟學的最大化概念，就算它過於複雜而無法輕易建立模型。但是當我們加入美學、儀式、品味、社會和政治考量，情況就會跟著改變。農民想要透過特定的方式種植特定的作物，是基於許多十分理性但毫不經濟的理由，無論是因為想和鄰居保持合作的關係，或是特殊的作物與特殊的團體認同息息相關。這些文化習慣和商業成功可以完美相容，如同艾美許人、門諾派跟胡特爾派所證明的一般。只要我們試圖指出「農場家庭」是高度抽象化的概念，而農業科學研究的應用是在抽象化的農場家庭上，我們就應該要注意到，幾乎世界上大部分的地區對任何農場使用的實踐與理解，都需要區分不同家庭成員的目的。而在仔細檢視後，會發現幾乎所有家庭企業都是合夥關係（儘管往往很不平等），而且擁有自己內部的政治問題。

最後，「農夫」和「農場社群」的單位和天氣、土壤與地景十分雷同，都非常錯綜複雜與易變。要勘測它們會比分析土壤更有問題。我認為這是因為儘管農夫在評估自家農場的土壤時，其

---

98 請參考 Chayanov, *The Theory of Peasant Economy*, pp. 53-194。

專業偶爾會失準，但農夫無疑都熟知自己的想法和利益[99]。

正如傳統土地佃租制度實踐的複雜性和可塑性，不能在現代土地終身所有權產權法的束衣中得到令人滿意的再現一樣，標準化的科學農業也無法有效描繪耕作者及其耕種土地的複雜動機和目標。概要性的再現對於科學工作而言非常重要，它可以、而且已經創造了許多重要的新知識，這些知識在適當的調整後已經被結合到大部分的農業活動上。但再一次地，這些抽象化和土地所有權一樣，都是強而有力跟錯誤的再現，往往會回過頭影響現實。它們的操作方式至少會產生出一定的研究與研究成果，而這些成果最適用於符合這些計畫概念化描述的農場：巨大、單作栽培、機械化、商業農場，只為了市場生產。更甚者，這種標準化往往與納稅獎勵、貸款、售價支持、營銷補貼等形式的公共政策相關，它也對不符合這種概念化的企業設下重重障礙，系統性地將現實推向它所觀察的網格之上。這種效果當然和蘇維埃農業集體化運動的休克療法或烏甲馬村莊天差地遠，後者仰賴的是棍子而不是胡蘿蔔。但長期來講，這種強大的網格當然會、而且的確可以改變現實。

## 兩種農業邏輯的比較

如果實際農業種植的邏輯，是對高度變動的環境所做出充滿創意跟實際的回應，相較之下，科學農業的邏輯就是盡可能把環境改造成符合其中央化與標準化的公式。感謝揚・杜威・范德普洛格（Jan Douwe van der Ploeg）創新的研究，可以說明這種邏輯如何應用在安地斯山脈的馬鈴薯種植上[100]。

范德普洛格認為，安地斯山脈馬鈴薯原本的種植方式是種「技藝」[101]。種植者從極其多樣化的當地生態開始種植，旨在成功適應環境並逐步改善之。安地斯農民的技術讓他們在狹隘的生產主義目標上獲得了相當可觀的成果，有著值得信賴且持續不斷的傑出產量。

典型的安地斯農民輪流種植十二到十五塊固定田地及其他區塊[102]。考量到每塊田地條件迥異（高度、土壤、種植歷史、坡度、風向與向陽狀態），每塊地都與眾不同，獨一無二。所謂「標準化田地」的想法，在這個脈絡下顯得貧乏抽象。「有些田地只有一種栽培品種，其他在二到十種之間，有時候是同行間作，有時候則是每種作物各自成行[103]。」每個品種都是根據其利基市場所做出的優良選擇。多樣的栽培品種替當地實驗新的馬鈴薯交配種和雜種提供了有利的條件，而每項新的品種都在農夫之間測試與交流，用這種方法培育出的許多馬鈴薯地方品種，因此都發展

---

99 至少我們可以確定農夫對自己的利益是專家，不管他是否通徹熟知這些利益。

100 Jan Douwe van der Ploeg, "Potatoes and Knowledge," in Mark Hobart, ed., *An Anthropological Critique of Development* (London: Routledge, 1993), pp. 209-27。感謝Stephen Gudeman帶我認識這篇文獻。

101 第九章會深入比較「技藝」和「梅蒂斯」這兩個詞彙。

102 人們可以理解為什麼科學農業的邏輯，會使推廣人員成為多重土地和多栽培品種的宿敵。它們加總後替科學方法的模型帶來太多變項了。

103 范德普洛格，*Potatoes and Knowledge*, p. 213。

出特殊且為人所知的特色。從新變種的出現到實際使用在田地上，大概需要五到六年的時間。農夫們仔細衡量上一季在產量、疾病、價格和土地區塊條件改變反映出的結果後，新的一季就成了最新一輪謹慎下注的時機點。這些農場都是市場導向的實驗站，有著良好的收成、強大的適應力，而且高度可靠。最重要的或許是它們不僅僅是在生產作物；它們再製了農夫及其社群的育種技術、彈性策略、生態知識，以及相當程度的自信與自主能力。

讓我們來比較這種「技藝取徑」的馬鈴薯生產跟科學農業的內在邏輯。後者始於理想植物種類的定義，而「理想」主要（但不是全面）是根據收成而定。專業的育種人士接著開始根據可能組成新基因形態、具有可欲性質等條件來合成品系。接著要到了這個時刻，新的植物品系才會在實驗區域上種植，好決定要在什麼樣的狀況下，新基因型才能發揮潛力。這個基本程序和安地斯山脈的技藝生產完全相反，後者是種植者從土地區塊、土壤、生態環境開始琢磨，接著才選擇或發展可能會在這種條件下生長的變種。這些社區各式各樣的栽培品種，絕大部分反映了在地需求和環境條件的變化。相反的，科學種植馬鈴薯的出發點是新的栽培品種或基因型，他們為此盡力改變與均質化田地條件，以讓田地能符合該基因型特殊的要求。

從理想基因型開始、並根據該基因型的成長條件轉化自然的邏輯，當然會有些可預期後果。推廣工作基本上就變成企圖要改造農夫的田地，以適應新的基因型。這通常會需要使用氮肥跟殺蟲劑，而這些都得在對的時間購買和使用。這往往也會需要只有灌溉系統或許能夠達成的澆水方法[104]。所有為了這種基因型所需的操作時機（種植、耕耘、施肥等等）都得仔細安排。這個過程的邏輯全然是紙上談兵，為的是把農夫改造成「標準」的農夫，讓他們在有著相似的土壤及高度的田地上，根據印在種子包裝背後的指示，使用同樣的肥料和殺蟲劑以及等量的水份，培養他們被要求種植的基因型。這是種同質化和實際上消滅在地知識的邏輯。如果這種同質化成功了，那這個基因型可能會在短期內達到生產上的成功。相反的，如果這種同質化無法達成，那這種基因型就會失敗。

一旦農業專家的工作被定義成是把所有農民的土地區塊提高到一致的條件，以實現種植新栽培品種的承諾，他們就不用再關注實際的農田各式各樣的條件，而其中一些是不可改變的。與其讓事實混淆一個簡單且單一的研究問題，施加研究的抽象化到農夫的田地（與生命）上是更為方便。考量到安地斯山區棘手的生態多樣性，這種作法根本是自尋死路[105]。很少有農業專家捫心自問他們是否從錯誤的角度在處理事情，就跟俄羅斯革命前的福力多林（S. P. Fridolin）一樣：「他意識到自己的工作實際上是在傷害農民。與其說是從在地的條件學習，然後再把農業實踐調整到

104 從廣泛的意義上來說，灌溉、標準肥料的施用、溫室、人工降雨以及雜合和複製（克隆），都意謂著把天氣和環境調整成能配合作物，而非作物根據環境調整。這是Vernon W. Ruttan所稱之為的「土地替代物」。請參考"Constraints on the Design of Sustainable Systems of Agricultural Production," Ecological Economics 10 (1994): 209-19。

105 有些農業環境使得他們更容易接受抽象化的處理方式。土壤肥沃、不受侵蝕且水源充足的低地，更能夠接受同質化的處理，而不會對環境立即造成巨大傷害。至於片狀和溝壑侵蝕的脆弱、半乾旱的山坡，則需要非常小心的對待。

符合當地的環境，他一直在試著『改善』在地實踐，以讓它符合抽象的標準[106]。」也難怪科學農業往往偏好創造大型的人為實踐與環境——灌溉計畫、大而平坦的土地、配方肥料、溫室、殺蟲劑——這一切都讓控制與均質化自然成為可能，並能夠藉此維持其基因型「理想」的實驗條件。

我認為還有一個更大的教訓，亦即在情況已成定局時，一套明確的規則會把你帶得離現實更遠。當刻板印象愈是停滯與平面，就愈不需要充滿創意的詮釋與調整。范德普洛格暗示安地斯山脈的新品種馬鈴薯所具有的「規範」是如此嚴謹，導致它們永遠無法成功轉譯成當地多樣的農場種植方言。國家精簡化、集體化、生產線、種植園，以及規劃過的社群等行動的其中一個主要目的，就是要把現實漂白到一乾二淨，這樣規範就能解釋更多的情況，並替各種行為提供更好的指引。如果這種精簡化能夠強制執行，制定規範的人實際上就可以提供關鍵的指導與指引。無論如何，這就是我所認為社會、經濟和生產去技術化的內在邏輯。如果環境能夠精簡化到規則可以解釋大部分的事情，制定政策與技術的人就可以大幅擴張他們的權力。他們也就藉此相對縮小非政策與技術制定者的權力。在他們成功的範圍內，有著高度自主性、技術、經驗、自信、和調整能力的種植者，被遵從指示的種植者所取代。使用雅各的詞彙，這種縮減多樣性、運動、生命的作法代表了某種社會「標本剝製術」。

一如范德普洛格指出，新的馬鈴薯基因型如果不是立刻失敗，通常也都會在三、四年內完蛋。與在地各變種不同的是，這種新的栽培品種只能在小範圍內的環境條件下成長。亦即如果新的種植品種要有好的收成，**許多**事物一定都要到位，而如果**任何**環節出了差錯（天氣太熱、肥料太晚送到等等），收成就會大受打擊。在短短幾年內，新的基因型「甚至變得無法生產最低程度的產量」。[107]

但是實際上來說，安地斯山脈的種植大多數都不是傳統種植者，或是盲目跟從科學專家的信徒。相反的，他們打造出特殊的策略組合，反映了他們的目標、資源、以及在地條件。如果新的馬鈴薯符合使用目的，他們可能會種一點下去，只是他們大概會將它們與其他栽培品種接替間作；而與其使用標準的肥料，這些農民可能會利用糞便或是綠肥（紫花苜蓿、三葉草）耕作。他們不斷發明與實驗不同的輪作、計算時機與除草技術。但是因為這數千種「田地實驗」的特殊性以及專家研究對他們的忽視，科學研究無法辨識他們（或是根本看不到）。農民作為農業實踐方面的多神論者，很快就會從正規科學的知識中擷取任何看似有用的東西。但是科學家被訓練成是一神論者，他們似乎無法從非正式的實驗結果與實踐汲取任何東西。

106　Yaney, *The Urge to Mobilize*, p. 445。

107　范德普洛格，"Potatoes and Knowledge," p. 222。作者沒有挑明產量下降的精確原因。有可能是因為強烈推廣新品種的單作導致害蟲與疾病的增加，或是它掏空了土地營養成分或破壞土地結構性質，也有可能是這個基因型在兩、三代後就失去其活力。

## 結論

對於高度現代主義農業強大的自信如何啟迪其實踐者跟黨羽，我們不該感到意外。它跟西方世界無人能敵的農業生產力和科學與工業革命的權力及特權息息相關。於是也難怪高度現代主義的信條作為該信仰真理的護身符，會不經任何批判、抱著他們確實點亮了農業進步道路的信念，在全世界流傳[108]。我深信這種寫入農業科學骨子裡，對加工品和技術不帶批判、因此也不符合科學精神的信任，得為其失敗負責。這種對類科學高度現代主義農業的徹底信任，邏輯上往往伴隨著對實際種植者在地實踐的明顯蔑視，以及不認為可以從他們身上學到任何東西的態度。儘管科學精神會建議對這些實踐持懷疑態度和冷靜的調查，作為盲目信仰的現代農業卻宣揚蔑視和輕率的打發。

西非和其他地方實際的種植者，其實應該要被正確理解成是在田野之間進行季節性實驗的終身實驗家，而他們把這些實驗結果納入不斷演變的實踐資料庫。由於這些實驗家過去和現在被其他無數當地實驗家圍繞，他們彼此可以分享研究成果跟前人的發現，而後者往往已經成為常民知識，這些實驗家可以說是擁有一把可以立刻進入知識寶庫的鑰匙。無可否認的，他們當然也是在缺乏適當實驗控制的情境下完成實驗，因此常常會從他們的發現中獲得錯誤的因果關係。他們也受限於他們所能觀察到的東西；只有在實驗室才能觀察到的微觀過程往往逃過他們的視線。長期來說，在個別農場上看似運作良好的生態邏輯，也不一定能同時替整個地區創造出永續的生產結果。

儘管如此，西非種植者一生都在進行仔細的在地觀察，他們對於特定地方細緻的認識，無法為科學研究者所複製。而且我們不要忘記他們作為實驗家的條件為何：他們與家人的生活直接仰賴他們田野實驗的結果。考量這些身分位置的重要優勢，我們會以為農業科學家會關注這些農夫已知的資訊。而霍華德認為，是因為他們無法做到這點，才造就了現代科學農業的重大缺失：「處理種植問題的解方一定得從田野間尋找，而非實驗室。發現與此至關重要的事情，就占了戰鬥的四分之三。敏銳的農夫和勞動者已經花了他們大半輩子接觸大自然，他們在這部份可以為調查者提供極大的幫助。各國的農夫都值得我們尊敬；他們的實踐方法一定都有其合理的原因；像是他們在種植混作上，仍然是先驅。[109]」霍華德將他對土壤、腐植質以及根部活動的發現，都歸功於在地種植實踐的仔細觀察。至於那些「從來沒有採納過自己的建議，亦即從來沒有觀察自己的作物從播種到豐收轉變為何」的農業專家，他則對他們不屑一顧[110]。

那為什麼要對實踐知識有**不科學**的蔑視呢？我至少可以指出三個原因。首先是之前提到「專

108 維生素的護身符也提供了類似的東西。發現維生素的存在和它們對健康的影響是項突破，但現在有無數的人每天以一體適用的量在服用，儘管大部分的人根本不需要這些維生素。這和我們某些祖先在脖子上戴大蒜花環以獲得保護的方式有八十七分像。

109 霍華德，*An Agricultural Testament*, p. 221。

110 同前，p. 160。理查在《Indigenous Agricultural Revolution》同意這樣的說法，他寫道：「在從參與者的角度掌握問題之前，任何學生都不該期望能夠就農民耕作的方式向他們提出建議。沒有人希望飛行員根據教科書知識來駕駛飛機。為什麼一個農民會被期望要將「控制權轉交」給一個可能從未「真正」領導過農場的顧問？（p.157）」

業」的因素：種植者知道的愈多，專家和他們組織的重要性就降低。第二個則是高度現代主義基本的倒影：亦即對歷史和過往知識的鄙視。當科學意謂著現代，而在地種植者總是和現代主義者屏棄的過去相連，科學家就認為他們無須跟後者學習。第三個原因，則是在地的實踐知識是以科學農業無法理解的形式所再現與編纂。從科學狹隘的觀點來看，除非在緊密控制的實驗下被證明出來，不然一切都是未知。除非是從正式的科學程序技術和設備所得到的知識，不然以其他形式獲得的結果都不值一哂。科學現代主義具有帝國式的傲慢，而它承認知識的方式，是知識只能透過為了承認它們而建構出來的實驗方法達成。傳統實踐以使用和常民知識的方式被編纂，於是就被認作是不值一提，遑論還要驗證之。

但是我們將會看到，種植者想必是改善了一系列有用的技術，在作物生產、控制害蟲、保存土壤等目的上創造出了可欲的成果。透過持續觀察他們田野實驗的結果，以及留住那些成功的方法，這些農民發現並精練了有用的實踐方式，而他們甚至不知道造就這些成果的精確化學或物理原因。就像在其他領域一樣，農業「實踐早在理論之前就發生了」[111]。也的確，有些實際上很成功的技術牽涉大量同時進行跟交互作用的變項，而科學技術可能永遠都無法理解它。接下來我們將會更仔細地檢視實踐知識，也就是被高度現代主義所無視的知識，而高度現代主義也因此陷入危機。

111　霍華德，*An Agricultural Testament*, p. 116。

# 第四部

# 遺失的環節

# 第九章 貧乏的精簡化與實踐知識：梅蒂斯

沒有任何一場戰爭——無論是塔魯蒂諾、波羅第諾或奧斯特利茨——如策劃者所預料的那樣發生。這是一個必要條件[1]。

——托爾斯泰，《戰爭與和平》

我們一再地看到國家權力機構所施加單薄、公式般的精簡化，如何在自然與社會環境中遭遇挫敗。商業與效益主義的財政邏輯所引發的幾何、單作、同齡林，同時也造成嚴重的生態災害。那些最賣力應用這些公式的森林，到最後都得想辦法恢復大部分原始的多樣性和複雜性，或更精確地說，它們得創造一個模仿「前科學」的森林，即具有強韌與持久性質的「虛擬」森林。

根據寥寥幾項理性原則布局規劃的「科學城市」，對多數的居民而言，都像是歷經了一場失

1 譯注：即「『戰爭的發生絕對不會照計畫走』這件事是必要條件」之意。

敗的社會生活。矛盾的是，這些計畫城市的失敗，往往得透過計畫外的臨時與非法實踐才能避免，一如巴西利亞的案例。正如科學森林背後的精簡化邏輯不足以打造健康、「成功」的森林，柯比意單薄的城市計畫圖也無法創造令人滿意的人類社區。

任何大型的社會過程與事件，最終都會比事前或事後所設計來要臨摹描繪它的計畫更為複雜。列寧作為即將成為先鋒黨領袖的人，他有非常充分的理由要追求革命大業中的軍事紀律與階級。同樣的，在十月革命後，布爾什維克國家當局也有十足的動機，要誇大黨在推動革命過程中協調、全知全能的作用。可是我們知道——列寧跟盧森堡也了解——比起閱兵場上的精準操練，千鈞一髮的革命所仰賴的是臨場發揮跟失誤，還有托爾斯泰在《戰爭與和平》中所提到的運氣。

農業集體化與中央規劃生產的貧乏精簡化也有同樣下場，無論是前蘇聯的集體農場或尼雷爾統治下坦尚尼亞的烏甲馬村莊，皆是如此。同樣地，這些計畫之所以倖存下來而沒有冰消瓦解，大部分要歸功於各種鋌而走險的手段，而這些作法往往在計畫的設想之外或被明文禁止。因此，俄羅斯農業所發展出的非正式經濟，得仰賴小型的私人土地，以及從國家部門「竊取」來的時間、設備以及商品才能運行，而這些才是俄羅斯乳製品、水果、蔬菜以及肉類的主要供應來源[2]。至於被強迫遷居的坦尚尼亞人，則成功抵抗了集體生產並回到原本更適合放牧與種植的土地上。有時候，國家不屈不撓地對農業生活和生產推動精簡化的代價是饑荒，想想史達林的強制農業集體化與中國的大躍進即知。然而，國家官員往往在深淵來臨前退卻，開始容忍（或說姑息）各式各樣的非正式實踐，而後者實際上確保了官方計畫的存續。

我認為，這些國家所施加的大型社會工程的極端案例，說明了正式且組織化的社會行動所面臨的更大問題。在每一個例子中，推動計畫的社會組織和生產模型一定是單薄的概要式模型，這種模型不足以成為一套指令，得以打造出能成功運作的社會秩序。只靠精簡化的規範，不可能創造一個正常運作的社群、城市或是經濟。更清楚地說，正式秩序永遠、而且在很大程度上都是非正式秩序的寄生蟲，而正式計畫卻往往沒有意識到它沒有非正式秩序就不能活，遑論它也無法一手創造或維持這種非正式秩序。

對好幾個世代的工會會員而言，這種樸實無華的見解一直以來都具有巨大的戰術價值，他們將其視為按章工作罷工的基礎。在按章工作行動（法國人稱之為*grève du zèle*）中，員工在上工時會以一絲不苟的方式，遵從每一項規章制度，並只履行其職務描述中規定的職責。這樣的後果就是工作停滯或是以蝸牛的速度進行，而這完全是刻意為之的結果。工人靠著留在工作崗位並遵從指示的工作內容，就達成聯合罷工的實際效果。而他們的行動也清楚說明，實際工作過程往往是仰賴非正式的理解與臨場操作，而非正式的工作規範。舉例來說，在一場對抗大型設備製造公司「開拓重工（Caterpillar）」的長期按章罷工中，工人放下早在工作中研發出的高效率生產方

2 請參考Lev Timofeev, *Soviet Peasants, or The Peasants' Art of Starving*, trans. Jean Alexander and Victor Zaslavsky, ed. Armando Pitassio and V. Zaslavsky (New York: Telos Press, 1985)，書中詳盡討論私有土地區塊經濟。其中一個不適用的例外可能是牛肉，但豬、羊、雞的供給大多都是由國家市場管道之外的私有地或其他來源。

式，反而回過頭去使用工程師沒效率的生產指令，深知這樣會讓公司損失寶貴的時間和品質[3]。這些工人的行動有經過測試的假設基礎，他們知道嚴格按照規章工作的生產效率必然會比自動自發工作的效率更低。

這種對社會秩序的見解與其說是分析後產生的洞見，不如說是社會學的老生常談。但它的確提供了寶貴的出發點，讓我們理解為什麼威權、高度現代主義的計畫可能深具高度毀滅性。高度現代主義計畫所忽略——而且常常打壓的——正是支持複雜活動運作的實際技術。我在這章的目標是要概念化這些實際的技術，它們被稱作訣竅（**知道如何下手或下手的藝術**）[4]、常識、經驗、妙方，或是梅蒂斯（métis）。這些技術是什麼？如何創造、發展、維持這些技術？它們和正典理論知識的關係為何？我意圖指出許多高度現代主義的形式，它們使用「帝國」的知識觀點，取代了這兩種辯證知識寶貴的合作關係，並貶低實踐上的訣竅，認為它不足為道或當成危險的迷信。我們將會看到，科學知識和實踐知識的關係，其實是專家及其組織在制度性霸權的政治鬥爭的一部分。在這樣解讀後，就會發現泰勒主義與科學農業不只是生產策略，同時也是控制與侵占的策略。

## 梅蒂斯：實踐知識的輪廓

馬塞爾．德蒂安（Marcel Detienne）和尚．皮耶．凡爾農（Jean-Pierre Vernant）極具啟發性的研究，讓我們可以在梅蒂斯這個希臘概念中找到一種比較方法，比對鑲嵌於在地經驗的知識形式，以及國家及其技術機構所布署更普遍、更抽象的知識[5]。在解釋這個概念及其用途之前，我會先提供一個簡短的案例，以便說明在地知識及在地性質，這是接下來本章討論的基礎。

當第一群抵達北美洲的歐洲殖民者，在思考該何時跟如何種植像是玉米等新世界的栽培品種時，他們向其美洲原住民鄰居的在地知識尋求援助。根據其中一個傳聞（另一種說法是馬薩所伊特酋長），史廣多（squanto）跟他們說，要在橡樹的葉子和松鼠耳朵一樣大時種下玉米[6]。無論這件事聽起來多麼像民間傳說，鑲嵌在這個建議中的知識，是來自於對新英格蘭春季自然事件更迭的敏銳觀察。對美洲原住民而言，這是秩序的交替，像是黃花水芭蕉（skunk cabbage）出現、柳樹長出新葉、紅翅黑鸝歸來跟第一批孵化的蜉蝣，都提供了顯而易見的春季行事曆。儘管這些事件每一年的發生時間可能會提早或延後，而它們交替的時間可能會遲緩或加速，但這些事件的順序幾乎不會錯亂。根據經驗，這幾乎是避免冬天寒霜萬無一失的公式。我們很可能跟殖民者一

3　請參考 Louis Uchitelle, "Decatur," *New York Times*, June 13, 1993, p. C1。

4　Michel de Certeau, *The Practice of Everyday Life (Arts de faire: Le pratique du quotidien)*, trans. Steven Rendall (Berkeley: University of California Press, 1984)。也請參見 Jacques Rancière, *The Names of History: On the Poetics of Knowledge*, trans. Hassan Melehy (Minneapolis: University of Minnesota Press, 1994)。

5　馬塞爾・德蒂安與尚・皮耶・凡爾農，*Cunning Intelligence in Greek Culture and Society*, trans. Janet Lloyd (Atlantic Highlands, N.J.: Humanities Press, 1978)，原著法文書名是 *Les ruses d'intelligence: La mètis des grecs* (Paris: Flammarion, 1974)。

6　我聽到的故事版本沒有特別指出是哪種橡樹，白的、紅的、具有芒刺的或是其他種類；也沒有指出是哪種松鼠，應該是預設最常見的灰色松鼠。對於美洲原住民而言，他們所處的脈絡應該會能補充這些具體細節。

樣，把史廣多的建議縮減成單一觀察，進而扭曲之。所有我們知道的原住民技術知識，都表明它依賴許多片段跟冗贅訊息的積累。如果其他跡象不符合橡樹原則，謹慎的種植者可能會進一步推遲其計畫。

讓我們比較這個建議跟其他建立在普世皆然的單位上的測量方式。典型《農民年鑑》的在地版本就是一個很好的例子。它可能會建議在五月的第一個滿月之後，或像是五月二十日這種特定的日子種下玉米。但是在新英格蘭，這個建議很可能得根據緯度與高度進行大幅度的調整。在康乃狄克州南部的適當種植日不見得適用在維蒙特州；適用於谷地的日子不一定適合山丘（尤其是坐南朝北的山坡）；海岸跟內陸也不會一樣。而且年鑑提供的通常都一定是處於安全範圍內的日子，畢竟年鑑出版者最害怕的就是她們的建議引發種植失敗。因此這種商業上的謹慎跟確定性所帶來的利益，會導致一些寶貴的種植時機被犧牲[7]。

相反的，美洲原住民的格言是地方性與在地的，他們關注當地生態系統的共同特徵；它需要的是**當地特定**的橡樹樹葉，而不是其他地方一般的橡樹葉。但就算有這種特殊性，這種作法還是能在很多地方通行。它可以使用在北美洲任何有橡樹和松鼠的溫帶氣候區。這種透過觀察先後順序所獲得的精準性，幾乎一定可以避免植物遭受寒霜的風險，並多獲得幾天種植期。

史廣多這類的實踐知識當然可以翻譯成普世皆然的科學詞彙：植物學家可能會觀察到，第一片橡樹葉子的出現是因為地面和環境溫度升高所致，這意謂著玉米也能在這溫度下跟著成長，而且寒霜撲滅作物的機會是微乎其微，至於特定深度的土壤的平均溫度大概也對了。十九世紀早期的數學家阿道夫・凱特勒（Adolph Quetelet）沿著這個方向，將他科學的視野轉向一個繁瑣的問題──布魯塞爾的紫丁香花的盛開時間。在認真觀察後，他的結論是紫丁香花在「上次霜凍以來後，每日平均氣溫的平方和為（攝氏四千兩百六十四度）」時會綻放[8]。如果這不是科學，那什麼才是科學！考量到這個技術所需要做出的觀察，這個數字大概是正確的，但這非常不實用。凱特勒有趣的公式提醒了我們實踐、在地知識的特徵：它恰到好處、經濟實惠又十分正確地處理了它要處理的問題。

大家可能會猶豫不決，是否要將另一個不熟悉的術語（像是「梅蒂斯」）帶入這裡的討論。但是在這個案例上，「梅蒂斯」似乎更能夠傳達這種我想要表達的實踐技巧，勝過「原住民技術知識」（indigenous technical knowledge）、「常民智慧」（folk wisdom）、「實用技術」（practical skills）或技藝（techne）等其他看似有理的選擇[9]。

---

7 在我解釋農民年鑑的建議時，我沒有提到歐洲殖民者迅速發展出類似的經驗法則，而且像是各地的農民，他們也仔細注意其他種植者做什麼。通常大家不會想要當第一個開始犁田種植的人，但也不會想當最後一個。

8 引自Ian Hacking, *The Taming of Chance* (Cambridge: Cambridge University Press, 1990), p. 62。請注意，就算是凱特勒的公式，他的計算也得從未知事件開始：「上一次霜降」。既然上一次霜降的時間只有事後才會知道，凱特勒的公式在行動上也沒什麼幫助。

9 這種「原住民技術知識」或「常民知識」，就我看來是把這些知識縮減成「傳統」或「落後的人」的知識，但我想要指出的是這些技巧隱藏在大部分現代的活動之中，無論是在工廠或是研究室裡。「在地知識」與「實踐知識」是比較好的用詞，但這兩者都太狹隘跟太靜態，無法適當捕捉梅蒂斯不斷改變的動態面向。

這個概念來自古希臘。奧德修斯常常被讚美擁有大量的梅蒂斯，能夠智取敵人並找到回家的路。梅蒂斯的英語翻譯往往是「狡詐」或是「狡詐的智能」。這種翻譯雖然也沒有錯，但無法公允地翻出梅蒂斯所代表的知識與技術範疇。廣義來說，梅蒂斯意謂著在回應不斷變化的自然與人類環境後，所得到一系列實用的技巧以及學習而來的知識。奧德修斯所擁有的梅蒂斯是顯而易見，他不只欺騙了瑟西、獨眼巨人和波呂斐摩斯，還把自己綁在桅杆上以避開女妖塞壬，同時也團結了他的人馬，修復船隻，並改善各種技術，讓他的手下在緊要關頭時逃出。這顯示奧德修斯不但對於不斷迅速改變的環境具有高超的適應力，而且他理解其人類及神祇敵手的能力，讓他每次都能更勝一籌。

所有人類活動都需要一定程度的梅蒂斯，但有些活動需要的更多。首先，為了適應惡劣物理環境，人們必須學會如何划船、放風箏、捕魚、剃羊毛、開車或騎腳踏車的知識，學習這些技巧都需要梅蒂斯的能力。前述每一種技術皆需要練習而來的手眼協調，以及「閱讀」海浪、風、道路和據此做出適當調整的能力。這些活動都需要梅蒂斯的其中一個有力證明，是如果不透過直接參與行動學習，都很難讓人學會這一切。大家或許能夠想到如何寫下清楚的指示，讓人學會騎腳踏車，但實在很難想像有任何新手可以在閱讀這些指令後，第一次騎腳踏車就上手。所謂「練習造就完美」的格言就是用來形容這些活動，因為騎腳踏車蘊含幾乎難以察覺、持續的調整，最好透過親身體驗學習。只有在習得平衡移動的「感覺」之後，身體才會開始自動自發調整[10]。也難怪大部分需要透過觸摸跟感覺使用工具和材料的手工藝與行業，傳統上都是透過大師級工匠長期培育學徒而成。

無庸置疑的是，比起大部分其他人，有些人似乎更能夠掌握一系列特殊的技能，並迅速上手。但除了這種難以言喻的差別（往往就是勝任和天才之間的區別），騎腳踏車、划船、捕魚、剃羊毛等等，都可以透過練習而成。而既然每條路、每陣風、每道溪流、每隻羊都是如此不同且不斷變化，像是奧德修斯這種最好的實踐家，就得在不同的情況下體驗之。如果你的性命得仰賴船隻穿越惡劣的氣候，你當然會希望有個經驗老到的成功船長，而非分析過航海原理卻從來沒有開過船的優秀物理學家。

處理緊急狀況和災難的專家也是梅蒂斯的案例。消防員、救難隊、救護員、礦災救難隊、醫院急診室的醫生、修復故障電纜的工作人員、在油田滅火的團隊，還有我們將會看到在危險環境生存的農夫與放牧者，都得迅速且果決地做出回應，好控制損壞範圍並拯救生命。儘管的確有可供使用、正在傳授的經驗法則存在，但每場火災跟意外都是獨一無二，而在對抗它們時，有一半的戰鬥都必須要知道哪一個經驗法則能夠派上用場，也知道何時要拋棄書本、見機行事。

---

梅蒂斯一詞來自希臘神話，梅蒂斯是宙斯的第一位新娘。她誘騙柯羅諾斯吞下一種藥草，使他反胃吐出宙斯的哥哥們，克羅諾斯原本擔心後者會反抗他。但在這之後，宙斯反而在梅蒂斯生下雅典娜之前將她吞下，藉此獲得她的智慧與計謀。雅典娜之後則從宙斯的大腿間誕生。

10　比較嬰兒剛開時學步的跌跌撞撞跟已經走了一年路的小孩，兩者的差別是來自行動複雜的程度與「工作現場訓練」，後者對於這種簡單的技巧是必須的。

瑞德・阿代爾（Red Adair）的團隊是個很好的例子，他們被雇用到全世界去撲滅油井火災。在一九九〇年波斯灣戰爭之前，他們是唯一一個具有相當可觀「臨床經驗」的團隊，這讓他可以自行設定收費價格。每一場火災都會出現新的問題，需要經驗與隨機發揮兩者的創意結合。我們可以想像在光譜的兩端，一端是阿代爾，另一端則是小職員執行高度重複的步驟。定義上來說，阿代爾的工作沒有辦法縮減成為例行公事。他一定得從未知著手，可能是一場意外或火災，再策劃需要的技術和設備（當然是從既存的技能庫而來，但大部分幾乎都是他發明的），讓他能夠消滅大火並蓋上油井[11]。相反地，職員只能夠處理可預知、一再重複的環境，而這些環境通常可以提前安排，甚至是最小的細節都沒問題。阿代爾可沒有辦法精簡化他的環境，並使用千篇一律的解決方法。

目前為止提供的例子都關注在人與其物理環境之間的關係，但梅蒂斯也可以處理人際之間的關係。請想像需要不停根據他人行動、價值、欲望和姿勢而調整的複雜身體活動。拳擊、摔角還有擊劍都需要立刻、半自動的回應以對付對手的行動，而這是可以透過長期練習這些活動所學會。而欺騙這項要素也在此出現。成功的拳擊手會學到要如何透過假動作刺激對方反應，並趁機獲得優勢。如果我們從運動競技轉向合作性質的活動，像是跳舞、音樂、做愛，同樣從經驗而來、練習過的回應也是基本要件。許多運動同時結合梅蒂斯合作及競爭的面向。足球員不只得學習他或她的隊友的移動方式，同時也要知曉哪一種**團隊**移動和假動作能夠欺瞞敵手。很重要的是，這種技巧同時是普遍也是特殊的；每位球員可能在不同面向上會有不同的熟練度，但每支隊伍都有特殊的技巧組合，獨特的「化學反應」，而每次跟不同隊伍的比賽都意謂著獨一無二的挑戰。[12]

至於規模更大、風險更高的情境下，一如戰時外交與政治，一般來說都充滿梅蒂斯的技巧。在不同的狀況下，成功的實行者會為了自己的目的，企圖形塑夥伴和對手的行為。水手可以根據風向和波浪進行調整，但卻不能直接改變自然；相形之下，將軍和政治人物會不停地與對手來往，每個人都想要智取對方。針對突發狀況——包括天然與人為事件，像是天氣或是敵人的行動——進行迅速和良好的調整，並在有限的資源下做出最好的決定，這種技巧無法跟僵固呆板的紀律一樣輕易傳授。

梅蒂斯必要的含蓄、經驗性性質似乎十分關鍵。哲學家查爾斯·皮爾士（Charles Peirce）進行了關於內隱學習的簡單實驗，這可能有助於傳達一部分過程。皮爾士讓大家拿起兩個不同的啞鈴，並決定哪一個比較重。一開始，他們的區別能力十分粗略，但經過長期練習之後，他們能夠精確區分重量之間的微小差異。受試者無法確切指出他們察覺或感覺到什麼，可是這些人分辨的

11　在波斯灣戰爭時，全世界沒什麼經驗的滅火團隊都被雇用到現場處理前所未見、大量的火災。許多新的技巧都派上用場，而許多團隊獲得大量的實作經驗。一個團隊嘗試使用噴射引擎（而非炸藥或水）來撲滅井口的大火，就好像是把火當成生日蛋糕上的蠟燭處理。

12　在某種程度上，團隊運動在這一方面常常使結果缺乏遞移關係。甲隊可能常常打敗乙隊，乙隊可能常常打垮丙隊，但因為甲隊跟丙隊之間特殊的技巧關係，丙隊可能會常常打敗甲隊。

能力的確大增。皮爾士將這個結果視作人與人之間透過「微弱知覺」達到潛意識溝通的證據。但是以本書的討論而言，這結果顯示了某些很基本的知識，只能透過實踐獲得，而在實際操作之外，幾乎無法以書面或口頭形式進行交流[13]。

研究過這裡提到的例子之後，我們可以試著對梅蒂斯的性質及其相關之處進行一些初步概推。梅蒂斯最適當的使用時機，是大致相似但從來不會一模一樣的情境，這需要迅速且經過練習的調整，讓回應與處理方式幾乎成為實踐者的第二天性。梅蒂斯的技術可能會牽涉到經驗法則，但這些法則大多都是透過練習而來（往往是正式的見習），並對這些策略發展出感覺或是竅門。梅蒂斯無法精簡化成能成功透過書本傳遞的演繹原則，因為它所處理的環境變化多端且毫無重複，這讓理性決策過程和正規程序都無法派上用場。從某種意義上來說，梅蒂斯所存在的空間，是無法應用公式的天才領域，和可以透過死記硬背學習的成文知識領域，這兩者間巨大落差之處。

## 地方性的藝術

為何從任何需要技巧的技術所獲得的經驗法則，往往無法在實踐上發揮適當的效果呢？邁克爾．奧克肖特（Michael Oakeshott）指出，藝術家或廚師把藝術化為文字時，可能會把技藝的精華描繪得像是技術知識。然而，他們所寫下的並不是他們所知的全貌，而只是技術知識中可以複製並展示的一小部分。通曉技術速成的規則，離表現優異還有很長一段路要走：「規則和原則只是活動本身的刪減版本；它們並未先於活動存在，不太能說它們能管理活動如何進行，它們也無法提供驅使活動進行的推進力。就算能徹底掌握原則，還是可能完全無助於從事這些原則所牽涉的活動，因為完成這些活動所需的，並不包括要使用這些原則；而就算它需要這些原則，應用這些知識的方式（實際完成活動的知識）並不是來自對活動本身的知識。」[14]

知道何時以及如何在實際情況下使用經驗法則，正是梅蒂斯的精髓所在。這種微妙的應用之所以是如此重要，是因為梅蒂斯在變化多端、曖昧不明（有些事實還未知）、特殊的狀況下最能派上用場[15]。由於我們等下會回到曖昧不明與變化多端的爭點上，我在這裡想要進一步探討梅蒂斯的在地性和特殊性。

---

13　道家正是強調這種知識與技術。比較皮爾士和莊子的觀察：「庖丁釋刀對曰：『臣之所好者，道也，進乎技矣。始臣之解牛之時，所見無非牛者。三年之後，未嘗見全牛也。方今之時，臣以神遇而不以目視，官知止而神欲行。依乎天理，批大郤，導大窾，因其固然，技經肯綮之未嘗，而況大軱乎！……』」（*Chuang Tzu: Basic Writings*, trans. Burton Watson [New York: Columbia University Press, 1964], p. 47）。

14　邁克爾・奧克肖特，*Rationalism in Politics and Other Essays* (New York: Basic Books, 1962)。作為柏克式的保守主義思想家，奧克肖特傾向為過去在權力、特權和財產方面留下的任何東西辯護。另一方面，他對設計人類生活的純粹理性主義計畫的批評，以及他對實踐偶然性的理解，都十分深刻且具有說服力。

15　瑪莎・納斯邦，*The Fragility of Goodness: Luck and Ethics in Greek Tragedy and Philosophy* (Cambridge: Cambridge University Press, 1986), p. 302。納斯邦特別關注兩種道德體系之間的差異，一種是允許人類生活的激情和依戀的道德體系，另一種則是封閉、自給自足的道德體系，以犧牲完整的人類生命為代價好實現「道德安全和理性權力」。取決於人類如何詮釋《會飲篇》，柏拉圖是後者的典範，而亞里斯多德則是前者的案例。

航海技術中，一般航行知識和特殊領航知識之間的差異十分具有啟發性。當較大的貨輪或郵輪靠近主要港口時，船長通常會把船的控制權交給在地領航員，讓他們將船引入港口及泊位。船舶離開泊位時也遵循相同的程序，直到它安全地駛進海上航路。這套設計來避開意外的明智程序，反映出在外海上（較為「抽象」的空間）所需要的是比較一般的知識，而在特定港口替船隻導航則需要高度脈絡化的技術。我們可以稱導航的藝術為「在地與情境知識」。領航員熟知當地沿海和海口的潮汐與洋流、當地風與海浪型態的獨特特徵、移動的沙洲、海圖上未標記的暗礁、小海流的季節變化、當地交通狀況、在海岬和海岸線上的風變化莫測的模式、如何於夜間在這片水域導航等等，更不用說要如何在不同情況下，將不同的船隻安全帶到泊位上[16]。就定義而言，這些知識都是特殊的，只能透過在地實踐與經驗獲得。就像鳥兒或昆蟲已經成功適應了一種狹隘的生態環境，領航員跟港口的關係也是如此，他熟知一**個**港口。如果他突然被調到不同的港口，這些知識就會變得一文不值[17]。船長、港務長，尤其是那些為海上貿易投保以避免損失的人都同意，必須以領航員對特定港口的理解為準，就算這種知識的背景脈絡比較狹隘。與一般航行的規則相比，領航員的經驗**在當地更受到重視**。

馬可吐溫的經典《密西西比河上的生活》，細膩反映了河船領航員所擁有的知識。這些知識一部分來自經驗法則，像是河流表面可能會有暗示淺灘、暗流和其他可能造成航行風險的訊號。然而，其中大部分是來自於他們在不同季節和水位上，對密西西比河特定河段非常具體的認識，這是只有透過經驗才能在特定地方獲得的知識。雖然有些東西的確可以被稱作「關於河流的一般知識」，但要將這些知識應用在特定河流上的特定旅程時，就會顯得非常單薄且差強人意。在地領航員在船隻航行特定河流時的重要程度，不亞於特定叢林的在地追踪者，或是布魯日跟古代阿拉伯城市麥地那的在地嚮導。

梅蒂斯所反映出的實踐和經驗幾乎總是**在地的**。因此，登山嚮導在經常攀登的策馬特山會表現最好；接受過波音七四七訓練的飛行員，在操作該型號飛機時會最出色；至於骨科醫師開膝蓋手術的經驗使她具備一定的專業知識，讓她在這方面最為傑出。當他們突然被轉移到白朗峰、道格拉斯DC三號或手部手術時，他們專業上的梅蒂斯是否能順利使用，還是個問號。

任何使用特定技術的例子都會需要針對在地環境做出特定的調整。對織布者而言，每種新紗線或線的處理方式都不同。對陶藝家而言，每種新的陶土都有不同的「使用方式」。長期使用不同材料的經驗，會讓各種調整過程變成半自動的狀態。知識的特殊性還能夠更深入，像是有鑑於每個織布機或陶輪都有其獨特的品質，工匠都得認識與欣賞之（或是解決其特殊問題）。於是

16 我非常感謝Gene Ammarell精彩的博士論文“Bugis Navigation” (Ph.D. diss., Department of Anthropology, Yale University, 1994)幫助我構思這個區別。他對於傳統布吉的航行技術的分析，是我遇過對於對原住民技術知識最完整的認識。

17 從Bruce Chatwin的著作*Songlines* (London: Jonathan Cape, 1987)，我們可以比較這個觀察與船長的知識：「澳大利亞乾燥的中心……是由微型氣候構成的拼圖，土壤中有著不同礦物，還有不同的植物與動物。一個在沙漠中長大的人會緩慢地學習了解它的動植物。他知道哪種植物會吸引哪種獵物，他知道他的水源，他知道地面下的塊莖。換句話說，透過指認出這塊領土上所有的東西，他就總是有辦法存活……。但如果你把他的雙眼蒙上，帶到其他地方……，他最後會迷失並挨餓。（p.269）」

應用在這些工具上的一般知識，都需要一些充滿創意的翻譯。考量到每架織布機都具有設計、使用、木材和維修的特殊性，對一般織布機的全盤了解，並不能直接轉化成對某架特殊織布機的成功操作。稱一台織布機、一條河流、一輛拖拉機、一輛汽車為藝術，都不是什麼荒謬的說法；這指出了一般知識和情境知識之間在程度與重要性上的差距。

大家很可能會合理地認為情境、在地的知識是偏頗的知識，和一般知識形成對比。亦即這種知識的擁有者往往對特殊結果有熱切的興趣。一家負責大型、高資本海運公司的商業航運保險公司，能夠依靠意外機率分布數據下決策。但對於想要旅程平安的水手跟船長，重要的是單一事件或單一行程的結果。梅蒂斯是在特定情況下影響結果（讓機率對己更有利）所必需要有的能力和經驗。

我們在前面章節中研究過的國家精簡化和烏托邦計畫，都涉及到在特定時空環境下進行的活動。儘管的確有針對一般森林、革命、都市計畫、農業、鄉村拓居地的普遍知識，但這對我們理解**特定**一座森林、**特定**一場革命和**特定**一間農場的程度仍然有限。所有農業都是在獨特的空間（田地、土壤、農作物）、獨特的時間（天氣模式、季節、害蟲種群的週期）跟獨特的目的（該家庭的需求和品味）下進行。機械式地應用一般規則並忽略這些特殊性，是在邀請迎來實踐上的失敗跟幻滅。一般公式無法、也不能提供在地知識，而後者則能讓必然粗略的一般認識，轉譯為成功、細緻入微的在地應用。通則愈普遍、愈一般，它們就愈需要轉譯，才能在各地獲得成功。這件事的意義並非只是使船長或航行者意識到經驗法則的不足，了解自身在哪些狀況下，自己的經驗不如領航員對當地的認識來的深入；更重要的是，他們必須要認知到經驗法則本身大多是一種編纂，衍生自航行和駕駛等實際實踐。

最後還有一個類比，有助於澄清一般經驗法則和梅蒂斯的關係。梅蒂斯不只是在地數值的說明書（像是當地平均氣溫或是降雨量），設計來將一般公式成功應用到在地案例上。用語言來類比，我相信經驗法則像是正式文法，而梅蒂斯則更像是實際的口語能力。梅蒂斯不是一般規則的衍生物，一如口語能力不是從文法衍生而來。口語方言是人在強褓時期，就透過模仿、使用、反覆試誤發展出來的。學習母語是種隨機的過程——繼承、自我修正、不斷向原本使用方式靠攏。我們不是從注音、單詞、詞類、文法規則開始學習語言，然後再一口氣同時使用這些知識，好創造出文法正確的句子。更甚者，如奧克肖特指出，就算擁有口語規則的知識，還是可能會完全說不出能讓人理解的句子。相較之下，認為文法規則是從實際口語實踐衍生而來，大概更接近事實。以口語能力為目標的現代語言培訓意識到這一點，訓練往往是從簡單的言談和死記硬背開始，以便在不需要清楚文法規則的狀況下，記住溝通模式與口音；訓練者也可能之後才會將文法帶入語言訓練之中，把文法視作編纂和歸納語言實踐的方式。

跟學習語言相同，要學習成功種植或放牧實踐所需的梅蒂斯或在地知識，最好的方式大概是每日實踐與經驗。在一個能夠不斷練習手藝的家庭中長大，就像是長期擔任學徒，通常意謂著替操演這些技術做好最完善的準備。這種對手技工藝的社會化可能有利於技術的保存，更勝過大膽創新。但任何公式若想排除或打壓梅蒂斯的經驗、知識和可塑性，都會有支離破碎與失敗的風險；學習講出連貫的句子需要各種能力，遠遠超過練習文法規則。

## 梅蒂斯與理論知識跟技藝的關係

對於希臘人而言，尤其是柏拉圖，理論知識（episteme）與技藝所代表的知識，其秩序和梅蒂斯截然不同[18]。技藝知識又稱「技藝」（techne）[19]，可以透過硬性規定（不是經驗法則）、原則和命題的形式精確而全面地表達出來。在最嚴格的定義下，技藝是建立在各種第一原理不言自明的邏輯演繹之上。作為一種理型（ideal type），它在組織、編纂和教授、修改等方式與其分析時展現出的精準程度，與梅蒂斯是天差地遠。

梅蒂斯是具有脈絡且特殊的，技藝則是普世皆然。在數學的邏輯上，無論何時何地，十乘以十永遠等於一百；在歐基里德的幾何學中，一個直角代表著圓形的九十度；在物理學的傳統中，水的冰點永遠是攝氏零度[20]。技藝是蓋棺定論的知識；亞里斯多德寫道：「當透過經驗獲得的許多概念，能對一組類似的事物產生普世皆然的判斷時，它便應運而生。[21]」技藝的普世性源自於它在分析上被組織成小又明確、合乎邏輯的步驟，並且能分解並驗證之。這種普世性意謂著，技藝形式的知識大致上能以正規學科的方式完整傳授。技藝替理論知識所提供的規則，並不一定能夠實際應用到現實上。最後，技藝的特色是客觀、往往具有量化的精準性以及注重解釋和驗證，而梅蒂斯則是著重個人技術（「風格」）和實際結果。

如果對技藝作為理型或是知識系統典型的描述，跟當代科學的自我形象十分類似，這完全是意料之內的事。但是科學的實際實踐為何，又是另外一回事[22]。技藝的規則是在知識發現後，解

18 對於以下討論，我要感謝這些著作的見解：納斯邦，《The Fragility of Goodness》跟馬格林的"Losing Touch: The Cultural Conditions of Worker Accommodation and Resistance," in Frédérique Apffel Marglin and Stephen A. Marglin, eds., *Dominating Knowledge: Development, Culture, and Resistance* (Oxford: Clarendon, 1990), pp. 217-82。馬格林的論點也在後續兩篇文章中清楚闡明："Farmers, Seedsmen, and Scientists: Systems of Agriculture and Systems of Knowledge" (unpublished paper, May 1991, revised March 1992)，以及"Economics and the Social Construction of the Economy," in Stephen Gudeman and Stephen A. Marglin, eds., *People's Ecology, People's Economy* (forthcoming)。閱讀這兩篇文本的讀者會發現納斯邦跟馬格林在使用「技藝」這個詞彙時的落差。對納斯邦而言，技藝和理論知識是同義詞，至少在柏拉圖的著作中都是如此，而兩者和梅蒂斯與實踐知識都有著強烈的差異。馬格林使用「技藝」（T/Knowledge）這個詞的方式，和我對梅蒂斯的用法差不多，而他認為這和理論知識（E/Knowledge）天差地遠。我決定使用古典主義者納斯邦的用法，因為她說服我她的使用方式是更建立在柏拉圖和亞里斯多德的原始文本上。Pierre Vidal-Naquet也支持納斯邦的理解：「如同G. Cambiano公正（正確）的觀察，柏拉圖認為理論知識、力量、和技藝組成一個概念的系統，而它們是互相支持與加強。」他寫道：「像是《理想國》將*technai*、*dianoiai*跟*epistemai*，亦即技術、知識過程、和科學這三者組成一個單位，放在數學的控制之下。」（*The Black Hunter: Forms of Thought and Forms of Society in the Greek World*, trans. Andrew Szegedy-Maszak [Baltimore: Johns Hopkins Press, 19861, p. 228）。就算如此，任何熟悉馬格林論點的人，都會注意到，就算我沒有使用他的詞彙，我在做出形式上的比較時，仍然依賴他做出的對比。

19 譯注：作者對於技藝一詞的使用有別於「技術」與「工技」的使用，旨在強調透過規範而非經驗法則而成的知識。

20 我記得這就像水沸點的標準溫度一樣，僅適用於海平面。因此這個常數是一個普遍的使用慣例，並且實際上會隨著海拔高度而變化。

21 引自納斯邦，*The Fragility of Goodness*, p. 95。

22 有大量且快速增長的文獻在討論科學實踐或民族學方法論，尤其是實驗室科學。這些文獻大部分都強調實際科學實踐和將他們編纂成文本（像是實驗室報告跟文章）的差異。想要認識這些文獻的入門文本，請參考Bruno Latour, *Science in Action: How to Follow Scientists and Engineers Through Society* (Cambridge: Harvard University Press, 1987); Ian Hacking, "The Self-vindication of the Laboratory Sciences," in Andrew Pickering, ed., *Science as Practice and Culture* (Chicago: University of Chicago Press, 1992), pp. 29-64; and Andrew Pickering, "From Science as Knowledge to Science as Practice"同前，

釋知識要如何編纂、傳達、驗證。沒有任何技藝或理論知識可以解釋科學發明與洞見。發現數學定理需要的是天分或是梅蒂斯；但是要證明定理則得遵從技藝的原則[23]。因此，技藝系統性和客觀的規則能夠加強知識的生產，讓它變得更容易編彙、完整紀錄並正規傳授，但它本身並無法豐富這些知識的內容，或解釋這些知識從何而來[24]。

最重要的是，技藝的特徵是具備獨立的理性系統，在系統內，可以從原初假設合理推導出研究發現。只要特定知識形式能滿足這些假設條件，它就是客觀、普世，不會受特定脈絡的任何影響。但如同德蒂安和凡爾農強調，梅蒂斯的脈絡特色是「短暫、不斷變化、紛亂和曖昧不清的情境，無法精準測量、正確估計、或使用嚴謹邏輯判斷的情境。[25]」納斯邦（Martha C. Nussbaum）令人信服地指出，柏拉圖企圖（尤其是在《理想國》一書中）將愛的領域——一個幾乎以偶然、欲望和衝動為定義的領域——轉變成技藝和理論知識的領域[26]。柏拉圖認為世俗的愛受制於較低的欲望，而他希望能夠清除這些本能，使愛更接近哲學家對真理的純粹追求。純粹的理性，尤其是科學與數學邏輯，其優越性是建立在「沒有痛苦，最穩定，並指向真理」。這些理性邏輯的客體「不管人類做什麼、說什麼，它們永遠都是那樣。[27]」柏拉圖聲稱，一個人所愛或應該愛的，不是被愛的人本身，而是反映在被愛者身上、真正的美的純粹形式[28]。只有這樣，愛才能夠保持純粹與理性，不受欲望干擾。

在人類生活的各個領域中，最不會被偶然性、猜測、背景、欲望和個人經驗影響的領域——因此也不存在著梅蒂斯——被視為人類的最高追求，而這正是哲學家的工作。於是大家可以看到，在這些條件下，為什麼歐基里德的幾何學、數學、一些不證自明的分析哲學或是音樂，會被認為是最純粹的追求[29]。這些學科和自然科學或具體的實驗毫不相同，它們是純粹思想的領域，讓物質世界的偶然性無法染指。它們始於腦袋或是一張白紙。畢氏定理的A平方加上B平方等於C平方，無論何時何地使用在直角三角形上，都會永遠為真。

西方哲學與科學（包括社會科學）一再出現的題材，是企圖重新改造知識系統，以框住不確定性，藉此讓歐基里德幾何學所具有的嚴謹邏輯演繹得以發揮[30]。在自然科學中，改造的結果

---

pp. 1-26. See also Pickering, "Objectivity and the Mangle of Practice," in Allan Megill, ed., *Rethinking Objectivity* (Durham: Duke University Press, 1994), pp. 109-25。

23 馬格林，"Losing Touch," p. 234。

24 在這方面，處理這些問題最徹底的哲學文本是Michael Polanyi, *Personal Knowledge: Towards a Post-Critical Philosophy* (Chicago: University of Chicago Press, 1958)。

25 Detienne and Vernant, *Cunning Intelligence*, pp. 3-4。

26 納斯邦，*The Fragility of Goodness*, chaps. 5 and 6。

27 同前，p. 238。

28 我使用「他本身」這個詞，因為柏拉圖是在討論他認為最高形式的愛：男人與男孩之間的愛。

29 音樂在某種意義上是純粹的形式，但是柏拉圖對音樂造成的情緒吸引力深感懷疑，並相信理想的理想國應該要禁止特定形式的音樂。

30 對於社會科學其中一個很重要的批評，可以將這個觀察作為出發點。許多社會科學家從生物學家身上學到高級的科學語言和方法，他們想像並試著製造出客觀、精確、可以嚴格複製的一系列技術，這些技術會給他們公正且量化的答案。因此大部分正規的政策分析和成本效益分析的形式，都透過大量的假設和難以讓人信服的單位，來比較不可共量

是革命性的。至於對哲學和人文學科而言，儘管學者努力不懈，但結果仍然十分模糊。笛卡爾知名的理論知識「我思故我在」模仿了數學證明的第一步，而且是「對於可能毀滅社會的失序的解答[31]。」邊沁（Jeremy Bentham）和效益主義的目標，是要透過他們對於愉悅與痛苦（享樂主義）的仔細計算，將倫理研究化簡成純自然科學和考察，檢視「任何可以影響、覺察和編制個人的情況，沒有任何東西……會變成偶然、反覆無常、不受管教的自由裁量，一切都得在尺寸、數量、重量和度量衡上進行調查與紀錄[32]。」

人們設計技藝是為了掌握可能性（*tyche*）[33]，但連這點最終都因為統計和機率，從而被轉化成單一事實，進而能夠被套入技藝公式中。如果人們已知風險的發生機率，風險就和其他可能性一樣變成了現實，而不確定性（其背後的機率仍然未知），則仍在技藝可觸及的範圍之外[34]。風險與不確定性在智識發展上的「經歷」，則顯示出在許多研究專業中，分析的領域被重新改造與縮減，以便排除只能透過評斷、但無法量化與測量的元素。更好的說法則是，有些技術被設計來隔離和馴化關鍵變項中可能可以用數字表達的面向（國民生產總值測量出一個國家國民的財富，民調數字測出民意，心理學量表測量價值觀）。舉例來說，新古典主義經濟就沿著這些方向而改變。一開始，經濟學家將消費者偏好視為常數來計算，以便固定住「品味」這個主要的不確定性來源。發明和創業活動則被視為外因，並被拋在學科範圍之外，因為它們太難以測量跟預測[35]。該學科納入了可計算的風險，同時排除了具有實實在在不確定性的題目（生態危機、品味變化）[36]。如同史蒂芬．馬格林（Stephen Marglin）指出：「經濟學對於自利、計算、極大化的強調」，都是「不證自明假設」的經典案例，反映出「將理論知識比意識形態更優越的信念奉為圭臬，而非真的要試著解開人類動機與行為的複雜性與神秘。」[37]

---

的變項，藉此能夠替棘手的問題製造出量化的答案。他們以正確為付出的代價，以求達到公正性、精密性以及可複製性。這方面簡短有力的案例，可以參考Theodore M. Porter, "Objectivity as Standardization: The Rhetoric of Impersonality in Measurement, Statistics, and Cost-Benefit Analysis," in Allan Megill, ed., *Rethinking Objectivity* (Durham: Duke University Press, 1994), pp. 197-237。

31 馬格林，"Farmers, Seedsmen, and Scientists," p. 46。

32 傑洛姆・邊沁，Pauper Management Improved，引自納斯邦，*The Fragility of Goodness*, p. 89。

33 譯注：Tyche是古希臘的機緣女神。

34 請參考Hacking, *The Taming of Chance*。Warren Weaver長久以來一直區分他稱作是「缺乏組織的複雜性」，亦即可以透過得到平均結果的統計技術處理，跟「組織過的複雜性」（包括最著名的有機系統）兩者的差異，後者無法屈就於統計技術的複雜性，因為其非隨機、系統性關係的複雜性導致我們無法充分理解一項介入行為的一階效應，更不用說二階或三階效應了（"Science and Complexity," American Scientist 36 [1948]: 536-44）。

35 馬格林，"Economics and the Social Construction of the Economy," pp. 44-45。

36 但是當焦點限縮在經濟學上時，可觸及範圍之處就增加。請見證William D. Nordhaus的成果，在企圖處理全球暖化等生態問題時，其精確度往往是虛構的。請參考Nordhaus, "To Slow or Not to Slow: The Economics of the Greenhouse Effect," Economic Journal, July 1991, pp. 920-37。

37 馬格林，"Economics and the Social Construction of the Economy," p. 31。馬格林也描述並批判理論經濟學，認為它們都企圖在一定的邊界內處理類似公共財、永續性以及不確定性的問題。海耶克本身也充滿懷疑：「相信進步的理論知識會讓我們愈來愈有能力，能把複雜、相互關聯的性質化簡成可確定的特定事實，這往往會導致新的科學錯誤。這種錯誤大部分都是因為知識自命不凡的傲慢，事實上沒有人擁有這些知識，而科學的進步也無法賦予我們。」（*Studies in Philosophy, Economics, and Politics* [Chicago: University of Chicago Press, 1967], p. 197）。

這種重新改造的邏輯，類似於現代科學農業的實驗性作法與畫地自限。藉由限制研究領域，它在精確度和科學能力方面獲得了巨大的進步，然而，跟它代價無關緊要或是令人不滿的意外，卻會從現代農業劃下的邊界之外意外出現[38]。最適合使用技藝的活動是「有單一目的或目標，該目的能和活動本身有所區隔，而且還很容易經由量化測量。[39]」因此科學農業最能成功解決的問題，是如何以每英畝最低成本種植最多蒲式耳的作物，一如在實驗地上所進行一次一個變量的測試結果。農場與社群生活、家庭需求、長期土壤結構、生態多樣性、永續性等問題不是難以納入考量，就是會被全部排除在外。只有當尋求的目標簡單、明確、可測量時，才能具體訂出有關效率、生產函數和理性行為的公式。

如同亞里斯多德所承認，這種作法的問題在於，特定實踐的選擇無法「由普世原則的系統完整適當地闡明，甚至連基本原則也不清楚。[40]」他挑出航海和醫學這兩個活動，說明要達到優異的表現，長期經驗下來累積的實踐智慧是必不可少。這些活動都仰賴梅蒂斯，需要反應靈敏、隨機行動，以及有技巧地一步步趨近目標。如果柏拉圖是對的，那蘇格拉底之所以刻意避免寫下他的教義，是因為他相信哲學的活動更屬於梅蒂斯，而非理論知識與技藝。就算是以哲學對話形式記錄下來的文本，仍然是蓋棺定論的成文規範。相反的，口語對話是鮮活的，它回應了參與者彼此的相互性質，到達一個無法事先指定的目的地。蘇格拉底明確相信，老師與學生之間的應對才是哲學，亦即我們現在稱為的蘇格拉底反詰法，而非這些對話產生的文本[41]。

## 實踐知識對抗科學解釋

只有透過掌握梅蒂斯可能的成就及範圍，我們才能夠欣賞高度主義計畫在施加其規劃後，所自我剝奪的寶貴知識。梅蒂斯之所以會遭到貶低，尤其是在科學知識霸權絕對統治下受到賤斥，是因為它的「發現」是實際、及時、且具有脈絡的，而非一般能結合到科學論述的傳統知識。

我們已經在面積、重量和體積測量的歷史術語中，看過了梅蒂斯的特性。比起配合某些普世的測量單位，其目的一直都是達到在地的目標，或是要表現出重要的在地特色（像是「兩頭牛農場」）。一如史廣多的準則，這些測量方式往往很明顯能比抽象的測量方式表達出更多資訊，而它們傳達的資訊當然也與**在地**更相關。只是這種因地制宜、在地且實際的指標，讓梅蒂斯用在治國之術的目的上時，會變得混亂、缺乏一致且難以同化。

原住民使用的植物分類也遵循相同邏輯。重要的是在地使用的方式與價值。因此各種植物都

38 最極端的情況下，這種策略和追蹤越戰死亡人數十分雷同——人們認為這種技術至少為軍事進步提供了精確的衡量標準。

39 納斯邦，*The Fragility of Goodness*, p. 99。

40 同前，p. 302。

41 同前，p. 125。因此在《斐德羅篇》，透過柏拉圖，蘇格拉底譴責書寫的發明，並聲稱書籍無法回答問題。他認為想要追求藝術並創造有機的和諧，做出爭論與展示風格的人得考慮他的觀眾是誰。柏拉圖在《第七篇書信》中，指出他最深刻的教學並沒有被寫下。請參考 R. B. Rutherford, *The Art of Plato: Ten Essays in Platonic Interpretation* (London: Duckworth, 1996)。

是根據實際使用方式的邏輯分類：適合煮湯、適合搓成麻線、能幫助治療割傷、有效解決肚子痛、對牲畜有毒、能用來織布作衣裳、兔子喜歡吃的食物、適合製作籬笆等等。但是這種知識永遠不是靜態的，它在實際實驗的過程中會不斷擴張。而花卉在現實所劃分的類別，顯然不是科學研究人員所青睞、有時根本看不出來的林奈植物分類[42]。

針對梅蒂斯的試紙實驗，是在實際使用上是否能成功。領航員是否安全完成旅行？奧德修斯的計謀能智取獨眼巨人嗎？藥膏能治好燒傷嗎？農夫的收穫是否豐盛？如果技術在其預期目的上能有效且重複使用，實踐者不會停下來花時間思考這為什麼有用、如何會有用，以及定義這之間因果關係精確的機制。他們的意圖不是要貢獻給更廣泛的知識體系，而是要解決他們面對的具體問題。這不代表梅蒂斯的實踐者不會發明新的解方，他們幾乎都會創新。長久以來，幾乎所有農業的進步都是來自於田野，而非工廠或科學。而這意謂著梅蒂斯的創新，通常代表了既存元素的重組（李維史陀〔Lévi-Strauss〕稱為拼裝術〔*bricolage*〕）[43]；農夫並沒有刻意發明牽引機來解決牽引力的問題[44]。同樣的，實踐知識的拼裝術往往創造出複雜的技術，像是混作和建造土質等策略，這些技術都十分管用，但科學（直到現在都？）還不知道其所以然。

實踐知識的力量得仰賴對環境特別仔細和深刻的觀察。讀者現在應該能清楚理解，為什麼史廣多這種傳統耕種者會是他們環境絕頂的觀察者，但我在此還是得再次重複原因，以跟科學知識做出比較。首先，這些密切觀察的結果對觀察者有直接且重要的利害關係。和科學研究人員或推廣人員這些無須採納自己意見的人不同，農民是其結論立即的使用者。跟一般現代的農夫不同，農民除了其經驗老到的鄰居之外，沒有什麼外在專家可以依賴；他一定得根據他的理解做出決定。

再者，我認為由於許多種植者處在貧窮或邊緣的經濟地位，這成為了他們小心觀察與實驗的重要驅力。假設有兩個一定得在河邊討生活的漁夫。一個住在漁獲穩定且豐沛的河邊，另一個則住在漁獲變化多端且稀少的河邊，只能提供勉強且不穩定的生存。比較窮困的那個人顯然會有間不容緩、生死交關的利害關係，必須設計出最新的捕魚技巧、仔細觀察魚的習性、小心選擇設陷阱和築堰的地點、關注不同品種在各種季節交替的時機與徵兆等等。

我們也不要忘記農民種植者和放牧者，經年累月都住在他們所觀察的田野上。他或她很可能會知道缺席的種植者或科學研究人員不會注意到的事情[45]。最後，像是前一章提到的，這些種植者往往都是社群的一員，他們是觀察、實踐與實驗等口述文獻的活圖書館，這種知識體是個人永遠無法自行蒐集而成的。

---

42 請參考Harold Conklin, *Hanunoo Agriculture: A Report on an Integral System of Shifting Cultivation in the Philippines* (Rome: Food and Agriculture Organization of the United Nations, 1957)。

43 克勞德．李維．史陀，*La pensée sauvage* (Paris: Plon, 1962)。

44 但是當牽引機唾手可得（尤其是電力分導的牽引機），農民和機械人員對它進行了充滿想像力的改造，以達到其發明者從未想像過的目的。

45 我等下會在這章提供針對這種老生常談的有趣證明，是關於馬來西亞的村民如何處理紅螞蟻感染芒果樹。

這些「前科學」人類的實驗趨勢，往往都是由生存危機而起，並創造了許多重要、有效的發現。南美洲原住民發現咀嚼金雞納樹的樹皮能有效治療瘧疾，儘管他們不知道它的有效成分其實是奎寧，也不知道為什麼這會有效用。西方人知道在春天早期食用像是大黃等特定食物，能夠緩解冬天時期壞血病的症狀，儘管他們不知道維他命C是什麼。特定麵包的黴菌早在盤尼西林發現之前，就已經用來處理傷口感染[46]。根據阿尼爾・古普塔（Anil Gupta）的說法，約莫有四分之三的現代藥典，都是來自於一直為人所知的藥物[47]。就算缺乏解方，大家通常知道什麼樣的手段可以降低感染致命傳染疾病的機會。在丹尼爾・狄福（Daniel Defoe）《大疫年記事》中的倫敦人，知道要在一六六五年的倫敦瘟疫中存活下來的方法，要嘛搬到鄉村去，不然就是把自己封在房間之內[48]。在知道瘟疫的媒介是老鼠身上的跳蚤後，我們現在可以理解為什麼這些策略有用。然而，就算狄福那個時代的人以為是煙霧造成了瘟疫，他們還是找到了有效的解決方法。

實踐先於科學最驚人的案例，是早在威廉詹納爵士在一七九八年宣布疫苗的發展之前，大家就已經廣泛使用人痘接種來防止天花的傳染。這個弗德里克・阿波佛・馬格林（Frédérique Apffel Marglin）精彩分析的故事十分珍貴，因為它顯示了純粹梅蒂斯的技能，如何引發一種疫苗接種形式，它不僅類似於、還預示了現在無庸置疑視為科學醫學發現的重要里程碑[49]。我要再一次澄清，我絕對沒有打算要在現代醫學研究和實驗方法之下為傳統醫學辯護[50]。但在這裡所強調的，是在沒有科學方法的幫助下，在地知識、試誤，或者我們可以更廣泛稱之為「隨機試驗法」，都十分頻繁地產生實際解決的辦法。

至少在十六世紀之前，人痘接種的技術已廣泛用於印度、中東、歐洲和中國。該作法是使用人體身上的天花物質，將其刮入皮膚內或是透過呼吸吸收，這會造成患者輕微、非致命的天花。這種方法從來不會使用「新鮮」的天花物質，亦即從正在感染者身上的膿胞或疥癬取得的物質。人痘接種的來源，通常是從前一年流行病中症狀輕微的活躍個案身上取得少量物質，或是來自前

46 Gladys L. Hobby, *Penicillin: Meeting the Challenge* (New Haven: Yale University Press, 1985)。

47 阿尼爾・古普塔，paper presented at a congress entitled "Agrarian Questions: The Politics of Farming Anno 1995," May 22-24, 1995, Wageningen, The Netherlands。過去二、三十年間，研究實驗室開始詳細記載與分析大量傳統醫學，這意謂著梅蒂斯遺贈給現代醫學和藥理學的豐富研究成果。對於這些產品的知識財產權，請參考Jack Ralph Kloppenberg, Jr., *First the Seed: The Political Economy of Plant Biotechnology*, 1492-2000 (Cambridge: Cambridge University Press, 1988)。

48 Daniel Defoe, *Journal of the Plague Year* (1722; Harmondsworth: Penguin, 1966)。值得一提的是，這些策略對於有錢人而言，都比對窮人來得更實用。這樣的結果就是疫情並非無差別影響所有人，而是對貧窮的倫敦人造成更嚴重的傷害。

49 弗德里克・阿波佛・馬格林，"Smallpox in Two Systems of Knowledge," in Marglin and Marglin, *Dominating Knowledge*, pp. 102-44。

50 科學醫學本身也有不同模型，有些需要採取和標準對抗療法的實踐完全不同的眼光。因此達爾文的醫學會關注於適應功能，而其他人則可能會將這些功能視作病態症狀。其中一個例子是孕吐，許多婦女在懷孕的頭三個月都會出現這種情況，一般認為這是她們對食物（尤其對水果和蔬菜）的適應性排斥，因為這些食物最有可能含有對胎兒有害的毒素。另外一個則是一般流行性感冒或是著涼時發燒，這被認為是適應性的機制，要刺激免疫系統來對抗感染。在達爾文觀點正確的範圍內，我們不禁該詢問：醫學上的病症有什麼樣的利益，或是更精確地說，有什麼樣的適應性功能。想當然耳，用這種方式理解植物疾病，就有可能會出現新穎的洞見。想要閱讀容易上手的導論，請參考Randolph M. Nesse and George C. Williams, *Evolution and Healing: The New Science of Darwinian Medicine* (London: Weidenfeld and Nicolson, 1995)。

一年接受人痘接種的人身上的膿胞。劑量往往根據病人的身形大小與年紀有所規範。

人痘接種和順勢療法的原則相同，而這反映了比較古老的作法。在現代醫學崛起之前，預防接種以各種不同的方式在各地為人廣泛使用。人痘接種在印度是由儀式專家完成，和對天花女神喜塔拉（Sithala）的膜拜儀式緊密結合[51]。它在其他社會無疑有其他的文化脈絡背景，但實際的程序都十分相似。

因此，詹納發現能使用牛痘物質製造疫苗，並不是什麼破天荒的事。有位年輕女孩跟他說她對天花免疫，因為她已經感染過牛痘。詹納根據她的說詞替他的孩子接種牛痘物質，觀察到他們對之後接種的天花疫苗毫無反應。當然，相較於人痘接種，施打疫苗仍然是巨大的進步。因為人痘接種還是使用活性的天花物質，它可能會引發活躍並具有感染性的輕微個案，而且有百分之一到三的人可能會死於這種治療方式。想當然耳，這比例還是勝過每六人就有一到兩人死於這場傳染病。詹納的技術是使用死掉的病毒，藉此避免傳染，而且他的疫苗造成醫源性疾病率極低：每一千人只有一人會死於疫苗接種。他的成就當然值得慶賀，但我們必須正視「詹納的疫苗不是與過去突然的斷裂，而是人痘接種的直系後代與繼承人。[52]」

儘管疫苗仍優於人痘接種，但後者是前科學醫療實踐上了不起的成就。人痘接種的原則早就為人掌握，而大家可以想像，許多受害社群的醫生一直企圖發展出成功的技術。在發現有效的新治療措施後，消息一定會比任何流行病都更快傳播出去，並迅速取代較為遜色的預防措施。這裡沒有魔法。這些實踐知識的原料非常簡單：迫切的需求（在這個案例上，真的就是生死一瞬間），一些在類似情況下都有效用、充滿希望的線索（預防接種），一大群願意嘗試幾乎任何事情的自由實驗者[53]，「熬出頭」的時間（如同實驗者及其委託人在後續的流行病期間觀察不同策略產生的結果），以及分享（透過一連串溝通）實驗結果。只要這些研究不需要電子顯微鏡，一旦將熱切的興趣、仔細觀察、一大群嘗試不同可能性的業餘專家，以及試驗與犯錯所需的時間相結合後，往往能創造出許多新穎的解決方法來處理實際問題。在詹納之前的人痘接種，跟保羅．理查所形容的混作種植者十分雷同。他們設計出了有用的東西，而不只是單憑運氣發現了解方，雖然他們也不太確定之所以有用的原因為何。而就算這增加了他們從所見所聞中得出錯誤推論的風險，這麼做也沒有削弱他們的拼裝術帶來的實際成就。

有鑑於梅蒂斯對於實踐知識、經驗、隨機推論的重視，它當然不只是現在已被科學知識取代的先驅。這種推論方式最適合用在複雜的物質與社會任務上，在這種情況下，不確定性是如此令人害怕，導致我們得信任自己（經驗老到）的直覺並找到出路。亞伯特．霍華德（Albert

51 F．A．馬格林大部分的記載都是在處理英國人無疑是好心但強制打壓人痘接種，並以疫苗取而代之的企圖，還有眾人如何反抗這些施壓。馬格林暗示英國人很快就成功用疫苗取代，但同樣研究這個問題的印度學者Sumit Guha則認為這不太可能，因為英國人沒有足夠的人力或權力迅速地消滅人痘接種。

52 Donald R. Hopkins, *Princes and Peasants: Smallpox in History* (Chicago: University of Chicago Press, 1983), p. 77，引自馬格林，"Losing Touch," p. 112。對於疫苗接種的科學歷程及其在炭疽熱和狂犬病中的應用，請參考Gerald L. Geison, *The Private Science of Louis Pasteur* (Princeton: Princeton University Press. 1995)。

53 事實上真的有數千種解方和預防方法在競爭，畢竟總是有看似無法治癒的疾病存在。

Howard）對於日本水資源管理的敘述提供了一個引人深省的案例：「土壤侵蝕控制在日本像是一盤棋局。林業工程師在研究土壤侵蝕的峽谷後，做出他的第一步，定位並建造一個或多個攔砂壩，接著看大自然的反應為何。而這決定了林業工程師的下一步，可能會是加蓋一、兩個水壩、加強既存的水壩，或是建造側邊的擋土牆。他們停下來繼續觀察，再進行下一步，這樣持續下去直到將了土壤侵蝕一軍。透過引導和利用大自然力量的操作，像是沉積作用和重新植被等等，可以最大程度降低成本並獲得實際效果。**在大自然處理這個區域之後，人類不需要嘗試再多作些什麼**。」[54] 霍華德筆下的工程師隱約意識到他是在處理「一個峽谷的藝術」。基於先前經驗所做出每一個謹慎的小步驟，都會產生新的、無法完全預測的效果，而這將成為下一步的出發點。實際上，任何複雜的任務，只要牽涉到數值與交互作用無法正確預測的諸多變項，都屬於這一類活動：蓋房子、修車、改善新噴射機的引擎、手術修復膝關節或是種植一塊地[55]。而當交互作用不只局限於物質環境，同時也觸及社會互動──建造和居住在新的村莊或城市、組織一場奪權的革命、或是農業集體化──大量的互動和不確定性使人頭昏眼花（與可計算風險的情況十分不同）。

約莫在三十五年之前，查爾司．林布隆（Charles Lindblom）在正視模糊的社會政策難以駕馭的複雜性後，發明了一個令人難忘的用詞：「漸進調適的科學」[56]。這個詞本來意指在面對完全無法理解、遑論得全盤解決的大規模政策問題時，採用實用方法的精神。林布隆抱怨公共行政的模型，隱約預設了一個綜觀全局掌握一切的政策組織，然而在實際操作上，知識往往有限且破碎，而手段永遠無法清楚與目標分離。他對實際政策實踐的描述著重於比較零碎的手段，像是有限度的比較、一系列的實驗與犯錯，接著是修改實驗、仰賴過去經驗，以及「斷續式漸進模型」[57]（disjointed incrementalism）。阿爾伯特・赫希曼（Albert Hirschman）藉由比較社會政策和房屋建造提出類似觀點，儘管他的論點比較具有象徵性：「社會變遷的建築師永遠無法擁有可信賴的藍圖。不僅是因為他建造的房子和之前蓋過的都不同，他也必須使用新的建設素材，甚至得實驗未經測試過的壓力和結構原則。因此，一棟房屋的建造者最能有效傳達的，是他如何理解在這些艱難環境下建造房屋的經驗。[58]」

總體來說，林布隆和赫希曼的立場，是放下全面、理性規劃的雄心壯志，做出合理的戰略

---

54 亞伯特・霍華德，*An Agricultural Testament* (London: Oxford University Press, 1940), p. 144（強調為原作者所加）。霍華德重寫了Lowdermilk的作品。而且儘管霍華德沒有提供出處，我相信他是引用A. W. C. Lowdermilk，後者在一九四九年拜訪巴蘇陀蘭，而他的文章現在收藏在耶魯大學史特靈紀念圖書館。

55 有關噴射機引擎的功能表現，其「研發過程之不穩定簡直臭名在外」，而在飛行員進行飛行測試後，必須由經驗豐富的工程師進行調整，此案例請參考Nathan Rosenberg, *Inside the Black Box: Technology and Economics* (New York: Cambridge University Press, 1982)，尤其是pp. 120-41。Rosenberg清楚指出科學方法的限制，在這個狀況上是來自噴射引擎中運作的無數獨立變項（包括不同的科技），它們相互作用產生的結果讓人無法預測。也請參考Kenneth Arrow, "The Economics of Learning by Doing," *Review of Economic Studies*, June 1962, pp. 45-73。

56 查爾司・林布隆，"The Science of Muddling Through," *Public Administration Review* 19 (Spring 1959): 79-88。這篇文章發表二十年之後，林布隆將他的論點延伸到另一篇標題有趣的文章中："Still Muddling, Not Yet Through." See Lindblom, *Democracy and the Market System* (Oslo: Norwegian University Press, 1988), pp. 237-59。

57 Lindblom, "Still Muddling, Not Yet Through."。

58 Albert O. Hirschman, "The Search for Paradigms as a Hindrance to Understanding," *World Politics* 22 (April 1970): 243。

性撤退。如果我們斟酌諸如「有限理性」（而非「綜觀全局、掌握一切」）和「令人滿意」（而非「最大化」）等社會科學術語，人們發明這些詞彙是為了要描述一個由有憑有據的猜測和經驗法則所運作的世界，而這些詞彙其實聽起來和梅蒂斯十分相似。

## 書本之外的學習

在管理土壤侵蝕或實施公共政策這種一定會充滿意外的場域，一步一步「漸進調適」的取徑似乎是唯一謹慎的作法。而儘管這些領域可以透過分解各種過程，將它們變成更好管理的各個步驟，並藉此降低不確定性與隨之而來可能的災難，這不代表任何新手都可以接手負責。相反的，只有經驗老到的人才有辦法詮釋初始階段的結果或反應，並決定下一步。大家會希望水文學家或是政策管理者曾多次處理過出奇不意的狀況，並屢戰屢勝。他們的應變方案會有更多備案，對環境的理解會更確切，而對潛在意外的感知也會更準確。再一次的，他們的能力有些能夠被翻譯與教導，但大部分仍然都很隱晦，那是長時間練習下來後的第六感。在這裡，我將冒著試圖要精確說出不可言喻的事物的風險，提出這些知識的重要性，以及將其轉譯為文字形式的難度[59]。

梅蒂斯的知識往往是隱晦且自動的，擁有梅蒂斯者難以說出其所以然[60]。我得知一個早期醫學培訓的故事，主要內容是在世紀之交時，一位醫生在診斷早期梅毒方面有著驚人的高成功率。實驗室測試都確認他的診斷結果正確，但他並不知道他到底是在身體檢查中偵測到什麼東西，讓他可以做出確診的判斷。醫院為他的成功感到困惑，就派了另外兩位醫生連續數週仔細觀察該醫生檢查病人時的狀況，希望可以發現這位醫生到底看到了什麼。終於，他們和該醫生發現他總是會無意識地注意到患者眼球輕微的震顫。於是眼球震顫就成為了一般認可的梅毒症狀。儘管這個洞見可以被成文寫下，它給我們的啟發，是它只能通過密切觀察和長期臨床經驗才能達成，而甚至在此之前，實踐者可能無意識地就知曉了。

任何對某種技術或工藝經驗老到的實踐者，都會發展出大量的戲碼，包含行動、視覺判斷、觸感、判斷工作的區分完型（gestalt）[61]，以及一系列源自經驗的準確直覺，而這些直覺無法在實踐之外交流。一些簡短的例子會有助於傳達這種知識的細膩微妙之處：在印尼，年長的布吉船長會睡在甲板之下，當航行方向、天氣、潮流或這三者某種組合發生變化，他們就會立刻醒來。一旦海洋的潮汐振幅改變或是開始從不同的方向拍打船隻，船長會立刻透過船舶橫搖和俯仰的輕微改變感覺到變化。

在過往鎮上的白喉病患都還要在家隔離的日子，一位醫生帶著一名年輕的醫科學生巡視。當他們被允許進入隔離住所的前廳，但還沒看到病人之前，較為年長的醫生停下來說：「停！聞聞

59 隱性知識（implicit knowledge）幾乎是知識哲學和認知心理學的最大宗論述。請參考Gilbert Ryle, *Concept of the Mind* (New York: Barnes and Noble, 1949)，他對於「知道如何」和「知道它」的分別跟我對梅蒂斯和知識理論的區別極其相似。還有Jerome Bruner, *On Knowing: Essays for the Left Hand* (Cambridge: Belknap Press, Harvard University Press, 1962)。

60 籃球的動作可能可以透過圖解教導，但要在實際比賽的速度和阻礙之下實際做出這些動作，天啊，這完全是另外一回事。

61 譯注：「完型」強調整體與完整的過程，並不同於各步驟的總和。

這個味道！永遠不要忘記這個味道；這個味道就是房子有著白喉細菌的味道。[62]」另外一名醫生有一次告訴我，在一個忙碌的診所看過數千名嬰兒後，他相信只要看過一個嬰兒，他就可以很準確地指出該嬰兒是否重病且需要立即處理。他不太能清楚指出是什麼樣的視覺線索塑造他的判斷，但他認為這應該是某些氣色、眼神、身體肌肉張力、動作的組合。亞伯特・霍華德再一次地替「練習過的眼睛」提供信服的案例：「經驗豐富的農夫可以透過植物知曉土壤的健康程度及腐植質的品質——植物的活力、成長狀況、豐盈的根部、健康的『光芒』……。優良土地上的動物的健康也是如此。」的確，他繼續說道：「這不一定是要替牠們秤重或是測量牠們。牧場主人或是習慣處理高級動物的屠夫只要一瞥，就夠動物知道是否一切安好，或是土壤跟動物管理方面出了什麼錯，或是兩者皆然。[63]」

這些洞見或直覺占了什麼地位呢？我們或許可以稱這些技巧為大部分「詭計多端」的實踐者所獲得的「專業技巧」（並不帶欺瞞的意思）[64]。值得注意的是，基本上這些趣聞中提到所有經驗老到的判斷，都可以透過測試和測量獲得證實。白喉可以在實驗室中偵測，幼童貧血可以透過血液測試確認，而布吉船長可以到甲板上確定風向的改變。對於那些擁有直覺和有辦法獲得正規測量方式的人而言，知道他們的判斷能夠再三確認無疑是十分令人心安。但是要在知識上獲得與梅蒂斯相同水準的能力，這過程更慢、更費力、資本更密集、而且不一定總是一清二楚。當我們需要做出高度精準（並非完美）的迅速判斷時，又或是當我們需要詮釋早期徵兆，好知道事情是往好或壞的方向發展，梅蒂斯在這方面是無可取代。對於經驗豐富的醫生而言，實際上是梅蒂斯讓他判斷出是否需要測試，以及需要什麼測試。

就算是能夠透過經驗法則傳遞的梅蒂斯，那也是透過編纂寫下實際經驗而成的。將楓樹汁液煮成糖漿是一項棘手的工作。如果煮太久，汁液會沸騰。該在什麼時候停下來則可以透過溫度計或是液體比重計（表示比重）來決定。有經驗的人只在燒開之前，看一下在汁液表面形成的小泡泡量就夠了，畢竟視覺上的經驗法更容易使用。然而要達到這種眼光，糖漿製造者至少必須煮壞過一次。我常常覺得中國食譜很有趣，它往往都會有「加熱到油近乎冒煙」這種指示。這些食譜都假設廚師犯過很多錯誤，才會知道油在開始冒煙之前長什麼樣子。就定義而言，楓糖和油的經驗法則，真的就是根據經驗創造出來的法則。

那些無法使用科學方法或是沒有實驗室驗證結果的人，往往都得仰賴梅蒂斯發展出極為正確、豐富的知識系統。在六分儀、磁羅經、海圖和聲納時代之前的傳統領航技能，就是一個很好

62 在芝加哥一家醫院有相同的故事，一名男子近乎要因為醫生無法診斷的疾病而死亡。儘管他們知道這位病人在國外的旅行，意謂著他可能為熱帶疾病所苦，測試結果和研究卻無法發現什麼。有一天，一位來自印度、經驗豐富的醫生跟他的同事在前往門診時經過這個病房，他停下來並嗅了嗅空氣，指出：「有個病人有某某疾病」（我不記得疾病名稱了）。而他是正確的，只是這病人很遺憾地已經病入膏肓，無法醫治。

63 霍華德，*An Agricultural Testament*, pp. 29-30。

64 馬格林指出「詭計多端」一詞，如何將經驗豐富的工藝知識與梅蒂斯所蘊含的「狡黠」概念結合在一起。請參考 "Economics and the Social Construction of the Economy," p. 60。

的例子。讓我再一次以布吉為例，因為金．阿馬列（Gene Ammarell）完美紀錄了他們的技巧[65]。在缺乏潮汐表的狀況下，布吉人制定了一套非常可靠的計畫來預測潮起潮落、洋流方向和潮汐的相對強度，這些資訊對他們的航行計畫跟安全都至關重要[66]。布吉船長根據一天中的時間、進入月球週期的天數和季風季節，在他腦海中建立了一個系統，能夠提供一切關於潮汐的必要精準資訊。從天文學家的角度來看，不考慮月球赤緯的角度就擬定這些計畫，實在是非常離奇。然而既然季風和月球赤緯有直接關係，它就能有效地被視為替代指標。布吉船長的認知地圖可以用書面形式重建以達到說明目的，正如阿馬列的書所做到的。但要學習這些地圖，得透過布吉人非正式學徒制口語教學而成。考量到它意圖解決的現象的複雜性，這個用於評估和預測潮汐的系統，是精緻簡單且十分有效。

## 梅蒂斯的活力（Dynamism）與彈性

「傳統」這個詞，如同它在「傳統知識」中的用法（我一直努力避免使用這個詞彙）是種誤稱，釋放出了一切錯誤的訊息[67]。在十九世紀中期，探險家們在西非遇到種植玉米、並把這種新世界穀物當作主食的人。儘管西非人種植玉米的歷史應該不太可能超過兩個世代，當地種植者之間已經出現各種對於賜予他們第一顆玉米粒的玉米女神或神靈的詳盡儀式與迷思。他們如此快採納選擇種植玉米，以及將玉米融入傳統的速度都令人驚訝[68]。玉米變種在四大洲明顯的傳布，進一步證明「傳統的人」多麼迅速地擁抱新的技術以解決生死攸關的問題。類似的例子還有很多。

縫紉機、火柴、手電筒、煤油、塑膠碗、抗生素等等，都只是一小部分因為能解決關鍵問題或是消除繁重的工作，而輕易被接受的產品[69]。正如我所指出的，實用性是測試梅蒂斯知識的關鍵，

65 布吉水手是海上環境敏銳的觀察者，蒐集了大量預告天氣、風向、登陸和潮汐的徵兆暗示。彩虹最主要的顏色有其意義；黃色代表雨量較多，藍色代表風力較強。早晨在西北方的彩虹意謂著來自西方的季風即將展開。鐵板圍欄如果發出「科科科」的聲音，意謂著風向的轉變。當猛禽飛得很高，雨大概兩天內會抵達。這些有效的聯想可能都可以有更「科學」的解釋，但它們被好幾個世代的人當作迅速、正確、有時候可以救人一命的訊號。

66 阿馬列，"Bugis Navigation," chap. 5, pp. 220-82。

67 另外一個詞彙是近期興起的「原民知識」（indigenous knowledg）或「原民技術知識」。儘管我對於使用這些詞彙本身沒什麼意見，但由於它指出了發展計畫主體已經擁有的技能和經驗，它在某些人看來便意謂著某種自給自足、十分充足、頑固反對現代科學知識的東西，但這種知識實際上一直藉由實驗和與外界接觸而改變。關於這些詞彙非常有洞察力的兩項批判，請參考Akil Gupta, "The Location of 'the Indigenous' in Critiques of Modernity," Ninety-First Annual Meeting of the American Anthropological Association, San Francisco, December 2-6, 1992，以及Arun Agrawal, "Indigenous and Scientific Knowledge," *Indigenous Knowledge and Development Monitor* 4, no. 1 (April 1996): 1-11及其註解。還有Agrawal, "Dismantling the Divide Between Indigenous and Scientific Knowledge," *Development and Change* 26, no. 3 (1995): 413-39。

68 關於這方面的普遍論點，請參考Eric Hobsbawm and T. O. Ranger, *The Invention of Tradition* (New York: Cambridge University Press, 1983)。儘管這兩位作者比較關注菁英「發明」出的傳統，好用來合理化他們的統治與正當性，他們對於許多所謂傳統、但一點都不古董的一般論點，仍然十分有用。

69 我在處理的問題，不是諸如人們在面對與他們自我認同中心息息相關的習慣和典範時，願意放棄它們的程度為何，例如死亡儀式、宗教信仰、對於友誼的想法等等。然而，適應調整最有趣跟最重要的一個面向，是窮人和邊緣人在不太需要資本的情況下，往往都是創新的先驅。這其實是意料之中的事，畢竟在現行實踐不管用的情況下，賭一把對他們而言會是最合理的作法。偶爾當整個社群或文化經歷一種壓倒性的無力感，而它們所擁有的分類無法再用來了解世界時，這種豪賭就會有種千年一度之感，新的先知會出現來宣告前進的道路為何。對前工業人口所做的殖民征服、宗教改革期間的德意志農民戰爭、英國內戰和法國大革命都屬於此類。

而所有這些產品都以優異的成績通過考驗。

要不是某種特定對科學、現代性和發展的理解，成功組織了檯面上支配的論述，導致其他類型的知識被視為落後、不變的傳統、無稽之談或迷信，我根本不需要在這裡強調這些論點並仔細說明。高度現代主義需要「他者」這個黑暗的雙胞胎，才能在修辭上以「解決落後問題的解藥」之姿現身。[70]這兩者的對立也源於這兩種知識形式的機構和人員之間的競爭歷史。現代研究機構、農業實驗站、肥料與機器的賣家、高度現代主義城市規劃者、第三世界發展機構跟世界銀行的官員等等，在很大的程度上都透過貶低我們稱之為梅蒂斯的實踐知識，來獲得制度上的成功。

於是在這個脈絡下，他們所描繪出的實踐知識，完全是指鹿為馬、胡說八道。梅蒂斯是充滿彈性、在地及多樣的，[71]絕非固定且單一。而正是梅蒂斯的特色、脈絡性與碎片化，讓它能輕易被滲透並對新的想法保持開放態度。梅蒂斯沒有教條或是中央化的訓練；每個實踐者都有自己的角度。用經濟學術語來說，梅蒂斯的市場通常都是近乎完全競爭狀態，而由下而上、由外而內的創新常常會打破在地的壟斷者。如果新的技術能派上用場，它就不用擔心客源問題。

邁克爾·奧克肖特在替傳統主義辯護、以對抗對理性主義時，強調了真實、既存傳統的實用主義：「理性主義者最大的錯誤——儘管這不是這個方法固有的——是假設『傳統』，或比較好的說法是『實踐知識』，是僵固、固定、冥頑不靈，但它實際上『非常流動』。[72]」傳統是充滿彈性且動態的，而這有部分是因為它在各地的局部變化。「沒有任何傳統行為或技術會永遠不變」，他在另外一個地方提到，「它的歷史就是持續改變的過程。[73]」而改變很可能是微小且逐漸發生（漸進主義），而非迅速與斷裂。

另外值得強調的是，相對於文字紀錄的文化，口述文化更能夠避免僵固與教條。因為口述文化沒有能夠指出後世偏離原始正軌的參考文本，其宗教迷思、儀式、民間傳說就更容易發散。近期流傳的故事跟傳統往往因講者、觀眾和在地需求而異。由於沒有類似神聖經文這樣的標準來衡量其偏離原始傳統（Ur-tradition）的程度，這種文化可以隨著時間推移發生巨大的變化，而它同時仍相信自己始終忠於傳統[74]。

對於一個社會儲存梅蒂斯的積累，最好的類比也許是語言。各種表達方式的確有經驗法則存在：陳腔濫調、禮貌用詞、咒罵方式和傳統對話等。但除非有一個具備嚴酷警力的文法中央委員會，不然隨著新的表達方式和詞語組合方式的發明，加上雙關語和諷刺語句破壞傳統規則，語言會一直不斷增加新內容。在迅速改變與巨大壓力之下，語言可能會劇烈改變，新的混用詞彙出現，但使用這些語言的人仍然能辨識出這是他們的語言。當然，對於語言發展方向的影響力，從來就不是平均分配，但創新來自四面八方，而如果其他人發現某些特殊的創新十分有用或非常貼

---

70 James Ferguson, *The Anti-Politics Machine: "Development," "Depoliticization, and Bureaucratic Power in Lesotho* (Cambridge: Cambridge University Press, 1990)。

71 請參考 Arturo Escobar 對於馬格林和 Gudeman 作品中混種概念的闡釋：《People's Economy, People's Ecology》。

72 奧克肖特，"Rationalism in Politics," in *Rationalism in Politics*, p. 31。

73 奧克肖特，"The Tower of Baal," in *Rationalism in Politics*. p. 64。

74 如果這些社會的創新一定要弄得好像和傳統相符才能獲得接受，這就又再次顯示出傳統的彈性。

切，他們會採納為他們的語言的一部分。無論是語言或是梅蒂斯，創新者的名字很少被記住，而這也有助於創造共同、互相的產物。

## 梅蒂斯的社會脈絡及其毀滅

當我在馬來西亞的小村莊做田野時，我一再地為我的鄰居們所擁有博大精深的技巧，以及他們對當地生態非正式的知識感到吃驚。其中一件趣事深具代表性。在我住的組合式住宅附近種著當地知名的芒果樹。親友跟認識的人都會在果實成熟時來拜訪，不只是希望能獲得新的果實，更希望有機會能將種子種到他們家附近。但是在我抵達之前，這棵樹感染了大型紅螞蟻，在芒果成熟之前幾乎摧毀了大部分的果實。除了將每一顆芒果套袋之外，似乎什麼都做不了。好幾次我注意到這一家年長的戶長末依沙（Mat Isa），會帶著乾燥的水椰棕櫚葉到芒果樹的底部檢查果樹。當我終於開口問他在做什麼時，他其實不太想要講，因為這跟我們平常三姑六婆的八卦相比是非常無聊的事情，但他還是解釋說，他知道小黑蟻是大型紅蟻的天敵，而我們住的組合式住宅附近就有不少小黑蟻窩。他也明白當細瘦、茅狀的水椰的葉子落下死亡後，會捲起來變成長條狹窄的管狀（當地人實際上用這些管子捲香菸）。而他還知道，這些管狀葉子是黑蟻窩蟻后最理想的下蛋位置。他在過去幾週都把乾掉的水椰葉放在一些策略性的位置，直到有大量的黑蟻卵開始在這些葉子上孵化。他接著把這些充滿螞蟻卵的葉子放在芒果樹上，隨後觀察了長達一週的善惡大對決。許多鄰居和他們的孩子也跟著仔細觀察螞蟻大戰，而其中不少人心存懷疑。儘管最後有超過一半的黑蟻陣亡，但牠們最終靠著數量上的優勢戰勝紅蟻，在芒果樹底部的土地上攻城掠地。而在果實還在樹上時，黑蟻本身對芒果葉或果實都沒有什麼興趣，於是芒果樹得以存活下來。

這個在生物防治上成功的田野實驗預設了幾種知識：黑蟻的棲地與覓食特徵、下蛋的習慣、猜測什麼樣的在地材料能作為可移動的卵室、還有經歷過並學習到紅蟻和黑蟻兩者傾向相鬥。末依沙很明白這些實際昆蟲學的技巧廣為流傳，至少在他之前的社區是如此，而大家記得這樣的策略在過去曾經有一、兩次派上用場。而我則很清楚知道，不會有任何農業推廣人員知道螞蟻在做什麼，遑論還要使用生物防治對付這些螞蟻；大部分的推廣人員都是在城裡長大，而且都只關心稻米、肥料跟貸款。他們也不會想到要去問這些問題，畢竟他們都是專家，訓練來要開導農民。除非是處在終身不停觀察，以及一個能定期交換和保存這類知識的相對穩定、多代同堂社群的脈絡，不然實在很難想像這種知識能被創造和維持下去。

這個例子的其中一個目的，是要提醒我們注意到類似的實踐知識再生產所需的社會條件。這些社會條件似乎最少需要一個有直接利益關係的社群、資訊的積累以及不停地實驗。偶爾會有些制度看起來是為了蒐集與交換實踐資訊而量身打造，像是十九世紀法國的冬日守夜會（*veillée*）。冬日守夜會正如其名，是農家在冬天晚上聚在一起的傳統行為，通常都是在馬房裡舉行，這樣可以善用牲畜製造出來的溫熱並藉此省下燃料費。除了社交與經濟性質外，這些集會沒有什麼特定目的，而它們相當於地方集會，在參與者剝堅果殼或刺繡的同時，彼此交流意見、故事、農業新聞、建議、八卦、宗教或民間傳說。考量到每個成員一生都為了自己的利益在觀察和實踐各種農業決策，而每個家庭都為此付出代價，冬日守夜會是一個鮮為人知的日常實踐知識研討會。

這讓人直接聯想到梅蒂斯的兩個巨大諷刺。首先，梅蒂斯的分配並不民主。它不僅取決於不尋常的感覺或訣竅，獲得它所需的經驗和實踐還可能會受到限制。手工業行會、天賦異稟的工匠、特定階級、宗教兄弟會、整個特殊社群團體跟男性同胞們，往往都壟斷特定形式的知識而不願分享。更精確一點地說，其他人是否能取得這些知識，在很大程度上取決於該社會的社會結構，以及對某些知識形式的壟斷能否賦予壟斷者優勢[75]。從這方面來看，梅蒂斯不是統一的，而我們應該用複數型態表達梅蒂斯，正視它的異質性。而第二個諷刺在於，無論梅蒂斯多麼充滿彈性或是多麼具有包容性，其中有些形式似乎得仰賴前工業生活型態的關鍵要素，才得以詳細闡述並傳達。在市場跟國家邊緣的社群更可能保有高程度的梅蒂斯；他們別無選擇，因為他們不成比例地依靠他們現有的知識與原料。如果末依沙在當地商店購物或是拜訪農民協會時，找到可以除去紅蟻的便宜殺蟲劑，我毫不懷疑他會直接使用。

有些形式的梅蒂斯每天都在消失[76]。當物理流動、商品市場、正規教育、職業專業化和大眾媒體已經散播到最遙遠的社群，創造闡述梅蒂斯的社會條件就已遭到破壞。有些人可能會順理成章地迎接在地知識的大量消亡。當火柴已經隨處可得，除非閒閒沒事、充滿好奇，不然為什麼會有人想要知道如何用打火石取火呢？知道如何在洗衣板或河邊的石頭上搓洗衣服無疑是種藝術，但是當大家能買得起洗衣機時，這種藝術就會被打入冷宮。當機器製造的廉價長襪上市後，大家也毫不念舊地放棄織補衣服的技能。像是年長的布吉海員所說的：「這些日子裡，只要有航海圖跟羅盤，**每個人**都可以掌舵。[77]」而為什麼不呢？標準化知識的生產讓特殊的技巧能更廣泛（更民主地）使用，因為它們不再掌握在拒絕分享或堅持長期學徒見習的行會手中。[78] 我們所遺失的梅蒂斯世界，大部分都是工業化和分工後必不可免的結果，而這些丟失被視為從辛勞與勞苦中解放。

但是把梅蒂斯的毀滅視作只是經濟進步不經意且必要的副產品，這是種嚴重的錯誤。梅蒂斯的毀滅，還有被只能從中央辨識的標準化公式取而代之，這實際上都是被銘刻在國家和大規模官僚資本主義的活動之上。後者作為一個「計畫」，它是不斷創新的目標，但這種創新永遠不會完全成功，因為任何形式的生產或社會生活，都不能只靠公式——亦即缺乏梅蒂斯——來運作。但是讓計畫運作的邏輯，是控制與侵占。在地知識因為發散且相對自主，以至於難以侵占。就國家而言，縮減或（更烏托邦式的）消除梅蒂斯和它所需要的地方控制，是行政秩序和財政侵占的先決條件，而就大型資本主義企業而言，這是確保工人紀律和獲得利潤的前提。

75 想要獲得成文編纂的理論知識，也得受限於諸如財富、性別、社會位置、已開發國家內部的區域位置等條件。而差別在於，已開發社會中的醫學、科學、工程、環境等，原則上都是公開的秘密，能讓大家使用與修改。

76 更不用說人們不斷創造新型態的梅蒂斯，電腦駭客就屬於其中之一。很清楚的，梅蒂斯在現代和不太現代的社會中是無處不在。關鍵的區別也許在於跟前工業時代的社會相比，現代社會特別依賴於成文的理論知識，通常藉由正式的指引來傳達。

77 阿馬列，"Bugis Navigation," p. 372。

78 毫無疑問的，許多見習制度在訓練新的工匠都花了太多沒必要的時間，而且它會偽裝成契約勞動的形式，好增加工匠大師寡占壟斷的利潤。

梅蒂斯的屈服，在量產工廠的發展中顯而易見。我相信工廠內相對去技術化的過程是更具有說服力的例子，而考量到要徹底在農業生產上實施標準化會遇到的棘手障礙，後者相較之下是較為遜色。

史蒂芬．馬格林早期著作清楚指出，資本主義的獲利不只需要效率，它得同時擁有效率跟控制兩者的**結合**[79]。產品製造階段的分工與工廠生產集中化是兩項重要的創新發明，意謂著將勞動過程帶入單一控制這個關鍵的步驟。效率和控制可能會同時發生，一如棉花的機械化紡紗和編織。但有時候，它們可能是毫無關聯甚至相互衝突的。馬格林認為：「在最好的情況下，效率創造**潛在**獲利。而資本家在缺乏控制的情況下，將無法實踐這些獲利。因此，能增加資本主義控制的組織形式有可能會提高獲利並獲得資本家喜愛，儘管這可能會反過來傷害生產力或效率。相反的，更有效組織生產的方式可能會降低資本主義控制，最後導致獲利減少，並為資本家所拒。」[80]一般手工業生產的結構往往被視為是效率的障礙。而它對資本主義獲利而言，幾乎**永遠**都是種阻礙。在工廠組織出現之前盛行的織品業外包制（"putting-out" system）下[81]，村莊的工人掌握原物料，他們不僅可以控制工作的速度，還能藉由難以監控的各種策略來增加他們的回報。而從老闆的角度來看，工廠關鍵的優勢是他可以更直接地管理工作時間與強度，並控制原物料[82]。只要還能在手工基礎上組織有效率的生產（根據馬格林的說法，例子包括早期的羊毛製造和絲帶編織），資本家就很難從分散的手工業者中獲取利潤。

腓德烈．泰勒是個現代大量製造方法的天才，他清楚看見了毀滅梅蒂斯的結果，把一群充滿反抗能力、具有一定自主能力的手工業人口，轉變成更適當的單位或「工廠裡的手」：「在科學管理之下……經理承受了……負擔，要蒐集所有過去為工人所擁有的傳統知識，然後將這些知識分類、製表並將其簡化為規則、法律和公式……。因此，舊制度下由工人完成的一切計畫，在新制度下必定要由管理階層根據科學法則完成[83]。」在泰勒主義的工廠裡，只有工廠經理具備整個生產過程的知識，並且能下達指令，而工人被縮減成執行整個過程裡小型、往往是微小的一部分。這樣操作的結果通常十分有效，就像早期的福特工廠一樣。而對控制和獲利而言，這種作法始終都是一大恩賜[84]。

泰勒化的烏托邦曾夢想著工廠中每雙手，都以按表操課的機器人為楷模，或多或少被縮減成自動化的動作，但這個美夢是遙不可及，雖然並不是沒人試過。大衛・諾貝爾（David Noble）曾

---

79 意圖掌控工作過程的欲望不只是為了在短期內獲得利潤，這對管理人員要根據市場調整和滿足上司要求，並進行由上而下改變工作過程的能力也十分關鍵。Ken C. Kusterer稱管理控制生產過程為公司的「可操縱性」。請參考Kusterer, *Know-How on the Job: The Important Working Knowledge of "Unskilled" Workers* (Boulder: Westview Press, 1978)。

80 馬格林，"Losing Touch," p. 220。

81 譯注：有興趣的讀者，可進一步參閱台灣學者的研究：謝國雄，1989，〈外包制度：比較歷史的回顧〉，《台灣社會研究季刊》，第2卷，頁29-69。

82 同前，p. 222，但資本家總是很快會發現，外包制的一個優勢是減少大規模產業罷工跟機器壞掉。

83 泰勒，引自同前，p. 220 n. 3。

84 馬格林指出：「只有以管理人員可以獲得的理論知識形式重新闡述工人的知識，才能替管理控制提供堅強的基礎。」（同前，p. 247）。

經形容有人投注大量經費，嘗試透過數值控制來製造機器，因為這可以保證工廠能「從工人手中解放出來」[85]。而這些失敗正是因為系統往往排除梅蒂斯，缺乏經驗老到的工人在實際上做出調整，好補救材料、氣溫、機器不尋常的磨損、機械故障等細微的改變。如同一個操作者所述：「數值控制本來應該要像是魔法一樣，但最後你能做的只是自動製造出垃圾。[86]」這個結論適用於各式各樣的狀況。肯．克斯特爾（Ken Kusterer）傑出的民族誌紀錄了機器操作員看似完全去技術化的工作日常，他指出工人仍然得發展出對於成功生產而言絕對必須的個人技術，而這些技術永遠不可能縮減成新手可以立刻採用的公式化內容。其中一位機械操作員的工作內容被歸類到「不需要技巧」，而他用開車來比擬工作上的操作：「車子基本上都是一樣的，但每台車都不太一樣……。在剛開始學習時，只是在學如何開車。可是當你知道怎麼開之後，你會懂你正在開的車——你知道，就像是如何感覺不同的速度、煞車運作狀況如何、何時會過熱、而冷天時怎麼發動……。如果你把這些機器想像成是老車，而這些機器過去二十年每天都採取三班制，其中有一些可能像是一台沒有喇叭的車，或是在你煞車時會試著往右轉的車，還有只有某個角度才有辦法加油的車——或許你就會理解操作他們這裡的機器感覺怎樣。[87]」

農業生產也有泰勒化的同類，而它具有更長和更多樣化的歷史。農業跟製造業一樣，更有效率的生產形式不足以保證賦稅和獲利的侵占。像是已經提到的，獨立的小自耕農可能在種植許多作物上會更有效率。而儘管這種形式的農業在產品包裝、加工與販售後，有機會提供稅收和獲利，但它們相對難以辨識與控制。要監視無足輕重的小農場所擁有的商業財富，就如同要監管自主手工業者跟小資產階級商人，無疑都是場行政夢魘。不僅有很大的機會會遇到迴避和抵制，至於想要獲取準確的年度成本數據，代價就算不會令人卻步，仍然會是十分昂貴[88]。

一個只在乎侵占和控制的國家，會認為定居農業比放牧業或游耕更佳。出於同樣的理由，這種國家普遍會偏好大型土地控制勝過小自耕農，更甚者，他們會最為激賞種植園跟集體農業。當控制與侵占成為主要的考量因素時，只有後兩者的形式可以提供對勞動力與收入的直接控制，並有機會選擇什麼樣的種植方式與技術，還有最重要的，直接控制生產與獲利。我們已經在本書前面章節看到，儘管農業集體化與種植園農業很少會有高效能的產出，它們代表了最容易辨識、因此也就是最容易侵占的農業形式。

大型資本主義農業製造者和工廠主人得面對一樣的問題：如何將農民所擁有的基本手工業或梅蒂斯知識轉化成標準化系統，讓他能夠對工作及其強度有更高的控制能力。種植園是其中一個答案。在殖民國家，四肢健全的男人被強迫加入被殖民者的作業班，而種植園則代表了一種私人的農業集體化，因為它得依靠國家實施必要、外於市場的制裁以進行勞動控制。有不只一個種植

---

85 大衛・諾貝爾，*Forces of Production: A Social History of Automation* (New York: Oxford Press, 1984), p. 250，引自同前，p. 248。

86 諾貝爾，*Forces of Production*, p. 277，引自Marglin, "Losing Touch," p. 250。

87 引自Kusterer, *Know-How on the Job*, p. 50。

88 這是為何在所得稅之前，使用老舊賦稅系統的行政人員，會認為依靠土地或不動產所有權這種較為永久的事實來評估稅收最容易。

園部門利用政治影響力取得補助津貼、價格支持和壟斷特權，進而彌補了他們在效率上的不足。

除了少數例外，透過種植園（更不用提集體農場）所達成的控制，證明了要取得監視，要犧牲的不僅是效率，還得付出諸如高額的監視成本和經常性費用，以及缺乏彈性等代價。既然現在種植園農業已經惡名遠播，人們設計出許多新的替代方案要複製它的控制與標準化模式，而這些案例都發人深省，因為它們展示出不同形式背後所具有的功能相似性[89]。世界各地發明的契約農業是很值得一提的案例[90]。當雞農意識到中央化操控的養雞方式不只很沒效率，還可能會造成嚴重的疾病和環境問題時，他們發展出一種高科技的外包系統[91]。大公司和農夫簽訂合約並提供雞隻給農夫，之後（通常在六週後）再回購達到標準、一定數量的雞。農夫這方面則有義務打造並給付符合企業要求的建築規格，並根據企業要求的精準時程表，餵食、給水和給藥。會有檢查人員頻繁地查看雞農的作業狀況，確保他符合要求條件。這對企業而言有巨大的優勢：除了投資在鳥禽上的錢，他們無須負擔其他資本風險；無須擁有自己的土地；管理支出很小；可以達到整齊劃一的產品標準；還有在每一輪交易後，企業可以不用付出任何代價地選擇不續約或是改變價格。

儘管形式不同，但這和種植園的邏輯一模一樣。考量到國內與國際市場，企業要求的是產品絕對、保證的一致性，以及穩定的供給[92]。要在許多不同的地方管理品質一致的肉雞生產，這需要的是視覺上的標準化和加總。如同科學林業的案例，這不只是發明測量方式並準確地反映地面上的事實，好把資料傳送給行政人員。更重要的是，這是一個改變環境、好讓標準化可以從頭就開始實施的問題。經過標準化的飼育、打造符合規格的建築、餵養的固定處方食物、以及強制的餵食，一切都由契約規定好了，讓一位專家能夠檢查一百家飼養肉雞的家禽農場（他們可能是為了像是肯德基的企業養雞），並確保這些養雞場養出來的雞之間差異有限。大家可以想像他手上的檢查清單長什麼樣子。契約農場的目的不是要了解農場並適應它們；相反的，是要從一開始就轉化農場及農場工人，確保他們會符合企業上的網格。

對簽約的雞農而言，只要這些合約展期，他們就能獲利，儘管他們得承受相當大的風險。這些合約往往都是短期合約，具有詳細規定的工作時程表，而且設備和補給都有強制規範規格。理論上來說，契約農本來應該要是小型公司企業，但除了他們拿自己的土地與建築冒險之外，他們實際上和生產線的員工一樣，對工作日沒有什麼控制的餘地。

89 有一派社會理論被稱作代理分析（principal-agent analysis），它們致力於研究一個人如何透過各種技巧，說服另外一個人做他想要對方做的事情。如大家所能想像的，最直接的應用是在管理科學上。

90 Michael J. Watts, “Life Under Contract: Contract Farming, Agrarian Restructuring, and Flexible Accumulation,” in Michael J. Watts and Peter O. Little, eds., *Living Under Contract: Contract Farming and Agrarian Transformation in Sub Saharan Africa* (Madison: University of Wisconsin Press, 1974), pp. 21-77。也可參考Allan Pred and Michael J. Watts, *Reworking Modernity: Capitalism and Symbolic Discontent* (New Brunswick: Rutgers University Press, 1992)。

91 肉雞的系統也牽涉到專門孵育和照顧小雞的農場，以及種植特定飼料的農場。蔬菜相關的契約農業在第三世界也十分常見，最近也延伸到養豬業。

92 當然，科學育種在一開始就達到了一致性。

## 對抗帝國知識的案例

他們說……他是如此致力於純粹的科學……他寧可大家死於正確的療法，也不要苟活於錯誤的解方。

——辛克萊・路易斯（Sinclair Lewis），《亞羅史密斯》（*Arrowsmith*）

我在這一直大膽提出的論點，並不是要反對高度現代主義或是國家精簡化本身，更不是反抗理論知識本身。我們對於公民身分、公衛計畫、社會安全、交通、傳播、全民公共教育，以及法律之前人人平等的想法，都受到國家所創造的高度現代主義精簡化的劇烈影響。我甚至可以進一步地說，俄羅斯布爾什維克和中國革命後共產黨等**最初**的土地改革，是國家唆使的精簡化，它們有效地賦予公民權利給數百萬名實際活在農奴制中的人。理論知識雖然在實踐上與梅蒂斯密不可分，但它為我們提供了關於世界的知識，就算它有其灰暗之處，很少有人會願意放棄這些知識。

我認為，對於我們和環境而言真正危險的，是自詡放諸四海皆準的理論知識，與威權社會工程**相結合**。這種結合曾經用在都市計畫、列寧對於革命的看法（但不在他的實踐中）、蘇聯的農業集體化和坦尚尼亞的造村運動。這種結合在科學農業邏輯之中是含蓄的，而在殖民實踐上則是顯而易見。當這些計畫快要達成忽略或打壓梅蒂斯跟在地變化的妄想時，它們幾乎都證實了自己在實踐上的失敗。

普世主義的主張似乎是為追求理性主義知識的方式所固有。儘管我不是知識哲學家，但這幢理論建築看起來似乎沒有什麼入口，能讓梅蒂斯或實踐知識正大光明地進入。而正是這種帝國主義的態度很有問題。如同帕斯卡（Pascal）指出，理性主義最大的失敗「不是不承認技術知識，而是不承認其他所有一切。[93]」相反的，梅蒂斯不會把雞蛋都放到同一個籃子裡；它不會對於普世性做出任何宣稱，而它在這方面是多元的。當然，特定的結構條件可以阻礙這種理論宣稱的帝國主義。民主和商業壓力，有時候會迫使農業科學家將工作建立在農民認定的實際問題上。在明治維新時期，三人技術小組始於調查農夫的創新發明，再將它們帶回實驗室改善。拒絕按照計畫離開巴西利亞的建築工人跟逃離拓居地的幻滅烏甲馬村民，某個程度上都破壞了為他們所做的計畫。但是這些反抗都是來自於理論知識典範之外。當像是亞伯特．霍華德這樣一絲不苟的科學家，能夠正視到種植的「藝術」和無法量化的學習方式，他走出了成文編纂、科學知識的範疇。

威權高度現代主義國家往往在不證自明（往往是還不成熟）的社會理論的控制下，對人類社群和個人生存造成無法彌補的損害。而當領袖們跟毛澤東一樣，相信人類都是「白紙一張」，新政權可以在上面任意發揮時，危險更是遽增。烏托邦主義實業家羅伯特．歐文（Robert Owen）對於新拉納克這座工廠城鎮也有同樣的嚮往，儘管是在市民而非國家的層面上：「每一代，每一個行政體系，都將看到一張具有無限可能的白紙在他們面前開展，而如果這片空白被冥頑不靈的

93　引自奧克肖特，"Rationalism in Politics," p. 20（強調由作者所加）。

祖先不理性的塗鴉弄髒了，理性主義者的第一項任務就是要將塗鴉清乾淨。」[94]

我認為奧克肖特這類保守主義者沒有注意到，對於有充分理由蔑視過往傳統的人跟知識分子而言，高度現代主義具有自然而然的吸引力[95]。晚期的殖民現代化者有時會無情地濫用權力，好改變他們視為落後並需要指引的人口。革命分子有各種理由蔑視封建、貧困、極端的不平等，他們希望能永遠放逐這段過去，而他們有時候也有動機懷疑直接實施民主將導致古老秩序的歸位。非工業世界的新獨立國家領袖（偶爾也包括革命領袖）無可厚非地痛恨殖民統治和經濟蕭條的過往，至於他們沒有浪費時間或民主情操，而是立刻創造一個他們可以引以為傲的民族，我們對此也不能多作譴責。然而，在了解他們篤信高度現代主義目標的歷史和邏輯後，我們不能忽視這股信念與威權國家權力結合之下所帶來的巨大損害。

94　引自同前，p. 5。

95　事實上，大多數現代讀者不可能跟奧克肖特一樣，在看待過去的習慣、實踐和道德方面所遺留給他的東西時，不太可能如此衷心喜愛。更不用懷疑猶太人、女性、愛爾蘭人和整個工人階級，是否有可能像這位在牛津任教的導師這般，因為受到歷史的沉澱而法喜充滿。

# 第十章 結論

他們寧可用幻想的規劃重建社會，就像是天文學家根據自己的計算改造宇宙。

——皮耶—約瑟夫·普魯東，〈評論烏托邦社會主義者〉

但是當一個人使用幻想出來的地圖並信以為真，他可能會比沒有地圖的人還犯下更大的錯誤；因為他不會在能問問題時提問，不會觀察路上每一個細節，也不會帶著他所擁有的知覺與智慧，持續尋找他該前往的去處。

——E·F·舒馬赫，《小即是美》（*Small Is Beautiful*）

本書所檢視的高度現代主義重大事件，出於兩個因素，它們可以稱作是悲劇。首先，這些計畫背後不切實際的知識分子和規劃者，都犯下了自大狂妄的罪，他們表現得像神，卻忘記自己仍是凡夫俗子。再者，這些行動不是出於損人利己、想要奪得權勢和財富的私慾，而是來自他們企圖改善人類處境的真誠想望，只是這份想望帶著致命的缺陷。這些悲劇能夠跟對進步和理性秩序的樂觀看法如此緊密結合，這件事本身就是需要進行深入診斷的一個原因。另外一個原因則是高度現代主義信仰徹底的普世性質。我們在各式各樣的殖民發展計畫、東方與西方城市中心的規劃、集體化農場、世界銀行大型發展計畫、游牧民族的重新安置以及工廠工人管理上，都可以找到這種信仰不同的偽裝。

如果說這些計畫通常能在前社會主義國家或是第三世界革命後的情境下，對人類與自然造成天崩地裂的毀壞，那是因為威權主義國家的權力往往不受到代議制度的影響，能夠摧毀任何反抗，並強制執行計畫。但是在他們的合法性和吸引力背後的想法完全是西式的。曾經唯一的上帝所持有的秩序與和諧，已經被對於進步理念的信仰所取代，而這些理念是由科學家、工程師和規劃者大力提倡。值得記住的是，在其他形式的手段無法協調或不足以應付手上的重大任務時，這些人的權力最不會遭受質疑：例如戰爭時期、革命、經濟崩潰或是國家剛剛贏得獨立時。他們策劃出來的計畫，和十七、十八世紀專制君主所設計的標準化與可辨識性計畫一脈相承。然而，新計畫之中嶄新的元素，是它對社會進行全面改造的計畫以及執行治國之術的工具（人口普查、地籍圖、身分證、統計局、學校、大眾媒體、國土安全機構），均具備前所未見的規模，這讓他們可以更進一步做到十七世紀國王所夢想的一切。因此，二十世紀的許多政治悲劇都是在高舉進步、解放跟改革的旗幟下所發生的。

我們已經仔細檢視過這些計畫，包括它們是如何讓它預期服務的人大失所望。如果得用一句話解釋這些失敗的原因為何，我會說是因為這些計畫的先驅以為自己無比天資聰穎、雄才大略，與此同時還把他們要處理的對象評為過分愚笨不堪。這章接下來就是要擴展這項粗略的判斷，並提出一些適當的教訓。

## 「笨蛋，問題在無知！」

> 我們祖先的問題在於他們以為自己是「最後一個號碼」，但既然數字是無窮的，他們不可能會是最後一位。
>
> ——薩米爾欽，《我們》（*We*）

本節標題的格言不僅很確切地模仿比爾·克林頓（Bill Clinton）在一九九二年總統競選時，競選團隊內部口號「笨蛋！問題在於經濟！」的汽車貼紙，我也想讓大家注意到，規劃者一而再、再而三地忽視未來最根本的可能性。在面對未來還沒發生的事情時，要遇到任何一項建議是建立在缺乏完整知識的**前提**之上，這是多麼罕見的一件事。有個小例外可以強調它的稀有程度，讓我以我任教的耶魯大學的健康中心所出版的一份營養公告為例。一般來說，這類型的公告會對主要食物種類、維他命、礦物質等對營養均衡必要的元素做出解釋，並根據這些類別對飲食提出建議。但是這份公告卻強調，過去二十年發現了許多維持適當營養所需的新基本元素，而且還有許多元素預計會在未來數十年被研究者辨識出來。因此，**考量到他們所不知道的資訊**，這篇公告的作者建議大家在飲食攝取上要盡可能多樣化，而這個建議的來源，是基於他們謹慎假設飲食愈多樣，就愈有可能攝取還沒被發現的營養來源。

無可避免的，社會和歷史分析會有貶低人類事件偶然性的效果。歷史事件或事情發生的過程**就是**如此，它往往呈現得好像是事先決定好且必然如此，儘管實際上事情很容易就往不同的方向發展。就算是使用機率的社會科學，無論它多麼謹慎地界定結果的範圍，還是很容易為了分析而把這些可能性視作鐵錚錚的事實。在對未來下注時，偶然性的出現當然是顯而易見，但同樣明顯的，還包括人類行為者影響這些偶然性並形塑未來的能力。而在某些狀況中，下注的人會以為他們對進步的歷史法則或科學事實有所理解，就能夠知道未來的形狀。而他們對偶然性的意識，就在他們的信仰面前冰消瓦解。

然而如大家可能已經預測到的，每一個計畫大部分都為規劃者無法掌握的大量偶然性所破壞。他們的計畫是如此巨大與全面，於是就算歷史的法則或隨之而來的特殊變項和計算是正確的，他們還是會得出含混不明的結果。這些世俗規劃者的野心，意謂著就算他們能信心滿滿地猜想下一步的後果為何，仍然沒有人能具體說明、更不用提要計算二階或三階後果或它們交互作用的效果了。然而，牌堆中存在能翻轉一切局勢的萬用牌，也就是模型之外的人類與自然事件，例如乾旱、戰爭、叛亂、流行病、利率、全球消費者指數、石油禁運。當然，在面對這些偶然性時，他們的確能夠、且已經嘗試調整跟臨場發揮。可是他們一開始的介入規模是如此巨大，導致許多犯下的錯誤已經無法挽回。史蒂芬．馬格林扼要地指出他們的問題：如果「我們對於未來唯一能確定的，就是未來充滿不確定性，如果唯一能確定的是我們將會對未來發生的事情感到驚訝，那就沒有任何計畫跟處方可以處理未來將會揭露的偶然性。[1]」

反對統制經濟的右翼批評者如海耶克，和彼得．克魯泡特金這種宣稱「無法對未來立法」的共產威權主義的左翼批評家之間，他們在這一點上達到一種奇怪且徹底的共識，而這是他們在其他方面不可能達成的：他們都十分尊重人類行動的多樣性，也知道要成功協調成千上萬的行動是巨大的難題。在對失敗的發展典範進行激烈批評時，阿爾伯特．赫希曼提出了一個類似的例子，他呼籲「多一點『對生命的尊重』，少一點對未來的束縛；多一點對意外的容忍，少一點一廂情願的想法。[2]」

人們可能能夠根據經驗獲得經驗法則，而如果他們能奉行這些法則，或許比較能夠避免發展計畫淪為一場災難。而儘管我的主要目的不是要逐一改革發展實踐，要改善這些實踐的作法當然

---

1　Stephen A. Marglin, "Economics and the Social Construction of the Economy," in Stephen Gudeman and Stephen Marglin, eds., People's Ecology, *People's Economy* (forthcoming)。

2　阿爾伯特．赫希曼，"The Search for Paradigms as a Hindrance to Understanding," *World Politics* 22 (April 1970): 239。在其他地方，赫希曼以幾乎同樣的方式賦予一般社會科學相同的任務：「但是在經歷了這麼多失敗的預言之後，擁抱複雜性難道不符合社會科學的利益嗎？就算這樣做會犧牲一些預言能力？」（"Rival Interpretations of Market Society: Civilizing, Destructive, or Feeble?" *Journal of Economic Literature* 20 [December 1982]: 1463-84）。

還是可以根據以下幾點進行。

**一次一小步進行。**在社會變遷的實驗方法中，假設我們無法事先知道介入後的下場為何，在這種無知的假設下，寧願盡可能邁出一小步，再退後一步觀察，接著規劃下一小步。如同生物學家霍爾丹（J. B. S. Haldane）如此比喻「小」的優點：「你可以把一隻小老鼠扔到一千碼深的礦井中；牠在到達底部時會受到一些驚嚇，但接著就安然無恙地離開。可是同樣的作法，會讓大型的老鼠死掉，人類會斷手斷腳，而馬會血肉飛濺。[3]」

**贊同可逆性。**贊同那些出差錯後可以輕易挽回的干預手段[4]。無法挽回的干預模式將會有無法挽回的後果[5]。考量到我們不知道生態系統內各個元素如何交互作用，介入的時候更需要在這方面保持謹慎的態度。奧爾多・利奧波德（Aldo Leopold）掌握了其中所需要的謹慎精神：「聰明的修補匠的第一個原則，就是要保留所有的元件。[6]」

**在計畫內保有意外的空間。**選擇能為無法預視的情況提供最有彈性的計畫。在農業計畫上，這代表著選擇能種植許多不同作物的土地，並以此準備田地。在規劃住宅時，這意謂著根據家庭結構和生活品味的改變做出彈性的設計。而在工廠，這則是要選擇能讓新的過程、材料、生產線進行的地點、配置和機器。

**為人類的創意規劃。**在規劃時，永遠要假設以後參與這些計畫的人，會擁有或是發展出經驗和洞見，能夠改進設計。

## 為抽象公民而規劃

高度現代主義的權力與精準度不只是仰賴控制偶然性，同時也要將它們意圖發展的對象標準化。規劃者最至高無上的目標，大部分都是要達到更平等的社會、滿足公民（尤其是工人階級）最基本的需求，以及讓所有人都能使用現代社會的配備。不過即使如此，標準化仍然隱約存在這些目標之中。

但是讓我們暫停一下，思考這些計畫的利益是要提供給什麼樣的人類主體。這些主體的樣貌特別抽象。像是柯比意、拉特瑙、蘇聯集體農業推動者，還有尼雷爾（考量到他對非洲傳統誇張的關注），儘管這些人各不相同，但他們都是在為一般普遍的主體做規劃，後者需要固定幾平方呎的房屋空間、幾英畝的田地、多少公升的乾淨水源、幾單位的交通運輸跟多少食物、乾淨的空氣，以及娛樂空間等。標準化的公民有一模一樣的需求，甚至還可以互相替換。讓人震驚的當然是出於規劃操作的目的，這些公民——像是自由主義理論中的「無記號公民」——沒有性別、沒有品味、沒有歷史、沒有價值、沒有想法或是獨創的點子、沒有傳統、沒有任何特別的特質可以

---

3 引自Roger Penrose, "The Great Diversifier," a review of Freeman Dyson, From Eros to Gaia, in the *New York Review of Books*, March 4, 1993, p. 5。

4 如同所有經驗法則，這個規則不是絕對的。像是災難如果迫在眉睫，而且得迅速做出回應時，就可以放棄它。

5 我相信，對於那些以其他理由不反對死刑的人來說，這是反對死刑的最有力論據。

6 奧爾多・利奧波德，引自Donald Worster, *Nature's Economy*, 2nd ed. (New York: Cambridge University Press, 1994), p. 289。

貢獻給這些規劃事業。沒有人會期望這些人持有特殊、情境化和脈絡化的特質，而我們總是理所當然地將這些特質連結到菁英身上。

缺乏脈絡及特殊性並不是意外疏失，它是任何大型計畫操作所必要的第一個前提。只要被處理的主體可以被視作標準化單位，規劃操作所擁有的解決能力就會上升。在這嚴格限制的範圍內所提出的問題都會有確切、量化的答案。同樣的邏輯也適用在自然世界的轉變。商業木材的體積或以蒲式耳計算的小麥產量，都比土壤品質、穀物的多功能性和味道、以及社群的福祉更容易精確計算[7]。經濟學改變了在其他狀況下會被視作質化的問題，將它們轉化成具有單一指標的量化問題和報表上的最後一行——損益盈虧，藉此達到可以解決問題的巨大能力[8]。如果能了解企及這種精準度所需要的浮誇假設，以及精確值無法解決哪些問題，單一指標其實是非常寶貴的工具。而恰恰是在這種指標成為霸權時，問題才會浮現。

高度現代主義計畫最讓人吃驚的地方，是儘管它們擁有真誠的平等主義性質、而且常常帶有社會主義的衝動，卻對於一般人的技巧、智慧和經驗極度缺乏信心。這在泰勒主義的工廠最為明顯，工作組織的邏輯將工廠中人手的貢獻縮減成一系列重複（如果經過訓練）動作，盡可能地像機器一樣運作。但是在集體化農場、烏甲馬村莊和經規劃過的城市也很明顯可以看到這點，它們對民眾行為的想像，在很大程度上已經銘刻在這些社區的設計之中。如果尼雷爾對於國家合作農場的期望落空了，這不是因為他的計畫沒有加入工人合作社的規劃。理論上來說，計畫愈是雄心勃勃跟縝密，它留給偶然性跟機運以及在地主動執行與體驗的機會就愈少。

# 剝離現實，直抵本質

如果用來調查社會與經濟生活的量化科技，能夠根據它們自己的形象重新打造它們試圖描繪的世界，那麼就能發揮最大的作用。

——西奧多·波特（Theodore M. Porter），《對數字的信任》（*Trust in Numbers*）

如果事實——即活生生的人類行為——對這些實驗採取反抗的態度，那麼實驗者就會感到不滿，並嘗試改造事實以符合理論；這在實踐上意謂著要對社會進行活體解剖，直到它們的模樣變成了在原初理論判斷下，實驗對它們應該要造成的結果。

——以撒亞·柏林（Isaiah Berlin），〈論政治判斷〉（*On Political Judgement*）

---

7 這類問題的典型社會科學解決方法，是將它轉化為量化研究，例如要求公民以預先決定好的尺度評估社區的福祉。

8 「在你將現實簡化為千百個面向中的一個——只有一個——之後，一切都變得清清楚楚。你知道該怎麼做。……同時也有衡量成敗狀況的完美衡量標準。……問題在於私人企業理論的強項，得仰賴大量殘酷無情的精簡化，這與科學的非凡成就所創造出的心理模式十分吻合。科學的力量也來自於它把現實『縮減』到它諸多面向中的其中一個面向，主要是把質量縮減成數量。」E. F. Schumacher, *Small Is Beautiful: A Study of Economics as if people Mattered* [London: Blond and Briggs, 1973], pp. 272-73)。

高度現代主義視野的清晰度，是來自於它所堅持的單一性。它精簡化幻想的內容，是在它的檢視之下，所有活動或過程都以單一事件進行。科學林業的森林內只種植商業木材；規劃過的城市內，商品跟人類只有一種有效率的移動方式；在房舍財產上，只有一種提供庇護、暖氣、廢水處理與自來水服務的有效方法；規劃過的醫院只會迅速提供專業醫療服務。但我們跟規劃者都知道，這些場所都是各式各樣相互關聯的活動的交匯點，而這些活動與前述如此簡化的敘述相悖逆。就算從甲地到乙地之間明顯只有一條單一功能的道路連結，這條路都可以同時擁有娛樂、社會互動、興奮的消遣、欣賞兩地之間風景的功能[9]。

想像兩種不同的活動地圖會對掌握這些場所十分有幫助。在經規劃過的都市社區中，第一張地圖是由街道和建築所組成，描繪規劃者提供從辦公室到住家、商品運送、抵達購物區等等的路線。第二張地圖則像是縮時攝影，臨摹所有未經規劃的活動——推嬰兒車、瀏覽櫥窗、閒晃、拜訪朋友、在人行道上玩跳房子、遛狗、觀察街景、抄捷徑從公司回到家等等。第二張地圖會比第一張更為複雜，而它揭露了許多不同的流動模式。當一個社區愈老舊，第二張地圖就愈有可能取代第一張地圖。例如美國郊區的萊維頓城鎮在五十年之後，變得和原先設計師所預想的完全不同。

如果說本書教會了我們什麼事情，那就是第一張地圖本身是錯誤的再現，而且不是長久之計。清除所有地面殘骸並種滿同齡單作的森林，從長期來看是場生態災難。所有泰勒主義的工廠都得仰賴經驗老到的工人臨場發揮才能持續生產。無論從哪個角度來說，經規劃過的巴西利亞的存續，都得仰賴未經規劃的巴西利亞。沒有雅各指出的多樣性，貧瘠的公共住宅計畫（像是聖路易的普魯伊特—伊戈公寓或是芝加哥的卡布里尼．格林公寓）都只會讓居民大失所望。就算是目的有限、目光短淺的計畫——商業木材、工廠產出——平面的地圖也無法提供任何效用。第一張地圖之所以能夠存在，是因為處在地圖之外的過程給予支持，如同工業化農業以及它對地方品種的依賴，而忽略這些過程則會將這張地圖置於危險的境地。

本書的探究也教導了我們，這些地圖的可辨識性與控制，尤其是在威權主義國家的支持之下，的確部分成功地根據它們的想像，塑造自然與社會環境。如果這般貧瘠的地圖確實能在社會生活中留下印記，它們到底是想要創造培育出什麼樣的人呢？我認為，就像是單作同齡的森林意謂著貧瘠且缺乏永續性的生態系統，高度現代主義的都市複合物，則代表著貧瘠且缺乏永續性的社會系統。

透過抵抗較為嚴厲的社會控制，人類阻止了中央集權的理性企圖落實的單調計畫。如果這些計畫較為嚴格的一面真的被實現，人類的未來會是前途茫茫。像是柯比意其中一項計畫，是要沿著交通主要幹道，將工廠工人和他們的家庭隔離在簡陋的房子中。在理論上來說，這是解決運輸與生產問題的有效解方。但如果真的強制執行這個計畫，將會造成令人沮喪的工作和居住環境，城鎮生活將死氣沉沉。這個計畫擁有泰勒主義的精髓，使用相同的邏輯，藉由將工人的活動限制在重複幾道手續上，以達到工作組織的效率。這種千篇一律的設計原則，同樣藏在蘇維埃集體

9 請參考 John Brinckerhoff Jackson, *A Sense of Place, a Sense of Time* (New Haven: Yale University Press, 1994), p. 190。

農場、烏甲馬村莊跟衣索比亞拓居地的布局背後，這些計畫都暴露了這種狹隘的視野。最重要的是，它們是設計來要加強生產的中央行政管理並控制公共生活。

幾乎所有功能嚴謹、單一用途的機構，都會具有某種實驗用感覺剝奪箱的性質。在最極端的狀況下，它們像是十八、十九世紀巨大的社會控制組織：精神病院、監獄、感化院。我們對於這種環境已經有足夠的理解，知道隨著時間推移，他們會在囚犯之間製造出一種制度性神經官能症，其特徵包括冷漠、退縮、缺乏主動性和自發性、無法溝通跟難以駕馭。這種神經官能症是為了適應被剝奪、乏味、單調和充滿控制的環境而發展出來，而這種環境最終將使人迷亂並喪失自我[10]。

問題的關鍵在於，高度現代主義針對生活和生產的設計，往往會削弱他們預期的受益者的技能、敏捷性、主動性與士氣。它們會引發輕微的制度官能症。若使用高度現代主義黨羽比較能理解的效益主義語彙來說，這些設計傾向縮減勞動力的「人力成本」。如雅各指出，複雜、多樣鮮活的環境會創造出強韌、充滿彈性與老練的人口，他們在面對新的挑戰時會比較有經驗，並且能採取主動的態度。相反的，狹隘且規劃過的環境，會培養出比較缺乏技術、創新能力跟資源的人口。但非常諷刺的是，當這些人口被培養出來後，他們實際上會成為最需要由上而下仔細監視的對象。換句話說，這種規模的社會工程邏輯，是要產生該計畫一開始就預設的那種人類主體。

然而，我們不該忘記，就算威權主義的社會工程沒有辦法根據它的自我形象創造出一個世界，它在最小的程度上仍然毀滅了許多早期互惠的結構，除去了許多本質上是梅蒂斯的實踐。蘇維埃的集體農場就算幾乎無法達成期望，但藉由將勞動力視為工廠人手而非農夫，它的確在農業集體化發生的當下，摧毀了許多農民擁有的農業技術。而就算有許多早期的制度的確應該要被廢除（奠基於階級、性別、年齡和家系的在地暴政），某部份的制度自主性也同時被廢止了。我認為某些經典的無政府主義信念——國家帶著實證法和中央化的機構，會摧毀個人自主自我管理的能力——可能也適用於高度現代主義的規劃網格之上。僅管高度現代主義的制度遺產可能不堪一擊且曇花一現，但它們會讓在地經濟、社會、和文化自我表達的泉源變得更加貧瘠。

## 圖解的失敗與梅蒂斯的角色

> 據說一切都是在黨的領導之下。但沒人管魚跟蝦，而它們都活得好好的。
>
> ——越南春輝村（Xuân Huy）村民

在蘇聯一九八九年關鍵的政治開放沒多久之後，當時由一群農業專家組成的代表大會被召集來要商討農業改革。大部分的參與者都偏好解散集體農場並私有化田地，希望能創造出現代版本的私部門制度，這個制度在一九二〇年代十分風行，但在一九三〇年代遭到史達林摧毀。然而，過去三個世代對集體農場農民的技術、自主性和知識所造成的影響，讓這些專家一致感到絕望。

10 這個洞見的來源要感謝 Colin Ward 的著作，*Anarchy in Action* (London: Freedom Press, 1988), pp. 110-25。

他們相信蘇聯的狀況比中國還糟糕，因為他們認為中國僅有二十五年的集體化，至少還能讓農民保留不少經營技術。突然，一個來自新西伯利亞的女子斥責他們：「你們以為鄉下人是怎樣在這六十年的農業集體化中活下來的？如果他們沒有利用自主性和智慧，絕不可能撐到今天！他們或許會需要貸款跟補給，但他們的自主能力絕對沒有問題。[11]」

儘管農業集體化經歷各式各樣的失敗，但底下的農民還是找到勉強過日子的手段跟方法。在這脈絡下，我們不該忘記在一九三〇年代農業集體化時，農民的第一個反應是堅決抵抗、甚至不惜反叛。而當反叛被平息後，倖存者沒什麼選擇，只能在表面上服從。雖然他們無法讓鄉村統制經濟成功，但他們至少能做出必要的行動以滿足最低配給額度，並確保自己經濟上的存活。

至於以下傑出的個案研究，則是針對一九八九年圍牆倒下之前的兩間東德工廠，它們展示出這種被容忍但也被需要的臨場發揮能力[12]。這兩間工廠都承受巨大的壓力要生產到配額量——他們萬分重要的額外津貼都仰賴於此——儘管他們的機器老舊、原物料品質堪憂、缺乏備件。在這種嚴苛的環境下，有兩種員工對公司的重要性是無可取代，儘管他們在官方階級上的位置並不高。第一類是萬事通，他提出了能讓機器保持運轉的短期解決方案，改善或掩蓋生產缺陷，並且能讓原物料消耗得更慢，使用更久。第二種則是八面玲瓏的人，他能夠找到、購買和交換各種無法透過官方管道即時獲得的備件、機械和原料。為了維繫八面玲瓏的人的工作，工廠一直使用他們的資金，囤積各種寶貴的非耗損產品，像是肥皂粉、化妝品、品質優良的紙張、毛線、上等葡萄酒與香檳、藥品，還有時尚服飾。當工廠因為缺乏關鍵閥或機械工具而快要無法達到配額產量時，這些知識淵博的交易者會向全國各地點出發，他們的小型衛星轎車塞滿了以物易物的貨品，以確保會得到他們需要的零件。這些角色都不存在於組織的官方表格上，但比起其他員工的貢獻，整座工廠的興亡更是得仰賴他們的技巧、智慧以及經驗。這其中一個關鍵，就是中央規劃的經濟總是被梅蒂斯以非官方的方式支撐下去。

我在此形容的案例是常態，而非例外。它們顯示出社會工程設計所寫下的正式秩序，無可避免都會遺漏對它們實際執行功能而言最重要的元素。如果工廠被迫只能在精簡化設計下所指定的角色和功能範圍內營運，它很快就會停擺。各地的集體化統制經濟之所以還能蹣跚而行，幾乎都要歸功於這些計畫之外的非正式經濟體，它們孤注一擲地臨場發揮以維持其運作。

換句話說，正式秩序的社會工程系統實際上是一個更大系統之下的次級系統，它如果不是寄生於這更大的系統，也是高度仰賴之。這些次級系統得仰賴各式各樣的過程——往往非正式或是事前就已經存在——而它本身並沒有辦法創造與維持這些過程。正式秩序愈是概要、單薄、精簡，它對於來自其狹窄範圍之外的干擾就愈是脆弱與缺乏韌性。這種分析高度現代主義的作法，看起來很像是市場中看不見的手在對抗中央化經濟管理。但我在這得做出重要的提醒。儘管市場為參與者提供了活動的空間，它本身仍然是一個既定且正式的協調系統，因此，它還是同樣得仰

11 來自農業科學家協會第一次集會的個人筆記，“Agrarian Reform in the USSR,” held in Moscow, June 24-28, 1991。

12 Birgit Muller, *Toward an Alternative Culture of Work: Political Idealism and Economic Practices in a Berlin Collective Enterprise* (Boulder: Westview Press, 1991), pp. 51-82。

賴社會關係這更大的系統，而市場的計算方式仍然不承認後者的存在，它也無法創造或是維持這個系統。我這裡想到的不只是顯而易見的財產法與合約，跟國家強制實行它們的權力，還有社會信任、社群與合作的先行模式和規範，如果沒有這些，市場交換的存在根本是癡人說夢。最後也是最重要的，經濟是「一個有限且不會增長的生態系統的子系統」，它必須尊重這個生態系的承載能力和交互作用，這正是它持續存在的條件[13]。

我認為大型、正式協調系統的一個特色，是它們的出現會伴隨著看似異常的東西，但仔細觀察後，會發現這些異常是正式秩序不可或缺的一部分。許多異常都可以被稱作是「上場救援的梅蒂斯」，雖然對於陷入威權主義社會工程計畫險境的人來說，這種臨場發揮往往帶有恐慌和絕望的印記。許多現代城市（不只是第三世界的城市），都得仰賴貧民窟和未經允許就住下來的人提供基本服務，才得以運作並存活下來。如我們所見，正式統制經濟是以小額貿易、以物易物和非法交易為條件，才能夠存在。退休金制度、社會安全和醫療福利等正式經濟，是由流動、漂浮和不受這些制度保護的人支持才能維繫。同樣地，機械化農場的雜交作物，得仰賴先前地方品種的多樣性與免疫力才能持續下去。在每一個案例中，這些叛逆的實踐是正式秩序必要的生存條件。

## 支持梅蒂斯的制度案例

科學林業、土地佃租制、城市計畫、集體農場、烏甲馬村莊、工業農場，無論它們多麼精妙，都是以相當簡單的方式介入無比複雜的自然與社會系統。它們要介入的系統有相當複雜的交互作用，無法完整紀錄，而從這系統之中抽象化分離出來的一些元素，則會成為強加計畫秩序的基礎。在最好的狀況下，新的秩序會很脆弱，容易受傷害，得透過創始者沒有想過的臨場發揮來維持。而在最壞的狀況下，它對破碎的生活、受損的生態系統以及碎裂或貧困的社會，帶來了無法估計的傷害。

這種相對籠統的譴責，尤其是在社會制度的情境中，必須至少藉由四種考量來緩解。首先跟最重要的是，它們企圖取而代之的社會秩序，通常看起來是如此不公不義且充滿壓迫，以至於幾乎任何新的秩序看起來都會比較好。第二點則是高度現代主義社會工程往往會披著平等主義與解放的外衣，包括：法律之前的平等、所有人都獲得公民權、生存、健康、教育和居住的權利。高度現代主義信條的存在前提及其巨大吸引力，正是建立在它們宣稱國家將向所有公民提供技術進步帶來的甜頭。

另外兩個讓我們緩下譴責這些計畫的原因，比較不是它們潛在的毀滅性後果，而是一般人類行為者所具備的能力如何修改它們，以及最後如何把它們拉下台。只要代議機構還能夠有效運作，這些計畫勢必就得做出一些調整。而就算缺乏這些機構，數千名公民頑強的日常抵抗如何迫

13 Herman E. Daly, "Policies for Sustainable Development," paper presented at the Program in Agrarian Studies, Yale University, New Haven, February 9, 1996, p. 4。

使這些計畫放棄或重組，仍然會是十分驚人。當然，只要有足夠的時間和餘裕，任何高度現代主義計畫最後都會被大眾的實踐改造翻新。就算是蘇維埃集體農場這種最極端的案例，最終仍然被集體農場農民怠工與反抗、還有莫斯科的政治變遷所擊潰。

我並不否認，分工或是階級協調在某些任務上無庸置疑地能帶來好處，但我想要提供一個具有多功能、彈性、多樣性以及適應力的制度案例——換句話說，由梅蒂斯大力塑造而成的制度。那些陷入正式秩序禁閉系統的人，似乎不斷地為了他們自己的利益，而努力讓該系統變得更加靈活，這個事實展現出「社會馴化」這個常見的過程。社會馴化的另一個跡象表現在自主性與多樣性的社會吸引力上，像是雅各提到混合型社區的高人氣，還有大家對成為自雇者的偏好。

除了它們的吸引力外，多樣性和特定形式的複雜性還有其他優勢。我們知道它們的優勢在自然系統中是多不勝數。跟純種森林與田野或是同種雜交比起來，古老原生林、混作栽培、種著天然授粉地方品種的農業等系統，在短期內不一定會比較有生產力。但它們被證明較為穩定，更自給自足，而且在面對傳染病和環境壓力也比較強韌，比較不需要外來的資助幫助它們成長。每當我們用「經過培養的自然資本」（像是魚塭或是種植樹園）取代「自然資本」（像是野生魚群或是古老原生林），我們會更容易進行侵占並能獲得更即時的生產力，但這樣做的代價是更高的維護成本還有更少的「剩餘、彈性與穩定性」[14]。如果這些系統所面臨的環境挑戰是輕微且可預測的，那一定程度的精簡化可能也會相對穩定[15]。但是在其他條件都相同的狀況下，經過培養的自然資本的多樣性愈少，它們就愈脆弱且愈不具永續性。這個情況的問題在於，大部分經濟系統的外部成本（像是水與空氣汙染，或是不可更新資源的耗損，包括生物多樣性的消失），往往在這些活動在狹隘的損益意義上變得無利可圖之前，就已經累積很久了。

我認為組織制度上也有類似的案例。若對比兩種組織，一種是僵固、單一目的、中央化的脆弱組織，另一種則是充滿彈性、有多重目的、去中央化等具備適應力的社會形式。只要一個組織的任務環境維持重複、穩定跟可預期，使用一系列固定的例行公事極有可能會非常有效率。但在大部分的經濟體和人類事務中，這根本非常少見，而當環境有明顯變化時，這些例行公事都會變得很沒生產力。家庭、小型社群、小型農場、特定產業中的家庭公司等特定人類組織能夠存活下來，是因為它們在激烈變化的環境中具有高度的適應能力。它們當然不是充滿無窮無盡的適應力，但至少撐過了許多聲稱它們必將滅亡的預言。小型家庭農場所具有彈性的勞動力（包括剝削他們的孩童）、轉換新作物與牲畜的能力、分散風險的傾向等，這些都讓它們在大型、具有高度影響力、機械化與專業化的企業和國家農場失敗時，還是可以在充滿競爭的經濟體下存活[16]。

---

14 同前，pp. 12-13。Daly 補充：「在最極端的狀況下，所有其他物種都成了經過培養的自然資本，以小樣本數被育種和管理，好替人類和他們的家具保留更多空間。諸如冗餘、彈性、穩定性、永續性等工具價值，以及具有感情的人類享受生活的內在價值，這些都被犧牲，好實現『效率』的利益，而該效率被定義為任何增加人類規模的事物」（p. 13）。

15 我要感謝我的同事 Arun Agrawal 強調這一點。

16 以許多案例研究為經驗基礎，對這個論點進行的精彩說明，請見 Robert M. Netting, *Smallholders, Householders: Farm Families and the Ecology of Intensive, Sustainable Agriculture* (Stanford: Stanford University Press, 1993)。

在這種經濟部門中，在地知識、對天氣和作物狀況能夠做出迅速回應，以及低廉的經費（結構較小），都會比在大型產業中更重要，於是家庭農場就具有更強大的優勢。

就算在大型組織中，多樣性也能在穩定性和韌性方面帶來好處。單一產業的城市在技術遭到取代、以及市場上對更多特殊產品產生需求時，會變得十分脆弱，正如史達林的馬格尼托哥爾斯克，這座專門製造鋼筋的珍貴城市；相較之下，一個擁有眾多產業和多元化勞動力的非專業城市，將可以承受更大的衝擊。讓人吃驚的是，在大部分的工業化經濟體中，其複雜且低薪的生存技能、自給自足和自尋出路等生存策略，是廣為流傳且不可或缺，儘管它們在大多數形式的經濟帳目中幾乎都難以看見[17]。義大利艾米利亞—羅馬涅區相當複雜的家族企業，也藉由互惠的網絡、適應力，以及技巧高超與敬業的勞動力，在競爭激烈的世界紡織市場中興盛了好幾個世代，並獲得了極大的成就。這些家庭企業也鑲嵌於許多人已經研究過的在地社會中，而這些社會有著長達幾世紀的工會生活與公民技術[18]。這些公司及其所依賴的密集、多樣化的社會，似乎愈來愈不像古老的倖存者，反而比較像是極其適合後工業資本主義的企業形式。就算是受到自由工業社會中狹隘的市場競爭所限制，多元、適應性強的小型單位，也要比一九二〇年代任何高度現代主義者想像得更為強大。

當我們用更廣泛的標準來評價這些多元的組織，就更顯示出它們的強而有力。這部份的論點都可以回到我們早先提出的問題上：這些組織想要培養出什麼樣的人呢？湯馬斯．傑佛遜（Thomas Jefferson）在他對自耕農的盛讚中，指出了經濟上的進取心和政治技巧，這兩者之間具備強而有力的關聯。傑佛遜相信，獨立種植所需要的自主性與技術，能幫助公民培養負責的決策過程、有足夠的財產避免社會依賴，以及與他們同胞折衝尊俎的傳統。簡單來說，自耕農是培訓民主公民最合適的訓練場。

對於任何社會生活形式的規劃、建造以及規範，大家都可以使用類似的測試：在什麼程度上，這會提高參與者的技術、知識和責任呢？從狹義的組織制度基礎上來說，爭點在於這種形式在多大的程度上，呈現出組成它的人的價值觀與經驗。而這樣評斷的目的，是要區分「封裝過」、不太允許變動的情境，以及對發展和應用梅蒂斯大力敞開雙臂的情境。

簡短比較戰爭紀念碑可能會有助於釐清我的論點。如果以參觀人數與密度作為評斷標準，美國華盛頓的越戰紀念碑是最成功的紀念碑之一。林瓔所設計的紀念碑由一個起伏平緩的場地組成，在這之上有一堵又長又低的黑色大理石牆（石牆不占主導地位），牆上列了陣亡者的名字。這些名字不是以字母或是軍事單位羅列，而是根據他們陣亡的日子，按照時間排列，在同一天、同一場戰事倒下的人會排在一起[19]。該紀念碑沒有其他與戰事相關、更大規模的散文或是雕塑，

---

17 請參考以下重要著作：Enzo Mingione, *Fragmented Societies: A Sociology of Economic Life Beyond the Market Paradigm*, trans. Paul Goodrick (Oxford: Basil Blackwell, 1991)。

18 Robert Putnam, *Making Democracy Work: Civic Traditions in Modern Italy* (Princeton: Princeton University Press, 1993)。

19 林瓔所堅持的死者姓名排列方法，在紀念碑建造時造成不小的爭議。

考量到戰爭時至今日所造成的政治分裂，這一點毫無意外[20]。然而，這個紀念碑最傑出的地方是它對遊客造成的效果，尤其是那些來為同袍或他們所愛的人致敬的人。他們撫摸刻在牆上的名字，製作拓印，留下自己的手工藝品和紀念品——詩歌、女人的高跟鞋、一杯香檳和一手滿堂紅的好牌，什麼都有。由於留下致敬的東西實在太多，官方還建立了一所博物館來放置它們。如此多人齊聚一堂，觸摸在同一場戰爭上犧牲的親人的名字，無論大家對戰爭的立場為何，都會為這場景動容。我相信這個紀念碑絕大多數的象徵權力，是來自於尊重緬懷死者的同時，也張開雙手允許訪客用他們自己的意義、歷史與記憶記住這些人。這個紀念碑基本上需要大家的參與，才能產生完整的意義。儘管沒有辦法與墨跡測驗相提並論，但這座紀念碑確實透過它所施加的功能與公民帶給它的一切，實現了它的意義。

比較越戰紀念碑和另一個截然不同的美國戰爭紀念碑：描繪二次世界大戰期間，在硫磺島摺鉢山山頂升起美國國旗的雕塑。就其本身而言，硫磺島雕像顯然是十分英勇，畢竟它代表著以無數生命為代價後，獲得勝利的最後一刻。然而它所具備的愛國主義（以國旗為象徵）、對征服的指涉、巨大無比的規模，以及在勝利中團結的隱藏課題等，幾乎沒留下什麼空間去思考觀者到底期待看到什麼。有鑑於這場戰爭在美國一直以來評價十分一致，硫磺島紀念碑應該具有紀念意義並明確傳達其訊息，這也是意料之內的事。儘管不是徹底「封裝」好的，硫磺島紀念碑與其他大部分的戰爭紀念碑十分雷同，它們在象徵意義上來說都是自給自足。遊客可以帶著敬畏，透過相片與雕塑這些已經成為太平洋戰爭的象徵圖示，凝視這些影像。但他們是在接受這些訊息，而不是讓紀念碑變得更完整[21]。

若制度、社會形式或企業的樣貌，乃是由不斷進化的梅蒂斯所組成，也會進而提高參與者的經驗和技術範圍。支持梅蒂斯的制度遵從「想怎麼用隨便你」這個建議，不只使用、也更新了公共財。但作為所有社會形式的唯一試金石，這顯然還不夠。所有社會形式都是「人工」打造出來以服務於人類目的。如果這些目的很狹隘、簡單、長時間不曾改變，那這些手段可能就會是成文編纂下來、層級化的例行公事，只適用於短期，或是在短時間內最為有效。而就算如此，我們還是要小心乏味的例行公事所消耗的人力成本，以及大家可能會對機械死板的工作進行抵抗。

相較之下，如果組織及其產品的品質，是仰賴眾人熱情參與，這種試金石的考驗就有其意義。像是住宅計畫的成功與否，不能脫離使用者的意見。住房規劃者考量到人類品味的多樣性和家庭形態不可避免（但不可預測）的變化，將從一開始就透過提供靈活的建築設計和可調整的室內關係位置圖來應對這些變化。同樣地，社區開發商應該也要提倡有助於社區生機和持久性的多樣性跟複雜性。而最重要的是，擁有規劃和土地使用分區權力的人，不該將他們的任務視為確保社區無論如何都得維持他們勾勒的形式。大家可以想像許多形式的組織——學校、公園、遊樂

---

20　在越戰紀念碑附近有尊一小群士兵扛著傷殘同袍的雕像。這座雕像是許多退伍軍人組織一開始提議的紀念碑，他們不認為現在這面牆是個適當的紀念碑。

21　對於充滿想像力、應用在兒童遊樂場上的相似邏輯，請參考"Play as an Anarchist Parable,"，chap. 10 in Ward, *Anarchy in Action*, pp. 88-94。

場、市民協會、公司企業、家庭、甚至是規劃團隊——都可以透過類似的方式來評估。

許多自由民主體制的組織都已經採取這種形式，而且足以作為建立新組織的楷模。民主本身的意涵，就是建立在公民的梅蒂斯能夠藉由不同的調整形式，持續修正該地的法律與政策。作為一套制度，普通法之所以能長久存在，正是因為它不是法律規則的最終成文版本，而是一套不斷調整某些廣泛原則以適應新狀況的程序。最後，人類制度最重要的特色即是最好的典範：語言作為一種意義和連續性的結構，它永不停歇，永遠對所有語言使用者的即興創造保持開放的態度。

# 圖片版權說明

48 圖一 溫帶混合林。來自P. Mark S. Ashton Collection.（版權所有：P. Mark S. Ashton）

49 圖二 位於托斯卡尼，一條人工管理的白楊木道。Angelo Lomeo所攝。（版權所有：Bullaty Loineo Photographers）

90 圖三 斯托雷平改革前的諾沃塞洛克村。出自喬治．亞內（George Yaney）之書《The Urge to Mobilize: Agrarian Reform in Russia, 1861-1930》（Urbana: University of Illinois Press, 1982），頁一四七。著作權所有1982 by the Board of Trustees of the University of Illinois。（經University of Illinois授權使用）

91 圖四 斯托雷平改革前的卡季尼特茨村。同前出處，頁一四九。

94 圖五 斯托雷平改革後的諾沃塞洛克村。同前出處，頁一四八。

95 圖六 斯托雷平改革後的卡季尼特茨村。同前出處，頁一五〇。

108 圖七 經地籍調查過的地貌，北達科他州的卡斯爾頓。Alex S. MacLean拍攝。出自James Corner and MacLean《Taking Measrnres Across the American Landscape》（New Haven: Yale University Press, 1996）一書，頁五一。（版權所有：Alex S. MacLean, Landslides.）

201 圖十七 約莫一九三〇年代亞爾薩斯的空照圖。同前出處，頁一四九。

222 圖十八 科斯塔在一九五七年的規劃。刊載於Lawrence Vale之《Architecture, Power, and National Identity》，（New Haven: Yale University Press, 1992），頁一一八。

227 圖十九 一九八八年聖保羅巴拉封達區的住宅街道，James Holston所攝。出自Holston之《The Modernist City: Art Anthropological Critique of Brasília》，（Chicago: University of Chicago Press, 1989），頁一〇六。

227 圖二十 一九八〇年巴西利亞L1住宅通道。同前出處，頁一〇六。

228 圖二十一 一九八〇年薩爾瓦多的歷史中心佩洛尼奧廣場（Largo do Pelourinho）。同前出處，頁一〇二。

228 圖二十二 一九八〇年巴西利亞的三權廣場，廣場上的城市博物館以及晨曦宮。同前出處，頁一〇二。

229 圖二十三 一九八四年聖保羅的主教座堂廣場。由Abril Imagers/Carlos Fenerich所攝。同前出處，經James Holston授權。同前出處，頁三一三。

229 圖二十四 一九八一年巴西利亞的三權廣場與內閣大道。同前出處，頁一〇二。

233 圖二十五 一九八〇年歐魯普雷圖（Ouro Preto）的蒂拉登特司路（Rua Tiradentes）住宅區。同前出處，頁一三二。

234 圖二十六 一九八〇年巴西利亞超級街廓區。同前出處，頁一三二。

240 圖二十七 柯比意為昌迪加爾市中心設計的市集（chowk）。由Ravi Kalia所攝，出自《Chandigarh: In Search of an Identity》（Carbondale: Southern Illinois University Press, 1987），頁九七。版權所有1987 by the Board of Trustees, Southern Illinois University.）（經Trustees of Southern Illinois University授權。）

370 圖二十八 特維爾州上三角的國營農場的規劃圖。規劃圖與照片版權為Teodor Shanin所有。

371 圖二十九 上三角其中一個新村莊的兩層樓房舍。同前出處。

372 圖三十 在上三角的老村莊中，緊鄰小巷的房舍。同前出處。

418 圖三十一 烏甲馬村莊的規劃。出自Jannik Boesen, Birgit Storgaard Madsen, and Tony Moody，《Ujamaa: Socialism from Above》一書，（Uppsala: Scandinavian Institute of African Studies, 1977），頁一七八。（獲出版社授權）

430 圖三十二 政府替標準社會主義村莊做的規劃圖。出自John M. Cohen and Nils-Ivar Isaksson, "Villagization in Ethiopia's Arsi Region," Journal of Modern African Studies 15, no. 3 (1987): 450.（獲劍橋大學出版社授權重製）

431 圖三十三 衣索比亞西南部重新安置地帶的空照圖。出自Jason W. Clay, Sandra Steingraber, and Peter Niggli, The Spoils of Famine: Ethiopian Famine Policy and Peasant Agriculture, Cultural

Survival Report no. 25 (Cambridge, Mass.: Cultural Survival, 1988)，頁二四八。（獲Cultural Survival, Inc. 授權得以使用）

468　圖三十四　大衛・麥滋爾（Davis Melzer）描繪的未來農場示意圖。出自James B. Billard, "The Revolution in American Agriculture," with illustrations by James R. Blair, National Geographic 137, no. 2 (February 1970): 184-85.（使用授權來自Davis Melzer/National Geographic Image Collection）

471　圖三十五　在獅子山共和國稻田剛開闢的溝壑中蓋芽條。圖片來自Paul Richards之《Indigenous Agricultural Revolutions: Ecology and Food Production in West Africa》一書，（London: Unwin Hyman, 1985），圖片三。（授權來自Paul Richards）

474　圖三十六　艾德嘉・安德森繪製的瓜地馬拉鄉土果園俯視圖。出自其《Plants, Man, and Life》一書，（Boston: Little, Brown, 1952），頁一三八。（獲Missouri Botanical Garden授權）

475　圖三十七　同前出處，頁一三九。

國家圖書館出版品預行編目資料

國家的視角：改善人類處境的計畫為何失敗／詹姆斯．斯科特（James C. Scott）著；梁晨譯. -- 初版. -- 臺北市：麥田出版：英屬蓋曼群島商家庭傳媒股份有限公司城邦分公司發行, 2023.06
　面；　公分. --（麥田叢書；115）
譯自：Seeing like a state : how certain schemes to improve the human condition have failed
ISBN 978-626-310-384-9（平裝）
1.CST: 社會發展　2.CST: 國家建設計畫
570.11　　111021242

麥田叢書115

# 國家的視角

## 改善人類處境的計畫為何失敗

*Seeing Like a State: How Certain Schemes to Improve the Human Condition Have Failed*

作　　者／詹姆斯．斯科特（James C. Scott）
譯　　者／梁晨
特約編輯／周詩瑋
責任編輯／許月苓
主　　編／林怡君

國際版權／吳玲緯
行　　銷／闕志勳　吳宇軒　陳欣岑
業　　務／李再星　陳紫晴　陳美燕　葉晉源
編輯總監／劉麗真
總 經 理／陳逸瑛
發 行 人／涂玉雲
出　　版／麥田出版
10483臺北市民生東路二段141號5樓
電話：(886)2-2500-7696　傳真：(886)2-2500-1967
發　　行／英屬蓋曼群島商家庭傳媒股份有限公司城邦分公司
10483臺北市民生東路二段141號11樓
客服服務專線：(886) 2-2500-7718、2500-7719
24小時傳真服務：(886) 2-2500-1990、2500-1991
服務時間：週一至週五09:30-12:00．13:30-17:00
郵撥帳號：19863813　戶名：書虫股份有限公司
讀者服務信箱E-mail：service@readingclub.com.tw
麥田網址／https://www.facebook.com/RyeField.Cite/
香港發行所／城邦（香港）出版集團有限公司
香港灣仔駱克道193號東超商業中心1/F
電話：(852)2508-6231　傳真：(852)2578-9337
馬新發行所／城邦（馬新）出版集團 Cite (M) Sdn Bhd
41, Jalan Radin Anum, Bandar Baru Sri Petaling, 57000 Kuala Lumpur, Malaysia.
Tel: (603) 90563833　Fax: (603) 90576622　Email: services@cite.my

封面設計／廖勁智
印　　刷／前進彩藝有限公司

■2023年6月　初版一刷

定價：720元
ISBN／978-626-310-384-9
其他版本ISBN／978-626-310-385-6 (EPUB)